新曲线 | 用心雕刻每一本……
http://site.douban.com/110283/
http://weibo.com/nccpub

用心字里行间　雕刻名著经典

作者简介

戴维·迈尔斯
David Myers

自从获得美国爱荷华大学的心理学博士学位之后，戴维·迈尔斯就在密歇根州的霍普学院工作并教授心理学导论课程。霍普学院的学生邀请他在毕业典礼上发言，并评选他为"最杰出教授"。

迈尔斯撰写了多部畅销世界的心理学教科书，包括《心理学》《心理学导论》《社会心理学》等。其中《心理学》（*Psychology*）是当今最畅销的普通心理学教材，全球有数千万学生在用它来学习心理学。《心理学导论》（*Exploring Psychology*）在《心理学》一书的基础上适当缩减了篇幅，使其不仅针对心理学专业基础课教学，同时也能更好地满足非心理学专业学生和普通读者的需要。

迈尔斯在30多种学术期刊上发表过多篇论文，包括《科学》《美国科学家》《心理科学》和《美国心理学家》等等。迈尔斯还致力于把心理科学介绍给普通大众。他在40多种杂志上发表过科普类文章，如《今日教育》《科学美国人》等。由于迈尔斯在研究和写作领域的突出贡献，他曾获得众多奖项，包括美国心理学协会（APA）的"高尔顿·奥尔波特奖"、美国脑与行为联合会2010年颁发的"杰出科学家奖"、美国人格与社会心理学分会的"杰出服务奖"以及三个荣誉博士学位。

他常年骑自行车上下班，每天中午都会去打篮球，他还是霍普学院校篮球队的粉丝。迈尔斯夫妇共同育有两个儿子和一个女儿，他还有一个孙女。

译者简介

黄希庭，现任西南大学资深教授，心理学博士生导师，重庆市人文社会科学重点研究基地心理学与社会发展研究中心主任，校学术委员会顾问，西南大学国家级重点学科基础心理学学术带头人，重庆市高等学校高级职称评审委员会副主任，全国心理学名词审定委员会委员，《心理学报》和《中国临床心理学杂志》编委，北京师范大学、四川大学、华南师范大学、四川师范大学、苏州大学和陕西师范大学兼职教授等。

曾任西南师范大学心理学系主任，中国心理学会常务理事、第七届和第八届副理事长兼心理学教学工作委员会主任，中国心理学会国务院学位委员会第五届心理学学科评议组召集人，全国博士后管委会第六届专家组成员教育学组召集人，国家自然科学基金学科评审组成员和国家教委人文社会科学学科评审组成员，全国心理学教学指导委员会副主任，教育部高等师范教育面向21世纪教学内容和课程体系改革指导委员会成员，教育部长江学者评审专家组成员教育学科组召集人，重庆市政协常委，校学术委员会副主任，校学位委员会副主席，重庆市心理学会理事长。

已出版教材、专著、译著50余部，发表学术论文300余篇（含合作、合译）。四本教材获教育部高等学校优秀教材一、二等奖，两项科研成果获教育部高校人文社会科学研究优秀成果一、二等奖。被国务院授予"全国先进工作者"称号（2005），获首届国家级教学名师奖（2003），"全国教书育人楷模"称号（2012），被中国科协授予"全国优秀科技工作者"称号（2010），被中国心理学会授予"终身成就奖"（2011）。

本书的翻译工作由中国心理学会心理学教学工作委员会组织国内心理学领域的18位教授通力合作完成，各章的译者依序分别为

（按章节顺序排列）

前　言	（黄希庭教授，西南大学）
第1章	（郑　涌教授，西南大学）
第2章	（张志杰教授，河北师范大学）
	（杨炳钧教授，西南大学）
第3章	（苏彦捷教授，北京大学）
第4章	（苏彦捷教授，北京大学）
第5章	（杨炳钧教授，西南大学）
第6章	（吴艳红教授，北京大学）
	（丁锦红教授，首都师范大学）
第7章	（刘电芝教授，苏州大学）
第8章	（郭秀艳教授，华东师范大学）
第9章	（尹德谟教授，西华大学）
	（李宏翰教授，广西师范大学）
第10章	（刘邦惠教授，中国政法大学）
第11章	（杨　波教授，中国政法大学）
	（张　明教授，苏州大学）
第12章	（许　燕教授，北京师范大学）
第13章	（秦启文教授，西南大学）
第14章	（郭永玉教授，南京师范大学）
第15章	（李　媛教授，电子科技大学）

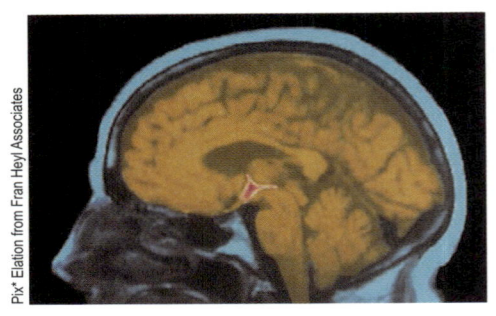

图 10.5
下丘脑（见正文第 8 页）

正如我们在第 2 章中所看到的，下丘脑（红色区域）执行各种身体维持功能，包括饥饿控制。

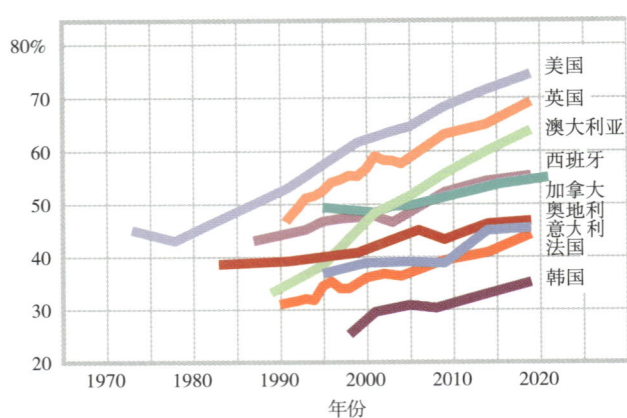

图 10.9
过去和预计的超重率，数据来自经济合作与发展组织（OECD）（见正文第 13 页）

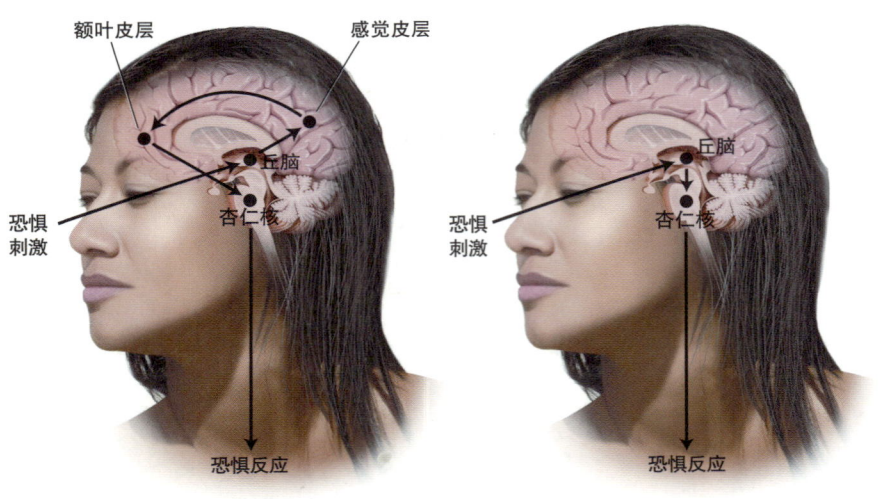

(a) 思维高级通道　　(b) 快速低级通道

图 10.11
情绪的大脑通路（见正文第 26 页）

在双通道的大脑里，感觉刺激可以通过（a）大脑皮层（经由丘脑）进行分析，然后发送到杏仁核；或者（b）直接将感觉刺激发送到杏仁核（经由丘脑）以便作出紧急的情绪反应。

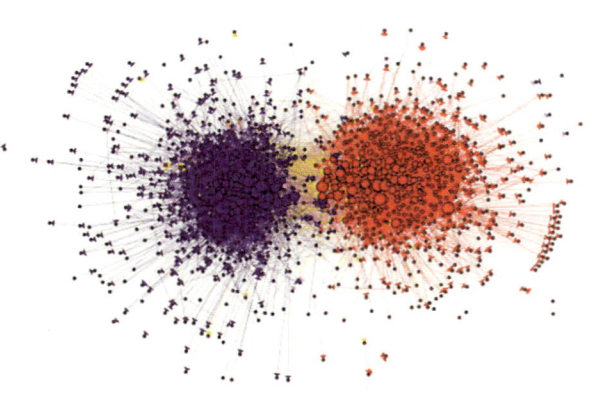

图 13.5
博客圈的思想相似网络（见正文第 135 页）

蓝色的自由主义博客彼此之间的链接最多，红色的保守主义博客也是如此。每一个点的大小反映了其他与之链接的博客数量。（资料来源：Lazer et al., 2009）。

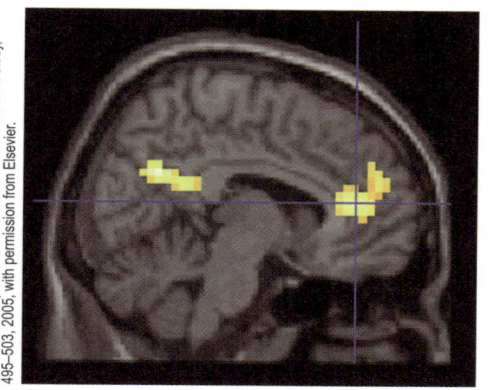

图 14.3

一个强迫的大脑（见正文第 185 页）

神经科学家们（Maltby et al., 2005）用功能性磁共振成像比较了强迫症患者和正常人在完成挑战性认知任务时的大脑。扫描结果显示，强迫症患者额叶区的前扣带回较为活跃（显示在最右边的黄色区域）。

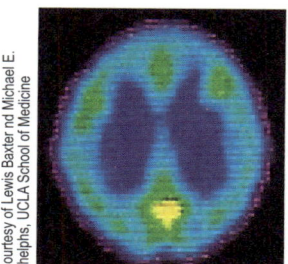 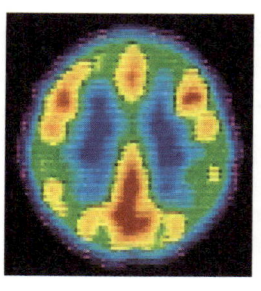 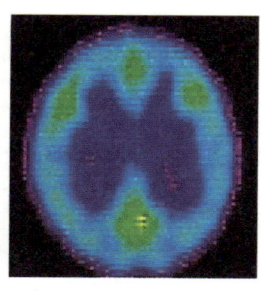

抑郁状态　　躁狂状态　　抑郁状态
（5月17日）　（5月18日）　（5月27日）

图 14.6

双相障碍的起伏（见正文第 191 页）

PET（正电子发射断层扫描术）显示，个体大脑能量的消耗随着个体情绪的变化而升高或降低。红色区域是大脑能量快速消耗的区域。

某个精神分裂症者的绘画作品　在对此类艺术作品进行评论时（摘自 Craig Geiser's 2010 art exhibit in Michigan），诗人和艺术批评家约翰·阿什伯利写道："这些作品都蕴含着很强的诱惑力，但这种不可名状的主题也很可怕。"（见正文第 198 页）

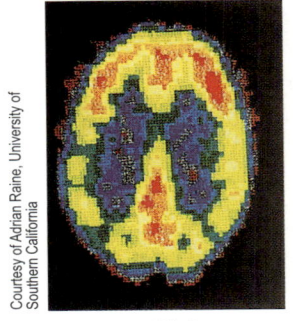
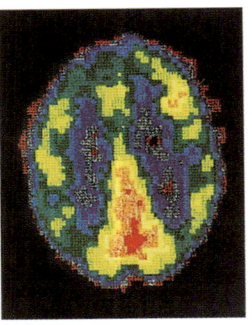

正常人　　　　　　杀人犯

图 14.12
杀人犯的心理（见正文第 209 页）
PET 扫描结果表明，杀人犯大脑额叶的活动减少，而这一脑区有助于阻止冲动和攻击性行为。（摘自 Raine, 1999.）

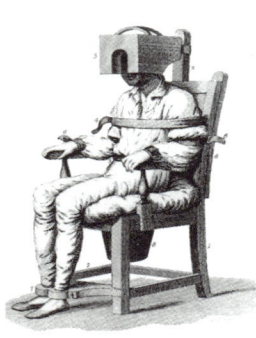

治疗的历史　18 世纪精神病院的参观者要付费观看患者，就像观看动物园里的动物一样。威廉·贺加斯（William Hogarth, 1697—1764）的画作（左）描绘了人们参观伦敦的伯利恒圣玛丽医院（一般称为疯人院）的场景。本杰明·拉什（Benjamin Rush, 1746—1813）是精神疾病人道治疗运动的发起人，他"为了发狂患者的利益"而设计了右边的椅子。他认为束缚能帮助他们恢复理智。（见正文第 216 页）

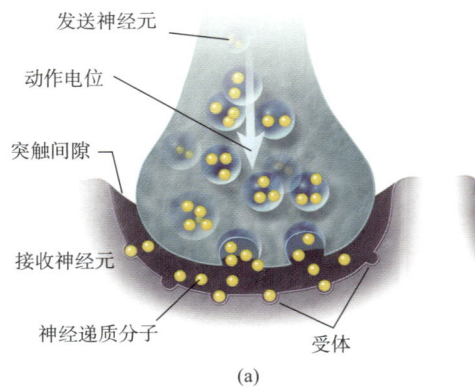
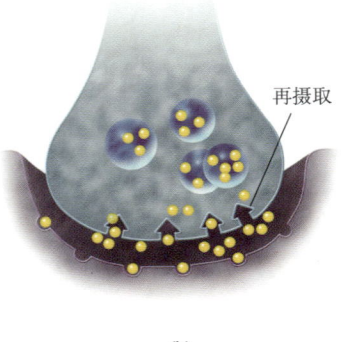
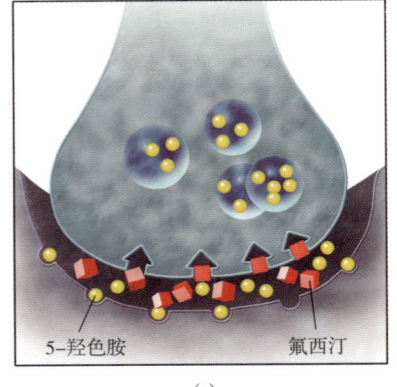

(a)　　　　　　(b)　　　　　　(c)

图 15.5
抗抑郁药的生物机制（见正文第 241 页）
本图显示的是氟西汀部分阻断 5-羟色胺再摄取的过程。

心理学导论

商务印书馆(成都)有限责任公司出品

心理学导论

人格、社会与异常心理学

第 9 版 · 下册

[美] 戴维·迈尔斯 著

黄希庭 等译

商务印书馆

2019年·北京

David G. Myers

Exploring Psychology, 9th Edition

ISBN 978-1-4292-1597-8

Copyright © 2014 by Worth Publishers.

First published in the United States by WORTH PUBLISHERS; New York and Basingstoke.

All rights reserved. No part of this publication may be reproduced or distributed by any means, or stored in a database or retrieval system, without the prior written permission of the publisher.

Simplified Chinese translation edition published by The Commercial Press.

心理学的故事：编年简史

——查尔斯·布鲁尔（Charles L. Brewer），福尔曼大学（Furman University）

公元前
387 年——柏拉图相信天赋观念（或固有观念）的存在，提出脑是心理过程的场所。
335 年——亚里士多德否认天赋观念的存在，提出心脏是心理过程的场所。
公元
1604 年——约翰尼斯·开普勒指出视网膜上的成像是倒立的。
1605 年——弗朗西斯·培根的《学术的进展》一书出版。
1636 年——哈佛学院成立。

1637 年——勒内·笛卡儿，法国哲学家、数学家，心身交互论与天赋观念学说的提出者，出版《谈谈方法》。
1690 年——约翰·洛克，英国哲学家，反对笛卡儿的天赋观念说，坚持心灵的"白板说"，出版《人类理智论》一书，强调经验主义胜于思辨。
1774 年——奥地利医生弗朗兹·麦斯默首次利用"动物磁气"（后来被称为麦斯默术和催眠术）进行治疗。1777 年他被驱逐出维也纳医学界。
1793 年——菲利普·皮内尔从法国比舍特精神病院的枷锁中释放出首批精神病人，倡导以更人道的方式对待精神病人。

1802 年——托马斯·杨的《色觉论》在英国出版（他的理论后来被称为三原色理论）。
1808 年——德国医生弗朗兹·约瑟夫·高尔提出颅相学，认为人的颅骨形状可以揭示其心理能力和性格特征。
1834 年——恩斯特·海因里希·韦伯出版《触觉》，在书中讨论了最小可觉差与韦伯定律。
1848 年——菲尼亚斯·盖奇由于被一根粗铁棒意外刺穿大脑而遭受了严重的脑损伤，他的智力和记忆未受损，但人格发生了变化。

1859 年——查尔斯·达尔文的《物种起源》出版。此书综合了有关进化论的大量前期研究，包括创造了"适者生存"一词的赫伯特·斯宾塞的研究。
1861 年——法国医生保罗·布洛卡在大脑左侧额叶发现负责言语生成的重要区域（现在称为布洛卡区）。
1869 年——达尔文的表弟弗朗西斯·高尔顿出版《遗传的天才》，宣称智力是遗传的。1876 年他创造了"先天与后天"（或"天性与教养"）这一表述来对应"遗传与环境"。

1874 年——德国神经科医师和精神病学家卡尔·威尔尼克证明，损伤左侧颞叶的一个特定部位会破坏理解或生成言语或书面语的能力（现在称为威尔尼克区）。
1878 年——斯坦利·霍尔从哈佛大学哲学系获得美国第一个基于心理学研究的哲学博士学位（Ph.D.）。

1879 年——威廉·冯特在德国莱比锡大学建立了第一个心理学实验室，此处成为全世界心理学学生的"圣地"。
1883 年——冯特的学生斯坦利·霍尔在约翰·霍普金斯大学建立了美国第一个正式的心理学实验室。
1885 年——赫尔曼·艾宾浩斯出版《论记忆》一书，该书总结了他对学习和记忆所做的大量研究，其中包括"遗忘曲线"。
1886 年——约瑟夫·贾斯特罗在约翰·霍普金斯大学获得第一个由美国心理学系颁发的心理学的哲学博士学位（Ph.D.）。
1889 年——阿尔弗雷德·比奈和亨利·博尼在索邦神学院（巴黎大学前身）建立了法国的第一个心理学实验室；首届国际心理学大会在巴黎召开。

1890 年——哈佛大学的哲学家和心理学家威廉·詹姆士出版《心理学原理》一书，将心理学描述为"关于精神生活的科学"。
1891 年——詹姆斯·马克·鲍德温在多伦多大学建立了英联邦的第一个心理学实验室。
1892 年——斯坦利·霍尔领导成立了美国心理学协会（APA），并担任首任主席。
1893 年——玛丽·惠顿·卡尔金斯和克里斯廷·拉德-富兰克林成为美国心理学协会的首批女性会员。

1894 年——玛格丽特·弗鲁伊·沃什布恩成为第一个获得心理学哲学博士学位（Ph.D.）的女性（康奈尔大学颁发）。
1894 年——玛丽·惠顿·卡尔金斯由于身为女性而被哈佛大学拒绝录取为博士生，尽管雨果·闵斯特伯格称卡尔金斯是他教过的最好的学生。

1896年——约翰·杜威发表《心理学中的反射弧概念》一文,促进了被称为机能主义的心理学派的形成。

1898年——哥伦比亚大学的爱德华·桑代克在《动物的智慧》一文中描述了利用猫进行的迷箱实验。1905年,他提出了"效果律"。

1900年——西格蒙德·弗洛伊德出版《梦的解析》一书,这是他关于精神分析的主要理论著作。

1901年——十位创始人建立了英国心理学会。

1905年——玛丽·惠顿·卡尔金斯成为美国心理学协会的首任女性主席。

1905年——伊万·彼得罗维奇·巴甫洛夫开始发表关于动物条件作用的研究成果。

1905年——阿尔弗雷德·比奈和西奥多·西蒙编制了第一个智力测验,用于评估巴黎学校儿童的能力和学业进展。

1913年——约翰·华生在《心理学评论》上发表《行为主义者眼中的心理学》一文,概述了行为主义的宗旨。

1914年——在第一次世界大战期间,罗伯特·耶基斯及其同事开发了一套用于评估美国士兵的团体智力测验,这增加了美国公众对心理测验的接受程度。

1920年——莱塔·斯泰特·霍林沃斯出版《低常儿童心理学》,这是一部早期经典著作。1921年,她因女性心理学方面的研究而被收入《美国科学家名人录》。

1920年——弗朗西斯·塞西尔·萨姆纳在美国克拉克大学获得心理学的哲学博士学位(Ph.D.),成为首位获得此学位的非裔美国人。

1920年——约翰·华生和罗莎莉·雷纳报告了对一个名叫"小阿尔伯特"的男孩进行的条件化恐惧反应训练。

1921年——瑞士精神病学家赫尔曼·罗夏发明了罗夏墨迹测验。

1923年——发展心理学家让·皮亚杰出版《儿童的语言与思维》一书。

1924年——玛丽·科弗·琼斯对一个男孩(彼得)进行消除条件化恐惧反应的训练,这是约瑟夫·沃尔普发明的系统脱敏法的前身。

1927年——安娜·弗洛伊德出版《儿童精神分析技术引论》一书,讨论了精神分析在儿童心理治疗中的应用。

1929年——沃尔夫冈·苛勒出版《格式塔心理学》一书,对行为主义提出批评,并概述了格式塔心理学的基本立场和方法。

1931年——玛格丽特·弗洛伊·沃什伯恩成为第一位入选美国国家科学院的女性心理学家(以及第二位女性科学家)。

1932年——沃尔特·坎农在《身体的智慧》一书中创造了"体内平衡"一词,讨论了战斗或逃跑反应,发现了伴随应激出现的激素变化。

1933年——伊内兹·贝弗利·普罗瑟成为第一个从美国大学或研究机构获得心理学博士学位的女性非裔美国人(辛辛那提大学)。

1935年——克里斯蒂安娜·摩根和亨利·默里采用主题统觉法来诱导出人们在接受精神分析时的幻想。

1936年——葡萄牙医生埃加斯·莫尼兹出版了记录首次人类额叶切除术的著作。

1938年——斯金纳出版《有机体的行为》一书,描述了动物的操作性条件作用。

1938年——路易斯·瑟斯通出版《基本心理能力》一书,提出了七种基本心理能力。

1938年——乌戈·塞雷蒂和鲁西诺·比尼使用电击法治疗一位病人。

1939年——戴维·韦克斯勒发表了韦克斯勒-贝尔维智力测验,这是韦氏儿童智力量表(WISC)和韦氏成人智力量表(WAIS)的前身。

1939年——玛米·菲普斯·克拉克(图中所示)获得霍华德大学硕士学位。她与肯尼思·克拉克合作,对自己的论文《非裔学前儿童自我意识的发展》进行了拓展研究,该研究在1954年被美国最高法院引用,作为终止公立学校种族隔离的判决依据。

1939年——爱德华·亚历山大·博特帮助创建了加拿大心理学协会,并于1940年担任首任主席。

1939年——第二次世界大战为心理学家提供了许多提高心理学声望和影响力的机会,尤其是在应用心理学领域。

1943年——心理学家斯塔克·哈撒韦和医师查恩利·麦金利发表了明尼苏达多相人格调查表(MMPI)。

1945年——曾批评过弗洛伊德的女性性发展理论的卡伦·霍尼出版《我们内心的冲突》一书。

1946年——本杰明·斯波克的《婴幼儿照料常识》第一版问世,该书对北美儿童养育方式的影响长达数十年之久。

1948年——阿尔弗雷德·金西及其同事出版《男性性行为》,并于1953年出版《女性性行为》。

1948年——斯金纳的小说《沃尔登第二》描写了一个建立在正强化基础上的乌托邦社会,这部小说后来成为将心理学原理应用于日常生活尤其是公共生活的号角。

1948年——欧内斯特·希尔加德出版《学习的理论》一书,该书成为北美几代心理学学生的必读书籍。

1949年——雷蒙德·卡特尔发表16种人格因素问卷(16PF)。

1949年——加拿大心理学家唐纳德·赫布出版《行为的组织:神经心理学理论》一书,概述了关于神经系统运行机制的颇有影响的一套新概念。

1950年——所罗门·阿施发表关于线段长度判断中的从众效应的研究。

1950年——埃里克·埃里克森出版《童年与社会》一书，概述了心理社会发展的阶段。
1951年——卡尔·罗杰斯出版《来访者中心治疗》一书。
1952年——美国精神医学学会出版《精神障碍诊断与统计手册》，这本有影响力的书将会定期进行更新。
1953年——尤金·阿瑟里斯基和纳撒尼尔·克莱特曼描述了睡眠过程中发生的快速眼动（REM）。
1953年——珍妮特·泰勒在《异常心理学杂志》上发表了显性焦虑量表。
1954年——亚伯拉罕·马斯洛出版《动机与人格》一书，在书中他阐述了从生理需要到自我实现的动机层次。（马斯洛后来更新了动机层次，以包含自我超越的需要。）

1954年——加拿大麦吉尔大学的神经心理学家詹姆斯·奥尔兹和彼得·米尔纳描述了对大鼠的下丘脑施加电刺激所产生的奖赏效应。
1954年——戈登·奥尔波特出版《偏见的本质》一书。
1956年——乔治·米勒在《心理学评论》上发表题为《不可思议的7±2：我们信息加工能力的局限性》一文，他在文中为记忆研究者创造了"组块"一词。
1957年——罗伯特·西尔斯、埃莉诺·麦科比和哈里·莱文出版《儿童养育模式》一书。
1957年——查尔斯·费尔斯特和斯金纳出版《强化的程序》一书。

1959年——诺姆·乔姆斯基在《语言》杂志上发表了针对斯金纳的《言语行为》的批评性评论文章。
1959年——埃莉诺·吉布森和理查德·沃克在《"视崖"》一文中报告了他们对婴儿深度知觉的研究。
1959年——哈里·哈洛在《爱的本质》一文中概述了他对猴子的依恋行为的研究。
1959年——劳埃德·彼得森和玛格丽特·彼得森在《实验心理学杂志》上发表题为《个别言语项目的短时保持》的论文，突出了复述在记忆中的重要性。
1959年——约翰·蒂伯特和哈洛德·凯利出版《群体社会心理学》一书。
1960年——乔治·斯珀林发表《短暂视觉呈现中可获取的信息》一文。
1961年——杰罗格·冯·贝克西因听觉生理学方面的研究而获得诺贝尔奖。
1961年——戴维·麦克莱兰出版《追求成就的社会》一书。
1962年——杰罗姆·卡根和霍华德·莫斯出版《从出生到成熟》一书。
1962年——斯坦利·沙克特和杰罗姆·辛格发表了支持情绪双因素理论的研究发现。
1962年——艾伯特·埃利斯出版《心理治疗中的理性和情绪》一书；这是理情疗法（RET）发展的一个里程碑。
1963年——雷蒙德·卡特尔区分了液体智力与晶体智力。

1963年——斯坦利·米尔格拉姆在《异常与社会心理学杂志》上发表《服从的行为研究》一文。
1965年——加拿大研究者罗纳德·梅尔扎克和英国研究者帕特里克·沃尔提出疼痛的闸门控制理论。
1965年——罗伯特·扎伊翁茨的《社会助长》一文发表于《科学》杂志。
1966年——南希·贝利成为首位获得美国心理学协会颁发的杰出科学贡献奖的女性。
1966年——哈佛大学认知研究中心的杰罗姆·布鲁纳及其同事出版《认知发展的研究》一书。

1966年——威廉·马斯特斯和弗吉尼亚·约翰森（图中所示）在《人类的性反应》中发表了他们的研究成果。
1966年——艾伦·加德纳和比阿特丽斯·加德纳在位于里诺的内华达大学开始训练一只黑猩猩（沃秀）学习美国手语。沃秀于2007年去世。

1966年——约翰·加西亚（图中所示）和罗伯特·凯尔林发表了关于大鼠味觉厌恶的研究。
1966年——戴维·格林和约翰·斯威茨出版《信号检测论与心理物理学》一书。
1966年——朱利安·罗特发表了关于控制点的研究。
1967年——乌尔里克·奈什出版《认知心理学》一书，促使心理学从行为主义转向认知过程。
1967年——马丁·塞利格曼和史蒂文·梅尔发表关于狗的"习得性无助"的研究结果。
1968年——理查德·阿特金森和理查德·谢夫林在《学习和动机的心理学》上发表了极具影响力的记忆三级加工模型。
1968年——尼尔·米勒在《科学》杂志上发表了一篇描述自主反应的工具性条件作用的论文，促进了对生物反馈的研究。

1969年——阿尔伯特·班杜拉出版《行为矫正原理》一书。
1969年——乔治·米勒在他的美国心理学协会主席就职演说"促进人类幸福的心理学"中，强调了"推广心理学"的重要性。
1971年——肯尼思·克拉克成为美国心理学协会的首位非裔美国人主席。
1971年——阿尔伯特·班杜拉出版《社会学习理论》一书。
1971年——艾伦·佩维奥出版《表象与言语过程》一书。
1971年——斯金纳出版《超越自由与尊严》一书。
1972年——埃利奥特·阿伦森出版《社会性动物》一书。

1972 年——弗格斯·克雷克和罗伯特·洛克哈特在《言语学习与言语行为杂志》上发表《加工水平：记忆研究的框架》。

1972 年——罗伯特·瑞思考勒和艾伦·瓦格纳发表了有关巴甫洛夫经典条件作用的联合模型。

1972 年——在德拉尔德·休和斯坦利·休的领导下，亚裔美国人心理学协会成立。

1973 年——行为学家卡尔·冯·弗里希、康拉德·洛伦茨和尼古拉斯·廷伯根因对动物行为的研究而获得诺贝尔奖。

1974 年——美国心理学协会的第 2 分会（心理学教学分会）出版《心理学教学》杂志第 1 期，罗伯特·丹尼尔任主编。

1974 年——埃莉诺·麦科比（图中所示）和卡罗尔·杰克林出版《性别差异心理学》一书。

1975 年——生物学家爱德华·威尔逊的《社会生物学》一书出版；它成为进化心理学富有争议的先驱。

1976 年——桑德拉·伍德·斯卡尔和理查德·温伯格在《美国心理学家》上发表《被白人家庭收养的黑人儿童的智商测验成绩》一文。

1978 年——卡内基·梅隆大学的心理学家赫伯特·西蒙因利用计算机模拟人类思维和问题解决的开拓性研究而获得诺贝尔奖。

1979 年——詹姆斯·吉布森出版《视知觉的生态学研究方法》一书。

1979 年——伊丽莎白·洛夫特斯出版《目击者证词》一书。

1981 年——埃伦·兰格成为首位获得哈佛大学心理学系终身教职的女性。

1981 年——戴维·休贝尔和托斯滕·威塞尔利用单细胞记录进行研究，发现了视皮层特征觉察器细胞，并因此而获得诺贝尔奖。

1981 年——罗杰·斯佩里凭借对割裂脑病人的研究获得诺贝尔奖。

1981 年——古生物学家史蒂芬·杰伊·古尔德出版《人类的误测》一书，强调了围绕智力的生物决定论的争议。

1983 年——霍华德·加德纳在《智能的结构》一书中概述了他的多元智力理论。

1984 年——美国心理学协会开创第 44 分会（男、女同性恋心理学研究协会）。

1984 年——罗伯特·斯滕伯格在《行为与脑科学》上提出人类智力的三元理论。

1987 年——伊丽莎白·斯卡伯勒和劳雷尔·弗罗默托（图中所示）出版《不为人知的人生：第一代美国女性心理学家》。

1987 年——氟西汀（百忧解）被用于治疗抑郁。

1987 年——密歇根大学的威尔伯特·麦基奇获得美国心理学协会颁发的首个心理学教育与培训杰出贡献奖。

1988 年——美国心理学会（American Psychological Society）成立。2006 年更名为心理科学协会（Association for Psychological Science）。

1990 年——精神病学家阿伦·贝克因推进了对精神病理的理解和治疗（包括对认知治疗发展的重要贡献）而获得心理学应用杰出科学奖。

1990 年——斯金纳获得美国心理学协会首个终身杰出贡献奖，并发表了他的最后一篇公开演说："心理学能成为心智的科学吗？"（他于几天后去世，享年 86 岁）。

1991 年——马丁·塞利格曼出版《习得性乐观》一书，预示了"积极心理学"运动的到来。

1992 年——"中学心理学教师"（TOPSS）成立，它是美国心理学协会的一部分。

1992 年——约 3 000 名美国中学生参加了首次心理学的大学预修课程（AP）考试，希望藉此可以免修中学以上程度的心理学导论课程。

1993 年——心理学家朱迪丝·罗丁当选为美国宾夕法尼亚大学的校长，成为首位常春藤联盟学校的女校长。

1996 年——多萝西·坎托成为美国心理学协会首位拥有心理学博士学位（Psy.D.）的主席。

2002 年——新墨西哥州成为美国第一个允许有资质的临床心理学家开某些药物的州。

2002 年——普林斯顿大学心理学家丹尼尔·卡尼曼凭借对决策的研究获得诺贝尔奖。

2011 年——《心理学本科优质教育原则》被批准为美国心理学协会的官方政策，这份文件是 2008 年在美国普吉特湾大学举行的全国会议上由与会者们提出的。

推荐序

《心理学导论》通常是学生接触心理学的第一本学科教材,也往往是非专业人士了解心理学的第一本专业书籍,其重要性毋庸置疑。我最初接触这本书是十几年前。当时,奉时任中国心理学会教学工作委员会主任的黄希庭老师之命,我翻译了原书第5版中的第4和第6两章。那个时候国内的教材还基本上是黑白版本,这本彩色印刷的原版教材给我留下了很深的印象。目前这本《心理学导论》是译自第9版,可以感受到国外教材的更新速度。

我愿意向大家推荐这本书,不仅仅是有前述参与过翻译这样一个渊源,我再补充这本新版非常打动我的三点:

首先是本版所涵盖的内容。一方面,心理学学科的发展日新月异,这个版本反映了学科近年的发展,和当代社会联系密切。这点对教师和学生是很有吸引力的。正如作者戴维·迈尔斯在前言中所说:"本书付印的那一天就是我开始为下一版收集信息和构思的日子。"另一方面,本书章节涉及内容全面,可以帮助使用者全面了解心理学科目前的概貌。

其次,由于心理学学科从欧美起步,国内的教学内容多是从北美学习借鉴而来,常常是不加怀疑地接受各种材料中呈现的知识。虽然有些教材也会涉及批判性思维的内容,比如我曾翻译过的一本心理学概论的教材,作者在前言中讨论了批判性思维这个主题,也从知情意三个方面论述了批判性思维的心理学含义。但这本教材用了整整一章(即第一章"运用心理科学进行批判性思考"),深入细致地介绍和讨论了批判性思维在生活和科学研究领域的重要作用。这一点对于我们使用翻译的教材尤为必要,它可以让学生在接受主要来自西方的心理学知识体系和研究结果时有自己的独立思考,能更有效地培养学生根据学到的心理学理论和知识解决自己遇到的问题。

第三,一个非常重要的原因是,这一版的特约编审是我的学姐,北京大学心理学系81级的谢呈秋博士。她在英国的大学学习工作多年,有丰富的英语学术写作和编审经验,近期回国后被同班同学、新曲线的总经理刘力"诱惑"来做精品。众所周知,教科书的编审是件很费神费力的事。本书的编审人员花了一年多的时间,专心致志地认真审校。在目前讲求速成的年代，能扛住各种压力，慢慢打磨，让我敬佩不已。凭着这种精神和态度，当然还有学姐的知识背景作为保障，就我所看到的章节，我很有信心地向大家推荐这本《心理学导论》。它是一本能够让我们的读者享受原汁原味的美国心理学入门教科书。

苏彦捷

北京大学心理与认知科学学院教授、博士生导师

教育部高等学校心理学类专业教学指导委员会秘书长

中国心理学会副理事长、教学工作委员会副主任

译者序

在高等学校的教学改革中，教材建设改革是一个重要环节。过去我国高校的大多数课程都是一门课程使用一种教材。现在许多高校基础课的教学大多实行一门课程使用多种教材和教学参考书的模式。为了进一步推进我国心理学专业基础课的教学改革，引进国外的一些优秀心理学教材是有必要的。美国密歇根州霍普学院戴维·迈尔斯（David G. Myers）所著的《心理学导论》（第9版）是一本颇受读者欢迎的心理学专业基础课教材，也是我们讲授普通心理学的优良教学参考书。综观全书，我认为戴维·迈尔斯《心理学导论》（第9版）具有以下特点：

从内容上看，该书既包含传统的主题同时又与时俱进。作为教科书，其内容是相对稳定的。这本教科书分为上下两册，共有15章，各章内容依次为运用心理科学进行批判性思考，行为的生物学，意识与心理的双通道，毕生发展，性别与性，感觉与知觉，学习，记忆，思维、语言与智力，动机与情绪，应激、健康与人类丰盛，人格，社会心理学，心理障碍，心理障碍的治疗方法。它不仅系统地阐述了心理学的基本概念、基本原理和基本理论，而且还展现了大量的心理学应用的内容；不仅囊括了普通心理学的传统主题，而且还介绍了大量的最新研究成果，指出了这些传统主题新的发展趋势。

从结构上看，该书便于学生自主学习。作者力求把每章的内容连成一条线，形成主题或次主题，使读者在阅读每一章时都能形成清晰的整体印象。具体而言，（1）每章的开篇目录勾勒了整章的内容纲要，每一节主题前提出的问题针对该主题内容启发读者思考，这些都有助于读者阅读时把握每一节的内容；（2）文中的黑体词既表明是专业术语也表明需要读者重点把握的内容；（3）文中的插图、表格、名家名言等便于读者加深对课文内容的理解；（4）"特写"是补充阅读材料，有助于读者拓展对该主题的理解和应用；（5）每一节以自测题开始，用以确定学习目标和引导读者阅读；每节的最后通过"提取一下"问题再次引导读者主动地复习、思考与应用，并以倒置的形式及时给出答案；（6）章末的"本章复习"部分重复了每节开头的自测题，便于读者检查学习效果，查漏补缺。每章最后都提示读者要记住的概念和术语；（7）在全书最后的附录部分给出了自测题的答案，把理论和实践相结合，在检验你对知识掌握程度的同时，培养你的批判精神和锻炼你的动手能力。

从教学理念上看，该书既注重心理学的基本概念、基本原理和基本理论的教学，又强调批判性思维的训练。心理学是一门实证科学。这本教科书对心理学的基本概念、原理和理论的阐述以大量的实证研究为佐证，并采用各种增强理解和强化记忆的方法使学生切实掌握学习内容。与此同时，作者又十分强调学生应批判地去学习心理学。所谓批判性思维，其实就是指要独立思考，不要盲从。本书在批判性思维训练方面采取了不少有力的措施：不仅把阐述心理学任务和方法的第一章主题改为"运用心理科学进行批判性思考"，而且在全书其他各章还设置了许多"批判性思考……"的专栏；不仅阐述了心理学中的传统研究取向（如生物学研究取向、行为研究取向、认知研究取向、精神分析研究取向、人本研究取向），还阐述了最新出现的研究取向（如进化论研究取向、文化研究取向、积极心理学取向），对于所有研究取向的成果，只要有理有据，即使观点截然不同，都加以介绍；不仅介绍研究结果，而且还介绍研究过程，促使读者把自己想象成经典实验的参与者，鼓励读者去思考这些实验可能会发生的错误，多想一想可能错在哪里，直到能解答自己的疑问为止。这些都可以鼓励独立思考，鼓励质疑式学习，对于培养学生的创新能力，学会做学问是十分重要的。这也就是李政道所倡导的"做学问，需学问，只学答，非学问"的教学理念。

从语言风格上看，该书深入浅出、生动活泼并且充满激情。戴维·迈尔斯说，他是为了展现心理学的光彩而写作的。

因此，我认为戴维·迈尔斯的《心理学导论》（第9版）确实是一本优秀的心理学教材，尤其在教学方法的安排上独具特色，始终让师生带着问题学习，带着批判性思维兼容并蓄。另外值得一提的是，《心理学导论》（第9版）的版式设计美观大方，将插图、图表、图文、引言等统一放在疏朗的页边区域，在给读者带来愉快的阅读体验的同时，也便于读者及时把自己的心得体会记录下来。我相信这本书会得到广大读者的喜欢，同时也希望读者批判地加以学习。我更希望有更多的优秀心理学教科书面世。

本书由中国心理学会心理学教学工作委员会邀请有关专家参加翻译。各章的译者是：西南大学黄希庭教授（前言）；西南大学郑涌教授（第1章）；河北师范大学张志杰教授、西南大学杨炳钧教授（第2章）；北京大学苏彦捷教授（第3章和第4章）；西南大学杨炳钧教授（第5章）；北京大学吴艳红教授、首都师范大学丁锦红教授（第6章）；苏州大学刘电芝教授（第7章）；华东师范大学郭秀艳教授（第8章）；西华大学尹德谟教授、广西师范大学李宏翰教授（第9章）；中国政法大学刘邦惠教授（第10章）；中国政法大学杨波教授、苏州大学张明教授（第11章）；北京师范大学许燕教授（第12章）；西南大学秦启文教授（第13章）；南京师范大学郭永玉教授（第14章）；电子科技大学李媛教授（第15章）。史嘉鑫、冀巧玲、邹丹等同志协助了本版新增译文的翻译工作。全书由我审校，彭杜宏同志协助我的工作。为翻译这本书，我们花了不少精力。但由于教务繁忙，时间和水平有限，不当之处乃至错误在所难免，敬祈读者批评指正。

黄希庭谨识于
西南大学窥渊斋

简要目录

心理学的故事：编年简史　v

推荐序　ix

译者序　xi

前言　xvii

第 10 章　动机与情绪　1

第 11 章　应激、健康与人类丰盛　43

第 12 章　人格　79

第 13 章　社会心理学　117

第 14 章　心理障碍　171

第 15 章　心理障碍的治疗方法　215

附录：完整章节复习　253

专业术语表　263

参考文献　268

编辑后记　354

详细目录

心理学的故事：编年简史　v

推荐序　ix

译者序　xi

前言　xvii

动机与情绪　1
第 10 章

动机及相关概念　2
　本能与进化心理学　2
　驱力与诱因　3
　最佳唤醒　3
　动机的层次　5

饥饿　6
　饥饿生理学　7
　饥饿心理学　10
　肥胖与体重控制　12
　特写：腰围管理　14

归属需要　15
　归属的益处　15
　被排除在外的痛苦　17
　联结与社交网络　18
　特写：管理你的社交网络　21

成就动机　22

情绪：唤醒、行为与认知　23
　历史上的情绪理论　24
　沙克特－辛格的双因素理论：生理唤醒＋认知
　　标签＝情绪　25
　扎荣茨、勒杜和拉扎勒斯：认知总是先于情绪吗？　26

具身情绪　28
　基本情绪　28
　情绪与自主神经系统　28
　情绪的生理学　30
　批判性思考：测谎　31

情绪的表达和体验　32
　觉察他人情绪　32
　性别与情绪　34
　文化与情绪　35
　面部表情的作用　38

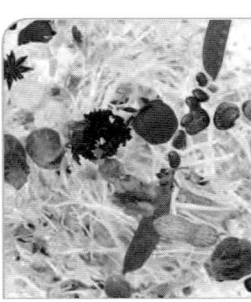

应激、健康与人类丰盛　43
第 11 章

应激与健康　44
　应激：几个基本概念　44
　应激与疾病　48
　特写：处理愤怒的小贴士　54

应对应激　56

目 录　xv

　　个人控制　56
　　乐观与悲观　59
　　社会支持　60
　　特写：宠物也是人类的朋友　61
减少应激　63
　　有氧运动　63
　　放松与冥想　65
　　信仰团体与健康　66
幸福　68
　　积极心理学　69
　　影响幸福感的因素　70
　　幸福的预测因子　74
　　特写：想要更幸福吗　75

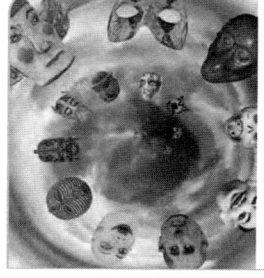

人格　79

第12章

心理动力学理论　80
　　弗洛伊德的精神分析观：探索潜意识　80
　　新弗洛伊德学派和心理动力学理论家　85
　　潜意识过程的测量　86
　　对弗洛伊德精神分析观的评价以及现代的潜意识观点　87
人本主义理论　90
　　马斯洛的自我实现者　90
　　罗杰斯以人为中心的观点　90
　　自我的测量　91
　　对人本主义理论的评价　92
特质理论　93
　　探索特质　93
　　特质的测量　95
　　批判性思考：如何成为一名"成功的"占星家或

　　看相师　96
　　大五因素　98
　　对特质理论的评价　99
社会认知理论　102
　　交互影响　102
　　测量情境中的行为　104
　　对社会认知理论的评价　105
探索自我　106
　　自尊的益处　107
　　自我服务偏差　107
　　文化与自我　110

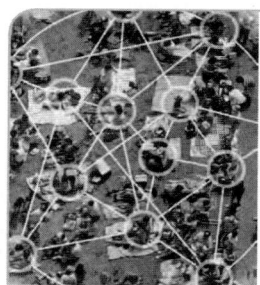

社会心理学　117

第13章

社会思维　118
　　基本归因错误　118
　　态度与行为　120
社会影响　124
　　文化影响　124
　　从众：顺从社会压力　126
　　服从：听从命令　129
　　群体行为　132
社会关系　137
　　偏见　138
　　特写：自动偏见　139
　　攻击　144
　　吸引　151
　　特写：在线配对与快速约会　152
　　利他主义　158
　　冲突与调停　162

xvi 心理学导论

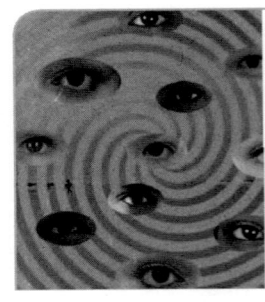

心理障碍 171

第 14 章

心理障碍概述 172
　对心理障碍的理解 172
　　批判性思考：注意缺陷/多动障碍是正常的精力充沛，
　　还是真正的心理障碍？ 173
　心理障碍的分类和给人们贴标签 175
焦虑障碍 178
　批判性思考：精神病与责任 179
　广泛性焦虑障碍 180
　惊恐障碍 180
　恐怖症 180
　强迫症 181
　创伤后应激障碍 182
　对焦虑障碍的理解 183
心境障碍 186
　抑郁症 187
　双相障碍 187
　对心境障碍的理解 189
　特写：自杀与自伤 192
精神分裂症 196
　精神分裂症的症状 197
　精神分裂症的发病和发展 198
　对精神分裂症的理解 199
其他障碍 203
　分离障碍 203
　进食障碍 205
　人格障碍 208
心理障碍的患病率 210

心理障碍的治疗
方法 215

第 15 章

心理障碍的治疗 216
心理治疗 216
　精神分析和心理动力疗法 217
　人本主义疗法 219
　行为疗法 221
　认知疗法 225
　团体与家庭治疗 228
心理治疗的评估 230
　心理治疗有效吗 231
　哪种治疗方法最有效 233
　替代疗法的评估 234
　心理治疗如何助人 236
　心理治疗的文化和价值观 238
生物医学疗法 238
　特写：心理健康专家的消费者指南 239
　药物疗法 239
　脑刺激 243
　精神外科手术 246
　治疗性的生活方式改变 246
心理障碍的预防 248
　复原力 248
　创造健康的环境 249

附录：完整章节复习 253
专业术语表 263
参考文献 268
编辑后记 354

前　言

在《心理学导论》（*Exploring Psychology*）9个版本的写作中，我的愿景从未动摇：把严谨的科学与宽广的人文视角结合起来，兼具理性和感性。我的目标是提供一门最先进的心理学入门课程，以满足学生的需求和兴趣。我渴望帮助学生理解和欣赏他们日常生活中的神奇之处。我还想把心理学家从事研究时的那种探究精神传递给他们。

我对心理学及其在生活中的应用怀有发自内心的热情。心理科学具有扩展思维和开阔心灵的作用。通过研究和运用它的工具、思想和洞察力，我们可以用批判性思维来补充我们的直觉，用同情来约束我们的评判主义，用理解来取代我们的幻觉。当学生们在本书的指引之下完成这一心理学之旅时，我希望他们也会对以下方面有更深的理解：我们的情绪和记忆、潜意识的影响、如何丰盛和奋斗、如何感知我们的物理和社会世界，以及我们的生物学和文化如何反过来塑造我们。

我认同美国作家和哲学家亨利·戴维·梭罗的观点："任何具有生命力的事物，都能以通俗浅显的语言轻松而自然地表达出来。"所以，我力求以简洁的叙述和生动的故事来讲授心理学的知识。"作家的工作，"我的朋友玛丽·皮弗说，"是讲故事，把读者和地球上所有的人联系在一起，把这些人展现为复杂的真实人类，他们拥有自己的历史、家庭、情感和合理的需要。"本书的文字写作是我一人完成的，我希望以一种温暖而富有个性的方式来讲述心理学的故事，同时也具有科学的严谨性。我热衷于反映心理学和其他领域的联系，比如文学、哲学、历史、体育、宗教、政治和通俗文化。我喜欢启发思考，热爱文字的奇妙，天性乐观。威廉·詹姆士在他1891年开创性的《心理学原理》中寻求的是"幽默和感染力"。我亦是如此。

我很荣幸能够面向来自这么多国家如此之多的学生，通过这么多种不同的语言，协助这门扩展思维的学科的教学工作。被委以识别和传播心理学知识的重任，既是一种令人兴奋的荣誉，也是巨大的责任。

创作本书是一个团队项目。就像人类的许多成就一样，它是集体智慧的结晶。伍德罗·威尔逊曾经说过："我不仅动用了我所有的大脑，还有所有我能借用的大脑。"全球成千上万的教师和数以百万计的学生通过这本书来教授或学习心理学（或者两者兼而有之！），他们为这本书的发展作出了巨大的贡献。这种贡献大部分是通过通信和交谈自然而然地发生的。在本次版本更新中，我们正式邀请了1061名研究者、从事教学的心理学家以及251名学生，力争收集心理学领域、导论课程内容、学习辅助材料、教师和学生对补充材料的需求等方面的最新、最准确的信息。我们期待着在未来的版本更新中持续收到反馈，以创作出一本更好的书和教学包。

新增内容

第 9 版是迄今历次修订中修改最仔细、更新最广泛的版本。这个新版本的特点是改进了内容的组织和呈现方式,特别是我们支持学生学习和记忆的体系。

新的学习体系遵循来自学习和记忆研究的最佳实践

新的学习体系利用了测试效应,它体现了通过自我测试主动提取信息的益处(**图 1**)。为此,每一章都穿插了 15 到 20 个新的"提取一下"问题。在整个学习过程中为学生制造出这些必要的难题,可以优化测试效应,同时也充分利用了即时反馈效应(通过每个问题下面倒置的答案)。

此外,正文的每个主要章节都以带编号的问题开始,用以确定学习目标和指导学生阅读。作为进一步的自我测试机会,每章结尾的本章复习部分重复了这些问题(答案在附录的完整章节复习中)。这部分还列出了关键术语和概念。

图 1
测试效应 要想获得如何在学习中运用测试效应的建议,你可以观看这个 5 分钟长的动画。

近 1000 条新的研究引证

我对数十种科学期刊和科学新闻来源的密切关注,加上委托撰写的评论以及来自教师和学生的不计其数的电子邮件,使我能够整合这个领域最重要、最发人深思、与学生最为相关的新发现。维持这项工作所带给我的一部分乐趣是,每天都可以学习新的东西!

章节重组

除了增加新的学习辅助手段和内容覆盖面外,我还在内容组织上做出了如下改变:

- 第 1 章以一个新的小节结尾："提升你的记忆和成绩。"这个指南将帮助学生用新的习惯来取代无效和低效率的旧习惯，从而提升记忆和成绩。
- 上一版中"天性、教养和人类多样性"一章的内容现在已经整合到全书中，包括第 2、4、5、12 和 13 章。
- 第 4 章"毕生发展"篇幅缩短，其中关于衰老与智力的内容移到了第 9 章"思维、语言与智力"中。
- 新增第 5 章"性别与性"，包括新的和经过重要重组的讨论。
- 第 6 章"感觉与知觉"现在以一种更有效和整合的方式介绍这两个主题（而不是先介绍感觉，然后是知觉）。关于聋人经验的内容现在位于第 9 章"思维、语言与智力"中。
- 第 7 章"学习"现在单列"生物学、认知与学习"一节，更全面地探究生物学和认知对学习的限制。
- 第 8 章"记忆"采用了一种新的形式，更清晰地解释了不同的大脑网络是如何加工和保存记忆的。在本章的修改中，我与 Janie Wilson（佐治亚南方大学心理学教授，心理学教学学会副主席）进行了密切合作。
- 第 10 章现在将动机和情绪结合起来。
- 第 11 章"应激、健康与人类丰盛"现在涵盖了关于积极心理学、幸福感和个人控制的讨论。
- 第 12 章"人格"完善了关于现代心理动力学取向的内容，使其与来自弗洛伊德的历史根源更清晰地区分开来。
- "社会心理学"一章现在紧接在"人格"一章之后。
- 第 14 章"心理障碍"现在包括关于进食障碍的内容，此部分内容以前包含在"动机"一章中。

仔细审查和明显改进了关于临床的章节

在临床心理学同事的帮助指导下，我强化了临床的视角，改进了人格、心理障碍和治疗等章节。例如，我在"应激、健康与人类丰盛"一章中讨论了问题聚焦和情绪聚焦的应对策略以及心理治疗与癌症生存的关系，在"智力"一章中描述了心理学家如何在临床环境中使用智力测验。来自今天积极心理学的材料也贯穿其中。

此外，"人格"和"心理治疗"两章都更清晰地区分了历史上的精神分析和现代的心理动力学理论。

保留的内容

八大指导原则

尽管有了这些令人兴奋的变化，新版仍然保留了以前版本的写作宗旨以及大部分的内容和结构。它也保留了推动之前 8 个版本的目标，即指导原则：

增进学习体验

1. **教授批判性思维** 通过将研究呈现为智力侦探工作，我展示了一种探究式、分析性的思维模式。无论学生是在学习发展、认知还是社会行为，他们都将参与进来，并看到批判性推理的益处。此外，他们还会发现实证方法如何帮助他们评估关于众所周知的现象的矛盾观点和说法——从超感知觉（ESP）和替代疗法，到占星术以及被压抑和恢复的记忆。

2. **整合原理与应用** 通过轶事趣闻、个案史和假设的情境，我将基础研究的发现与它们的应用和意义联系起来。在心理学能够解释人类紧迫问题的地方——无论是种族主义、性别歧视、健康与幸福，还是暴力与战争——我都毫不犹豫地让心理学绽放光芒。

3. **强化每一步的学习** 日常生活的例子和设问句鼓励学生主动加工材料。前面提到的概念在后面的章节中经常得到应用和强化。例如，在第 3 章，学生们了解到我们大部分的信息加工发生在我们的意识觉知之外。接下来的章节解释了这个概念。每个主要章节的开头有带编号的学习目标问题，每一章都有贯穿始终的"提取一下"自我测试，每章复习部分列出了关键术语，这些都有助于学生学习和保持重要的概念和术语。

展现心理科学

4. **举例说明探究的过程** 我努力向学生展示的不只是研究的成果，还有研究过程是如何展开的。自始至终，本书都试图激发读者的好奇心。它让读者想象自己是经典实验的参与者。有几章将研究故事作为推理小说来介绍，通过一个又一个的线索逐步解开。

5. **尽可能及时更新** 阅读陈旧新闻的感觉会让学生失去兴趣。在保留心理学经典研究和概念的同时，我也介绍了这门学科近期最重要的发展。第 9 版中有 900 多篇新的参考文献。同样，新插图和日常生活中的例子也来自当今世界。

6. **让事实服务于概念** 我的目的不是给学生灌输各种事实，而是要揭示心理学的主要概念——教会学生如何思考，并提出值得思考的心理学观点。在每一章中，我都强调了那些概念，我希望学生们在完成课程后还能继续学习。我总是试图遵循阿尔伯特·爱因斯坦的名言："一切都应该尽可能简单，但不要过于简单。"学习目标问题以及每一章中的"提取一下"问题，可以帮助学生关注最重要的概念。

弘扬大理念和开阔的视野

7. **通过提供连续性来增进理解** 很多章都有一个重要的问题或主题，它将各个要点衔接起来，形成一条将该章连接在一起的主线。"学习"一章传达了敢于思考的人可以成为知识分子先驱的观点。"思维、语言与智力"一章提出了人类理性和非理性的问题。"心理障碍"一章表达了对生活困扰的同理心和理解。其他的主线，如认知神经科学、双重加工、文化和性别多样性，贯穿全书，学生们听到的声音是一致的。

8. **传达对人类统一性和多样性的尊重**　贯穿全书，读者将看到人类血缘关系的证据——我们共有的生物遗产、我们共同的视觉和学习机制、饥饿和感觉、爱和恨。他们也会更好地理解我们多样性的维度——我们个人在发展和能力、性情和人格以及障碍和健康方面的多样性；以及我们在态度和表达风格、抚养孩子和照顾老人以及生活优先次序中的文化多样性。

强调批判性思维的内容

我的目标是在整本书中向学生介绍批判性思维。我对每个主要章节开头的"学习目标问题"进行了修改，并在每一章中穿插了"提取一下"问题，旨在激发批判性阅读以获得对重要概念的理解。第 9 版还包括以下这些让学生学习或练习批判性思维技能的机会。

- 第 1 章 "运用心理科学进行批判性思考"，向学生介绍心理学的研究方法，强调我们日常直觉和常识中的错误，因此我们需要心理科学。批判性思维是本章的一个关键术语。
- 贯穿全书的"批判性思考"专栏，为学生们提供了心理学中一些重要问题的批判性分析。更新后的"批判性思考：恐惧因素——为什么我们害怕错误的事情"，就是其中的一个例子。
- 穿插于文中的侦探式故事让学生批判性地思考心理学的关键研究问题。例如，在第 14 章中，我逐一介绍了精神分裂症的病因，向学生们展示研究者如何将这个谜题拼接在一起。
- "用一用"和"想一想"式的讨论让学生们主动参与他们对每一章的学习。例如，在第 13 章，学生们可以从所罗门·阿施从众实验的参与者的视角出发，然后是斯坦利·米尔格拉姆的服从实验。我还要求学生们加入到他们可以尝试的活动中去。例如，在第 6 章，他们尝试了一个快速的感觉适应活动。在第 10 章，他们尝试将面部表情与面孔进行匹配，并测试不同面部表情对自己的影响。
- 对通俗心理学的批判性分析可激发人们的兴趣，并在对日常话题进行批判性思考方面提供重要的启示。例如，第 6 章包括对 ESP 的仔细审视，第 8 章讨论了一个有争议的主题，即对痛苦记忆的压抑。

致　谢

如果确如人们所说，"与智者同行的人会变得明智"，那么同事们给我的所有智慧和建议让我变得更加睿智。得益于过去 20 多年间数千位顾问和评审人的帮助，这个版本已成为一本比一个作者（至少是这个作者）所能写出的更完善、更准确的书。正如我的编辑和我不断提醒自己的那样，我们所有人加在一起比我们中的任何一人都更聪明。

我要继续感谢我在过去的 8 个版本中致谢过的对本书出版发挥了重要作用的每一位教师学者，感谢乐于奉献时间和智慧来帮助我准确地报告其工作的无数研究者，感谢通过电话、调查或面对面焦点小组访谈向我们提供反馈的 1155 名指导老师和同学。我也很感激 Janie Wilson（佐治亚南部大学，心理学教学学会副主席）就记忆章节进行的详细探讨。

Nathan DeWall（肯塔基大学）为本次再版做出了宝贵的贡献。他协助修订了第 10 章"动机与情绪"中的"归属需要"部分，第 11 章"应激、健康与人类丰盛"中关于个人控制的讨论，以及第 13 章"社会心理学"中关于攻击性的讨论。

Amy Himsel（埃尔卡密诺学院）是一位善于与学生沟通的有天赋的教师，她指导创作了贯穿这个新版的自测学习辅助工具。

我还要感谢那些对新版本的内容、教学方法和格式提出批评、修改意见和创造性想法的同事们。我要感谢以下列出的评审人和顾问，感谢他们的专业知识和鼓励，感谢他们对心理学教学的贡献。

Jennifer Adler,
Borough of Manhattan Community College, CUNY

David Alfano,
Community College of Rhode Island

Leslie Cramblet Alvarez,
Adams State College

Robert Baker,
Sandhills Community College

Meeta Banerjee,
Michigan State University

Carol Batt,
Seattle Central Community College

Kiersten Baughman,
University of Oklahoma

Alexander Beaujean,
Baylor University

Karen Bekker,
Bergen Community College

Anjan Bhattacharyya,
New Jersey City University

Beth Bigler,
Pellissippi State Tech Community College

Melissa Birkett,
Northern Arizona University

Tim Boffeli,
Clarke University

Gregory Bolich,
Belmont Abbey College

Pamela Bradley,
Sandhills Community College

Jennifer Breneiser,
Valdosta State University

Gayle Brosnan-Watters,
Chandler Gilbert Community College

Willow Aureala,
Hawaii Community College

Rosiana Azman,
Kapiolani Community College

Debra Bacon,
Bristol Community College—Fall River Campus

Deborah Dalke,
Defiance College

Robert Daniel,
Bridgewater State College

Mary Fran Davis,
Austin Peay State University

Sarah D'Elia,
George Mason University

Meliksah Demir,
Northern Arizona University

Jean Desto,
Anna Maria College

Wendy Domjan,
University of Texas—Austin

Evelyn Doody,
College of Southern Nevada

Kathryn Dumper,
Bainbridge College

Robert Egbert,
Walla Walla University

Julie Ehrhardt,
Bristol Community College—New Bedford

Daniella Errett,
Penn Highlands Community College

Kim Felsenthal,
Berkeley College

Christopher Ferguson,
Texas A&M International University

前言 **xxiii**

Cheryl Carmichael, *Brooklyn College, CUNY*

Ana Carmona, *Austin Peay State University*

Natalie Ceballos, *Texas State University—San Marcos*

Kelly Charlton, *University of North Carolina at Pembroke*

Barbara Chutroo, *Borough of Manhattan Community College, CUNY*

Pamela Costa, *Tacoma Community College*

Baine Craft, *Seattle Pacific University*

Christy Cummings, *Community College of Denver*

Drew Curtis, *Texas Woman's University*

Robert Dale, *Butler University*

Wind Goodfriend, *Buena Vista University*

Dan Grangaard, *Austin Community College*

Melinda Green, *Cornell College*

Kelly Hagan, *Bluegrass Community & Technical College*

Diane Hall, *Bay Path College*

Pamela Hall, *Barry University*

Stephen Hampe, *Utica College*

Rhiannon Hart, *Rochester Institute of Technology*

Wendy Hart, *Arizona State University*

Myra Harville, *Holmes Community College*

Matthew Hayes, *Winthrop University*

Carmon Hicks, *Ivy Tech Community College*

Kathleen Hipp, *Daniel Webster College*

Brian Hock, *Austin Peay State University*

Lori Hokerson, *American River College*

Bill Flack, *Bucknell University*

Jonathan Forbey, *Ball State University*

Claire Ford, *Bridgewater State University*

William Fry, *Youngstown State University*

Crystal Gabert-Quillen, *Kent State University*

Dennis Galvan, *Gallaudet University*

Karen Gee-Atwood, *Foothill College*

Inna Ghajoyan, *California State University—Northridge*

Jennifer Gibson, *Tarleton State University*

Amanda Gingerich, *Butler University*

Tracy Juliao, *University of Michigan—Dearborn Campus*

Deana Julka, *University of Portland*

Bethany Jurs, *University of Wisconsin—Stout Campus*

Diane Kappen, *Johnson County Community College*

Katrina Kardiasmenos, *Bowie State University*

Chithra KarunaKaran, *Borough of Manhattan Community College, CUNY*

Brent King, *Adams State College*

Teresa King, *Bridgewater State College*

Annette Kluck, *Auburn University*

Franz Klutschkowski, *North Central Texas College*

Dana Kuehn, *Florida State College at Jacksonville*

Carol LaLiberte, *Asnuntuck Community College*

Donna Landon-Jimenez, *Caldwell College, Mount Saint Mary Academy*

Cynthia Lausberg, *Pittsburg University*

Mia Holland,
Bridgewater State College

Gary Homann,
Lincoln University of Missouri

Mildred Huffman,
Jefferson College of Health Sciences

Steven Isonio,
Golden West College

Lora Jacobi,
Stephen F. Austin State University

Jenny Jellison,
Waynesburg College

Barry Johnson,
Davidson County Community College

Peter Karl Jonason,
University of West Florida

Diana Joy,
Community College of Denver

Stephen Joy,
Albertus Magnus College

Tammy McClain,
West Liberty University

Daniel McConnell,
University of Central Florida

Kyla McKay-Dewald,
Bristol Community College—Fall River Campus

Thomas Meriweather,
Virginia Military Institute

Nadia Monosov,
California State University—Northridge

James Moore,
Marshall University

Robin Musselman,
Lehigh Carbon Community College

Michelle Mychajlowskyj,
Quinnipiac University

Robert Newby,
Tarleton State University

Arthur Olguin,
Santa Barbara City College

Don Osborn,
Bellarmine College

Neophytos Papaneophytou,
Borough of Manhattan Community College, CUNY

Thomas Peterson,
Grand View University

Zehra Peynircioglu,
American University

Melissa Lea,
Millsaps University

Fred Leavitt,
California State University—Hayward

Heather Lench,
Texas A&M University

Nicolette Lopez,
University of Texas at Arlington

Ken Luke,
Tyler Junior College

Melanie Maggard,
Mount San Jacinto College

Toby Marx,
Union County College

Jim Matiya,
Florida Gulf Coast University

Simone Matlock-Phillips,
Bay Path College

Elizabeth Matys-Rahbar,
Greenwich High School

Clarence Rohrbaugh,
Fairmont State College

James Rollins,
Austin Peay State University

Jane Russell,
Austin Peay State University

Valerie Scott,
Indiana University Southeast

Neda Senehi,
California State University—Northridge

Tim Shearon,
The College of Idaho

LaTishia Smith,
Ivy Tech Community College

Rita Smith-Wade-El,
Millersville University

Kristin Sorensen,
Defiance College

Gary Springer,
Los Angeles College International

Jonathan D. Springer,
Kean University

Kimberly Stark-Wroblewski,
University of Central Missouri

Meri Stiles,
Lyndon State College

Deborah Stipp,
Ivy Tech Community College

Dawn Strongin,
California State University—Stanislaus

Kellie Pierson,
Northern Kentucky University

Gary Popoli,
Stevenson University

Jack Powell,
University of Hartford

Patrick Progar,
Caldwell College

Michael Rader,
Johnson County Community College

Kimberly Renk,
University of Central Florida

Shannon Scott Rich,
Texas Woman's University

Cynthia Rickert,
Ivy Tech Community College

Hugh H. Riley,
Baylor University

Kristin Ritchey,
Ball State University

Donna Stuber-McEwen,
Friends University

Robert Tanner,
Albuquerque Technical Vocational Institute

Yonca Toker,
Georgia Institute of Technology

Stephen Truhon,
Austin Peay State University

Lynda Vannice,
Umpqua Community College

Nancy Voorhees,
Ivy Tech Community College

Benjamin Wallace,
Cleveland State University

Thomas Westcott,
University of West Florida

Keilah Worth,
St. Catherine University

Frederic Wynn,
County College of Morris

Worth 出版公司的很多人在第9版的创作中扮演了重要的角色。

尽管信息收集永远不会结束，但正式的写作计划是在作者和出版团队一起进行为期两天的闭门会议时开始的。参加这次快乐而有创意的聚会的人包括 John Brink，Thomas Ludwig，Richard Straub，来自作者一方的我，以及我的助手 Kathryn Brownson 和 Sara Neevel。和我们一起的还有 Worth 出版公司的高管 Tom Scotty，Elizabeth Widdicombe，Catherine Woods，Craig Bleyer 和 Mark Resmer；编辑 Christine Brune，Kevin Feyen，Nancy Fleming，Tracey Kuehn，Betty Probert 和 Trish Morgan；艺术总监 Babs Reingold；销售和市场营销的同事 Tom Kling，Carlise Stembridge，John Britch，Lindsay Johnson，Cindi Weiss，Kari Ewalt，Mike Howard 和 Matt Ours；特别嘉宾有 Amy Himsel（埃尔卡密诺学院社区学院），Jennifer Peluso（佛罗里达大西洋大学），Charlotte vanOyen Witvliet（霍普学院）和 Jennifer Zwolinski（圣地亚戈大学）。这次会议期间产生的想法和头脑风暴促成了这个版本中很多内容的诞生，包括学习辅助材料、经过仔细修订的临床章节、关于性别和性的独立章节以及令人耳目一新的新设计。

前8版的主编 Christine Brune 是一个创造奇迹的人。她给予了我鼓励、温和的告诫、对细节的关注和对卓越的热情，并把它们恰当地融合起来。对于作者来说不能要求更多了。

Nancy Fleming 是一位杰出的策划编辑，既擅长于对某一章节"从大处着眼"——与我志趣相投——又能将她敏感、优雅的笔触运用于字里行间。

出版人 Kevin Feyen 是一位值得尊敬的团队领导者，这归功于他的奉献精神、创造力和敏感性。Catherine Woods（编辑和生产高级副总裁）帮助构建并执行了这本教科书及其补充材料的计划。当我们在这个过程中面临一系列看似无穷无尽的决定时，Catherine 也是一位值得信赖的参谋。Elizabeth Block 和 Nadina Persaud 协调了这个版本的大量媒体和印刷补充材料的制作。Betty Probert 高效地编辑和制作了印刷补充材料，并在此过程中帮助了整本书的一些微调。Nadina 还为委托和组织大量的评审、向教授发送信息以及处理与该书开发和生产有关的许多其他日常任务提供了宝贵的支持。Lee Ann Mckevitt 在每一页的布局上都做得很出色。Bianca Moscatelli 和 Donna Ranieri 一起查找了大量的照片。

印刷与数字开发总监 Tracey Kuehn 领导着 Worth 公司富有天赋的艺术制作团队，并协调出版过程的所有编辑录入工作。在此过程中她表现出坚韧不拔、忠于职守和卓越的组织能力。生产经理 Sarah Segal 富有技巧地使本书跟上了紧凑的日程，艺术总监 Babs Reingold 熟练地指导了美观的新设计和艺术项目创作。生产经理 Stacey Alexander 与补充材料生产编辑 Edgar Bonilla 制作了许多补充材料，他们的工作一直很出色。

为了实现我们支持心理学教学的目标，我们不仅要编写、审阅、编辑和制作教学包，还要将其提供给心理学教师们。我们的作者团队非常感谢 Worth 出版公司的专业销售和营销团队，因为他们在这方面取得了非凡的成功。我们特别感谢执行市场经理 Kate Nurre、市场经理 Lindsay Johnson 以及国家心理学和经济学顾问 Tom Kling，感谢他们孜孜不倦地将我们的努力传达给从事教学的同事们，以及与他们一起工作的快乐。

在霍普学院，本版的支持团队成员包括 Kathryn Brownson，她仔细推敲了无数的细节信息，勘校了数百页书稿。Kathryn 已经在很多方面成为一位知识丰富和细心的顾问。还有 Sara Neevel，她已经成为我们的高科技手稿开发者。她们非常出色。

我再次衷心感谢我的写作教练、诗人 Jack Ridl 的影响和编辑协助，他对我的影响见诸于本书的字里行间。是他培养了我与语言共舞的乐趣，教我把写作当作一门艺术，这一点我从他的身上获益最多。

无数人称赞这本书的补充材料把他们的教学提高到了新的水平，听了这些，我十分庆幸能成为这个团队中的一员，这里的每个人都准时完成了最高专业水准的作品。我要感谢 John Brink，Thomas Ludwig 和 Richard Straub，感谢他们杰出的才华、长期的奉献和忠诚的友谊。欢迎 Jennifer Peluso（佛罗里达大西洋大学）加入我们的教学包团队。我很感激她出色的工作——建立在已故的 Martin Bolt 多年来的创造性工作的基础之上。

最后，我还要感谢那些给我们提供建议或仅仅是一句鼓励话语的学生和指导老师们。正是他们和那些即将开始学习心理学的人们，使我竭尽所能地介绍我所深深热爱的心理学。

本书付印的那一天就是我开始为第 10 版收集信息和构思的日子。你的宝贵意见将一如既往地影响本书持续不断地进化，所以，请不吝分享你的想法。

戴维·迈尔斯
美国密歇根州霍普学院
Hope College
Holland，Michigan 49422-9000 USA
www.davidmyers.org

动机及相关概念
本能与进化心理学
驱力与诱因
最佳唤醒
动机的层次

饥饿
饥饿生理学
饥饿心理学
肥胖与体重控制
特写：腰围管理

归属需要
归属的益处
被排除在外的痛苦
联结与社交网络
特写：管理你的社交网络

成就动机

情绪：唤醒、行为与认知
历史上的情绪理论
沙克特－辛格的双因素理论：生理唤醒＋认知标签＝情绪
扎荣茨、勒杜和拉扎勒斯：认知总是先于情绪吗？

具身情绪
基本情绪
情绪与自主神经系统
情绪的生理学
批判性思考：测谎

情绪的表达和体验
觉察他人情绪
性别与情绪
文化与情绪
面部表情的作用

第 10 章

动机与情绪

2003 年春季一个不幸的星期六之后，经验丰富的登山运动员亚伦·拉斯顿深刻地理解了动机是如何激发和指引行为的。拉斯顿几乎征服了科罗拉多地区所有的高峰，也独自徒步穿越了一些峡谷，似乎都能有惊无险，平安顺利地到达终点，以至于出发之前他都不屑于告诉任何人自己要去哪里。在犹他州狭窄的蓝约翰峡谷里，距上面最终的绳索下降点只有137米，拉斯顿正在攀爬一块近千斤重的巨石，突然灾难发生了：巨石发生松动，压住了他的右腕和右前臂。正如他的自传书名所示——《在岩石与困境之间》（又译《进退两难》——编者注）。

意识到根本不会有人来营救自己，拉斯顿用尽所有的力气试图移开巨石。根本没有任何效果。随后他拿出不太锋利的小折刀试图凿碎岩石。同样徒劳无功后，他用绳索套住巨石试图抬起它。哎呀，还是没有任何效果。一个小时接一个小时，一个寒冷的夜晚接一个寒冷的夜晚，他被困住了。

到了星期二，拉斯顿已经用光了食物和水。在星期三，因为饥饿和干渴的折磨，他开始储存和饮用自己的尿液。利用自带的摄影机，他准备向亲朋好友道别，他现在感到对他们强烈的爱："再一次表示对你们每个人的爱。请为了我，把爱、和平、幸福和美丽的生命带入这个世界。谢谢你们，我爱你们。"

在星期四，惊奇地发现自己依旧活着，拉斯顿对未来的家庭生活产生了一种似乎神圣的领悟：独臂人环抱学前小子的景象。在这种灵感的激励下，他唤起了坚强的求生意志，集中了所有剩余的力气，在接下来的一个小时主动折断了自己的骨头，随后用小折刀切断了自己的胳膊。他压上止血带，切断最后一丝肌肤，在被困127小时之后重获自由。他用流着血的半条胳膊抓住绳索降下20多米深的悬崖，在遇到人之前徒步跋涉了8千米。用他自己的话说，他完全陷入"一种欣快状态……感觉已经死亡，站在自己的坟墓前，留下我最后的遗愿和遗嘱，墓碑上刻着'息止安所'，所有这一切，突然消失了，我又活过来了。这无疑是我曾经体验过的最美好的时刻"（Ralston, 2004）。拉斯顿的饥渴，他对他人的归属感以及求生的意志凸显了**动机**——激发行为并使之指向某一目标的需要或欲望——的力量。他强烈的爱和快乐的情绪体验表明了我们的感情，或**情绪**，与动机行为之间的密切关系。在本章，我们将讨论这两种人类力量。

2　心理学导论

动机及相关概念

10-1：心理学家如何定义动机？他们从哪些视角审视动机行为？

现今心理学家把**动机**（motivation）定义为激发行为并使之指向某一目标的需要或欲望。我们的动机来自天性（生理上的"推动力"）和教养（认知和文化上的"牵引力"）的相互作用。

心理学家从4种视角来理解动机行为：

- 本能理论（现在为进化观点所代替）侧重遗传上预先设定的行为。
- 驱力降低理论强调我们如何对内部推动力做出回应。
- 唤醒理论强调寻找最佳刺激水平。
- 亚伯拉罕·马斯洛的需要层次理论则描述了我们不同需要的优先顺序。

"你怎么认为……我们是否应该启动这项动机研究？"

本能与进化心理学

20世纪初，随着达尔文进化论影响力的扩大，把各种行为归类为本能成为一种时尚。如果人们自责，那是由于他们的"自卑本能"；如果人们自吹自擂，那就反映了他们"自信的本能"。一位社会学家浏览了500多本书后，竟从中罗列出5 759种可能的人类本能！但不久以后，由于自身缺陷，这股为本能命名之风衰退了。这些早期的本能理论家们不是去解释人类行为，而仅仅是简单地给行为命名，这就像通过给儿童贴上"后进生"的标签来"解释"一个聪明儿童的低分一样，仅仅给行为命名并不是解释这种行为。

某种复杂行为要成为**本能**（instinct），必须在整个物种里具有固定的模式，并且

相同的动机，不同的回路
神经系统越复杂，有机体的适应性就越强。人类和织巢鸟都能满足各自安居的需要，只不过方式上反映了不同的遗传的能力。人类的行为很灵活，他们能学习建造房屋所需的任何技能。织巢鸟的行为模式则刻板，它们只能建造这种鸟巢。

无需学习（Tinbergen, 1951）。这样的行为在其他物种中很普遍（回忆一下第 4 章鸟类的印刻现象和第 7 章大马哈鱼的回游行为）。人类的行为也显示出某些无需学习的固定模式，如婴儿天生的觅食和吮吸反射，但人类更多的行为是生理需要和心理欲望共同指引的结果。

尽管本能理论没能成功地解释大多数的人类动机，但是，基因预先设定物种典型行为仍然是进化心理学的基本假设。我们在第 7 章讨论过生物易感性对条件作用的局限，第 9 章讨论过人类的语言，都是基因预先设定行为的例子。本章后面部分我们将讨论味觉偏好如何帮助我们生存下来。我们还会讨论进化可能如何影响我们的助人行为和浪漫邂逅（第 13 章），还有我们的恐怖症（第 14 章）。

驱力与诱因

当最初的动机本能理论衰落后，它被**驱力降低理论**（drive-reduction theory）所取代。这种理论认为，生理需要（食物、水等）引起唤醒、激发的状态（一种驱力，比如饥饿或口渴），从而驱使有机体通过吃或喝来减少需要（**图 10.1**）。当生理需要增加时，心理驱力也在增加，鲜有例外。

驱力降低的生理目标是**体内平衡**（homeostasis）——维持稳定的内部状态。体内平衡（英文"homeostasis"的字面意思就是"保持不变"）的一个例子就是身体的温度调节系统，它的工作原理与房间里的恒温器一样，都是通过反馈环路发挥作用：传感器把室内的温度传送给控制装置，如果室内温度很低，控制装置将接通火炉。同样，如果体内温度很低，血管会收缩以保持温暖，我们就会受到驱动多穿衣服，或者寻找一个更暖和的环境。

需要（如食物，水）→ 驱力（如饥饿，口渴）→ 降低驱力行为（如吃，喝）

图 10.1
驱力降低理论
驱力降低理论来源于体内平衡的观点——有机体具有维持内部状态稳定的先天倾向。因此，如果我们缺水，口渴会驱动我们饮水以恢复身体的正常状态。

我们不仅受降低驱力的需要的推动，而且也受**诱因**（incentive）——引诱或排斥我们的正、负刺激——的拉动。这是一种个体过去的学习经验影响动机的方式。依据我们的学习经验，美食的香味，无论是炸花生还是烤蚂蚁，都能激发我们的行为。看到有吸引力或危险的事物也一样能激发我们的动机。

需要和诱因并存时，我们会感到强烈的驱动力。久未进食的人闻到烤面包的香味时会感到一种强烈的饥饿驱力。在这种驱力面前，烤面包成了具有强烈吸引力的诱因。所以，对于每种动机，我们都可以问："动机是如何被我们先天的生理需要所推动，又是如何被环境中的诱因所拉动的？"

最佳唤醒

然而，体内平衡系统并非全部。一些动机激发的行为实际上增强了唤醒。吃饱喝足的动物会离开它们的栖身之所探索四周的环境，获取信息，却似乎没有任何的基于需要的驱力。好奇心驱使猴子们四处胡闹，试图搞清如何打开一把不通向任何

受好奇心的驱使 幼猴和小孩都着迷于他们以前从未接触过的东西。他们探索相对陌生事物的驱力也是并非为了满足任何即时的生理需要的动机之一。

地方的门闩,或如何打开一扇能让它们看到屋外的窗户(Butler, 1954)。好奇心也驱使 9 个月大的婴儿去探察房间内每个可能的角落。好奇心驱使我们在这里讨论的那些科学家们进行科学研究。同样,好奇心也驱使亚伦·拉斯顿和乔治·马洛里等探索者和冒险家去探索未知世界。有人问乔治·马洛里(第一个登上珠穆朗玛峰的人)为何想去攀登珠峰,他回答说:"因为它在那里。"像马洛里和拉斯顿一样,那些喜欢高度唤醒的人也很可能喜欢强劲的音乐、新奇的食物和危险的行为(Zuckerman, 1979, 2009)。他们是"刺激寻求者"。

因此,人类动机的目标并不是要消除唤醒,而是要寻求最佳唤醒水平。在所有的生理需要得到满足之后,我们仍会感到体验刺激和渴求信息的驱力。正如神经科学家毕德曼和瓦索(Biederman & Vessel, 2006)在发现奖励信息获取的脑机制之后所言,我们都是"信息迷"。刺激缺乏,我们会感到无聊,并且会寻找提高唤醒达到最佳水平的方法。然而刺激太多,压力也会随之而来,于是我们又会寻找降低唤醒的方法。

20 世纪早期的两位心理学家研究了唤醒与表现之间的关系,发现了我们现在称为**耶基斯－多德森定律**(Yerkes-Dodson law)的规律,即适度唤醒能产生最佳表现(Yerkes & Dodson, 1908)。例如,在参加考试时,适度唤醒较为有利——保持警觉但又不会紧张到发抖。我们已经知道,最佳唤醒水平还取决于任务,较难的任务需要较低的唤醒水平才能有最佳表现(Hembree, 1988)(图 10.2)。

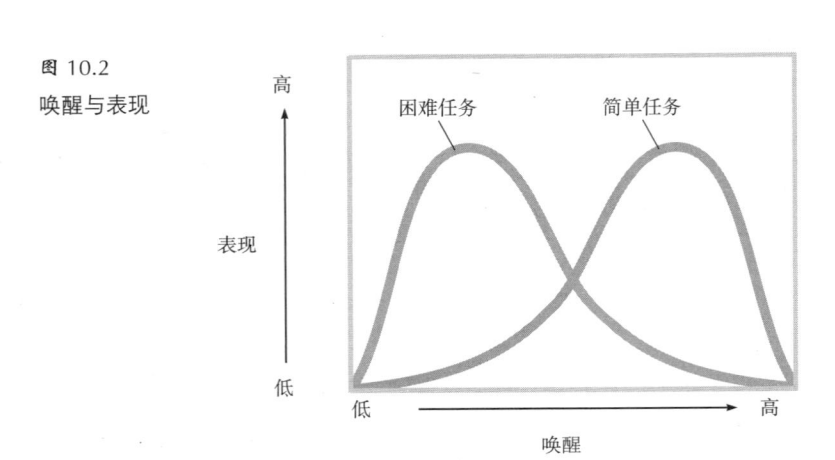

图 10.2
唤醒与表现

> **提取一下**
> - 困难任务在唤醒水平较低时表现最佳，而简单任务或熟练任务则在唤醒水平较高时表现最佳。（1）这一现象对跑步者可能会有什么影响？（2）这一现象对参加一项困难考试的焦虑应试者可能会有什么影响？（3）放松训练对焦虑学生的表现可能会有什么影响？
>
> 答案：（1）引起竞争的跑步者的唤醒水平要高。（2）考试的难度表明对于焦虑应试者的表现。（3）放松训练应该在考试之前帮助他们重新唤醒（Hembree, 1988）。

动机的层次

某些需要优先于其他需要。此时此刻，你对空气和水的需要得到了满足，其他动机——例如你对成就的渴望——就会激发并指引你的行为。若你对水的需要得不到满足，那么渴就会盘踞在你的心头。不信问问亚伦·拉斯顿。但是，如果你被剥夺了空气，那么渴就会消失。

亚伯拉罕·马斯洛（Maslow, 1970）把这些需要的先后顺序描述为**需要的层次**（hierarchy of needs）（**图** 10.3）。在这个金字塔的底层是生理需要，比如对食物和水的需要。只有这些需要得到满足，我们才被激励去满足安全的需要，然后再去满足人类特有的需要：给予和接受爱，享受自尊。此外，马斯洛（Maslow, 1971）说，人类还有最高级的需要：发挥全部潜能的自我实现需要。（关于自尊和自我实现的更多内容见第 12 章。）

马斯洛在晚年还提出，有些人还能达到自我超越的层次。在自我实现的层次上，人们会寻求实现自我的潜能。而在自我超越的层次，人们会努力寻找超越个人和自我的意义、目的和交流共享（Koltko-Rivera, 2006）。

> 饥饿是贫穷最急迫的形式。
> ——终结饥饿联盟，2002

图 10.3

马斯洛的需要层次理论

一旦较低层次的需要得到满足，我们就会产生更高层次的需要（Maslow, 1970）。2011 年，灾难性的龙卷风席卷美国中西部和东南部，对于幸存者来说，满足最基本的对水、食物和安全的需要已成为首要之事。这种情境下，马斯洛层次上更高等级的需要（如尊重、自我实现等）往往变得不太重要。

- **自我超越的需要**：寻找超越自我的意义和同一性的需要
- **自我实现的需要**：实现一个人最充分而独特的潜能的需要
- **尊重的需要**：自尊、成就、竞争和独立的需要；获得来自他人的认可和尊重的需要
- **归属与爱的需要**：爱与被爱的需要，归属与被接受的需要；避免孤独和疏远的需要
- **安全需要**：感到世界是有组织的和可预测的需要；感到安全、可靠和稳定的需要
- **生理需要**：满足饥渴的需要

马斯洛的需要层次理论有些主观臆断，这些需要的顺序并非一成不变。有人会为了政治宣言绝食。文化的影响也很重要：在推崇个人主义的国家里，自尊显得尤为重要，所有焦点都集中在个人成功上，而不是家庭和社会的认同（Oishi et al., 1999）。而且，在同意马斯洛基本需要层次的同时，今天的进化心理学家指出，吸引并留住配偶和养育后代也是普遍的人类动机（Kenrick et al., 2010）。

不过，有些动机比另一些动机驱力更强的朴素观点为思考动机提供了一个框架。对全世界的生活满意度的调查也支持了这个基本观点（Oishi et al., 1999; Tay & Diener, 2011）。在那些缺钱购买食品和住房的贫穷国家里，经济上的满意度更加强烈地预示着主观幸福感；在富有的国家里，大部分人的基本需要都能得到满足，所以家庭生活的满意度就显得更加重要。

现在，我们来思考一下3种具体的动机，从最基本的生理水平上的饥饿开始，然后到更高层次的归属需要和成就需要。在每个层次上，我们都能看到诱因（心理"拉力"）与生理需要（生理"推力"）是如何相互影响的。

提取一下

- 本能理论、驱力降低理论和唤醒理论对我们理解动机行为有哪些贡献？

答案：本能理论认为我们的行为源自于基因预设的身体特性。驱力降低理论认为，生理需要（如饥饿）引发唤醒状态（如紧张），从而激发我们去减弱它的行为。这种行为很难解释非生物性的动机。

- 在一个陌生的城市中独自行驶了数小时后，你终于看到了一个小饭馆，虽然它看上去非常冷清，阴森恐怖，但你非常饥饿，所以你还是停了下来。马斯洛的需要层次理论如何解释你的行为？

答案：根据马斯洛的理论，我们满足归属需要和安全需要的动机，会屈居我们吃饭的需要之后。

饥　饿

科学家基斯（美军K级口粮的发明者）和他的同事（Keys et al., 1950）做的一个如今看来也堪称经典的半饥饿研究，生动地展示了生理需要的力量。研究者挑了36名男性志愿者（都是战时基于道德原因而拒绝服兵役者）参与实验。他们一开始让参与者吃只够维持最初体重的食物；后来的6个月，在这个水平上再减去一半的食物。结果很快就显现出来，这些参与者下意识地开始储存能量，他们显得迟钝和沉闷。他们的体重迅速下降，最后逐渐稳定在最初体重的75%左右。

正如马斯洛可能会猜测的那样，这些人变得痴迷于食物。他们谈论食物，做关于食物的白日梦；收集食谱，阅读烹饪书籍，眼睛总盯着那些美味的但被禁止食用的食物。同时，他们对性和社会活动都失去了兴趣。那些未被满足的基本需要始终盘踞在他们的心头。正如一个实验参与者所说："如果让我们看一场表演，最让人感兴趣的部分莫过于人们吃饭的场景。世界上最滑稽的画面也不会让我觉得好笑，爱情戏也索然无味。"

半饥饿状态的人对食物的专注说明，已激发的动机的力量可以控制我们的意识。正如新闻记者多罗西娅·迪克斯（1861—1951）所观察到的，"饥饿时没有人想接吻。"我们饥饿、口渴、疲劳或性唤醒时，其他事情都显得不太重要。当你没有这些需要时，

大自然常常为生命的必需品——性、食物和养育——提供内在的满足。

——弗兰斯·德·瓦尔，"没有神灵的道德？", 2010

"不要在饥饿时打猎。"

食物、水、睡眠或性在你的生活里就根本不是什么重要的事物,永远都是这样。

诺格伦等人(Nordgren et al., 2006, 2007)的研究发现,处在动机"热"状态(缘于疲劳、饥饿或性唤醒)的人很容易记起过去类似的感受,并认为这是其他人行为的驱力。(你或许会回忆起第 8 章曾提及,我们当前或好或坏的情绪对记忆的平行效应。)饿着肚子走进食品店,你更可能认为那些果酱甜甜圈一直是你的所爱,并且明天还会想要。动机非常重要。

> 饱汉不知饿汉饥。
> ——爱尔兰谚语

饥饿生理学

10-2:哪些生理因素导致饥饿?

基斯的实验中,被剥夺了正常的食物供给后,处于半饥饿状态的志愿者明显感到饥饿。然而,严格来讲,到底是什么引发了饥饿?是胃空的痛苦吗?从坎农和沃什伯恩(Cannon & Washburn, 1912)的研究来看,似乎是这样。沃什伯恩吞下了一个气囊,这个气囊连接着记录装置(图 10.4)。他们给胃里的气囊充气,气囊就把

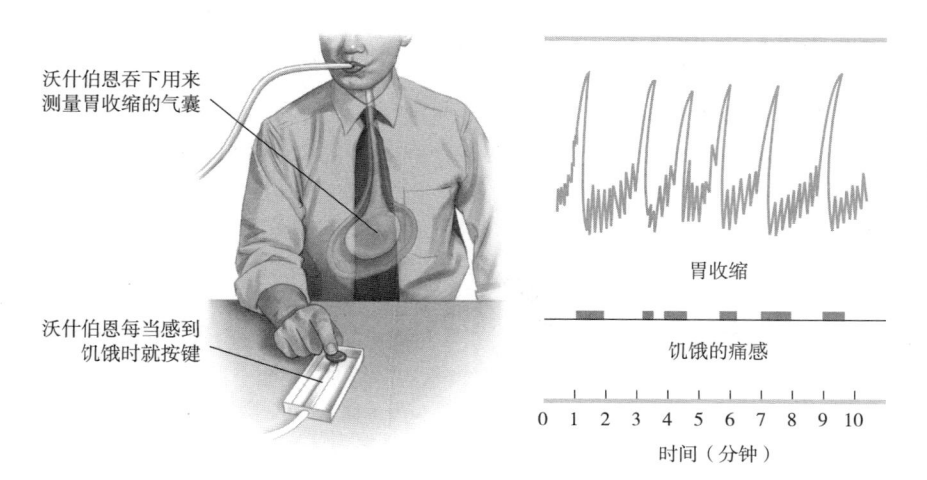

沃什伯恩吞下用来测量胃收缩的气囊

沃什伯恩每当感到饥饿时就按键

胃收缩

饥饿的痛感

0 1 2 3 4 5 6 7 8 9 10
时间(分钟)

图 10.4

监测胃收缩

应用这个程序,沃什伯恩发现,胃收缩(由胃中气囊传递)伴随着饥饿感(通过按键显示)(Cannon, 1929)。

胃收缩的信号传递给记录装置。他的胃一直受到监控,每次感到饥饿,他都按键一次。结果发现,无论他什么时候感到饥饿,实际上都有胃收缩的反应。

没有了胃空的痛苦,饥饿是否还会持续?为了回答这个问题,研究者把几只老鼠的胃切除掉,并把它们的食道和小肠连接到一起(Tsang, 1938)。老鼠会继续进食吗?事实上它们会的。有些人患溃疡或癌变的胃被切除后,饥饿也会同样存在。如果胃空的痛苦不是饥饿的唯一根源,那还有什么会引发饥饿呢?

体内化学物质和脑

你的身体在某处以某种方式一直监控着摄入的和可利用的能量。如果不是这样的话,你就没法保持稳定的体重。你的身体能量的主要来源之一是**血糖**(glucose)。如果你的血糖水平降低了,你意识不到这种变化,但是你的胃、肠和肝脏会向大脑发出信号,以激发进食行为。你的大脑在自动监控着血液中的化学物质和身体的内部状态,接着你的大脑会引发饥饿。

大脑是如何整合这些信息并发出饥饿警报的呢?多个神经区域参与这项工作,一些神经区域位于大脑深处的下丘脑(**图 10.5**)。这一神经通路交叉路口包括影响进食的脑区。例如,一个神经弧(称为弓状核)有一个中心可分泌刺激食欲的激素,另一个中心可分泌抑制食欲的激素。对这一神经区域和其他区域的探查显示,当用电刺激一个食欲增强中心时,吃饱的动物还会开始进食;如果那个区域遭到破坏,即使是饥饿的动物也对食物毫无兴趣。相反,如果食欲抑制中心受到刺激,动物将停止进食。破坏这一区域,动物会变得异常肥胖(Duggan & Booth, 1986; Hoebel & Teitelbaum, 1966)(**图 10.6**)。

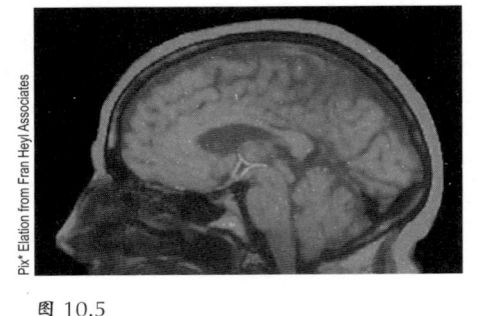

图 10.5
下丘脑(见彩插)
正如我们在第 2 章中所看到的,下丘脑(红色区域)执行各种身体维持功能,包括饥饿控制。

图 10.6
大脑控制进食的证据
破坏下丘脑中一个食欲抑制区域导致这只老鼠的体重增至三倍。

血管为下丘脑提供原料,从而使它能够对我们目前的血液化学成分以及有关身体状态的传入神经信息作出反应。下丘脑的任务之一是监控身体食欲激素的浓度,比如饥饿素,即由空胃分泌的饥饿唤醒激素。严重肥胖的人做了绕道手术,部分胃被封闭。剩余的胃所分泌的饥饿素大为减少,从而降低了食欲(Lemonick, 2002)。其他食欲激素包括胰岛素、瘦激素、增食欲素、酪酪肽;**图 10.7** 描绘了这些激素是如何影响你的饥饿感的。

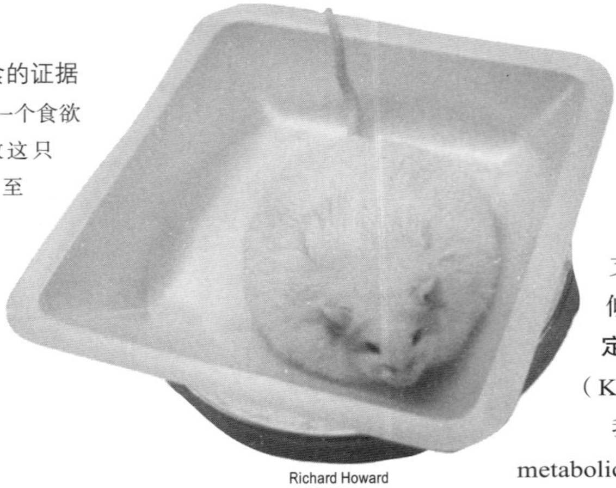

食欲激素和大脑活动的相互作用表示身体有着某种"体重恒温器"。当半饥饿大鼠的体重降到正常值以下时,系统就会向身体发出恢复体重的信号。大鼠的饥饿感增加,而能量支出减少。如果体重增加——比如大鼠处于强迫进食状态时——饥饿感就会降低,能量支出就会增加。通过这种方式,大鼠(和人类)倾向于将体重保持在一个稳定的水平上,即**设定点**(set point),这有一部分是受遗传影响的(Keesey & Corbett, 1983)。

我们人类(以及其他物种)在**基础代谢率**(basal metabolic rate)上各有不同。基础代谢率是指身体在休

第 10 章 动机与情绪　　**9**

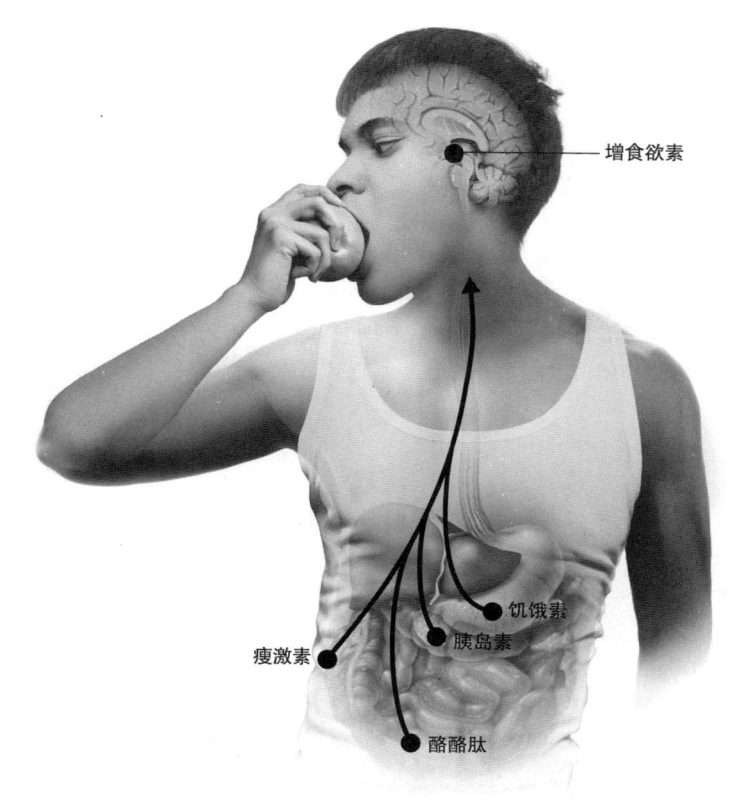

图 10.7
食欲激素

- 胰岛素：由胰腺分泌的激素；控制血糖。
- 饥饿素：由空胃分泌的激素；向大脑发送"我饿了"的信号。
- 瘦激素：由脂肪细胞分泌的蛋白质激素；当含量高时，向大脑发出加快新陈代谢并且减少饥饿感的信号。
- 增食欲素：由下丘脑分泌的触发饥饿的激素。
- 酪酪肽：消化道激素，向大脑发送"我不饿"的信号。

"不要在喝醉和饥饿时去文身。"

息状态时维持身体基本功能的能量消耗。但我们对食物摄入减少有着共同的反应：我们的基础代谢率降低，就像基斯实验中的参与者一样。当 24 周的半饥饿状态结束时，参与者的体重一直稳定在正常体重的 3/4 处，而在此过程中他们的进食量始终只有过去的一半。他们的身体是如何实现这一节食者的噩梦的？他们减少了能量消耗，部分原因是不太活跃，但部分原因是他们的基础代谢率下降了 29 个百分点。

一些研究人员认为，生物学的固定设定点的观点过于生硬，有些情况无法解释。它没有解决的一个问题是，体重的持续缓慢变化能够改变一个人的设定点（Assanand et al., 1998）。另外一点是，当我们可以无限制地享用各种各样的美味时，我们往往会吃得过多，体重增加（Raynor & Epstein, 2001）。并且设定点也不能解释为什么心理因素会影响饥饿。因此，一些人更喜欢用较宽泛的术语稳定点，来表示一个人的体重随热量摄入和能量使用而稳定在某一水平。接下来我们将看到，这些因素受到环境和生物学的影响。

接下来的 40 年你大约会吃掉 20 吨的食物，如果你每天的食物摄入量超过身体能量所需 0.3 克，那么你会增重 11 公斤（Martin et al., 1991）。

提取一下

- 当血糖_____（低 / 高）和饥饿素_____（低 / 高）时会出现饥饿。

答案：低；高

饥饿心理学

10-3：影响饥饿的文化和情境因素有哪些？

我们的进食欲望由体内化学变化和大脑活动所推动。然而饥饿并不仅仅是满足胃的问题。罗津和他的同事测试了两个患有遗忘症的病人，这两个病人对发生在 1 分钟前的事情毫无记忆（Rozin et al., 1998），如果在吃完正常午饭后的 20 分钟，再给他们提供一顿饭，他俩都很乐意吃完它……并且在第 2 顿饭结束后 20 分钟通常还有第 3 顿。这意味着对进食时间的知晓部分源于我们对上一顿饭的记忆。上次吃饭后经过一段时间，我们会期望再次吃东西并且开始感到饥饿。

味觉偏好：生物与文化

体内化学变化和环境因素不仅共同影响我们何时感到饥饿，而且还影响我们饥饿时想吃什么，即味觉偏好。当你感到紧张或抑郁时，你是否想吃富含碳水化合物的淀粉类食物？碳水化合物（如意大利面、薯条和糖果）有助于提高有镇静作用的神经递质 5-羟色胺的水平。当感到紧张时，甚至连大鼠都会觉得奥利奥是额外的奖励（Artiga et al., 2007; Boggiano et al., 2005）。

我们对甜和咸的偏好是遗传且普遍的，但是条件作用会强化或改变这些偏好。如果给人吃含盐量很高的食物，就可能会发展成一种对过量盐的喜好（Beauchamp, 1987）。因吃了某种食物而恶心生病，人们会对所吃的东西产生一种厌恶感（儿童疾病的频繁发生为他们提供了许多机会，让他们学会避免某些食物）。

所处的文化会教给我们有些食物是可以接受的，而有些则不能接受。游牧于沙漠中的阿拉伯人喜欢吃骆驼的眼睛，而大部分北美人会对此反感。大多数北美人和欧洲人不吃狗肉、鼠肉和马肉，而这些东西在别的地方被奉为极品。

但我们的很多口味偏好都体现了生物智慧。环境可以对影响我们饮食和口味的人类遗传学产生影响。例如，在生产牛奶的农耕地区，生存模式更青睐乳糖耐受的个体（Arjamaa & Vuorisalo, 2010）。由于气候炎热的地方食物坏得更快，那里烹饪通常都会加入能抑制细菌生长的调味品（**图 10.8**）。在印度，每种肉类食谱中平均有约 10 种调味料，而芬兰则为 2 种。孕期的食物厌恶和恶心也与之相关，这种味觉厌恶的高峰发生在第 10 周左右，这时正是发育中的胚胎最易受毒素伤害的时候。

大鼠倾向于回避不熟悉的食物（Sclafani, 1995）。我们也一样，尤其是动物类食物。这种新奇恐怖症（对不熟悉事物的厌恶）对我们的祖先来说确实具有适应意义，它能保护他们远离那些可能的有毒物质。然而，随着时间的推移，大多数反复品尝新奇的水果饮料或民族特色食物的人们开始欣赏新口味（Pliner, 1982; Pliner et al., 1993）。

习得的口味 世界各地的人都会学着享用自己文化中常见的油腻、苦味或辛辣食物。对尤皮克阿拉斯加土著（左图）来说，akutaq（有时称为"爱斯基摩冰激凌"），传统上由驯鹿脂肪、海豹油和野生浆果做成，是一种美味佳肴，但对大多数其他北美人来说并非如此。对秘鲁人来说，烤豚鼠（右图）也同样美味。

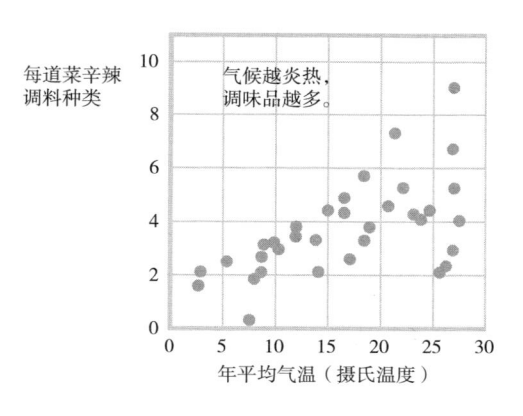

图 10.8
热带文化钟爱辛辣调料

进食的情境影响

令人惊讶的是，情境也可以控制我们的进食——这种现象被心理学家称为进食的生态学。下面 3 种情况你可能注意到了，但低估了其影响程度：

- 和其他人一起吃饭时你是否吃得更多？大多数人如此（Herman et al., 2003; Hetherington et al., 2006）。聚会结束后，你可能会意识到自己吃多了。这是因为他人在场往往会放大我们的自然行为倾向。（第 13 章将对社会助长进行更多阐述。）
- 单位偏差发生在类似的不经意间。与法国国家科学研究中心的研究人员一起工作时，安德鲁·盖尔和同事（Geier et al., 2006）探索了为什么法国人的腰围小于美国人的一种可能解释。从苏打饮料到酸奶的容量，法国食物的分量都比较小。这有关系吗？（我们也可以点两份小的三明治当一份大的。）为了找到答案，研究人员向人们提供各种免费零食。例如，在一个公寓的大堂里，他们放置了整块或半块的椒盐卷饼，大块或小块的蛋卷，或一大碗巧克力豆，里面放大勺或小勺。他们得出一致的结果：标准分量超大，人们会吃掉更多的卡路里。在其他研究中（Wansink, 2006, 2007），与小碗相比，当提供大碗时，甚至营养专家也会给自己多拿 31% 的冰淇淋；用大勺会比用小勺多盛 15% 的冰淇淋。分量大小很重要。
- 食物多样化也会刺激进食。与被要求从最喜欢的甜点中选择一份时相比，我们在吃甜点自助餐时吃得更多。对我们的早期祖先来说，这些行为具有适应性。当食物丰富多样时，多吃可以提供更多种维生素和矿物质，并形成可在寒冷的冬天或饥荒时为他们提供保护的脂肪。当没有大量丰盛的食物时，少吃可以延长食物供应，直到冬天或饥荒结束（Polivy et al., 2008; Remick et al., 2009）。

提取一下

- 在没有食物的情况下徒步 8 小时后，你期待已久的最喜欢的食物就在面前，你的口水会先流出来。这是为什么？

答案：你已经习惯了对食物的视觉和味觉反应。这种信号会刺激你身体的生理唤醒（比如饥饿）和心理唤醒（对美味食物的期待），帮助你消化即将到来的食物。

肥胖与体重控制

10-4：哪些因素让一些人容易变得肥胖，并保持肥胖？

肥胖可能对社会交往有不利影响，它会影响别人如何对待你以及你的自我感觉。肥胖与心理健康水平低（尤其是女性）和抑郁风险增加有关（de Wit et al., 2010; Luppino et al., 2010; Mendes, 2010）。6~9 岁的肥胖儿童更可能受到欺凌（Lumeng et al., 2010）。而且，后面我们将会看到，肥胖还会增加躯体疾病的风险。然而，在减肥大战中获胜的超重者却寥寥无几。为什么？为什么吃同样多的东西，有些人会长胖，而有些人却一斤都不会长？

肥胖的生理学

我们的身体储存脂肪的理由很充分。脂肪是一种理想的能量储存形式，一种可以支撑身体挨过食物匮乏期的高卡路里燃料储备，而食物匮乏在我们史前祖先的生活中屡见不鲜。难怪在今天的许多发展中国家（和早期的欧洲一样）人们认为胖人有魅力：肥胖象征着富有和社会地位（Furnham & Baguma, 1994; Swami et al., 2011）。

现在，在世界上食物和糖果供应丰富的地方，那条曾适合我们饥饿的远古祖先的规则——当你发现高热量的脂肪和糖时，吃下去！——已经失去了作用。在几乎所有能读到本书的地方，人们都面临着一个日益严重的问题。世界卫生组织（WHO, 2007）估计，全世界有超过 10 亿人超重，以世界卫生组织定义的体重指数（body mass index, BMI）大于等于 30 为标准，其中 3 亿人为临床肥胖（体重指数 = 体重［千克］÷ 身高［米］的平方）。在美国，过去 40 年间成人肥胖率翻了一番还多，达到 34%，儿童青少年肥胖已经翻了两番（Flegal et al., 2010）。

严重肥胖会增加糖尿病、高血压、心脏病、胆结石、关节炎和某些癌症的风险，从而导致医疗费用增加且预期寿命缩短（de Gonzales et al., 2010; Jarrett et al., 2010; Sun, 2009）。近期的研究发现女性肥胖与其晚年的认知衰退风险有关，包括阿尔茨海默症和脑组织损失（Bruce-Keller et al., 2009; Whitmer et al., 2008）。一项实验发现，严重肥胖者在做过减肥手术体重显著下降 12 周后，记忆力有所提高。那些没有接受手术的人显示出进一步的认知衰退（Gunstad et al., 2011）。

肥胖的生理学研究对"严重超重的人都是意志薄弱的贪食者"的刻板印象提出了挑战。

设定点与新陈代谢 一旦我们变胖，维持体重所需的食物比增加体重所需的要少。脂肪的代谢率低于肌肉——需要较少的食物能量就可以保持。当超重者的体重低于之前的设定点（或稳定点）时，他的饥饿感就会增加，新陈代谢降低。因此，身体通过减少消耗卡路里来应对饥饿。

瘦人似乎也天生喜欢四处走动。与常常久坐不动保存能量的超重者相比，瘦人消耗的卡路里更多（Levine et al., 2005）。这些处于休息状态时新陈代谢的个体差异，有助于解释为什么两个身高、年龄和活动水平相同的人，即使其中一个比另一个吃得少得多，却可以保持同样的体重。

美国人报告的平均体重为 80 千克，但他们想要的体重是 73 千克。

——伊丽莎白·曼德斯，
www.gallup.com，2010

遗传因素 是我们的基因使我们坐立不安或久坐不动吗？研究确实揭示了遗传对体重的影响。考虑以下两个例子：

- 尽管在家吃同样的饭，但领养的兄弟姐妹间体重彼此不相关，与养父母的体重也不相关。相反，人们的体重与生物学父母相似（Grilo & Pogue-Geile, 1991）。
- 即使分开抚养，同卵双生子的体重也非常接近（Hjelmborg et al., 2008; Plomin et al., 1997）。综合多项研究的结果发现，他们的体重相关系数平均为 +0.74。异卵双生子的体重相关系数只有 +0.32，说明基因可以解释我们体重差异的三分之二（Maes et al., 1997）。

食物与运动因素 基因对肥胖有重要影响。但环境因素的影响也同样巨大。

欧洲、日本和美国的研究显示，睡眠不足的儿童和成人更容易肥胖（Keith et al., 2006; Nedeltcheva et al., 2010; Taheri, 2004a, b）。由于睡眠剥夺，瘦激素（将身体脂肪信息报告给大脑）的水平降低，且饥饿素（刺激食欲的胃部激素）水平升高。

社会影响是另一个因素。一项对 12 067 人长达 32 年的研究发现，当有朋友变肥胖时，个体最有可能变胖（Christakis & Fowler, 2007）。如果非常亲密的朋友变胖，则个体肥胖的可能性几乎增加 3 倍。此外，朋友间体重的相关性不仅仅是人们选择相似的人做朋友的问题。朋友有重大影响。

环境影响体重最强有力的证据来自我们越来越胖的世界（图 10.9）。这一日益严重的问题原因何在？食品消费和活动水平的改变在起作用。我们吃得越来越多，活动越来越少，生活方式越来越接近那些饲养场（农民把不活动的动物喂肥）的动物。在美国，需要中等强度身体活动的工作从 1960 年的 50% 下降到 2011 年的 20%（Church et al., 2011）。

"底"线：新的体育场、剧院和地铁车厢——但不包括飞机——都加宽座位来适应人们腰围的增长（Hampson, 2000; Kim & Tong, 2010）。华盛顿州立渡轮废除了一项使用了 50 年的标准："18 英寸（约 46 厘米）的臀部是过去的事情了"（Shepherd, 1999）。面临"大苹果臀"这一大问题的纽约，用无靠背座位替换了几乎所有的 17.5 英寸靠背式地铁座（Hampson, 2000）。归根结底，今天的人们需要更多的空间。

请注意这些发现如何强化了第 9 章智力研究的一个熟悉的问题：在遗传不能解

> 我们把快餐放在每个角落，把垃圾食品放在学校，我们取消[体育课]，我们把糖果和苏打水放在每个你能想到的零售店的收款台。结果出来了。它奏效了。
> ——哈罗德·格尔德斯坦，加利福尼亚公共卫生倡导中心执行主任，2009，《当想象一项大型全国性实验以鼓励增重》

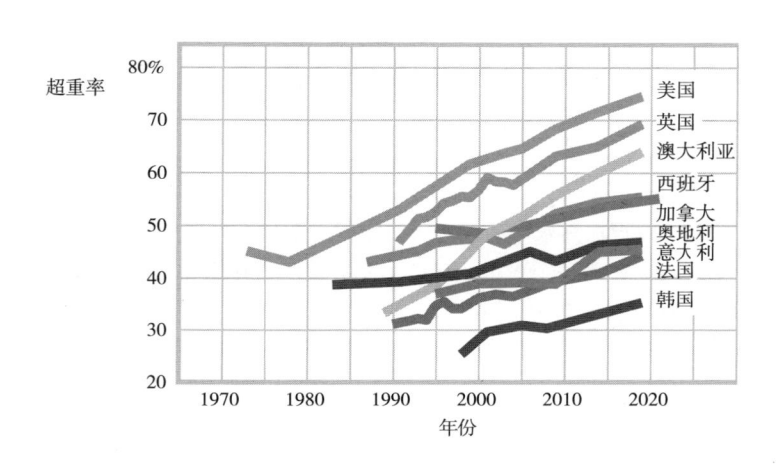

图 10.9
过去和预计的超重率，数据来自经济合作与发展组织（OECD）
（见彩插）

14 心理学导论

> **特 写**
>
> ## 腰围管理
>
> 你或许在摇头："我变瘦并保持苗条的希望非常渺茫。"与肥胖作斗争的人寻求医学评估和指导的做法是明智的。对另一些希望略微减轻体重的人，研究人员给出了一些建议。
>
> 只有当你觉得有动力且能自律时才开始。对大多数人来说，永久的减肥需要将保持苗条作为一项事业——终生调整饮食习惯同时增加运动量。
>
> 做运动，保证充足的睡眠。不活动的人常常会超重（图10.10）。特别是保证每晚 7~8 小时的睡眠时，运动可以清空脂肪细胞，增加肌肉，加速新陈代谢，并有助于降低身体的稳定点（Bennett, 1995; Kolata, 1987; Thompson et al., 1982）。
>
> 尽量少接触诱人的食物线索。只在吃饱后去食品店。不在屋里放诱人的食物，并把其他吸引人的食物存放在看不见的地方。
>
> 限制食物种类，吃健康食品。食物种类多时，人们就会吃得更多；吃有全谷类、水果和蔬菜的简单饭菜。健康脂肪，比如橄榄油和鱼类脂肪，有助于调节食欲和堵塞动脉的胆固醇（Taubes, 2001, 2002）。绿色蔬菜好过甜甜圈。
>
> 减少分量。用较小的碗、盘和其他器具盛放食物。
>
> 不要饿一天，晚饭时又吃一顿大餐。这种在超重人群中常见的进食模式会降低新陈代谢。此外，有均衡早餐的人上午晚些时候更清醒，疲乏感较少（Spring et al., 1992）。
>
> 谨防放纵狂欢。特别是对男性来说，细嚼慢咽可以减少食量（Martin et al., 2007）。在那些有意识地限制进食的人中，喝酒或感到焦虑、沮丧会解除对进食冲动的约束（Herman & Polivy, 1980）。
>
> 在和其他人一起吃饭之前，先决定你要吃多少。和朋友一起吃饭会分散注意力，减弱你对自己进食的监控（Ward & Mann, 2000）。
>
> 记住，大多数人都会偶尔犯错。一次犯错，并不会导致满盘皆输。
>
> 与支持团体建立联系。与他人合作，面对面或通过网络都可以，分享彼此的目标和进展（Freedman, 2011）。

图 10.10

美国式懒散：沙发土豆当心——看电视与肥胖相关。
随着生活方式变得越来越久坐不动，看电视时间增多，英国、加拿大和美国的超重人口比例也越来越高（Pagani et al., 2010）。让加利福尼亚儿童参加减少看电视的教育项目，他们看电视的时间减少，体重也降低了（Robinson, 1999）。不看电视？还要当心其他让你马达空转的屏幕放映时间。

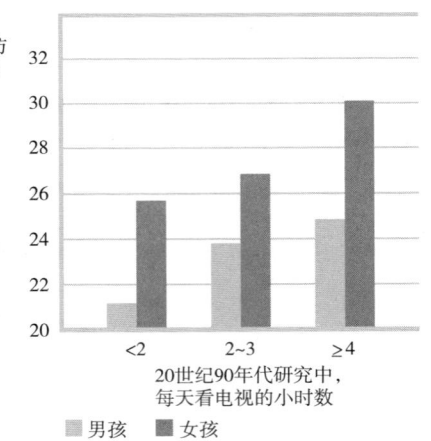

释群体差异的情况下，也可以存在高水平的遗传力（遗传对个体差异的影响）。基因主要决定了为什么一个人现在比另一个人重。环境主要决定了为什么今天的人比 50 年前的人们重。我们的饮食行为也表明了现在已为我们所熟悉的生物、心理和社会文化因素之间的相互作用。关于如何摆脱多余的体重，参看特写：腰围管理。

> **提取一下**
>
> - 以下 5 种策略中哪 3 种有助于防止不受欢迎的体重增加？
>   a. 良好睡眠
>   b. 规律运动
>   c. 晚餐吃得最多
>   d. 和朋友一起吃饭
>   e. 加入支持团体
>
> 答案：a、b、e。

归属需要

10-5：有何证据表明我们人类有归属需要？

与肥胖有关的社会耻辱可能会让超重的人烦恼，甚至超过对健康问题的担心。为什么？我们是亚里士多德所说的"社会性动物"。与朋友或亲人隔离——入狱，独自到一所新学校，生活在异国他乡——的大多数人都会对与重要他人失去联系感受深刻。这种深切的归属需要似乎是一种基本的人类动机（Baumeister & Leary, 1995）。我们有与他人交往的需要，甚至在持久、亲密的关系中强烈地依恋某些人。人格理论家艾尔弗雷德·阿德勒主张，人类有"归属社会的强烈需要"（Ferguson, 1989, 2001, 2010）。我们的心理需要驱动适应性行为，当心理需要得到满足时，我们的心理幸福感就会提升（Sheldon, 2011）。

归属的益处

社会联系提高了我们祖先的生存率。那些形成了依恋的成年人更可能走到一起生育后代，并一起把子女养育成人。依恋关系有助于儿童与照料者待在一起，保护他们远离许多威胁。确实，"悲惨"（wretched）这个词按其起源（在中世纪英语中是"*wrecche*"）来看，其字面意思就是"身边没有亲属"。

合作也增强了生存能力。在单独搏斗中，我们的祖先并非最凶恶的猎食者。但是作为捕猎者，他们知道人多力量大。作为食物采集者，他们成群结队地出没，以作为对掠夺者和四足猛兽的防御。那些感受到归属需要的人是生存和繁衍最成功的人，他们的基因也会占据主导地位。我们是天生的社会性动物。地球上每一个社会里的人都属于某个群体（就像第 13 章所解释的一样），人们更喜欢和偏爱"我们"而非"他们"。

你是否有亲密的朋友——可以无拘无束地向其倾诉你的起起落落的人？有人和我们分享好消息会让我们对好消息的感觉更好，也会让我们对友情感觉更好（Reis et al., 2010）。归属需要似乎比其他任何需要都更丰富。一项研究发现，非常快乐的大学生区别于他人的不是金钱，而是"丰富而令人满意的亲密关系"（Diener & Seligman, 2002）。

归属需要为我们的思想和情感涂上了色彩。我们花费大量时间来考虑我们实际的和期望中的关系。当关系形成时，我们常常感到快乐。双双坠入爱河的人们，因情不自禁地咧嘴大笑而感到双颊疼痛。若问，"什么是你幸福的必要条件？"或"什

> 我们必须彼此相爱，否则只有死路一条。
>
> ——W.H. Auden,
> "1939 年 9 月 1 日"

么使你的生活有意义？"大多数人会回答——排在最前面的是——与家庭、朋友或伴侣有亲密、满意的关系（Berscheid，1985）。幸福与家庭紧密相连。

思考一下：过去一周中你最满意的时刻是什么？研究人员让美国和韩国大学生回答这一问题，然后要求他们评估这一时刻对不同需要的满足程度（Sheldon et al., 2001）。在两个国家，峰值时刻都是对满足自尊需要和关系–归属需要作出的贡献最大。当我们对关系需要获得与其他两个基本心理需要——自主（个人控制感）和胜任——同等的满足时，我们就会体验到深深的幸福感，我们的自尊也会高涨（Deci & Ryan, 2002, 2009; Milyavskaya et al., 2009; Sheldon & Niemiec, 2006）。确实，自尊是我们所感受到受重视和被接纳程度的计量器（Leary et al., 1998）。

我们大部分社会行为的目的在于增加归属感，这是不是很让人惊讶？为了避免遭到拒绝，我们一般会遵守团体标准。我们监控自己的行为，希望留下好印象。我们花大量的钱在衣服、化妆品、饮食以及健身器材上——所有这一切都由我们寻求爱和接纳所驱使。

通过在"我们"周围画一个界限分明的圆圈，归属需要不仅满足了深深的依恋，也形成了恐吓威胁。归属需要不但使我们形成有爱的家庭、忠诚的友谊及团队精神，也使我们形成青少年帮派、种族敌对以及狂热的民族主义。

不管是好还是坏，我们都努力建立并维持我们的关系。熟悉引起喜爱而非鄙视。在学校、职场、龙卷风避难所等场合，人们聚在一起，表现得就像磁铁一样，彼此靠近，建立纽带。分离会使我们感到痛苦。我们许诺会打电话、写信以及重聚。

这其中的部分原因是爱的感觉可以激活大脑的奖赏和安全系统。在一项涉及接触高温的实验中，当看着爱人的照片（而非看着其他人的照片，或用词语任务分散注意）时，沉醉在爱中的大学生感觉到的疼痛明显减轻（Younger et al., 2010）。爱人的照片还可以激活与安全感有关的脑区——前额叶皮层——抑制身体的疼痛感（Eisenberger et al., 2011）。爱是一种天然止痛药。

即使恶劣的关系破裂时，人们也会感到痛苦。在一项跨16个国家的调查中，分居和离婚的人可能只有一半与已婚者一样说他们"很幸福"，这一结果在美国的重复调查中也出现了（Inglehart, 1990; NORC, 2010）。在这样的分离之后，孤独感和愤怒——有时甚至有种奇怪的想去接近前伴侣的欲望——徘徊不散。对于那些处于虐待关系中的人来说，因孤独而致的害怕似乎比情绪或身体所遭受的痛苦更糟糕。

建立关系的需要 来自菲律宾的妇女在154 000个香港家庭中一周六天当"家庭佣人"。星期日，她们成群聚在商业中心区吃饭、跳舞、唱歌、交谈、大笑。"这是人性展现出的最大的幸福，"一名观察者报道说（*Economist*, 2001）。

那些穿行于一连串领养家庭或反复经历家庭搬迁的儿童深深了解孤独的恐惧。刚建立起的依恋关系一次又一次地中断，可能使他们在形成深层依恋方面有一定困难（Oishi & Schimmack, 2011）。在一些极端情况下——成长在未与任何人形成归属感的环境中的儿童，或被锁在家里受到严重忽视的儿童——证据最为明显。太多儿童变得退缩、惊恐和沉默寡言。童年时对他人的不安全依恋感会持续到成年期，主要有两种形式（Fraley et al., 2011）。一些人表现为不安全焦虑型依恋，不断寻求接受，但对可能的拒绝信号时刻保持警惕；另一些人则受困于不安全回避型焦虑，接近他人时感到不舒服，从而采取回避策略来保持距离。

不论我们早期的安全感建立得有多好，在面对威胁或社会关系破裂时我们都会体验到焦虑、孤独、嫉妒或内疚。就像亲密关系开始时——交到新朋友、坠入爱河、有了宝宝——是生命中最美好的时刻一样，亲密关系结束时是生命中最糟糕的时刻（Jaremka et al., 2011）。丧失关系时，我们感到生活空虚无望。即使是远离家乡在大学校园里生活的头几周，对许多学生来说也是痛苦的。

当移民和难民单独搬迁到新的地方时，压力和孤独可能使人沮丧。把这样的家庭单独安置在被隔绝的社会团体中数年之后，美国移民政策开始鼓励连锁移民（Pipher, 2002）。在城镇中定居下来的第二批苏丹难民家庭，通常要比第一批难民更容易适应。

社会隔绝会使我们处于智力降低和不健康的风险中（Cacioppo & Hawkley, 2009）。但如果接纳感和联结感增加，自尊、积极情感和帮助他人而非伤害他人的愿望都会增加（Blackhart et al., 2009; Buckley & Leary, 2001）。

被排除在外的痛苦

你能否回忆起被排斥、被忽视或被回避的感觉？可能你曾被沉默对待；可能人们都躲着你，或对你视而不见，甚至在背后嘲笑你。如果你和其他人一样，即使处于一个讲不同语言的群体中，你也会感到被排斥，成为语言上的局外人（Dotan-Eliaz, 2009）。在一项模拟访谈研究中，相比于使用包容性（*his or her*）或中性（*their*）语言，如果访谈者使用性别排除的语言（*he, his, him*），被访谈的女性会感到更多的排斥（Stout & Dasgupta, 2011）。

这些经历都是被排斥的例子——社会排斥（Williams et al., 2007, 2009）。在世界范围内，人类利用各种形式的排斥——流放、监禁、单独拘禁——进行惩罚，进而控制社会行为。对儿童来说，即使一次短暂的孤立也是惩罚。让人们讲述一次感觉特别糟糕的人生片段，约80%的人会讲述一次关系困难（Pillemer et al., 2007）。孤独感也会像疾病一样通过社交网络从一个人传染到另一个人（Cacioppo et al., 2009）。

被回避——受到冷落或沉默对待，或别人避开你的目光——将使一个人的归属需要受到威胁（Williams & Zadro, 2001）。"社会排斥是你能对一个人所做的最卑鄙的事情，尤其是当你知道他们不能还击时。我真不应该来到这个世上。"莉说，她是受母亲和祖母冷遇的终身受害者。像莉一样，人们常以抑郁的情绪对排斥作出反应，起初努力去重建他们对自己的接纳，接着就是退缩。理查德在受其雇主两年冷遇之后说："我每天晚上回来就哭。我瘦了25磅，没有自尊，而且感到自己没有任何价值。"

经历排斥会感觉到真正的疼痛，就像社会心理学家基普林·威廉斯及其同事在网络排斥研究中的惊人发现（Gonsalkorale & Williams, 2006）。（你可能记得在社交网站中没有朋友或粉丝，在聊天室被忽略或发出的短信、电子邮件石沉大海。）他们发现，这些排斥会产生负面影响：它会引起一些脑区的活动增加，如前扣带皮层，这一脑区在躯体疼痛时也会激活（Kross et al., 2011; Lieberman & Eisenberger, 2009）。这有助于解释另一项令

忍耐排斥的痛苦 在美国军事学院西点军校，白人学员多年来一直排斥亨利·福里泊，希望他退学。他想方设法抵制住了他们的残忍行为，在1877成为第一个非裔西点军校毕业生。

社会接纳与拒绝 在真人秀《幸存者》中，成功的参与者结成联盟并获得同伴的接纳。其他人受到终极社会惩罚，被"投票表决驱逐出岛"。

注意：研究人员后来向参与者公开了实验的意图，并对他们进行了安抚。

人惊讶的发现：止痛药对乙酰氨基酚（泰诺和安乃近中含有）可以缓解社会的以及身体的疼痛（DeWall et al., 2010）。在各种文化中，人们都使用相同的词语（例如伤害、压垮）来形容社会疼痛和生理疼痛（MacDonald & Leary, 2005）。在心理上，我们体验到的社会疼痛似乎和生理疼痛有同样的不愉快感。

疼痛，不论来源如何，都会吸引我们的注意，并激发纠正行为。被拒绝而又无法改变现状时，人们可能会寻找新的朋友或通过坚定的宗教信仰来缓解压力（Aydin et al., 2010）。否则人可能会变得很险恶。在一系列实验中，研究者（Baumeister et al., 2002; Twenge et al., 2001, 2002, 2007）告诉人们（根据一项人格测试），他们是"一类可能独自终老一生的人"，或是"他们曾结识的一些人不想让他们参加一个正在形成的群体"。研究者告诉其他参与者，他们将"一辈子都拥有令人满意的人际关系"，或者说"每个人都选择你作为他们想要与之合作的人"。那些被排斥的人更可能采取自我挫败的行为，且在能力倾向测试中表现不佳。拒绝也会干扰他们对他人的同理心，并使他们更可能对曾经排斥过他们的人进行毁谤或攻击（例如，用噪音对他们进行攻击）。研究小组指出："如果聪明、适应良好、成功的学生在一个小型社会排斥实验室实验中都变得具有攻击性，那么，在现实社会生活中，由长期被渴望加入的团体排斥而引起的攻击倾向，仅仅想象一下都让人觉得不安。"的确，正如威廉斯（Williams, 2007）所观察到的，排斥"贯穿在一次又一次校园暴力事件中"。

提取一下

- 让学生在研究中感觉到被拒绝和多余，他们作出了怎样的反应？怎样解释这些结果？

答案：这些学生在实验中表现出了更多的自我挫败行为，在能力倾向测试中表现不佳，并且对他人缺少同情心。

联结与社交网络

10-6：社交网络对我们有什么影响？

作为社会性动物，我们生活即是为了建立联系。研究人员乔治·维兰特（Vaillant, 2009）从20世纪30年代开始对238名哈佛大学生进行研究，直至他们去世。如果问乔治收获了什么，他会回答，"对生活真正有影响的唯有你与他人的关系。"一句南非祖鲁谚语道出了真谛：Umuntu ngumuntu ngabantu——"一个人通过其他人而成人。"

移动网络与社交媒体

看看周围，人们通过各种方式进行联系：交谈、短信、发帖、聊天、社交游戏、电子邮件。我们联系方式的变化非常迅速且巨大：

- 手机是历史上最迅速采用的技术。2010 年底，全世界有 69 亿人，有 53 亿手机用户（ITU, 2010）。亚洲和欧洲领先。在印度，有 6.18 亿人使用手机——几乎是卫生间使用人数 3.66 亿的 2 倍（*Harper's*, 2010）。但美国青少年正在赶上世界的脚步：15~18 岁的青少年中，85% 的人是手机使用者（Kaiser, 2010）。
- 短信和电子邮件一直在取代电话通话，后者目前在美国移动网络流量中占不到一半（Wortham, 2010）。现在，在加拿大和其他地方，电子邮件也在没落，短信、脸书和其他通信技术正在取而代之（IPSOS, 2010a）。快速发短信并不是真正的书写，约翰·麦克沃特（McWhorter, 2012）评论称，而是一种新的交谈形式——"手指语"。
- 90% 的美国青少年都发短信，而 2006 年这一比例只有 50%。其中半数（大部分是女孩）每天发短信超过 50 条；三分之一的人每天发 200 条（Lenhart, 2010）。对许多人来说，它就像是朋友，不论是好还是坏，它始终存在。
- 我们有多少人正在使用社交网站，比如脸书？在 2010 年的美国大学新生中，这一比例为 94%（Pryor et al., 2011）。你的"临界数量"的朋友都在某个社交网络中，其诱惑让人难以抵挡。这就是我们对归属感的需要。要么注册登录，要么失之交臂。

社交网络的社会效应

通过将志同道合的人联结在一起，互联网发挥了一个社会放大器的作用。它也充当了在线约会媒人（更多关于这些主题的内容在第 13 章）的角色。随着电子通信成为"新常态"的一部分，研究人员正在探索这些变化如何影响我们的关系。

社交网站减轻还是加重了我们的社会隔绝？ 在互联网使用的最初几年，聊天室和社交游戏中的在线交流几乎都发生在陌生人之间，花很多时间上网的青少年和成人与朋友交流的时间都少了（Kraut et al., 1998; Mesch, 2001; Nie, 2001）。因此，他们的线下人际关系受损。即使是今天，孤独的人上网的时间也超过平均水平（Bonetti et al., 2010; Stepanikova et al., 2010）。社交网络使用者认识现实生活中邻居的可能性较小，而且"他们依靠邻居帮忙照顾自己或家人的可能性比非互联网使用者低 64%"（Pew, 2009）。

虽然互联网导致邻里关系疏离，但它使我们的社交网络多样化。（我现在正连接着世界各地的其他听力技术倡导者。）社交网络也加强了我们与已经认识的人之间的联系（DiSalvo, 2010; Valkenburg & Peter, 2010）。如果你的脸书网页帮助你与朋友联系、与亲戚保持接触或在面临困难时获得支持，那么，你并不孤单（Rainie et al., 2011）。不过，对很多人来说，孤独并不是问题。如果你和其他学生一样，两天

在我心里，对于通信革命的核心——人类对联系的渴望——没有任何疑问。

——*Skype* 总裁 乔希·西尔弗曼，2009

的脸书剥夺后会过度使用脸书，就像禁食两天后狼吞虎咽吃饭一样（Sheldon et al., 2011）。社交网络将我们联系在一起，但它也可能成为一种耗费大量时间和注意力的消遣。关于一些基于研究的策略，请参见特写：管理你的社交网络。

电子交流能否促进健康的自我表露？ 就像我们在 11 章将要讲到的，信赖他人是一种应对日常挑战的健康方式。与面对面交流相比，电子交流时，我们通常较少关注他人的反应，较少害羞，因此也就较少受到压抑。我们更愿意分享欢乐、忧虑和软弱。有时这也会走向极端，比如一些发送色情短信的青少年会发自己的裸照，或者一些"网霸"会借此骚扰受害者，或者仇恨团体发送消息煽动偏执或犯罪行为。但是，更多时候，自我表露增加可以加深友谊（Valkenburg & Peter, 2010）。

尽管电子网络为我们带来很多好处，但大自然为我们设计的是面对面的交流，后者似乎能够更好地预测生活满意度（Killingsworth & Gilbert, 2010; Lee et al., 2011）。虽然发短信和发电子邮件都有益处，但与家人和朋友的眼神交流更是如此。

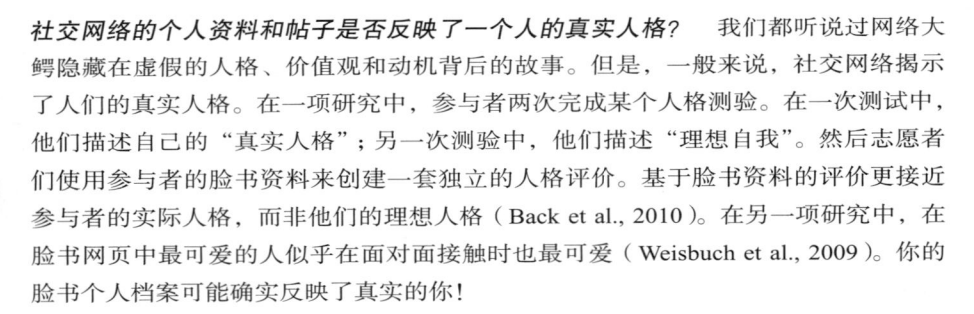

社交网络的个人资料和帖子是否反映了一个人的真实人格？ 我们都听说过网络大鳄隐藏在虚假的人格、价值观和动机背后的故事。但是，一般来说，社交网络揭示了人们的真实人格。在一项研究中，参与者两次完成某个人格测验。在一次测试中，他们描述自己的"真实人格"；另一次测验中，他们描述"理想自我"。然后志愿者们使用参与者的脸书资料来创建一套独立的人格评价。基于脸书资料的评价更接近参与者的实际人格，而非他们的理想人格（Back et al., 2010）。在另一项研究中，在脸书网页中最可爱的人似乎在面对面接触时也最可爱（Weisbuch et al., 2009）。你的脸书个人档案可能确实反映了真实的你！

社交网络是否会助长自恋？ 自恋是扭曲的自尊。自恋的人妄自尊大、自我聚焦且自吹自擂。一些人格测验使用类似"我喜欢成为关注的焦点"的题目来评估自恋。鉴于我们不断地进行社会比较——我们通过与他人的比较来衡量自己——很多脸书用户不可控制地去比较各自的朋友数量。（平均为 125 人左右——接近 150，即进化心理学家罗宾·邓巴［Dunbar, 1992, 2010］所估计的我们可以与之保持有意义的、相互支持的关系的朋友的数量［这也是一个部落村庄的典型规模］。）

那些自恋得分高的个体在社交网络中特别活跃。他们会结交关系比较肤浅的"朋友"，发刻意安排的有魅力的照片。而且，毫不奇怪，看了他们网页的陌生人似乎也认为他们更自恋（Buffardi & Campbell, 2008）。

对自恋者来说，社交网站不单单是一个聚集地，还是一个喂食器。一项研究对大学生进行随机安排，一些学生对"我的空间（美国社交网站——译者注）"网页进行 15 分钟的编辑和解释，另一些用同样的时间研究并解释一条谷歌地图路线（Freeman

第 10 章 动机与情绪　21

> 特　写

管理你的社交网络

在当今社会，我们每个人都面临挑战：在花时间与现实世界中的人们相处和在线共享之间找到合理的平衡。在中国台湾和美国，过度的在线社交和游戏都与学习成绩较低有关（Chen & Fu, 2008; Kaiser Foundation, 2010）。在美国的一项调查中，使用互联网和其他媒体最多的学生中，47%的人成绩多数是 C 或更差，而使用互联网最少的学生中这一比例只有 23%（Kaiser Foundation, 2010）。除了睡觉时，过度使用互联网的人几乎一直在线。

如果你力图在在线连接和真实世界的职责之间保持合理的平衡，专家给出了以下实践建议：

- 监控你的时间。记录你的时间是如何使用的。然后问问自己，"我的时间使用是否反映出了事情的优先次序？我的上网时间是否超出了预期？我的上网时间是否妨碍了学习或工作绩效？家人或朋友有没有对此评论过？"

- 监控你的情感。再次问自己，"全神贯注于上网是否分散了我的情感？当我下线去参加其他活动时，感觉如何？"

- "隐藏"让你太分心的网友。在你自己的帖子里也践行这一黄金法则。在发帖之前问问自己，"如果其他人发这样的贴，我会去关注阅读吗？"

- 试着关闭你的手持设备，或把它们放在其他地方。选择性注意——你心灵的手电筒——每次只能关注一个地方。认知心理学家丹尼尔·威林厄姆（Willingham, 2010）解释说，"头脑最顽固不化的现象之一就是，当你同时做两件事时，任何一件都不如一次只做一件时做得好。"当你想要富有成效地学习或工作时，就要抵制住查看短信、帖子或电子邮件的诱惑。还要禁用声音提示和弹出窗口。在你努力集中注意时，这些分心物会干扰你的工作，劫持你的注意力。

- 尝试一次脸书斋戒（为期一小时、一天或一周）或限时社交媒体节食（只有在作业完成后或午休时才可以登录）。记录你在新"节食法"中的得与失。

- 用林中散步来恢复你的注意力。密歇根大学的研究人员报告称，在树林中散步不同于在繁忙的街头散步，林中漫步可以恢复我们的注意集中能力（Berman et al., 2008）。一次安静的散步可以修复疲惫的注意，之后人们会学得更好。

解决办法不是去哀叹技术，而是找到自我控制的策略，就像我们面对生活中一切其他诱惑时一样。

——心理学家史蒂芬·平克，
"用心灵控制大众媒体"，2010

& Twenge, 2010）。任务完成后，对所有学生进行测验。谁会在自恋测验中得分更高呢？是那些花时间关注自己的人。

> **提取一下**
> - 社交网络往往会_____（加强/削弱）你与认识的人的关系，_____（增加/减少）你的自我表露，并_____（揭示/隐藏）你的真实人格。
>
> 答案：加强；增加；揭示

成就动机

10-7：什么是成就动机？

动机的生物学观点——生理需要驱动我们去满足需要——只能部分解释是什么激励并指引着我们的行为。饥饿和归属需要既有社会性成分，也有生物学成分。此外，还有一些动机似乎没有明显的存在价值。亿万富翁可能想赚更多的钱，电影明显想变得更加出名，政治家想获得更多权力，冒险家想寻求更大的刺激。这些动机在获得满足时似乎并未减弱。我们得到的越多，想要的可能也越多。

想一下某个你认识的人，这个人通过在任何可评估的任务中都表现出色来力求成功。再想想某个缺乏动机的人。心理学家默里（Murray, 1938）把第一种人的**成就动机**（achievement motivation）定义为一种对获得显著成就、掌握技能或观念、控制、迅速达到高标准的欲望。

正如你可能从他们的执着和对现实挑战的渴望中料想的那样，具有高成就动机的人的确成就更多。一项研究跟踪调查了智力测验分数在前1%的1528名加利福尼亚儿童的生活情况。40年后，研究者们对比了那些事业上成就最大和成就最小的人，发现存在动机差异。那些最成功的人更有雄心，精力充沛，坚持不懈。在儿童时代，他们有更多积极的业余爱好；成人后，他们参加更多的团体活动，喜欢参与体育活动而不是只做一名观众（Goleman, 1980）。有天赋的儿童学习能力更强。有成就的成人是坚韧的实干家。在一个项目刚开始和快结束时，大多数人都是精力充沛的实干家。你有没有注意到？最容易出现的是"卡在中间"，而此时高成就者则会继续前进（Bonezzi et al., 2011）。

其他一些既针对中学生也针对大学生的研究发现，与智力分数相比，自律可以更好地预测学校表现、出勤和毕业荣誉。如果再加上积极的热情、持续的、坚韧不拔的努力也可以预测教师的成功——他们所教的学生学习成绩取得很大进步（Duckworth et al., 2009）。研究者总结道："自律超过才能"（Duckworth & Seligman, 2005, 2006）。

纪律也可以锤炼人才。那些顶级小提琴家在20岁出头时已经积累了约一万小时的练习时间，这是那些想当老师的小提琴学生练习时间的两倍（Ericsson, 2001, 2006, 2007）。西蒙（Simon, 1998），一位获得诺贝尔经济学奖的心理学家，总结了在第9

卡勒姆之路：要怎样的毅力才能完成 一辈子住在苏格兰拉赛岛，耕种巴掌大的一块地，守护岛上的灯塔，捕鱼，马尔科姆（"卡勒姆"）·麦克劳德（Malcolm ["Calum"] MacLeod, 1911—1988）感到极度痛苦。当地政府多次拒绝修建一条公路，让卡勒姆可以开车前往他所在的最北端的岛屿。这个曾经人口众多的岛屿如今只剩两个人——麦克劳德和他的妻子——他作了一个很英勇的决定。1964年春天的一个早晨，时年50多岁的麦克劳德带了一把斧子、一把砍刀、一把铲子和一辆独轮推车。他开始用自己的双手将现有的小路改建成2.8千米的公路（Miers, 2009）。

曾经的一位邻居解释说，"他希望有了公路，可以让后人重返最北边的拉赛岛"，恢复它的文化（Hutchinson, 2006）。日复一日，他在崎岖的山坡、危险的悬崖和泥炭沼泽中工作。10年后，他终于取得了至高无上的成就。这条政府后来铺设了路面的公路，仍然是一个显而易见的例子，即愿景加上坚定的决心能够实现怎样的目标。它让我们每个人思考：未来我们通过不懈努力将会走出怎样的"道路"，获得怎样的成就？

> 天才是1%的灵感加99%的汗水。
> ——托马斯·爱迪生，1847—1931

章中称为十年定律的规律：一个领域中的世界级专家通常已经投入了"至少 10 年的努力工作——每年 50 周，每周 40 小时"。一项对杰出的学者、运动员和艺术家的研究发现，这些人上进心强，自律，愿意每天把时间花在他们追求的目标上（Bloom, 1985）。这些超级成功者与他人的明显不同并不在于其非凡的先天才能，而是在于他们日常的非凡自律。

达克沃斯和塞利格曼指出，极其成功的个体与同等才华的同龄人之间的区别在于坚韧——对长期目标的热忱奉献。尽管智力是正态分布的，然而成就却并非如此。这告诉我们，成就涉及的不仅仅是原始能力。这也是为什么组织心理学家努力寻找吸引和激励做着普通工作的普通人的方法。这也是为什么对学生进行"顽强"——压力下的韧性——训练可以提高学习成绩（Maddi et al., 2009）。

情绪：唤醒、行为与认知

10-8：唤醒、认知和外显行为在情绪中如何相互作用？

动机行为通常与强烈的情绪有关。我的归属需要在某一天受到了难以忘怀的挑战。有一天，我带着刚学会走路的大儿子彼得去一个大商场冲洗胶卷，当我放下孩子准备付账签单时，一个行人提醒说："你最好小心点，别把孩子丢了！"我把胶卷放进槽里后转过身来，仅仅一会儿工夫，彼得就不见了。

一开始我只是有点着急，在柜台的一头四处寻找，没有看到彼得。我心里有些急了，又去柜台另一头寻找，还是没有。现在，我的心跳加快了，开始在附近的柜台来回地找，仍然没有看到彼得。此时，焦急变成了恐慌，我开始在商场的通道上来回奔跑，还是没有找到他。得知我丢了孩子，商场经理用广播请求顾客帮助寻找。过了一会儿，我碰到刚才提醒我的那位顾客，他责怪我说："我警告过你，你会丢了孩子的！"想象着孩子已经被拐走（陌生人通常喜欢漂亮的孩子），我不得不承认，可能是我的疏忽导致我弄丢了自己的孩子，我爱他胜过一切。而最为可怕的是，我不得不独自回家面对我的妻子，我弄丢了我们唯一的孩子。

但过了一会儿，当我再次经过顾客服务台时，孩子已经在那儿了，某个好心的顾客将他找到并送回！顷刻间，恐惧转换为狂喜。我抱紧儿子，泪流满面；我已经无法表达自己的谢意，高兴得跌跌撞撞地冲出了商店。

这些情绪从何而来？为什么我们会有这些情绪？它们是由什么构成的？情绪的存在不仅仅是为了让我们享受有趣的经历。情绪是我们身体的适应性反应，可以提高我们的生存几率。当我们面临挑战时，情绪使我们的注意力集中，使我们的行动充满力量（Cyders & Smith, 2008）。我们的心跳加剧，步伐加快，所有感官都处于高度警觉状态。获悉意想不到的好消息，我们的眼里会噙着泪水，我们会欢快得手舞足蹈，并感到精力充沛、信心百倍。

就像上述我焦急地寻找彼得的故事所描绘的，**情绪**（emotion）是一个混合物，由三个部分所组成：

Courtesy of David G. Myers

不仅仅是情绪，大多数心理现象（视觉、睡眠、记忆、性等等）都可以从这三个方面来解释，即生理上的、行为上的和认知上的。

- 生理唤醒（心跳加快）；
- 外显行为（步伐加快）
- 意识体验，包括思维（"这是拐骗吗？"）和情感（惊慌、恐惧和喜悦）。

心理学家所面临的困惑是：这三个部分是怎样结合在一起的？为了解决这一难题，我们需要回答两个重大问题：

1. 先有鸡还是先有蛋的争论：你的生理唤醒先于还是晚于你的情绪体验？（我是先注意到心跳加速或步伐加快，然后才感到焦虑恐慌呢？还是我先感到恐惧，再引发心脏和腿的反应？）
2. 思维（认知）与情感是如何相互影响的？认知总是先于情绪吗？（我是在情绪反应之前想到绑架的吗？）

历史上的情绪理论与新近研究都在探寻这些问题的答案。

历史上的情绪理论

詹姆斯－兰格理论：生理唤醒先于情绪体验

常识告诉我们大多数人，我们哭是因为伤心，猛打是因为生气，发抖是因为害怕，即先有意识觉察，再有情感。但心理学先驱威廉·詹姆斯却认为，这种关于情绪的常识刚好把顺序弄反了。根据詹姆斯的观点，"我们感到难受是因为我们哭泣，感到气愤是因为我们打斗，感到害怕是因为我们颤抖"（James, 1890, p. 1066）。丹麦生理学家卡尔·兰格也提出了类似的观点，所以这一理论被称为**詹姆斯－兰格理论**（James-Lange theory）。詹姆斯和兰格可能揣测，我注意到自己心跳加速，然后吓得发抖，感受到了情绪的瞬间变化——即身体反应之后紧接着出现恐惧感。

坎农－巴德理论：生理唤醒和情绪体验同时发生

生理学家沃尔特·坎农（Walter Cannon, 1871—1945）不赞同詹姆斯和兰格的观点。心跳加速是恐惧、愤怒或爱的信号吗？坎农认为，躯体的反应——心率、排汗、体温——太相似了，改变得太慢了，不会引发不同的情绪。坎农和之后的另一位生理学家菲利普·巴德一致认为，生理唤醒和我们的情绪体验是同时发生的。因此，根据**坎农－巴德理论**（Cannon-Bard theory），在我体验到恐惧的同时心也在剧烈跳动。唤起情绪的刺激传至交感神经系统，导致机体的唤醒。同时又到达大脑皮层，引起了主观的情绪体验。我的剧烈心跳并没有导致恐惧的感受，我的恐惧感也没有导致剧烈的心跳。躯体反应和情绪体验是相互独立的。

有人对脊髓严重受损的人进行了研究，其中包括一项对25名在二战中脊髓损伤的士兵的调查（Hohmann, 1966）。这些研究对坎农－巴德理论提出了挑战。那些脊髓低端受损的，即仅仅失去腿部知觉的士兵，报告说他们的情绪强度几乎没有改变；而那些高位脊髓受损的，颈部以下丧失知觉的士兵则报告其情绪的强度有改变，某些反应比受伤前明显减弱了。有一个士兵坦言，

欢乐的表达 根据詹姆斯－兰格理论，我们欢笑不仅是因为我们分享了队友的欢乐。因为我们与队友一起欢笑，所以我们也分享了快乐。

愤怒的情绪"已不像过去那样激烈，它仅仅是一种内心的愤慨"。但是他们对主要由颈部以上身体部位表达的情绪感受却更强烈。这些人报告，他们在与人告别、做礼拜或看感伤电影时，流泪、喉咙哽咽和阻塞的情况都增多了。有研究者认为，这类证据证实了我们的感受主要是我们身体反应和行为的"影子"（Damasio, 2003）。

但是，现在大多数研究者认为我们的情绪体验也有认知的参与（Averill, 1993; Barrett, 2006）。我们是否会对漆黑的大街上走在我们后面的人感到恐惧，完全依赖于我们把他的行为解释为威胁还是友好。

> **提取一下**
>
> - 坎农－巴德理论认为，(a) 对刺激的生理反应（例如，心咚咚跳）和 (b) 我们体验到的情绪（例如，恐惧）是_____（同时/相继）发生的。詹姆斯－兰格理论认为，(a) 和 (b) 是_____（同时/相继）发生的。
>
> 答案：回归：相继（生理反应在先，然后才有情绪体验）

沙克特－辛格的双因素理论：生理唤醒 + 认知标签 = 情绪

沙克特和辛格（Schachter & Singer, 1962）提出第三种理论：我们的生理反应和思维（知觉、记忆和诠释）共同引发了情绪。他们提出的**双因素理论**（two-factor theory）认为情绪有两个成分：生理唤醒和认知评价。按照他们的观点，情绪体验需要对生理唤醒的有意识解读。

思考一下，我们对一个事件的唤醒是如何溢出到下一事件的。想象一下，你兴高采烈地跑回家后得到一个消息，你得到了渴望已久的工作。比起在睡眼惺忪之时得到这个消息，你是否觉得伴随着跑步所带来的生理唤醒，你会更兴奋呢？

为了考察情绪的外溢效应，沙克特和辛格给大学生志愿者注射了肾上腺素，使他们处于唤醒状态。假定你也是他们中的一员：注射结束后，你去了等候室，发现还有一个人在那儿（实际上是实验者的助手），这个人或者表现得很高兴或者很气恼。你在观察这个人时，开始觉得心跳加快、身体发热、呼吸越来越急促。如果事先被告知这是注射肾上腺素后产生的生理反应，你会有怎样的感觉？实验的志愿者几乎没有产生什么情绪体验——因为他们将这种唤醒归因于药物的作用。但是如果事先被告知注射药物不会产生任何影响，你又会有什么感觉？可能你会像另一组参与者的反应一样，被等候室里的那个人的情绪所"左右"——如果他表现得高兴你就会开心，如果他表现得气恼你就会焦躁。

一种唤醒状态可以被体验为两种完全不同的情绪，这依赖于我们怎样对这种唤醒进行解释和标定，这一发现已经在很多实验中被验证（Reisenzein, 1983; Sinclair et al., 1994; Zillmann, 1986）。正如丹尼尔·吉尔伯特（Gilbert, 2006）所指出的："一个人在悬崖峭壁前理解为恐惧的情绪，在面对轻薄的女衫时也可能被解释为欲望。"

请牢记这点：唤醒激起情绪，认知引导情绪。

外溢效应 足球比赛中的唤醒可以点燃愤怒，这可能会导致骚乱或其他暴力冲突。

26 心理学导论

提取一下

- 按照沙克特和辛格的理论，引起我们情绪体验的有两种因素：（1）生理唤醒和（2）_____评价。

答案：认知

扎荣茨、勒杜和拉扎勒斯：认知总是先于情绪吗？

但是，感情总是服从于理智吗？要产生情绪体验，我们就必须先对唤醒贴标签吗？扎荣茨（Zajonc, 1980, 1984a）争辩说，实际上我们有许多情绪反应与对情境的解释无关，甚至先于对情境的理解。或许你会回想起立刻喜欢上某件东西或某个人，却不知道为什么。

在前面的章节中我们提到，当人们重复观看那些快速呈现但来不及去解释的刺激时，他们变得偏向于这些刺激。尽管他们没有意识到曾经见过这些刺激，但他们却倾向于偏好这些刺激。我们拥有一个非常敏感的自动雷达来处理重要的情绪信息，即使一个潜意识里闪过的刺激，也可使我们对接下来的刺激产生更好或更坏的感觉（Murphy et al., 1995; Zeelenberg et al., 2006）。在实验中，让口渴的人观看一个阈下闪现（因此未被觉察）的人脸，然后给一杯果味饮料。那些观看了开心面孔的人比观看中性面孔的人多喝了50%的饮料（Berridge & Winkielman, 2003）。那些观看了愤怒面孔的参与者饮料喝得很少。

神经科学家正在绘制"自下而上"和"自上而下"的情绪神经通路（Ochsner et al., 2009）。我们的情绪反应可以遵循两种不同的脑通路。一些情绪（尤其是较复杂的情绪，像爱和恨）走"高级通道"。走这条通路的刺激会（经由丘脑）到达大脑皮层（图10.11a）。刺激在那里得到分析和标定，然后再经过杏仁核（情绪控制中枢）下达命令，作出反应。

但有时我们的情绪（尤其是简单的喜欢、不喜欢和恐惧）会走约瑟夫·勒杜

图 10.11
情绪的大脑通路（见彩插）在双通道的大脑里，感觉刺激可以通过（a）大脑皮层（经由丘脑）进行分析，然后发送到杏仁核；或者（b）直接将感觉刺激发送到杏仁核（经由丘脑）以便作出紧急的情绪反应。

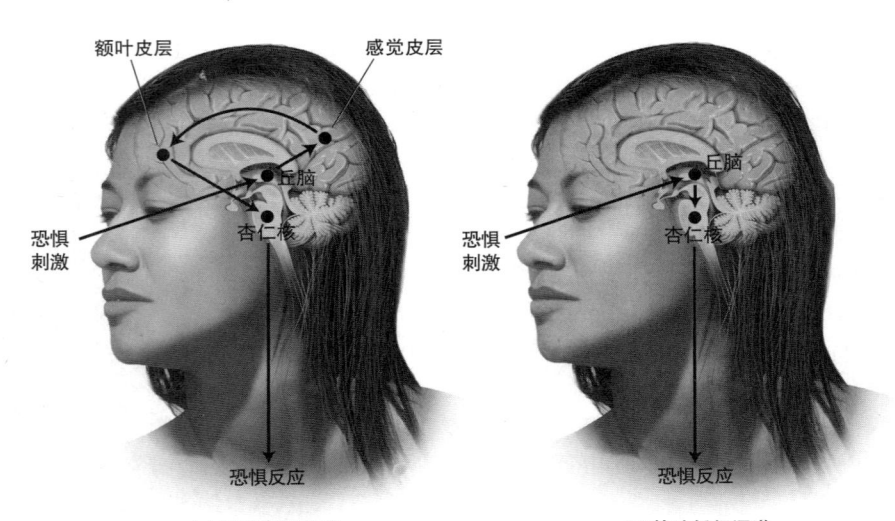

(a) 思维高级通道   (b) 快速低级通道

（LeDoux, 2002）所说的"低级通路"，一条绕过大脑皮层的神经捷径。顺着低级通路，一个引起恐惧的刺激会从眼睛或耳朵（还是经由丘脑）直接进入杏仁核（图10.11b）。这条捷径绕开大脑皮层，让我们能在思维介入之前作出神速的情绪反应。就像绕过大脑思维皮层进行的快速反射一样，杏仁核反应非常迅速，我们可能都没意识到发生了什么（Dimberg et al., 2000）。

杏仁核发送到皮层区域的神经信息多于它从大脑皮层接受的信息，这使情感对思维的制约比思维对情感的控制更容易（LeDoux & Armony, 1999）。因此，在森林里，我们被附近沙沙作响的叶子吓了一跳，之后才由皮层决定这个声音是由蛇发出的还是由风引起的。这样的经历支持了扎荣茨的观点，他认为我们的某些情绪反应不包括谨慎的思考。

情绪专家拉扎勒斯（Lazarus, 1991, 1998）承认我们的大脑可以在没有意识到的情况下对大量的信息进行加工和反应，也相信某些情绪反应不需要有意识的思维。我们的很多情绪体验都是经由自动的快速低级通道发生的。然而，他指出，如果我们并没有在某种程度上对情境作出评价，我们怎么知道正在对什么作反应呢？这种评价可能是不需要意志努力的，我们可能意识不到，但它仍然是一种心理功能。为了判断一个刺激是好是坏，大脑必须了解这个刺激是什么（Storbeck et al., 2006）。因此，拉扎勒斯认为，当我们评价一件事对我们健康的利害关系时，情绪就产生了，而不管我们是否真的知道它的利弊。我们把树叶沙沙作响的声音评价为威胁出现，之后才知道那"仅仅是风"。

因此，如扎荣茨和勒杜所证明的，一些情绪反应——特别是简单的喜欢、不喜欢和恐惧——不涉及有意识的思维（图10.12）。我们可能害怕大蜘蛛，即使我们"知道"它是无害的，但我们很难通过改变我们的思维来改变这种反应。我们可能无意识地更喜欢某个人。如果我们在投票时（像很多人一样）投了一位喜欢的候选人，而非表达的立场更接近我们的候选人，那这种即时的吸引力甚至会影响我们的政治决策（Westen, 2007）。

但是，正如拉扎勒斯、沙克特和辛格所预测的，我们关于政治的情感也受记忆、预期和解释的影响。此外，高度情绪化的人，其强烈的情绪体验部分是因为他们的解释。他们将事件个人化，就好像这些事件是指向他们的，而且他们还会将单一事件过分夸大，以此来概括自己的全部经历（Larsen et al., 1987）。因此，学会更积极地思考会使我们感觉更好。尽管情绪的低级通路自动运行，但思维高级通路为我们夺回了一些情感生活的控制权。自动化情绪与有意识的思维共同构成了我们的情感生活。（表10.1 对以上情绪理论进行了总结。）

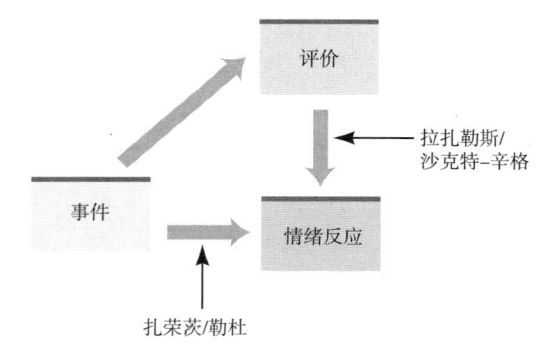

图 10.12

双加工的另一个例子：情绪产生的两种路径

扎荣茨和勒杜强调，一些情绪反应是即刻的，它们先于任何意识评价而出现。拉扎勒斯、沙克特和辛格则强调，我们对事件的评价和标签也决定我们的情绪反应。

提取一下

- 情绪研究人员对于情绪反应是否在认知过程缺席的情况下发生存在分歧。你将如何描述以下每个研究人员的观点：扎荣茨、勒杜、拉扎勒斯、沙克特和辛格？

答案：扎荣茨和勒杜认为，在没有任何有意识的加工的情况下，我们可以对刺激做出即刻的情绪反应。拉扎勒斯、沙克特和辛格认为，我们的评价和标签在我们的情绪体验中起着重要的作用。

表 10.1
情绪理论总结

理论	对情绪的解释	举例
詹姆斯-兰格	我们觉察到对情绪唤醒刺激的特定躯体反应，从而产生情绪。	我们注意到自己在遇到威胁时心跳加速，然后感到恐惧。
坎农-巴德	情绪唤醒刺激引起我们的躯体反应，同时产生主观体验。	我们感到恐惧的同时心跳加速。
沙克特-辛格	我们的情绪体验取决于两个因素：一般的唤醒和有意识的认知标签。	我们会把唤醒解释为恐惧还是兴奋，取决于所处的情境。
扎荣茨；勒杜	一些外显的反应瞬间发生，并无有意识的评价。	在将其标定为威胁之前，森林中的声响就让我们不自觉地吓一跳。
拉扎勒斯	认知评价（"是否有危险？"）——有时我们意识不到——定义情绪。	刚才的声音"只是风声"。

具身情绪

无论你正身陷爱河，还是在因某人过世而哀伤，你无疑会承认这些情绪都牵涉到机体活动。没有身体活动的感受就像没有肺的呼吸一样。有些生理反应很容易被注意到，但有些情绪反应根本意识不到。在考察特定情绪的生理反应之前，我们先考虑一个重要问题：有多少种不同的情绪？

基本情绪

10-9：基本情绪有哪些？

伊扎德（Izard, 1977）分解出 10 种基本情绪（喜悦、兴趣-兴奋、惊讶、悲伤、愤怒、厌恶、轻视、恐惧、羞耻和内疚），其中大多数在婴儿期就已出现（**图 10.13**）。其他人（Tracey & Robins, 2004）认为自豪也是一种独特的情绪，其标志是轻微的笑容，头部稍微后倾和开放的姿势。爱也可能是一种基本情绪（Shaver et al., 1996）。伊扎德认为其他情绪都是这 10 种情绪的混合，比如，爱就是一种喜悦和兴趣-兴奋的混合体。但这些情绪有生物学上的区别吗？

> 恐惧为他的双脚插上了翅膀。
> ——古罗马诗人维吉尔，
> 《埃涅伊德》，公元前 19 年

情绪与自主神经系统

10-10：情绪唤醒与自主神经系统有何关联？

我们在第 2 章中已经知道，面临危机时，正是你自主神经系统（autonomic nervous system，ANS）的交感神经调动身体做出动作（**图 10.14**）。它刺激肾上腺，以分泌应激激素肾上腺素和去甲肾上腺素。为了提供能量，肝脏会将额外的糖注入

第 10 章　动机与情绪　　29

(a) 喜悦（嘴唇张开形成笑容，面颊上抬，眼睛闪烁）

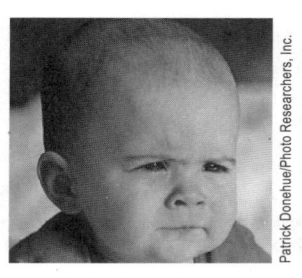

(b) 愤怒（眉毛向下皱在一起，眼睛盯视，报着嘴）

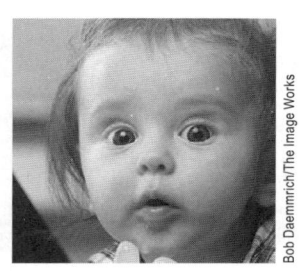

(c) 兴趣（眉毛上扬或皱眉，嘴巴略呈圆形，嘴唇可能皱起）

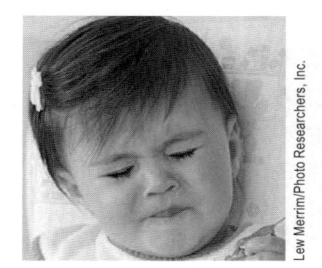

(d) 厌恶（鼻子皱起，上嘴唇上扬，舌头向外推）

(e) 惊讶（眉毛上扬，眼睛变大，嘴巴呈椭圆形）

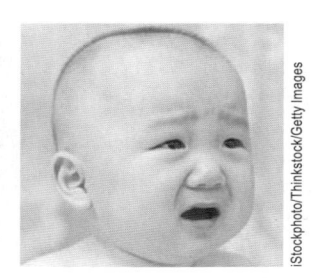

(f) 悲伤（眉毛内侧上扬，嘴角下拉）

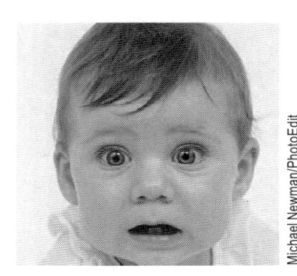

(g) 恐惧（眉毛拉平，向中间皱紧且眉头上扬，上眼睑提升，嘴角缩进）

图 10.13
婴儿自然发生的情绪
为识别出生就具有的情绪，伊扎德分析了婴儿的面部表情。

血液。为了帮助燃烧这些糖，你的呼吸量会增加，以供给所需的氧气。你的心率加快、血压升高。你的消化减慢，血液从内脏转移到肌肉。随着血糖进入大肌肉，跑步变得更容易。你的瞳孔扩大，让更多的光进入。为了冷却激动的身体，你会出汗。如果受伤，你的血液会更快地凝结。

　　危机过去时，随着应激激素缓慢地离开血液，自主神经系统的副交感神经逐渐让身体平静下来。在下一次遭遇危机后思考一下：在没有任何意识努力的情况下，

图 10.14
情绪唤醒
自主神经系统就如危机控制中心，在危机发生时唤醒身体，而危机过去时则让身体平静下来。

自主神经系统控制生理唤醒

交感神经系统（唤醒作用）		副交感神经系统（镇静作用）
瞳孔扩张	眼睛	瞳孔收缩
减少	唾液分泌	增加
排汗	皮肤	干燥
增加	呼吸	减少
加快	心跳	减缓
抑制	消化	活跃
分泌应激激素	肾上腺	减少应激激素的分泌
减弱	免疫系统功能	增强

你的机体对危险的反应惊人地协调并具有适应性——使你随时做好战斗或逃跑的准备。那么，不同的情绪是否具有不同的唤醒特征呢？

情绪的生理学

10-11：不同的情绪是否会激活不同的生理和大脑反应模式？

设想做一个实验来测量情绪的生理反应。在4个房间里，你分别让人看不同的电影：第1个房间，一部恐怖电影；第2个房间，一部能激起愤怒的电影；第3个房间，一部能引起性唤起的电影；第4个房间，一部令人厌倦的电影。在控制中心，你能监视每一个人的生理反应，测量出汗、呼吸和心率的变化。你认为你能否通过这些生理指标辨别出谁是害怕的？谁是愤怒的？谁是性唤起的？谁是厌倦的？

经训练，你可能找得出那位感到厌倦的看片者。但是要辨别恐惧、愤怒和性唤起之间的生理变化差异是非常困难的（Barrett, 2006）。不同的情绪并没有生理指标的显著差异。

它们所涉及的大脑区域也无明显不同。想想脑岛（脑内深处的一个神经中枢）的广泛情感组合。当我们经历各种各样的社会情感，比如性欲、自豪和厌恶时，脑岛就会被激活。在脑部扫描中，当人们吃到一些恶心的食物、闻到同样恶心的食物、想到咬一口令人作呕的蟑螂或者对利用一位圣洁的寡妇进行的肮脏交易感到道德厌恶时，脑岛就会变得活跃（Sapolsky, 2010）。

然而，尽管这些情绪有着相似之处，对于你我来说，恐惧、愤怒和性唤起的感觉是不同的；对其他人来说，它们常常看起来也不一样。人们可能表现为"被吓瘫了"或"要爆炸了"。研究者发现在不同的情绪之间，存在某些真实却又微小的生理差异。例如，伴随着恐惧和狂怒而产生的手指温度和激素分泌确实是不同的（Ax, 1953; Levenson, 1992）。尽管恐惧和喜悦都可以引起相似的心率加快，但是它们刺激了不同的面部肌肉。恐惧时，眉头肌肉变得紧张；喜悦时，脸颊和眼下部的肌肉会形成微笑的表情（Witvliet & Vrana, 1995）。

> 没有人曾告诉我悲伤竟与恐惧如此相像。我并不害怕，但这种感觉就像害怕。同样的胃壁紧缩，同样的不安，同样的打哈欠。我一直在忍受着。
> ——C. S. 刘易斯，
> 《卿卿如晤》，1961

有些情绪所涉及的大脑回路也有所不同（Panksepp, 2007）。观看（并巧妙模仿）恐惧面孔的人与观看愤怒面孔的人相比，前者杏仁核（情绪控制中心）的脑电活动更强（Whalen et al., 2001）。脑部扫描和脑电图记录显示，情绪也会激活大脑皮层的不同区域。当人们体验到负性情绪（如厌恶），其右侧前额皮层比左侧显示出更多的脑电活动。有抑郁倾向以及具有一般性的消极人格的个体也显示出更多的右额叶活动（Harmon-Jones et al., 2002）。

正性情绪往往激发左侧额叶皮层的活动。有积极人格的个体——充满活力的婴儿和机敏、热情、精力旺盛、持之以恒的成人，其

情绪唤醒 兴高采烈与惊慌失措涉及类似的心理唤醒。这让我们可以在这两种情绪之间快速切换。

左额叶比右额叶显示出更多的脑电活动（Davidson, 2000, 2003; Urry et al., 2004）。

总而言之，我们无法从心率、呼吸和排汗轻易地看到情绪的差异。但是不同情绪的面部表情和大脑活动存在差别。那么，我们是不是像匹诺曹一样，在说谎的时候泄露了一些蛛丝马迹呢？有关这个问题的更多信息，请参见批判性思考：测谎。

批判性思考

测 谎

10-12：多导仪利用身体状态来检测谎言效果如何？

测谎仪——**多导仪**（polygraph）——能识别谎言吗？多导仪并不直接检测谎言，而是测量伴随情绪的几种生理反应，如呼吸的改变、心血管活动和出汗。如果你在做测试，审查人员会检测你回答问题时的这些生理反应。她可能会问，"在过去20年里，你是否曾经拿过不属于你的东西？"这是一个控制问题，意欲使任何一个人都觉得有点紧张。如果你撒谎，作否定的回答（像大多数人那样），多导仪将会检测到唤醒。这一反应将作为基线，是你对关键问题反应的有效对比（如"你是否曾从你以前的雇主那里偷过东西？"）。如果你对关键问题的生理反应比对控制问题的反应弱，审查人员就会推断你在说实话。

批评者提出了两个问题：第一，从一种情绪到另一种情绪，我们的生理唤醒大抵相同——焦虑、恼怒和内疚都会激起相似的生理反应。第二，很多无辜的人面对关键问题所提及的指控时会表现出高度紧张（图10.15）。很多强奸受害者在测试中也有类似的"失误"，诉说强奸者的真相时，她们的反应都很情绪化（Lykken, 1991）。

2002年美国国家科学院报道，"用多导仪没有抓获过一个间谍"。原因并不在于缺乏尝试。美国联邦调查局（FBI）、中央情报局（CIA）和国防部花了数百万美元测验了成千上万名雇员，多导仪在欧洲的使用也在增加（Meijer & Verschuere, 2010）。但其间，奥尔德里奇·埃姆斯却从未被多导仪识别出来，他就是埋伏在CIA的俄国间谍。罗伯特·帕克（Park, 1999）提到，埃姆斯"做了很多测谎测试，但都通过了。没人想去调查他财富暴发的原因——毕竟，他通过了所有的测谎测试。"

更为有效的测谎方法使用犯罪知识测试，用只有警方和犯罪人才知道的犯罪场景细节来评价嫌疑人对此的生理反应（Ben-Shakhar & Elaad, 2003）。比如，假如照相机和电脑被偷，只有嫌疑人会对特定的品牌产生强烈的反应。如果这种具体的探察足够多，无辜的人就很少会被错误地指控。

图10.15
测谎检测出说谎的频率如何？

在一项研究中，多导仪专家对100名曾经的盗窃犯罪嫌疑人的测谎数据进行了解释（Kleinmuntz & Szucko, 1984）。其中一半的嫌疑人有罪且已供认不讳；另一半则被证明是清白的。假如测谎专家是法官的话，超过三分之一的无辜者会被判有罪，四分之一的罪犯会被判无罪。

■ 被多导仪判断为无辜
■ 被多导仪判断为有罪

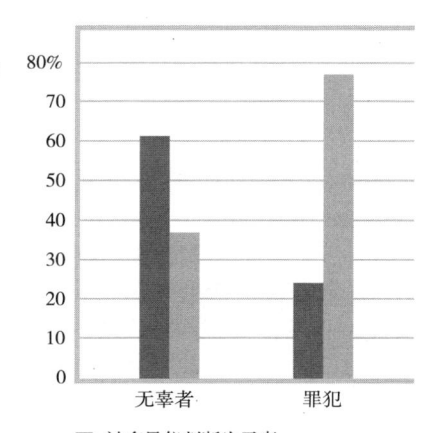

> **提取一下**
>
> - 自主神经系统的两个分支如何影响我们的情绪反应？
>
> 答案：自主神经系统的交感神经分支使我们的身体做好准备应对威胁，副交感神经系统则有助于镇静身体，但目主神经系统的两个分支可以共同协作来处理如中等程度的性唤起。

情绪的表达和体验

人们表现出的行为会揭示他们的情绪。海豚似乎总是面带微笑，看上去很开心。为了破译人们的情绪，我们可以观察他们的身体姿态，听他们说话的语气，研究他们的面部表情。这种非言语的语言是否具有文化差异，抑或普遍存在？我们的表达是否会影响我们的情绪体验？

> 我的主人，你的脸是一本书，人们可以在上面读到奇怪的事情。
>
> ——麦克白夫人对她的丈夫说，出自莎士比亚的悲剧《麦克白》

觉察他人情绪

10-13：我们如何通过非言语渠道沟通？

对西方人来说，有力的握手传达出一种外向、善于表达的个性（Chaplin et al., 2000）。我们可以用凝视、匆匆的一瞥或盯着看来表达亲密、服从或控制（Kleinke, 1986）。热恋的情侣会长时间地凝视着对方的眼睛（Rubin, 1970）。这种亲密的凝视能否在陌生人之间引起这样的情感呢？为了寻求答案，研究者让一些不认识的男、女配对，用两分钟时间一心一意地注视对方的手或眼睛。分开之后，凝视眼睛的双方均报告说有一种彼此吸引和爱慕的兴奋感（Kellerman et al., 1989）。

大多数人都能很好地解读非言语线索。观看快速约会互动结束时的 10 秒视频，人们通常可以发现一个人是否被另一个人吸引（Place et al., 2009）。我们特别善于识别非言语形式的威胁。在一系列阈下闪现词语中，我们更常感知到消极词语的出现，如蛇或炸弹（Dijksterhuis & Aarts, 2003）。在一大堆的面孔中，一张愤怒的脸要比一张快乐的脸更快地"凸现出来"（Hansen & Hansen, 1988; Pinkham et al., 2010）。甚至当我们听另一种语言时，大多数人都能轻易觉察出愤怒（Scherer et al., 2001）。

经验也可以提高我们对特定情绪的敏感性。在观看呈现的一系列面部表情时（图 10.16），从愤怒到恐惧（或悲伤），身体上受过虐待的儿童比其他儿童更快地识别出愤怒的信号。呈现一张有 60% 恐惧和 40% 愤怒的面孔，他们将这张面孔识别为愤怒的可能性和识别为恐惧的相同。他们的知觉对一闪而过的危险信号非常敏感，而这是未受过虐待的儿童觉察不到的。

难以控制的面部肌肉泄露了你可能试图隐藏的情绪迹象。仅仅轻轻地上挑眉毛的内侧，一个潜意识的动作，就泄露了你

情绪的无声语言 印度古典舞能利用面孔和身体有效地传达 10 种不同的情绪（Hejmadi et al., 2000）。

第 10 章 动机与情绪　33

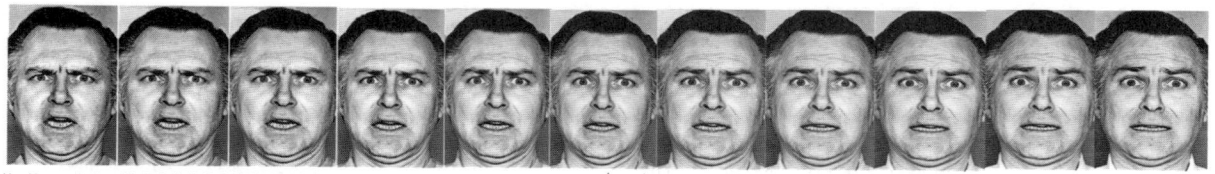

Used by permission of S. D. Pollack, D. J. Kistler, and the National Academy of Sciences

图 10.16
经验影响我们对情绪的感知
呈现中间这张由恐惧与愤怒均衡混合的人脸图像，身体受过虐待的儿童比未受过虐待的儿童更容易将它感知为愤怒（Pollak & Kistler, 2002；Pollak & Tolley-Schell, 2003）。

的忧伤和烦恼。眉毛上扬并挤到一块意味着害怕。眼下部的肌肉活动和面颊的上升表达了一个自然的微笑。假笑，就像我们对一个摄影师的微笑，通常会持续 4 或 5 秒以上。到那时，大多数真实的表情都已经消失了。假笑也比真正快乐的微笑来去更为突兀（Bugental, 1986）。

我们的大脑在觉察细微表达方面非常神奇。研究者录制了教师与看不见的学龄儿童谈话（Babad et al., 1991）。仅仅呈现 10 秒钟教师的声音或面孔的录像剪辑，就给年轻和年老的观察者提供了足够的线索，以确定这位教师是否喜欢和欣赏这个儿童。在另一个实验中，甚至只要对一个面孔瞥上十分之一秒，就足以让人判断某人是否有吸引力或值得信赖，或评价政治家的能力并预测他们的选民支持（Willis & Todorov, 2006）。"第一印象……发生速度惊人，"克里斯托弗·奥利弗和亚历山大·托多罗夫指出（Olivola & Todorov, 2010）。

尽管我们的大脑具有情绪觉察能力，但要觉察欺骗性的表情却很困难（Porter & ten Brinke, 2008）。对 206 项识别事实和谎言的研究总结发现，人们识别的准确率只有 54%——勉强比掷硬币好点（Bond & DePaulo, 2006）。而且，与之前宣扬的专家能识别谎言的观点相反，已有的研究一致表明，事实上没有人（或许除了高风险情境中的警方专业人员）比机遇水平好多少（Bond & DePaulo, 2008; O'Sullivan et al., 2009）。说谎者和说实话者之间的行为差异对大多数人来说都是转瞬即逝，无法察觉的（Hartwig & Bond, 2011）。

但是，有些人对身体线索更加敏感。在一项研究中，数百人被要求对所观看的简短电影片段中的情绪命名。这些电影片段是关于人们面部表情或体态的，有时还加上一些混乱不清的声音（Rosenthal et al., 1979）。比如，一个场景中只露出一个心烦意乱的女人的面孔，将其呈现两秒之后，研究者会问参与者这位妇女是在批评迟到的人还是在谈论她的离婚问题。面对这些"片段"，在觉察情绪方面一些人要强过另一些人。内向的人能较好地解读他人的情绪，而外向者的情绪更容易被他人觉察（Ambady et al., 1995）。

手势、面部表情和语调能传达重要的信息，但这些在书面交流中是不存在的。从一项研究中可以清楚地看到这种差别。一组参与者听 30 秒钟的录音，录音中的人在谈论分居问题。另一组参与者阅读录音

Dr. Paul Ekman, University of California at San Francisco

保罗·艾克曼的微笑，哪个是伪装的，哪个是真实的？
右边的微笑具有自然微笑的面部肌肉活动。

明显的情绪 图画小说的作者使用面部表情和其他设计元素来表达情感，减少了解释角色感情的需要。

的脚本。那些听录音的参与者能够更好地预测分居者现在和未来的调整状态（Mason et al., 2010）。在电子通信中，情绪表现力的缺失可能会使其产生模糊性和歧义性。为了部分弥补不足，我们有时会在短信、电子邮件和帖子中加入可见的情绪线索（如 ROFL：我笑得满地打滚！——编者注）。声音上的细微差别可以表明一个陈述是严肃的、玩笑的或是讽刺的，缺少了这些，我们容易陷入皮亚杰称为自我中心的危险中，我们没有意识到他人是如何解读我们的"仅仅开个玩笑"的信息的（Kruger et al., 2005）。

性别与情绪

10-14：男性和女性在情绪表达和体验方面存在哪些差异？

女人的直觉是否如许多人所认为的，比男人更好？霍尔（Hall, 1984, 1987）分析了 125 份对非言语线索的敏感性的研究，指出当只给出细微的行为时，在读解人的情绪线索方面女性一般优于男性。在其他的情绪线索评估方面，女性也优于男性，比如，在识别一对男女是真正的情侣还是假冒的一对时，以及在识别照片中的两个人谁是谁的上司时（Barnes & Sternberg, 1989）。

女性的非言语敏感性可以帮助解释她们更高的情感素养。当请男女描述特定情境下他们会有何感受时，男人描述的情绪反应更简单（Barrett et al., 2000）。你也可以自己试试：问一问人们毕业后和朋友告别时的感受。研究表明，你可能更多地听到男人们简单地说："我感觉不好。"而女人会表达出更复杂的情绪："我感到苦乐参半，我既高兴又难过。"

女人擅长辨别他人情绪，这或许也助长了她们的高情绪反应性（Vigil, 2009）。一项对来自全世界 26 个不同文化背景的 23 000 人的研究表明，相对于男性，女性更多地报告她们对情感的开放性（Costa et al., 2001）。这有助于我们解释一种非常强烈的认识：情绪性"更适合于描述女人"——几乎 100% 的 18~29 岁的美国人都表达了这样的看法（Newport, 2001）。

一个例外：请迅速地想象一张愤怒的面孔。这张面孔是男性还是女性？四分之三的亚利桑那州立大学的学生认为是一个男性（Becker et al., 2007）。研究还发现，如果一张性别中性化的面孔显得愤怒，大多数人都会认为它是男性面孔。而如果微笑，则更有可能被人认为是女性（图 10.17）。大多数人认为愤怒是一种更为男性化的情绪。

对女性情绪性的看法使得人们将女性的情绪性归因为性情，而将男性的情绪性归因于所处的环境："她是感性的。他今天过得很糟糕。"这种归因又反过来强化人们对女性情绪性的看法（Barrett & Bliss-Moreau, 2009）。不过，对情绪体验的描述存在一些性别差异。据调查，相对于男性而言，女人把自己描述成有同情心的可能性要高得多。如果你有同理心，你就会认同他人，并换位思考。别人高兴你也高兴，

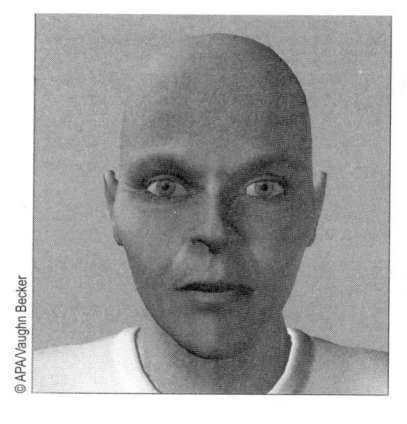

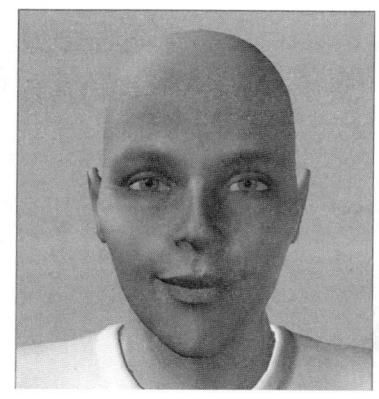

第 10 章 动机与情绪　35

图 10.17
男性还是女性?
研究者（Becker et al., 2007）操控性别中性化的面孔时，如果赋予它愤怒的表情，人们更可能认为它是男性面孔；如果赋予它微笑的表情，人们更可能认为它是一个女性面孔。

别人哭泣你也哭泣。

但是，对同理心的生理测量（比如测量你看到别人悲痛时的心率）也证实了性别差异，虽然比调查中自我报告的要小（Eisenberg & Lennon, 1983; Rueckert et al., 2010）。女人也更可能表达出同理心——当看到别人悲伤时，她们哭泣并说自己也很悲伤。如图 10.18 所示，有学者让男性和女性学生观看悲伤（孩子与垂死父母在一起）、快乐（喜剧）或恐怖（一个男人几乎从高楼上摔下）的电影短片，然后把他们的表现拍成录像带进行观察，结果发现了同理心的性别差异（Kring & Gordon, 1998）。女性对情绪事件的体验（比如观看毁尸灭迹的图片）往往更为深刻——对情绪敏感的脑区有更多的激活——三周后对场景的记忆更好（Canli et al., 2002）。

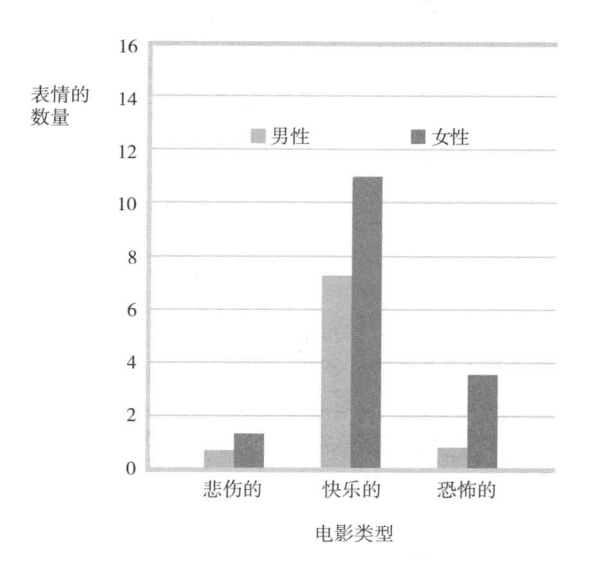

图 10.18
性别与情绪的表达性
男性和女性电影观众在情绪和生理反应的自我报告上没有明显的不同，但女性的面部表现出更多的情绪（资料来源：Kring & Gordon, 1998）

提取一下

- _____（女性/男性）报告的情绪体验更深刻，而且更擅长理解非言语行为。

文化与情绪

10-15：手势和面部表情在所有文化中含义都一样吗?

手势的含义存在文化差异。当美国前总统尼克松在巴西做出在北美表示

图 10.19

这些表情具有文化特定性还是文化普遍性?

作为有着不同文化背景的人,我们的脸是否在说着不同的语言?哪张脸表达了厌恶?愤怒?恐惧?快乐?悲伤?惊讶?(资料来源:Matsumoto & Ekman, 1989)。参见下面颠倒的答案。

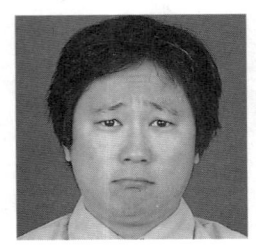

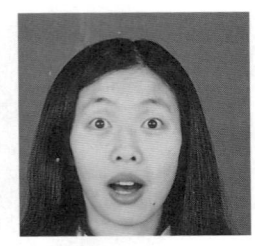

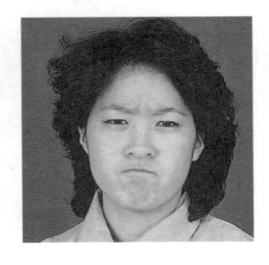

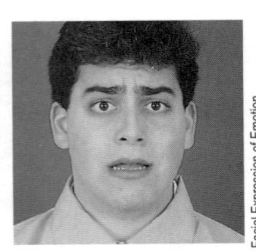

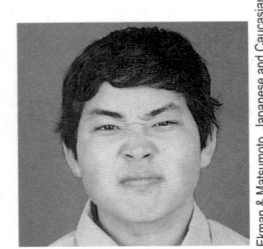

惊讶、悲伤、愤怒、恐惧、厌恶。从左到右,自上而下依次为:快乐、

"很好"的手势时,他并没有意识到这在巴西表示侮辱。手势的文化差异的重要性在1968年再次得到证实。当时朝鲜公布了一组来自被俘美国海军间谍船上的照片,照片上的官兵被认为很快乐。其中有三个男人竖起他们的中指,但他们告诉俘获者这是一种"夏威夷式的好运手势"(Fleming & Scott, 1991)。

在不同的文化中,面部表情也有不同的含义吗?为了找出答案,两个调查小组给来自世界不同地方的人呈现了不同的面部表情照片,并要求他们猜测是哪种情绪(Ekman et al., 1975, 1987, 1994; Izard, 1977, 1994)。你也可以自己试一试,将图 10.19 中的 6 种情绪与 6 张面孔配对。

不管你的文化背景如何,你都会做得非常好。在全世界,微笑和愤怒都是一样的,其他基本表情也相似(Elfenbein & Ambady, 1999)。(当人们快乐时,没有一种文化背景下的人会皱眉。)

面部表情的确带有一些非言语的口音,提供了关于个体所属文化的线索(Marsh et al., 2003)。因此,来自 182 项研究的数据表明,人们判断自己文化中个体的情绪表达时准确度要略好一些(Elfenbein & Ambady, 2002, 2003a, b)。不过,情绪的迹象通常是跨文化的。全世界的孩子都是忧伤的时候哭泣,反抗的时候摇头,愉快的时候微笑。甚至那些从来没有看见过人脸的盲童也是如此(Eibl-Eibesfeldt, 1971)。先天性的盲人也会自动地呈现出与愉快、悲伤、恐惧和愤怒这些情绪相对应的面部表情(Galati et al., 1997)。

情绪的音乐表达也是跨文化的。快乐和悲伤的音乐在全世界都会让人感到快乐和悲伤。无论你住在非洲的村庄还是欧洲城市,快节奏的音乐似乎都是快乐的,节奏缓慢的音乐似乎更悲伤(Fritz et al., 2009)。

这些共享的情绪类别是否反映了共同的文化体验,例如世界各地随处可见的电影和电视广播?但事实明显不是这样。艾克曼及其团队要求居住在新几内亚的与世隔绝者对"假设你的孩子死了"之类的陈述作出各种情绪反应。当北美大学生看到录下来的反应时,他们很容易解读新几内亚人的面部反应。

因此我们说,面部肌肉能传达一种相当普遍的信息。这一发现对达尔文(Charles Darwin, 1809—1882)来说应该不足为怪。他推断在史前时期,在能用语言交流前,

要了解心的秘密,问问脸。
——几内亚谚语

图 10.20

我们在情境中理解面部表情

脸上的泪水（上图）使它的表情显得更悲伤（Provine et al., 2009）。我们把右图中男人的表情理解成厌恶还是愤怒，取决于他的表情出现在哪个身体上（Aviezer et al., 2008）。

愤怒，厌恶，还是害怕？对情绪知觉可变性的研究（Aviezer et al.）。

我们的祖先用面部表情来传达威胁、问候和服从。他们共同的面部表情帮助他们存活下来（Hess & Thibault, 2009）。比如，人类在冲突时的冷笑就保留了动物在咆哮时露出牙齿的特征。表情还能在其他方面提高我们的生存能力。惊奇使我们的眉毛上扬，眼睛睁大，以获得更多的信息；厌恶使鼻子皱起，以避免令人恶心的气味。

微笑既是情绪反射也是社会现象。投球手投球得分时面无笑容——但当他们转向他们的同伴时露出了微笑（Jones et al., 1991; Kraut & Johnston, 1979）。甚至奥运冠军在等候颁奖仪式时也是面无笑容，但当其与奥运官员交流或面对公众和镜头时，他们却笑了（Fernández-Dols & Ruiz-Belda, 1995）。

虽然我们有基本一致的面部语言，但在特定的背景下解释面部表情对我们而言具有适应性（图 10.20）。人们总是把一张恐惧情境中的愤怒表情判断为害怕，而将一张痛苦情境中的恐惧表情判断为痛苦（Carroll & Russell, 1996）。电影导演总是通过创设背景和音响效果来利用这一现象，以提高我们对某些特定情绪的知觉。

尽管在不同文化背景下，基本情绪都有一致的面部语言，但是在情绪表达上表现出程度上的不同。在鼓励个性化的文化中，如西欧、澳大利亚、新西兰和北美，情绪的表现通常是最明显的（van Hemert et al., 2007）。在那些鼓励人们适应他人的文化中，如在中国，个人情绪的外在表现往往较少（Matsumoto et al., 2009b; Tsai et al., 2007）。在日本，人们更多地从周围环境中推断情绪。并且，在北美地区富有表现力的嘴，在日本，传达出的情绪却不及那些泄密的眼睛（Masuda et al., 2008; Yuki et al., 2007）。

文化差异也存在于国家内部。爱尔兰人和他们的爱尔兰美国后裔往往比斯堪的纳维亚人和斯堪的纳维亚美国后裔更富有表现力（Tsai & Chentsova-Dutton, 2003）。这让我们想起一堂熟悉的课：就像大多数心理事件一样，最好将情绪理解为不仅仅是一种生理和认知现象，而且是一种社会文化现象。

由于失重，宇航员的体液移向身体的上部，他们的脸变得肿胀，这使非言语交流变得更困难。特别是在来自不同国家的宇航员之间（Gelman, 1989）。

提取一下

- 不同文化中的人们对面部表情和手势中哪个的理解更可能存在差异？

答案：手势

面部表情的作用

> 10-16：面部表情如何影响我们的感受？

威廉·詹姆斯（James, 1890）在与抑郁和悲伤情感作斗争时，开始相信我们可以控制情绪，方法是做出我们想要体验的任何情绪的"外部动作"。他建议："要想感觉快乐，请快乐地坐着，快乐地环顾四周，就像你已经感到快乐一样地行动。"

对面部表情情绪功能的研究恰恰揭示出詹姆斯可能曾预期的结果。表情不仅能表达情绪，而且能调整和扩大情绪。达尔文在著作《人和动物的感情表达》（Darwin, 1872）中指出，"自由地表达情绪的外显特征会强化情绪本身……做出暴力的手势会增加愤怒"。

达尔文的观点正确吗？尝试一下：假装露齿而笑，然后再怒形于色。你能感觉到"微笑疗法"的不同吗？在许多实验中，参与者感到了不同。比如，莱尔德和他的同事（Laird et al., 1974, 1984, 1989）让学生"收紧面部肌肉"，"把眉毛聚在一起"，这样就巧妙地使他们做出皱眉的表情（假装是帮助研究者在面部放置电极）。其结果是，学生报告说感觉到有一点愤怒。让人们用面部肌肉模拟其他基本表情时，也能体验到这些情绪。比如，做一个恐惧的表情："眉毛上扬，眼睛睁大，整个头后靠以使你的下巴微微收起，并且让你的嘴放松，同时微微张开"，这时被试报告说感受到更多的是恐惧而不是愤怒、厌恶或悲伤（Duclos et al., 1989）。

这种**面部反馈效应**（facial feedback effect）在很多地方很多基本情绪中都反复出现（图 10.21）。放一支笔在牙齿中能激活一种笑肌（而不是用嘴唇夹笔，这样会激活皱眉的肌肉），这就足以使卡通看起来更有趣（Strack et al., 1988）。一个会心的微笑——不仅由嘴产生，而且通过抬起面颊以使眼睛形成皱纹——可增加对一些开心或有趣的事做反应时的积极情感（Soussignan, 2001）。外表笑得温和，你的内心会感觉更好。微笑时你能更快地理解描述愉悦事件的句子（Havas et al., 2007）。你皱眉，那么整个世界都会对你皱眉头。

> 只要我感到害怕，就会昂起头，吹一声快乐的口哨。
> ——罗杰斯和哈默斯坦，
> 《国王与我》，1958

> 本书作者对你的要求：阅读这本书时请经常保持微笑。

提取一下

- (1) 基于面部反馈效应，在本实验中，当用橡皮筋提升脸颊就像在微笑时，学生会报告有什么感觉？ (2) 当橡皮筋将他们的脸颊向下拉时，他们会报告有什么感觉？

答案：(1) 当他们的脸颊被提升时，大多数学生报告感到多于悲伤；(2) 当他们的脸颊被拉向下时，大多数学生报告感到多于开心。

因此，面孔不仅是表现我们情感的展板，它还会助长情感。难怪在眉心注射肉毒杆菌毒素后抑郁症患者会报告感觉好一些，因为注射肉毒杆菌会使皱眉肌麻痹（Finzi & Wasserman, 2006）。治疗两个月后，接受治疗的 10 名患者中有 9 名不再抑郁。后续研究发现，皱眉肌的肉毒杆菌麻痹减缓了人们对悲伤或与愤怒相关的句子的理解速度，并减缓了与情绪有关的大脑回路的活动（Havas et al., 2010; Hennenlotter et al., 2008）。通过这种方式，肉毒杆菌可以抚平生活中的情感皱纹。

通过对身体姿势和声音表情的研究，研究人员观察到一种更广泛的行为反馈效应（Flack, 2006; Snodgrass et al., 1986）。你可以重复参与者的体验：拖着脚步小步子

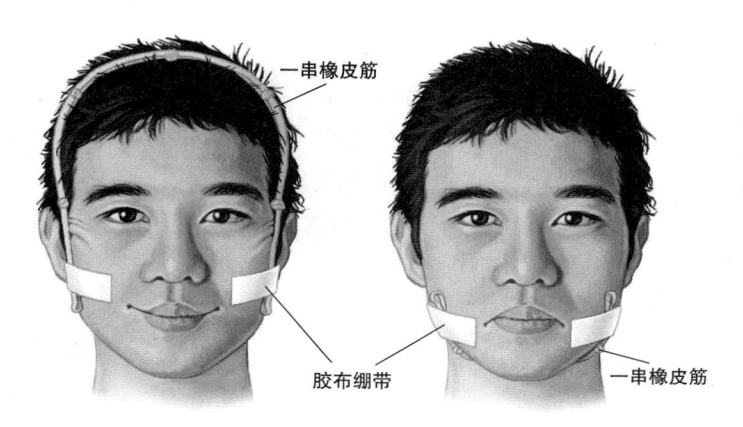

图 10.21

不告诉人们微笑时怎么让他们微笑

就像一雄和秀子（Kazuo & Hideko, 2009）在日本与学生做的实验那样：用胶布绷带把橡皮筋粘在被试脸颊侧面，然后在头上边或下巴下边拉橡皮筋。

走几分钟，保持目光向下。现在摆动双臂大步走走，眼睛直视前方。你能感觉到自己的情绪变化吗？做这些动作可以唤醒你的情绪。

同样，人们对故事中模棱两可的行为的不同理解，取决于阅读故事时哪根手指在上下移动。（据说这是一项关于使用"在运动皮层位于阅读肌肉附近"的手指肌肉效应的研究。）如果参与者在移动中指的同时阅读这个故事，那么故事行为似乎更有敌意。如果阅读时拇指向上，故事看起来更积极。敌意手势刺激了敌对的感觉（Chandler & Schwarz, 2009; Goldin-Meadow & Beilock, 2010）。

你可以利用对反馈效应的理解变得更有同理心：让你自己的脸模仿他人的表情。模仿他人的动作可以帮助我们感受他人的情绪（Vaughn & Lanzetta, 1981）。我们对他人情绪的自然模仿有助于解释为什么情绪是会传染的（Dimberg et al., 2000; Neumann & Strack, 2000）。事实上，失去这种能力会让我们难以建立情感联系，就像一位患有莫比乌斯综合征（一种罕见的面瘫症）的社会工作者在与卡特里娜飓风难民工作时发现的一样：当人们做出悲伤的表情时，"我无法回应。我试着用语言和语气来表达，但没有用。被剥夺了面部表情，情绪就在那里消失，无法共享"（Carey, 2010）。

* * *

我们已经看到，由先天和后天的力量所触发的动机性行为，常常与强烈的情绪反应相伴。同样，我们通常具有适应性的心理情感也配备着生理反应。对重要的会面感到紧张时，我们会感到心里七上八下；对公开发言感到焦虑时，我们会频繁去洗手间；因家庭冲突而倍受煎熬时，我们感到头痛欲裂。消极情绪及伴随的长时间高唤醒会增加身体的负担，危害我们的健康。在第 11 章中我们将介绍更多相关知识。

本章复习

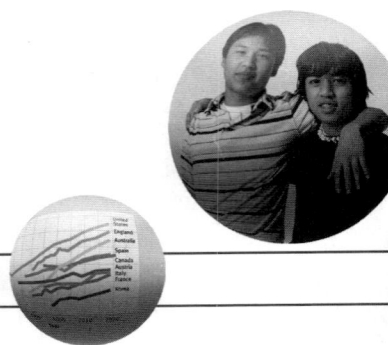

动机与情绪

学习目标

回答以下学习目标问题来测试一下你自己（这里重复了本章中的问题）。然后翻到附录的完整章节复习，核对你的答案。研究表明，试着自主回答这些问题将增进你对这些概念的长期记忆（McDaniel et al., 2009）。

动机及相关概念

10-1： 心理学家如何定义动机？他们从哪些视角审视动机行为？

饥饿

10-2： 哪些生理因素导致饥饿？

10-3： 影响饥饿的文化和情境因素有哪些？

10-4： 哪些因素让一些人容易变得肥胖，并保持肥胖？

归属需要

10-5： 有何证据表明我们人类有归属需要？

10-6： 社交网络对我们有什么影响？

成就动机

10-7： 什么是成就动机？

情绪：唤醒、行为与认知

10-8： 唤醒、认知和外显行为在情绪中如何相互作用？

具身情绪

10-9： 基本情绪有哪些？

10-10： 情绪唤醒与自主神经系统有何关联？

10-11： 不同的情绪是否会激活不同的生理和大脑反应模式？

10-12： 多导仪利用身体状态来检测谎言效果如何？

情绪的表达和体验

10-13： 我们如何通过非言语渠道沟通？

10-14： 男性和女性在情绪表达和体验方面存在哪些差异？

10-15： 手势和面部表情在所有文化中含义都一样吗？

10-16： 面部表情如何影响我们的感受？

> **术语与概念**

测试自己对以下术语的理解，试着用自己的语言写下这些术语的定义，然后翻到提到术语的那一页核对你的答案。

动　机
本　能
驱力降低理论

体内平衡
诱　因
耶基斯 – 多德森定律
需要的层次
葡萄糖
设定点
基础代谢率
成就动机

情　绪
詹姆斯 – 兰格理论
坎农 – 巴德理论
双因素理论
多导仪
面部反馈效应

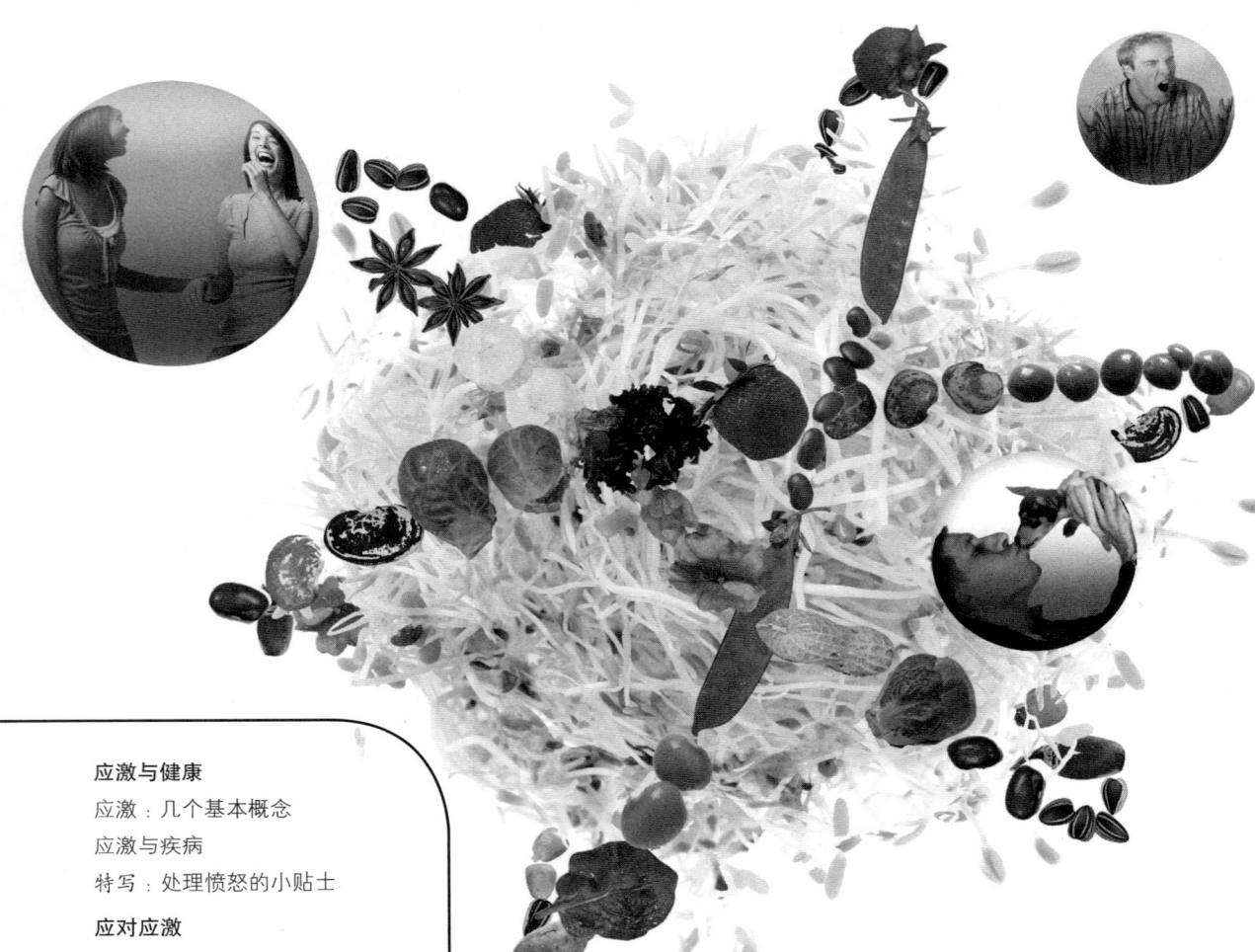

应激与健康
应激：几个基本概念
应激与疾病
特写：处理愤怒的小贴士

应对应激
个人控制
乐观与悲观
社会支持
特写：宠物也是人类的朋友

减少应激
有氧运动
放松与冥想
信仰团体与健康

幸　福
积极心理学
影响幸福感的因素
幸福的预测因子
特写：想要更幸福吗

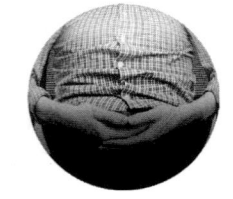

第 11 章

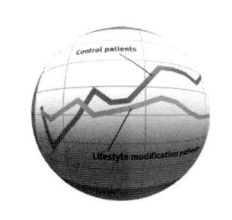

应激、健康与人类丰盛

社会心理学家索尼娅·柳博米尔斯基（Lyubomirsky, 2008）在其著作《幸福多了 40%》中回忆了兰迪：

> 作为一个孩子，（他）承受了很多。12 岁时失去了父亲，17 岁时失去了最好的朋友，这两位与他亲密的人都是自杀身亡。上五年级时，他的母亲为了和男朋友罗伊一起生活而离开了他的父亲，她将家搬迁到其他州，兰迪因此远离了所有熟识的人。尽管兰迪和母亲的感情仍然亲密，但罗伊看不起兰迪，他们的关系很紧张。（兰迪结婚）太快，太早。他的婚姻困难重重，最后因其发现妻子不忠而结束了这段婚姻。尽管如此，婚姻破裂还是给他造成了极大的伤害，他感到这些死亡和丧失已经超出了自己的承受能力。
>
> 如今兰迪是那些幸福人们当中的一员，这些人让身边的每个人都笑口常开。他在离婚后振作精神，搬到另一个城市，找到一份安全工程师的工作，最终再婚。他现年 43 岁，再婚已经 3 年，有 3 个继子。他是怎么做到的？兰迪是个永远的乐天派，他说自己的生存秘诀就是看到"镶在乌云上的银边"。例如，他的一些同事觉得他们的工作充满压力、令人沮丧，他却说工作让他能够"跳出固有思维模式"。此外，他的一个朋友跟继子女们斗得如火如荼，兰迪却因获得"做父亲的机会"而大喜过望（pp. 29-30）。

兰迪的生活正好体现了这一章所要探索的：应激的挑战，我们对事件的解释和应对方式，以及幸福和丰盛生活的可能性。

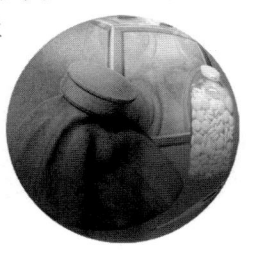

应激与健康

你在日常生活中体验到应激的频率有多高？从未，很少，有时，还是经常？当民意调查者向其他大学生提出类似的问题时，大约85%的人回想起在过去3个月里体验到了应激，大部分人说应激干扰学业的情况在他们身上至少发生过一次（AP，2009）。在进入大学时，18%的男生和39%的女生报告说过去的一年里他们曾被必须要做的一切"频繁压垮"过（Pryor et al., 2011）。

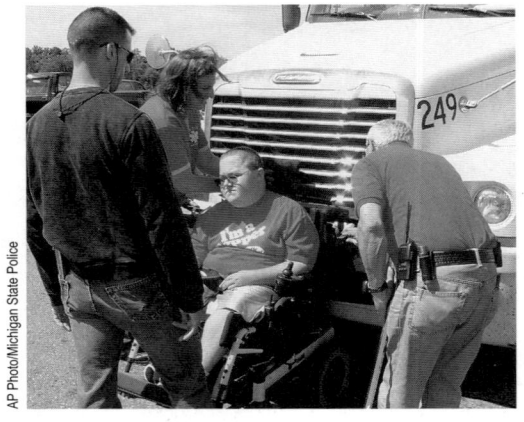

应激的到来通常没有预警。想象一下21岁的本·卡朋特在世界上最疯狂、最快速的轮椅上所面临的应激。2007年夏日的一个阳光明媚的午后，本经过一个十字路口，信号灯突然改变。这时一辆大卡车驶来，司机没有看到本，他们撞在一起，轮椅转成了正面朝前，它的把手卡在了卡车的格栅里。司机没有听到本的求救声，加速在离我家约一小时车程的公路上行驶。路边的摩托车骑手看到了这离奇的一幕——卡车以50公里/小时的速度顶着一辆轮椅行驶，于是他拨打了911。（第一个报警者说："你无法相信这一幕，红箭高速路上有一辆卡车顶着一位坐在轮椅上的人快速行驶！"）本是幸运的，其中一位过路人是便衣警察。他急忙掉头，跟着这辆卡车到了离出事地点数公里的目的地。他告诉司机有位路人挂在卡车的格栅上。本患有肌肉萎缩症，他说："这太恐怖了！"

极端应激 本·卡朋特的轮椅卡在了卡车的格栅上，这是他经历过的最疯狂的乘车之旅。

在这一章中，我们将深入研究应激及其对健康和幸福的影响。让我们从几个基本概念开始。

应激：几个基本概念

11-1：什么事件会引发应激反应，我们如何对应激做出反应和适应应激？

应激是一个含糊的概念，我们有时非正式地用这个词来描述威胁或者挑战（"本面对着巨大应激"），有时指我们的反应（"本经历了急性应激"）。在心理学家看来，危险的卡车之旅是**应激源**，本的身体和情绪反应是**应激反应**。他与威胁产生联系的过程就是应激。因此，**应激**（stress）是我们评价和应对威胁性或挑战性事件的过程（图11.1）。应激更多地来自个体对事件的评价，而不是事件本身（Lazarus，1998）。一个人单独待在一幢房子里，如果他没有注意到吱吱嘎嘎的声响，则不存在应激；如果疑心有入侵者，则会处于警觉状态。一些人把新工作当作乐于接受的挑战，而另一些人可能认为它存在失败的风险。

当持续时间短暂，或者被视为挑战时，应激源可产生积极作用。短期的应激能够调动免疫系统抵抗感染和愈合伤口（Segerstrom，2007）。应激源也能激发并驱使我们解决问题。获得冠军的运动员、成功的企业家、优秀的教师和领导者在挑战的激发下，都会战胜困难并有出色表现（Blascovich et al., 2004）。战胜了癌症或者走出了失业阴影，有些人会有更强烈的自尊感、精神的升华和使命感。的确，年少时的一些应激有益于日后情绪上的韧性（Landauer & Whiting，1979）。逆境能够促进成长。

第 11 章 应激、健康与人类丰盛　　45

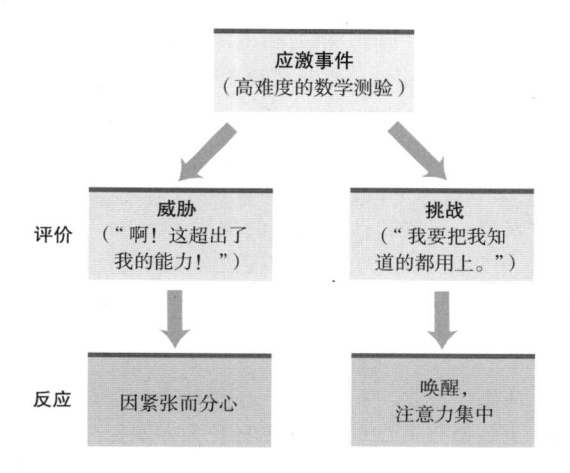

图 11.1
应激评价
我们生活中的事件都要经过心理过滤。我们对事件的评价，会大大影响我们所体验到的应激强度和反应的有效性。

极端或长期的应激可能会对我们造成伤害。儿童由于经受严重虐待而产生生理反应，这些反应增加了他们日后患慢性疾病的风险（Repetti et al., 2002）。那些对残酷的越战有创伤后应激反应的军人，后来的循环、消化、呼吸和传染性疾病的发病率大大提高（Boscarino, 1997）。失业，尤其是在职业生涯的晚期失业，会增加人们患心脏病和死亡的风险（Gallo et al., 2006; Sullivan & von Wachter, 2009）。

因此，我们的头脑和健康之间存在相互作用。这一点并不令人意外。心理状态同时也是生理事件，会影响生理系统的其他部分。只要停下来想一想，当你咬一口橘瓣——甜美浓郁的汁液从柔软的果肉中涌出，在舌上漫溢——这会刺激唾液分泌。我们将简短地探讨这种相互作用，但是首先让我们仔细看看应激源和应激反应。

应激源——按下按钮的那些事物

应激源可以分为三大类：灾难、重大的生活变化和日常生活中的小麻烦。这些都可能是有害的。

灾难　灾难是无法预测的大规模事件，例如战争、地震和饥荒。发生这样的事件以后，人的情绪和身体健康会明显受到损害。一项在"9·11"恐怖袭击发生后的 3 个星期

有害的应激　无法预测的大规模事件，例如 2010 年的海地大地震，会诱发明显的应激相关疾病。1994 年洛杉矶地震当天，因心脏病猝死的人数增加了 5 倍。其中大多数发生在地震的震中地区和地震后的两小时之内，而且与体力消耗无关（Muller & Verier, 1996）。

内进行的调查显示，三分之二的美国人说他们难以集中精力和正常睡眠（Wahlberg, 2001）。纽约地区的人们尤其可能报告有这样的症状，据称安眠药的处方量上升了28%（HMHL, 2002）。据报道，卡特里娜飓风侵袭后的 4 个月里，新奥尔良的自杀率增至三倍（Saulny, 2006）。

灾难发生后迁移到其他国家的人承受着双重的应激，既有远离故乡、与家人分别的创伤，也有适应新文化的语言、族裔、气候和社会规范的挑战（Pipher, 2002; Williams & Berry, 1991）。在头半年里，恢复士气之前，新来者往往会经历文化冲击，且幸福感下降（Markovizky & Samid, 2008）。考虑到未来几年的气候变化，这种迁移可能会越来越普遍。

重大的生活变化　生活转变——离家、离婚、失业、亲人死亡——往往会带给人非常强烈的感受。即使像结婚这样的喜事，也是很有压力的。这样的变化大多发生在成年早期。在一项调查中，调查者询问了 15 000 名加拿大成人，他们是否"正在试图一次承担太多的事情"，结果发现年轻人的应激水平是最高的。当询问 65 万名美国人他们"昨天"是否承受了很大压力时，年轻人再次表现出较高的应激水平（图 11.2）。

一些心理学家通过一段时间内的跟踪研究来探索生活变化对健康的影响。另一些人则将某些疾病如心脏病的患者回忆起的生活变化与非该病患者回忆起的生活变化进行比较。在这类研究中，那些刚刚丧偶、失业或离婚的人更容易患病（Dohrenwend et al., 1982; Strully, 2009）。芬兰的一项研究包括了 96 000 名丧偶人士，结果发现在其配偶死亡后的一个星期内，幸存一方的死亡风险增加了一倍（Kaprio et al., 1987）。一连串的危机——失去工作、家园和伴侣会让当事人面临更大的风险。

日常生活中的小麻烦　并非只有颠覆我们生活的重大事件才会产生应激。应激也可能来自日常生活中的小麻烦，例如高峰期的交通、令人反感的室友、商店里排成长龙的队伍、太多需要做的事情、家庭中的挫败感以及不接电话的朋友（Kohn & Macdonald, 1992; Repetti et al., 2009; Ruffin, 1993）。有些人可以不去理会这些麻烦。而对于另外一些人，这些日常的烦心事会累积，并有损健康和幸福。

很多人面临的则是更重要的日常生活麻烦。2008 年至 2009 年的金融危机使经济触底，美国人最常谈及的应激源是金钱（76%）、工作（70%）和经济（65%）（APA, 2010）。在贫困地区，人们通常要面对低收入、失业、单亲家庭和过度拥挤，这类应激源是他们日常生活的一部分。

图 11.2
年龄与应激
2008 年到 2009 年的一项涵盖 65 万美国人的盖洛普健康之路调查发现，年轻人的日常应激水平是最高的（Newport & Pelham, 2009）。

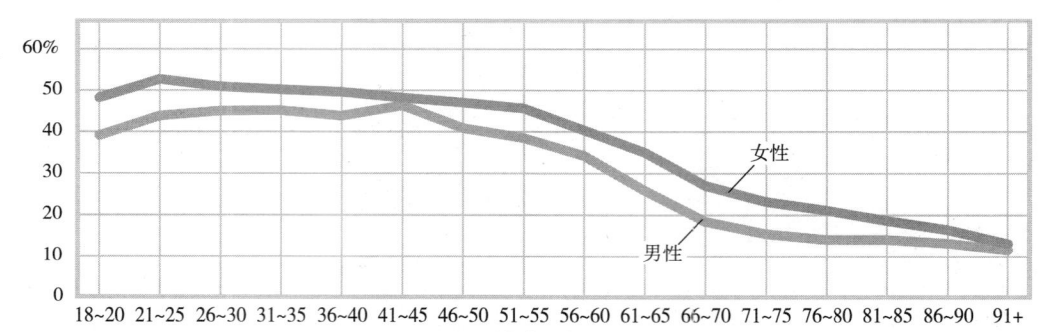

日常的经济压力可能因反同性恋的偏见或种族偏见而进一步加重，这些偏见跟其他的应激源一样，也会造成心理和生理两方面的后果（Pascoe & Richman, 2009; Rostosky et al., 2010; Swim et al., 2009）。想到你每天见到的人中有一些人会不喜欢你、不信任你，或者怀疑你的能力，会让日常生活变得充满压力。若这种情况持续下去，应激就会给我们的健康尤其是心血管系统造成损害。对很多非裔美国人来说，应激使血压升高了（Mays et al., 2007; Ong et al., 2009）。

应激反应系统

医学上对应激的兴趣可以追溯到希波克拉底（公元前460—前377）。20世纪20年代，生理心理学家坎农（Cannon, 1929）证实了应激反应是统一的身心系统的一部分。他观察到严寒、缺氧和情绪唤起事件都能引起肾上腺素和去甲肾上腺素的大量分泌，这些应激激素从肾上腺髓质中释放出来。当众多大脑通路中的任何一个发出警报时，交感神经系统就会增加心跳和呼吸的频率，将血液从消化系统转移到骨骼肌，降低痛感，并释放体内储存的糖和脂肪——这些都为身体采取最佳的适应性反应做好准备，这种反应就是坎农所称的战斗或逃跑（图10.14）。

加拿大科学家塞雷（Selye, 1936, 1976）对应激进行了长达40年的研究，扩展了坎农的发现。他关于动物对不同应激源（如电击和手术）的反应的研究，使应激在心理学和医学中都成了一个重要概念。塞雷提出有机体对应激的适应性反应非常具有普遍性，就像无论遭遇何种入侵，警报铃都会响一样。因此，他把这一反应称作**一般适应综合征**（general adaptation syndrome，GAS），并将其视为三个阶段（**图11.3**）。比如说你正承受着生理或情绪的创伤，在第一阶段，由于交感神经系统的突然激活而产生警戒反应。你的心跳会加快，血液被转移到骨骼肌，你因震惊而感到有些晕眩。

随着资源被调动起来，你现在正准备进入与"挑战"斗争的第二阶段：对抗阶段。在这一阶段，你的体温、血压和呼吸仍然维持在较高水平，肾上腺分泌的激素被泵入你的血液。你全身心投入，调动所有资源来应对这个挑战。

随着时间的推移，如果应激没有减轻，身体的储备日渐减少，你就到了第三阶

你必须知道何时坚持，何时放手。知道何时轻松漫步，何时奋力奔跑。

——肯尼·罗杰斯，
《赌徒》，1978

图 11.3

塞雷的一般适应综合征
2010年，智利的一个铜金矿发生塌方事故，被困矿工的家人和朋友冲到现场，害怕出现最糟糕的结果。18天后，当他们得到消息说里面的33名矿工全部存活且安好时，很多人在等待和担忧的煎熬下已经几乎筋疲力竭。

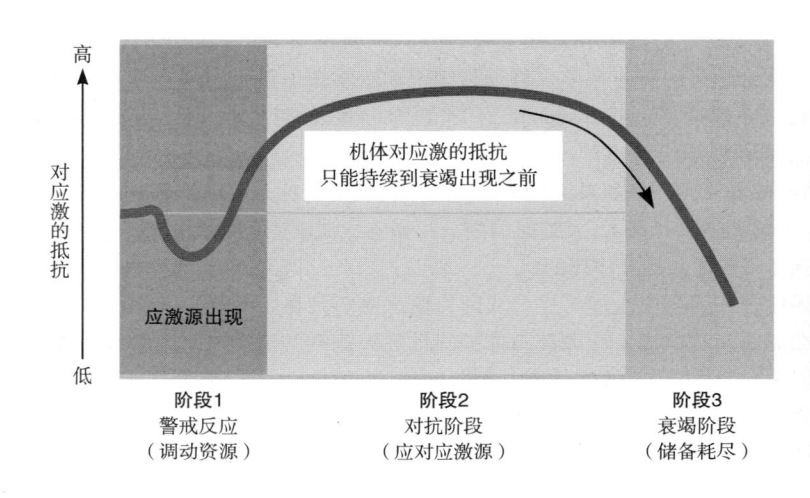

段——衰竭阶段。在这一阶段，由于筋疲力尽，你更容易患上疾病，在极端情况下甚至会崩溃和死亡。

塞雷的基本观点是：尽管人的身体可以很好地应对短暂的应激，但持续性的应激会摧毁它。人们发现，即使是恐惧、紧张的大鼠也会更早地死亡（约 600 天后），而同一批出生但更加自信的大鼠的平均寿命为 700 天（Cavigelli & McClintock, 2003）。

人们还有一些其他的应激处理方式。对亲人死亡的常见反应是：退缩、撤出和保存能量。当面临类似沉船这样极端的灾难时，一些人会因恐惧而无法行动。另一种应激反应是**照料和结盟**（tend-and-befriend），即寻求和给予支持，这种情况尤其多见于女性（Taylor et al., 2000, 2006）。

面对应激事件时，男性往往比女性更可能回避社交，转而沉溺于酒精或变得具有攻击性。女性的应激反应则常常是扶持和抱团。部分原因可能是催产素，它是一种应激调节激素，与动物的配对结合有关。拥抱、按摩和哺乳等人类行为都会释放催产素（Campbell, 2010; Taylor, 2006）。

面临外来威胁时，在战斗或逃跑反应上花费资源往往是有益的。但是我们这样做也是有代价的。如果应激是暂时性的，这个代价很小。如果应激是持续性的，我们可能会付出大得多的代价，对感染和针对身心健康的其他威胁的抵抗力会降低。

提取一下

- 应激反应系统：当无法控制的消极事件触发我们的警觉时，_____ 神经系统会将我们唤醒。心率和呼吸 _____（加快／变慢）。血液从消化系统转移到骨骼 _____。身体释放糖和脂肪。所有这些让身体准备做出 _____ 反应。

答案：交感；加快；肌、战斗或逃跑

应激与疾病

11-2：为什么应激使我们更容易生病？

为了研究应激以及健康和不健康行为对健康和疾病的影响，心理学家和医生创立了跨学科的行为医学，将行为知识和医学知识整合起来。行为医学的一个分支是**健康心理学**（health psychology），它为行为医学提供心理学方面的支持。另一个分支是**心理神经免疫学**（psychoneuroimmunology），关注身心之间的相互作用（Kiecolt-Glaser, 2009）。如果说慢一点，这个古怪的名称是可以理解的：想法和感受（心理）影响大脑（神经），大脑影响内分泌激素，激素则影响抵御疾病的免疫系统。该分支就是研究这些相互作用的。

如果你曾经因为应激而头疼，或因为愤怒而感到血压升高，那么你应该同意心理状态会影响生理状态。应激甚至能够降低你对疾病的抵御力，因为你的神经系统和内分泌系统会影响你的免疫系统（Sternberg, 2009）。你可以把免疫系统看作一个复杂的监控系统。当这个系统正常运作时，它通过隔离和摧毁细菌、病毒及其他入侵者来维持你的健康。这些搜寻和摧毁任务的执行者包括四种细胞（图 11.4）。

"你可能患有所谓的满巢综合征。"

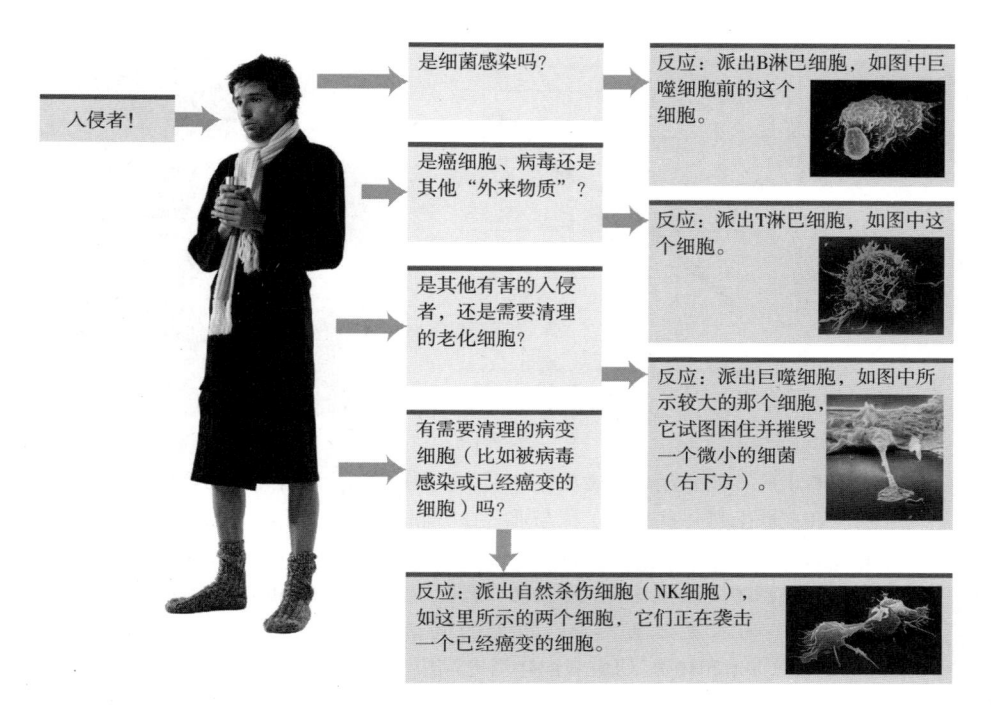

图 11.4
免疫反应的简化视图

- B 淋巴细胞（白细胞）在骨髓中成熟，能释放抵抗细菌感染的抗体。
- T 淋巴细胞（白细胞）在胸腺和其他淋巴组织中成熟，会袭击癌细胞、病毒和外来物质。
- 巨噬细胞（"大胃王"）识别、追踪和吞噬有害的入侵者和老化细胞。
- 自然杀伤细胞（NK 细胞）追踪病变的细胞（如被病毒感染的细胞或癌变的细胞）。

年龄、营养、基因、体温和应激都影响免疫系统的活动。如果免疫系统的功能不正常，则可能在两个方面出错：

1. 反应过强，可能袭击自身的组织，导致过敏反应或自身免疫疾病，如红斑狼疮、多发性硬化或某些形式的关节炎。女性的免疫功能比男性强大，更容易患自身免疫疾病（Morell, 1995; Pido-Lopez et al., 2001）。
2. 反应不足，使得细菌感染加剧，处于休眠状态的病毒爆发，或癌细胞繁殖。在进行器官移植时，受者的免疫系统将移植器官视为外来物质加以排斥，为了保护移植器官，外科医生会有意地抑制患者的免疫系统活动。

应激可通过减少抵御疾病的淋巴细胞而触发免疫抑制。当动物因身体受约束、不可避免的电击、噪音、拥挤、冷水、社会挫折或与母亲分离而产生应激反应时，就会出现这种情况（Maier et al., 1994）。一项为期 6 个月的研究对 43 只猴子的免疫反应进行了监测（Cohen et al., 1992）。一半的猴子处在稳定的群体中。其余的 21 只猴子每月与新室友——三四只新的猴子共处，以此产生应激。在实验结束的时候，经受社会分离的猴子免疫系统较弱。

人类的免疫系统会产生类似的反应。举两个例子：

> 在上帝眼里，或从生物学的角度来看，或者在你看来，女人的存在是一件很重要的事。
>
> ——免疫学者诺玛·塔拉（Talal, 1995）

图 11.5

应激与感冒

实验发现,生活应激分数最高的人在接触实验室的感冒病毒时也最容易患病(Cohen et al., 1991)。

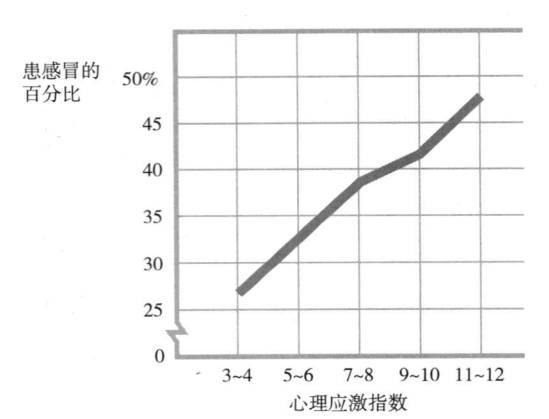

- 处于应激下的人外伤愈合的速度较慢。在一项研究中,牙科专业的学生接受了"穿孔伤(在皮肤上打一些小洞)",与那些在暑假期间受到同类创伤的学生相比,在重要考试前3天受伤的学生愈合速度慢40%(Kiecolt-Glaser et al., 1998)。在其他研究中,婚姻冲突也会减慢"穿孔伤"愈合的速度(Kiecolt-Glaser et al., 2005)。
- 处于应激下的人更容易感冒。重大的生活应激会增加呼吸道感染的风险(Pedersen et al., 2010)。研究者向生活充满应激的人和相对无应激的人的鼻子滴入感冒病毒,前者有47%的人患上感冒(**图 11.5**),后者只有27%的人感冒。跟踪研究发现,最幸福和最轻松的人也明显更少受到实验室感冒病毒的感染(Cohen et al., 2003, 2006)。

应激对免疫力的影响在生理学上也讲得通。搜寻入侵者、产生红肿和维持发热都需要能量。因此,患病时我们的身体通过减少活动和增加睡眠来减少肌肉的能量消耗。而应激正好相反。它建立了竞争性能量需求。在战斗或逃跑反应被唤起时,应激反应将能量从对抗疾病的免疫系统转移到肌肉和大脑(见图10.14)。这增加了你对疾病的易感性。

记忆要点:应激本身并不会使我们生病,但是它能改变我们的免疫功能,降低我们抵御感染的能力。

提取一下

- _____为行为医学提供心理学方面的支持。_____关注身心之间的相互作用,包括心理、神经和内分泌功能对免疫系统和整体健康的影响。

  答案:健康心理学;心理神经免疫学

- 应激对整体健康有何普遍影响?

  答案:应激倾向于削弱免疫系统的正常运作能力,因而将原本水平的一般身体症状会变得严重。

应激与艾滋病

我们知道应激会抑制免疫功能。对于有艾滋病(获得性免疫缺陷综合征,AIDS)的人来说,这意味着什么呢?正如这个病名告诉我们的,艾滋病是一种免疫系统疾病,是由人类免疫缺陷病毒(HIV)引起的。艾滋病已经成为全球第四大死因,在非洲,它是导致死亡的头号杀手。

具有讽刺意味的是，如果一种疾病是通过人际接触（如艾滋病主要是通过精液和血液等体液交换）传播的，如果其致死速度很慢（如艾滋病），那么它对更多的人来说是致命的。HIV 感染者在感染的头几个星期内传染性很强，往往在自己一无所觉的情况下传播病毒。2010 年，全世界有 270 万人在他们毫不知情的情况下感染了 HIV 病毒，其中略多于一半的人是女性（UNAIDS, 2011）。当 HIV 感染者在感染的数年后出现艾滋病症状时，他们已经很难抵抗如肺炎之类的其他疾病了。全球已有超过 2 500 万人死于艾滋病（UNAIDS, 2010）。

应激并不会导致人们罹患艾滋病。但是应激和消极情绪是否会加快感染者从感染 HIV 病毒到患艾滋病的过程？应激是否预示着艾滋病患者的病情会加速恶化？这两个问题的答案似乎都是肯定的（Bower et al., 1998；Kiecolt-Glaser & Glaser, 1995；Leserman et al., 1999）。经历应激事件（如失去伴侣）的 HIV 感染者，表现出更大程度上的免疫抑制和疾病的更快恶化。

降低应激水平是否有助于控制疾病？再一次，答案似乎是肯定的。教育行动、丧失亲人后的支持小组、认知疗法、放松训练、健身计划等能减少应激的方法，均对 HIV 阳性个体有积极的效果（Baum & Posluszny, 1999; McCain et al., 2008; Schneiderman, 1999）。不过与可用的药物治疗相比，这种益处是微弱的。

虽然目前艾滋病的可治疗性比以往都高，但预防 HIV 感染是更好的选择，这也是许多教育项目的焦点，比如 ABC（Abstinence, Be faithful, use Condom；节欲、忠贞和使用避孕套）综合项目的开展似乎在乌干达取得了成功（Altman, 2004; UNAIDS, 2005）。

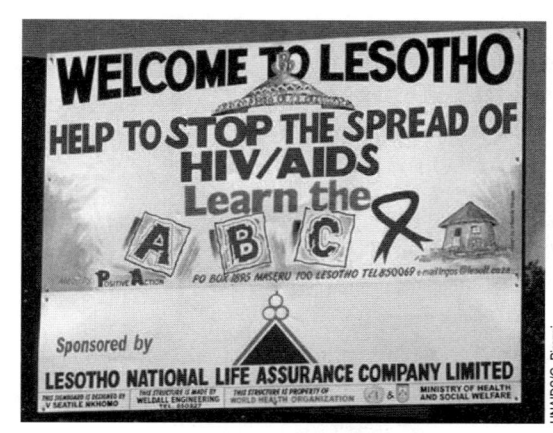

应激与癌症

应激并不会制造癌细胞。不过在健康的、运作正常的免疫系统中，淋巴细胞、巨噬细胞和自然杀伤细胞会寻找和摧毁癌细胞及因癌症而受损的细胞。如果应激削弱了免疫系统，是否可能会削弱个体抵御癌症的能力？为了探明应激与癌症之间可能存在的联系，研究者将肿瘤细胞或致癌物质注入啮齿类动物体内。结果表明，那些处于应激状态下的啮齿类动物（如给它们施加无法逃避的电击）更容易得癌症（Sklar & Anisman, 1981）。与非应激状态下的啮齿类动物相比，它们体内的肿瘤发展更快并长得更大。

应激和癌症的这种关联是否适用于人类呢？研究结果并不一致。一些研究发现，人们在经历了抑郁、无助或丧失亲人之后的一年内，患癌症的风险有所提高（Chida et al., 2008; Steptoe et al., 2010）。在瑞典的一项大规模研究中，工作场所存在应激的人们与报告没有此类问题的人们相比，前者患大肠癌的风险是后者的 5.5 倍。这一差异与两组人在年龄、吸烟、饮酒和身体方面的差异无关（Courtney et al., 1993）。但有些研究发现应激与人类癌症之间不存在联系（Coyne et al., 2010; Petticrew et al., 1999, 2002）。例如，集中营的幸存者和前战俘患癌症的比率并没有提高。

在北美和西欧，74% 的艾滋病患者是男性。在撒哈拉以南的非洲，60% 的艾滋病患者是女性。
——UNAIDS, 2010

非洲是艾滋病的归零地（ground zero） 在莱索托、乌干达及其他地区，为预防艾滋病而作出的努力包括"ABC"运动——节欲（Abstinence），忠贞（Be faithful）和使用避孕套（use Condom）。

我没让自己得癌症。
——新泽西州普林斯顿市市长芭芭拉·博格斯·西格蒙德（1939—1990）

当无法得知一种疾病的器质性原因时，人们就倾向于创造一种心理上的解释。在导致肺结核的细菌没有被发现以前，对肺结核进行人格方面的解释较为普遍（Sontag，1978）。

对情绪和癌症的关系进行大肆宣传的一个危害是，有些患者会对他们的疾病产生自责："我以前要是更乐于表达自己的感情、更轻松一些、对生活抱有更多的希望就好了。"由此产生的另一个危害是健康人中的"健康大男子气概"，他们将"健康的性格"归功于自己，并使生病的人感到内疚："她患了癌症？就是由于她经常控制自己的感情，并且一直表现得那么友善。"因此，死亡成为最终的失败。

我们必须再次强调：应激本身并不制造癌细胞。最坏的情况是，它可能通过削弱身体对恶性细胞繁殖的天然防御而影响癌细胞的生长（Antoni & Lutgendorf, 2007）。尽管轻松和抱有希望的心态能增强这些防御功能，我们仍要清楚，科学与意愿之间还是有一线之隔的。在晚期癌症或艾滋病中起作用的强大的生物学过程，不太可能因为人们避免应激或维持一种放松但坚定的信念就完全改变它原有的发展轨迹（Anderson, 2002; Kessler et al., 1991）。这说明了为什么研究一致表明，心理治疗并不能提高癌症患者的生存率（Coyne et al., 2007, 2009; Coyne & Tennen, 2010）。

应激与心脏病

> 11-3：为什么有些人更易患冠心病？

应激与导致北美人死亡的头号杀手冠心病有着更为紧密的联系。在**冠心病**（coronary heart disease）中，给心肌供血的血管逐渐发生了堵塞。高血压和家族病史都会增加患冠心病的风险。许多行为因素（吸烟、肥胖、高脂饮食、缺乏运动）、生理因素（胆固醇水平升高）和心理因素（应激反应和人格特质）也会增加患冠心病的风险。

在一项经典研究中，迈耶·弗里德曼、雷·罗斯曼及其同事检验了他们的一个想法：应激增加患心脏病的风险。他们在一年中的不同时间测量了40名男性税务会计的血胆固醇含量和血液凝结速度（Friedman & Ulmer, 1984）。1月到3月的测量结果完全正常。然后，会计开始忙于在4月15日的截止日期前完成客户的报税表，他们的胆固醇和凝血测量结果随之上升到危险水平。在5月和6月，截止期限过去以后，测量结果又回到正常水平。应激预测了这些人心脏病发作的风险。研究者的预感得到了回报，他们随即启动了一项为时9年、包括3000多名35~59岁健康男性的研究。

研究开始时，研究者对每个人进行了15分钟的访谈，记录了他的工作、饮食习惯、说话方式和其他行为模式。那些反应快、喜欢竞争、做事拼命、缺乏耐心、有时间观念、动机强、言词有攻击性和易怒的人被称作**A型人格**（Type A）。那些更为随和的人被称作**B型人格**（Type B），两者人数大致相等。你认为哪一组更易患冠心病呢？

9年以后，257人经历了心脏病发作，其中69%是A型人格。而且，没有一个"纯"B型人格（该组中最随和、最放松）的人遭遇心脏病发作。

正如科学中常发生的一样，这个令人振奋的发现引起了公众广泛的兴趣。但在初始的蜜月期之后，研究者想要知道更多。这个研究可靠吗？如果果真如此，A型人格的个性特征中的有害成分究竟是什么？时间观念，竞争性，还是易怒性？

目前已有超过700项研究对可能影响心血管健康的心理因素或预测因素进行了探索（Chida & Hamer, 2008; Chida & Steptoe, 2009）。这些研究发现，A型人格中的核心有害特征是负面情绪，尤其是与攻击性反应性格有关的愤怒。当我们受到侵扰

在印度和美国，A型人格的公共汽车司机驾驶较猛：他们刹车、超车、按喇叭的次数均多于较随和的B型人格同事（Evans et al., 1987）。

玩火者必自焚。
——中国谚语

或挑战时，活跃的交感神经系统将供给内脏的血液重新分配给肌肉。肝脏就是这些内脏之一，它通常的工作是清除血液中的胆固醇和脂肪，而此时它无法完成这份工作。与其他人相比，A 型人格的个体往往随时处于"备战状态"。因此，多余的胆固醇和脂肪可能会继续在血液中循环，然后堆积在心脏周围。进一步的应激——有时是因为他们自己脾气暴躁而造成的冲突——可能诱发心律的改变。对于心脏不够强壮的人来说，这种改变可能导致猝死（Kamarck & Jennings, 1991）。敌意也与其他风险因素相关，例如吸烟、饮酒和肥胖（Bunde & Suls, 2006）。心理状态与心脏之间有着重要的相互作用。

针对青年和中年男性和女性的数百个其他研究已证实，动辄为小事发火的人最容易患心脏病。正如研究者所指出的，怒火"似乎会回击并攻击我们的心肌"（Spielberger & London, 1982）。（见"特写：处理愤怒的小贴士"）

悲观对人也有相似的害处。库布赞斯基和她的同事（Kubzansky et al., 2001）研究了 1 306 名 10 年前在测验中表现出乐观、悲观或中性情绪的健康人。10 年后，即便排除了吸烟等其他危险因素，悲观主义者患心脏病的可能性仍是乐观主义者的 2 倍（图 11.6）。（在下一部分"应对应激"中，我们将读到更多关于乐观主义和悲观主义的内容。）

抑郁也可能是致命的。快乐的人往往更健康，也比不快乐的人更长寿（Diener & Chan, 2011; Siahpush et al., 2008）。研究者仔细观察了 150 名美国职业棒球大联盟运动员的照片，这些运动员都曾在 1952 年的棒球年鉴中出现，并于 2009 年前去世。研究者发现，即使一个开心的微笑也能预测长寿（Abel & Kruger, 2010）。没有笑的人平均在 73 岁去世，而发自内心大笑的人则平均在 80 岁去世。

来自 57 项研究的证据表明，"抑郁情绪明显地增大死亡风险，尤其是非自然原因和心血管疾病导致的死亡"（Wulsin et al., 1999）。研究者对 63 469 名女性进行了长达十几年的跟踪研究，发现初始测试得分属于抑郁的人因心脏病发作而死的概率比其他人高一倍（Whang et al., 2009）。在心脏病发作后的几年中，与抑郁得分低的人相比，抑郁得分高的人心脏问题恶化的概率要高 4 倍（Frasure-Smith & Lesperance, 2005）。抑郁确实会令人"心碎"。

抑郁人群倾向于吸烟更多而锻炼更少（Whooley et al., 2008），但应激本身也是令人沮丧的：

- 研究者对 17 415 名美国中年女性进行跟踪调查，发现在工作中承受明显应激的人群，其心脏病发作的风险增加了 88%（Slopen et al., 2010）。

快乐的心情是良药，而消沉的意志是毒药。

——圣经《箴言》: 17:22

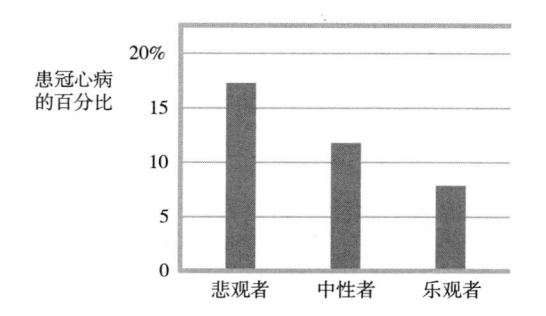

图 11.6
悲观主义和心脏疾病
哈佛大学公共卫生学院的一个研究小组发现，悲观的男性 10 年间患心脏病的风险是乐观者的 2 倍。（资料来源：Kubzansky et al., 2001）

特 写

处理愤怒的小贴士

11-4：处理愤怒情绪有哪些健康的方式？

行为医学研究让人们再次意识到当代心理学最重要的主题之一：身心交互作用；一切的心理现象同时也是生理现象。当面临威胁或挑战时，恐惧促使我们逃跑，而愤怒促使我们战斗——每一种反应在某些时候都可能是适应性行为。然而，像 A 型人格所具有的长期敌意，则与心脏病有关。那么，我们如何才能摆脱愤怒呢？

个人主义文化鼓励发泄愤怒，但在集体主义文化背景下，却很少听到这种建议。在集体主义文化中，个体对人际之间的相互依存很敏感，他们把愤怒视为对群体和谐的威胁（Markus & Kitayama, 1991）。比如在塔希提岛，人们学着体谅别人和温和有礼。在日本，从婴儿开始，表达愤怒就不像西方文化那么普遍，而愤怒在最近的西方政界中风靡一时。在西方文化中，"发泄愤怒"的建议是假定我们可以通过攻击性的行为或幻想释放情绪，或**宣泄**（catharsis）。如果表达愤怒不会使我们感到内疚或焦虑，它确实可以使我们暂时平静下来（Geen & Quanty, 1977; Hokanson & Edelman, 1966）。

然而，宣泄通常不能消除一个人的愤怒。更多情况下，表达愤怒会引起更多的愤怒。首先，它可能引起进一步的报复，使小的冲突升级为大的敌对。其次，表达愤怒会扩大愤怒。（回忆第 10 章的行为反馈研究：发泄怒火会让我们更加愤怒。）

在一项研究中，要求已经被激怒的人重击吊袋，并同时反复去想那个使他们愤怒的人。之后，当他们有机会报复时，他们变得更具攻击性（Bushman, 2002）。尽管"发脾气"可以暂时使我们平静，但同时也具有危险性：这种行为可能被强化并形成习惯。如果充满压力的经理发现训斥雇员可以排解紧张，那么当下次他们感到气恼或紧张时，他们更可能再次大发雷霆。想一想：你下次愤怒时，你可能做出任何曾经减弱你愤怒情绪的事情。

那么，应对愤怒的最好方法是什么呢？专家提供了两条建议。第一，等待。等待可以降低你愤怒的生理唤醒水平。"事实上身体就像箭，"塔夫里斯（Tavris, 1982）说，"上去后必定会下来。如果你等得够长，任何情绪的唤起都会平静下来。"第二，应对愤怒。方式包括：不要为任何一个小烦恼长期生气，也不要生闷气而复述你的不满。脑子里反复思考愤怒的原因只会增加你的愤怒（Rusting & Nolen-Hoeksema, 1998）。通过做运动、玩乐器，或向一位朋友倾诉让自己平静。

愤怒并不总是坏事。使用得当，则能够表现力量和能力（Tiedens, 2001）。

- 在丹麦，一项包括 12 116 名女护士的研究发现，那些报告工作压力"太大"的人患心脏病的风险增加了 40%（Allesøe et al., 2010）。
- 在美国，一项针对中年工人为期 10 年的研究发现，非自愿失业使其心脏病发作的风险增长了一倍多（Gallo et al., 2006）。一项为期 14 年，包括了 1 059 名女性的研究发现，那些具有 5 个或以上创伤性应激症状的人，其患心脏病的风险是正常情况的 3 倍（Kubzansky et al., 2009）。

当应激引发持续的炎症时，心脏病和抑郁都可能发生（Matthews, 2005; Miller & Blackwell, 2006）。当身体将能量集中于逃跑或击退威胁时，应激激素会促进导致炎症的蛋白质的产生。持续的炎症会导致哮喘或动脉阻塞，并能使抑郁恶化。

***

我们可以把应激对人体抗病能力的影响看作是我们为应激的好处付出的代价。应激可以通过唤醒和激励给我们的生活注入活力。毫无压力感的生活是很难富有挑战性或多产的。然而正如我们已经看到的，应激也会伤害我们（图 11.7）。了解这一

第 11 章 应激、健康与人类丰盛　55

当我们以促进和解而不是报复的方式表达不满时，它有利于促进人际关系。有所控制地表达愤怒比敌对地爆发或压抑愤怒情绪都更加具有适应性。文明礼貌不仅仅意味着对微小的愤怒保持沉默，也意味着要清楚而肯定地传达重要信息。一种非指责性的情绪表达——也许是想要你的室友知道"当你把脏盘子留给我洗时，我感到气愤"——有助于解决引起愤怒的冲突。

如果他人的行为真正伤害了你，该怎么做？研究者建议可采用传统的方法：宽恕。不要让冒犯者萦绕在你脑中或带来进一步的伤害，宽容可以减轻愤怒，并使身体平静下来。为了探索宽恕的躯体反应，威特伏利特及其合作者（Witvliet et al., 2001）请大学生回忆别人伤害他们的事件。当这些学生在心理上复述宽恕时，他们的消极情感以及出汗、血压、心率、面部紧张，都比复述他们的怨恨时要低。

用发泄来减少愤怒就像用汽油灭火。
　　——研究者布拉德·布什曼
　　　（Bushman, 2002）

心怀恨意，怒气不消。
　　——佛陀，公元前 500 年

发泄　我的女儿现在是南非居民。当她在世界杯的足球赛上为其新祖国喝彩时，她经历了一次短暂的宣泄。"每当我对乌拉圭感到生气时，我就吹响呜呜祖拉（一种南非乐器——译者注）并加入不满者的行列，这让我的内心得到一些释放。"

> **提取一下**
>
> ● 下列哪一项是减少愤怒情绪的有效方法？
>   a. 口头或肢体上的报复
>   b. 等待或"冷静下来"
>   c. 用行动或幻想表达愤怒
>   d. 默默地回顾自己的不满
>
> 答案：b

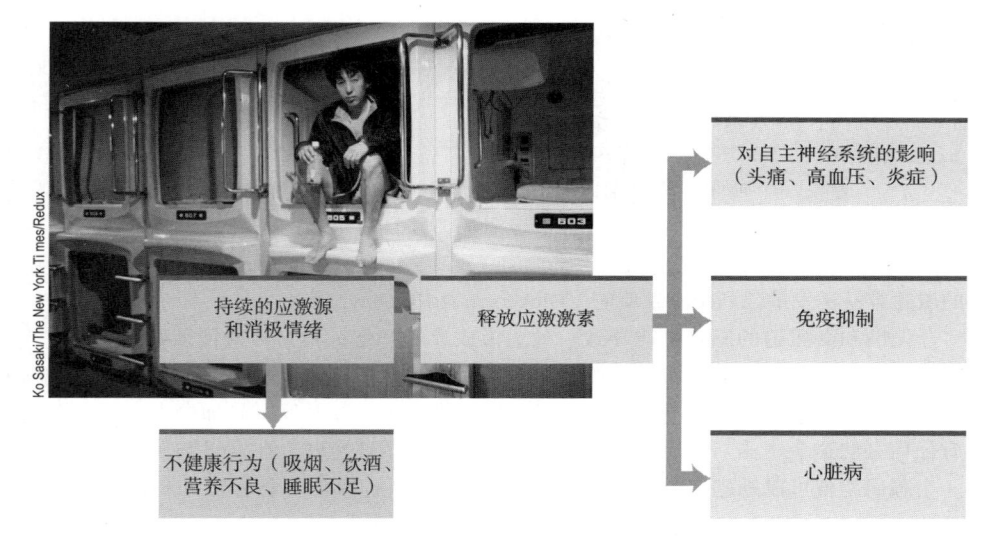

图 11.7
应激会造成多种与健康有关的后果
当愤怒、沮丧或焦虑的人经历应激时尤其如此。近期的经济危机导致人们失去工作和收入，使很多人产生了应激，例如这个住在东京"胶囊酒店"里的无业日本男人。

持续的应激源和消极情绪 → 释放应激激素 → 对自主神经系统的影响（头痛、高血压、炎症） / 免疫抑制 / 心脏病

持续的应激源和消极情绪 → 不健康行为（吸烟、饮酒、营养不良、睡眠不足）

点后，我们就可以努力促进和保持我们的健康。

传统上，人们只有在出问题的时候才会考虑自己的健康——寻求医生的诊断和治疗。在健康心理学家看来，这就像忽视汽车保养，只在出故障的时候找修理工一样。健康维护始于策略的执行，即通过减少应激和提升幸福感来预防疾病。

应对应激

11-5：人们试图从哪两个方面来减少应激？

应激源是不可避免的。这一点，再加上持续的应激与心脏病、抑郁和免疫力下降相关这一事实，给我们传递了明确的信息。我们必须学会**应对**（cope）生活中的压力，通过情绪、认知和行为的方法来缓解应激。

我们会直接处理某些应激源，即**问题聚焦应对**（problem-focused coping）。比如，由于缺乏耐心导致家庭争吵，我们可以直接去找那个家庭成员解决问题。如果我们感到能控制情境，并认为我们能改变环境或至少能改变自身以更有能力应对，则倾向于采取问题聚焦的应对策略。

如果我们不能（或认为自己不能）改变情境，则会诉诸**情绪聚焦应对**（emotion-focused coping）。如果，即使我们尽了最大的努力也无法与那个家庭成员相处，那么或许我们可以通过向朋友寻求支持和安慰来缓解应激。情绪聚焦策略，比如锻炼或让自己忙于积极的爱好以避免想起恶习，从长远看可使我们更健康。不过情绪聚焦策略也可能对适应不利，比如当学生担心跟不上课堂的阅读节奏时就跑去参加聚会，以将学习抛在脑后。有时问题聚焦策略（努力跟上阅读节奏）能更有效地减轻压力，促进长期的健康和满意度。

如果受到挑战，有些人倾向于使用冷静的问题聚焦应对策略，有些人则更倾向于情绪聚焦应对（Connor-Smith & Flachsbart, 2007）。我们的控制感、解释方式和支持性的社会联系都会影响我们成功应对的能力。

个人控制

11-6：失控的感觉对健康有何影响？

想象一个画面：两只老鼠同时受到电击，但是其中一只能够通过踩动轮子来停止电击。那只无助的老鼠变得容易患溃疡，并且对疾病的免疫能力降低，而那只踩轮子的老鼠则没有这些问题（Laudenslager & Reite, 1984）。人类也是，不可控制的威胁容易诱发最强烈的应激反应（Dickerson & Kemeny, 2004）。

无助和受压迫的感觉可能导致一种消极放弃的状态，称为**习得性无助**（learned helplessness）（图 11.8）。实验者马丁·塞利格曼（Seligman, 1975, 1991）在很早以前的一些实验中发现了这一点。研究者用挽具将狗束缚住并反复施加电击，而狗没有任何办法避免电击。然后，这些狗被放置到另一个环境中，在这里狗只需要跃过一个障碍物就可以逃避惩罚，然而它们只是蜷缩着，就像是完全绝望了一样。相反，

图 11.8

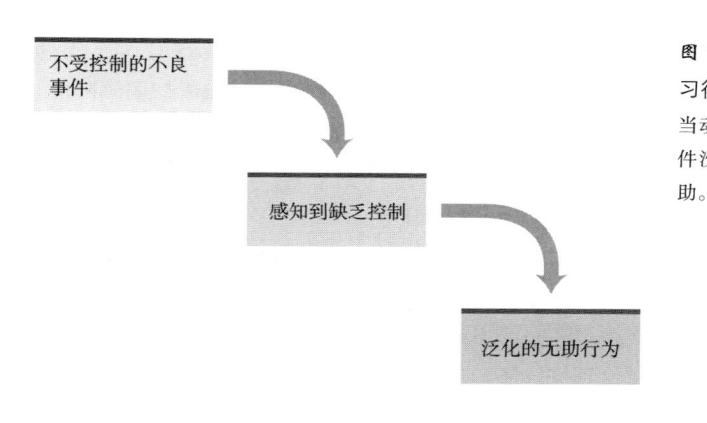

习得性无助

当动物和人们对反复发生的不良事件没有控制时,他们往往会习得无助。

```
不受控制的不良事件
      ↓
感知到缺乏控制
      ↓
泛化的无助行为
```

一开始能够逃避电击的动物学会了个体控制,在新环境中轻而易举地逃避了电击。

人类也会产生习得性无助。如果反复面对个体无法控制的创伤事件,人们就会变得无助、绝望和抑郁。

如果觉察到失控,我们会变得更容易生病。一项著名的研究中,那些意识到对自己的活动失去控制的疗养院里的老人,比起那些能较多地控制自己活动的老人,身体机能下降更快,并且会更快死亡(Rodin, 1986)。能够控制工作环境的工人,如可以调整办公用具的摆设、可以避免被打扰和分心,会体验到较少的应激(O'Neill, 1993)。这可能有助于解释为什么英国行政阶层的公务员比文书或体力阶层的公务员长寿;为什么芬兰工作压力小的工人,与那些从事高要求而低控制工作的工人相比,死于心血管疾病(中风或心脏病)的几率要低一半。工人对工作环境的控制力越强,寿命就越长(Bosma et al., 1997, 1998; Kivimaki et al., 2002; Marmot et al., 1997)。

增加自我控制,如允许囚犯移动椅子、控制房间的照明和电视,让工人参与决策,让疗养院的病患选择自己的环境,能明显地改善人们的健康状况和精神面貌(Humphrey et al., 2007; Wang et al., 2010)。在一个关于疗养院病患的案例中,在受到鼓励要对自己的生活施以更多控制的患者中,有93%的人变得更敏捷、活跃和幸福(Rodin, 1986)。就像研究者埃伦·兰格(Langer, 1983, p. 291)所下的结论,"控制感是人类功能的基础。"

控制也有助于解释经济地位和寿命之间已经确立的关联(Jokela et al., 2009)。有一项研究调查了苏格兰格拉斯哥一个古老墓园里的843个墓碑。那些最高大的墓碑(表示最富有),其墓主的寿命往往也是最长的(Carroll et al., 1994)。与此类似,居住在苏格兰最不拥挤和失业率最低的地区的人,寿命也最长。在那里以及其他地方,经济地位高预示着罹患心脏病和呼吸道疾病的风险较低(Sapolsky, 2005)。财富也可以用来预测儿童的健康水平(Chen, 2004)。较高的经济地位意味着低出生体重、婴儿期死亡、吸烟和暴力行为的发生率较低。甚至在其他的灵长类动物中,当接触感冒之类的病毒时,处于社会等级顺序底层的个体也比地位更高的同伴更容易患病(Cohen et al., 1997)。但是高地位也会带来应激:地位高的狒狒和猴子如果需要频繁地以武力维护自己的统治地位,则会表现出高应激水平(Sapolsky, 2005)。

为什么失控的感觉可以预测健康问题?因为失控会诱发应激激素大量释放。当大鼠不能控制电击,或者当灵长类动物或人类感到无法控制他们的环境时,应激激素水平和血压会升高,免疫反应降低(Rodin, 1986; Sapolsky, 2005)。因此,被圈养的动物会比野生动物经历更多的应激，并且更容易患病（Roberts, 1988）。对人类的研究已经证实，人口稠密的社区、监狱和大学宿舍的拥挤现象是造成控制感降低、应激激素水平和血压上升的另一个原因（Fleming et al., 1987; Ostfeld et al., 1987）。

提取一下

- 为了应对应激，当我们觉得自己对这个世界有控制力时，就倾向于采用_____（情绪/问题）聚焦策略；当我们认为自己无法改变环境时，就倾向于使用_____（情绪/问题）聚焦策略。

答案：问题；情绪。

内控制点和外控制点

如果失控的体验是令人紧张和有害健康的，那么总体上对生活有控制感的人会更加健康吗？考虑一下你自己的控制感。你认为生活超出控制了吗？找到好工作的关键是天时地利吗？或者你更坚信发生在自己身上的事情都是自身的原因？成功是努力工作的结果吗？父母对你的控制感有影响吗？文化呢？

数百项研究对具有不同控制感知的人进行了比较。其中一方是那些具有心理学家朱利安·罗特所称的**外控制点**（external locus of control）的人，他们认为命运是由偶然或外部力量决定的。另一方则是具有**内控制点**（internal locus of control）的人，他们认为命运是由自己控制的。在一项又一项的研究中，"内控者"在学业上和工作中都比"外控者"取得了更多的成就，更加独立自主，更加健康，也更少抑郁（Lefcourt, 1982; Ng et al., 2006）。此外，他们在延迟满足和应对包括婚姻问题在内的不同应激源方面，也有更好的表现（Miller & Monge, 1986）。一项为期20年的研究对7 551名英国人进行了跟踪调查，发现在10岁时表现出内控倾向的人在30岁时更少出现肥胖、高血压和痛苦（Gale et al., 2008）。其他研究也发现，信奉自由意志或意志可控的人，工作和学业表现更好，也更乐于助人（Job et al., 2010; Stillman et al., 2010）。

与他们的父辈相比，现在更多的美国人赞同外控制点（Twenge et al., 2004）。这一转变可能有助于解释新一代中抑郁症和其他心理障碍发病率的相应增加（Twenge et al., 2010）。

自我控制的损耗和强化

自我控制（self-control）是控制冲动和为长期奖赏而延迟短期满足的一种能力。在研究中，这一能力预示着良好的适应力、较佳的成绩和社会意义上的成功（Tangney et al., 2004）。能够对每天的活动做出计划并按计划执行的学生，有抑郁症的风险也较低（Nezlek, 2001）。

自我控制水平常常是波动的。就像肌肉一样，自我控制在使用以后会暂时变弱，休息以后得到补充，通过锻炼则会变强（Baumeister & Exline, 2000; Hagger et al., 2010; Vohs & Baumeister, 2011）。对意志力的锻炼会暂时损耗在其他任务中行使自我控制所需的心理能量（Gailliott & Baumeister, 2007）。在一项实验中，如果饥饿的人拒绝了食用巧克力曲奇的诱惑，那么他们会比那些没有拒绝的人更快地放弃一个单调乏味的任务。在实验室任务中消耗了意志力之后，如压抑偏见或说出字的颜色

第 11 章 应激、健康与人类丰盛 59

（例如，即使以红色字体呈现的字是"绿"也要说"红"），人们在面对挑衅时会更难以克制攻击性反应，在性方面也会放纵一些（DeWall et al., 2007; Gaillot & Baumeister, 2007）。

研究者发现，锻炼意志力会消耗血糖和关乎精神集中的神经活动（Inzlicht & Gutsell, 2007）。那么，在自我控制损耗时，故意地提高血糖水平会产生什么效果呢？给予人们增加能量的糖（天然的而不是人工增甜了的柠檬水）产生了甜蜜的效果：它加强了人们努力思考的能力，并减少了他们在金钱方面的冲动（Masicampo & Baumeister, 2008; Wang & Dvorak, 2010）。甚至狗也能体验到自我控制损耗和糖带来的恢复（Miller et al., 2010）。

从长远来看，自我控制需要注意力和能量。通过锻炼身体和学习时间管理，人们增强了自我控制能力，这一点从他们在实验室任务中的表现，以及在进食、饮酒、吸烟和家务方面的自我管理改善上都能看出来（Oaten & Cheng, 2006a, b）。重要的是：我们可以增强意志力的"肌肉"，也就是我们的自我调节能力。但是这样做本身也需要一些（能说句不中听的吗？）意志力。

极端的自我控制 我们的自我控制能力会随着练习而增强，而一些人比另一些人练习得更多！魔术师大卫·布莱恩（左图）在纽约时代广场上做了一个惊人的表演，他在一块冰中站了将近 62 个小时（冰的中间挖出了一个小空间供他使用）。很多表演艺术家以扮演真假难分的人体雕像为生，这位女演员（右图）正在苏格兰爱丁堡的皇家英里大道上表演。

乐观与悲观

11-7：对生命、社会支持、应激和健康的基本看法之间有什么关联？

我们已经看到，我们的观念——预期能够从这个世界得到什么——会影响我们患心脏病的可能性。观念也会影响我们应对应激的能力和整体健康状况。悲观主义者将糟糕的表现归因于基本能力的不足（"我不会做这个"）或长期无法控制的环境（"我对此无能为力"）。乐观主义者期望拥有更多的控制，能够更好地应对应激事件，享有更好的健康（Aspinwall & Tedeschi, 2010; Carver et al., 2010; Rasmussen et al., 2010）。在学期的最后一个月里，预先被确认为乐观的学生较少报告疲劳、咳嗽和疼痛。在法学院最初几个很有压力的星期里，乐观的学生（"我不太可能会失败"）情绪更好，免疫系统更强（Segerstrom et al., 1998）。同样，乐观者在应对压力时，血压只有很小的上升，他们从心脏手术中复原得更快。

乐观的学生往往成绩也更好，因为他们经常以充满希望的态度来回应挫折，认为努力、良好的学习习惯和自律会起作用（Noel

积极的期望常常能激励最终的成功。

"我们只是拍打得不够用力。"

最年长的大屠杀幸存者如此解释她 107 年的生命："总而言之：乐观。我看到事物好的一面。当你放松下来的时候，你的身体就能一直放松。"
——Alice Herz-Sommer, 2010

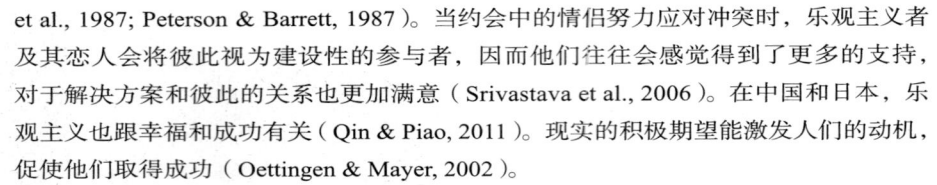

et al., 1987; Peterson & Barrett, 1987）。当约会中的情侣努力应对冲突时，乐观主义者及其恋人会将彼此视为建设性的参与者，因而他们往往会感觉得到了更多的支持，对于解决方案和彼此的关系也更加满意（Srivastava et al., 2006）。在中国和日本，乐观主义也跟幸福和成功有关（Qin & Piao, 2011）。现实的积极期望能激发人们的动机，促使他们取得成功（Oettingen & Mayer, 2002）。

请思考其他几项研究中乐观和积极情绪因素的持续作用和惊人效果：

- 一个研究团队对 941 名年龄在 65 至 85 岁之间的荷兰人进行了近 10 年的跟踪调查（Giltay et al., 2004, 2007）。将这些人按照乐观程度四等分，其中乐观程度最低的那批人中有 57% 的人去世，而乐观程度最高的那批人中只有 30% 的人去世。
- 一项对 2 428 名中年芬兰男性长达 10 年的研究发现，那些有着暗淡、失望表情的人在此期间的死亡数量是由乐观者组成的对照组的两倍多（Everson et al., 1996）。美国研究者对 4 256 名越战老兵的跟踪研究得到了同样的结果（Phillips et al., 2009）。
- 有一项现在很著名的研究跟踪调查了 180 名天主教修女。这些修女在约 22 岁时写下了简短的个人自传，从那以后她们的生活方式一直没有什么改变。与那些不苟言笑的修女相比，在自传中表达了幸福、爱和其他积极情感的修女，其平均寿命要长 7 年（Danner et al., 2001）。到 80 岁时，在很少表达积极情绪的修女中，大约 54% 的人已经去世，而心态最积极的修女中只有 24% 的人去世。

乐观主义具有家族遗传性，因此有些人确实天生就容易拥有阳光、充满希望的观念。对于同卵双生子来说，如果其中一个人是乐观的，另一个人往往也会独立地表现出乐观主义的迹象（Mosing et al., 2009）。催产素与社会关系的建立有关，它的一个受体基因是乐观主义的一个遗传标记（Saphire-Bernstein et al., 2011）。

社会支持

社会支持——觉得受到亲密朋友和家人的喜爱和鼓励——能够让人更加健康和幸福。大量的调查（有些对数千人进行了数年的跟踪研究）显示，亲密关系可以预测健康状况。如果亲密关系是支持性的，人们就不太可能英年早逝（Uchino, 2009）。杨百翰大学的研究者将世界范围内共涉及 30 多万人的 148 项研究的数据进行整合，证实了社会支持的巨大影响（Holt-Lunstad et al., 2010）。与社会联系贫乏的人相比，社会联系丰富的人的生存率提高了大约 50%。贫乏的社会联系对健康有害，其影响差不多等同于每天吸 15 支烟或酒精依赖的影响，是不锻炼身体或肥胖的影响的 2 倍。

人是需要他人的。有些人通过与朋友、家人、同事、宗教团体或其他支持小组的成员建立关系来满足这个需求。另一些人则通过积极、幸福、支持性的婚姻来建立关系。婚姻中冲突较少的已婚者比未婚者寿命更长，也更健康（De Vogli et al., 2007; Kaplan & Kronick, 2006; Sbarra, 2009）。这种相关性不受年龄、性别、种族和收入的影响（National Center for Health Statistics, 2004）。一项长达 70 年的研究发现，在个体 50 岁时预测其健康老龄化情况，好的婚姻是比低胆固醇水平更好的预测因素（Vaillant, 2002）。但是已婚和从未结婚的人士在健康方面的差异已经缩小了（Liu, 2009）。

如何解释社会支持与健康之间的联系？是否社会参与程度低的中老年人更可能

吸烟、肥胖和胆固醇高——因此心脏病发作的风险也要高一倍（Nielsen et al., 2006）呢？或者只是健康的人更喜欢交际？研究显示，社会支持本身就对健康有益。

社会支持使我们平静，降低血压和应激激素的分泌。有50多个研究支持这一发现（Graham et al., 2006; Uchino et al., 1996, 1999）。为了看看社会支持是否能平息人们对威胁的反应，一个研究小组让婚姻幸福的妇女躺在fMRI机器上，面对电击脚踝的威胁（Coan et al., 2006）。实验过程中，有些妇女握住丈夫的手。有些握着陌生人的手或者根本不握手。在等待偶尔的电击时，如果妇女握住自己丈夫的手，那么其应对威胁的脑区活动较少。这种安慰效应对于报告婚姻最幸福的妇女最大。支持性的家人和朋友（人类和非人类）能帮助缓冲威胁。在应激事件之后，养有小狗或其他宠物的有医疗保险的人需要看医生的可能性更小（Siegel, 1990）。（参见"特写：宠物也是人类的朋友"）

朋友之间的开怀大笑是一剂良药 笑可以振奋我们的精神，按摩肌肉，让我们感到放松（Robinson, 1983）。幽默（不是充满敌意的讽刺）可以减压，缓解痛苦，增强免疫活动（Ayan, 2009; Berk et al., 2001; Kimata, 2001）。笑口常开的人通常患心脏病的概率也较低（Clark et al., 2001）。

Getty Images/Rubberball

特 写

宠物也是人类的朋友

你是否曾经希望有一位朋友，他能热爱你的一切，不做任何评判，永远支持你，不管你的心情怎样？对于成千上万的人来说，这样的朋友的确存在，它就是忠诚的狗或者友好的猫。

许多人把他们的宠物描述成一个珍贵的家庭成员，能帮助他们感到平静、幸福和有价值。宠物是否也能帮助人们应对压力？如果是这样，宠物是否有疗愈力量？目前依据还不明确，也比较匮乏（Herzog, 2010）。但是阿伦（Allen, 2003）、威尔斯（Wells, 2009）和麦康奈尔及其同事（McConnell et al., 2011）报告，有时宠物能提供社会支持，增加心脏病发作后存活的机会，减轻艾滋病人的抑郁，降低导致心血管疾病的血脂水平。正如医护行业的先驱者南丁格尔（Nightingale, 1860）所预见的："小小的宠物常常是病人的完美伴侣。"阿伦报告说，妇女在最好的朋友（甚至配偶）面前解答困难的数学题时，血压会升高，但有狗作伴侣时上升幅度则小得多（Allen, 2003）。

那么，宠物对于没有宠物的人是否是一剂良药？为找到答案，阿伦研究了一群单独居住的股票经纪人，他们报告自己的工作充满压力，还有高血压。她随机选择一半人，每人收养动物收容所的一只猫或狗。后来面临压力时，所有参与者都经历了血压的升高。这些新养了宠物的人的血压增幅还不到没有宠物的人的一半。这一效应对于那些缺少社会接触和朋友的人尤甚。她的结论是：要降低血压，宠物不能替代有效的药物或锻炼；但对于那些喜欢动物的人，尤其是独自生活的人，宠物能带来欢乐，带来健康。

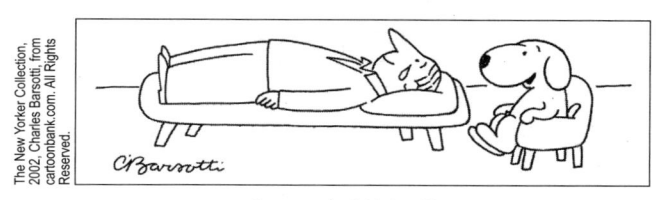

"好吧，我觉得你很棒！"

62 心理学导论

社会支持可以增强个体的免疫功能。志愿者在对感冒病毒抵抗力的研究中显示出了这一益处（Cohen et al., 1997, 2004）。健康的志愿者吸入带有感冒病毒的滴鼻液（nasal drop），并被隔离观察5天（在这些实验中，600多名志愿者每人为此得到800美元）。结果发现，社会关系的影响不容忽视。在年龄、种族、性别、吸烟状况及其他健康习惯相同的情况下，社会关系最多的人最不易感冒。即使得了感冒，他们也较少流鼻涕。更多的社会交往意味着对疾病的抵抗力增强。这个冷酷的事实就是：社会关系并非某种我们可以嗤之以鼻的东西！

亲密关系让我们有机会"敞开心扉"，倾诉痛苦的感受（Frattaroli, 2006）。讲述压力事件虽会暂时性地使个体唤起，但从长远的角度看，会使人获得持久的平静，平复边缘系统的活动（Lieberman et al., 2007; Mendolia & Kleck, 1993）。在一项研究中，33名二战时期纳粹大屠杀的幸存者用2个小时回忆了自己的经历。许多人写出了他们从未透露过的细节（Pennebaker et al., 1989）。大多数还在随后的几个星期看了他们回忆的录影带，并且把它给朋友和家人们看。14个月之后，那些自我暴露最多的人，健康状况也得到了最大的改善。倾诉有益于身心。另一项研究以自杀者或交通事故死者仍然在世的配偶为对象，其中独自悲伤的人比公开表达哀思的人有更多的健康问题（Pennebaker & O'Heeron, 1984）。

> 灾难往往会降临到那些孤独、堕落而且没有人相助的人头上。
>
> ——传道书 4:10

压抑情绪会损害我们的身体健康。健康心理学家佩尼贝克在调查了700名大学女生后，发现1/12的人在童年有性创伤经历。与那些有过非性创伤的经历，如父母早逝、离异的女性相比，受过性虐待的女性，尤其是那些将这一经历作为秘密埋藏心底的女性，更多地报告有头痛或胃病等疾病（Pennebaker, 1985）。另一项对澳大利亚437名救护车司机的研究，证实了在目睹创伤事件后压抑自己的情绪会产生不良后果（Wastell, 2002）。

即使将个人的创伤经历写在日记里也是有帮助的（Burton & King, 2008; Hemenover, 2003; Lyubomirsky et al., 2006）。一个实验中的志愿者这样做了，他们在随后的4~6个月里很少出现健康问题（Pennebaker, 1990）。正如一个志愿者所解释的："尽管我没有与任何人谈论过我写的内容，但我终于能够面对和处理它，克服痛苦，而不是试图阻止它。现在我再也不会因为想起它而感到受伤害了。"

如果我们的目标是加强锻炼、减少饮酒、戒烟或达到健康的体重，那么社会联系既可以拖着我们远离目标，也可以拉着我们接近目标。多项研究对数千人的人际网络进行了多年的跟踪调查，结果显示对健康有害或有益的行为可能在朋友之间相互"传染"（Christakis & Fowler, 2009）。例如，肥胖在人际网络中传播的方式似乎不仅仅反映了人们对与自己相似的人的寻求。

提取一下

- 一些研究发现，在应激事件发生后，没有宠物的人比拥有友善宠物的人更可能去看医生（Siegel, 1990）。"社会支持对健康有益"的论点如何解释这一发现？

答案：能够提供支持系统——即使宠物水平的——可能会使人免遭应激的压力和它所带来的影响。

减少应激

培养控制感、乐观的思维方式以及建立社会支持都能帮助我们减少应激体验，因而有利于健康。此外，这些因素还会相互影响：积极乐观的人往往能建立有益健康的社会联系（Stinson et al., 2008）。但有时候我们并不能减缓应激，这就需要对其进行管理。有氧运动、生物反馈、放松练习、冥想体验和精神上的积极投入都有助于我们激起内心的力量，减少应激的影响。

有氧运动

11-8：通过有氧运动来进行应激管理和提升幸福感的效果如何？

有氧运动（aerobic exercise）是一种持续的耗氧运动，如慢跑、游泳或者骑车，可以增强心肺功能。运动几乎没有什么害处。据有人估计，适量的运动不仅能够延伸生命的长度（平均增加两年），也能提高生命的质量，使精力更充沛，心情更好（Seligman, 1994）。

运动可以强化心脏功能，增加血流量，保持血管舒张，降低血压，缓解应激状态下的血压升高反应，从而有助于对抗心脏病（Ford, 2002; Manson, 2002）。不运动则可能是有害的。常运动的成年人患心脏病的几率是不常运动的成年人的一半（Powell et al., 1987; Visich & Fletcher, 2009）。运动可以使脂肪被肌肉消耗掉，否则脂肪会导致动脉阻塞（Baringa, 1997）。对芬兰成年双胞胎近20年的追踪研究表明，在其他条件相同时，每天运动健身可以减少43%的死亡风险（Kujala et al., 1998）。在晚年生活中，经常运动也预示着更好的认知功能以及痴呆和阿尔茨海默氏症风险的下降（Kramer & Erickson, 2007）。

运动是否还能使人精神振奋呢？大量研究表明，有氧运动可以缓解应激、抑郁和焦虑。美国人、加拿大人和英国人中，进行了至少三周（每周一次）有氧运动的人比不

改善情绪 当精力不济或心情低落时，没有任何事物能比运动更能重新启动这一天了（正如我可以用自己每天中午打篮球来证实）。有氧运动似乎能够在某种程度上抵消抑郁症的影响，它可以提高唤醒水平（代替抑郁症的低唤醒状态），并且自然地达到百忧解的效果，提高大脑中5-羟色胺的活性。

运动的同辈能够更好地进行应激管理，展示出更强的自信心，精力充沛，且较少感到抑郁和疲劳（McMurray, 2004; Mead et al., 2010; Puetz et al., 2006）。一项针对大学生的涵盖了 21 个国家的调查发现，体育运动是生活满意度的一个"强劲"且具有一致性的预测因素（Grant et al., 2009）。

但我们可以用另一种方式描述这一结果：压力大及抑郁的人较少运动。这些发现是相关性的，而因果关系尚不明朗。研究者为了解决这个问题做了实验。他们将有压力、抑郁或焦虑的人随机分配到有氧运动组或控制组。在一个经典实验中，有轻度抑郁的女大学生被随机分成了三组，三分之一参与到有氧运动组，另三分之一分配到放松训练组，剩下的三分之一组成了无训练组（控制组）（McCann & Holmes, 1984）。如图 11.9 所示，10 周以后，有氧运动组的女大学生抑郁水平有了惊人的下降，甚至可以毫不夸张地说，她们中的大多数已摆脱了烦恼。

许多其他的研究证实运动可以预防或减轻抑郁和焦虑（Conn, 2010; Rethorst et al., 2009; Windle et al., 2010）。强烈的运动会产生即时的情绪兴奋。即使是 10 分钟的散步也可以通过提高能量水平和降低紧张感而使其后的两个小时幸福感增强（Thayer, 1987, 1993）。

一些研究指出，运动不仅和药物一样有效，还可以更好地防止症状的复发（Babyak et al., 2000; Salmon, 2001）。为什么？因为运动在某些方面就像抗抑郁药。它可以提高唤醒水平，从而抵消抑郁症的低唤醒状态。它往往能放松肌肉，带来深度睡眠。它也会命令人体内部的药房分泌更多改善情绪的化学物质，如去甲肾上腺素、5-羟色胺和内啡肽这样的神经递质（Jacobs, 1994; Salmon, 2001）。运动甚至可以促进神经发生。运动会让小鼠的大脑产生一种分子，这种分子会刺激产生新的、具有应激抵御能力的神经元（Hunsberger et al., 2007; Reynolds, 2009; van Praag, 2009）。

在一个简单的层面上，坚持锻炼带来的成就感以及体格和身体形象的改善，可能会提升个体的自我形象，使情绪状态变得更好。每星期运动 5 天或 5 天以上，每天至少半个小时，其效果就像服用了一种可以预防和治疗疾病、增加精力、缓解焦虑、

图 11.9
有氧运动与抑郁
有轻度抑郁的女大学生，在加入有氧运动组一段时间后，与放松训练组和控制组相比，抑郁水平显著下降（资料来源：McCann & Holmes, 1984）。

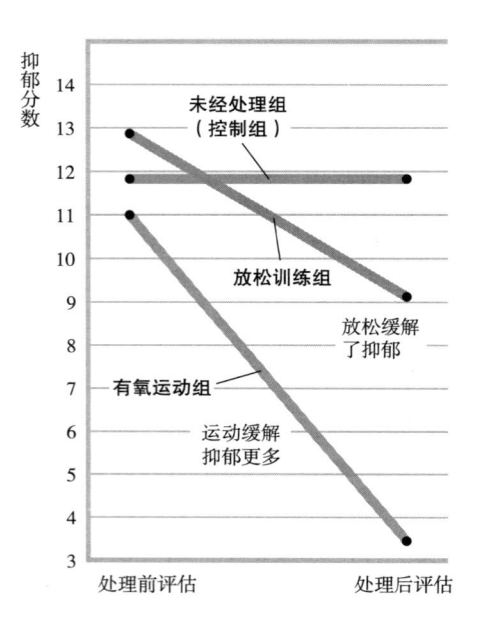

改善情绪的药物一样。一种我们都愿意服用的药物，如果有的话。然而很少有人（每 4 个美国人中只有 1 个）能够利用这种"药物"（Mendes, 2010）。

放松与冥想

11-9：放松和冥想可能会以哪些方式影响应激和健康？

了解了应激的破坏性，我们是否可以通过改变我们的思维和生活方式来抵消应激反应呢？20 世纪 60 年代晚期，包括尼尔·米勒在内的一些受人尊敬的心理学家开始做生物反馈实验。生物反馈是一个对细微的生理反应信息进行记录、放大和反馈的系统，其中很多信息受到自主神经系统的控制。生物反馈的仪器就好比一面镜子，反映出一个人自身努力的结果，使这个人能够了解哪些技术可以（或不能）控制某种特定的生理反应。经过 10 年的研究，人们发现早期关于生物反馈的说法似乎有些言过其实（Miller, 1985）。1995 年，美国国家卫生研究院的一个研究小组宣称生物反馈对紧张性头痛最为有效。

简单的放松方法，无需昂贵的医疗设备，可产生许多生物反馈曾经许诺的结果。图 11.9 指出，有氧运动能够缓解抑郁症。不过你是否注意到，在那张图中，放松治疗组的女性抑郁症状也减轻了？60 多项研究发现，放松训练可以缓解头痛、高血压、焦虑和失眠（Nestoriuc et al., 2008; Stetter & Kupper, 2002）。

这样的发现并不会让弗里德曼及其同事们感到惊讶。他们检验了是否 A 型人格的心脏病患者学会了放松，其心脏病再次发作的危险性就会随之降低。研究者将数百名中年心脏病患者随机分成了两组。第一组病人只接受心脏病专家关于药物、饮食及运动的一般性建议。第二组则在此基础上又接受了帮助他们改变生活方式的建议。他们学习了通过放慢脚步、说话慢条斯理和吃饭细嚼慢咽来放松和放慢生活节奏。他们还学习了笑以待人和自嘲、勇于承认错误、利用时间享受生活以及巩固信仰。训练得到了回报（**图 11.10**）。在接下来的三年中，第二组病人的心脏病复发率仅为第一组的一半。正如弗里德曼所说的那样：这一复发率的减少是空前的和惊人的。另一项英国的小规模研究同样将易患心脏病的人分为控制组和生活方式改善组

图 11.10
心脏病的复发与生活方式的改变

旧金山冠心病复发预防项目给心脏病患者提供了专家咨询。那些在指导下改变了 A 型生活方式的病人，心脏病复发的次数明显减少（资料来源：Friedman & Ulmer, 1984）。

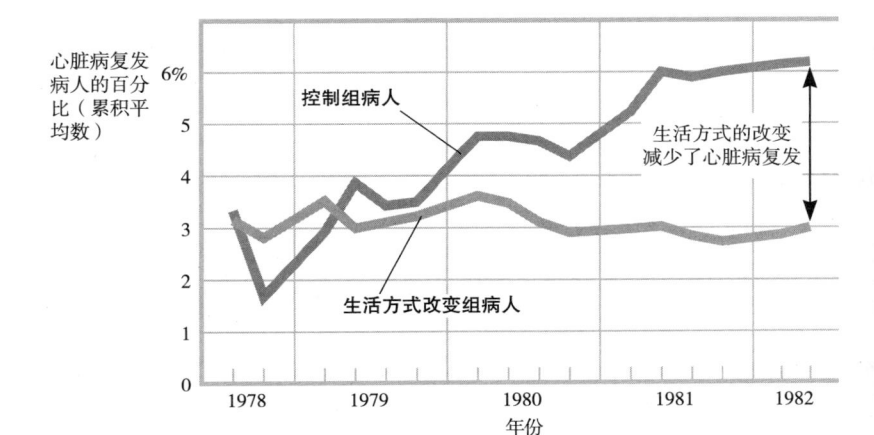

（Eysenck & Grossarth-Maticek, 1991）。结果也发现，在接下来的 13 年中，改变想法和生活方式的人死亡率比对照组低 50%。弗里德曼在 55 岁患上心脏病之后，开始采用他自己的行为治疗——并且活到了 90 岁（Wargo, 2007）。

心脏病专家本森（Benson, 1996）对经验丰富的冥想者可以降低他们的血压、心率、氧气消耗量和提高指尖温度的报道产生了极大的兴趣。本森的研究使他发现了他所称的放松反应，一种以肌肉放松、呼吸和心跳变缓、血压降低为特征的平静状态。其倡导者本森认为，如果每天做一、两次放松训练，就会有持续的减压作用。

要体验放松反应，本森－亨利身心医学研究所建议如下的步骤：以舒适的姿势安静地坐下。闭上你的眼睛。放松你的肌肉，从脚部开始，然后是小腿，再向上经过大腿、肩膀、颈部和头部。缓慢地呼吸。在呼出每一口气时，心中重复默念你专注的字、词或祷告——来自你自己信念系统里的信息。如果有其他想法侵入，不要担忧。只要重新回到你重复的内容上并坚持 10~20 分钟即可。做完之后，继续安静地坐一、两分钟，然后睁开眼睛，再稍坐片刻。

陷入沉思的佛教僧人和专心于祈祷的天主教修女都报告说他们有一种逐渐弱化的自我感和时空感。在他们冥想的过程中，对其大脑的扫描揭示了这种精神感受的神经痕迹：顶叶负责空间定位的部分较平时安静，而额叶负责集中注意的区域格外活跃（Cahn & Polich, 2006; Newberg & D'Aquili, 2001）。另一个差异出现在大脑的左额叶。在有冥想经验的佛教僧侣中，该脑区表现出较高的活动水平，而这种活动通常与积极的情绪有关。

这种活动频率的增加是冥想的结果，还是一个不涉及因果关系的简单相关？为了寻找答案，研究者进行了实验，对志愿者（非训练有素的冥想者）在"之前"和"之后"的脑扫描结果进行比较（Davidson et al., 2003）。首先，他们对志愿者正常水平的脑活动进行基线扫描，然后将他们随机分配到控制组或为期 8 周的正念冥想课程，该课程已被证实能够减轻焦虑和抑郁（Hofmann et al., 2010）。将冥想组成员的表现与控制组及他们自己的基线相比较，发现经过训练后，他们大脑左半球的活动显著增加，其免疫系统功能也得到提高。这样的效果可能有助于解释另一项研究的结果，该研究发现参加冥想练习的高血压患者（与其他治疗组相比）在接下来的 19 年中，心血管疾病死亡率降低了 30%（Schneider et al., 2005）。冥想可以减轻焦虑和改善心境，患者可能因此获得了上述的好处（Hofmann et al., 2010）。

除了运动和冥想，其他方法也可以让人放松。正如我们在前几章看到的，按摩已经被证明对早产儿和忍受疼痛折磨的人均有疗效。一项包括 17 个临床实验的元分析发现了按摩疗法的另一个好处：可以放松肌肉，并且有助于减轻抑郁（Hou et al., 2010）。

信仰团体与健康

11-10：什么是信仰因素，对信仰和健康之间的联系有哪些可能的解释？

大量研究——仅在 21 世纪的头 10 年里就有大约 1800 个——揭示了另一个奇妙的相关：信仰因素（Koenig et al., 2011）。积极参加宗教活动的人倾向于比不参加的人活得更长。其中一项研究比较了两个以色列社区 3900 名居民的死亡率。第

冥想是一种现代现象，却有着漫长的历史：独自静静地坐下来，低下头，闭上眼睛，轻轻地呼气，想象着你正在聆听自己的心声……随着呼气，轻声说："主耶稣，请宽恕我……"努力排除所有的思绪，集中注意力，平静你的心情，耐心地重复上述过程。（Gregory of Sinai, 死于 1346 年）

奥秘派试图利用心灵的力量，实现在不用麻醉剂的情况下补牙。他们的目标是：超越牙科药物。

Dean Mitchell/Shutterstock

一个社区包括 11 个正统的宗教团体聚居点；第二个社区包括 11 个相匹配的非宗教团体聚居点（Kark et al., 1996）。在 16 年时间里，"一种强大的保护效应与从属于某个宗教团体有关"，这无法用年龄或经济差异来解释。对于每个年龄段的人群，宗教团体成员的死亡率大约是非宗教团体成员的一半。这一差异与死亡率的性别差异大致相当。

如何解释这些发现？相关并不是因果关系的陈述，而且还有很多因素没有得到控制（Sloan et al., 1999, 2000, 2002, 2005）。还有一个可能的解释：女性比男性更信奉宗教，同时比男性更长寿。或许参加宗教活动仅仅反映了上述性别和寿命的关联？显然并非如此。美国国立卫生研究院在一项为期 8 年的研究中跟踪调查了 92 395 名女性（年龄 50~79 岁）。在控制了很多因素后，研究者发现每周（或更频繁地）参加宗教活动的女性在研究进行期间的死亡风险下降了 20%（Schnall et al., 2010）。除此之外，研究者在男性身上也发现了参加宗教活动和预期寿命的关联（Benjamins et al., 2010; McCullough et al., 2000, 2005, 2009）。一项对 5 286 名加州成人 28 年的跟踪研究发现，在控制了年龄、性别、种族和教育因素后，经常参加宗教活动的人任何一年中的死亡率都比不经常参加者低 36%（图 11.11）。在另一项对 20 000 多人进行的为期 8 年的控制研究中（Hummer et al., 1999），这种影响可以转化成在 20 岁时的预期寿命：经常参加宗教活动的人预期寿命为 83 岁，不经常参加宗教活动的人预期寿命只有 75 岁。

这些相关并不说明，不怎么参加宗教活动的人若开始参加活动，什么都不改变就会多活 8 年。但是该结果确实表明，参与宗教活动和不吸烟、锻炼一样，是健康和寿命的预测因子。

回忆一下，当弗里德曼和罗森曼的研究显示 A 型人格者更容易心脏病发作时，其他研究者希望了解更多。有害的成分是什么？类似地，研究者想知道为什么参加宗教活动可以预测健康和寿命。你能想象有哪些"中间变量"可以解释这种相关吗？研究指出了三种可能的影响因素（图 11.12）：

- **健康的行为**：宗教能够促进自我控制（McCullough & Willoughby, 2009），在宗教上活跃的人往往更少吸烟和饮酒，生活方式更健康（Koenig & Vaillant, 2009; Park, 2007; Strawbridge et al., 2001）。在一项包括 55 万美国人的盖洛普调查中，

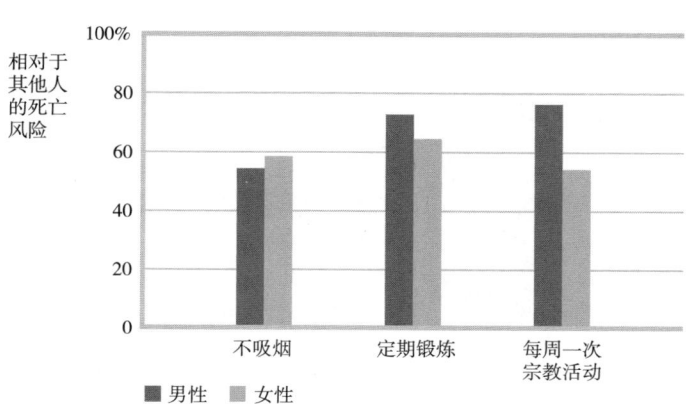

图 11.11

不吸烟、经常锻炼和有规律地参加宗教活动可以作为长寿的预测因子

流行病学家斯特劳布里奇和他的合作者（Strawbridge et al., 1997, 1999；Oman et al., 2002）对 5 286 名加州成人进行了长达 28 年的跟踪研究。在控制了年龄和教育因素后，发现不吸烟、定期锻炼和参加宗教活动在任何一年都可以预测较低的死亡风险。例如，在具有代表性的研究年份中，每周参加一次宗教活动的女性，其死亡风险是不参加宗教活动者的 54%。

图 11.12
参与宗教活动与健康或长寿间相关的可能解释

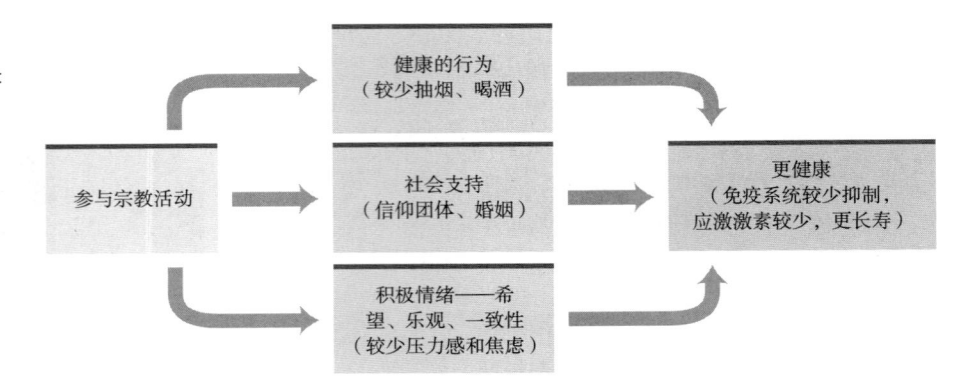

参与宗教活动 →
- 健康的行为（较少抽烟、喝酒）
- 社会支持（信仰团体、婚姻）
- 积极情绪——希望、乐观、一致性（较少压力感和焦虑）

→ 更健康（免疫系统较少抑制，应激激素较少，更长寿）

虔诚的宗教信仰者中有 15% 吸烟，而没有宗教信仰的人吸烟率达到 28%（Newport et al., 2010）。但这种生活方式的差异不足以解释以色列宗教聚居区中死亡率的大幅下降。在美国的研究中，在统计分析时控制了不锻炼、吸烟等不健康行为后，约 75% 的寿命差异仍然存在（Musick et al., 1999）。

- 社会支持：信仰因素可以用社会支持来解释吗（Ai et al., 2007; George et al., 2002）？在犹太教、基督教和伊斯兰教中，信仰是一种公共经验。从属于某个宗教团体就有机会获得支持网络。当不幸发生时，宗教上活跃的人能在那里相互扶持。此外，宗教鼓励婚姻，而婚姻是健康和长寿的另一个预测因素。例如，在以色列的宗教环境中，几乎不存在离婚现象。

- 积极情绪：即使控制了性别、不健康行为、既往病史和社会支持等因素，死亡率研究仍然发现参与宗教的人拥有更长的寿命（Chida et al., 2009）。因此研究者们推测，宗教上活跃的人可能得益于稳定、一致的世界观，对长远未来的希望，最终的归属感和祷告时的放松冥想或安息日仪式。这些变量也有助于解释近期的一些研究结果，例如经常参加宗教活动者似乎有更强的免疫功能，较少的住院治疗史，而其中的艾滋病人则压力激素水平较低、寿命较长（Ironson et al., 2002; Koenig & Larson, 1998; Lutgendorf et al., 2004）。

提取一下

- 我们可以使用哪些策略来管理无法避免的应激？

答案：有氧运动、放松、冥想、参加宗教活动。

幸 福

11-11：幸福的主要影响有哪些？

人们都渴望并祝福彼此能够健康和幸福。这是有道理的。一个人快乐或不快乐的情绪状态给每件事情都染上了色彩。幸福的人感觉世界更安全，也感到更自信。他们更果断，更具合作性，更宽容。他们对应聘者的评价更好，保留着积极的过往经验而不是惦记着消极的，并且有更多的社会联结。他们过着更健康、更具活力和自我满足的生活（Briñol et al., 2007; Liberman et al., 2009; Mauss et al., 2011）。

当你心情沮丧时，整个生活就显得压抑且毫无意义，你会更加怀疑地思考，更加批判性地关注你的周围环境。让你的心境快乐起来，你的思维会开阔起来，也会变得更有活力和创造性（Baas et al., 2008; Forgas, 2008b; Fredrickson, 2006）。你的人际关系、自我形象和对未来的期待也似乎更有希望。一项研究在 1976 年调查了数千名美国大学生，并在他们 37 岁时再次对其进行调查，发现与幸福程度低于平均水平的同伴相比，幸福的学生收入明显更高（Diener et al., 2002）。

此外——这是心理学最一致的结论之一——当我们感到幸福时，我们更愿意做好事。许多研究已证明，良好的情绪体验（找到丢失的钱，在有挑战性的任务中获得成功，回忆一件幸福的事）使人们更容易捐献钱财、拣起别人掉在地上的纸、做志愿者等。心理学家称之为**好心情乐于助人现象**（feel-good, do-good phenomenon）（Salovey, 1990）。（反之亦然：做好事也会让人心情更好。有一些幸福教练对这个现象加以利用，他们让客户每天做一个"随机的善举"并记录结果。）

积极心理学

> **11-12**：什么是主观幸福感？积极心理学研究者探索的主题有哪些？该运动的三大"支柱"是什么？

早在 1902 年，威廉·詹姆士就写到过幸福的重要性（"[我们]做所有事情的秘密动机"）。到 20 世纪 60 年代，人本主义心理学家的兴趣在于增强人类的满足感。到了 21 世纪，在美国心理学协会前主席马丁·塞利格曼的领导下，**积极心理学**（positive psychology）正在用科学的方法研究人类丰盛。这个年轻的子领域包括对**主观幸福感**（subjective well-being）的研究，后者指幸福的感觉（有时被定义为积极对消极情感的高比率）或者一种对生活的满意感。例如，研究者正在探索：

- **积极情绪** 通过评估以增加人类幸福为目标的练习和干预手段（Schueller, 2010; Sin & Lyubomirsky, 2009）。
- **积极健康** 通过研究积极情绪如何提高和维持身体健康（Seligman, 2008; Seligman et al., 2011）。
- **积极的神经科学** 通过研究积极情绪、韧性和社会行为的生物学基础。
- **积极教育** 通过评估旨在提高学生的参与性、韧性、性格优势、乐观程度和意义感的教学尝试（Seligman et al., 2009）。

马丁·塞利格曼 "积极心理学的主要目的是测量、理解和构建人类力量和公民道德。"

总的来说，对过去感到满意、对现在感到幸福、对未来感到乐观组成了该运动的第一根支柱：积极幸福感。塞利格曼把幸福看作是令人愉快的、积极投入的和充满意义的生活的副产品。

塞利格曼说，积极心理学要建立的不只是令人愉快的生活，它还是应用了个人技能的美好生活，是超越了个人本身的有意义的生活。因此，第二根支柱，积极性格，主要探索和提升创造力、勇气、热情、正直、自控力、领导力、智慧和灵性。

第三根支柱是积极的团体、社区和文化，其目标是培育积极的社会生态。这包括健康的家庭、公共的社区、有效能的学校、有社会责任感的媒体以及公民对话。

塞利格曼及其同事（Seligman et al., 2005）认为，"积极心理学是对积极情绪、积极性格特征和支持性制度的统称。"积极心理学的关注点不同于心理学在第一个百年间的传统兴趣点，当时关注的是理解和减轻消极状态——虐待和焦虑，抑郁和疾病，偏见和贫穷。实际上，从1887年以来，关于某些负面情绪的文章与关于积极情绪的文章的数量之比为17:1。

在过去的年代里，相对和平与繁荣的时期使得文化将注意力从修复弱点和伤害转向促进塞利格曼（Seligman, 2002）所说的"生活的最高品质"。5世纪，繁荣的雅典滋养了哲学和民主。15世纪，繁荣的佛罗伦萨滋养了伟大的艺术。大英帝国的大量物资让维多利亚时期的英格兰极为富足，从而培养出了荣誉、纪律和责任感。塞利格曼认为，在这个千年里，我们有机会创造一门更积极的心理学，作为一座"人道、科学的丰碑"，它不仅关注弱点和伤害，而且关注力量和美德。在塞利格曼的领导下，这一运动开展得如火如荼，从克罗地亚到中国，在77个国家都有支持者（IPPA, 2009, 2010; Seligman, 2004, 2011）。他们对人类丰盛的研究已经让我们洞察到了幸福的多个方面，包括对幸福的预测因素的研究，正如我们下面将要看到的。

影响幸福感的因素

11-13：时间、财富、适应和比较如何影响我们的幸福水平？

短暂的情绪起伏

一周的某几天会比另外几天更快乐吗？社会心理学家亚当·克莱默（应我的请求，并与脸书合作）对"数十亿条"状态更新中的情绪词汇进行了自然观察，这无疑是心理学史上最大的数据样本。在删除一些不合要求的日子（例如假期）后，他按照一周七天的划分来追踪积极和消极情绪词汇的使用频率。在哪些日子里人们的情绪最积极？周五和周六（**图11.13**）。一项类似的研究分析了5900万条推特信息中的情绪相关词汇，发现周五到周日是一周当中最幸福的日子（Golder & Macy, 2011）。你也是如此吗？

长期来看，我们的情绪起起落落并趋于平衡。甚至在一天当中也是如此。在大多数的日子里，积极情绪在早上到中午的时间里上涨，然后低落下来（Kahneman et al., 2004; Watson, 2000）。应激事件——争论、孩子生病、汽车故障——会诱发坏情绪。这在意料之中。但是到了第二天，沮丧的感觉几乎总是会消散（Affleck et al., 1994; Bolger et al., 1989; Stone & Neale, 1984）。如果有什么差别的话，在经历了糟糕的一天后，第二天人们的情绪往往会恢复到比平时更好的程度。

即使当消极事件使我们较长时间处于沮丧状态时，这种坏心情通常也是会结束的。浪漫关系的破裂会给人以巨大的打击，但最终伤口会愈合。还在争取终身职位的大学教员以为他们的生活会因一个负面决策而一蹶不振。事实上，5年到10年以后，他们的幸福水平与那些获得终身职位的人差不多（Gilbert et al., 1998）。

失去所爱的人的悲痛或严重创伤（如儿童受虐、遭强暴或对战争的恐慌）后的焦虑可能挥之不去。但通常，即使是悲剧也不会永远令人沮丧。后天失明或瘫痪的人通常能恢复到接近正常水平的日常幸福度。那些必须接受肾透析或进行了永久性结肠造口术的人也是（Gerhart et al., 1994; Riis et al., 2005; Smith et al., 2009）。在欧洲的研究中，8~12 岁的脑瘫儿童有着正常的心理幸福感（Dickinson et al., 2007）。

大部分人都能很好地应对终身残疾，尽管他们的情绪可能不会完全恢复到从前的水平（Diener et al., 2006; Smith et al., 2009）。严重残疾使人不如一般人快乐，但还是比健全的抑郁症者更快乐（Kübler et al., 2005; Lucas, 2007a, b; Oswald & Powdthavee, 2006; Schwartz & Estrin, 2004）。丹尼尔·卡尼曼（Kahneman, 2005）解释道："如果你是位截瘫患者，你将逐渐学会开始思考其他事物，你思考其他事物的时间越多，你感觉悲惨的时间便越少。"大部分身体完全不能动弹的病人没有说过"想死"，这与多数人所认为的相反（Bruno et al., 2008, 2011; Smith & Delargy, 2005）。

令人惊讶的事实是：我们高估了情绪的持续时间，却低估了我们的韧性。

财富与幸福

"如果你能赚更多的钱你会感觉更幸福吗？"美国盖洛普一项 2006 年的调查显示 73% 的美国人会做肯定回答。在经济上变得非常富裕有多重要？新入学的美国大学生有 80% 回答"非常重要"（**图 11.14**）。

确实，有足够的钱让自己摆脱饥饿和绝望，那你的确能够买到一些幸福（Diener & Biswas-Diener, 2009; Howell & Howell, 2008; Lucas & Schimmack, 2009）。罗伯特·康明斯（Cummins, 2006）用澳大利亚的数据证实，钱增加幸福的威力在低收入者中是显著的，但这一效果随着收入增加而减弱。与一个普通瑞士人相比，每年增加 1000 美元工资对于一个普通马拉维（一个非洲国家——译者注）人的意义要重大得多。他补充说，这意味着，增加低收入者的收入比增加高收入者的收入更能提升幸福感。

一旦个体所拥有的金钱足以给他提供舒适和安全，积累更多财富的意义就越来

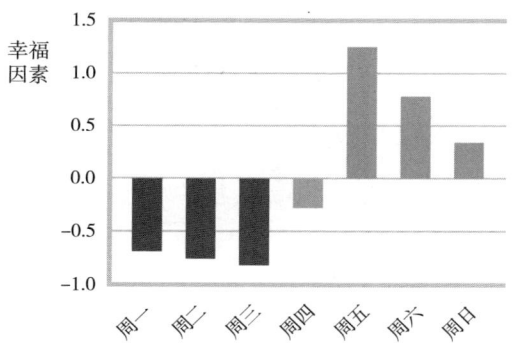

图 11.13
利用网络科学来追踪幸福的日子
亚当·克莱默（Kramer, 个人通信，2010）追踪了美国脸书使用者从 2007 年 9 月 7 日到 2010 年 11 月 17 日的"数十亿条"状态更新中的积极和消极的情绪词汇。

哭泣可能停留在晚上，但快乐与清晨一起到来。
——圣歌（30:5）

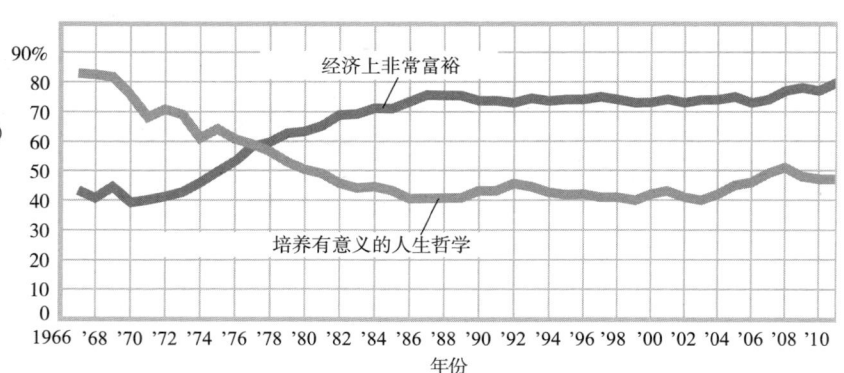

图 11.14
大学新生不断变化的物质观
自 1970 年以来每年对 20 多万名美国大学新生的调查发现，他们对财富的渴望不断增加。
（资料来源：*The American Freshman* surveys, UCLA, 1966 to 2011.）

72　心理学导论

越小了。享受奢华会妨碍我们欣赏生活中更简单的乐趣（Quoidbach et al., 2010）。如果你已经在阿尔卑斯山滑过雪，那附近的小山就显得没意思了。

想一想：在过去的半个世纪里，美国人的平均购买力是以前的近3倍。这种更多的财富——使人均汽车拥有量增加了一倍，更别提笔记本电脑、智能手机和高清电视了——是否也能买到更多的幸福呢？如图 11.15 所示，尽管更加富有了，但平均而言，美国人一点也没有更幸福。1957 年，大约 35% 的人说他们很幸福，2010 年略有下降，只有 29%。欧洲国家、澳大利亚和日本的情况也基本一样，不断增长的财富并没有带来不断增长的幸福感（Australian Unity, 2008; Diener & Biswas-Diener, 2002, 2009; Di Tella & MacCulloch, 2010）。中国也是如此，人们的生活标准提高了，但满意度却没有增长（Brockmann et al., 2009）。这样的发现对现代物质主义无疑是当头棒喝：富裕国家的经济增长并没有为道德或社会幸福带来明显的推进。

讽刺的是，在每一种文化中，那些为财富而拼命奋斗的人，其幸福感常常都偏低（Ryan, 1999），特别是那些为了证明自己、获得权力或炫耀，而不是为了维持家庭而赚钱的人（Niemiec et al., 2009; Srivastava et al., 2001）。相反，那些为了"亲人、个人成长和对社会作贡献"而奋斗的人，常常体验到更高的生活质量（Kasser, 2002, 2011）。

"但是从积极方面看，金钱并不能买到幸福——所以谁在乎呢？"

澳大利亚人比 20 世纪 50 年代的上辈富三倍，但他们并没有更快乐。
——《幸福宣言》，2005

图 11.15

金钱能买来幸福吗？

金钱肯定能帮助我们避免某些痛苦。但是，从 20 世纪 50 年代以来，尽管购买力成倍增加，但美国人报告的平均幸福水平几乎保持不变。（幸福的数据来自 National Opinion Research Center 的调查报告；收入的数据来自 Historical Statistics of the United States 以及 Economic Indicators。）

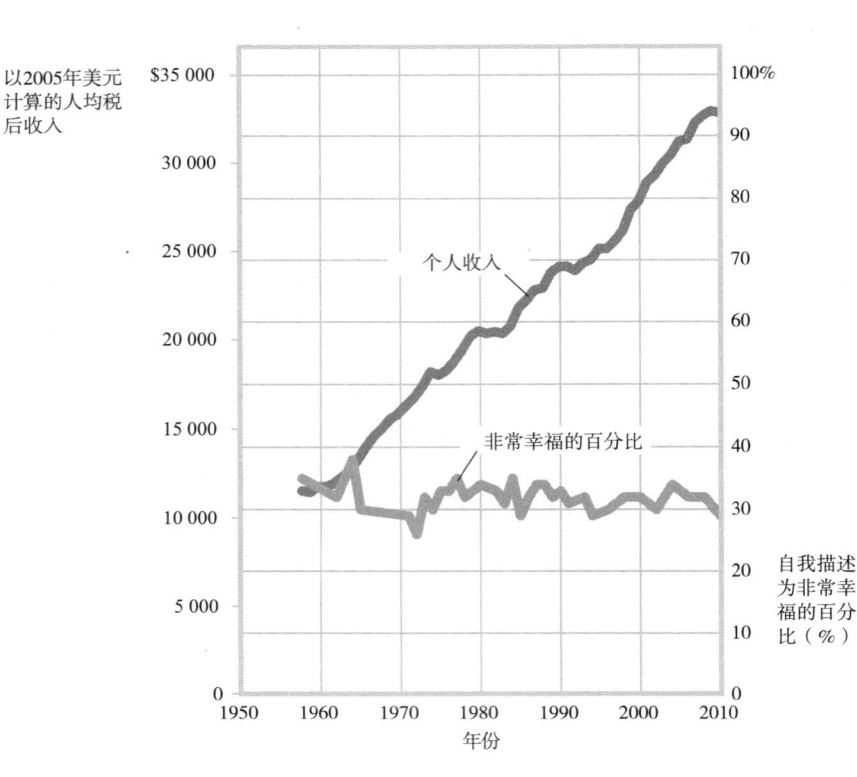

幸福是相对的：适应与比较

两条心理学法则解释了为什么对于不太贫穷的人而言，更多的钱只能带来短暂的快乐，还解释了为什么我们的情绪好像受到了橡皮筋的控制一样，它可以把我们从高或低的情绪状态拉回来。两种原则都以自己的方式表明幸福是相对的。

幸福是相对于自身的经历而言 适应水平现象（adaptation-level phenomenon）是指我们判断各种刺激时倾向于把它与我们先前的经历联系起来。正如心理学家哈里·赫尔森（Harry Helson，1898—1977）所解释的，我们根据经验对我们的中性水平进行调节，在这种水平上，声音既不太强也不太弱，温度既不太热也不太冷，事件既不令人愉快也不令人讨厌。然后，我们注意到在这些水平上下的变化并做出反应。因此，在最初的快乐高涨之后，改善变成了"新常态"，我们需要更好的东西来提升我们的幸福感。

那么，我们能创造出一个永久的社会乐园吗？也许不能（Campbell, 1975; Di Tella & MacCulloch, 2010）。那些刚获得了一笔意外之财（由于彩票、遗产或经济增长）的人通常会感到有些兴奋（Diener & Oishi, 2000; Gardner & Oswald, 2007）。如果明天你在自己的乌托邦醒来，这可能是一个没有账单，没有疾病，成绩优异，会有人毫无保留地爱着你的世界，那么你也会这样。但是一段时间之后，你会逐渐重新校准适应水平，并调整新的中性水平以涵盖这些新的经历。不久以后，你会再次时而觉得高兴（当收获超出预期），时而觉得被剥夺（当成就低于预期），时而觉得正常。请牢记这点：满足和不满足、成功和失败的感觉是我们根据之前的经历作出的判断。如瑞安（Ryan, 1999）所言，满足感"只有短暂的半条命"。失望也是如此，这意味着你从挫折中恢复的速度会比你以为的要快。

幸福是相对于他人的成功而言 我们总是把自己与他人相比。我们感觉是好或坏，都是以他人为参照的（Lyubomirsky, 2001）。只有当其他人表现得精明或机敏时，我们才感觉自己迟钝或愚笨。**相对剥夺**（relative deprivation）是指与他人相比相形见绌的感觉。

当期望远高于实际所获时，结果就会令人失望。因此，一个特定国家的中上等收入者，如果能把自己与相对贫穷的人相比，他们对生活的满意度往往要比那些不那么幸运的同胞高。然而，一旦人们达到中等收入水平，继续增加的财富并不能增加他们的快乐。为什么？因为当人们攀登成功之梯时，他们通常把自己与当地处于或高于他们目前水平的人相比（Gruder, 1977; Suls & Tesch, 1978; Zell & Alicke, 2010）。"乞丐不会嫉妒百万富翁，但他们无疑会嫉妒其他更成功的乞丐，"英国哲学家罗素（Russell, 1930, p.90）曾经指出。因此，"拿破仑嫉妒恺撒，恺撒嫉妒亚历山大，我敢说亚历山大嫉妒从未存在过的大力神赫拉克勒斯（Hercules）。所以很难纯粹通过成功的手段来摆脱嫉妒，因为历史上或者传说中总有人比你更成功"（pp.68-69）。

把自己与那些更优越的人相比会产生嫉妒，同样的道理，把自己与那些不幸的人相比时想想我们的幸福会增加我们的满意度。德莫及其同事（Dermer et al., 1979）经研究证明了这一点。实验要求威斯康星州–密尔沃基大学的女生去考虑别人的贫困和痛苦。研究者让她们观看1900年密尔沃基严酷生活的生动描写，并且让她们在想象之后写出各种个人悲剧，如遭遇火灾并被毁容等。结果证明，这些女性对她们自己的生活表达了更高的满意度。同样，当轻度抑郁的人读到更抑郁的人的故事时，

幸福时刻难长久。
——塞涅卡（罗马政治家、哲学家及悲剧作家），《阿伽门农》，C.E.60

持续的愉悦会逐渐消失……愉悦总是取决于变化，并随着持续的满足而消失。
——荷兰心理学家尼克·弗里杰达（1988）

我有一条非常自豪的"福饼格言"：生活中没有任何事物如你在想它的时候认为的那般重要。所以，没有什么能让你像你想象的那样快乐。
——诺贝尔奖得主心理学家丹尼尔·卡尼曼，盖勒普访谈，"他们在想什么？" 2005

比较效应有助于解释为什么有一定学业能力的学生，如果在他就读的学校中，大多数同学的学业能力并不是很强，他就倾向于有较高的学业自我概念（Marsh & Parker, 1984）。如果你在中学成绩很好，进入大学后你可能会觉得自卑，因为在大学里班上的每一个同学都很拔尖。

会感觉好一些（Gibbons, 1986）。波斯谚语有云，"我为自己没有鞋子而哭泣，直到我遇到了一个没有脚的人。"

幸福的预测因子

11-14：幸福有哪些预测因子？我们怎样才能更幸福？

幸福的人有很多共性（表 11.1），但为什么一些人通常快乐满怀，而另一些人整天郁郁寡欢呢？就像其他很多领域一样，在这里，答案也存在于先天和后天的交互作用之中。

幸福受基因的影响。对 254 对同卵双生子和异卵双生子的研究表明，人们幸福评分差异的约 50% 是可遗传的——可归因于基因（Lykken & Tellegen, 1996）。其他双生子研究发现了遗传程度类似或稍弱的结果（Bartels & Boomsma, 2009; Lucas, 2008; Nes et al., 2010）。分开抚养的同卵双生子也常常有相似程度的幸福感。

不过我们的个人经历和我们的文化也会起作用。正如我们已经看到的，在个体的层面上，情绪倾向于在由经历所确定的某个水平附近达到平衡。在文化的层面上，不同的群体所重视的特质是不同的。自尊和成就对于个人主义取向的西方人很重要，而社会接纳与人际和谐在集体文化（如强调家庭和团体的日本）中比较重要（Diener et al., 2003; Uchida & Kitayama, 2009）。

在基因、对前景的展望和近期经历的基础上，幸福似乎围绕着"幸福设定点"上下波动，这使得一些人总是积极乐观，而另一些人则更消极。但当研究者追踪了数千人长达二十多年的生活经历后，他们发现人们的生活满意度并不是固定的（Lucas & Donnellan, 2007）。幸福有起落，它会受到在我们掌控中的一些因素的影响。一个突出的例子是：对德国人的长期研究表明，已婚的伴侣对生活的满意度就如同卵双生子那般相似（Schimmack & Lucas, 2007）。基因很重要，但正如这项研究所示，人际关系的质量也很重要。（想了解经研究证实

"研究人员说，更富有并不能让我更快乐，但是你知道这些研究人员挣多少钱？"

200 名动物园员工对黑猩猩的评估表明，黑猩猩的快乐也受遗传的影响（Weiss et al., 2000, 2002）。

表 11.1 快乐是……

研究者发现快乐的人倾向于	然而快乐似乎与下述因素关系不大
拥有高自尊（在个人主义取向的国家中）	年龄
乐观、开朗、令人愉快	性别（女性更容易抑郁，但也更容易快乐）
有亲密的朋友或令人满意的婚姻	家长身份（有无子女）
有能施展才华的工作和娱乐活动	外表吸引力
有积极的宗教信仰	
睡眠好和积极锻炼	

资料来源于对以下研究的总结：DeNeve & Cooper (1998); Diener et al. (2003); Headey et al. (2010); Lucas et al. (2004); Myers (1993, 2000); Myers & Diener (1995, 1996); and Steel et al. (2008). Veenhoven (2009) 提供了一个包含 11 000 多个幸福的相关变量的数据库。

第 11 章 应激、健康与人类丰盛 75

能让你更幸福的小提示，请见"特写：想要更幸福吗？"）

如果我们能够在个体层面上让自己更幸福，那么我们能否利用幸福感研究来重新调整国家的优先事项，使之更注重于提升心理幸福感？很多心理学家认为我们可以。在 52 个同事的支持下，艾德·迪纳（Diener, 2006, 2009）提出了一些国家可用于测量国民幸福感的方法。迪纳及其同事认为，幸福感研究为评估各种公共政策的影响提供了新的途径。幸福的社会不仅繁荣，它还是一个人们彼此信任、感到自由，并且享受亲密关系的地方（Oishi & Schimmack, 2010）。因此，在讨论经济不平等、税率、离婚法和医疗保健这样的问题时，应该首先考虑人们的心理幸福

"我浪费了这么多年的时间去赚钱，现在才知道我开朗的性格是天生的。一想到这个我就要哭了。"

特写

想要更幸福吗

幸福，就像胆固醇水平一样，受遗传的影响。但正如胆固醇会受饮食和锻炼的影响一样，我们的幸福在某种程度上也受个人的控制（Nes, 2010; Sin & Lyubomirsky, 2009）。这里有一些基于科学研究的建议，可用于改善你的心境，提高你对生活的满意度。

认识到持久的幸福可能并不来自于财富上的成功。我们通过调节自己的期望来适应变化。不论是财富还是我们渴望的其他境况，都不能保证让我们幸福。

管理好你的时间。幸福的人总感到能驾驭自己的生活。为了掌握时间管理，设定目标并将其分解为每天的小目标。尽管刚开始我们会因高估了我们某一天能完成的工作量而感到灰心，但好消息是，我们通常会低估我们一年能取得的成就，只要你每天都取得一点进步。

表现得快乐。正如你在第 10 章读到的，做出一个微笑的表情，人们会感觉更好。所以要面带笑容。讲话时要显得自信、乐观、开朗。我们常常可以通过这些动作进入一种更快乐的心态。

寻求能施展你才华的工作和娱乐

活动。幸福的人常常处于一种被称为"流畅感"（flow，也译为心流、福流）的境界中——热衷并沉醉于具有挑战性的任务。通常，比起园艺、社交、工艺等活动，昂贵奢侈的娱乐方式（如坐在豪华游艇上消遣）提供的"流畅感"反而更少。如果为所期盼、享受和铭记于心的经历花钱，而不是为物质花钱，那么钱也能买到更多的幸福（Carter & Gilovich, 2010）。正如评论家阿特·布赫瓦尔德所说，"生命中最美好的东西不是有形的物品。"

参加"运动"活动。有氧运动能促进健康和提升精力，因此可以缓解轻度抑郁和焦虑。健康的心理寓于健康的身体之中。起来，沙发土豆！

保证足够的睡眠。幸福的人积极活跃，但他们也要留出时间用于睡眠和享受独处。很多人睡眠不足，这会导致身体疲惫、警觉性降低、心情忧郁。

把亲密关系放在首位。亲密的友谊可以帮助你渡过困难时期。信任别人对心灵和身体都是有益的。与不幸

福的人相比，幸福的人较少进行肤浅的闲聊，会更多地进行有意义的交谈（Mehl et al., 2010）。培养亲密关系的方法是：不要认为别人对你亲密友好是理所应当的，对待好朋友也要像对待其他人一样友善，还要肯定他们，和他们一起玩耍，一起分享。

关注自我以外的人和事。帮助那些需要帮助的人。幸福会增加助人行为（好心情做好事），而做了好事也会让人感觉好。

细数你的恩福，记录你的感激之情。写感恩日记可以提升幸福感（Emmons, 2007; Seligman et al., 2005）。试着每天暂停下来享受美好时刻，并记录好事是何时以及为什么发生的。表达你对其他人的谢意。

培养精神自我。对于很多人来说，信仰提供了一个支持系统，一个关注自身之外的理由，一种目标感和希望感。这有助于解释为什么活跃在信仰团体中的人所报告的幸福程度高于平均水平，并往往能更好地应对危机。

摘自 David G. Myers, *The Pursuit of Happiness* (Harper)

感——这一点现在已经得到加拿大、法国、德国和英国等政府的肯定。这几个国家都已经将幸福指数提上了国家事务日程（Cohen, 2011; Gertner, 2010; Stiglitz, 2009）。这些指数有助于指导国家制定减少应激和促进人类繁荣的政策。

提取一下

- 下列哪个因素不能预测（自我报告的）幸福？哪些是较好的预测因素？
  a. 年龄　　　　　　d. 性别
  b. 人格特质　　　　e. 投入工作和休闲活动
  c. 亲密关系　　　　f. 活跃的宗教信仰

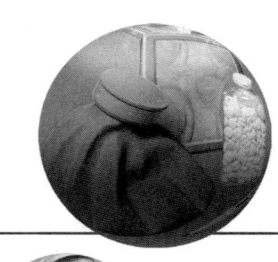

答案：主观幸福感预测（a 和 d）水准有点预测的幸福水平。人格特质、亲密关系、工作和休闲活动中的"心流"，以及活跃的宗教信仰（b、c、e 和 f）都是较好的预测因素。

本章复习

应激、健康与人类丰盛

学习目标

回答以下学习目标问题来测试一下你自己（这里重复了本章中的问题）。然后翻到附录的完整章节复习，核对你的答案。研究表明，试着自主回答这些问题将增进你对这些概念的长期记忆（McDaniel et al., 2009）。

应激与健康

11-1： 什么事件会引发应激反应，我们如何对应激做出反应和适应应激？

11-2： 为什么应激使我们更容易生病？

11-3： 为什么有些人更易患冠心病？

11-4： 处理愤怒情绪有哪些健康的方式？

应对应激

11-5： 人们试图从哪两个方面来减少应激？

11-6： 失控的感觉对健康有何影响？

11-7： 对生命、社会支持、应激和健康的基本看法之间有什么关联？

减少应激

11-8： 通过有氧运动来进行应激管理和提升幸福感的效果如何？

11-9： 放松和冥想可能会以哪些方式影响应激和健康？

11-10： 什么是信仰因素，对信仰和健康之间的联系有哪些可能的解释？

幸福

11-11： 幸福的主要影响有哪些？

11-12： 什么是主观幸福感？积极心理学研究者探索的主题有哪些？该运动的三大"支柱"是什么？

11-13： 时间、财富、适应和比较如何影响我们的幸福水平？

11-14： 幸福有哪些预测因子？我们怎样才能更幸福？

> **术语与概念**

测试自己对以下术语的理解，试着用自己的语言写下这些术语的定义，然后翻到提到术语的那一页核对你的答案。

应　激
一般适应综合征
照料和结盟
健康心理学

心理神经免疫学
冠心病
A 型人格
B 型人格
宣　泄
应　对
问题聚焦应对
情绪聚焦应对
习得性无助

外控制点
内控制点
自我控制
有氧运动
好心情乐于助人现象
积极心理学
主观幸福感
适应水平现象
相对剥夺

心理动力学理论

弗洛伊德的精神分析观：探索潜意识

新弗洛伊德学派和心理动力学理论家

潜意识过程的测量

对弗洛伊德精神分析观的评价以及现代的潜意识观点

人本主义理论

马斯洛的自我实现者

罗杰斯以人为中心的观点

自我的测量

对人本主义理论的评价

特质理论

探索特质

特质的测量

批判性思考：如何成为一名"成功的"占星家或看相师

大五因素

对特质理论的评价

社会认知理论

交互影响

测量情境中的行为

对社会认知理论的评价

探索自我

自尊的益处

自我服务偏差

文化与自我

第 12 章

人　格

《魔戒》中的霍比特英雄弗罗多·巴金斯知道,在他充满艰险的征程中,总有那么一个人从来不会让他失望,那就是他忠心耿耿、永远快乐的同伴山姆·甘姆齐。在他俩即将启程离开自己深爱的家乡时,弗罗多还提醒山姆说这次征程可能不会一帆风顺:

> "山姆,这将会是非常危险的,而且现在已经很危险了。
> 很有可能咱俩谁都回不来。"
> "先生,如果您回不来,那我也就不回来了,这是一定的,"山姆说。"精灵们跟我说'你怎么不离开他!'离开他!我说,我可从不这样想。如果他登上月球,我就跟着他去;如果有强盗想要挡住他的去路,那他们也得先跟我较量。"(J.R.R. Tolkien, *The Fellowship of the Ring*, p. 96)

他俩也的确是这样做的!在故事的后面部分,当弗罗多终于明白自己不得不只身冒险进入可怕的魔多时,山姆依然坚持不管发生什么都要陪伴弗罗多。当弗罗多日渐消沉,正是山姆一路用孩提时代的歌声和故事鼓舞着弗罗多,也正是山姆让弗罗多在累得走不动半步时靠在他身上休息。当弗罗多戴上魔戒,被魔力所征服时,是山姆将弗罗多拯救出来,摆脱魔戒的魔力控制。最后,也是山姆帮助弗罗多成功地到达征程的终点。山姆·甘姆齐——这个快乐、乐观、情绪稳定的人——他的忠诚以及战胜邪恶黑暗势力的必胜信念从未有过丝毫的动摇。

托尔金所刻画的人物山姆·甘姆齐,在他出现伊始以及之后的再次出现,都展现出了其人格的独特性和一致性。**人格**(personality)就是一个人的思维、情感和行为的典型模式。本书前面几章强调了人与人之间的相似之处——我们如何发育成长,如何感知、学习、记忆、思考和感受。本章要强调的是我们每个人的独特之处。

事实上,本书的大部分内容都涉及人格。我们已经在前几章中思考了生物因素对人格的影响、整个人生阶段中人格的发展以及与人格相关的学习、动机、情绪和健康等方面。在后面几章中,我们将学习人格障碍及社会对人格的影响。

两种具有历史意义的理论已经成为我们文化遗产的一部分。弗洛伊德的精神分析理论指出了人们童年期的性和潜意识动机对人格的影响。人本主义学派关注我们成长和自我实现的内在潜能问题。这些经典的理论为理解人类本性提供了宽广的视角,本章后面进行的探索是对这些理论的补充:新近对人格特定方面的科学研究。现在的人格研究者研究人格的基

弗洛伊德（1856—1939）
"我独自一人在这片新领域中开拓。"
© Bettman/Corbis

本维度、这些维度的生理基础以及人与环境的互动。他们还研究自尊、自我服务偏差和文化对自我意识的影响。他们研究潜意识心理，发现了一些可能会让弗洛伊德震惊的结果。

心理动力学理论

人格的**心理动力学理论**（psychodynamic theories）将人的行为看作是意识与潜意识动态交互作用的结果，其中包括相关动机和冲突。这些理论来自于弗洛伊德的**精神分析**（psychoanalysis）、人格理论以及对心理障碍的相关治疗技术。弗洛伊德的工作第一次从临床的角度关注了人类的潜意识领域。

弗洛伊德的精神分析观：探索潜意识

12-1：弗洛伊德是如何在对心理障碍的治疗中得出对潜意识的看法的？

斯坦诺维奇（Stanovich, 1996, p. 1）提出，假如让大街上的 100 个人说出一个已故著名心理学家的名字，那么"西格蒙德·弗洛伊德无疑是赢家"。在大众的眼里，弗洛伊德在心理学史上的地位不亚于猫王之于摇滚音乐史。他的影响遍及文学和电影评述、精神病治疗以及临床心理学领域。在美国大学里，几乎每 10 门涉及精神分析的课程中就有 9 门开设在心理学系之外（Cohen, 2007）。我们将会看到，今天的心理科学对弗洛伊德的思想和方法是持怀疑态度的。不过，他在 20 世纪早期提出的概念渗透到了我们 21 世纪的语言中。纵然我们不知道这些词汇的来源，我们还是会说自我（ego）、压抑（repression）、投射（projection）、手足之争（sibling rivalry）、弗洛伊德式口误（Freudian slips）和固着（fixation）。那么，弗洛伊德是何许人也？他教给了人们什么？

像我们许多人一样，弗洛伊德也是他所处的那个时代的产物。他生活在维多利亚时代，那是一个科学技术取得突破性进展的时代；然而，正如我们今天所知，那也是一个性压抑和男性占主导地位的时代。男性和女性的角色被明确定义，男性被认为是优越的，并且只有男性的性欲才是被广泛接受的（还得是谨慎的）。

在 1873 年进入维也纳大学之前，年轻的弗洛伊德已经表现出他的独立和才华。他如此喜欢阅读戏剧、诗歌和哲学，以至于他欠了书店一大笔无力偿还的债务。当他十来岁时，为了不浪费任何学习的时间，他经常在他的小卧室里吃晚饭。弗洛伊德上过医学院，毕业后开设了一家私人诊所，专治神经障碍。然而，没过多久，他发现一些病人的病症找不到神经方面的病因。例如，有个病人的一只手完全没有知觉——没有感觉神经会在受损后只使一只手麻木而对其他部位不造成影响。弗洛伊德努力寻找这些障碍的病因，这让他决心致力于改变人类的自我理解。

某些神经障碍是否可能是心理原因导致的？对病人的观察使得弗洛伊德意识到潜藏于我们意识之下的是巨大的**潜意识**（unconscious），其中有许多不能被接受的想法、愿望、感受和记忆。他推断出手失去知觉可能是出于对生殖器触摸的恐惧，失明和耳聋可能是因为不想见到或听到令自己感到极度焦虑的事物。如何治疗这类障碍

女性……接受了被阉割的事实，同时也承认男性的优越性以及自身的劣等性；但她抗拒这个令人不悦的状态。
——弗洛伊德，
《女性性欲》，1931

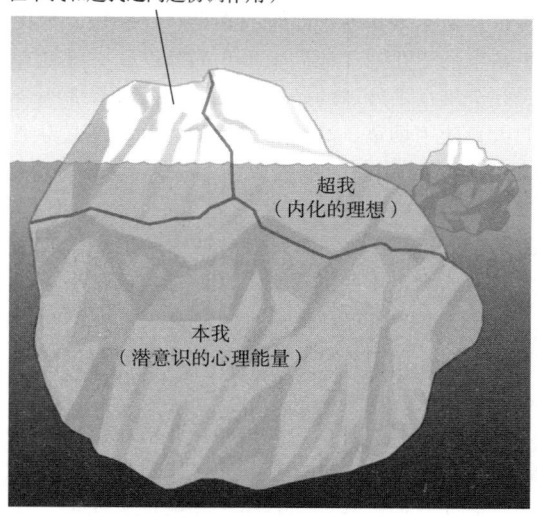

图 12.1

弗洛伊德的人格结构观

心理学家用过冰山的画面来描绘弗洛伊德的观点,即大部分心智是隐藏在意识层面之下的。注意,本我完全是潜意识的,但自我和超我在意识和潜意识层面都进行运作。然而,与冰山的各个部分不同,本我、自我和超我之间是相互作用的。

呢?早期他尝试了催眠,然而都失败了。后来他转向了**自由联想**(free association),这种方法要求病人放松,然后说出脑海中出现的任何内容,无需理会这些内容多么令人难堪或者琐碎。弗洛伊德假设有一连串心理的多米诺骨牌,从病人遥远的过去就开始倾倒,一直延续到现在,以致造成麻烦,而自由联想揭示的一系列想法将使他能够追溯到病人的潜意识。那些通常来自童年的痛苦记忆会从潜意识中被提取出来,并进入意识层面。

弗洛伊德的理论基础是他认为人的大部分心理都隐藏起来了(图12.1)。我们意识到的只是冰山浮在海面上的那一小部分。在我们的意识之下是属于潜意识的更大的区域,包括想法、愿望、感受和记忆。其中有些想法被我们暂时储存在前意识区域,从那里我们可以将它们提取到意识层面。弗洛伊德认为大量冲动和想法由于会令人不安而不被认可,从而受到压抑,或者被强制排除出意识之外。他对这些冲动和想法更感兴趣。他相信,尽管我们意识不到这些会引起麻烦的感受和想法的存在,但它们却依然在强烈地影响着我们。他认为,这些不被我们所认可的冲动会以各种伪装的形式表现出来,如我们所选择的工作、所持有的信仰、日常的习惯以及令人苦恼的症状。

人格结构

12-2:弗洛伊德的人格观点是什么?

弗洛伊德认为,人格——包括情绪和驱力——产生于我们的攻击性和追求快感的生物冲动与控制这些冲动的内在社会规范之间的冲突。他相信人格是我们努力解决这一基本冲突的结果——以一种既能带来满足又不至于产生任何愧疚或招致惩罚的方式来表达这些冲突。为了理解这种冲突中的心理动力,弗洛伊德提出了三个相互作用的系统：本我、自我和超我（图 12.1）。

本我（id）的潜意识心理能量，一直在努力满足个体生存、繁衍和攻击的基本驱力。本我遵循快乐原则：本我追求即时的满足。要想知道本我主导的人是什么样，想一想新生的婴儿吧。他们受本我的操纵，一感到有需要就哭着要求得到满足，完全不在乎外界的条件和要求。再看看那些今朝有酒今朝醉的人吧，他们大量使用烟草、酒精和其他药物，更愿意得到即刻的欢愉而不愿为今后的成功和幸福暂时牺牲眼前的快乐（Keough et al., 1999）。

随着**自我**（ego）的形成，幼儿逐渐学会如何应对现实的世界。自我遵循现实原则，寻求用现实的方式满足本我的冲动，从而给自己带来长期的快乐而不是痛苦和毁灭。（试想如果没有自我，我们任意表达我们的性冲动或攻击冲动，那么结果会怎样？）自我中包含有我们能部分意识到的知觉、思维、判断和记忆。

弗洛伊德的理论认为，大约从四五岁开始，儿童的自我能意识到新出现的**超我**（superego）的要求，那是来自良知的声音，它强制自我不仅要考虑现实更要考虑理想。超我关注我们应该如何行事。超我追求完美，判断一个人行为的好坏，进而产生积极的自豪感或消极的愧疚感。一个超我特别强大的人可能道德高尚但深感内疚；一个超我弱小的人可能自我放纵且冷酷无情。

由于超我的需要总是和本我相对立，自我就得努力协调两者。它是人格的"执行者"，调和来自本我的冲动需要和来自超我的约束性需要以及来自外在世界的现实需要。如果纯洁的珍妮觉得约翰性感迷人，她可能通过加入约翰定期参加的志愿者组织来满足自己本我和超我的需要。

弗洛伊德说，自我努力平衡超我和本我的需求。

人格发展

12-3：弗洛伊德提出了哪些发展阶段？

对病人过去经历的分析使得弗洛伊德相信人格形成于人生的最初几年。他推断，儿童要经历一系列的**心理性欲期**（psychosexual stages），在此过程中本我追求快感的能量集中在对快感敏感的不同身体部位。弗洛伊德将这些部位称为性敏感带（表 12.1）。每个阶段都有各自的挑战，弗洛伊德认为它们是相互冲突的倾向。

弗洛伊德相信，在性器期，男孩寻求生殖器的刺激，他们既对母亲形成潜意识的性欲，同时又对父亲产生嫉妒和憎恨，把父亲当成自己的竞争对手。由于以上的这些情感，男孩既感到羞愧，又感到对惩罚——或许是被父亲阉割——的潜在恐惧。弗洛伊德将这类情感命名为**俄狄浦斯情结**（oedipus complex）。这一名称取自希腊神话中俄狄浦斯的故事，主人公俄狄浦斯在不知情的情况下弑父娶母。一些精神分析师认为女孩也同样要经历类似的恋父情结。

弗洛伊德说，儿童通过压抑自己和认同作为竞争对手的同性父母（试图成为与其一样的人），最终得以应对这些危险的情感。似乎是儿童内在的

"我听说只要我们意识到性冲动，无论是什么，我们都必须把它们隐藏起来。"

表 12.1
弗洛伊德的心理性欲期

阶　段	关注点
口唇期（0~18 个月）	快感集中于口腔——吮吸、咬噬、咀嚼的动作
肛门期（18~36 个月）	快感集中于肠和膀胱的排泄；应对控制的要求
性器期（3~6 岁）	快感带位于生殖器；应对乱伦的性欲
潜伏期（6 岁~青春期）	性欲休眠期
生殖期（青春期之后）	性欲成熟

什么东西在决定着："如果你不能击败他们（同性父母），那就加入到他们当中。"通过这种**认同**（identification）过程，儿童将父母的价值观整合进来，儿童超我的力量就获得增长。弗洛伊德相信，对同性父母的认同使儿童获得了性别认同，即我们对于自身是男性或女性的认知。弗洛伊德推测，童年早期的人际关系，尤其是与父母和照料者的关系，影响我们正在发展中的同一性、人格和弱点。

在弗洛伊德看来，成年期适应不良的行为来源于早期心理性欲期未解决的冲突。在口唇期、肛门期或性器期的任何时候，强烈的冲突都有可能将人寻求快感的能量锁定或**固着**（fixate）在该时期。口欲被纵容或剥夺（或许是过早的突然断奶）的人可能会固着在口唇期。他认为固着在口唇期的成人要么表现得很被动依赖（就像需要照顾的婴儿那样），要么表现为过分拒绝这种依赖（表现为行为粗暴或言辞尖刻）。这些人还有可能通过吸烟和贪吃来寻求口欲的满足。由此，弗洛伊德提出，人格的嫩枝在生命早期就被压折了。

弗洛伊德关于性欲的观点在他身处的时代充满争议。"弗洛伊德被称为思想肮脏的泛性论者和维也纳的浪荡子，"心理学史学者莫顿·亨特说道（Hunt, 2007, p. 211）。今天，弗洛伊德关于恋母情结冲突和阉割焦虑的思想甚至受到心理动力学理论家和治疗师的质疑（Shedler, 2010b）。不过，我们仍然会把这些理论当作西方思想史的一部分来讲述。

"天哪！抽烟吧！"

心理防御机制

12-4：弗洛伊德认为人们是如何防御焦虑的？

弗洛伊德说，焦虑是我们为文明进步所付出的代价。作为社会群体中的一员，我们必须控制我们的性冲动和攻击冲动，不让它们表现出来。但有时由于自我担心掌控不了本我和超我不同需要之间的内部争斗，结果就产生了广泛性焦虑的阴影，它使得我们感到不安又不知为何不安。

弗洛伊德认为，在这种情况下，自我就会运用**防御机制**（defense mechanisms）——通过歪曲现实来减少焦虑或改变焦虑对象的策略——来进行自我保护。所有的防御机制都是间接地和无意识地发挥作用。就像身体无意识地抵御疾病一样，自我也在

表 12.2

六种防御机制

弗洛伊德认为，压抑是最基本的防御机制，它将引发焦虑的冲动排除出去，并使其他防御机制发挥作用，这里列出了其中六种。

防御机制	为避免引发焦虑的想法或感受所使用的无意识过程	例子
退行	退回到一个更幼稚的心理性欲期，有些心理能量仍然固着在那一时期。	在第一天上学的路上，坐在车里的小男孩吮吸拇指以重新获得口腔的舒适感。
反向形成	将不被接受的冲动转变成相反形式。	为了压抑愤怒的感受，一个人表现出夸张的友善。
投射	将具有威胁性的冲动归咎于他人来伪装自己的这些冲动。	"小偷觉得其他人都是小偷"（萨尔多瓦谚语）
合理化	以自我辩解的方式来解释一个人的行为，代替真实的、更具威胁性的潜意识原因。	一个经常饮酒的人说她跟朋友喝酒"只是为了交际"。
替代	将性冲动或攻击冲动转移到一个更容易被接受或威胁性更小的物体或人身上。	一个小女孩在妈妈让她回自己房间后踢了踢家里的狗。
否认	拒绝相信甚至拒绝觉察到痛苦的现实。	一个男子否认他的爱人出轨的证据。

"早上好，砍头（beheaded）——啊，我说的是亲爱的（beloved）。"

无意识地抵御焦虑。例如，**压抑**（repression）能将唤起焦虑的一些想法和感受从意识中排除出去。根据弗洛伊德的观点，压抑是所有心理防御机制中最基本的机制。不过，因为压抑通常并不完全奏效，被压抑的冲突就会以做梦或是随意交谈中的口误等形式出现。

弗洛伊德认为他可以从一个背负经济压力的患者身上窥见其流露出的潜意识。这个患者不想服用任何大的药片（pills），结果说成了"请不要给我任何账单（bills），因为我无法吞咽"。与之类似，他将玩笑看作是压抑性欲和攻击倾向的表达；把梦看作是"通向潜意识的康庄大道"。他认为能够记住的梦（梦的显性内容）是做梦者潜意识里的愿望（梦的隐性内容）经过删减后的表达。弗洛伊德通过分析梦境寻找患者的内在冲突。

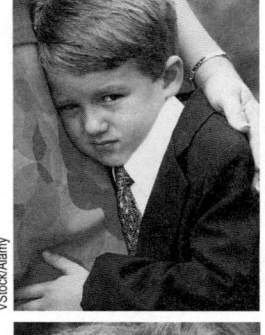

表 12.2 列举了其他六种著名的防御机制。

> **提取一下**
>
> - 根据弗洛伊德关于人格结构由三部分组成的观点，_____遵循现实原则，试图以产生长期快乐而非痛苦的方式平衡需要；_____遵循快乐原则，寻求即时的满足；_____代表我们内在理想（良知）的声音。
>
>   答案：自我；本我；超我
>
> - 在精神分析的观点中，前三个心理性欲期未解决的冲突可能会_____在那个阶段。
>
>   答案：固着
>
> - 弗洛伊德认为我们的防御机制是在_____（意识层面/潜意识层面）上运作的，为我们抵御_____。
>
>   答案：潜意识层面；焦虑

退行 当面对轻度应激源时，儿童和年幼的猩猩从其照料者那里寻求保护和安慰。弗洛伊德可能会把这些行为解释为退行，即退回到更早期的发展阶段。

新弗洛伊德学派和心理动力学理论家

> 12-5：弗洛伊德的哪些观点是其追随者接受的，哪些是他们不接受的？

弗洛伊德的著作虽然富有争议，但很快就吸引了众多追随者，其中大多是年轻有志的医生。他们形成了一个内部圈子，围绕在他们强有力的领导人周围。这些先驱精神分析师们及其他的一些人，我们经常称其为新弗洛伊德学派，吸纳了弗洛伊德的基本观点：本我、自我和超我的人格结构；潜意识的重要性；童年期的人格塑造；焦虑的动力过程及防御机制。但是他们在两个重要方面与弗洛伊德观点相左。首先，他们更强调意识在解释一个人的经验及环境应对方面的作用。其次，他们对性冲动和攻击性是主导一切的动机表示怀疑；相反，他们倾向于强调更高尚的动机以及社会互动。

例如，阿尔弗雷德·阿德勒和凯伦·霍尼都同意弗洛伊德关于童年期重要性的观点。但他们认为对人格的形成起关键作用的是童年期的社会性张力，而不是性张力（Ferguson, 2003）。阿德勒就是靠自身的努力才克服了童年期的体弱多病和意外事件。他认为，我们的很多行为是为了要努力克服童年期的自卑感，这种自卑感激发我们追求优越和权力。（阿德勒提出了至今仍很流行的"自卑情结"。）霍尼认为童年期焦虑引发我们对爱和安全的渴望。她反对弗洛伊德认为女性的超我较弱并受"阴茎嫉妒"困扰的假设（这些假设产生于弗洛伊德的保守文化），并且试图平衡她在这种大男子主义心理学中发现的偏见。

卡尔·荣格——弗洛伊德的弟子，后来与弗洛伊德产生分歧——较少强调社会因素。和弗洛伊德一样，他认为潜意识具有强大的影响力。但对荣格来说，潜意识不仅包含了我们被压抑的想法和感受。他认为我们还有**集体潜意识**（collective unconscious），一个源自我们这一物种普遍经验的共同的意象库，或原型。荣格说，集体潜意识解释了为什么很多人执着地追求精神上的满足，为什么不同文化背景的人们有着某些共同的神话和意象，比如母亲是养育的象征。（今天大多数心理动力学家反对经验遗传的观点。但是很多心理动力学家及其他心理学理论家的确相信，我

阿尔弗雷德·阿德勒（Alfred Adler）"只要一个人对他人有用，并能克服自卑感，他就能生活得轻松自在，感受到自己存在的价值。"（《神经症问题》，1964）
National Library of Medicine

凯伦·霍尼（Karen Horney）"认为女人是幼稚而情绪化的动物，且因此不能承担责任、不能独立的观点是降低女人自尊并带有大男子主义倾向的一种论调。"（《女性心理学》，1932）
The Bettmann Archive/Corbis

卡尔·荣格（Carl Jung）"一切有创意的事物都是从本能这座活跃的喷泉中流出的，因此潜意识是创造性冲动的源头。"（《心理结构与心理动力》，1960）
Archive of the History of American Psychology/University of Akron

们人类共同的进化史塑造了人类某些普遍的特质。）

弗洛伊德于 1939 年去世。自那以后，他的一些想法被整合进了心理动力学理论。"大多数当代心理动力学派的理论家和治疗师并不认同性是人格基础这一观点，"德鲁·韦斯滕（Westen, 1996）指出。他们"不谈本我和自我，也不绕着圈子把病人界定为口唇期、肛门期或性器期人格"。他们与弗洛伊德一致认为人们的很多心理活动是潜意识的，这一观点也得到了今天心理科学的很多支持。与弗洛伊德一样，他们也认为童年期塑造我们的人格以及我们与他人形成依恋的方式，而且我们经常会因内心的愿望、恐惧和价值观的冲突而痛苦挣扎。

潜意识过程的测量

12-6：何为投射测验，如何使用它们？它们受到了哪些批评？

人格测量工具对人格研究者和治疗师来说是有用的。基于不同的人格理论，测量工具也各不相同。那么，心理动力学派的临床医生会如何试图测量人格特质呢？

第一个要求是这种测量工具能够通向潜意识，发掘早期童年经验的踪迹，除去表面之下的伪装并揭示隐藏的冲突和冲动。那些客观的测量工具是不适用的，如回答同意与不同意或是与否的问卷，因为这些工具只是简单触及了人的意识表层。

投射测验（projective tests）要求受测者对模棱两可的刺激进行描述或者就此讲述一个故事——其目的是提供一个"心理 X 光"。治疗师假定人们在模棱两可的图案中看到的任何希望、期待和恐惧都是对他们内心感受或者冲突的投射。

使用最为广泛的投射测验是以瑞士精神病学家赫尔曼·罗夏（1884—1922）的名字命名的。在他著名的**罗夏墨迹测验**（Rorschach inkblot test）中，人们描述自己从一片墨迹中看到了什么（图 12.2），这个测验源于其童年时的游戏。他和伙伴们在纸上滴墨水，折起来，然后说他们从墨迹中看到了什么（Sdorow, 2005）。你从墨迹图中看到的是食肉动物或武器吗？或许你具有攻击的倾向。这样的假设合理吗？答案不一而足。

一些临床医生拥护罗夏墨迹测验，甚至建议法官用它来评估罪犯的暴力倾向。其他一些临床医生则将其视为一种获取提示性线索的有用工具，一种打破僵局的手段，或者是一种揭示性访谈的技巧。

批评罗夏墨迹测验的学者认为该测验并非测量情绪的磁共振成像（MRI）。他们认为，在众多的罗夏墨迹分数中，只有少数被证明具有信度和效度，如敌意和焦虑（Wood, 2006）。墨迹测验会将许多正常人诊断为病态（Wood et al., 2003, 2006, 2010）。其他投射测验也好不到哪里去。利连菲尔德等人（Lilienfeld, Wood,

"向前伸出的鹿角表示坚定的人格，但是小太阳表示缺乏自信……"

我们并非客观地看待事物，我们只是看到了自己想看的。

——犹太法典

图 12.2

罗夏墨迹测验

在该投射测验中，人们讲述自己从一系列墨迹中看到了什么。某些使用该测验的人相信，个体对模棱两可的刺激的解释可以揭示其人格的潜意识内容。

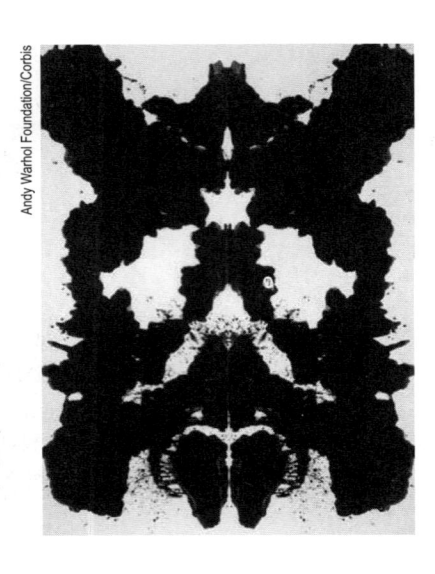

& Garb，2001）警告说："即使是经验丰富的专家也会被自己的直觉和对这些缺乏有效证据的工具的信赖所欺骗。当大量研究表明已有的直觉不正确时，就应该采用新的思考方式。"

美国人格测量协会（Society for Personality Assessment, 2005）则建议"负责任地使用"这种测验（不能用于推测童年期的性虐待）。并且，为了回应先前对测验分数及其解释的批评（Sechrest et al., 1998），研究者设计了基于研究的计算机辅助工具，目的在于提高评分者的一致性和测验的效度（Erdberg, 1990; Exner, 2003）。

> 罗夏墨迹测验已被证明是不足以信的……我称之为心理测验的恶魔，因为还没有人能完全破坏掉这一邪恶之物。
> ——卡罗尔·黛芙莉丝，
> 《心灵的较量：心理治疗师与科学家之间的心理之战》，2003

对弗洛伊德精神分析观的评价以及现代的潜意识观点

12-7：今天的心理学家如何看待弗洛伊德的精神分析？

现代研究与弗洛伊德的许多观点相矛盾

我们是用21世纪初期的视角来批评弗洛伊德，这种视角本身也需要修正。弗洛伊德无法接触到神经递质或DNA研究，也无法获得我们现在已经学过的有关人类发展、思维和情感的知识。有些人说，将弗洛伊德的理论与当今的思维做比较，进而批评弗洛伊德的理论，就好像将亨利·福特的T型车与现在的雷鸟车相比。（从当下视角去评价一个过去的人，这是多么吸引人。）

无论是崇拜弗洛伊德的人还是批评他的人，都认为近来的研究与弗洛伊德的很多特定观点相矛盾。如今，发展心理学家认为一个人的发展是终生的，并非停滞在童年期。他们质疑婴儿的神经系统是否发达到能承受像弗洛伊德所设想的那样多的情感创伤。有些人认为弗洛伊德夸大了父母对儿童的影响，却忽视了同伴的影响。他们还质疑弗洛伊德所谓五六岁儿童在解决了恋母情结之后就发展出良知、形成性别认同的这一观点。我们在更早的时候就获得了性别认同，而且即使没有同性父母，我们也能变得很有男子气或女人味。而且，他们指出，弗洛伊德关于童年期性欲望的观点来源于他对女病人所讲述的童年期性虐待故事的怀疑。在一些学者看来，这些故事被弗洛伊德归因为病人童年期的性愿望和冲突（Esterson, 2001; Powell & Boer, 1994）。现在我们知道弗洛伊德的提问方式可能会产生关于虐待的错误记忆，我们也知道童年期的性虐待现象的确存在。

> 弗洛伊德理论的许多方面的确已经过时，也应该过时：弗洛伊德于1939年去世，并且他（生前）迟迟没有进一步修正自己的理论。
> ——心理学家
> 德鲁·韦斯滕，1998

正如我们在第3章中所学到的那样，关于我们为何做梦的新观点驳斥了弗洛伊德认为梦是对愿望的伪装和为了实现愿望的观点。口误也可以被解释为我们的记忆系统中相似的发音彼此竞争的结果。有人说"我不想那样做——那会很麻烦（bothel）"。他说的"bothel"其实可能只是"*bother*"和"*trouble*"的结合（Foss & Hakes, 1978）。研究者很难找到支持弗洛伊德有关防御机制对我们的性冲动和攻击冲动进行伪装的证据（尽管我们的认知技巧的确保护了我们的自尊）。历史也并不支持弗洛伊德的另外一个观点，即性压抑导致心理障碍。从弗洛伊德时代到我们现在所处的时代，性压抑已经不复存在，但心理障碍却依然存在。

同时，心理学家们也批评弗洛伊德的理论缺乏科学性。在第1

章中我们谈到：一个好的科学理论应该能解释所观察到的现象，并且能提出可供检验的假设。弗洛伊德的理论所基于的客观观察比较少，也很少提出一些可供检验的假设。（对弗洛伊德来说，他自己的回忆以及对病人自由联想、梦境和口误的解析，就足以作为证据了。）

弗洛伊德的理论中最严重的问题是什么呢？他的理论对许多特征做了事后解释（如某人吸烟，某人对马感到害怕，或者某人的性取向），却无法预测这些行为或特质。如果你对你母亲的去世感到愤怒，用弗洛伊德的理论来解释，这是因为"你童年期未被解决的依恋需要受到了威胁"。如果你不感到生气，用弗洛伊德的理论也可以解释，那是因为"你在压抑你的愤怒"。霍尔和林哲（Hall & Lindzey, 1978, p. 68）说："这就好像马已经开始赛跑了，而你这时才开始押马。"一个好的理论要能提出一些可供检验的预测。

那么，心理学应该对这个古老的理论宣布"允许自然死亡"的命令吗？弗洛伊德的支持者们对此都表示反对。他们说，批评弗洛伊德的理论没有可检验的假设，就好比批评垒球运动为什么不是有氧健身操一样，它本就没想成为那样。弗洛伊德从未声称精神分析是具有预测力的科学。他只是说，通过追溯，精神分析师可以从人们的心理状态中找到意义（Rieff, 1979）。

支持者们还指出弗洛伊德的一些观点是经久不衰的。正是弗洛伊德吸引我们去关注潜意识和非理性，去关注我们应对焦虑的防御机制，去关注人类性欲的重要性，去关注我们的生物冲动与社会福祉之间所产生的紧张。正是弗洛伊德挑战了我们的自以为是，戳穿了我们的伪装，提醒我们自身存在恶的潜能。

现代研究对压抑观点的挑战

精神分析理论基于这样一个假设：人类心理经常压抑冒犯性的愿望，并将它们排除到潜意识当中直到它们再次浮现，就像一本丢失在阁楼上尘封已久的书。只要找回并解决童年期矛盾的愿望，人们情感上的伤痛就会愈合。压抑成为心理学中广为接受的一个概念，被用来解释催眠现象和心理障碍。弗洛伊德心理动力学派的追随者对压抑进行了扩展，用于解释那些明显曾被遗忘而后又得以恢复的童年创伤的记忆（Boag, 2006; Cheit, 1998; Erdelyi, 2006）。在一项调查中，88%的大学生相信痛苦的经历通常会被排挤出意识而进入到潜意识当中（Garry et al., 1994）。

如今的研究者同意，我们有时会通过忽视威胁性信息来消除自我的焦虑（Green et al., 2008）。然而，许多研究者主张，即使的确发生了压抑，它也是人们对痛苦创伤的一种不常见的心理反应。即使是那些见证了父母被谋杀的人或纳粹集中营的幸存者，也依然保留了未被压抑的恐惧记忆（Helmreich, 1992, 1994; Malmquist, 1986; Pennebaker, 1990）。人格研究者约翰·凯尔斯特朗总结道（Kihlstrom, 2006）："数十项正式研究发现，所有关于创伤的文献中都找不到一个有说服力的压抑案例。"

一些研究者认为极端而持续的应激，比如那些受到严重虐待的儿童所经受的，可能会损伤对加工有意识记忆很重要的海马，从而使记忆遭到破坏（Schacter, 1996）。但更为常见的事实是高度应激及相关的应激激素能增强记忆（见第 8 章）。事实上，强暴、拷打及其他创伤性事件时常萦绕在幸存者的心头，他们会体验到意愿之外的闪回。这些经历在人们的心灵中留下了深深的烙印。"你会看到那些死去的婴儿，"在大屠杀中幸免于难的萨利（Sally, 1979）说，"你会看到尖叫的母亲们。你会看到

我们这样辩解，就如同一个人这样说："如果椅子上有一只隐形的猫，这把椅子会看上去空空如也；而这把椅子的确看上去是空的；因此椅子上有一只隐形的猫"。

——C. S. 刘易斯，
《四种爱》，1958

在纳粹大屠杀期间，很多儿童……被迫忍受难以忍受的痛苦。对于那些继续遭受痛苦的人来说，许多年之后痛苦依然存在，而且就像发生的那天一样真切。

——埃里克·齐尔默等人，
《探索纳粹人格》，1995

那些吊死的人。你坐下来，你看到那些面孔。这些都是你无法忘记的。"

现代的潜意识心理

12-8：现代研究在哪些方面增进了我们对潜意识的理解？

弗洛伊德至少有一点是对的，这是今天心理动力学观点的基础：对于我们头脑中所进行的一切活动，我们能意识到的只是很有限的一部分（Erdelyi, 1985, 1988, 2006; Norman, 2010）。我们的双通道心理有着广阔的视野之外的领域。

然而，现在的许多心理学研究者认为潜意识并非是沸腾的激情和压制性的审查，而是一种发生在我们意识之外的更冷静的信息加工。对这些研究者而言，潜意识还包括：

- 自动控制个体知觉和解释的图式（见第6章）。
- 未被意识到或注意到的刺激所产生的启动效应（见第6章和第8章）。
- 使裂脑病人的左手执行病人无法用语言表达的指令的右半球脑活动（见第2章）。
- 无需意识回忆的内隐记忆，甚至出现在遗忘症患者身上（见第8章）。
- 先于意识分析、即刻激发的情绪（见第10章）。
- 自动地、无意识地影响我们处理他人信息方式的刻板印象加工（见第13章）。

我们往往意识不到，我们坐在自动驾驶的飞机上。我们的生活是由屏幕和视线之外的潜意识信息加工引导的。潜意识是巨大的。这种对潜意识信息加工的认识很像前弗洛伊德时代的观点：自发的行为和创造性想法都来自于潜藏的、不被人注意的思维流（Bargh & Morsella, 2008）。

近期的研究还为弗洛伊德防御机制的观点提供了一些支持。例如，罗伊·鲍迈斯特及其同事（Baumeister et al., 1998）发现人们倾向于在他人身上看到自己的弱点及态度，弗洛伊德称之为投射，而现在的研究者则称之为错误一致性效应，这是一种高估他人与我们拥有一致性信念和行为的倾向。那些偷税漏税者或超速行驶者往往会认为很多人也这样。那些觉得别人看起来愉快、和善和值得信任的人往往正是这样的人（Wood et al., 2010）。

也有证据支持保护自尊的防御机制，诸如反向形成。鲍迈斯特总结说："防御机制背后的动机与其说是弗洛伊德所认为的性和攻击的暗流，不如说是我们保护自我形象的需要。"

提取一下

- 弗洛伊德在精神分析理论方面的工作具有哪三方面的价值？他的工作又在哪三个方面受到批评？

答案：弗洛伊德提出第一次心理学理论；(2)潜意识的重要性；(3)我们的自我防御机制；弗洛伊德的工作也在以下方面受到批评：(1)对其理论缺乏科学检验；(2)对其关于儿童性欲等观念的质疑；(3)基于正相关数据多，但是他没有持续论证他的观点。

- 今天的心理动力学理论家和治疗师从传统精神分析中汲取了什么要素，他们抛弃最多的要素是什么？

答案：今天的心理动力学理论家仍然接受弗洛伊德所使用的某些关键术语，但他们不再像弗洛伊德那样，他们认为社会动机比性更重要，或是认为是性持续影响的塑造着我们人格的研究。

人本主义理论

12-9：人本主义心理学家如何看待人格？他们研究人格的目标是什么？

到了20世纪60年代，一些人格心理学家已经开始对心理动力学理论只关注动力和冲突以及斯金纳的机械的行为主义心理学变得不满（见第7章）。弗洛伊德研究"病态"者的基本动机，而这些**人本主义理论家**（humanistic theorists）则关注"健康"者是如何努力追求自我决定和自我实现的。不同于行为主义的科学客观性，他们通过人们对自身经历和感受的自我报告来进行研究。

人本主义的两大先驱人物——亚伯拉罕·马斯洛（1908—1970）和卡尔·罗杰斯（1902—1987）提出了强调人的潜能的"第三力量"视角。

马斯洛的自我实现者

马斯洛认为，我们的需要层次构成我们的动机（见第10章）。如果我们的生理需要得到了满足，我们就开始关心起个人的安全；如果我们获得了安全感，我们就开始寻求爱和被爱，并且爱自己；当我们爱的需要得到了满足，我们就开始寻求自尊。

获得自尊之后，我们最终会寻求**自我实现**（self-actualization，发挥我们潜能的过程）和自我超越（超越自我的意义、目的和共享）。

马斯洛（Maslow, 1970）通过研究健康并富有创造性的人而非临床病人，形成了这一观点。他对自我实现的描述是基于对那些生活丰富而又成就卓著的人如亚伯拉罕·林肯所做的研究。马斯洛报告说这些人具有一些共同点：有自我意识，能自我接纳，开放且主动，富有爱心，关爱他人，不受他人意见的左右。他们能清楚地认识自己，他们的兴趣是以问题为中心而不是以自我为中心。他们能集中精力于某个任务，这个任务通常被看成是他们的人生使命。他们中的大多数都只结交几个至交好友而不是有很多的泛泛之交。他们中的很多人都曾被超越普通意义的精神上的或个人的高峰体验所感动。

马斯洛称这些品质是成熟者的品质，这些品质在那些充满生活阅历，富有同情心，已经从对父母的复杂情感中成长起来，已经找到自己的使命，"有足够的勇气不被接纳，不因坦荡正义而感到愧疚"的人身上才能找到。马斯洛对大学生进行了研究，他推测那些可能成为自我实现者的人是那些受人欢迎，关爱他人，"和那些值得尊敬的长辈关系融洽"以及"在内心深处对年轻人常见的残忍、吝啬和暴烈感到不安"的人。

亚伯拉罕·马斯洛 "任何值得关注的动机理论都必须既涉及健壮者的最高能力，同时也涉及残障者的防御手段。"（《动机与人格》，1970, p.33）

罗杰斯以人为中心的观点

人本主义心理学家卡尔·罗杰斯认同马斯洛的很多想法。罗杰斯认为人性本善，人天生具有自我实现的潜能。除非受到抑制生长的环境的阻碍，我们每个人都像一颗橡子，都渴望成长和有所成就。罗杰斯（Rogers, 1980）认为促进成长的环境必须具备三个条件：

- **真诚**：当人们真诚待人时，他们能够表达内心的感受，抛却伪装的面具，变得透明，能自我袒露。
- **接纳**：当人们接纳他人时，他们会提供**无条件积极关注**（unconditional positive regard）。这是一种仁爱的态度，一种即使知道我们的不足却仍然珍爱我们的态度，这是一种当我们卸下伪装，真实表露出内心最糟糕的感受后，发现我们依然被接纳的释然和宽慰。在幸福美满的婚姻、和睦的家庭生活以及亲密的友情中，我们自由自主，不用担心我们会失去他人的尊重。
- **同理心**：具有同理心的人能够分享和反映我们的感受以及表达出我们想要说明的意思。"我们很少带着真正的理解和同理心去倾听，"罗杰斯说，"而这种独特的倾听，是我所知道的能使他人改变的最重要力量之一。"

罗杰斯相信，真诚、接纳和同理心就是使人们如同橡树那样蓬勃生长所需要的水、阳光和养分。这是因为"当人们被接纳和获得赞赏时，他们就会以一种更关爱的态度对待自己"（Rogers, 1980, p. 116）。当人们被抱着同理心倾听时，"他们就更有可能倾听他们内心的感受"。

作家特里林（Trillin, 2006）回忆了体现父母的真诚和无条件接纳的一个例子。故事发生在面向患有严重疾病的儿童的夏令营活动中，他的妻子爱丽斯是其中的一名员工。L 是一个"神奇的孩子"，她患有先天性的疾病，只能靠食管进食，并且举步维艰。爱丽斯回忆：

> 有一天，我们正在玩丢手绢的游戏，我坐在她的后面。当轮到她丢手绢的时候，她让我替她保管信件。她环绕一圈需要一会儿，所以我有时间看到最上面一封是来自她妈妈的便条。然后，我做了一件可怕的事……我只是想知道，这个孩子的父母做了什么而让她这么引人注目，让她变成我所遇到过的最乐观、最有热情、最愿意帮助他人的人。我快速扫了一眼便条，视线落在这个句子上："如果上天给我全世界的孩子让我挑选，我只会选择你，L。"在 L 回到她在圆圈上的位置之前，我把便条给坐在我旁边的巴德看。"快，读一下，"我小声说，"这是生活的真谛。"

马斯洛和罗杰斯或许会报以会意的微笑。对于他们来说，人格的核心特征是个体的**自我概念**（self-concept）——也就是针对"我是谁？"这一问题的所有反应，包括一切想法和感受。如果我们的自我概念是积极的，我们的行为以及对这个世界的看法也倾向于是积极的。罗杰斯说如果自我概念是消极的，如果在我们看来，自我和"理想自我"的差距太大——我们就会感到不满意和不快乐。因此他说，对治疗师、家长、老师和朋友来说，一个有价值的目标就是帮助他人了解和接纳自我，并且做真实的自己。

同理心的画面 当倾听者表现出真正的理解时，保持开放和说知心话要更容易。在这样的关系中，人们能够放松下来，充分表达出真实的自己。

Dylan Martinez/Reuters

这是一位没有给予无条件积极关注的父亲：

"记住，儿子，输赢并不重要——但如果你想要得到爸爸的爱，它就很重要。"

自我的测量

12-10：人本主义心理学家如何测量一个人的自我感？

人本主义心理学家有时通过让人们填写评估其自我概念的问卷来测量人

格。一份受罗杰斯的启发编制而成的问卷，要求人们描述理想中的自我和现实中的自我。罗杰斯说，当理想自我与现实自我非常相似时，自我概念是积极的。当罗杰斯评估来访者在治疗中的个人成长时，他是在寻找来访者对现实自我和理想自我的评定中连续接近的迹象。

一些人本主义心理学家认为，任何标准化的人格测量，甚至是问卷，都是去个性化的。他们认为访谈和亲密的交谈能更好地了解一个人的独特经历，而不是通过强迫个体回答有限的问卷项目。

对人本主义理论的评价

12-11：人本主义理论对心理学产生了怎样的影响？它面临了怎样的批评？

关于弗洛伊德的一个说法也适用于人本主义心理学家：他们的影响很广泛。马斯洛和罗杰斯的观点影响了心理咨询、教育、儿童养育以及管理等领域。另外，他们还为今天科学的积极心理学奠定了基础（见第 11 章）。

他们也对当今的大众心理学产生了不小的影响（有时并非是有意的）。积极的自我概念是快乐和成功的关键吗？接纳和同理心能培养积极的自我感觉吗？人性本善吗，人能够自我完善吗？对此许多人都回答是。在 1992 年《新闻周刊》的盖洛普民意测验中，90% 的人认为自尊非常重要，因为它"激励一个人努力工作，并获取成功"。今天的北美大学生说，如果可以选择，我宁肯得到一次自尊的提升，比如受到赞扬或者论文得到好的分数，而不是享受一顿大餐或性生活（Bushman et al., 2011）。人们接受了人本主义心理学的观点。

人本主义的盛行也引发了强烈的批评。批评者说，首先，人本主义的概念是模糊且带有主观性的。请考虑一下马斯洛对自我实现者的描述。自我实现者是开放的、自主的、仁爱的、自我接纳的和富有成果的人。这是一个科学的描述吗？这是否只是对理论者个人价值和理想的一种描述呢？布鲁斯特·史密斯（Smith, 1978）指出，马斯洛提供的是他自己对英雄人物的印象。设想一下别的理论者可能会提出另一个不同的英雄形象——也许是拿破仑，约翰·D. 洛克菲勒，或者是唐纳德·特朗普。他可能会将自我实现者描述成"不受他人的需要和观点所影响的""有成就动机的"以及"享受权力的"人。

批评者们还反对罗杰斯提出的"唯一重要的问题是'我的生活方式令我感到深深的满足吗，真实地表达了我自己吗'"（引自 Wallach & Wallach, 1985）这一观点。人本主义心理学强调的个人主义——相信自己的感受并付诸行动，做真实的自己，实现自我——会导致自我放纵、自私和道德约束力减弱（Campbell & Specht, 1985; Wallach & Wallach, 1983）。事实上，那些关注他人的个体更能体验到社会的支持，更能享受生命并有效应对压力（Crandall, 1984）。

人本主义心理学家反驳说，安全、无防御的自我接纳实际上是爱他人的第一步。的确，那些从本性上喜欢自己并接纳自己的人——只因他们本身，而非他们的成就——表现出较少的防御态度（Schimel et al.,

"当你停下来，想到人们本质上是善良的，就感到我们做得很不错。"

2001）。

最后一则批评是，人本主义心理学是天真的，没有考虑到人性向恶的能力（May, 1982）。面对全球变暖、人口过剩、恐怖主义和核武器扩散，以下两种说法都可能使我们变得无动于衷。其一是否定威胁的存在而盲目乐观（"人性本善；一切都会好起来的"）。另一种则是彻底的绝望（"没有希望了；何必要尝试呢？"）。行动需要足够的现实主义来激发担忧，同时也需要足够的乐观主义来提供希望。

提取一下

- 人本主义心理学提出了什么新鲜的视角？

  答案：人本主义心理学家把注意力从被扰乱的病态行为中转移出来，而关注自我实现的健康人的成长潜力。

- 同理心是指什么？自我实现呢？哪些人本主义心理学家使用这些术语？

  答案：同理心是分享和反映他人的情感。自我实现，是指满足了人们的其他所有需求，并实现自己的潜能之后，追求最高的需要。罗杰斯使用同理心这个术语；马斯洛使用自我实现这一术语。

特质理论

12-12：心理学家如何用特质来描述人格？

一些研究者试图通过稳定而持久的行为模式来定义人格，如山姆·甘姆齐的忠诚和乐观，而不是关注潜意识的力量和受挫的成长机会。这个观点可以部分追溯到1919年戈登·奥尔波特（Gordon Allport）和弗洛伊德的一次著名的会面，当时的奥尔波特是一个22岁、充满了好奇心的心理学学生，他在维也纳拜访了弗洛伊德。奥尔波特很快就发现精神分析的创始人是多么执着于找到人们潜在的动机，甚至是奥尔波特自己在访谈中的行为。那次经历最终使奥尔波特做出了弗洛伊德所未做的——用基本的**特质**（trait），即人们典型的行为和意识动机（如奥尔波特拜见弗洛伊德的真实动机是出于好奇），来描述人格。奥尔波特说，与弗洛伊德的会面，"使我明白（精神分析）尽管有着诸多优点，但它容易陷入太深，心理学家们在探索潜意识之前，最好能充分认识到明显的动机。"奥尔波特开始用可辨识的行为模式来定义人格。他更关注如何描述一个人的特质，而不是解释这些特质。

探索特质

将人分成截然不同的人格类型无法抓住个性的全貌。我们每个人都是多种特质的独特复合体。那么，我们还有别的方法来描述人格吗？我们或许可以从几个特质维度来描述苹果，比较是大还是小，是红还是绿，是甜还是酸。通过同时从几种特质维度上来衡量个体，心理学家就可以描述出不计其数的人格变化（记得在第6章中曾提到，只要颜色的三个

史蒂芬·科尔伯特：外向者 诸如外向等特质标签可以描述我们的性格和典型行为。

维度——色调、饱和度和亮度发生变化，就能产生出成千上万种颜色）。

那么，什么样的特质维度能描述人格呢？假设你将和一个陌生人会面，哪些人格特质能让你对这个人有准确的了解呢？奥尔波特及其同事欧德伯特（Allport & Odbert, 1936）从一本足本词典中数出了所有可以用来描述人的形容词。几乎有 18 000 个！那么，心理学家如何才能把这么多的单词归纳成一定数量的特质呢？

因素分析

其中一种技术是因素分析，这个统计程序被用来将考察一种特质（如针对智力有空间能力或言语技能）的基本成分的测验项目聚合成集群（因素）。假设有人描述自己是外向的，往往也会说自己喜欢刺激和恶作剧，而不喜欢安静的阅读。这样一个在统计上具有相关性的行为集群就反映了一个基本的因素或特质——在这个例子中，这个特质就是外倾性。

英国心理学家汉斯·艾森克（Hans Eysenck）和西比尔·艾森克（Sybil Eysenck）认为，我们可以将很多正常的个体差异减少到二至三个维度，包括外倾—内倾、情绪稳定性—情绪不稳定性（**图 12.3**）。他们所编制的《艾森克人格问卷》（Eysenck Personality Questionnaire）已经测查了世界上 35 个国家的人，从中国到乌干达再到俄罗斯。分析这些人的回答之后发现，外倾性和情绪因素的确以两大基本人格维度出现（Eysenck, 1990, 1992）。他们认为这些因素受遗传影响，并且研究也支持了这一看法。

生物学与人格

利用脑成像设备对外向者的大脑活动进行扫描，研究者发现了更多的特质和心理状态。这些研究表明，外向者寻求刺激是因为他们正常的大脑唤起水平相对较低。正电子发射断层扫描术（PET）的结果表明，外向者涉及行为抑制的额叶区不如内向者的活跃（Johnson et al., 1999）。外向者的多巴胺水平以及与多巴胺相关的神经活动水平通常较高（Wacker et al., 2006）。

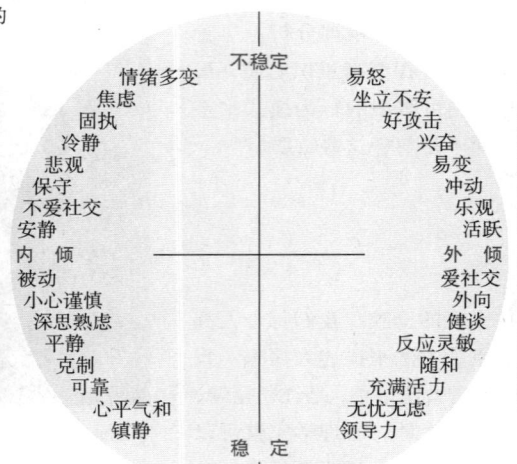

图 12.3
两种人格维度
制图者通过两个轴（南北向和东西向）就能告诉我们很多信息。两种主要的人格因素（外倾–内倾和稳定–不稳定）对于描述人格差异是同样有用的。不同组合就能定义其他更为具体的特质。（资料来源：Eysenck & Eysenck, 1963）。那些天生内向的人，比如灵长类学家珍·古道尔，可能在实地研究中特别有天赋。成功的政治家，包括美国前总统比尔·克林顿，通常是天生的外向者。

生物因素还通过其他方式影响人格。或许你还记得第2章中的双生子和收养研究，基因在很大程度上影响有助于定义人格的气质和行为风格。儿童在害羞和拘谨方面的个体差异可能来自于他们自主神经系统活动性的不同。自主神经系统活跃的儿童在应对压力时会表现得更为焦虑和拘谨（Kagan, 2010）。胆大、好奇的儿童成年后可能会热爱攀岩和飙车。

狗的个性（活力、亲和性、反应性和好奇智力）与人的人格一样差异明显，并且具有持久性（Gosling et al., 2003; Jones & Gosling, 2005）。猴子、黑猩猩、猩猩甚至鸟都有稳定的个性（Weiss et al., 2006）。在大山雀（与美国山雀有亲缘关系的一种欧洲山雀）中，胆大的鸟能更快地去查看新物体和探索树木（Groothuis & Carere, 2005; Verbeek et al., 1994）。通过选择性繁殖，研究者可以培育出胆大的鸟或胆小的鸟。这两种鸟在自然史中都有其重要性。在贫瘠的年份，胆大的鸟更可能找到食物；而在食物充足的年份，胆小的鸟觅食的风险更小。

Erik Lam/Shutterstock

提取一下

- 汉斯·艾森克和西比尔·艾森克提出的描述人格差异的两个主要维度是什么？

答案：内倾–外倾以及情绪稳定性–不稳定性。

特质的测量

12-13：什么是人格调查表？作为人格测量工具，它们有何优点与不足？

如果稳定的、持久的特质指导我们的行为，那么我们是否可以设计可靠、有效的测验来测量它们呢？现有的几种特质测量技术中，一些技术比另一些更有效（见批判性思维：如何成为"成功"的占星家或看相师）。有些技术快速地测量某个单一特质，比如外倾、焦虑或自尊。**人格调查表**（personality inventories）是一份较长的问卷，涵盖范围广泛的感受和行为，同时测量几种特质。

经典的人格调查表是**明尼苏达多相人格调查表**（Minnesota Multiphasic Personality Inventory, MMPI）。尽管MMPI测量的是"异常"人格倾向而不是正常的人格特质，但它还是能很好地说明编制人格调查表的方法。其中一位编制者斯塔克·哈撒韦（Hathaway, 1960）将他的工作与艾尔弗雷德·比奈的成就相提并论。你或许还能回想起，比奈通过挑选出能区分法国学校里那些可能难以正常发展的儿童的条目，编制了第一份智力测验量表（第9章）。同样，MMPI的条目也是由**实证推知的**（empirically derived）：哈撒韦和同事们从大量条目中挑选那些能区分出具有某些特定诊断的群体的条目。然后他们将问题组成10个临床量表，包括测量抑郁倾向、男性化–女性化、外倾性–内倾性的量表。

哈撒韦等人最初给几组心理障碍患者和"正常人"数百个真实–虚假的陈述（如"似乎没人能理解我""我得到了我应得的同情""我喜爱诗歌"）。他们保留了任何患者组答案异于正常组的条目，不管这个条目有多荒谬。"报纸上只有漫画能吸引我"听上去没什么意义，但是抑郁者的确很可能回答"是"。如今的MMPI-2还增加了测量工作态度、家庭问题和愤怒的量表。

人们曾经用戏仿MMPI的条目来搞笑，如"哭泣使我流泪"，"发疯似的尖叫使我紧张"，"我一直待在浴缸里，直到看上去像一颗葡萄干"（Frankel et al., 1983）。

96　心理学导论

> **批判性思考**

如何成为一名"成功的"占星家或看相师

我们能通过一个人出生时恒星和行星的排列来了解他的特质吗？通过笔迹呢？掌心的纹路呢？

宇航员总是嘲笑占星术的幼稚——自占星家创立他们的预测方式以来，星系在几千年里已经发生了变化（Kelly, 1997, 1998）。幽默大师们对此进行了讽刺。戴夫·巴里（Dave Barry）这样写道："毫无冒犯之意，但如果你把星相当真的话，那你的额叶就只有葡萄干那么大。"心理学家则提出这样一些问题：占星术真的管用吗？给出某个人的出生日期，要求占星家从有限的对人格的不同描述中识别出这个人，他们的胜算率能高于随机水平吗？人们的星相与所预测的特质有相关性吗？

这些问题的答案都是一致否定的（British Psychological Society, 1993; Carlson, 1985; Kelly, 1997; Reichardt, 2010）。通过分析 2000 万名英格兰和威尔士已婚者的人口普查数据，一位研究者发现"对与任何其他星相的人结婚以及维持婚姻的概率，星相没有丝毫影响"（Voas, 2008）。

那些试图从几页笔迹中预测职业的笔迹学家，成功率也不高于随机水平（Beyerstein & Beyerstein, 1992; Dean et al., 1992）。尽管如此，笔迹学家——以及心理学导论课程的学生——经常会感觉人格与笔迹存在关联，即使事实上并不存在（King & Koehler, 2000）。

如果这些本以为存在的相关在经过仔细推敲之后烟消云散的话，占星家、看相师以及那些能看破水晶球秘密的人又如何说服全世界数百万的人购买他们的服务呢？曾经的看相师、后来转而从事心理学研究的雷·海曼（Hyman, 1981），披露了一些他们吸引人的方法。

第一种伎俩就是"准备好套话"，它基于这样一个发现：任何一个人都在某些方面与众不同，而在另一些方面又和其他人一样。这些对所有人都同样适用的东西就使得这些"预言家"能给出看似极为准确的话："我感觉你担心的事情比你透露出来的要多，甚

不同于主观的投射测验，人格调查表的计分是客观的，以至于计算机就能施测和计分。（计算机还能给出对先前那些做出相似反应的人的描述。）但是，客观性并不能保证效度。在招聘中接受 MMPI 测试的人为了赢得别人对自己的好印象会给出

至是对你最好的朋友。"几个这样通常正确的陈述就能组合成一份人格描述。假设你做完一个人格测验之后得到如下对你性格的描述：

> 你很渴望他人喜欢并敬佩你。你总是对自己比较苛求……你为自己是一个独立的思考者而自豪，且不接受没有令人满意的证据支持的其他观点。你已经意识到对他人太过坦率地表露自己是不明智的。有时你很外向、和蔼可亲，乐于交往；而有时你则比较内向，小心谨慎，较为保守。你的有些理想往往相当不切实际（Davies, 1997; Forer, 1949）。

在实验中，大学生收到了类似这样的事先准备好的评语。这些评语摘自报摊上出售的占星书中的话。面对这种伪造的普遍适用的反馈，当他们相信评语是专为他们而做出的且是好评时，他们几乎总是将这些描述评定为"好"或"太好了"（Davies, 1997）。即使是那些持怀疑态度的人，当得到出自占星家表示奉承的描述时，也会认为"或许占星术这东西还是有点可信的"（Glick et al., 1989）。这种对老套、积极描述的接纳现象被称为巴纳姆效应，如此命名是为了纪念表演大师 P.T. 巴纳姆（P.T. Barnum）的名言——"我们为每个人都准备了一些东西"。

"也许你想听听第二种意见？"

有人说，占星家是那个"准备告诉你你对自己看法"的人（Jones, 2000）。他们所用的第二种伎俩就是从我们的衣着打扮、身体特征、姿态以及反应来"读懂"我们。例如，一个女人戴着昂贵的婚戒，穿着黑色的裙子，可能说明这个富有的女人最近丧偶了。

你也能读懂这类线索，海曼说。如果有人找你看相，一开始就说些表示同情的、万无一失的话："我感到你最近遇到了些问题。你好像不清楚该怎么办。我有一种感觉，这个问题还牵涉到别人。"然后再说些他们想听的话。记住占星术或算命手册上的一些巴纳姆式的话，灵活加以运用。告诉人们他们有责任与你配合，将你所说的话与他们的具体经历相联系。之后他们回忆时就会认为是你预测到这些具体的细节。多采用问句，当你观察到对方做出积极回应时，就更坚定地将要说的话表述出来。最后，做一个好的听众，然后将对方原先跟你讲的内容换一种方式表述出来。如果你能哄得住他们，他们就会来找你。

然而，最好还是要警惕靠这些伎俩欺诈别人的人，他们是骗钱者而非算命人。

一个身材矮小的算命人逃出监狱，那么他就是在逃（at large）的小（small）通灵者（medium）。

——无名氏

社会赞许的答案。但是一旦他们这样做，掩饰量表上的得分也可能会高（比如当人们对普遍真实的陈述，如"有时我会发怒"，回答"否"时）。MMPI 的客观性使它得到广泛应用，而且被翻译成 100 多种语言。

大五因素

> 12-14：哪些特质对于人格差异能提供最有用的信息？

如今的特质研究者认为简单的特质因素，如艾森克的内倾性—外倾性和情绪不稳定性—稳定性维度，虽然十分重要，但还不够全面。稍加扩展的一系列因素——所谓的大五（Big Five）因素——能更全面地描述人格（Costa & McCrae, 2009）。如果一个测验确定了你在五个维度（尽责性、随和性、神经质、开放性、外倾性，**表 12.3**）上的位置，它就已经说明了你的大部分人格。在一项研究中，来自全世界 56 个国家和 29 种语言的参与者描述他人人格特征所用的词语，与表格中的基本吻合（Schmitt et al., 2007）。当然，大五也并非人格的定论：一些研究者（Block, 2010; De Raad et al., 2010）报告，基本的人格维度只需要两个或三个因素来描述（例如尽责性、随和性和外倾性）。但迄今为止，"五"仍是人格彩票的中奖数字（Heine & Buchtel, 2009; McCrae, 2009）。大五是目前最佳的人格维度数。这种"人格心理学领域的通用货币"（Funder, 2001），是 20 世纪 90 年代初以来最活跃的人格研究课题，研究者关注以下一些问题：

- 大五特质的稳定性如何？对成人来说，大五特质是相当稳定的。在成年早期和中期，某些倾向性会有所减弱（如情绪不稳定性、外倾性、开放性），而另一些倾向性则会增强（如随和性和尽责性）（McCrae et al., 2011; Vaidya et al., 2002）。尽责性的增加主要集中在 20 多岁，此时我们逐渐成熟并学会管理自己的工作与人际关系。随和性在 30 多岁时增长最多，且增长一直持续到 60 多岁（Srivastava et al., 2003）。

表 12.3
"大五"人格因素
（记忆技巧：想象成 CANOE 有助于你记忆）

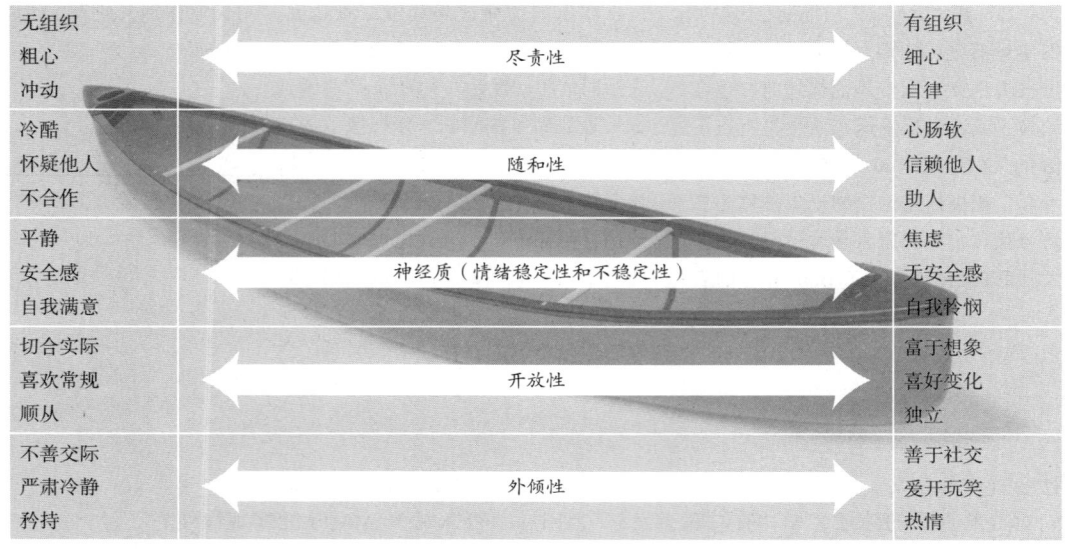

低端	维度	高端
无组织 / 粗心 / 冲动	尽责性	有组织 / 细心 / 自律
冷酷 / 怀疑他人 / 不合作	随和性	心肠软 / 信赖他人 / 助人
平静 / 安全感 / 自我满意	神经质（情绪稳定性和不稳定性）	焦虑 / 无安全感 / 自我怜悯
切合实际 / 喜欢常规 / 顺从	开放性	富于想象 / 喜好变化 / 独立
不善交际 / 严肃冷静 / 矜持	外倾性	善于社交 / 爱开玩笑 / 热情

改编自 McCrae & Costa (1986, 2008)

- 这些特质多大程度上是遗传的？遗传性（即个体差异在多大程度上归因为基因）随研究对象的多样性而变化。一般来说，各维度有 50% 或更多是受遗传影响的，而且遗传的影响在不同的国家是相似的（Loehlin et al., 1998; Yamagata et al., 2006）。虽然每一个基因都只有很小的效应，但很多基因联合起来共同影响我们的特质（McCrae et al., 2010）。研究者已经发现大脑的某些区域和一些大五人格特质是相关联的，比如额叶对奖赏敏感，并且外倾者的额叶较大（DeYoung et al., 2010）。

- 大五人格特质能预测我们实际的行为吗？是的。大五特质的研究者发现，如果人们报告自己是外向的、尽责的和随和的，那么"他们很可能在讲真话"（McCrae, 2011）。例如，我们的特质会体现在我们的语言模式中。外倾性可以预测人称代词在短信中的使用。随和性可以预测积极情绪词汇的使用。神经质（情绪不稳定性）则可以预测消极情绪词汇的使用（Holtgraves, 2011）。

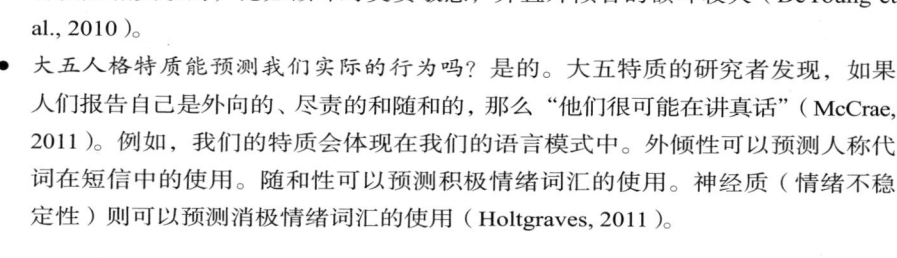

通过对这些问题的探索，大五研究为特质心理学注入了活力，并重新引起人们对人格研究的重视。特质很重要。

提取一下

- 大五人格因素是什么？它们在科学上为什么是有用的？

答案：大五人格因素是尽责性、随和性、神经质、情绪稳定性或情绪不稳定性（CANOE）。开放性和外倾性。它们因为相对稳定而在科学上是有用的工具和实施测量，而且适用于所有人和大五人格因素正被用来跨文化地研究人格。

对特质理论的评价

12-15：研究证据支持人格特质跨时间和跨情境的一致性吗？

我们的人格特质是稳定持久的？还是我们的行为依赖于我们所处的情境以及所处的人群？托尔金创作了一些人物，像忠诚的山姆·甘姆齐，他的人格特质在不同的时间和地点都是一致的。而意大利剧作家勒维奇·潘安德拉则持不同意见。他认为，人格是不断变化的，随特定的角色和情境而变化。在潘安德拉创作的一个剧本中，兰伯托·劳狄赛向塞雷利夫人这样描述自己："我完全是你要我成为的那样，但亲爱的夫人，这并不妨碍我同时也成为您丈夫、我姐姐、我侄女以及契尼夫人想要我成为的人——因为他们所说的也都是绝对正确的。"对这番话，塞雷利夫人的回应是："换句话说，你对我们每个人来说是不同的人。"

我们与自身的差别犹如我们与他人之间那般大。
——蒙田，《蒙田随笔集》，1588

人－情境之争

那么，究竟谁能代表典型的人格，是托尔金笔下的那位始终不变的山姆·甘姆齐，还是潘安德拉塑造的那个前后不一的人物劳狄赛？两个都是。因为我们的行为受到我们内在倾向和情境之间相互作用的影响。不过，问题依然存在：哪一个更重要？我们是更像托尔金描绘的那样呢，还是更像潘安德拉想象的那样？

图 12.4

人格的稳定性

随着年龄的增长，人格特质变得越发稳定，这一点可以从七年前后所得的人格特质分数的相关中看出。(数据来源：Roberts & DelVecchio, 2000)

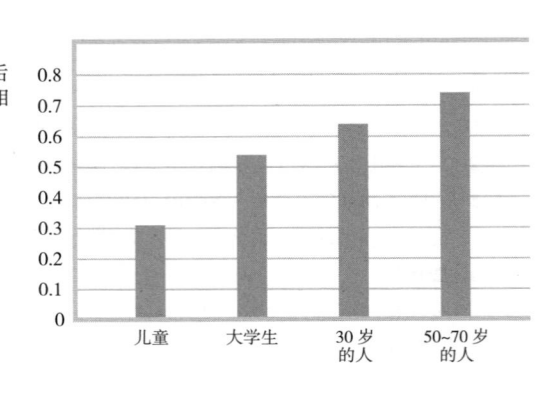

"我要去法国——在法国我是另外一个人。"

变化和一致性可以共存。如果所有人的害羞程度都随着年龄增长而减轻的话，人格将会发生变化，但也会有相对的稳定性和可预测性。

"那边的库格林先生创建了最早的摩托帮之一。"

当我们探讨人–情境之争时，我们寻求的是真正跨时间且跨情境存在的人格特质。是否有些人可靠尽责，而另一些人则不可靠？有些人心情愉快，而另一些人闷闷不乐？有些人是友好而外向的，而另一些人则是害羞的？如果我们认为友善是一种特质，那么友善的人就必须在各个时间和场合都表现得很友善。是这样吗？

在思考那些追踪生命全程发展的研究时，一些学者（尤其是研究婴儿的学者）对人格的变化印象深刻；而另一些学者则惊讶于成年期人格的稳定。如**图 12.4** 所示，来自 152 项长期研究的数据表明人格特质分数与七年后得到的分数是正相关的，而且随着人们年龄增长，人格逐渐稳定。人的兴趣会改变——原来热衷于喂养热带鱼的人后来可能热衷于园艺。人的职业会改变——原来决心做销售工作的人可能会决定做一名社会工作者。人与人的关系会改变——原先敌对的夫妻可能后来各自找到了新伴侣。但大部分人认为他们的特质是他们自身的，迈克雷和科斯塔（McCrae & Costa, 1994）指出，"而他们这样认为是很好的。一个人能意识到他/她的人格必然存在且是唯一的，这是……其一生的智慧巅峰。"

大多数人——包括多数心理学家——都可能倾向于同意托尔金的假设，即人格特质稳定不变。此外，我们的特质具有社会意义。它影响我们的健康、我们的思维以及我们的工作表现（Deary & Matthews, 1993; Hogan, 1998）。许多长期的追踪研究发现，人格特质在预测死亡率、离婚和职业成就上与社会经济地位和认知能力是相当的（Roberts et al., 2007）。

尽管我们的人格特质可能是持久而强大的，但一些具体的行为在不同的情境中的一致性则是另一回事。正如沃尔特·米歇尔（Mischel, 1968, 2009）所指出的那样，人们的行为没有可预测的一致性。米歇尔对大学生的责任心进行了研究，结果表明学生在一种情境下所表现出的责任心（如准时来上课）与另一情境下所表现出的责任心（如准时交作业）只有中等相关。对此，潘安德拉可能不会感到吃惊。如果你发现自己在某些情境下非常外向，而在另一些情境下却比较矜持，你也不必感到吃惊（不过，米歇尔指出，对于某些特质，你可能会准确地评估自己更具有一致性）。

行为上的不一致减弱了人格测验分数对于行为的预测力。例如，人们在外倾性测验上的分数不一定能完全预测人们在任何特定场合下的实际社交能力。米歇尔说，如果我们能记住这些结果，那么我们在描述个体和将个体进行归类时就会更加谨慎。自然科学能提前几年告诉我们任何一天的月相。气象学家能提前一天预测天气。而我们则还远远不能预测明天的你会有什么样的心情和行为。

然而，人们在很多情境下的外倾性、快乐或粗心的平均程度是可预测的（Epstein, 1983a, b）。在评定某人的害羞或随和性程度时，那些熟识这个人的评定者是大体一致的（Kenrick & Funder, 1988）。研究者通过可穿戴记录设备来收集人们日常经历的片段，发现一般行为具有跨情境的稳定性：外倾性的人确实更健谈（Mehl et al., 2006）。（我已经多次发誓不在中午和朋友打篮球时喋喋不休和讲笑话了。然而，话匣子还是不可避免地一次又一次打开了。）正如我们最好的朋友可以证实的那样，我们的人格特质确实受到遗传的影响。萨缪尔·高斯林（Samuel Gosling）及其同事在一系列的研究中发现，这些特质甚至会潜藏在我们生活的以下方面：

- 音乐偏好：古典、爵士、蓝调和民间音乐爱好者倾向于对体验持开放态度，并且有较高的言语智力；乡村、流行和宗教音乐爱好者则更加令人愉快、外向和尽责（Rentfrow & Gosling, 2003, 2006）。在初次见面的时候，学生们通常会向对方公开自己对音乐的偏好；这样做的时候，人们就在交换关于人格的信息。
- 宿舍和办公室：我们的个人空间表明了我们的身份，留下了我们行为的痕迹（在凌乱的洗衣房里或者是整洁的电脑桌上）。这也就解释了为什么只需要对我们生活和工作的环境观察几分钟就可以较为准确地评估我们的尽责性、开放性甚至是情绪稳定性（Gosling et al., 2002, 2008）。
- 个人网站：我们的个人网站或脸书主页也会成为自我表达的画布吗？抑或是人们以虚假或误导的方式展示自己的机会？更可能是前者（Back et al., 2010; Gosling et al., 2007; Marcus et al., 2006）。来访者可以快速获取有关发布者的外倾性、尽责性和开放性的重要线索。
- 电子通讯：如果你认为你可以通过对方发来的文字信息判断一个人的性格，那么你对了！！（这是多么激动人心的发现啊！！！）人们只根据电子邮件或者博客对人格做出的评估与人格量表的实际得分是相关的，比如外倾性和神经质（Gill et al., 2006; Oberlander & Gill, 2006; Yarkoni, 2010）。例如，外倾性高的人会更多使用形容词。

在一些陌生的正式场合——比如在来自另一种文化的主人家做客——由于我们对社交线索的处理比较谨慎，我们的一些特质会隐藏起来。但在一些熟悉的非正式场合——比如和朋友闲逛——我们感到的拘束较少，这样我们的特质就会表现出来（Buss, 1989）。在这些非正式情境中，我们的表达方式——散发的活力、说话的方式以及身体的姿势——和我们的特质相当一致。这就是为什么某个人极其微小的行为片段——甚至是某个老师的三段两秒钟的片段——如此具有揭示性（Ambady & Rosenthal, 1992, 1993）。

总之，我们可以说任何时候，眼前的情况对一个人的行为都是有很大影响的。社会心理学家假设，虽然没

房间里的线索 即使完全陌生，人们也能从其他人的网站、宿舍或办公室中察觉出其人格的蛛丝马迹。那么，对得克萨斯大学的研究者萨缪尔·高斯林，你有什么看法？

有太多的证据，当一个"强大情境"有明确要求时，这种影响尤其明显（Cooper & Withey, 2009）。如果要预测司机在红绿灯前的行为，看红绿灯的颜色比看司机的人格对判断其行为更为有效。因而把我们在各种情境下的行为平均起来，的确能揭示出不同的人格特质。特质是存在的，我们是不同的，并且这些不同很重要。

提取一下

- 人格测验分数能在多大程度上预测我们的行为？解释你的答案。

答案：我们的人格测验分数能够预测我们在很多情境下的平均行为，但不能预测我们在任何特定情境下的特定行为。

社会认知理论

> 12-16：社会认知理论家是如何看待人格发展的，他们又是如何探索行为的？

今天的心理科学将个体看作生物心理社会的有机体。**社会认知观**（social-cognitive perspective）由艾伯特·班杜拉（Bandura, 1986, 2006, 2008）最先提出，它强调人与情境之间的交互作用。天性和教养总是共同起作用的，个人和情境也是如此。

社会认知理论家认为我们的很多行为是通过条件作用或者观察和模仿他人而习得的（这是"社会"的部分）。他们还强调心理过程的重要性，认为我们对环境的看法影响我们的行为（这是"认知"的部分）。不像行为主义那样仅仅关注环境对我们的控制，社会认知理论家还关注我们和环境之间的交互作用：我们如何诠释外界事件并且做出反应？我们的图式、记忆和期望又如何影响我们的行为模式？

交互影响

班杜拉（Bandura, 1986, 2006）将人们与环境的交互作用称为**交互决定论**（reciprocal determinism）。他说："行为、内在的个人因素和环境因素相互影响，三者都互为连锁的决定因素"（图12.5）。例如，儿童看电视的习惯（过去的行为）影响他们的观看偏好（内在因素），这一个人因素又影响到电视（环境因素）对他们当前行为的影响。这些作用都是相互的。

请考虑个体和环境发生交互作用的三种具体方式：

1. 不同的人选择不同的环境。你上学的学校、你阅读的书籍、你所看的电视节目、你所听的音乐以及你所交往的朋友——这些都是你所选择的环境的一部分，这些选择部分基于你的特质（Funder, 2009; Ickes et al., 1997）。你选择你所处的环境，之后这个环境又塑造了你。

2. 我们的人格特质决定我们如何解释事件并做出反应。例如，焦虑的人对可能的威胁事件非常敏感（Eysenck et al., 1987）。因此，他们会认为这个世界是具威

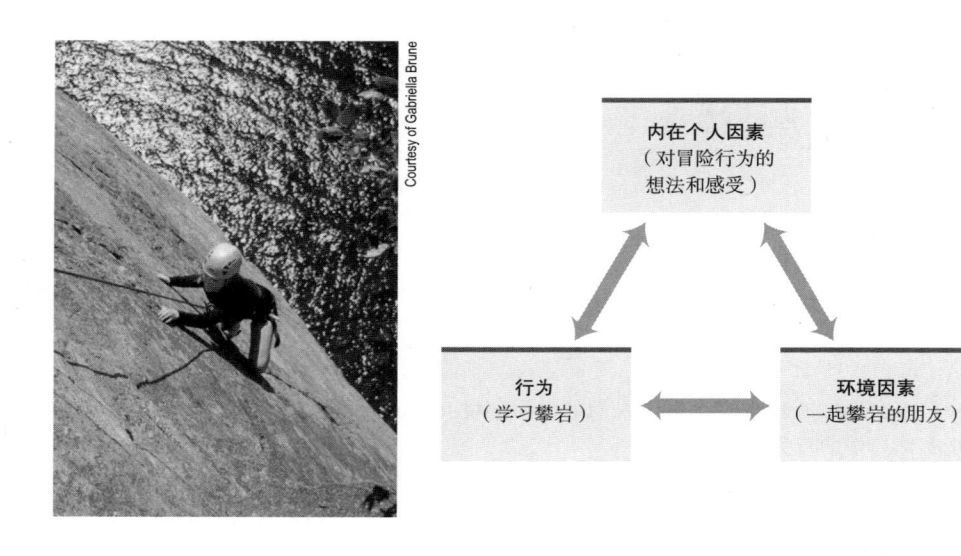

图 12.5
交互决定论
社会认知观认为，我们的人格是由个人特质（包括想法和感受）、环境以及行为之间的交互作用塑造而成的。

胁性的，并做出相应的反应。

3. 我们的人格特质有助于形成我们要应对的环境。我们如何看待和对待他人影响他人如何反过来对待我们。如果我们期望某人对我们生气，我们可以对他表示出冷淡，触发我们期望的愤怒。如果我们性情随和，我们就可能享受到亲密的友谊和支持（Donnellan et al., 2005; Kendler, 1997）。

因此，我们既是环境的产物，也是环境的创造者。

如果说这一切听起来很熟悉，那可能是由于这与心理学及本书普遍存在的一个主题相似，并再一次得到了强调，那就是：行为产生于内外因素的共同作用。沸水能使鸡蛋变硬，却也能使土豆变软。一个具威胁性的环境可以使某个人成为英雄，却也可以使另一个人成为恶棍。外向的人在外向的文化中比在内向的文化中感受到更多幸福感（Fulmer et al., 2010）。在任何时候，我们的行为都受到我们的生物学、社会和文化经验以及认知和性格的影响（**图 12.6**）。

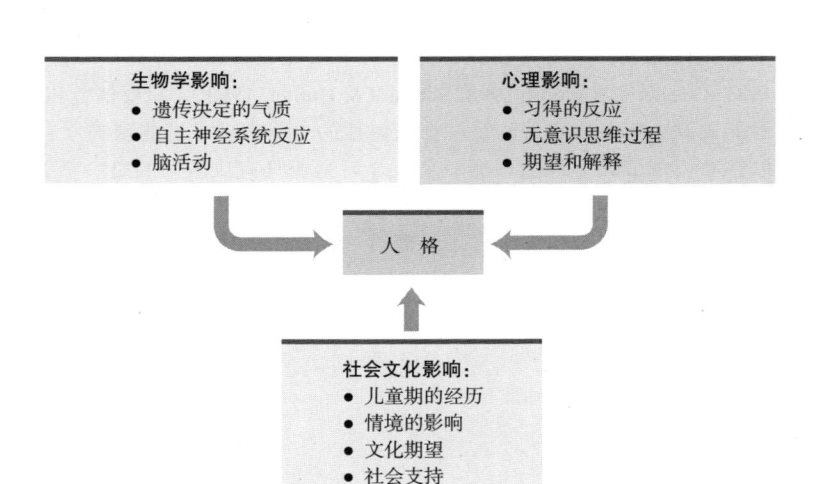

图 12.6
人格研究的生物心理社会取向
与其他心理现象一样，研究者从多个层面对人格进行了卓有成效的研究。

> **提取一下**
>
> - 班杜拉提出了人格的_____观，强调人们与其环境的交互作用。为了描述行为、思维和环境的相互影响，他使用了_____这个术语。
>
> 答案：社会认知观；交互决定论

测量情境中的行为

社会认知心理学家考察了人们如何与环境互动。为了预测行为，他们经常观察现实情境中的行为。

此类研究中的一个雄心勃勃的例子，就是第二次世界大战中美国军队选拔间谍时所采用的测量策略。军事心理学家们没有采用纸笔测验，而是将候选人置于一个模拟的秘密情境中。他们考察候选人应对压力、解决问题、保持领导力以及忍受各种审讯而不透露机密的能力。尽管这项研究既耗时又昂贵，但在真实的情境下测量行为的确有助于预测今后实际承担间谍任务时是否会成功（OSS Assessment Staff, 1948）。

军事和教育机构以及很多财富 500 强企业每年都在使用这种策略测试成千上万的人（Bray & Byham, 1991, 1997; Eurich et al., 2009）。美国电报电话公司（AT&T）观察了经理候选人如何进行模拟的管理工作。很多大学通过观察应聘者的教学评估他们的教学能力，通过见习和试讲考察学生的能力情况。军队通过观察军事演练中士兵的表现来评价士兵。大多数人口数量在 50 000 及以上的美国城市都利用测评中心对警官和消防队员进行评估（Lowry, 1997）。

测量情境中的行为 电视真人秀，比如唐纳德·特朗普的《学徒》，可能把"做给我看看"这类工作面试做到了极致，但它们确实说明了一个有效的观点。观察一个潜在的员工在与工作相关的情境中的行为有助于预测他的工作表现。

《纽约时报》对过去 50 年来的 100 个狂暴的杀人犯所做的一项分析表明，经常暴怒的凶手有 55 人，曾威胁使用暴力的有 63 人（Goodstein & Glaberson, 2000）。他们中的大多数人并不是出人意料地"突然一时失控。"

测评中心的模拟练习有一定的局限性。这种方法更能揭示一些可见的维度，如沟通能力，而对另外一些维度如内部成就驱力就不太适用了（Bowler & Woehr, 2006）。不过，这些测评过程利用了这样一个可靠的原则：预测一个人今后行为的最好途径不是人格测验，也不是访谈，而是一个人过去在相似情境中的行为模式（Mischel, 1981; Ouellette & Wood, 1998; Schmidt & Hunter, 1998）。只要情境和人基本保持不变，最能预测今后工作表现的是一个人以往的工作表现；最能预测今后成绩的是一个人以往获得的成绩；最能预测一个人今后是否具有攻击性的是一个人以往的攻击性；最能预测年轻人是否会使用毒品的是过去这个人是否吸过毒。如果你不能考察一个人过去的行为表现，那么你最好创设一种评估的情境，模拟任务要求，这样你就能了解这个人会如何应对情境中的任务要求（Lievens et al., 2009; Meriac et al., 2008）。

对社会认知理论的评价

> 12-17:社会认知理论家所面临的批评是什么?

人格的社会认知理论使得研究者关注情境如何影响个体,又如何被个体所影响。与其他人格理论相比(见**表 12.4**),社会认知理论更基于学习和认知的心理学研究。

但是批评者指责社会认知理论太偏重于情境,以至于不重视人内在的特质。他们指出,人及其情绪在这种人格观中处于什么位置呢?的确,情境引导我们的行为。但批评者说,在很多情况下,我们的潜意识动机、情绪以及无处不在的特质也都在发挥重要的作用。人格特质已被证实能预测工作、爱情和游戏中的行为。我们受生物学因素影响的特质的确在起作用。请看一下珀西·雷·普里琼和查尔斯·吉尔的例子吧。他们面对的情境一样:他们共同赢得 9 000 万美元的彩票大奖(Harriston,1993)。当普里琼得知中奖号码时,开始不由自主地颤抖,在确认中奖消息时在浴室门后与朋友抱成一团,然后就喜极而泣。而吉尔得知这一获奖消息时,只是告诉了妻子一声就去睡觉了。

表 12.4
主要人格理论的比较

人格理论	主要支持者	假设	对于人格的观点	人格测量方法
精神分析	弗洛伊德	情绪障碍来源于潜意识动力,如未解决的性冲突和其他儿童期的冲突,以及在不同发展阶段的固着。防御机制抵抗焦虑。	人格由追求快乐的冲动(本我)、现实导向的执行(自我)以及一套内化的理想(超我)组成。	自由联想、投射测验、梦的解析
心理动力	荣格、阿德勒、霍妮	潜意识和意识相互作用。儿童期经历和防御机制很重要。	意识和潜意识动机和冲突之间动态的相互作用塑造了我们的人格。	投射测验、治疗会谈
人本主义	罗杰斯、马斯洛	与其考察病人的困难,不如关注健康人追求自我实现的方式。	当我们基本的人类需要得到满足时,我们会追求自我实现。在无条件积极关注的氛围下,我们能够发展出自我意识以及更加实际和积极的自我概念。	问卷、治疗会谈
特质	奥尔波特、艾森克、迈克雷、考斯塔	我们具有某些稳定而持久的特征,并受到遗传倾向的影响。	对于特质的科学研究已经分离出了人格的重要维度,如大五特质(稳定性、外倾性、开放性、随和性和尽责性)。	人格调查表
社会认知	班杜拉	我们的特质和社会情境相互作用共同产生行为。	条件作用和观察学习与认知相互作用,共同创造行为模式。	预测我们在某个情境下的行为的最好方式是考察我们过去在相似情境下的行为。

> **提取一下**
> - 根据社会认知观点，预测一个人未来行为的最好方式是什么？
>
> 答案：未来行为是人过去相似情境中的行为方式。

探索自我

12-18：为何在心理学中关于自我的研究如此之多？自尊对心理学以及对我们的幸福感有多重要？

心理学对人自我感知的关注至少要追溯到威廉·詹姆士，他在 1890 年出版的《心理学原理》一书中大约花了 100 页的篇幅阐述这一主题。可是到了 1943 年，戈登·奥尔波特就不无惋惜地说，自我已经"消失不见了"。尽管人本主义心理学强调自我，但还是没能激起太多这方面的科学研究，不过这一学派的确为自我概念的复苏作出了贡献。如今离詹姆士的时代已经 100 多年了，自我也已经成为西方心理学中最活跃的研究主题之一，每年都有大量新的关于自尊、自我表露、自我觉察、自我图式、自我监控等方面的新研究出现。甚至神经科学家也在探索自我，他们发现当人们回答有关其特质或者性格的自我反思性问题时，中央额叶区域就会被激活（Damasio, 2010; Mitchell, 2009）。所有这些研究都基于这样一个假设：**自我**（self）是我们思维、情感和行为的组织者，是人格的核心。

举例来说，对自我的一个看法是可能自我的概念，这个概念是由黑兹尔·马库斯及其同事提出的（Cross & Markus, 1991; Markus & Nurius, 1986）。可能自我包括一个人梦想将来可能成为的样子——富裕的我、成功的我、受人爱戴的我。可能自我还包括一个人所害怕成为的样子——失业的我、孤独的我、学业失败的我。这些可能自我为个体展示了具体且需要全力以赴去实现的目标，从而激发起个体的动机。在密歇根大学，参与本科和医学院联合项目的学生，如果明确自己将来要成为一名成功的医生，所取得的成绩就比较好。梦想的确经常孕育成功。

心想事成。
——中国福饼纸条上的话

我们对自我的关注会激励我们，但也容易让我们以为他人正在注意和评价我们。托马斯·吉洛维奇（Gilovich, 1996）展示了这种**聚光灯效应**（spotlight effect），他让康奈尔大学的一些学生分别穿上巴里·马尼洛牌的运动衫，然后和其他同学一起走进教室。由于自我关注，这些穿运动衫的同学猜想当他们走进教室时，会有一半的同学注意到他们身上的运动衫。事实上，只有 23% 的人注意到了。这种不被人注意的情况不仅在我们身着奇装异服或发型糟糕时会发生，在我们感到紧张、发脾气或充满魅力的时候也经常会出现：注意我们的人总比我们想象的要少得多（Gilovich & Savitsky, 1999）。别人也不会如我们所想象的那样注意到我们外表和表现的起伏变化（Gilovich et al., 2002）。即使在犯错（在图书馆中触动警报，出席活动时衣着不当）时，我们也没有想象的那样引人注目（Savitsky et al., 2001）。了解聚光灯效应能够赋予人们力量。帮助演讲者认识到他们自然产生的紧张在观众看来并不明显之后，他们的演讲表现会得到提高（Savitsky & Gilovich, 2003）。

自尊的益处

自尊（self-esteem）——我们对自我价值或高或低的判断——非常重要。同样重要的还有**自我效能感**（self-efficacy），这是我们对某个任务的胜任感。一个高自尊的人会非常同意带有自我肯定的问卷陈述，比如"我很好相处"或者"我有好的主意"。低自尊的人在回应这些问题的时候，总会用一些限定词，比如"一定程度上"或者"有时候"。

高自尊会带来很多好处。自我感觉良好的人会较少失眠。他们也不太会向压力妥协屈服。在困难的任务面前，他们会更加执着；他们较少感到害羞、焦虑和孤独。他们会努力改掉自己的坏脾气，因为他们觉得可以变得更好（Wood et al., 2009）。他们只是单纯地更加快乐（Greenberg, 2008; Orth et al., 2008, 2009）。

但高自尊是马还是马车呢？高自尊真的是"保护儿童的盔甲"，使得他们远离生活中的难题吗（Mckay, 2000）？某些心理学家对此表示怀疑（Baumeister, 2006; Dawes, 1994; Leary, 1999; Seligman, 1994, 2002）。尽管儿童的学业自我效能感（他们对自己能学好某门课的自信）可以预测学业成绩，但整体的自我意象却不能（Marsh & Craven, 2006; Swann et al., 2007; Trautwein et al., 2006）。或许自尊仅仅是现实的一种反映。或许自我感觉良好是在表现出色之后。或许感到自尊是由于迎接了挑战而且战胜了困难。或许自尊是一个显示仪，能说明我们与他人关系的状况。如果是这样的话，那么人为地拨高自尊这一显示仪（"你是特别的"）不就类似于将原本显示汽车油量不足的显示仪强行拨到"满"吗？如果困难和失败会导致低自尊，那么增强儿童自尊的最好方法不是反复告诉孩子他们有多棒，而是其自身的有效应对和经过努力取得的成就。

然而，在实验中低自尊的作用的确会显现出来。暂时贬低人们的自我意象（如告诉他们在能力倾向测验上成绩糟糕或者贬损他们的人格），他们就会更多地表现出贬损他人的行为或者更强烈地表达出种族偏见（Ybarra, 1999）。在其他研究中，那些自我感觉消极的人通常过分敏感和武断（Baumgardner et al., 1989; Pelham, 1993）。那些感到不安全的人通常变得特别挑剔，好像是为了给他人留下出色的印象（Amabile, 1983）。这些研究结果与马斯洛和罗杰斯的假设相吻合，即良好的自我意象是有益的。接纳自我，你就会发现接纳他人更容易。轻视自己，你就容易轻蔑他人。更简单地说，那些看不起自己的人也往往看不起他人。一些人"爱邻如己"；另一些人则厌恶自己，也厌恶邻居。

> 当孩子的自我控制水平提高时，他们的成绩就会上升。但孩子的自尊水平提高对成绩没有任何影响。
> ——安吉拉·达克沃斯，在人物访谈中，2009

自我服务偏差

12-19：哪些证据揭示了自我服务偏差？防御型自尊与安全型自尊有何区别？

卡尔·罗杰斯（Rogers, 1958）曾反对过这样的宗教信条：人性问题源于过度自恋和骄傲。他指出，大多数他所了解的人"鄙视自己，认为自己毫无价值，不受人喜欢"。马克·吐温也有类似的观点："没有一个人在其内心深处会真正地尊重他自己。"

事实上，我们大多数人对自己有不错的印象。在自尊研究中，即便是那些得分低的人也是在可能得分的中段做出反应。而且，近年来心理学领域最激动人心并得到广泛支持的一个结论是我们都有强烈的**自我服务偏差**（self-serving bias）——即我们习惯于看到自己好的一面（Mezulis et al., 2004; Myers, 2013）。思考一下：

相对于坏的行为，人们更愿意对好的行为负责；相对于失败，也更愿意对成功负责。运动员经常私下把胜利归于自己的能力，把失败归于运气不佳、裁判不公或对手超常发挥。大部分学生在考试成绩不好时抱怨的是考试而不是自己。司机也常在保险单上用这些话来解释事故："一辆车不知从哪儿突然冒出来，撞上了我的车，逃走了"；"我开车到交叉路口，篱笆窜出来，模糊了我的视线，我就没能看到另一辆车"；"一个行人撞上了我的车，滚到车轮下去了"。我们在遇上麻烦而非成功时经常会问自己这样一个问题："我做了什么会得到这样的报应？"——而在成功时，我们则觉得那是理所当然的。

大多数人觉得自己比一般人强。几乎对任何一个主观评价的、社会期许的平常行为而言都是如此（Myers, 2013）：

- 在美国全国性的调查中，大多数企业主管说他们比一般同行要更恪守商业道德。
- 在几项研究中，90%的业务经理及90%以上的大学教授认为自己的业绩比一般同行要优秀。
- 在一项关于家庭的美国全国性调查中，49%的男性称他们在照料孩子中承担了一半或更多，然而只有31%的妻子或伴侣同意这一点（Galinsky et al., 2008）。
- 在澳大利亚，86%的人评定自己的工作业绩在平均水平之上，只有1%的人评定自己在平均水平之下。

自我服务偏差反映的是我们对自己的高估而非对他人的低估（Epley & Dunning, 2000）。这种现象在亚洲较为不明显，因为亚洲人注重谦虚（Falk et al., 2009; Heine & Hamamura, 2007）。然而，自我服务偏差在世界范围内还是广泛存在的：在荷兰、澳大利亚、中国的学生中，在日本的司机中，在印度的印度教徒当中，在各行各业的法国人中。在所有53个被调查的国家中，人们表达的自尊都高于使用最广泛的量表的中点（Schmitt & Allik, 2005）。

可笑的是，人们甚至认为他们比其他人具有更强的对自我服务偏差的免疫力（Pronin et al., 2007）。这个世界仿佛就是加里森·基勒笔下的沃伯根湖——那里"女人们都很强壮，男人们都很帅气，而孩子们都高人一等"。宠物也是如此，四分之三的宠物主人认为自己的宠物比一般宠物聪明（Nier, 2004）。

自尊受到威胁比低自尊似乎更容易引发攻击。甚至在儿童身上也是如此，高自尊和社会拒绝混杂在一起成了经常打架的配方。攻击性最强的孩子往往自我防御也高，容易被不喜欢自己的孩子戳中要害（van Boxtel et al., 2004）。

当自负的青少年或成年人受到侮辱而感到挫败时，他们可能具有潜在的危险。当自我膨大的人发现自己的自尊受到了威胁时，他们可能做出暴力的反应。"雅利安

如果你跟大多数人一样，那么你像大多数人一样，并不知道你跟大多数人一样。科学提供给我们大量关于普通人的事实，而其中最可靠的事实之一就是普通人认为自己并不普通。

——丹尼尔·吉尔伯特，《撞上幸福》，2006

人的骄傲"助长了纳粹的暴行。丹尼尔·卡尼曼等人（Kahneman & Renshon, 2007）指出："这些偏见使得战争更容易开始，也更难以结束。"

布拉德·布什曼和罗伊·鲍迈斯特（Bushman & Baumeister, 1998; Bushman et al., 2009）对他们所谓的"高自尊的不利面"进行了实验研究。他们要求 540 名志愿参加实验的大学生写一段文章，然后由假扮的学生给予他们反馈，或称赞他们（"真是一篇好文章！"）或恶意批评（"这是我所读过的最烂的文章！"）。然后，让写文章的学生和这些给予反馈的学生进行反应时的比赛。比赛获胜者可以用任何强度和持续时间的噪音来惩罚对方。

你能预测结果是怎样的吗？受批评之后，那些自尊高涨的人表现得"相当有攻击性"。他们所施加的声音惩罚是平均自尊水平的人的 3 倍。"当人们做得不好，却还鼓励他们自我感觉良好"时就会产生问题，鲍迈斯特（Baumeister, 2001）这样总结道。"自欺欺人、认为自己很重要的人对那些戳穿他们自恋泡沫的人总是表现出恶意。"

自我服务偏差在北美有上升的趋势吗？一些研究者认为是这样。从 1980 年到 2007 年，流行歌曲的歌词越来越关注自我（DeWall et al., 2011）。从 1988 年到 2008 年，美国大学生、高中生特别是初中生的自尊得分有所增加（Gentile et al., 2010）。在一份主要涉及自尊的问卷中，满分是 40 分，2008 名大学生中有 51% 的人得了 35 分或更高。

自恋（narcissism）——过度的自爱和自我关注——也在增加，心理学家珍·特温吉报告说（Twenge, 2006; Twenge & Foster, 2010）。她在过去几十年中对自我重要性进行了追踪，发现出生在 80 年代和 90 年代的人（她称作 Me 世代）表达出更多的自恋，更经常同意如下一些说法："如果我统治世界，那么一切将变得更好"或者"我觉得我是一个独特的人"。对这些自恋说法的认同与物质主义、想出名的欲望、过高的期待、缺少承诺的勾搭关系、更多的赌博和欺骗等呈现正相关。

一些自我服务偏差概念的批评者认为，它忽视了那些感觉自己没有价值、不被喜爱的人：如果自我服务偏差果真如此普遍，为什么会有这么多人贬低自己呢？来看下面四条理由：

- 针对自我的贬低具有微妙的策略性：它们会引发人们的宽慰和安抚。跟别人说"没人喜欢我"至少会引出对方说"但不是所有人都见过你！"
- 在某个重大事件如一场比赛或一次考试之前，一些自我贬损的话会为可能到来的失败做好铺垫。那些称赞下一个对手实力更强的教练是在为失败开脱，或者让胜利更有价值。
- "我为何会如此愚蠢"这类自我贬损的话会帮助我们从错误中吸取教训。
- 自我贬损常常与一个人过去的自我有关系。请参与者回忆他们做过的坏事，人们想到的都是很久以前的；而他们更容易回忆起最近做过的好事（Escobedo & Adolphs, 2010）。人们更多地批评过去的自我，而不是当前的自我——即使自我没什么改变（Wilson & Ross, 2001）。"18 岁的时候，我是一个蠢蛋；今天，我变机灵了。"在他们的眼中，昨天的蠢蛋会变成今日的冠军。

即便如此，我们所有人在某些时候或者有些人在很多时候确实会感到自卑——尤其是当我们与那些社会地位、外貌、收入或能力比我们高出一截或更多的人相比时。这种自卑感越是强烈而频繁地出现，我们就越是不开心，甚至还会感到抑郁。

> 自尊运动的热情主张，大多是从幻想到废话不等。自尊的作用是微小而有限的，而且并非都是有利的。
> ——罗伊·鲍迈斯特，1996

> 如果你拿自己和他人比，你可能会变得自大和尖刻，因为总有一些人比你好，而另有一些人比你差。
> ——马克斯·埃尔曼，《渴望》，1927

但对大多数人来说，思维天然就有积极的偏差。

在认识到自我服务偏差和自尊的不利面的同时，一些研究者更倾向于区分两类自尊的作用——防御型和安全型（Kernis, 2003; Lambird & Mann, 2006; Ryan & Deci, 2004）。防御型自尊是脆弱的。它只关注自身的维持，这让失败和批评成为潜在威胁。这种自我中心主义使人们感知到威胁，从而引发愤怒和障碍（Crocker & Park, 2004）。

安全型自尊没有那么脆弱，因为它不太受外在评价的影响。觉得自己整个人被接受，而不仅是因为我们的外貌、财富或得到的赞誉，能减轻成功的压力，使我们不再只关注自身。重视与他人的关系，追求高于自我的目标，我们就可能获得更加安全的自尊和更高的生活品质（Crocker & Park, 2004）。真正的自豪来自于真实的成就，并为自信和领导力提供支持（Tracy et al., 2009; Williams & DeSteno, 2009）

提取一下

- 只对成功负责而将失败归因为环境或运气差，这种倾向被称为_____。高估他人对我们的外貌、表现和失误的注意和评价，这种倾向被称为_____。

    答案：自我服务偏差；聚光灯效应

- _____（安全型/防御型）自尊与攻击性和反社会行为有关。_____（安全型/防御型）自尊是更健康的自我形象，使得我们不再只关注自我，生活品质也更高。

    答案：防御型；安全型

文化与自我

12-20：个人主义文化和集体主义文化如何影响人们？

我们对人格——即人们思考、感受和行动的典型方式——的讨论将以人们如何思考、感受和行动的文化差异作为结束。如果有人将你的社会关系全都剥除掉，将你独自一人放逐到一个陌生的地方，你的同一性中有多少还能完整地保留下来？

如果我们这位独行侠是**个人主义者**（individualist），那么你的同一性中的很多东西将完好无损，即你存在的核心，"我"的感觉，对个人信念和价值观的意识。个人主义者（通常是北美人、西欧人、澳大利亚人和新西兰人）相对更看重自己的个人目标，更以自己的特质来定义自己的同一性（Schimmack et al., 2005）。他们努力获取个人控制和个人成就。美国文化由于相对地崇尚"自我"，忽略"我们"，因此有85%的人说有可能"大体成为自己想成为的人"（Sampson, 2000）。

个人主义者也有人类的归属需要。他们也会加入群体。但是他们不太看重群体和谐以及在群体中承担责任（Brewer & Chen, 2007）。由于个人主义者较为独来独往，因而更容易加入或退出社会团体。他们感觉相对自由地改变做礼拜的地点、跳槽，甚至离开大家庭并搬到一个新的地方生活。通常只要两个人真心相爱就会结婚。

如果一个**集体主义者**（collectivist）漂泊在异国他乡，可能就会体验到

更多的同一性缺失。与家人、群体、忠实的朋友相脱离，这个人就会失去与他人的联系，而这些联系定义了你是谁。在集体主义文化中，通过和集体的认同，个体获得一份归属感，习得一套价值观，赢得一群关心他人的人，得到一种安全感。反过来，集体主义者对其所属的群体（家庭、宗族或公司）产生更深、更稳定的依附。例如，在韩国，人们不太看重表达稳定、独特的自我概念，更看重传统和习俗（Choi & Choi, 2002）。

重视团结意味着要重视维护集体精神，确保他人不丢面子。人们说话不仅要表达自己的感受（他们内在的态度），而且还要反映在他们看来其他人可能有的感受（Kashima et al., 1992）。为了避免直接冲突、莽撞的诚实和令人不快的话题，集体主义者通常顺从他人的意愿，表现得礼貌甚至是自我贬低的谦恭（Markus & Kitayama, 1991）。长者和上级得到尊敬，家庭责任胜过个人事业和择偶偏好（Zhang & Kline, 2009）。集体主义者在刚融入一个新集体时会表现得害羞，更容易陷入尴尬（Singelis et al., 1995, 1999）。例如，与西方人相比，日本人和中国人在面对陌生人时更害羞，更关注社会和谐和忠诚（Bond, 1988; Cheek & Melchior, 1990; Triandis, 1994）。当文化更注重"我们"而不是"我"时，个人口味的拿铁咖啡——"不含咖啡因、单份、脱脂、热一点"——对一个在咖啡店喝咖啡的北美人来说是很自然的，但在首尔人看来就近乎成了自私的要求（Kim & Markus, 1999）。

当然，文化内部也具有多样性。即使在最个人主义的国家，一些人也表现出集体主义的价值观。在许多国家，文化与一个人信仰的宗教、经济地位和所在地区都有紧密的联系（Cohen, 2009）。在集体主义文化的日本，"北部边境"的北海道岛就崇尚个人主义精神（Kitayama et al., 2006）。但一般来说，处于充满竞争、个人主义文化背景下的个体（特别是男性）拥有更多的个人自由，在地理上较少受到家庭的束缚，享有更多的隐私，对个人成就更加自豪（**表 12.5**）。

集体主义文化 尽管美国文化大体上是个人主义，但许多文化亚群体仍然是集体主义。阿拉斯加土著人便是如此，他们表现出对长者的尊敬，其同一性主要源于他们的集体归属。

一个人需要培养"舍小我，为大家"的精神。
——中国格言

体贴他人的集体主义者 日本的集体主义价值观，包括对他人和社会和谐的责任，在 2011 年毁灭性的大地震和海啸之后展现出来。几乎没有抢劫事件的报告，民众保持冷静和有序，比如图中的人们在排队等着取饮用水。

表 12.5
个人主义价值观和集体主义价值观之比较

概　念	个人主义	集体主义
自　我	独立（同一性来自于个体特质）	相互联系（同一性来自于归属）
人生使命	发现并表现个体的独特性	维持彼此之间的联系，融洽相处，履行职责
看重什么	我——个人成就和满足；权利和自由；自尊	我们——集体的目标和团结；社会责任和关系；家庭责任
应对方法	改变现实	适应现实
道　德	由个体来确定（基于自我）	由社会网络确定（基于责任）
关　系	很多，通常是暂时性的、随意的；对抗是可接受的	很少，但密切且持久；重视和谐
归因行为	行为反映个体的人格和态度	行为反映社会规范和社会角色

改编自 Thomas Schoeneman (1994) and Harry Triandis (1994).

他们甚至更喜欢不常见的名字，正如心理学家珍·特温吉在为她的第一个孩子起名时发现的那样。久而久之，在美国社会保障局网站每年列出的婴儿名字中，美国最常见的名字变得越来越没有吸引力了。一项研究分析了在 1880 年到 2007 年间出生的 3.25 亿美国新生儿的名字，证实了这一趋势（Twenge et al., 2010）。如图 12.7 所示，以当年最常见的 10 个名字之一来取名的新生儿所占的比例大幅下降，近些年尤其如此。（怪不得我的父母会给我起这样一个普通的名字，因为他们身处的时代还不那么个人主义。）

个人主义者与集体主义者在 2000 年奥运会上获得金牌后的反应是不同的。美国的金牌获得者以及报道他们的美国媒体把功劳更多归功于运动员自己（Markus et al., 2006）。"我想我只是专注于比赛，"游泳比赛金牌获得者海曼如是说。"我向世界展现了我的能力。我很开心能完成这件事情。"日本女选手高桥尚子在马拉松比赛中获得金牌，她有着完全不同的解释："我有世界上最好的教练，最好的经纪人，还有所有支持我的人——所有这一切共同成就了这枚金牌。"甚至在描述朋友的时候，西方人更倾向于使用描述特质的形容词（"她乐于助人"），而东亚人则更喜欢使用描述某个特定情境中的行为的动词（"她帮助她的朋友"）（Maass et al., 2006）。

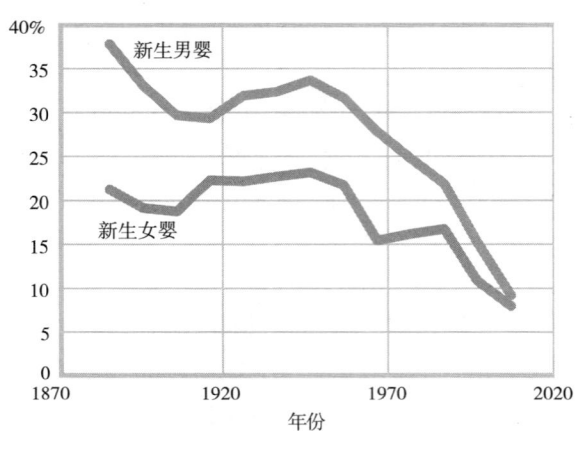

个人主义所带来的益处也是有代价的：孤独的人增多，离婚率和杀人率上升，患有与压力相关疾病的人增多（Popenoe, 1993; Triandis et al., 1988）。个人主义者在婚姻中更需要浪漫和个人实现，这使得婚姻关系面临更大的压力（Dion & Dion, 1993）。在一项调查中，78% 的美国妇女认为"保持浪漫"对婚姻的美满很重要，而只有 29% 的日本妇女这样认为（*American Enterprise*, 1992）。在中国，情歌总是表达了一生的承诺和情谊（Rothbaum & Tsang, 1998）："从此我们永不分离……永不变心。"

图 12.7
与众不同的孩子
美国的个人主义倾向反映在婴儿名字的选择上。近年来，从年度十大最常见的名字中取名的美国婴儿所占的比例大幅下降。（资料来源：Twenge et al., 2010）

大致来说，人格心理学关注的焦点是那些对行为持久而内在的影响，社会心理学关注的焦点是对行为短暂而外在的影响，我们将在下一章介绍这一领域。实际上，行为总是依赖于人和情境的交互作用。

提取一下

- 个人主义文化和集体主义文化有何不同？

答案：个人主义文化的人们主要着眼于自己的目标，他们倾向于更具体又确切地问"我是谁"，集体主义文化的人们主要着眼于群体的目标，他们倾向于更具体又确切地问"我们是一样"。

本章复习

人　格

学习目标

回答以下学习目标问题来测试一下你自己（这里重复了本章中的问题）。然后翻到附录的完整章节复习，核对你的答案。研究表明，试着自主回答这些问题将增进你对这些概念的长期记忆（McDaniel et al., 2009）。

心理动力学理论

12-1： 弗洛伊德是如何在对心理障碍的治疗中得出对潜意识的看法的？

12-2： 弗洛伊德的人格观点是什么？

12-3： 弗洛伊德提出了哪些发展阶段？

12-4： 弗洛伊德认为人们是如何防御焦虑的？

12-5： 弗洛伊德的哪些观点是其追随者接受的，哪些是他们不接受的？

12-6： 何为投射测验，如何使用它们？它们受到了哪些批评？

12-7： 今天的心理学家如何看待弗洛伊德的精神分析？

12-8： 现代研究在哪些方面增进了我们对潜意识的理解？

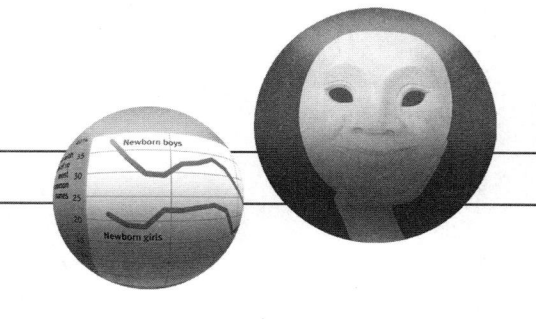

人本主义理论

12-9： 人本主义心理学家如何看待人格？他们研究人格的目标是什么？

12-10： 人本主义心理学家如何测量一个人的自我感？

12-11： 人本主义理论对心理学产生了怎样的影响？它面临了怎样的批评？

特质理论

12-12：心理学家如何用特质来描述人格？

12-13： 什么是人格调查表？作为人格测量工具，它们有何优点与不足？

12-14： 哪些特质对于人格差异能提供最有用的信息？

12-15： 研究证据支持人格特质跨时间和跨情境的一致性吗？

社会认知理论

12-16： 社会认知理论家是如何看待人格发展的，他们又是如何探索行为的？

12-17： 社会认知理论家所面临的批评是什么？

探索自我

12-18：为何在心理学中关于自我的研究如此之多？自尊对心理学以及对我们的幸福感有多重要？

12-19：哪些证据揭示了自我服务偏差？防御型自尊与安全型自尊有何区别？

12-20：个人主义文化和集体主义文化如何影响人们？

> **术语与概念**

测试自己对以下术语的理解，试着用自己的语言写下这些术语的定义，然后翻到提到术语的那一页核对你的答案。

人格
心理动力学理论
精神分析
潜意识
自由联想
本我
自我
超我
心理性欲期

俄狄浦斯情结
认同
固着
防御机制
压抑
集体潜意识
投射测验
罗夏墨迹测验
人本主义理论
自我实现
无条件积极关注
自我概念
特质
人格调查表

明尼苏达多相人格调查表（MMPI）
实证推知的测验
社会认知观
交互决定论
自我
聚光灯效应
自尊
自我效能
自我服务偏差
自恋
个人主义
集体主义

社会思维

基本归因错误

态度与行为

社会影响

文化影响

从众：顺从社会压力

服从：听从命令

群体行为

社会关系

偏　见

特写：自动偏见

攻　击

吸　引

特写：在线配对与快速约会

利他主义

冲突与调停

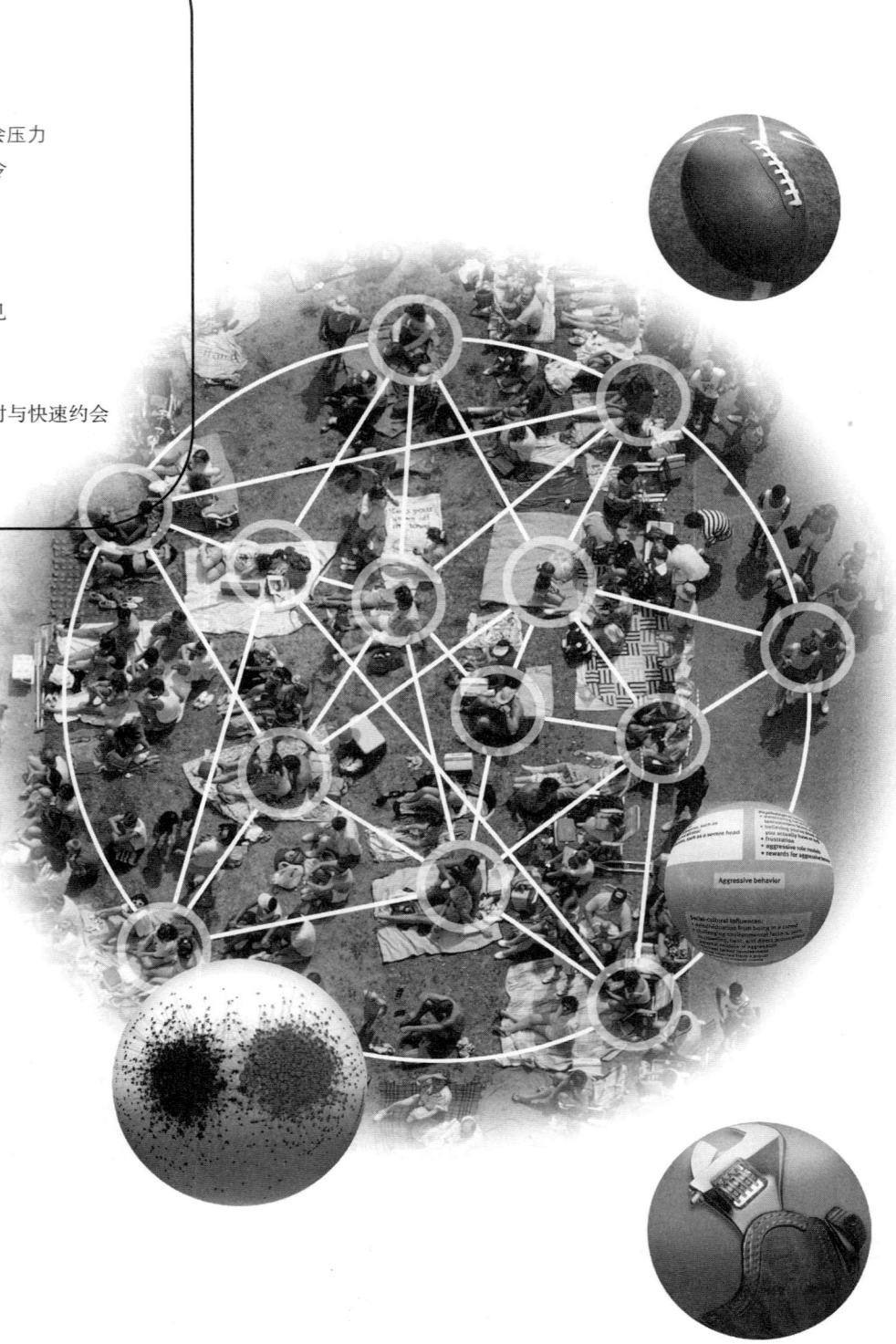

第 13 章

社会心理学

德克·威廉斯在 1569 年面临一个决定。他因身为宗教少数群体成员而受到迫害，面临折磨甚至死亡的威胁，因而他逃出位于荷兰阿斯佩伦的监狱，穿过冰层覆盖的池塘。比他还强壮健康的狱卒在追逐中掉入了冰层之下，爬不出来，只能疾呼救命。

虽然他的前方就是自由，但威廉斯最终选择了无私的帮助。他回去救出了这位狱卒。服从命令的狱卒还是将威廉斯带回了监狱。几周之后，威廉斯被判处火刑烧死。为了纪念这位民间英雄的殉难，如今阿斯佩伦以他的名字命名了一条街（Toews，2004）。

是什么让人们蔑视少数群体的成员，诸如德克·威廉斯，甚至做出如此恶意的举动？又是什么让威廉斯做出无私的回应，让这么多人为了救他人而付出生命？到底是什么使我们自愿友善和慷慨地对待他人？

正如这些例子所展示的，我们是社会性动物。我们可能假定他人是最好的或者是最坏的。我们可能握紧拳头或者张开臂膀迎接他人。"我们不能只为自己而活，"小说家赫尔曼·梅尔维尔（注：19 世纪美国最伟大的小说家、散文家和诗人之一）评论道，"我们的生活存在着千丝万缕的联系。"社会心理学家要科学地研究人们如何看待彼此、如何相互影响以及如何建立关系，从而考察这些千丝万缕的联系。

不同于社会学研究社会和社会群体，社会心理学家更重视个体如何看待和影响彼此。

社会思维

13-1：社会心理学家研究什么？我们倾向于对自己和他人的行为做出怎样的解释？

人格心理学家（见第 12 章）关注个体。他们研究人格特质和维度来解释在某个特定的情境下为何不同的人会有不同的行为，比如威廉斯面临的情境。（你会向掉入冰水的狱卒施以援手吗？）**社会心理学家**（social psychologists）关注情境。他们研究社会影响来解释为何同一个人在不同的情境下会有不同的行为。在不同的环境下，狱卒的行为可能会有所不同吗，比如选择不把威廉斯抓回监狱。

基本归因错误

我们的社会行为来源于我们的社会思维。尤其发生意外时，我们会分析人们为什么那样行动。在研究了人们如何解释他人的行为之后，弗里茨·海德（Fritz Heider）于 1958 年提出了**归因理论**（attribution theory）：我们可以把一个人的行为归因于其稳定、持久的特质（内在倾向归因），或是外在的情境（情境归因）。

荷兰艺术家扬·吕肯（Jan Luyken）关于德克·威廉斯的一幅版画（来自《殉道者之镜》[*The Martyrs Mirror*, 1685]）。

例如，在课堂上，我们注意到朱莉极少发言。喝咖啡时，杰克说个不停。如果把他们的行为归因于个性倾向，我们就会断定朱莉很内向，而杰克比较开朗。由于人们确实有稳定的人格特质，这种归因在某些时候是有效的。但是，我们往往会受到**基本归因错误**（fundamental attribution error）的影响（Ross, 1977），高估人格的影响而低估情境的作用。在课堂上，杰克可能和朱莉一样安静。假如在一次聚会上看到朱莉，你可能认不出这就是那个课堂上安静的同学。

纳波利坦和戈瑟尔斯（Napolitan & Goethals, 1979）用一个实验展示了基本归因错误。他们让威廉姆斯大学的学生依次与一位年轻女性交谈，这位女士时而冷漠挑剔，时而热情友好。事先，他们告知其中一半学生，这位女士的行为将是自发的。告知另一半学生真相，即这位女性是被安排表现出友好（或不友好）的。

得知真相影响了学生对这位女士的印象吗？完全没有！如果这位女士表现得很友好，他们则认定她的确是个热情的人。如果她表现得不友好，他们则认定她的确是个冷漠的人。换句话说，即使告诉他们这位妇女的行为是情境性的——也就是说她仅仅是为了实验目的而如此表现，他们仍然将她的行为归因为她的个性倾向。

什么因素会影响我们的归因？

基本归因错误在某些文化中更容易出现。个体主义的西方文化下，人们通常会把行为归因于个人特质。东方文化下的人们则在一定程度上更容易受到情境的影响（Heine & Ruby, 2010; Kitayama et al., 2009）。这种差异在一项实验中体现出来：实验者要求人们观看屏幕，比如一条大鱼在游泳。美国人更关注那条鱼，而日本人则关注整个屏幕（Chua et al., 2005; Nisbett, 2003）。

我们都会犯基本归因错误。想一想，你的心理学老师是腼腆的还是外向的？

如果你的回答是"外向"，请记住你所了解的老师来自于一个特定情境——课堂，这里需要老师有外向的行为。你的老师可能会说："我？外向？这是情境的作用。在课上或者与好朋友在一起我是外向的。但是在专业会议上，我真的很腼腆。"在人们既定的角色之外，教授不再像教授，校长不再像校长，服务员也不再像服务员。

在解释我们自己的行为时，我们对行为如何随着情境产生变化非常敏感（Idson & Mischel, 2001）。[第 12 章讨论了一个重要的例外：对于我们自己有意的和令人钦佩的行为，我们更多地归因于我们自己的原因而非情境原因（Malle, 2006; Malle et al., 2007）。]当我们解释我们所熟知的人在不同情境中的表现时，我们通常会考虑情境的作用。当一个陌生人行为恶劣时，我们更经常犯基本归因错误。仅仅看到一个红着脸的狂热粉丝在激烈的比赛中冲裁判大喊大叫，我们就会假定他是一个坏人。然而，一旦离开了比赛场，他可能是一个好邻居或者一位好父亲。

我们可以通过采取他人的视角来拓宽自己的思维吗？为了检验这种观点，研究者将行动者与观察者的视角进行了互换。他们先是录制了一些双方的互动，然后让参与者观看从对方角度录制的重放。这改变了他们的归因（Lassiter & Irvine, 1986; Storms, 1973）。从行动者的角度看事物，观察者能够更好地理解情境。（我们在与他人互动时眼睛往外看，我们看到了别人的面孔，而非我们自己的。）而从观察者的角度看事物，行动者也将更好地理解他们的个人风格。

归因会带来哪些结果？

我们解释他人行为的方式，也就是我们的归因——不管是归因于个人还是情境——都会在实际生活中产生重要的影响（Fincham & Bradbury, 1993; Fletcher et al., 1990）。人们要断定对方的示好究竟是爱情还是仅仅为了性。陪审团要断定一次枪击是蓄意谋杀还是自我防卫。投票者必须要断定候选者对其承诺的是会遵守还是忘记。一对情侣要断定爱人说话尖酸是反映了糟糕的一天还是其刻薄的性格。

最后，思考一下归因在社会和经济上的作用：你如何解释贫穷与失业呢？英国、印度、澳大利亚和美国的研究人员（Furnham, 1982; Pandey et al., 1982; Wagstaff, 1982; Zucker & Weiner, 1993）指出，保守派倾向于把这种社会问题归因于穷人和失业者本身："人们通常会得到他们应该得到的，那些不工作的人就像是寄生虫，任何一个积极主动的人都能取得成功。"政治自由主义者（以及社会科学家们）更倾向于指责过去和当前的形势："假如你我也不得不生活在缺少教育、缺乏机会和被人歧视的社会环境中，我们的情形会好吗？或者，某种疾病使日常生活变成了一种挑战？"他们认为，为了弄清恐怖袭击事件和在将来阻止类似的恐怖事件再次发生，我们应该对那些可以觉察到的不公平现象和滋生恐怖分子的环境进行思索。

请牢记这点：归因——不管是指向个人的内在倾向或是他们所处的情境——会产生现实的影响。

每 10 个女大学生中就有 7 个报告说，有男子将她们的友好行为错误地归因于性诱惑（Jacques–Tiura et al., 2007）。

"奥蒂斯，朝那个男人大喊几声，让他振作起来。"

归因问题 我们把贫穷和无家可归归因为社会环境还是个人天性，影响和反映着我们的政治观点。

态度与行为

13-2：态度与行为如何相互作用？

态度（attitude）是指引我们对物体、人和事件做出反应的情感倾向性，常常受到信念的影响。如果我们认为有人威胁到自身了，那么我们可能会感到恐惧和愤怒甚至做出防御行为。我们的态度和行为之间的通道是双向的。态度影响行为，行为也影响态度。

态度影响行为

考虑一下气候变化的争论。一方是气候变化活动者：《科学》杂志报道说，"几乎所有的气候学家都意识到了全球变暖的威胁"（Kerr, 2009）。"这是真的，非常危险，全世界必须马上采取行动了。"而另一方是对气候变化持怀疑态度的人：认为盖洛普调查"普遍夸大了"全球变暖的美国人从 2006 年的 30% 增加到了 2010 年的 48%（Newport, 2010）。

得知公众态度会影响公共政策之后，双方的支持者都致力于说服公众。说服通常有两种形式：

- **外周途径说服**（peripheral route persuasion）不涉及系统性的思考，但当人们对言之无物的暗示（例如名人代言）做出反应并且匆忙做出判断时，确实可以产生快速的结果。一则香水广告可能会用画面中相爱的帅哥美女来吸引我们。
- **中心途径说服**（central route persuasion）提供证据和论证来引发人们产生赞同的想法。当人们天生善于分析或者卷入某个议题时，这种途径就会启动。环境学家会给我们展示各种各样的证据，比如气温升高、冰川融化、海平面上升以及动植物向北迁移。因为这种途径更加具有思想深度而较少流于表面，所以会更加持久。

那些千方百计试图说服我们的人正是通过改变我们的态度来影响我们的行为。但其他因素包括外部情境也会影响行为。强大的社会压力会削弱态度与行为之间的关联（Wallace et al., 2005）。在记名投票时，政客们有时候会投票给支持者要求的内容，尽管他们私下里也并不赞同这些要求（Nagourney, 2002）。在这些情况下，外部压力压倒了态度-行为之间的联系。

然而，当外部影响微弱时以及态度稳定、特别针对某个行为、容易回忆时，态度尤其可能影响行为（Glasman & Albarracin, 2006）。有项实验用生动的、容易回忆的信息说服人们：持续地晒黑皮肤有可能患上皮肤癌。一个月之后，72%的参与者的肤色都更浅，而候补名单上的控制组只有 16%（McClendon & Prentice-Dunn, 2001）。劝说改变了态度（关于皮肤癌风险）进而改变了行为（减少晒黑皮肤的次数）。

行为影响态度

现在来思考一个更加令人吃惊的原理：人们不仅会支持他们相信的内容，而且倾向于相信他们已经支持的观点。一系列的事实都证明了这一点，即态度服从于行为（图 13.1）。

登门槛现象　如果有人诱导你做违背意志的事情，你会如何反应？在大量的案例中，人们都会调整他们的态度。对人进行"思想控制"的一个关键因素就是有效利用**登门槛现象**（foot-in-the-door-phenomenon）——当人们先接受了一个小的要求后，就更有可能在后来接受一个更大的要求。道理很简单，罗伯特·恰尔迪尼（Robert Cialdini）在 1993 年说：为了让人们同意大的要求，要"从小的开始，然后逐步升级"。同时，要警惕那些想用此策略来利用你的人。这种行为与态度相互推进的"鸡与蛋"式的螺旋会使人们的行为逐步升级。一个无关紧要的行为使得下一个行为变得更为容易。屈从于一个诱惑后，你会发现下一个诱惑更难抵制。

在许多模仿战犯经历的实验中，人们被诱导做出与他们的态度或道德标准相悖的行为，其结果无非是：大部分人都会使自己的行为合理化，说服自己去相信自己的言行都是正当合理的。当要求人们通过谩骂或电击来伤害一个无辜者后，他们就开始蔑视那些受害者。当要求说出或者写出他们所关心的立场时，他们就相信了自己的那套说辞。

幸运的是，"态度服从于行为"的原理并不只是带来坏的结果。"登门槛"策略有助于慈善捐赠、献血和产品销售。在一个实验中，研究者装扮成安全驾驶志愿者，请求加州人同意在他们家前院竖立一个巨大但不美观的写有"小心驾驶"的招牌，结果仅有 17% 的人表示同意。而在其他地方，他们先提出一个小的要求：可以放置一个 3 英寸高的写有"安全驾驶"的招牌吗？结果几乎所有的人都欣然同意。两周后他们再去询问是否可以在其前院竖立一块大而丑陋的招牌时，76% 的人表示同意（Freedman & Fraser, 1966）。要想满足更大的要求，通常要让人们踏入门槛：先提小要求，一步一步来。

种族态度同样服从于行为。在废除学校种族隔离制度及 1964 年人权法案通过后的几年里，美国白人表现出的种族歧视减少了。同时，由于不同地区的美国人在这方面的表现日益接近——多亏全国性的反种族歧视有了更为统一的要求——美国人的想法也日益接近。一系列的实验证明了这一点：道德行为会强化道德信念。

角色扮演影响人们的态度　当你接受了一个新的**角色**（role）——成为一名大学生、结婚或开始一项新的工作——你会努力使自己的行为符合社会规范。起初，你会觉

图 13.1

态度服从于行为

合作行为（比如运动队员的互助）能培养彼此喜爱的情感。这种态度反过来会促进积极的行为。

假如一个君主杀了一个人，那么对君主而言，此人一定是个坏人。

——克伦威尔 1960 年在博尔特的《四季之人》中这样说

假装下去直到你真的变成这样。

——匿名戒酒会格言

得自己的行为有些做作，因为你在扮演这一角色。在部队里的头几周，你会觉得不自然——仿佛你是假装成一个士兵；结婚后的前几周可能像在"过家家"。但是不久之后，你就不会觉得你的行为是被迫的。研究者通过评估实验室情境和日常生活情境中人们在接受一个新的角色前后的态度（如在获得一份新工作前后的态度），证实了这一效应。

在一个著名研究中，男性大学生自愿在一个模拟监狱中待上一段时间，此时角色扮演变成了真实的生活（Zimbardo, 1972）。心理学家津巴多随机地任命一些人为看守，他给这些人配备了制服、警棍、哨子并指示他们按照一定的规则行使权力。剩下的人扮演犯人，他们被锁在阴暗的房间里并被迫穿上令人感到羞辱的囚服。在开始的一两天，志愿者们有意识地"扮演"了各自的角色。然后，模拟就变成真的了——太真实了。大部分"看守"对"囚犯"产生了蔑视的态度，一些人还设计了残忍卑劣的方法对待"囚犯"。"囚犯"们一个接一个地崩溃、造反或是变得逆来顺受，这使得津巴多在仅仅6天后就取消了这一项研究。

角色扮演可以训练拷问官（Staub, 1989）。20世纪70年代早期，希腊军政府训练了一批人进入这样的角色。首先，受训者站在审讯室外充当警卫——即利用"登门槛"效应。接下来，站在审讯室里面充当警卫，从那时起他们才开始积极参与对犯人的审讯与折磨。我们扮演什么角色，就会逐渐变成什么样的人。

然而，个体是有差异的。在津巴多的斯坦福模拟监狱以及其他引起暴行的情境中，有些人会屈从于情境，但也有人能坚持原则（Carnahan & McFarland, 2007; Haslam & Reicher, 2007; Mastroianni & Reed, 2006; Zimbardo, 2007）。人与环境会相互作用。就像水能溶解盐而不能溶解沙子一样，恶劣的环境会让有些人会变坏，但另一些人则不会（Johnson, 2007）。

认知失调：缓解紧张 我们已经看到，行为可以影响态度，有时可以把犯人变成合作者，把多疑者变成坚信者，或者把不熟悉的人变成朋友。但这是为什么呢？一种解释就是我们倾向于使自己的行为合理化。当我们意识到自己的态度和行为不一致时，我们会感到紧张，这叫作认知失调。根据费斯廷格（Festinger, 1957）的**认知失调理论**（cognitive dissonance theory），为了缓解这种紧张，我们往往会让态度与行为保持一致。

许多实验已经证实，让人们感觉到对那些与自己态度不一致、可预见结果的行为负有责任，就会产生认知失调。作为其中一个实验的被试，你也许会因为两美元

情境的力量 在1972年的斯坦福监狱模拟实验中，菲利普·津巴多创造了一个有害的情境（左图）。那些被分配了看守角色的人很快开始凌辱囚犯。在2004年的现实生活中，美军的一些看守在美国管理的阿布格莱布监狱（右图）虐待伊拉克囚犯。在津巴多（Zimbardo, 2004, 2007）看来，是坏桶而不仅仅是几个坏苹果导致了阿布格莱布的暴行："当普通人置身于一个新的邪恶之地，比如大部分监狱，人们就会被情境打败。"

的酬金而同意给研究人员写一篇支持你所不相信的事情（也许是关于提高学费）的短文。由于感到自己对这种表述负有责任（这与你的态度是不一致的），尤其是想到管理者会看到你的陈述时，你可能感到失调。为了减轻这种不舒服的紧张感，你就开始相信那些假话。这样一来，我们像是合情合理了。"如果我选择去做（或者去说），我必须相信。"对令人不安的行为，我们感到受到的压力越少，越是负有责任，越容易感到认知失调。我们越感到失调，越有动机寻求一致，比如改变我们的态度以解释这种行为。

降低失调的压力可以用来解释美国人对入侵伊拉克的态度变化。在战争开始的时候，政府解释入侵伊拉克是受到了萨达姆大规模杀伤性武器（WMD）的威胁。如果伊拉克没有大规模杀伤性武器，这场战争还是正当的吗？被调查的美国人中只有 38% 认为是这样的（Gallup, 2003）。接近 80% 的被调查者认为武器一定会被找到（Duffy, 2003; Newport et al., 2003）。当没有发现大规模杀伤性武器时，许多美国人陷入了认知失调，因为他们意识到战争带来了巨大的经济和人力的损失，不仅让伊拉克变得满目疮痍，而且还激发了世界上一些地区的反美和支持恐怖主义的情绪。

为了减轻失调感，一些人修正了他们对战争合理性的记忆。战争变成了解放受压迫者和促进中东地区民主进程的运动。不久，58% 的美国人——大部分人——仍然支持战争，尽管并没有发现大规模杀伤性武器（Gallup, 2003）。

态度服从于行为的原理也有一些积极的意义。虽然我们不能直接控制所有的情感，但我们可以通过改变行为来影响它们。如果感到沮丧，我们可以按照认知治疗师所建议的那样，以积极的、自我接纳的方式而非自我贬低的方式来说话。假如我们不招人喜爱，我们可以通过表现得好像自己受人喜爱的样子，从而使自己变得招人喜爱——比如说做做体贴别人的事情、表达喜爱之情、给予他人肯定等。哈姆雷特曾这样对他的母亲说："假设有一种美德你并不具备，而行动几乎可以改变人的天性。"

请牢记这点：残酷的行为会塑造邪恶的自己。善行也一样能造就好人。像你崇拜的那个人一样行动，不久你就会变成那个人。改变我们的行为，也就可以改变我们对他人的思维和对自己的感受。

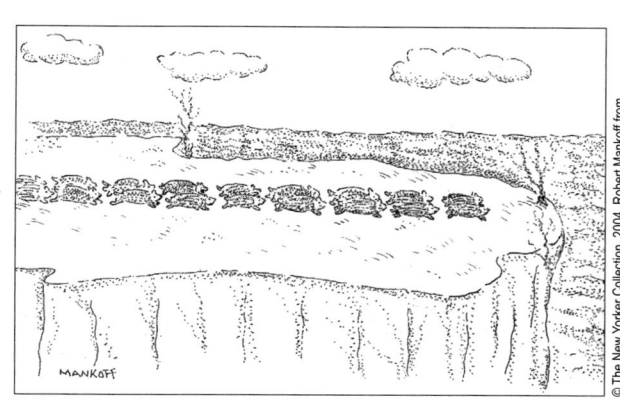

"瞧，我也有疑虑，不过除了继续往前跑，还有什么选择？"

> 我们整天沉浸在一种闷闷不乐的心境之中，唉声叹气，对一切事情都没有兴趣，忧郁挥之不去……如果我们期望战胜这些令人不快的情绪，就必须……做一些相反情绪的外部动作，从而培养我们偏好的情绪。
> ——威廉·詹姆士，
> 《心理学原理》，1890

提取一下

- 马克在一个雪天开车去学校，一辆车从他身边开过并且滑过了红灯。"慢下来！真是个糟糕的司机，"他心想。一会儿后，马克自己也滑过了一个十字路口，他惊声尖叫，"哎呀！这些路太可怕了。城市铲雪机需要行动起来。"马克身上体现了什么社会心理学原理？请解释。

  答案：基本归因错误。（马克对他人的评价为："真是个糟糕的司机"，而对自己的糟糕驾驶则怪罪于道路。）

- 我们的态度和行为如何相互影响？

  答案：我们的态度影响我们的行为方式。与此同时，我们的行为——特别是我们的公开行为——也会影响我们的态度。

- 当人们的行为方式与其态度不一致，并随之改变他们的态度以适应行为时，_____理论试图解释其原因。

  答案：认知失调

社会影响

社会心理学中重要的一课就是社会影响的巨大力量。这种影响在我们的从众、服从和群体行为中都可以见到。自杀、炸弹威胁、劫机以及目击不明飞行物等事件都有一种令人们好奇的接连出现的倾向。在校园里，我们穿牛仔裤，在纽约的华尔街或伦敦的邦德街，我们则穿正装。我们只有知道如何行动，如何打扮，如何与人交谈，生活才能正常进行。利用社会影响的原理，广告商、基金募集人、销售人员以及政治活动家试图左右我们的购买、捐赠、选举投票等决定。一些有着相同抱怨的人聚集在一起，反对者可能会逐渐成为造反者，而造反者可能会成为恐怖分子。下面我们将首先探讨文化影响的本质。然后我们将考查社会影响的操纵力量。这些力量有多强呢？它们又是如何发挥作用的呢？

> 你是否曾经注意到一个榜样——不论好坏——能引起他人效仿？为什么一辆非法停靠的车给了别的车停车许可？一个有关种族的笑话是如何引发其他同样的笑话的？
> ——玛丽安·怀特·艾德曼，《衡量成功》，1992

文化影响

13-3：文化规范如何影响我们的行为？

与苍蝇、鱼、狐狸的狭窄发展道路相比，大自然为人类修筑了一条更长更宽的道路，而环境则驱使着人们在这条路上前行。人类这个物种的标志——大自然赋予人的最伟大的礼物——是学习和适应的能力。人天生具有巨大的大脑硬盘驱动器，随时可以接受大容量的文化软件。

文化（culture）是一个大群体中的所有人共享的行为、观点、态度和传统，它能一代又一代地传递下去（Brislin, 1988; Cohen, 2009）。罗伊·鲍迈斯特（Baumeister, 2005）提出，人性似乎是为文化设计的。我们是社会性动物，但不止如此。狼是社会性动物；它们成群生活和捕猎。蚂蚁也总是社会性的，从不单独行动。但"文化是社会化的更好方式"，鲍迈斯特提出。狼的表现与10000年前基本一样。你和我享受着很多一个世纪以前的祖先所不知道的事物，包括电、室内管道、抗生素和互联网。

我们应当感谢对语言的掌握，它使我们得以保存变革。另外，文化也使得劳动分工更有效率。尽管只有一个幸运的名字印在了这本书的封面上，但实际上这本书是一个团队通力协作的结果，这是一个人不可能独立完成的。

在不同的文化之间，我们的语言、货币系统、体育项目、用餐使用的叉子都有差异，甚至在马路的哪一侧开车都有所不同。不过，在这些差异之下是我们的相似性——我们的文化能力。文化传递的规则和信念让我们能够相互沟通、用钱买东西、比赛和用餐，还可以让我们以达成一致的规则驾驶而不会撞到对方。

跨文化差异

我们可以从不同信仰、不同价值观的文化差异里，从抚养孩子及安葬方式上，以及从穿着（无论我们穿什么）方式上看到人类的适应性。我总是注意到，这本书中的读者是带有文化差异的，跨度从澳大利亚到非洲，从新加坡到瑞典。

顺着某个自成一体的文化前行如同顺风骑自行车：风带着我们前行，但我们却几乎注意不到它的存在。如果逆风骑车，我们就会注意到风的力量。面对一种不同的文化时，我们开始意识到这股文化之风。驻扎在伊拉克、阿富汗和科威特的欧洲和美国士兵同样会意识到自己祖国的文化多么自由。每一个文化群体都发展了自己的一套**规范**（norms）——可接受的和期望的行为规则。英国人有按先后顺序排队的习惯。许多南亚地区的人只用右手手指吃饭。有时候社会期望看起来很压抑："我穿什么真的很重要吗？"然而，规范是社会正常运行的润滑剂，并能让我们免于过分自我关注。

当文化发生碰撞时，不同文化的不同规范常令人迷惑。当我们同别人打招呼时，我们是应该握手还是亲吻对方的脸颊呢？答案是：这取决于周围的文化。学习如何鼓掌或鞠躬，如何在一家新餐馆点餐，以及什么样的手势和赞美是合适的，将有助于我们避免意外的冒犯和尴尬。

文化在时间维度上的变化

与生物物种一样，文化也具有多样性并为了资源相互竞争，因此也随着时间发生演化（Mesoudi, 2009）。我们来看看文化随时间变化的速度有多快。英国诗人乔叟（1342—1400）与现代英国人相隔不过20代人，但若他们一起交谈会十分困难。自1960年以来的更短的历史时期内，大多数西方文化以惊人的速度在发生变化。中产阶级可以乘飞机去他们原来只是在书上读到的地方，可以通过电子邮件快速发送曾经如蜗牛一般慢的信件，可以在曾经热得汗流浃背的地方打开空调而舒适地工作。他们享受着在线节日购物的便利，可以在任何地方用手机打电话，并且——由于因真正的人均收入加倍而变得富裕——他们外出就餐的次数是1960年代的父辈外出就餐次数的2.5倍。由于有着更大的经济独立性，现代女性更可能因爱而结婚，而不大可能出于经济需要而忍受虐待关系（Circle of Prevention, 2002）。

但是，有一些变化则显得没有那么积极。如果1960年你在美国睡着了并一直睡到现在才醒来，那么你睁开眼所看到的文化中，离婚率和抑郁发生率高了许多。你还会发现，生活在北美的人们——与生活在英国、澳大利亚、新西兰的人们一样，用在工作上的时间更多，睡眠时间更短，与朋友和家人相处的时间更少（BLS, 2011; Putnam, 2000）。

无论是喜欢还是厌恶这些变化，我们都会对其惊人的发生速度印象深刻。这又不能从人类基因库中寻找原因加以解释，因为人类基因库进化太慢，不能解释快速变化的文化变迁。文化变化多样，文化在变迁，文化塑造了我们的生活。

提取一下

- 什么是文化，文化传递如何使我们与其他社会性动物区分开来？

答案：文化包括了我们共有的行为、态度、信念和传统。使得我们不同于其他社会性动物的是，我们以快得多的速度有效地传递文化，没有哪种其他动物能存活并具有如此高效的文化传递。

从众：顺从社会压力

13-4：什么是自动模仿？从众实验是如何揭示社会影响的力量的？

自动模仿

鱼在水中结伴前行。鸟在空中成群翱翔。人类也一样，总是想与群体保持一致，想其所想，为其所为。行为是可以传染的。大猩猩在看到其他大猩猩打哈欠之后也更可能打哈欠（Anderson et al., 2004）。人类的行为也如此。如果我们当中的某人打哈欠、微笑、咳嗽、盯着天空或者是翻看手机，群体中的其他人很快也会做出相同的行为。就像变色龙适应周围的颜色，人类也会适应周围人语调中的情绪。仅仅是倾听别人以愉快或伤感的语调来读一篇中性内容的文章就会在听众身上产生"心境传染"（Neumann & Strack, 2000）。我们是天生的模仿者，不经意间就模仿了别人的表情、姿势以及音调。

对特立独行的从众 这些学生是在宣扬他们的个性还是对同一微观文化中其他人的自我认同？

沙特朗和巴奇捕捉到了这种模仿过程，并将之命名为变色龙效应（chameleon effect）（Chartrand & Bargh, 1999）。他们让一些学生与他们的助手在一起工作。不出所料，与摸脸的助手一起工作的被试也会摸自己的脸，与抖动脚的助手一起工作的被试也会抖动自己的脚。

自动模仿可以帮助我们产生同理心——去感受别人的感受。这也解释了为什么我们与快乐的人在一起的时候比与沮丧的人在一起的时候更加快乐。这也解释了为什么关于英国的护士和会计师的研究显示出情绪联结——分享好的或坏的情绪（Totterdell et al., 1998）。那些同理心高的人见到别人打哈欠的时候更容易打哈欠（Morrison, 2007）。带有同理心的模仿会诱发喜爱（van Baaren et al., 2003, 2004）。也许你已经注意到，当有人像你一样点头以及重复你的话的时候，你会感到非常和谐融洽。

暗示感受性和模仿有时会带来悲剧。在1999年科罗拉多州的科伦拜恩中学发生枪击暴乱后的8天时间里，除了佛蒙特州外，美国每一个州都受到了盲目模仿暴力行为的威胁。宾夕法尼亚州就记录了60次这样的事件（Cooper, 1999）。社会学家菲

> 当我看到同步和模拟时——无论是打哈欠、笑、跳舞还是模仿——我都从中发现了社会联结和纽带。
> ——灵长类学家
> 弗兰斯·德瓦尔，
> 《同理心本能》，2009

自相矛盾

指望在年轻人的市场赚钱

文身穿孔店

与你所有的朋友一样又能表达个性

营业中

利普斯及其同事（Phillips et al., 1985, 1989）发现，有时候，在一起高度公开的自杀事件之后自杀事件会有所增加。在 1962 年 8 月 6 日玛丽莲·梦露自杀事件的影响下，当月美国的自杀人数比通常的 8 月要多 200 人。

是什么导致自杀行为连锁发生呢？是因为人们相互影响而做出相似的举动吗？还是因为他们同时面临相同的事件和环境？为了寻找答案，社会心理学家设计了一些关于群体压力与从众的实验。

从众与社会规范

受暗示性和模仿都是**从众**（conformity）的微妙形式——调整我们的行为或者思维以适应某些群体的标准。为了研究从众，所罗门·阿施（Asch, 1955）做了一个简单的实验。作为研究的参与者，当你按时到达实验地点并坐下来时，其他五个人都已经就座。研究人员问：比较这三条线段，看哪一条与标准的那条一样长。你看得很清楚，答案是第二条，并等着轮到你时就说出答案。当第二组线段对比测试显得同样简单时，你开始对这个实验产生了厌倦。

现在开始了第三组测试，正确的答案似乎非常明显（**图 13.2**）。但是第一个人却给出了一个令人吃惊的错误回答："第三条"。当第二个、第三个和第四个人都给出了同一个错误的答案时，你直起身子斜着眼睛看着他们。当第五个人表示同意前几个人的答案时，你感到心跳加速。这时研究人员看着你要你给出答案。由于你亲眼见到的事实与其他 5 个人的答案不一致，你感到紧张，并且不像开头那么自信了。你在回答时犹豫了，思考着是否应该因为自己的意见与大家相悖而承受这种不舒服的感觉。在这样的情景下，你会给出什么回答呢？

在阿施的实验中，大学生单独回答这种问题，他们犯错的次数小于 1%，而当有其他人（实验者的助手）在场并回答错误的情况下，情况就相当不同了。阿施为这个结果所困扰："聪明而理智"的大学生被试中，超过 1/3 的人为了与群体保持一致而愿意"颠倒黑白"。

之后的研究虽然并不是总能发现这么多的从众现象，但是实验确实表明在下列情况下从众现象会增加：

- 个体感到力不从心或有不确定感。
- 群体成员至少有 3 个。
- 群体的意见是一致的（只要有一个人持不同意见，他的支持就会极大地增强其他人做出不从众行为的勇气。）

图 13.2
阿施的从众实验
比较三条线段哪一条与标准线段一样长呢？猜想一下，在听到其他 5 个人都说是"第 3 条"的情况下，大多数人会怎么回答？在下面一幅来自阿施实验的照片中，坐在中间的被试由于无法同意其他人（本实验为实验者安排的助手）的答案而表现出严重的不适。

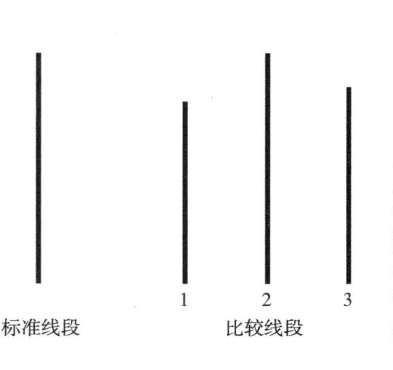

- 个体崇尚群体的地位和吸引力。
- 个体对任何回答都没有做出预先的承诺。
- 个体的举动可以被群体中的其他人看到。
- 个体所处的文化极力倡导人们对社会标准的尊崇。

文身：昨天的特立独行，今天的从众？ 随着文身逐渐被认为是时尚的从众，它们的流行度会下降。

为何我们经常想别人所想和为他人所为呢？为什么大学宿舍中的学生，其态度会变得与周围人相似（Cullum & Harton, 2007）？在课堂上，面对有争议的问题，为何举手回答所给出答案的多样性要比匿名电子作答的低（Stowell et al., 2010）？为何别人鼓掌时我们也会鼓掌，别人吃饭时我们也会吃饭？为何我们会相信别人相信的，说别人说过的，甚至看到别人所看到的？

我们是在对社会心理学家所说的**规范性社会影响**（normative social influence）做出反应。我们对社会规范是敏感的，懂得哪些是被社会接受的规则，哪些是符合社会期望的行为。如果我们表现得与众不同，付出的代价可能会相当惨重。我们需要归属。

其他时候，从众是因为我们想要准确。群体可以提供有价值的信息，只有一个异常愚蠢的人才会永远都不听从他人的劝告。"那些从不收回自己观点的人爱自己超过了热爱真理，"18世纪法国评论家儒贝尔如是说。当我们接受他人关于现实的观点时，我们是在对**信息性社会影响**（informational social influence）做出反应。正如瑞贝卡·丹顿（Danton, 2004）所证明的，有时候假设他人是正确的并跟随他人的引领是值得的。丹顿创造了在英国的分道公路上逆行30英里的记录，期间只有一次很小的擦边，直到快开出高速公路警察才得以刺破车的轮胎。丹顿后来解释说她觉得上百辆冲她开来的车才是逆行（Woolcock, 2004）。

从众是好还是坏？这个答案部分取决于我们受文化影响的价值观。西欧以及许多英语国家的人都以个人主义（文化更注重独立的自我）为荣。在许多亚洲、非洲、拉丁美洲国家，人们更看重对群体标准的尊崇。在一项涉及17个国家的有关社会影响的研究中，个人主义文化的从众率更低（Bond & Smith, 1996）。

"我喜欢你的一点是你与其他人都一样。"

提取一下

- 下面哪项会增强对群体的从众？
  a. 发现群体具有吸引力 c. 来自个人主义文化
  b. 感到安全 d. 已经做出预先的承诺

答案：a

服从：听从命令

> 13-5：关于社会影响的力量，米尔格拉姆的服从实验对我们有什么启示？

社会心理学家斯坦利·米尔格拉姆（Milgram, 1963, 1974），所罗门·阿施的学生，通过研究了解到，人们经常会屈从于社会压力。但是，对于直接的命令，他们将如何做出反应？为了寻找答案，他进行了迄今为止社会心理学研究中最著名同时也是最有争议的实验（Benjamin & Simpson, 2009）。

现在，请把自己想象成米尔格拉姆20项实验的近1 000名参与者之一。看到广告之后，你来到耶鲁大学的心理学实验室参加一项实验。米尔格拉姆教授的助手解释说这项实验是对学习中惩罚的效果进行研究。你和另一个人在一个帽子里抽签决定谁是"老师"，谁是"学生"。因为两个纸条上写的是"老师"，所以你抽到"老师"并被要求坐到一个机器前，上面有许多带有标签的开关。然后，"学生"——一个温和的、看起来顺从的人被带到隔壁的一个房间里，手脚被皮带绑在一把椅子上，这把椅子连着的一条电线穿过墙与另一端的电击控制器相连。你坐在标有不同电压值的控制器前。你的任务是：教学生学习词语配对，并对其学习效果进行检查。如果学生出错，你就对他实施短时电击以示惩罚，实施电击时，从最初的"15伏——轻微电击"开始。以后学生每犯一次错误，你就把电压调高一档。每按一次电键，就会有灯闪亮，并发出电流的嗡嗡声。

斯坦利·米尔格拉姆（1933—1984）
这位已故社会心理学家所做的服从实验如今"属于我们这个时代受过教育的人的自我理解"（Sabini, 1986）。
Courtesy of CUNY Graduate School and University Center

实验开始了，在第一个和第二个错误答案之后，你分别进行了电击。如果你继续，你在按下第三、第四以及第五个电键时听到学生的呻吟声。当你按下第八个电键（上面标有"120伏——中等电击"）时，学生会喊叫说电击很痛。当你按下第十个电键（上面标有"150伏——强烈电击"）时，学生哭叫起来："把我放出去！我不要再参加这个实验了！我拒绝继续进行下去！"当你听到这些恳求，你会犹豫，而这时实验者会指示你："请继续，实验要求你继续！"假如你还是拒绝，他会坚持道："你继续下去是非常重要的！"或者"你别无选择，你必须继续！"

如果你服从，并继续在学生每次犯错后实施更高水平的电击，你会听到学生痛苦的尖叫声。在实施电击的电压超过330伏后，学生便拒绝回答并陷入沉默。这时，实验者仍要你继续，直至最后——450伏的电击，并要求你继续提问，假如学生不能给出正确答案，你便要实施更高水平的电击。

你会听从实验者的命令去电击某人吗？到哪个水平你会拒绝服从？实验开始前，米尔格拉姆进行了调查，大部分人声称他们肯定会在学生第一次说疼痛之后很快停止扮演这一残忍的角色，决不会等到学生痛苦地发出尖叫时才停止。之前，米尔格拉姆曾请40位精神病学家分别对实验结果做出预测，他们的预测结果也是这样的。而当米尔格拉姆在20~50岁之间的男性身上进行实验时，他惊讶地发现，60%以上的人坚持到了最后，直到按下最后一个电键。即使米尔格拉姆开展了一个新的研究，其中有40名新的"教师"，而学生也报告有"轻微的心脏疾病"，结果也是相似的。65%的新教师服从了实验者的每一个指令，直到电压上升到450伏（图13.3）。后来的10项研究有女性参与，结果发现，女性服从的比率和男性相近（Blass, 1999）。

文化是会随着时间改变的。今天的人们就不太可能会服从命令去伤害别人了吗？

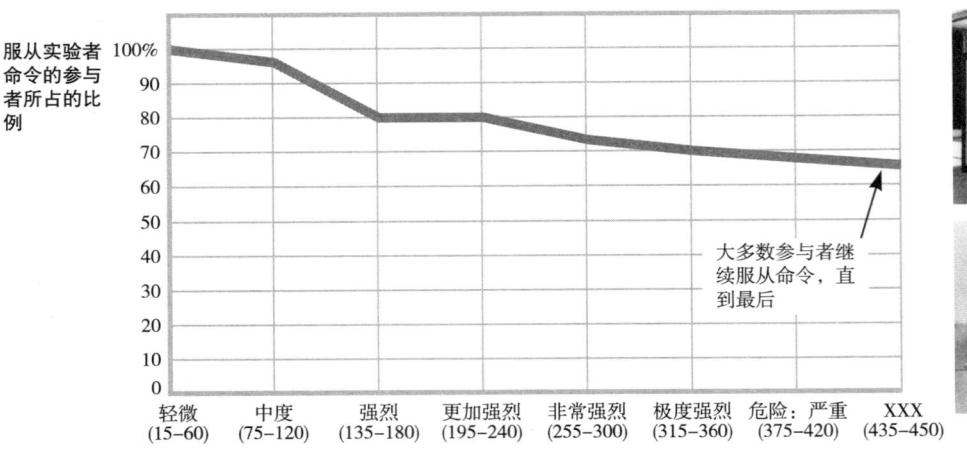

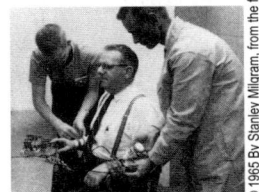

图 13.3
米尔格拉姆服从实验的后续研究

重复早期的实验显示，65%的成年男性"老师"完全服从实验者要求继续的命令，尽管事前"学生们"曾表示自己心脏不适，尽管他们遭受150伏的电击后发出哭喊声，以及在电压增至330伏后发出痛苦挣扎的抗议声，这些"老师"仍然会服从命令。（资料来源：Milgram, 1974）

图示：纵轴为"服从实验者命令的参与者所占的比例"（0–100%），横轴为"电击强度(伏特)"，分档为：轻微(15–60)、中度(75–120)、强烈(135–180)、更加强烈(195–240)、非常强烈(255–300)、极度强烈(315–360)、危险：严重(375–420)、XXX(435–450)。标注："大多数参与者继续服从命令，直到最后"。

为了找出答案，杰瑞·博格（Burger, 2009）重复了米尔格拉姆的研究。70%的参与者服从命令把电压升高到了150伏，这比米尔格拉姆的结果略有降低。在法国一档电视真人秀节目的重复研究中，在观众的欢呼煽动下，80%的参与者选择服从命令，折磨发出尖叫的受害者（de Moraes, 2010）。

是"老师们"发现了真相（其实没有电击）吗？是他们猜到那些学生是实验者的同伙，只是假装自己受到了电击吗？还是他们意识到了这一实验事实上是在检测他们服从命令、实施惩罚的意愿？都不是。这些"老师"在实验过程中表现出真实的痛苦：他们流汗，发抖，神经质地发笑，咬嘴唇。

由于米尔格拉姆的实验使用了欺骗和压力，因此人们对其研究的伦理问题颇有争议。米尔格拉姆为自己辩护说，在参与者了解到骗局的真相及真正的实验目的后，事实上没有一个人对自己的参与表示后悔。那40位曾经承受最大痛苦的"老师"在事后接受一个精神病学家的访谈时，并没有遭受精神创伤的表现。米尔格拉姆说，总的来讲，大学生在这些实验中所承受的压力比其面临重要考试以及重要考试失败所承受的压力要小（Blass, 1996）。

在后续实验中，米尔格拉姆发现情境中的微小细节会对人们造成有力的影响。当他变换情境时，完全顺从者的比例也在0~93%变化，在下列几种情况下服从率最高：

- 发布命令的人就在旁边并且被认为是合法的权威人物。（2005年发生了这样一个例子。天普大学的篮球教练派一名250磅重的替补队员英格拉姆上场，指示他在比赛中"严重犯规"。英格拉姆遵照指示弄断了对方球员的右臂，4分钟后被罚下场。）
- 权威人物受到一个有声望的机构的支持。当米尔格拉姆解除实验与耶鲁大学的关系时，实验中的顺从率便有所降低。
- 受害者被隔离起来或者在一定距离之外，甚至在另一个房间里[同样，在与看得见的敌人战斗时，许多士兵要么不会开枪，要么不去瞄准他们。但是，那些操纵远程武器，比如导弹或战斗机的士兵却很少拒绝杀戮（Padgett, 1989）]。在现代战争中，相比阿富汗和伊拉克战争中的老兵，那些远距离操纵飞行器（"无

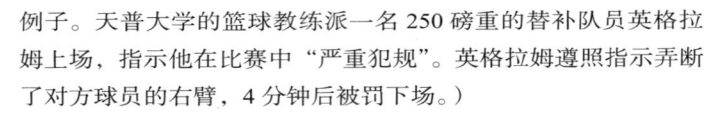

"吉姆，从悬崖上开下去，我想自杀。"

人驾驶飞机")杀人的士兵承受的创伤后应激障碍要少得多（Miller, 2012）。
- 没有违抗命令的角色榜样；也就是说，没有见到其他参与者违抗实验者的命令。

在那些服从命令进行大屠杀或拒绝服从的故事中，合法的、近在咫尺的权威的影响是很明显的。仅服从这一因素很难对大屠杀进行解释；反犹太人的意识形态也在其中起了作用（Mastroianni, 2002）。但是，服从是其中的原因之一。1942年的夏天，大约500名德国中年预备警官被派遣到波兰一个叫爵兹弗的德国占领地。7月13日，看上去心烦意乱的指挥官告诉他的部下（绝大多数是已成家的人），他们得到命令去围捕村里的犹太人，据说这些犹太人在支援敌人。有劳动能力的男性将被送到劳动营中，剩下的所有人就地枪决。

当这些人被告知有一次机会选择拒绝参与执行枪决时，只有大约十几个人当场拒绝。剩下的485名警官在17个小时内枪杀了1 500名手无寸铁的妇女、儿童和老人。这些人被警官从脑袋后面开枪射杀，脸朝下倒在地上。听到受害者的哀求声，看到这可怕的结果，大约有20%的军官最终表示了拒绝，他们设法不瞄准受害者或者跑开并藏起来直到屠杀结束（Browning, 1992）。在现实生活中，正如米尔格拉姆的实验所示，拒绝服从的是少数。

另一个故事发生在一个叫夏邦的法国村庄里，这里的犹太人要被押送到德国，村里的居民公开反对与德国所谓的"新秩序"进行合作，把犹太人藏了起来。这里居民的祖辈们曾遭到迫害，他们的牧师教导他们"任何时候，当敌人提出与圣经教义相悖的命令时，我们一定要进行抵抗"（Rochat, 1993）。当警察要求他们交出一份被藏匿的犹太人名单时，作为首领的牧师树立了违抗命令的榜样："我不知道什么犹太人，我只知道人类！"尽管不知道战争将持续多久以及会变得多么恐怖，也不知道将承受多么严重的惩罚与贫穷，抵抗者们信守他们最初的承诺进行抵抗。他们自身的信念、他们的角色榜样、他们的相互影响以及他们最初的行为都支持着他们把反抗进行到战争结束。

从众与服从研究的启示

阿施与米尔格拉姆的实验教给我们什么启示呢？判断线条的长度与实施电击与我们日常的社会行为有何联系？我们在第1章就提到过，心理学实验的目的不是对原有的日常行为进行再创造，而是要抓住和探索形成那些日常行为的潜在过程。在阿施和米尔格拉姆的实验中，被试要选择是坚持自己的行为标准还是听从于他人，这也是我们经常会遇到的两难情境。

在米尔格拉姆的实验中，被试也会因为不知道该做出什么反应而为难，一边是受害者的恳求，一边是实验者的命令。他们的道德观念警告自己不能去伤害其他人，而同时也是道德观念推动他们服从于实验者以使自己成为一个合格的实验参与者。在善良与服从的冲突中，服从总是胜者。

这些实验表明，强大的社会压力可以使人们服从于错误或屈服于残忍。米尔格拉姆指出："我们的研究最基本的结论是，只是简单地从事自己的工作而没有任何特殊敌意的普通人可以成为一项恐怖破坏活动的参与者"（Milgram, 1974, p. 6）。

如果光看最后的450伏电压，或者某人在现实生活中的欺骗或暴力，我们很难理解这种不人道。但我们忽略了事情怎么发展到了这一步。米尔格拉姆并没有要求

> 我只是在服从命令。
> ——阿道夫·艾希曼，
> 把犹太人赶往集中营的
> 纳粹头子

实验参与者直接把电压加大到足以伤害"学生们"的程度，而是利用了"登门槛"效应，让他们以轻微的电压开始，然后逐渐增强。他们的想法是，既然这个小的伤害是合理的，那么下一步的伤害也可以被接受。在夏邦，正如在米尔格拉姆的实验中一样，那些拒绝服从的人一般在较早的时候就拒绝。等到做出服从或拒绝的行为之后，态度就会开始听从于行为，并使其合理化。

因此，人们总是一步步地屈从，逐渐走向罪恶。在任何社会，极大的罪恶均源自人们服从于较小的罪恶。纳粹头子曾担心大部分德国公务人员会拒绝直接枪杀犹太人或用毒气杀死他们，但是他们吃惊地发现这些人愿意处理有关大屠杀的文书工作（Silver & Geller, 1978）。同样，当米尔格拉姆要求40位男性来实施学习测验但由其他人来实施电击时，93%的人都同意了。罪恶行为并不需要穷凶极恶的个性，它所需要的就是把普通人置于一个罪恶的情境之中——这样，普通的学生会听从命令去嘲弄群体中的新成员，普通的雇员会服从安排去生产和销售有害的产品。普通的士兵会服从命令去惩罚甚至折磨囚犯（Lankford, 2009）。

> 对异常情境的正常反应就是异常行为。
>
> ——詹姆斯·沃勒，
> 《走向邪恶：普通人如何变成种族灭绝和大屠杀的刽子手》，2007

提取一下

- 在心理学最著名的服从实验中，大多数参与者服从权威人物的要求向无辜的他人施加可能威胁生命的电击，这个实验是由社会心理学家_____完成的。

  答案：斯坦利·米尔格拉姆

- 研究者发现什么情境最可能鼓励参与者的服从？

  答案：米尔格拉姆的研究发现，当施发指令的权威就在附近，参与者尊敬他的人，并且没有其他人不服从时，人们最有可能服从命令。

群体行为

13-6：他人在场对我们的行为有何影响？

想象你站在房间里，拿着一枝钓鱼竿。你的任务是尽可能快地转动渔轮。如果你旁边还有一个人做着同样的事情，他的在场会影响你的表现吗？

诺曼·特里普利特（Triplett, 1898）报告称青少年在看到有人在做同样动作时会加快自己转渔轮的速度。这是最早的社会心理学实验之一。尽管现代对数据的重新分析显示差异不太显著（Stroebe, 2012），但是这项研究却激发了后来的社会心理学家去探索他人在场对我们行为的影响。群体影响既可以发生在这样简单的群体中——一个人的旁边有另一个人在场，也可以发生在复杂的群体中。

社会助长

特里普利特的主张——别人在场会加强我们的表现——被称作**社会助长**（social facilitation）。当然，事

社会助长 技能娴熟的运动员在观众面前通常状态很好。如果有人旁观，运动员在自己所擅长的领域表现更好。

实并非如此简单。对于更为棘手的任务，比如说学习无意义音节或解决复杂的乘法问题时，他人在场或一起活动会使人们的表现变差。进一步的研究揭示了为什么他人在场有时会促进、有时却会妨碍人们的表现（Guerin, 1986; Zajonc, 1965）。当其他人注视着我们的时候，我们处于一种被唤醒的状态。这种唤醒强化了我们最可能的反应——完成简单的任务时会做得正确，而在复杂的任务上则会出现失误。迈克尔斯和他的同事（Michaels et al., 1982）发现，专业的射击运动员独自射击时准确率为71%，而有四个人观看的情况下准确率为80%。而水平较差的射击者独自射击时准确率为36%，有他人观看时仅为25%。

对多个国家的25万余项大学和职业体育赛事进行的研究表明，热情的观众所产生的鼓励效应可能促进主场优势（Jamieson, 2010）。主队会赢得10场比赛中的6场（棒球、板球和美式足球的比例稍偏低，而篮球、橄榄球和足球比赛中该比例相对高些，见**表13.1**）。

社会助长也可以帮助我们解释有趣的拥挤效应。在一个人员密集的屋子里看喜剧表演比在一个人员较少的屋子里看更加有趣（Aiello et al., 1983; Freedman & Perlick, 1979）。戏剧表演者和演员们都知道，一个坐满观众的场地才是一个"好的表演场所"。拥挤也能增强其他反应。在实验中，当参与者彼此坐得很近的时候，他们会更喜欢一个友善的人，更讨厌一个不友善的人（Schiffenbauer & Schiavo, 1976; Storms & Thomas, 1977）。所以，如果你要为一堂课安排教室，或者为一场聚会安排座椅，记住座位刚刚够就好。

请牢记这点：对于你擅长的事情，有观众在场，尤其是友善的观众在场时，你往往会表现得更好；而对于你通常认为困难的事情，在这种情况下做好几乎是不可能的。

表13.1

团队运动的主场优势

运动项目	被研究的比赛场数	主队获胜的百分比
棒球	120 576	55.6%
板球	513	57.0
美式足球	11 708	57.3
冰球	50 739	59.5
篮球	30 174	62.9
橄榄球	2 653	63.7
足球	40 380	67.4

资料来源：Jeremy Jamieson (2010).

社会懈怠

社会助长实验考察了他人在场对完成个人任务时行为表现的影响（比如说射击），而当人们在完成集体任务时又会如何表现呢？比如说，在一支拔河队中，你认为一个人所使的力气与一对一拔河比赛时相比更大，更小，还是一样？为此，马萨诸塞大学的一个研究团队让学生蒙着眼睛"尽自己最大的力气"拉一根绳子。当研究者对学生们谎称同时还有3个人在他后面拉这根绳子的时候，他们使出的力气只相当于他们得知只有自己一个人在拉的时候的82%（Ingham et al., 1974）。考虑一下，当那些蒙着眼睛的人坐在一起，一边听耳机中传来的拍手或喊叫声，一边也尽可能大声地拍手或叫喊时，会发生什么（Latané et al., 1981）。当告知他们有其他人参与时，他们所发出的声音的音量比他们认为没有他人参与时少1/3。

完成群体任务时个人付出的努力更少，为了描述该现象，拉坦和他的同事（Latané et al., 1981; Jackson & Williams, 1988）创造了**社会懈怠**（social loafing）这一术语。在美国、印度、泰国、日本、中国进行的78项实验中，社会懈怠表现在各种任务中，尽管这一现象在个人主义文化的男性身上表现得尤为普遍（Karau

努力工作还是几乎不工作？ 在群体项目中经常发生社会懈怠，个体在他人努力工作时坐享其成。

& Williams, 1993）。是什么造成了社会懈怠？来看三个方面：

- 人作为群体的一员行动时会感到自己责任较少，因而也不大担心别人的看法。
- 他们可能把自己的努力看作是可有可无的（Harkins & Szymanski, 1989; Kerr & Bruun, 1983）。
- 如果不管贡献多少，群体成员都可以平均分享群体福利，一些人就会变得懒散。除非他们的内在动机被高度激发并且强烈认同这个群体，否则他们可能会利用群体中其他成员的努力而免费搭车。

去个性化

我们已经知道他人在场可以对人们起到激发作用（社会助长），或者可以减少人们的责任感（社会懈怠）。但有时他人在场可以同时起到以上两种作用。结果可能会导致一些不受约束的举动，比如在食堂里因为饭菜问题而打架，向一个篮球裁判尖叫，甚至发展到故意破坏或骚乱。放弃正常的约束而服从于群体力量的现象被称为**去个性化**（deindividuation）。当群体参与使个人感到被唤起并处于匿名状态时，去个性化就可能会发生。在一项实验中，纽约大学的女生戴着不能确认个人身份的三K党风格的头巾，这种情况下，她们对"受害者"所实施的电击量相当于身份可以被确认的控制组的两倍（Zimbardo, 1970）。（需要指出的是，所有类似的实验中，"受害者"事实上都没有遭受电击。）

去个性化的产生或好或坏，这取决于不同的情境。那些在脸部涂抹颜料或戴面罩使自己无法被辨认的部落战士比那些露出面部的更有可能对被俘的敌人进行杀戮、折磨和致残（Watson, 1973）。互联网上的流氓和恶霸从不会当面对人说"你是个骗子"，在网上他们作为匿名者隐藏起来。当我们去除自我意识和自我限制时，无论身处人群中、摇滚音乐会、球赛还是在教堂里，我们对群体经验——或好或坏——的反应都会变得更加积极。

去个性化 在英国2011年的骚乱和抢劫中，社会唤起、黑夜以及骚乱者佩戴的头巾和面具去除了他们的抑制。一些人后来被逮捕时对他们自己的行为表达出困惑。

***

我们已经考察了他人在场可以：使简单的任务变得更容易，使困难的任务变得更困难，使人们因群体中其他人的努力而偷懒，或者是激励人们更加努力，增强幽默感或引发暴乱。研究表明，群体的相互作用也可以产生好坏两方面的影响。

群体极化

13-7：什么是群体极化和群体思维，作为个体我们有多大的力量？

大学生群体间最初的差异会随着时间的推移逐渐增大。如果某大学的一年级学生倾向于艺术，另一所大学的同年级学生更精通商务，这种差异到高年级时可能变得更加明显。与此类似，麦科比（Maccoby, 2002）指出，通过自己对性别发展长达数十年的观察，女孩间的交流要比男孩间的交流更为亲密，她们在游戏与想象中攻击性较弱——而且由于男孩女孩大部分时间与同性交往，因此随着时间的推移，这些性别差异更大。

在上述例子中，我们带入群体中的信念和态度，随着我们与观点相近的人不断讨论，会得到强化。这个过程被称为**群体极化**（group polarization）。群体极化可以产生有利的结果，它可以增强一种广受欢迎的高尚意识或强化自助群体中的成员的决心。但是，它同时也可能产生不好的结果。比如说，我和乔治·毕晓普的研究发现，当种族偏见强的中学生们讨论了种族问题后，他们就会变得更加具有偏见（图 13.4）。（而偏见较弱的学生们则变得更为宽容。）因此，意见分歧＋集体商议＝群体间的极化。

极化效应同样适用于自杀的恐怖分子。对全球恐怖组织进行分析后发现，恐怖主义思想不是突然产生的，也不是心血来潮（McCauley, 2002; McCauley & Segal, 1987; Merari, 2002）。它的开始通常是缓慢的，产生于一群由于不平等感而聚集在一起的人当中。由于这群人只是孤立地相互作用（有时营地有其他的"兄弟姐妹"），他们的想法变得越来越极端。他们越来越把世界分为相互对立的"我们"和"他们"（Moghaddam, 2005; Qirko, 2004）。臭味相投的回音室效应继续使人们极化，2006 年的美国国家情报评估推测："我们估计，来自自我激进化小组的作战威胁将会增加。"

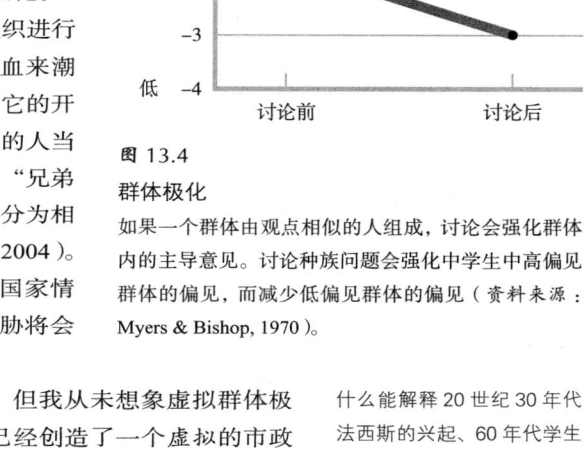

尽管我从社会心理学的群体极化实验中获得了经验，但我从未想象虚拟群体极化中潜在的危险或创造性的可能。电子通讯和社交网络已经创造了一个虚拟的市政厅，在那里人们可以隔绝其他不同的声音。人们阅读那些能够强化他们观点的博客，而这些博客又有许多相关联的博客（图 13.5）。由于互联网把想法相似的人联系起来，并把他们的想法集中起来，气候变化怀疑论者、被 UFO 劫持者以及阴谋论者都会找到对他们共同的观点和怀疑的支持。白人至上主义者可能成为种族主义者。民兵组织成员可能更加具有恐怖主义倾向。

不过，网络作为社会的放大器也有好的一面。类似 Facebook 一类的社交网站可以帮助我们联系朋友和家人，分享共同的兴趣或处理相似的挑战。调停者、癌症患

图 13.4
群体极化
如果一个群体由观点相似的人组成，讨论会强化群体内的主导意见。讨论种族问题会强化中学生中高偏见群体的偏见，而减少低偏见群体的偏见（资料来源：Myers & Bishop, 1970）。

什么能解释 20 世纪 30 年代法西斯的兴起、60 年代学生激进主义的出现以及 90 年代恐怖主义的发展？将这些统一起来的主题很简单：当人们发现自己所在的群体都是思想相似的人时，他们尤其容易走向极端。这就是群体极化现象。

——凯斯·桑斯坦，
《走向极端》，2009

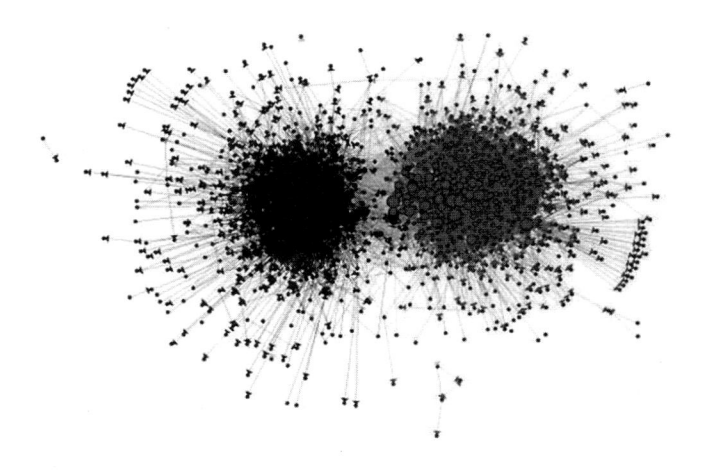

图 13.5
博客圈的思想相似网络（见彩插）
蓝色的自由主义博客彼此之间的链接最多，红色的保守主义博客也是如此。每一个点的大小反映了其他与之链接的博客数量。（资料来源：Lazer et al., 2009）。

者以及丧亲的父母都可以在志同道合的人群中找到安慰与力量。通过放大共同的担忧与想法,互联网增强了沟通,并能够促进社会投资。(我个人是从与其他聋人的社交网络中得知这一点的,因此致力于改善美国的助听技术。)

请记住要点:网络通过联系和放大志同道合者的意愿倾向既能产生非常好的效果,也能产生非常坏的效果。

群体思维

群体互动可以影响我们的个人决定。群体互动会扭曲重要的国家层面的决定吗?考虑一下"猪湾事件"。1961 年,肯尼迪总统和他的顾问决定利用 1 400 名接受过中央情报局训练的古巴流放者入侵古巴。当这些人被轻而易举地俘虏并很快牵连到美国政府后,肯尼迪事后纳闷,"我们怎么会如此愚蠢呢?"

社会心理学家欧文·贾尼斯(Janis, 1982)研究了导致入侵惨败的决策程序。他发现,新当选的总统及其顾问高涨的斗志使他们对这个计划过度自信。为了保持良好的团队感,任何反对意见都被压制或接受自我审查,特别是在总统表达了自己对这一计划的热衷之后更是如此。因为没有人强烈反对,每个人都认为大家意见一致。为了描述这种表面一致却不切实际的群体性思维,贾尼斯把它命名为**群体思维**(groupthink)。

后来的研究发现,受到过度自信、从众、自我辩护以及群体极化等因素的助长,群体思维也造成了其他一些事件的失败。这其中包括未能预测 1941 年日本偷袭珍珠港;越南战争的扩大;美国政府在水门事件中掩盖行为;切尔诺贝利核电站泄漏事故(Reason, 1987);美国"挑战者号"航天飞机坠毁(Esser & Lindoerfer, 1989);基于伊拉克存在大规模杀伤性武器这一错误观念所发起的伊拉克战争(U.S. Senate Intelligence Committee, 2004)。

尽管发生了这样的失误与悲剧,贾尼斯还是明白,对于某些问题,两人的智慧胜过一人,因此他也研究了美国总统及其顾问共同做出有效决策的情况,比如说杜鲁门政府出台的马歇尔计划,该计划对二战后的欧洲进行援助。此外还有肯尼迪政府阻止苏联在古巴装备导弹等。贾尼斯认为,在这些事件中以及在企业活动中,假如领导人欢迎各种不同意见,邀请专家们对计划提出批评意见以及指定专人来检查可能出现的问题,群体思维就可以避免。压制不同意见常使群体做出错误的决策,而公开的争论常能形成有效的决策。特别是对于那些多样化的群体来说,这一点尤为重要——不同的观点通常会带来创造性的或者不同凡响的成果(Nemeth & Ormiston, 2007; Page, 2007)。没有人能超越集体的智慧。

个体的力量

在肯定社会影响的力量的同时,我们也不能忽视我们作为个体的力量。社会控制(情境的力量)与个人控制(个人的力量)是相互作用的。人并非桌球,任由摆布。当我们感到被压制时,我们可能会做出与社会期望相反的事情,以此来维护我们的自由感(Brehm & Brehm, 1981)。

立场坚定的个体亦会显示出他们对群体的影响力。社会的历史往往是由那些能改变多数人看法的少数派所创造的。如果不是这样,共产主义可能还只是个模糊的

根据我所读过的历史,白宫面临最大的危险之一是你陷入群体思维,每个人在每一件事上都意见一致,没有讨论和反对意见。
——巴拉克·奥巴马,
2008 年 12 月 1 日,
新闻发布会

真理源自友好的争论。
——哲学家休谟,
1711—1776

如果你有一个苹果,我也有一个苹果,我们互相交换苹果后,你和我仍然各有一个苹果。但如果你有一个点子,我也有一个点子,我们互相交换点子后,我们每个人都会有两个点子。
——剧作家萧伯纳,
1856—1950

理论，基督教也可能仅仅是中东的一个小教派，罗莎·帕克斯拒绝坐在公车后排的举动也不会引发一场人权运动。科技史同样也经常是由那些战胜多数派的少数创新者所创造的。想当初，修铁路对于许多人而言简直是一个疯狂的想法，有些农民甚至担心火车的鸣叫声会妨碍母鸡下蛋。人们嘲笑富尔顿的汽船是个"富尔顿蠢行"，正如富尔顿后来所说："在我的道路上从未有过鼓励的话语、美好的期望和温暖的祝愿。"人们也是以同样的态度迎接印刷术、电报、白炽灯以及打字机的到来（Cantril & Bumstead, 1960）。

少数派的影响是指一两个人改变多数人的力量（Moscovici, 1985）。研究者考察了一些群体，这些群体中都有一两个人总是表达一种富有争议的态度或是不寻常的知觉判断。结果多次表明，立场坚定的少数派比含糊其辞的少数派更能成功地改变多数派的意见。与少数派意见保持一致并不能使你受大家欢迎，却可以让你具有影响力。当你的自信引起他人考虑你这样做的原因时这一点表现得尤为明显。虽然人们总是公开地与多数人的意见保持一致，而在私下里，他们却可能对少数派意见产生同情。即使少数派意见的影响力还不明显，它也有可能说服一部分多数派成员重新考虑他们的观点（Wood et al., 1994）。社会影响的力量是巨大的，而立场坚定的个体也有这样的影响力。

圣雄甘地 印度民族主义者及精神领袖圣雄甘地的人生经历强有力地证明了，少数派坚定一致的呼声有时可以改变多数派。甘地的非暴力呼吁与禁食推动了印度于1947年从英国的统治下获得独立。

提取一下

- 什么是社会助长，它在什么情况下最可能发生？

答案：当有他人在场时我们在熟练任务中的表现会更好，因为他人的在场会加强我们的主导反应。

- 人们在与群体一起工作时往往比他们独自工作时付出的努力少，这被称为_____。

答案：社会懈怠

- 你正在组织一场激烈的政治竞选会。为了增加趣味性，朋友建议把候选者的面具分发给其支持者戴上。这些面具可能会引发什么现象？

答案：因其隐匿了匿名性，与争吵性情境的唤起相结合，可能产生去个体化（人们抑制了自我意识和自我控制感）。

- 当有同样想法的群体讨论某个议题时，结果是主流观点得到加强，这被称为_____。

答案：群体极化

- 当一个群体对和谐的期望凌驾于对其他选择的现实分析之上时，就会发生_____。

答案：群体思维

社会关系

我们已经举例说明了我们如何看待以及如何影响彼此。现在讨论社会心理学的第三个主题——我们如何与他人相处。什么导致我们伤害或帮助他人，或者与他人相爱？我们如何从破坏性的冲突走向和平？我们将分别从偏见、攻击、冲突、吸引、利他主义、调停等方面来探讨人们之间联系的好与坏。

偏 见

> 13-8：什么是偏见？偏见的社会与情感根源是什么？

偏见（prejudice）意指"预先判断"。它是针对一个群体——通常是一个有不同文化、伦理的群体或性别不同的群体——的一种不合理的态度，通常是负面的。就像所有的态度一样，偏见是由下面三部分组成的混合体：

- 信念［这里我称为**刻板印象**（stereotype）］。
- 情绪（例如，敌意或恐惧）。
- 行为倾向性（比如说歧视）。

认为肥胖的人是贪吃的，对肥胖的人感到反感，不愿雇用一个肥胖的人或与其约会，这就是偏见。偏见是一种消极的态度，**歧视**（discrimination）是一种消极的行为。

偏见的程度

为了评估偏见，我们可以观察人们的言行。美国人所表达出来的种族与性别态度在20世纪后半叶发生了剧变。1937年有1/3的美国人告诉盖勒普，他们会投票支持合格的女候选人当总统，而2007年人数剧增到89%（Gallup Brain, 2008; Jones & Moore, 2003）。现在，几乎所有人都认为，任何种族的孩子都有权上同样的学校，从事同样工作的女性与男性应该获得一样的报酬。

对各种形式的种族接触（包括跨种族恋爱）的支持也显著增加。在18到29岁的美国人中，90%的人表示家庭成员与其他种族的人结婚是可以接受的（Pew, 2010）。

尽管公开的偏见消退了，但是一些微妙的偏见仍然存在。尽管口头上支持跨种族通婚的人增加了，但是许多人承认在一些亲密的社会情境（约会、跳舞、结婚）中，对另一个种族的人还是会感到不适。而且，虽然许多人声称如果某人做出种族主义诽谤自己会感到沮丧，可当他们听到这样的种族歧视言论时却表现得无动于衷（Kawakami et al., 2009）。许多外来工人和难民在20世纪末涌入西欧，"现代偏见"——以非种族原因拒绝移民少数群体的求职——已经取代了公开的偏见（Jackson et al., 2001; Lester, 2004; Pettigrew, 1998, 2006）。近来的一些研究表明偏见不仅是微妙的，而且是自动化和无意识的（见特写：自动偏见）。

在世界上的大多数地方，男同性恋与女同性恋都不能愉快地承认自己的性取向以及他们所爱的人。性别偏见和性别歧视也依旧存在。即使两性在智力分数上是相同的，但人们还是认为自己的父亲比母亲更加聪明（Furnham & Wu, 2008）。在沙特阿拉伯，女性仍然不允许开车。在西方国家，我们支付给维护街道的人（通常是男性）的薪水多于照料孩子的人（通常是女性）。从世界范围来看，女性更有可能生活在贫困中（Lipps, 1999），而且她们占成年文盲者的2/3（CIA, 2010）。

> **特 写**

自动偏见

贯穿全书，我们看到，人类心理对思维、记忆和态度的加工是双通道的。有时加工是外显的——在意识的雷达屏幕上。在更大的程度上，加工是内隐的——在雷达之下，让我们无法意识到我们的态度是怎样影响行为的。现代研究表明，偏见通常是内隐的，是一种自动产生的态度，就像不动脑筋的膝跳反射。考虑以下发现：

内隐的种族关联 通过内隐关联测验，研究者已经证实，即使否认怀有种族偏见的人也可能带有消极的关联（Greenwald et al., 1998, 2009）。（到2011年为止，几乎有500万人参加了这个内隐关联测验，你可以在 implicit.harvard.edu 上做这个测验。）例如，当呈现听起来像是黑人的名字（如拉提莎和达内尔）而非听起来像是白人的名字（如凯蒂和伊恩）时，10名白人中有9人要用更长的时间来认出愉快的单词（如"和平"和"天堂"）是"好"的。此外，把好的事物与白人的名字或面孔关联得越快的人，越容易从黑人面孔中感知出愤怒和表面上的威胁（Hugenberg & Bodenhausen, 2003）。

尽管这个测验可以用来研究自动偏见，但批评者警告不能用它来评估个人或给个人贴上标签（Blanton et al., 2006, 2007, 2009）。支持者驳斥说内隐偏见可以预测行为，范围从友好的简单举动到评估工作质量（Greenwald et al., 2009）。在2008年的美国总统选举中，内隐偏见和外显偏见都预测了投票者对竞选人奥巴马的反应，他的当选随后有助于减少内隐偏见（Bernstein et al., 2010; Payne et al., 2010）。

无意识的屈尊俯就 当大学白人女生评估一篇被说成是由黑人学生写的糟糕作文时，她们会给出明显更高的评级，也从不表达严厉的批评，而她们会严厉批评白人学生写的糟糕作文（Harber, 1998）。这些评价者是根据她们的种族刻板印象来校准她们的评价从而带来标准的降低和屈尊俯就的态度吗？研究者提到，在现实世界的评价中，这样的低预期会导致"过度表扬和批评不足"，并阻碍少数族裔学生取得进步。（为了排除这种偏差，教师应该在不知道作者的情况下阅读作文。）

受种族影响的知觉 我们的预期会影响我们的知觉。1999年，阿马杜·迪亚洛在走近家门时被正在寻找强奸犯的警察搭话。当他拿出钱包时，警察以为是枪，便向他开了41枪，其中19枪打中了他的身体。两个研究团队对这个没有武装的无辜男人惨遭杀害感到好奇，再现了这个情境（Correll et al., 2002, 2007; Greenwald et al., 2003）。他们让观看者迅速按钮以"枪击"或不枪击突然出现在屏幕上的男人。屏幕上的男人有些手里拿着枪。其他人则拿着不会造成伤害的物品，如手电筒或瓶子。人们（在一个研究中包括黑人和白人）更多地枪击拿着无害物品的黑人而不是白人。用闪现的黑人面孔而不是白人面孔作为启动时，人们也更可能把闪现的工具错误地识别为枪（图 13.7）。

反射性的身体反应 即使那些没有在意识上表达偏见的人也可能露出蛛丝马迹，他们的身体选择性地对另一个人的种族做出反应。当人们观看白人和黑人面孔时，神经科学家能够探测这些信号。观看者的内隐偏见可能表现在面部肌肉的反应和加工情绪的杏仁核激活上（Cunningham et al., 2004; Eberhardt, 2005; Stanley et al., 2008）。

如果你的自我反省表明有时候你对其他人产生了一些你不想有的感受，记住这一点：关键在于我们对于自己的感受做了什么。通过监控我们的感受和行动，并且用基于新友谊的新习惯来替代一些旧的习惯，我们可以努力使自己摆脱偏见。

图 13.7
种族启动知觉
在佩内（Payne, 2006）的实验中，人们观看一张白人或黑人的面孔，紧接着是一把枪或手动工具，之后是视觉掩蔽。参与者更容易在黑人面孔而不是白人面孔之后把工具错误地识别为枪。

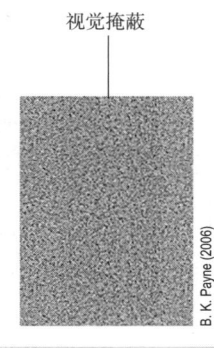

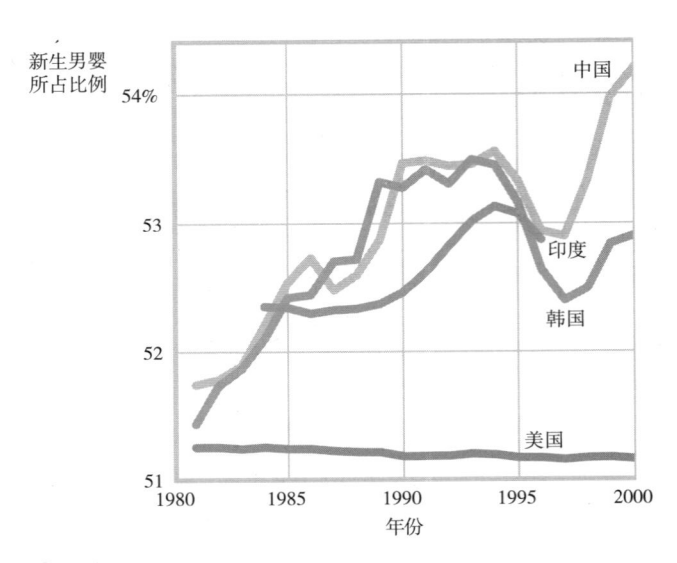

图 13.6
失踪的女孩
在一些亚洲国家，男婴比例偏高（Abrevaya, 2009）。这种男婴超出比例的现象在 2009 年的中国依然在发生，其中男婴占 54.5%，女婴只占 45.5%（Hvistendahl, 2010）。

女婴不再被遗弃到山中等死，而这曾经是古希腊人的做法。不过女性的自然死亡率和正常的新生儿男女比率（105-100）很难解释全世界大约 1.63 亿的"失踪女性"（Hvistendahl, 2011）。在许多地方，人们更看重儿子而不是女儿。在亚洲南部的一些国家，可以借助检测来选择性别进行堕胎，所以这些地方经历过女性新生儿数量的降低（图 13.6）。尽管中国已经宣布性别选择性堕胎是犯罪行为，但是目前的新生儿性别比率仍是 118 个男孩对 100 个女孩（Hvistendahl, 2009, 2010, 2011），而且孤儿院里 95% 都是女孩（Webley, 2009）。由于 20 岁以下的男性比女性多出 3 200 万人，许多中国男性将无法找到配偶（Zhu et al., 2009）。

偏见的社会根源

偏见为何会产生？社会不平等以及分化对此负有部分责任。

社会不平等 当一些人拥有了金钱、权力甚至是特权而他人没有的时候，拥有者通常会产生一种态度，以使他们觉得这一切都是正当的。**公正世界现象**（just-world phenomenon）反映了我们通常会教给孩子的一个观念——好人有好报，坏人有恶报。从这种观念到假设成功者一定是好的，受苦者一定是坏的，只是一个很短的飞跃。这样的论证让富人认为他们的财富和穷人的不幸都是公平的。

女性天生是优柔寡断但却敏感的吗？这种普遍观念似乎在说她们很适合照看孩子这一传统工作（Hoffman & Hurst, 1990）。在一个更极端的例子中，奴隶主认为奴隶天生是懒惰的、愚昧的和不负责任的——他们的这些特质使他们理应被奴役。偏见使不平等得以合理化。

受歧视的人会产生自我责备或愤怒（Allport, 1954）。这两种反应都会通过典型的指责受害者效应而为偏见创造新的理由。贫困的环境会使得犯罪率升高吗？如果是这样的话，有些人便会将这种较高的犯罪率作为继续歧视穷人的理由，而这反过来又加深了对社区的偏见。

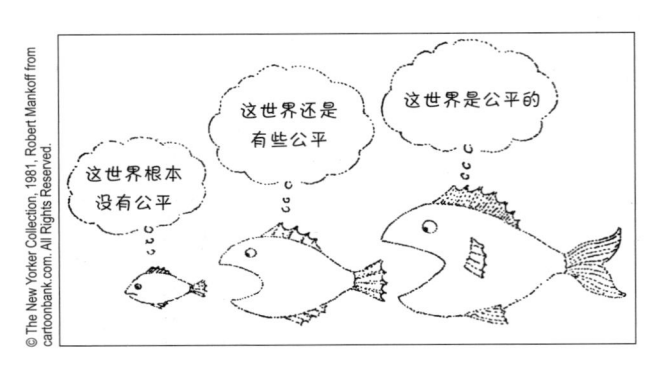

我们与他们：内群体与外群体 我们继承了石器时代的祖先在群体中生活和爱的归属需要。团结带来安全（那些不团结的祖先留下的后代更少）。无论是打猎、防御还是进攻，10 只手总是好过 2 只手。把世界分成"我们"和"他们"会带来偏见甚至战争，但也带来了群体团结这一益处。因此，我们为自己的群体欢呼，为群体而杀戮和牺牲。的确，我们在一定程度上根据群体来定义自己。通过我们的社会同一性，我们将自己与某个群体联系起来，与其他人进行对比（Hogg,

内群体 图中显示，苏格兰著名的足球迷"格仔军团"，在一场与主要对手英格兰的比赛中，球迷共同拥有一种社会认同以定义"我们"（苏格兰的内群体）和"他们"（英格兰的外群体）。

1996, 2006; Turner, 1987, 2007）。当伊恩把自己的同一性定义为一个男人、澳洲人、劳工党党员、悉尼大学学生、天主教徒以及麦戈雷格时，他知道自己是谁。我们也知道自己是谁。

当我们遇到陌生人的时候，进化帮助我们迅速做出判断：朋友抑或敌人？那些来自我们群体的人、那些看起来与我们相似的人以及那些听起来与我们相似、有着相同口音的人，我们立即会对他们产生好感，这从儿童时期就开始了（Gluszek & Dovidio, 2010; Kinzler et al., 2009）。我们在心里画了一个圈来定义"我们"，也就是**内群体**（ingroup）。不过，关于你是谁的社会定义也表明了你不是谁。圈外的"他们"就是**外群体**（outgroup）。**内群体偏见**（ingroup bias）——更偏爱自己所在的群体——随之而来。甚至通过抛硬币人为地建立我们与他们的不同群体也会产生这种偏见。在一些实验中，人们在分配奖励时更偏爱他们自己的群体（Tajfel, 1982; Wilder, 1981）。

区分敌友的强烈愿望使人们容易对陌生人产生偏见（Whitley, 1999）。在古希腊时代，所有的非希腊人都是"野蛮人"。大多数儿童都认为他们的学校比城里其他的学校要好。在中学，学生们经常组成各种小帮派——如运动员、预科生、投石者、溜冰者、强盗、怪人、极客——并且看不起本群体之外的人员。有人发现，即使是黑猩猩，当它与其他群体的黑猩猩接触之后也会把身上被触碰的地方擦拭干净（Goodall, 1986）。它们还对内群体表现出更多的同理心，在看到内群体成员（而非外群体）打哈欠时，它们打的哈欠更多（Campbell & de Waal, 2011）。

内群体偏见解释了政治党派的认知力量（Cooper, 2010; Douthat, 2010）。在上世纪80年代末的美国，大多数民主党人认为，在共和党总统里根的领导下，通货膨胀上升了（实际上是下降了）。2010年，大多数共和党人认为税收在民主党总统奥巴马的领导之下提高了（对于大多数来说，税收减少了）。

偏见的情感根源

偏见不仅来源于社会的分裂，还来源于内心的激情。根据偏见的**替罪羊理论**（scapegoat theory），当事情出错时，找一个人加以指责可以为愤怒找到一个发泄的目标。"9·11"事件之后，一些愤怒的人把气出在那些无辜的阿拉伯裔美国人身上。消灭萨达姆的呼声也在高涨，而此前美国一直在勉强容忍这位伊拉克领导人。菲

> 如果（人们要）从世界上所有的习俗中进行选择的话（他们可能）最后只喜欢自己的。
> ——希腊历史学家希罗多德，公元前440年

利普·津巴多（Zimbardo, 2001）曾指出，"恐惧和愤怒引发了敌意，而对于不同民族或种族的敌意引发了种族歧视，而这种歧视转而又会引起新形式的恐怖主义"。在"9·11"过去十年后，反穆斯林依旧在美国存在，比如清真寺被烧以及试图阻止纽约世贸大厦遗址附近的一个伊斯兰教中心的建设。

陷入经济困境的人们偏见程度高，在实验中暂时受挫使偏见加剧，这些都为偏见的替罪羊理论提供了依据。在实验中，遭受失败或缺乏安全感的学生会通过诽谤竞争者所在的学校或另一个人来重建自信（Cialdini & Richardson, 1980; Crocker et al., 1987）。诋毁他人有助于增强我们的身份感，这就是为什么对手的不幸有时会给我们带来快感。相反，那些感到被爱和被支持的人会对与他们不同的人更加开放和宽容（Mikulincer & Shaver, 2001）。

消极情绪会滋生偏见。当人们面对死亡、恐惧威胁或是经历挫折的时候，总是倾向于和内群体或朋友依靠得更紧密。对死亡的恐惧会增强爱国主义，同时对"他们"——威胁世界的人——产生憎恨和攻击性（Pyszczynski et al., 2002, 2008）。缺乏恐惧及相关的杏仁核活动的少数个体——比如有遗传疾病威廉斯综合征的儿童——也会表现出种族刻板印象和偏见的显著减少（Santos et al., 2010）。

> 其他人的不幸是蜂蜜的味道。
> ——日本谚语

> 假如台伯河淹到了围墙，假如尼罗河没有上升到田地，假如日月星辰不再移动而地球在移动，假如有饥荒，假如有瘟疫，人们就会马上高呼："都是基督徒的错！"
> ——特图里斯，
> 《为基督教辩护》，
> 公元 197 年
> （公元 2 世纪时地心说盛行——译者注）

偏见的认知根源

13-9：什么是偏见的认知根源？

偏见不仅来自于社会的差别、内心的愤怒，还来自于人们思维的自然运作方式。刻板的观念是我们在认知上简化世界时所产生的副产品。

归类 我们在认知上简化世界的方式之一就是进行归类。化学家把分子划分为有机的与无机的，心理健康专家把心理障碍分为几种类型。我们所有人都会把人分成不同种族，而通常把混血儿归属为他们的少数族群身份。尽管奥巴马总统具有混血儿的背景，并且他还是由白人母亲和白人祖父母抚养长大的，但美国白人还是视他为黑人。研究者认为，之所以会发生这种现象是因为在了解了我们熟悉的种族群体的某些特征之后，观察者会选择性地关注那些我们不熟悉的少数族群的特征。海博斯泰德及其同事（Halberstadt et al., 2011）通过向新西兰人展示中国人-白种人的混合脸证实了这一习得-关联效应。相比华人参与者，新西兰白种人更加倾向于把模棱两可的面孔归类为中国人（见图13.8）。

在把人们分成不同群体时，我们通常会形成刻板印象。我们认识到自己群体中的每一个人都有很大的差别。然而，我们却高估了其他群体中成员的一致性程度。"他们"——其他群体中的成员——相貌和行为都很相似，而"我们"却各不相同（Bothwell et al., 1989）。在同一个种族群体看来，其他种族群体的态度、性格和外貌都很相似，可实际情况却并不是这样。我们能够更好地识别自己所在种族个体的面孔——称为**异族效应**（other-race effect）（也称为跨族效应或者是本族偏差）——在 3 个月到 9 个月大的婴儿期就出现了（Gross, 2009; Kelly et al., 2007）。

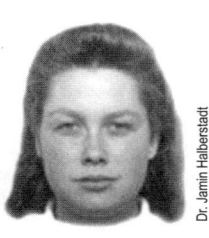

| 100%中国人 | 80%中国人 20%白人 | 60%中国人 40%白人 | 40%中国人 60%白人 | 20%中国人 80%白人 | 100%白人 |

图 13.8
对混合种族的人进行归类
当新西兰人对 104 张照片快速进行种族归类时，相比有中国血统的人，那些有欧洲血统的人更经常把模棱两可的面孔归类为中国人（Halberstadt et al., 2011）。

随着努力和经验的增加，人们识别其他群体中个体面孔的能力会越来越好（Hugenberg et al., 2010）。例如，欧洲血统的人在电视上观看了大量篮球赛之后，他们能更准确地识别单个非洲人的面容（Li et al., 1996）。在西方国家生活时间越长的中国人，他们表现出的异族效应越少（Hancock & Rhodes, 2008）。

记住生动的个案　如第 9 章关于易得性直觉的讨论所示，我们总是依据容易被想起来的事件来判断这个事件的发生频率。在一项经典实验中，研究者向俄勒冈大学的两组学生出示包含 50 位男性信息的名单（Rothbart et al., 1978）。呈现给第一组的名单包括 10 个犯有伪造罪等非暴力罪行的人，而呈现给第二组的名单中包括 10 个犯有袭击等暴力罪行的人。然后，让两组都来回忆他们看过的名单上有多少人犯过任何种类的罪行。第二组的人高估了这一数字。生动的（暴力的）事件更容易被记起，并助长我们的刻板印象（**图 13.9**）。

相信世界是公正的　我们前面已经提到，人们常常通过指责受害者来使他们的偏见合理化。如果世界是公正的，"人们一定会各得其所"。当一个德国市民在二战结束后参观伯根–贝森集中营时，他这样说道："这些囚犯做了什么可怕的罪行才会受到这样的虐待。"

事后聪明式偏见在这里也起作用（Carli & Leonard, 1989）。你曾经听到过人们说强奸受害者、受虐待的配偶或者感染艾滋病的病人是罪有应得的吗？在一些国家里，被强奸的妇女被处以重罚，理由是她们犯了通奸罪（Mydans, 2002）。一项实验证明了这种指责受害人的现象。当向人们详细陈述一位妇女在约会中被强奸的事件时，人们认为这位妇女的行为至少在一定程度上应受指责（Janoff-Bulman et al., 1985）。"她应该对情况有更好的了解"（指责受害者掉以轻心，使人们相信这种事不可能发生在自己身上）。而当给另外一些人同样的陈述，只是把关于强奸的结局删掉，这些人便不会认为妇女的行为诱发了强奸。

人们也有一种为自己文化的社会系统辩护的基本倾向（Jost et al., 2009; Kay et al.,

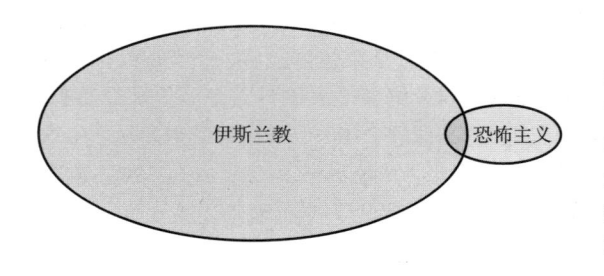

图 13.9
生动的个案会助长刻板印象
"9·11"的穆斯林恐怖主义者在很多人的心里都制造了一种夸大的刻板印象，以为穆斯林都具有恐怖倾向。实际上，美国国家研究委员会恐怖主义研究小组报告说，如图所示，大部分恐怖分子并非穆斯林，绝大多数伊斯兰人与恐怖主义根本没有关系，也不会同情恐怖分子（Smelser & Mitchell, 2002）。

2009）。我们倾向于将事物的现状看成理所当然的。这种自然的保守主义使得很难通过立法的手段带来重大的社会变革（例如医疗保健或气候变化政策）。而一旦这些政策已经就绪，我们的"系统辩护"特性就会倾向于保留它们。

提取一下

- 当带有偏见的判断导致我们找到一个无关的人加以指责时，这个人被称为_____。

答案见：羊替罪

攻　击

> 13-10：心理学对"攻击"的定义与日常用法有哪些区别？哪些生物学因素使得我们更倾向于彼此伤害？

在过去的 40 年里，在美国，有 100 多万人在非战争情况下死于枪支（超过美国历史上所有战争的死亡人数总和）。与相同性别、种族、年龄和街区的人相比，那些家里拥有枪支的人（具有讽刺意味的是，这些枪通常是为了自我保护），在家里被家人或熟人杀害的可能性要高出将近 3 倍。每一支在家里用于自卫的枪支平均会引发 4 次意外走火、7 次犯罪性的袭击或行凶、11 次自杀行为（Kellermann et al., 1993, 1997, 1998；另见 Branas et al., 2009）。

偏见带来伤害，但是攻击常常带来更多的伤害。在心理学中，**攻击**（aggression）是指任何有意的伤害他人的行为，这些行为可能是出于敌意或精心策划的达到某种目的的手段。自信执着的销售人员没有攻击性。让你疼得皱眉的牙医也没有攻击性。但是，散布关于你的恶意谣言的人、在网络上或当面欺凌你的人以及抢你钱财的人是具有攻击性的。人们的攻击性行为既可以针对陌生人也可以针对有着亲密关系的伴侣。实际上，每 6 对美国已婚或者同居伴侣中就有 1 对报告在过去的一年中至少发生过一次身体上的攻击行为（Schafer et al., 1998）。

攻击行为是生物学因素与经验相互作用的产物。要开枪，必须先扣动扳机；某些人只要有一把一触即发的枪，就很容易扣动扳机伤害他人。让我们首先看一下影响攻击行为发生的生物学因素，然后再看"扣动扳机"的心理因素。

攻击的生物学因素

攻击在不同的文化、时代和个体间差异巨大，因此学界不认为攻击是一种无需学习的本能。然而，生物学因素的确会影响攻击行为。我们可以从三个层面上探寻生物学的影响——遗传层面、生物化学层面及神经层面。

遗传的影响　基因影响攻击性。我们知道这一点，因为我们曾经为了比赛或研究而饲养动物。对双胞胎的研究表明，基因对人类的攻击行为也有影响（Miles & Carey, 1997; Rowe et al., 1999）。假如同卵双生子中的一个承认自己"有暴力倾向"，另一个在独立回答的情况下也常常表示自己"有暴力倾向"。异卵双生子做出相似反应的可能性要小得多。研究人员正在探寻那些对大部分暴力行为起决定作用的遗传标记。有一个是众所周知的，即人类种群的一半所携带的 Y 染色体。另一个类似的标记就是单胺氧化酶 A 基因（MAOA）。这一基因可以分解多巴胺和 5-羟色胺等神经递质，有时被称为"好战基因"。MAOA 基因表达水平低的个体一旦被激怒就很容易产生攻击行为。在一项实验中，低水平（相比于高水平）MAOA 基因携带者在被他人激怒时给了这个人更多难吃的辣椒酱（McDermott et al., 2009）。

生物化学的影响 我们的基因决定了我们的神经系统，而后者通过电化学机理发挥作用。例如，睾丸素存在于我们的血液中，影响着我们的神经系统进而控制攻击行为。一头性情暴烈的公牛在被阉割而导致雄性激素水平降低之后就会变得温和；被阉割的公鼠也是如此。然而，一旦注射了雄性激素，这些被阉割的老鼠就会恢复攻击性。

人类对激素的变化没有那么敏感。但是随着男性的年龄增大，睾丸素水平和攻击行为都会减少。在激素的控制下，一个 17 岁具有攻击性的年轻人到了 70 岁变得平静而温和。同时，那些智力分数低于平均水平、神经递质 5- 羟色胺水平低并且睾丸激素水平高于平均水平的强壮的年轻男性更有可能实施暴力犯罪（Dabbs et al., 2001a; Pendick, 1994）。

急躁易怒、武断、冲动以及对挫折的低容忍度都与高水平的睾丸素有关，这些特性使人们在一些程度上会对刺激做出更具攻击性的反应（Dabbs et al., 2001; Harris, 1999; McAndrew, 2009）。在少年及成年男性中，行为不良、大量吸食毒品以及对挫折的攻击性反应都与他们较高的睾丸素水平有关（Berman et al., 1993; Dabbs & Morris, 1990; Olweus et al., 1988）。大幅降低睾丸素水平的药物会抑制男性的攻击倾向。

另一种会诱发攻击行为的药物是酒精，有时在血液中循环，使人对挫折产生攻击性的反应。在各种警方数据、监狱调查和实验研究中，有攻击倾向的人更有可能酗酒并会在酒醉后变得暴躁（White et al., 1993）。数据显示，73% 的俄罗斯杀人犯和 57% 的美国杀人犯都受到了酒精的影响（Landberg & Norström, 2011）。酒精既在生物学上也在心理学上影响攻击行为（Bushman, 1993; Ito et al., 1996; Taylor & Chermack, 1993）。只是想象自己喝了酒便能增加攻击性（Bègue et al., 2009）；同样，你无意中摄入掺入饮料的酒精也有同样的效果。除非人们的注意被转移了，否则酒精会让人们把注意力集中到激惹而非抑制线索上（Giancola & Corman, 2007）。酒精还会让人们倾向于将模棱两可的行为（比如在人群中发生碰撞）解释为激惹（Bègue et al., 2010）。

神经系统的影响 大脑中没有一个控制攻击行为的位点，因为攻击是在特定情况下发生的一种复杂行为。动物和人类的大脑都有神经系统，它们受到激惹时会抑制或引发攻击行为（Denson, 2011; Moyer, 1983; Wilkowski et al., 2011）。请思考：

- 笼子里有一群猴子，实验者在那只专横的猴王大脑的某一部位植入由无线电控制的电极，猴脑中该部位受刺激时会抑制攻击行为。当研究人员在笼子里安置能激活电极的按钮时，一只小猴子学会了每次在猴王发火时按这个按钮。
- 神经外科医生为了诊断一种障碍，在一位举止温和的妇女的大脑边缘系统（杏仁核）中植入一个电极。因为大脑没有感觉接受器，所以她无法感觉到刺激，但是当电极通电时，她咆哮道："快测量我的血压，快！"说着就站起来并开始攻击医生。

精瘦而凶狠的战斗机器——打了雄性激素的母鬣狗 鬣狗独特的胚胎发育过程会将雄性激素注入雌性胎儿身体里。结果造就了杀气腾腾的年轻母鬣狗，它们天性好斗。

只要让那些年龄在 12~28 岁身体强壮的年轻男性低温睡眠，我们就可以避免三分之二的犯罪行为。

——戴维·莱肯，
《反社会人格》，1995

"那是男人们的事情。"

- 研究发现，暴力犯罪者大脑额叶活动减少，而额叶对于控制冲动有重要作用。如果额叶受损、失活、分离或没有完全成熟，攻击行为就更可能发生（Amen et al., 1996; Davidson et al., 2000; Raine, 1999, 2005）。

攻击的心理和社会文化因素

13-11：哪些心理和社会文化因素可能引发攻击行为？

生物学因素影响到攻击行为是否容易被激发。但是哪些心理及社会文化因素会激发攻击行为呢？

令人厌恶的事件 痛苦有时候可以塑造我们的性格。然而，在实验室实验中，那些遭受痛苦的动物或人也常常使其他动物或其他人感到痛苦（Berkowitz, 1983, 1989）。这一现象被称为**挫折–攻击原理**（frustration-aggression principle）：挫折引发愤怒，而愤怒在有些人身上会导致攻击。对1960年至2004年间美国职业棒球联赛中27 677起重大棒球击人事故的分析发现，在以下三种情况下，投手最有可能殴打对方击球手（Timmerson, 2007）：

- 如果投手受到上轮击球全垒打；
- 本轮击球全垒打；
- 上半场队友被棒球击中的挫败。

其他令人厌恶的刺激——身体疼痛、人身侮辱、恶臭、燥热的天气、香烟的烟雾、他人的不友好等都会引发我们的敌意。在一项实验室实验中，当人们感到燥热时，他们的思维、感受和行为都会变得具有攻击性。仅仅是想想与高温有关的词汇都足以增加敌意思维（DeWall & Bushman, 2009）。在棒球比赛中，触身球的数量随着温度的升高而增加（Reifman et al., 1991; 见**图13.10**）。在世界范围内，暴力犯罪率和配偶虐待率在炎热的年份、季节、月份和日期中都是升高的（Anderson et al., 1997）。通过对已有的数据进行研究，安德森及其同事（Anderson et al., 2000, 2011）推测，在其他条件不变的情况下，全球气温升高4华氏度（约2摄氏度）就会增加成千上万起攻击甚至谋杀事件，这还没包括与气候变化有关的干旱、贫穷、食物短缺以及移民导致的暴力增加。

强化、示范与自我控制 攻击也许是对厌恶事件的自然反应，而学习则可以改变这种自然反应。正如第7章中所解释的，我们在行为得到强化时学习，而且我们也可以通过观察他人来学习。

如果经验告诉我们在某些情形下应该攻击，那么，遇到该情形时，我们就更有可能做出攻击反应。如果孩子们的攻击行为成功地吓住了其他孩子，他们以后就有可能变成欺凌者。那些成功地利用打斗获得食物和配偶的动物会变得越来越凶残。为了形成一个更为友善和文明的世界，我们最好在孩子很小的时候就向他们示范同情心与合作精神，并给予奖励，或许可以通过培训父母不要用暴力手段惩罚孩子来实现。

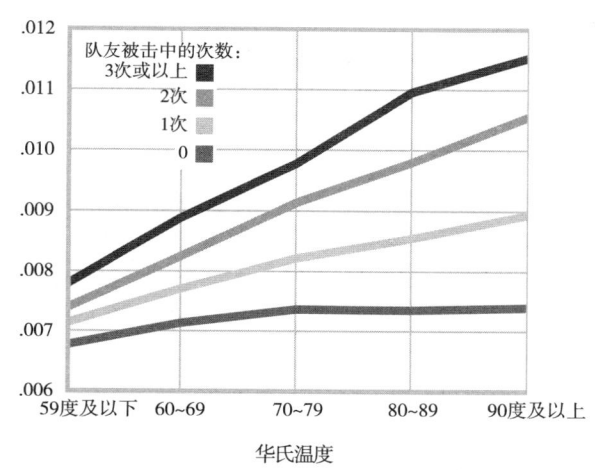

图 13.10

气温与报复行为

为了探究击球手被投手击中的发生率,拉里克及其同事(Larrick et al., 2011)对 1952 年以来 57 293 场美国职业棒球联赛中投手和击球手的 4 566 468 次对决进行了研究。如果投手的一名或多名队友被击中,那么击球手被击中的概率会增加,而且这一概率也随温度升高而增加。

不良行为青少年的父母常常在泪水和坏脾气面前败下阵来。当无法忍受时,便用打骂的方式来教育孩子(Patterson et al., 1982, 1992)。

父母培训计划通常建议,应避免叫喊和打骂,以防起到暴力行为的示范作用。这些计划鼓励父母强化适当的行为,同时使用积极的语言表达(比如,应该说"清洗完盘子后你就可以去玩了",而不是"洗不完盘子,你就别想去玩")。

自我控制能够抑制攻击行为和犯罪行为。不过,精神疲劳、食物短缺以及其他身体上的挑战通常会损耗我们的自我控制能力(Vohs et al., 2011)。想想你在结束一天紧张的学习或工作之后,或者是没吃饭或缺乏睡眠的时候,会是怎样的状态。你会在没有搞清楚发生了什么的情况下就开始指责你的朋友或伴侣吗?一项研究表明缺乏自我控制也是"与犯罪相关度最高的因素之一"(Pratt & Cullen, 2000, p.952)。

一个攻击替代计划的工作对象是少年罪犯、帮派成员及其父母。这一计划教给青少年及其父母怎样控制愤怒,鼓励他们在道德推理时更加深思熟虑(Goldstein et al., 1998)。结果如何?青少年再次被捕的比率降低了。

不同的文化会示范、强化和唤起不同的暴力倾向。例如,与印度、日本和科威特的男性相比,美国男性更不赞成发生在情侣间的男性对女性的暴力行为(Nayak et al., 2003)。在贫富差距大的时间和地区,犯罪率更高,平均幸福水平更低(Messias et al, 2011; Oishi et al., 2011; Wilkinson & Pickett, 2009)。在美国,缺乏父爱的文化与家庭中的人犯罪率较高(Triandis, 1994)。即使在控制了父母的受教育程度、种族、收入和少女妈妈等因素之后,美国男青年由于父亲的缺失而遭拘捕的比例都翻倍(Harper & McLanahan, 2004)。

在同一个国家里,暴力行为也随文化而变化。尼斯比特和科恩(Nisbett & Cohen, 1996)对美国南部城镇中美国白人的暴力行为进行了分析。这些城镇居住的是苏格兰裔与爱尔兰裔的牧人,他们的传统强调"男子汉的荣誉",主张用武力来保护自己的畜群,并且有压迫奴隶的历史。时至今日,与那些居住着传统上更热爱和平的清教徒、教友派信徒以及荷兰农民、手艺人的新英格兰城镇中的白种人相比,这些牧人的后代的杀人率要高出两倍,并且

攻击替代计划 在罗莎·帕克斯中心的密苏里青年服务部,这些青少年罪犯的康复过程包括学习愤怒管理和以和平的方式解决争端。图中的他们"围成一圈"来和平地解决问题。

对体罚儿童、主动挑起冲突以及不加控制地拥有枪支都更为支持。在崇尚"荣誉文化"的州，学生携带武器去学校以及校园枪击的比率都更高（Brown et al., 2009）。这些州对于暴力的接受已经渗透到了城镇的名字当中（比如，枪口，佛罗里达；枪城，密西西比；战争，西弗吉尼亚）（Kelly, 1999）。

暴力的媒体榜样　父母并非攻击行为唯一的榜样。在美国和其他地方，电视、电影和电子游戏中充斥着大量的暴力。不断观看屏幕上的暴力行为教给我们**社会脚本**（social scripts）——文化为我们提供的如何去做的心理档案。当我们身处新的情境中不知所措时，我们会依赖于我们的文化所提供的社会脚本。在看过如此之多的动作电影之后，青少年男孩可能获得社会脚本，当他们面对真实生活中的挑战时就在脑海中播放。当面临挑战时，他们也许会"像一个男子汉一样行动"，消除所面临的威胁。

歌词里也写入了社会脚本。在一系列研究中，德国大学的男生在听过一些仇恨女性的歌词之后，给一个女人提供更辣的辣椒酱，而且回忆了更多的关于女性的负性情绪和信念。同样地，仇恨男性的歌词也能增加女性的攻击行为（Fischer & Greitemeyer, 2006）。

X级电影和色情片有时也对性攻击起到榜样作用。内容分析发现X级电影有时会加入男性强奸女性或对女性进行性剥削的镜头（Cowan et al., 1988; NCTV, 1987; Yang & Linz, 1990）。这些镜头通常包含对强奸谬论（rape myth）的表演——即一些女性想要或者喜欢被强奸并且可以从中得到享受（Brinson, 1992）[事实上，强奸具有很大的伤害性，它常常会损害女性的生理及心理健康（Golding, 1996）。]大部分强奸犯接受这种关于强奸的谬论（Brinson, 1992）。许多看了大量电视的男男女女也接受了这种观点：与很少看电视的人相比，大量看电视的人更能接受这种强奸谬论（Kahlor & Morrison, 2007）。

根据对美国和澳大利亚少年、大学生和年轻人的调查，观看习惯存在着巨大的性别差异：观看X级电影和网络色情的男性是女性的好几倍（Carroll et al., 2008; Flood, 2007; Wolak et al., 2007）。来自全球970亿美元的色情产业的社会脚本，对于观看者的性攻击行为会有什么样的影响（D'Orlando, 2011）？大多数儿童和成人色情作品的消费者没有为人所知的性犯罪（Seto, 2009）。但他们更可能认为强奸谬论是真实的（Kingston et al., 2009）。对于那些大量接触色情作品的人来说，性攻击看起来似乎没有那么严重（Harris, 1994; Zillmann, 1989）。

在一个实验中，大学生在六个星期里每周观看六个直接表现性行为的短片（Zillmann & Bryant, 1984）。控制组在同样的六周时间里观看无色情内容的电影。三周以后，要求两组被试都读一份报纸，上面报道说一个男人因为强奸一个搭便车的女性而被定罪但还未最终判决。要求大学生给这个人建议一个适当的刑期，结果看过色情短片的人建议的刑期只有控制组所建议的一半。

实验不能引发真实的性暴力，却可以对男性伤害女性的意愿进行评估。在实验中，我们经常考察暴力与非暴力色情电影如何影响男性对先前激怒他们的女性施加假想电击的意愿。这些实验表明，并非性欲而更多的是关于性暴力的描述（不管在R级暴力影片或X级影片中）最直接地影响了男性对攻击女性行为的赞同与实施。关于这个问题，21位社会科学家，其中包括许多进行这些实验的研究人员，组织并召开了一次会议，会议中他们达成了共识（Surgeon General, 1986）："色情作品把性攻击描述成受害者所喜欢的事情，这提高了人们对两性关系中强迫行为的接受和赞同。"与很多流行的观点相反，他们认为这些性描述并不能使压抑的冲动得到发泄。相反，"在测量短期影响的实验室研究中，经常观看暴力色情作品会增加对女性的惩罚行为。"

非暴力的色情作品也能在较小的程度上影响攻击行为。在一系列研究中，研究者（Lambert et al., 2011）使用各种手段来探索色情作品对情侣间攻击行为的影响。他们发现，色情作品的消费能预测自我报告的攻击行为和对其伴侣发出的实验室噪音，而且戒除习惯性的色情消费能减少攻击（而戒除他们喜爱的食物没有减少攻击）。

马拉姆斯（Malamuth et al., 1996）的研究表明，性胁迫的男性通常性生活混乱，在他们与女性的关系中充满敌意（图 13.11）。有几个因素可以影响男性的性暴力倾向，包括媒体影响、主导动机、酒精造成的自控能力下降及童年受虐史。

暴力电子游戏会传授暴力的社会脚本吗？ 北美、西欧、新加坡和日本的实验表明，玩积极的游戏会产生积极的效应（Gentile et al., 2009; Greitemeyer & Osswald, 2010）。例如，疯狂小旅鼠游戏的一个目标是帮助他人，玩这个游戏会增加实际生活中的帮助行为。那么，玩扮演暴力角色的游戏之后也会产生某种效应吗？在十几个地区的青少年似乎模仿了他们经常玩的血腥游戏中的残杀镜头之后，暴力电子游戏成了公众讨论的话题（Anderson, 2004a）。2002 年，密歇根大瀑布区域的两个少年和一个 20 多岁的年轻人在一个夜晚边喝啤酒边玩"汽车大偷盗Ⅲ"（Grand Theft Auto III）游戏。在游戏中，他们用车撞倒模拟的步行者再用拳头打他们，留下一具血淋淋的躯体（Kolker, 2002）。后来，他们出去开了一辆真车，对准一个骑自行车的 38 岁的成年人，把他撞倒，然后下车对他一阵拳打脚踢，最后又回到家中继续玩游戏。（被打的那个人是 3 个孩子的父亲，他在 6 天后死去。）

安德森及其同事（Anderson et al., 2010）综合了包括 130 296 名参与者的 400 项研究发现，玩暴力电子游戏确实增加暴力行为。这一结论适用于青少年和成年早期，北美、日本和西欧；且三种研究设计（相关研究、实验研究和纵向研究）结论一致。在 2010 年为美国最高法院的一个案件提交的声明中，100 多名社会学家与安德森一起做出解释："这类效应背后的心理过程已经很清楚了，包括：模仿、观察学习、认知启动、情绪和行为脚本、生理唤起及情绪去敏感化"（Sacks et al., 2011）。

考虑以下一些证据：

- 玩暴力电子游戏时间最多的大学男生往往身体上的攻击性最强（例如，承认打过或攻击过其他人）（Anderson & Dill, 2000）。
- 玩暴力电子游戏经验丰富的人显示出对暴力的去敏感化，表现为大脑反应减弱；他们也不太可能帮助受伤的受害者（Bartholow et al., 2006; Bushman & Anderson, 2009）。
- 在玩暴力游戏而不是中性或亲社会电子游戏之后，人们变得更有可能不把外来移民群体当人看待（Greitemeyer & McLatchie, 2011）。

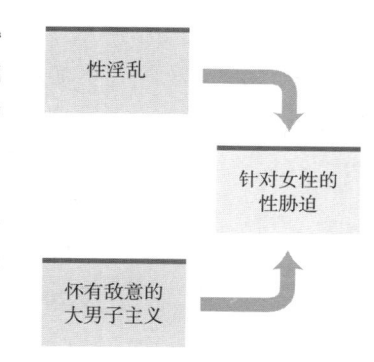

图 13.11

对女性进行性胁迫的男性

针对女性的性胁迫是没有感情的性乱交和怀有敌意的大男子主义的结合。（改编自 Malamuth, 1996）

巧合还是促成因素？ 2011 年，挪威人布雷维克引爆了一颗位于奥斯陆的政府大楼附近的炸弹，然后去一个青少年营地枪杀了 69 人，其中大部分是十几岁的孩子。他是一名第一人称射击游戏的玩家，他的"我把 MW2（现代战争 2）看作我的模拟训练的一部分"的言论激起了争论。玩暴力游戏促成了他的暴力行为，还是只是一种巧合性关联？为了探讨这类问题，心理学家进行了实验。

REUTERS/Andrew Berwick via www.freak.no/Handout

玩大量暴力电子游戏的年龄较小的青少年，把世界看作是更具敌意的。与不玩游戏的孩子相比，他们更多与人争论和打架，成绩更差（Gentile, 2009）。但这只是因为天生有敌意的孩子更容易被这类游戏吸引吗？显然不是。对敌意分数低的游戏玩家和非玩家进行比较发现，他们报告的打架次数存在差异：暴力游戏玩家中有38%打过架，而非游戏玩家只有4%。随着时间的推移，非游戏玩家只有当开始玩暴力游戏时才变得更有可能打架（Anderson, 2004a）。在德国青少年中，今天玩暴力游戏也能预测未来的攻击行为，但今天的攻击行为不能预测未来玩游戏（Möller & Krahé, 2008）。

一些研究者认为，暴力电子游戏对暴力行为和认知的影响甚至比观看暴力电视和电影的影响还要大，一部分原因是玩暴力游戏的主动参与性更高以及对暴力的奖赏（Anderson & Warburton, 2012）。有些研究者提出，暴力游戏的影响可以与接触石棉或二手烟的毒害影响相比（Bushman et al., 2010）。"玩暴力电子游戏可能不会让你的孩子变成精神变态杀手，"研究者布拉德·布什曼（Bushman, 2011）承认，"但我想知道孩子会怎么对待他们的父母和兄弟姐妹，他们有多少怜悯之心。"

其他研究者则对暴力游戏影响的发现不以为然（Ferguson & Kilburn, 2010）。他们提出，从1996年到2006年，电子游戏的销售量在增加，但年轻人的暴力却在减少。另外，一些人指出，对游戏着迷的玩家反应更快更敏捷：他们的反应速度提高了，视觉技能增强了（Dye et al., 2009; Green et al., 2010）。玩游戏的乐趣能够满足竞争感、控制感和社会联结感的基本需要（Przbylski et al, 2010）。而且实际上，2011年最高法院的一项决议推翻了加利福尼亚州禁止向儿童出售暴力电子游戏的法律（于禁止向儿童出售性暴露的材料之后出台）。法庭多数没有被危害证据说服，并且声称，第一修正案对自由言论的保证即便对进攻性游戏也是保护的。因此，争论还在持续。

***

总之，诸如暴力等严重的行为通常有许多决定因素，这就使任何单一的解释都显得过于简单。探寻导致暴力行为的原因，就像探寻导致癌症的原因一样困难。例如，接触石棉确实是引发癌症的一个原因，但仅仅是众多原因中的一个。研究揭示了许多生物的、心理的和社会文化因素对攻击行为的影响。如许多其他心理现象和行为一样，攻击也是一种生物-心理-社会现象（图 13.12）。

还要注意到，很多人在面对个人和社会压力时仍然过着温和甚至有着英雄气概的生活，这再次提醒我们个体的差异性。的确，历史趋势表明，世界正变得越来越不暴力（Pinker, 2011）。关键在于个人。人们随时间和地点发生改变提醒我们，环境也有差异。过去暴虐的维京人如今已经变成了爱好和平的斯堪的纳维亚人。与其他行为一样，攻击行为也产生于个人和情境的相互作用。

> 禁止向13岁的孩子出售带有裸体女人的杂志，同时依然向他们出售互动式的电子游戏，他们可以在虚拟游戏中主动地捆绑女人，堵住她的嘴，然后折磨和杀害她，这有什么意义呢？
> ——美国最高法院法官
> 史蒂芬·布雷耶，
> 反对意见，2011

提取一下

- 有哪些心理、生物和社会文化因素相互作用而产生攻击行为？

生物影响：
- 遗传影响
- 生物化学影响，如睾丸素和酒精
- 神经影响，如严重的脑损伤

心理影响：
- 以为你喝了酒（无论你是否真的喝了）
- 挫败
- 攻击角色榜样
- 对攻击行为的奖赏
- 自我控制水平低

↓ ↓
攻击行为
↑

社会文化影响：
- 身处人群中的去个性化
- 具有挑战性的环境因素，如拥挤、炎热和直接的挑衅
- 攻击的父母榜样
- 父亲的参与程度极低
- 接触暴力媒体

图 13.12
在生物－心理－社会层面上理解攻击
由于许多因素会导致攻击行为，改变这种行为有很多种方式，包括学习愤怒管理和沟通技能，以及避免接触暴力媒体和电子游戏。

吸 引

请暂停片刻，思考一下你与两个人的关系——一个是你的好朋友，一个是你爱的人。这些特殊的依恋关系帮助我们处理所有其他关系。那么，是什么心理化学物质引起了友谊和爱情呢？社会心理学给出了一些答案。

人际吸引的主要因素

13-12：为什么我们会结交或爱恋某些特定的人？

我们一直想知道怎样才能赢得他人的喜爱，以及是什么导致了我们感情高涨或消退呢？是亲不敬，熟生蔑，还是熟悉会强化我们的感情呢？是"物以类聚，人以群分"呢，还是"相反相吸"呢？美貌只是肤浅的，还是吸引力至关重要？为了探索这些问题，请思考我们彼此喜欢的三个成分：接近性、外貌吸引力和相似性。

接近性 在友谊变得亲密之前，必须得有友谊。接近性——空间上的接近——也许是友谊最重要的推动因素。接近性为攻击提供了可能，但更多情况下会引起喜欢。很多研究表明，人们最有可能喜欢那些住在附近的人，班级里坐在旁边的同学，在同一个办公室里工作的人，共用一个停车场的人，或是在同一个餐厅吃饭的人。人们甚至最可能与这样的人结婚。不妨看看周围。双栖始于相遇。（新科技能将空间上不邻近的人联系在一起，参见特写：在线配对与快速约会。）

接近性产生喜欢一定程度上是因为**曝光效应**（mere exposure effect）。一个新异的刺激反复地呈现——不管它们是无意义的音节、音乐片段、几何图形、汉字、人脸，还是组成我们名字的字母——都会增加我们对它们的喜爱（Moreland & Zajonc, 1982; Nuttin, 1987; Zajonc, 2001）。人们甚至更可能与姓或名和自己相似的人结婚（Jones et al., 2004）。

> **特 写**
>
> ### 在线配对与快速约会
>
> 如果你在自己的活动范围还没找到恋人，为何不广撒网，加入 1 500 个约会服务网站上每年 3 000 万个使用者呢（Ellin, 2009）？
>
> 关于网络配对服务效果的已发表的研究报告还很少。但研究者已经有了惊人的发现：在互联网上形成的友谊和恋爱关系，平均来说，比私底下形成的关系更可能持续两年以上（Bargh et al., 2002, 2004; McKenna & Bargh, 1998, 2000; McKenna et al., 2002）。在他们的一项研究中，人们向网上结识的人倾诉更多，且更少装腔作势。在网上与人交谈 20 分钟，当事人会觉得比面对面交谈更喜欢对方。甚至网上和真正见面的是同一个人（当事人不知道这一点）时也是如此！网络友谊往往与现实生活中的人际关系感觉一样真实和重要。难怪哈里斯互动调查公司（Harris Interactive, 2010）发现，一个业内领先的线上媒人在美国每天促成 500 多对婚姻。
>
> 快速约会使人们对浪漫爱情的寻找加快。在一位犹太拉比开创的相亲流程中，人们连续与未来可能成为伴侣的人见面，要么面对面，要么借助网络摄像头（Bower, 2009）。人们先交谈 3~8 分钟，然后转向下一个人。（在面对面的见面中，一方——通常是女性——一直坐着，而另一方巡回流动。）那些想要再次见面的人可以安排未来的接触。对于很多参与者来说，4 分钟就足以形成对交谈者的感受，并注意到对方是否喜欢他们（Eastwick & Finkel, 2008a, b）。
>
> 研究者很快意识到，快速约会为研究第一印象的影响因素提供了一个独特的机会。以下是一些近期的发现：
>
> - 男性更容易被看透。人们（男性或女性）观看快速约会接触的录像时，能更准确地识别男性的恋爱兴趣水平（Place et al., 2009）。
> - 如果给予更多的选择，人们的选择会更肤浅。与大量潜在的伴侣见面，导致人们注重那些更容易评价的特征，如身高和体重（Lenton & Francesconi, 2010）。即使研究者控制了与每一方见面的时间也是如此。
> - 男性希望未来与更多的快速约会对象接触；女性往往更挑剔。但如果把传统角色反转过来，即男性一直坐着，女性巡回流动，那么这种性别差异就消失了（Finkel & Eastwick, 2009）。

曝光效应 曝光效应甚至也发生在我们自己身上。因为人类面孔并非完全对称，因此我们看到的镜中面孔与我们朋友看到的面孔并不一样。大部分人都偏爱熟悉的镜中影像，而我们的朋友则喜欢反转的影像（Mita et al., 1977）。我们大家熟悉的是左边的英国前首相卡梅伦。而他每天在镜子中看到的则是右边的面孔，而这张可能才是他偏爱的。

在一定程度上，熟悉会引起喜爱（Bornstein, 1989, 1999）。莫兰和比奇（Moreland & Beach, 1992）通过研究证明了这一点，他们找来四位吸引力大致相等的女性静静地与一个有 200 名学生的班级一起听课，她们听课的次数分别是 0、5、10 和 15 次。最后，向同学们展示这四位女性的幻灯片并让他们对每位的吸引力划分等级。谁最具吸引力呢？是那位被看到次数最多

图 13.13
我喜欢有点像我的候选人
研究者（Bailenson et al., 2005）将选民面孔的局部特征加入了 2004 年美国总统候选人乔治·布什（如图所示）和约翰·凯利的面孔里。参与者并没有意识到来自自己的特征，却更可能支持融入了自己局部面孔的候选人。

选民　　乔治·布什　　六四开的混合

的女性。这一现象对于下面这位小伙子来说应该不是什么令人惊讶的事情，他曾写了 700 多封信，恳求女友嫁给他，她最后确实结婚了——新郎是那位邮差（Steinberg, 1993）。

没有谁的面孔比自己的更熟悉了。这有助于解释一项有趣的研究结果（DeBruine, 2004）：人们喜欢那些相貌中包含了自己的面部特征的人。研究者（DeBruine, 2002）让大学生与虚拟的玩家一起玩游戏，如果虚拟玩家的照片加入了大学生自己面孔的一些局部特征，大学生就会更信任虚拟玩家，更愿意合作。我当然信任我自己（也见图 13.13）。

外貌吸引力　一旦接近性提供了接触的机会，什么对我们的第一印象影响最大？对方的真诚？智慧？人格？众多的实验表明，是一个比这些都要肤浅得多的因素：外貌。我们常常被教导"美貌是肤浅的"，"外貌具有欺骗性"，因此这些研究结果令我们不安。

在一项早期的研究中，研究者对来自明尼苏达大学的新生进行随机搭配，让他们参加一个欢迎舞会（Walster et al., 1966）。在舞会开始前，研究者对每个学生进行了人格与能力测试，并对他们的外貌吸引力打分。舞会的当晚，在搭档们跳舞和交谈超过了两个小时之后，让他们评价自己的约会。是什么决定他们是否相互喜欢呢？似乎只有一个因素产生关键作用，那就是外貌。男性和女性都最喜欢长相好的搭档。虽然女性比男性更有可能说对方的长相对她们没有影响（Lippa, 2007），但男性的长相确实会影响到女性的行为（Feingold, 1990; Sprecher, 1989; Woll, 1986）。快速约会实验证实，外貌吸引力会影响男女两性对彼此的第一印象（Belot & Francesconi, 2006; Finkel & Eastwick, 2008）。

人们的外貌吸引力有着广泛的影响。它可以预测一个人约会的频率、受欢迎的程度、他人对其人格的最初印象等。我们并不认为有吸引力的人更富有同情心，但实验参与者认为他们更健康、更快乐、更为敏感、更成功和富有社会技能（Eagly et al., 1991; Feingold, 1992; Hatfield & Sprecher, 1986）。具有吸引力且穿着得体的人更有可能给将来的雇主留下好印象，并在工作中取得成功（Cash & Janda, 1984; Langlois et al., 2000; Solomon, 1987）。对收入的分析表明相貌平庸或者肥胖都会减分，而美貌则能加分（Engemann & Owyang, 2005）。

对 100 部从 1940 年到 90 年代的高票房电影进行分析后发现，在

当穴居人坠入爱河时

电影中，外貌富有吸引力的人物被描绘得比那些外貌不富有吸引力的人物精神更高尚（Smith et al., 1999）。但是，好莱坞的角色模式并不能解释为什么从注视的时间来判断，即使是婴儿也更偏爱有吸引力的外表（Langlois et al., 1987）。伯明翰大学教授赫尔（Hull, 1990, p. 23）在失明后发现，上述情况在一些盲人中也会出现。同事对一位美貌女性的评述奇妙地影响了他的知觉。他感到这是"可悲的……但是我仍有这种感觉……眼睛正常的男性对女性的想法对我有什么意义呢……但是，我仍关心他们的想法，我似乎并不能摆脱掉这种偏见。"

有些人认为看重外貌是不公平的，也是不明智的。两个关于吸引力的发现可能会让他们感到安心。首先，令人惊奇的是，人们的吸引力与他们的自尊和幸福无关（Diener et al., 1995; Major et al., 1984）。除非刚刚与那些极具吸引力的人作了比较，否则很少有人认为自己是缺乏吸引力的（Thornton & Moore, 1993）。（这也许多亏了曝光效应，我们大部分人都习惯了自己的长相。）其次，很有吸引力的人有时会怀疑人们对他们工作的赞赏其实是对他们外貌的一种反应。当不是很有吸引力的人被称赞时，他们更可能认为这种赞赏是真诚可信的（Berscheid, 1981）。

美是存在于特定文化之中的——大部分审美标准都受到特定时空的影响和制约。为了看起来具有吸引力，不同文化中的人们穿鼻子、拉长脖子、缠脚、染发或给皮肤涂色、暴饮暴食以增肥或减肥以显得苗条、束紧皮衣使胸部看起来更小，或利用外科手术往乳房里填充硅胶然后穿上丰胸内衣以显得更为丰满。在北美，20世纪20年代轰轰烈烈的追求极瘦的观念被50年代温柔、性感的玛丽莲·梦露形象所代替，而这一形象又被90年代身材苗条但胸部丰满的形象所替代。

如果我们天生没有吸引力，我们也可以试着去购买美貌。美国人目前在美容用品上的花费已经超过了教育和社会服务的总和。即使这样人们还不满足，数百万的人接受整容手术、盖牙术和牙齿美白、注射肉毒素除去皮肤皱纹以及激光除毛术（ASPS, 2010）。

然而，吸引力的某些方面确实能够跨越时空（Cunningham et al., 2005; Langlois et al., 2000）。身体提供了生育力的线索，因而影响性吸引力。如进化心理学家所解释的（见第5章），从澳大利亚到赞比亚，很多文化中的男性认为那些外表看起来年轻、生育能力强的女性更有吸引力，而判断的依据是低腰臀比（Karremans et al., 2010; Perilloux et al., 2010; Platek & Singh, 2010）。女性则认为那些看起来健康的男性，特

外貌的美丽比任何介绍信都更有效。

——亚里士多德，
《格言录》，公元前330年

"经常想到自己外表"的男性和女性的比例：

	男性	女性
加拿大	18%	20%
美国	17	27
墨西哥	40	45
委内瑞拉	47	65

资料来源：Roper Starch survey, reported by McCool (1999).

接受整形手术的人中91%是女性（ASPS, 2010）。女性对他人外貌的记忆也好于男性（Mast & Hall, 2006）。

他人眼中的吸引力 吸引力的概念会因文化而不同。但成年人的某些生理特征，如健康的外貌，似乎在任何地方都是有吸引力的。

第 13 章 社会心理学　155

极端的美容　在富裕、崇尚美的文化中，越来越多的人通过整形手术来改善他们的外表。如果钱不是问题，你也会这样做吗？

别是那些看起来成熟、有地位和富有的男性具吸引力，在排卵期尤其如此（Gallup & Frederick, 2010; Gangestad et al., 2010）。当然面孔也很重要。当人们分别评价异性的面孔和身体的时候，面孔能更好地预测整体的喜欢程度（Currie & Little, 2009; Peters et al., 2007）。

　　我们的感受也会影响对吸引力的判断。想想有两个人。第一个人诚实、幽默而且彬彬有礼。第二个人粗鲁、无礼貌且满嘴脏话。哪一个更有吸引力？大多数人认为性格有魅力的人外貌也有吸引力（Lewandowski et al., 2007）。我们认为自己所喜欢的人有吸引力。在罗杰斯和海默斯坦的一部音乐剧中，王子对灰姑娘这样问道，"是因为你美丽我才爱你，还是因为我爱你你才美丽？"很可能两者皆有。随着我们见到所爱之人的次数增多，他们外表的不完美变得不显眼而他们的吸引力却变得更为明显（Beaman & Klentz, 1983; Gross & Crofton, 1977）。莎士比亚在《仲夏夜之梦》中写道："爱不是来自眼中，而是来自心中。"爱上某个人，你就会看到他（她）一天比一天美丽。

相似性　接近性让你接触到某个人，并且你的外貌给对方留下了很好的第一印象。那么现在影响你们能否由熟人转变为朋友的因素是什么呢？比如，随着你对一个人了解的深入，你发现你们有很多不同之处，或者你们有很多相似之处，哪一种情况会使你们更加相互吸引呢？

　　这是个好故事——非常不同的类型喜欢或热爱彼此。艾诺·洛贝尔书中的青蛙和蟾蜍，《暮光之城》系列中的爱德华和贝拉。这些故事用我们很少经历的事情取悦我们，因为在现实生活中，我们往往不喜欢与我们不同的人（Rosenbaum, 1986）。朋友或夫妇比那些随意搭配的人更可能表现出相似的态度、信念和兴趣（还有年龄、宗教信仰、种族、教育水平、智力、吸烟行为及经济地位等）。

　　而且，人们之间的相似点越多，他们之间的好感也就越持久（Byrne, 1971）。记者沃尔特·李普曼的推测是对的，即"当相爱的人有许多共同的爱好，而不仅仅是互相喜欢时，爱情会持续下去"。相似可以带来满足感。差异通

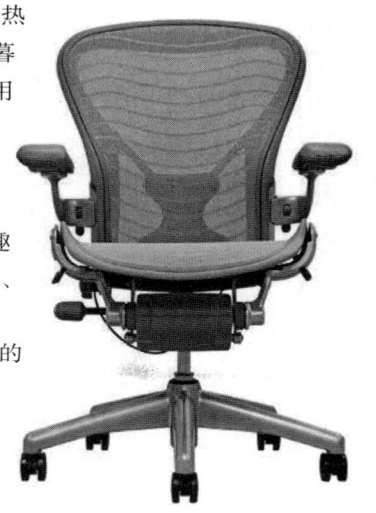

美感随着曝光次数而增加　米勒家具公司著名的亚伦办公椅（Aeron chair），最初在舒适度上的评分很高，但在美观评价上则糟透了。有人认为它看上去就像"草坪家具"或者"史前的巨型昆虫"（Gladwell, 2005）。但之后它赢得了设计大奖，在媒体上不断曝光，模仿坐椅也不断出现，"丑小鸭"最终成为该公司史上最畅销的坐椅，在美观上重新获得了人们的好评。人也一样，美部分地存在于欣赏者的眼里，随着曝光度的增加而不断变美。

Aeron work chair, courtesy of Herman Miller, Inc.

常会招致讨厌，这可以解释许多异性恋男性为什么看不惯那些与他们在性取向和性别角色上都不相同的同性恋男性（Lehavot & Lambert, 2007）。

接近性、外貌吸引力和相似性并非吸引的全部决定因素。我们也会喜欢那些喜欢我们的人，尤其是当我们的自我意象较低的时候。当我们认为某个人喜欢我们，就会更热情地回应他们，进而使他们更加喜欢我们（Curtis & Miller, 1986）。被人喜欢是一种很有效的奖赏。

的确，一个简单的吸引回报理论就可以解释我们迄今所考虑的所有问题，即我们会喜欢那些行为对我们有奖赏作用的人，并且我们会继续维持回报多于付出的关系。当一个人与另一个人在邻近的空间里生活或工作时，与这个人发展友谊需要花费的时间和努力较少，同时又可以享受友谊所带来的好处。具有吸引力的人可以带给人们美的愉悦，与他们交往可以获得社会性的奖赏。那些与我们有相似观点的人可以为我们提供支持。

> **提取一下**
>
> - 人们往往会与在周围生活或工作的人结婚。这是一个_____起作用的例子。
>
>   答案：接近性。
>
> - 外貌吸引力如何影响其他人的感知？
>
>   答案：外貌吸引力往往是我们形成的第一印象。人们总是假设有吸引力的人，而且其他人往往更多的是社交能力。

浪漫爱情

13-13：浪漫爱情是如何随着时间推移而变化的？

有时候，人们很快地从初次印象发展到友谊，再到更为热烈、复杂和神秘的浪漫之爱的状态。如果爱情持续，短暂的激情之爱会成熟为持久的伴侣之爱（Hatfield, 1988）。

激情之爱 唤起是**激情之爱**（passionate love）的一个关键因素，情绪的两因素理论（见第 10 章）可以帮助我们理解这种对另一个人的强烈而积极的爱意（Hatfield, 1988）。这一理论假设：

- 情绪有两个因素，即身体的唤起和认知评价；
- 由某种原因导致的唤起既可以增强这一种情绪也可以增强另一种情绪，这取决于我们怎样对唤起进行解释和归类。

在一项著名实验中，研究者对横跨英属哥伦比亚险峻的卡皮拉诺河的两座桥上的人进行了研究（Dutton & Aron, 1974, 1989）。一座是摇摇晃晃的吊桥，离下面岩石有 230 英尺；另一座则较矮而且稳固。研究者让一位富有吸引力的年轻女实验助手拦住刚从两座桥上下来的男性，请他们帮忙填写一份简短的问卷，随后给这些男性留了电话，以备他们想对她的项目有更多的了解。那些刚刚走过那座高桥，心还

比尔看着苏珊，苏珊望着比尔。突然间死亡似乎不再是一个可取的选择。这就是一见钟情。

怦怦直跳的男性中有更多的人接受了电话号码，并在后来给这位女性打了电话。当情绪被唤起，并把这种唤起的部分原因与一个合意的人联系起来的时候，便会感受到激情的推动。肾上腺素使两颗心贴得更近。当不断增进的依恋对性欲望加以补充时，就会产生激情之爱（Berscheid, 2010）。

伴侣之爱 虽然浪漫爱情中的渴望和依恋常会经久不息，但对对方强烈的关注、浪漫的感觉以及心醉神迷的如同"漂浮在云端"的感觉一般会逐渐消退。这是否意味着法国人说"爱情让时间飞逝而时间让爱情溜走"是正确的呢？或者，友谊与承诺可以在激情消退后让关系更为持久？

证据表明，随着爱情的逐渐成熟，它就变成一种更为稳固的**伴侣之爱**（companionate love）——一种深沉的、真挚的依恋。血液中促进激情的激素（睾丸激素、多巴胺、肾上腺素）会减少，而另一种激素催产素则诱发了信任、冷静以及与伴侣联结的感觉。在最令人满意的婚姻中，吸引和性欲望是持久的，少了早期爱情关系中的痴迷（Acevedo & Aron, 2009）。

从激情到依恋可能是一种适应性的智慧（Reis & Aron, 2008）。激情之爱常会带来孩子的出生，而父母之间迷恋的逐渐减少有利于孩子的生存。社会心理学家伯奇德及其同事（Berscheid et al., 1984）强调，未认识到短暂的激情之爱的有限性会导致关系破裂。事实上，在意识到激情之爱可能是短暂的迷恋之后，一些社会将这种情感视作结婚的非理性原因。他们认为最好是选择一个与你有相似兴趣和背景的人成为伴侣，或者是被这样的人选择。在非西方文化中，人们认为爱情对于婚姻没那么重要，离婚率的确较低（Levine et al., 1995）。

要建立令人满意且持久的关系，一个关键的因素是**公平**（equity）：双方的获得与付出是相称的。当公平存在时，他们就有很大机会获得持久的和令人满意的伴侣之爱（Gray-Little & Burks, 1983; Van Yperen & Buunk, 1990）。在一项全国性的调查中，"分担家务"位列人们认为与婚姻成功相关的九件事中的第三位（在"忠诚"和"满意的性关系"之后）。"我喜欢拥抱，我喜欢接吻。但我真正喜欢的是一起洗盘子，"皮尤研究中心总结道（Pew Research Center, 2007）。

公平的重要性超越了婚姻的范畴。彼此分享自我和财产，共同做决定，给予和获得感情的支持，提升和关注另一方的幸福是每一种爱的关系的核心和关键（Sternberg & Grajek, 1984）。这一点不论对于相爱的人，父母与孩子，还是亲密的朋友都是适用的。

爱的关系的另一个至关重要的因素是**自我表露**（self-disclosure），即吐露内心细微的想法——我们喜欢什么、厌恶什么，我们的梦想与担忧，我们感到骄傲和感到

> 当两个人处于最激烈、最疯狂、最虚妄和最短暂的激情之中时，他们发誓他们会一直维持那种兴奋的、不同寻常的和使人筋疲力尽的状态，直到生命的尽头。
>
> ——萧伯纳，
> 《结婚》，1908

羞愧的时刻。罗马政治家塞涅卡说："当我和朋友在一起时，我感觉就像独处，可以自由地讲出所想的任何事情。"自我表露促进好感，而好感又会促进自我表露（Collins & Miller, 1994）。当一方表露了一点儿，另一方也会如此；假如一方表露更多，另一方也会一样。如此反复，朋友或爱人就会更加亲密（Baumeister & Bratslavsky, 1999）。

有一项实验就是让成对的学生志愿者进行为时 45 分钟的逐渐增加自我表露的谈话，谈话内容很广泛，比如："你上次自己唱歌是什么时候？""你上一次在别人面前哭泣是什么时候？""你上一次独自一人哭泣又是在何时？"等等。到实验结束时，那些体验不断上升的亲密感的学生明显地感到与他们的谈话伙伴更为亲近，比那些只在这段时间里相互问了一些无关紧要问题（比如"你们的高中生活怎么样呢？"等）的学生之间的关系要亲近得多（Aron et al., 1997）。自我表露的亲密感和相互支持的公平感会使持久的伴侣之爱成为现实。

除公平和自我表露之外，第三个维系爱的重要因素是积极支持。尽管关系冲突是不可避免的，但我们可以问问自己在沟通中是更经常表达嘲讽还是支持，轻蔑还是同情，嘲笑还是微笑。对于不快乐的伴侣来说，意见不合、批评指责和贬低是家常便饭。而对于关系长久的快乐伴侣来说，积极的互动（赞美、抚摸、微笑）比消极的互动（讽刺、反对、辱骂）至少多 5 倍（Gottman, 2007；也见 Sullivan et al., 2010）。

如果用数学公式来表达爱情，那么就是：自我表露的亲密 + 相互支持性的公平 = 长久的伴侣之爱。

爱情是古老的现象 2007 年，一对 5000—6000 年前"罗密欧与朱丽叶"式的年轻情侣在罗马附近被发掘出来时保持相互拥抱的姿态。

提取一下

- 情绪的两因素理论如何解释激情之爱？

答案：请按每段（1）生理唤起的觉醒；（2）我们对觉醒来源的归因，加上有吸引力的潜入爱场，都会接触激情为激情。

- 维持伴侣之爱的两个关键要素是_____和_____。

答案：公平；自我表露

利他主义

13-14：什么时候我们最愿意和最不愿意帮助他人？

利他主义（altruism）是对他人利益的无私关注。为了营救他的监狱官，德克·威廉斯表现出利他主义。卢旺达首都基加利的卡尔·威尔肯斯和保罗·路斯沙巴吉那也是如此。威尔肯斯是一名耶稣复临安息日会传教士，1994 年他与家人一起生活在基加利，当年胡图族民兵开始屠杀图西族人。美国政府、教会领导以及他的朋友都设法营救他离开。但是他拒绝了。在转移了他的家人，甚至在所有其他美国人都离开基加利之后，他独自一人留下来，与一场 800 000 人的种族灭绝相抗争。当民兵前来杀害他和他的图西族仆人时,威尔肯斯的胡图族邻居制止了他们。尽管不断面临死亡的威胁,但他每天还是穿越路障给孤儿带去食物和水,谈判、恳求和出生入死,一次又一次拯救生命。他后来解释说(Kristof, 2004),"我只是做了正确的事情而已。"

在基加利的另一个地方,路斯沙巴吉那,一名与图西族人结了婚的胡图族人,管理着一家高档饭店,庇护了1 200多名惊恐不已的图西族人和一些温和的胡图族人。当国际调停者抛弃了这座城市,恶意的民兵在"卢旺达饭店"(2004年拍成了一部电影)威胁他的宾客时,勇敢的路斯沙巴吉那开始动用他的积蓄。他贿赂民兵,给在国外有影响力的人打电话以向当地权贵施压,从而在水火之中解救了饭店里的居住者。威尔肯斯和路斯沙巴吉那都表现出了利他主义,这是一种为了他人利益的无私行为。

在一起特别卑鄙可耻的性暴力事件发生后,利他主义成了社会心理学家们一个主要的关注点。1964年3月13日凌晨三点半的纽约市,一个跟踪者在基蒂·吉诺维斯的公寓外刺了她好几刀,然后强奸了严重受伤的她。"救命啊!救救我!"当吉诺维斯的喊叫声打破了清晨的沉寂时,有窗户打开了,灯也亮了,有38户邻居听到了她的喊叫声。歹徒逃之夭夭,不一会儿又回来了,并又对吉诺维斯砍了8刀,然后再次强奸了她。直到歹徒逃得无影无踪之后才有人做出了报警的举动,这时已经是凌晨3点50分。

为什么会发生大屠杀? 估计有80万人死于1994年的卢旺达大屠杀,当时胡图人杀害了大量的图西人。社会心理学研究帮助我们理解引发大屠杀的一些因素。我们倾向于把世界归类为我们和他们,而且当受到威胁时,对外群体感觉到更大的仇恨。

旁观者干预

对于吉诺维斯被杀事件以及其他类似的悲剧,大部分的评论者都对旁观者的"冷漠"与"无动于衷"感到愤怒。社会心理学家达利和拉坦(Darley & Latané, 1968b)并没有指责旁观者,而是把他们的不作为归因于一个重要的情境性因素——他人的在场。他们推测,在特定的情形下,我们中的大多数人都可能做出类似的行为。

在考察了各种情形下的紧急事件之后,达利和拉坦把他们的发现组建成了一个旁观者介入的决策图式:只有当情境使我们首先注意到事件的发生,然后将其解释为紧急事件并最后确信自己有责任救助之后,我们才会提供帮助(图13.14)。在每一个步骤中,其他旁观者的存在都会使人们偏离提供帮助的轨道。

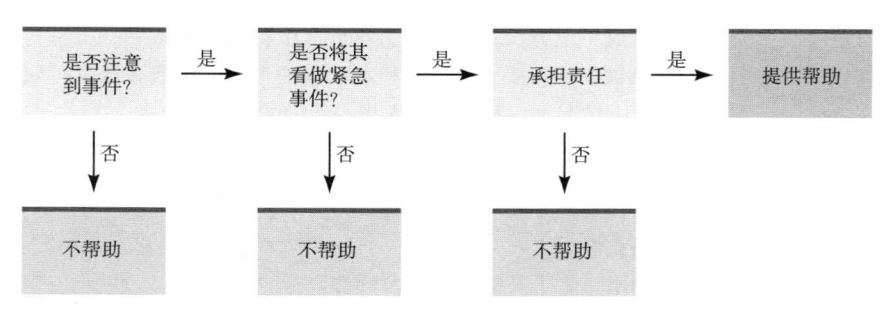

图 13.14
旁观者介入的决策过程
在提供帮助之前,个体必须首先注意到紧急事件,然后对其进行正确的解释,并感到自己有提供帮助的责任。(资料来源:Darley & Latané, 1968b)

图 13.15
对模拟紧急事件的反应
当人们认为只有自己一个人听到癫痫发作者的呼救声时，他们常常会提供帮助，但是当他们认为还有其他 4 个人也听到了呼救声时，只有少于 1/3 的人会采取行动。（资料来源：Darley & Latané, 1968a）

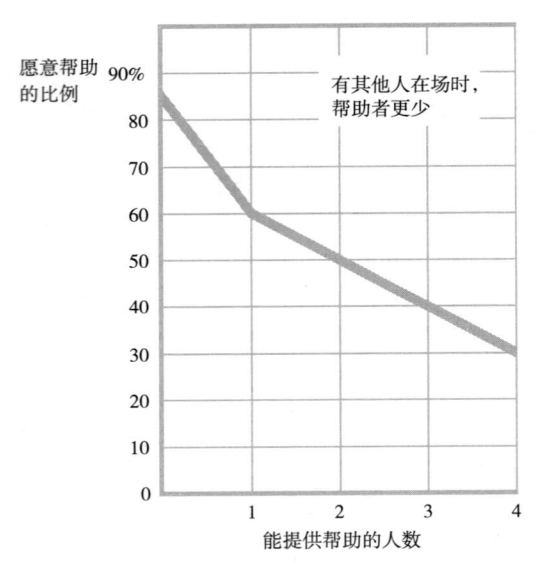

达利和拉坦的结论是在分析了一系列实验的结果之后得出的（Darley & Latané, 1968a）。例如，他们在实验室中模拟了一个紧急事件，让大学生们参加一个内部通话形式的讨论。每个学生单独待在一个小房间里，只有麦克风被接通时自己的声音才能被其他人听到，其中一个学生是实验助手，当轮到他时，他模仿癫痫发作的声音并请求帮助。

其他学生是如何反应的呢？正如**图 13.15** 所示，那些认为只有自己才能听到受害人的呼救声的人——因此会认为自己承担着提供帮助的全部责任——通常会提供帮助。而那些认为其他人也能听到呼救声的人则更有可能像吉诺维斯的邻居一样反应。能够承担救助责任的人越多，单个人提供帮助的可能性就越小，这就是责任分散现象。

很多研究都证明了**旁观者效应**（bystander effect）。例如，研究者和助手在三个城市中乘坐了 1 497 次电梯，在其他 4 813 名乘客面前"不小心"掉落了硬币或铅笔（Latanè & Dabbs, 1975）。当电梯中只有一个旁观者时，他提供帮助的可能性是 40%，而当有 6 名旁观者时，这一比例只有 20%。

根据对成千上万次这类"紧急事件"中行为的观察——打急救电话以帮助被困的车手、献血、捡起掉落的书本、捐钱和贡献时间等——在以下情况下，我们为他人提供帮助的可能性最大：

- 对方看上去需要帮助且值得我们帮助。
- 这个人在某些方面与我们相似。
- 对方是女性。
- 我们刚刚目睹了其他人的助人行为。
- 我们没有急事。
- 我们在小镇或郊区。
- 当我们感到内疚时。
- 我们在关注他人而不是专注于自己的事情。

- 我们心情好的时候。

最后这一条，即"快乐的人是乐善好施的"，是心理学中最具有一致性的发现之一。正如诗人罗伯特·勃朗宁（Browning, 1868）所说："让我们快乐，我们就会成为好人！"如何让我们快乐并不重要。不管人们是通过什么方式快乐起来的——觉得自己成功、聪明、想到高兴的事情、得到了钱，或者是接受了催眠的暗示——他们都会变得更为慷慨，更乐于助人（Carlson et al., 1988）。

因此，快乐可以滋生助人行为。同时，帮助他人也会带来快乐。慷慨的捐赠行为激活了与奖赏相关的脑区（Harbaugh et al., 2007）。这似乎解释了一个有趣的发现：把钱捐赠出去的人比几乎把钱全部花在自己身上的人要快乐。在一项实验中，研究者给了参与者一个信封，里面装着现金和指导语，要求人们要么把钱花在自己身上要么花在别人身上（Dunn et al., 2008）。在一天结束时，究竟哪一组人更开心呢？答案是把钱花在别人身上的那一组。

提取一下

- 为什么没有人帮助吉诺维斯？这个事件说明了什么社会关系原理？

答案：当其他人在场时，(1)责任意识减小了，正确地将情境解释为紧急事件以及目睹这种情境的压力可能减小了；只是碰到的可能性下降了；这种旁观者效应，即每多一个目击者或发现者，我们看到了这个事件。

助人的规范

13-15：社会交换理论和社会规范如何解释帮助行为？

我们为什么会帮助他人呢？一个普遍的观点是，自我利益是所有人类互动的基础：我们永恒不变的目标是把收益最大化而把成本最小化，会计们称之为成本-收益分析。哲学家称之为实用主义，社会心理学家称之为**社会交换理论**（social exchange theory）。当你在考虑是否要献血的时候，你可能会这样权衡其成本（时间、不舒服和焦虑感）及收益（减少负罪感、获得社会赞同和良好的感觉）。假如你认为提供帮助的收益大于成本，你就会提供帮助。

另一些研究者认为，我们帮助他人是社会化使然，通过规范规定了我们应该怎么做。在社会化过程中，我们学到了**互惠规范**（reciprocity norm），即我们应回报那些帮助我们的人而不是伤害他们。当我们处理自己与其他同等地位的人的关系时，互惠规范迫使我们做到付出（给予帮助、赠送礼物或提出邀请等）与获得一样多。

美国亚利桑那州滕比市的一个无家可归者戴夫·塔里捡到了一名亚利桑那州立大学学生丢失的双肩包，他在包里发现了学生用来买二手车的3300美元，在这之后互惠规范就启动了（Lacey, 2010）。塔里没有将这笔钱用于他所急需的自行车维修、食物和庇护所，而是把双肩包送到他所志愿服务的社会服务机构。为了感谢塔里的帮助，那名学生给了塔里一些钱作为回报。在听说了塔里无私的事迹之后，许多人也给他送来钱并且为他提供工作。

我们也习得了**社会责任规范**（social-responsibility norm），即我们应该帮助那些需要帮助的人，比如年幼的孩子和那些并不能回报同样多的人，即使这样做的成本大于收益。每周都参加宗教服务的人被告诫要实践社会责任规范，他们有时会这样做。在美国的调查中，他们主动为贫穷者和弱者提供帮助的时间比那些极少或从不参加宗教服务的人要多两倍（Hodgkinson & Weitzman, 1992; Independent Sector, 2002）。从 2006 年到 2008 年，盖洛普调查抽取了 140 个国家的 30 万多人，比较了"高度虔诚"的教徒（报告说宗教在他们的日常生活中占据重要的地位，而且在之前的一周中参加过宗教服务）和不那么虔诚的人。那些高度虔诚的人，即使收入不高，他们报告在上个月捐钱给慈善机构和在某个组织从事志愿工作的可能性也高出大约 50%（Pelham & Crabtree, 2008）。

尽管积极的社会规范总是鼓励人们要宽容并促进群体生活，但是冲突却经常让我们分裂。

冲突与调停

虽然自 20 世纪末以来，西方民主制度逐渐被一些东欧和阿拉伯国家所采纳，但全世界每天仍然要在武器与军队上花费 30 亿美元，而这些钱原本可以用于住房、营养、教育和健康。既然战争始于人们的思想，心理学家就想弄明白：人们思想中的什么东西导致了破坏性的冲突？我们感觉到的来自社会差异的威胁如何才能够被一种合作精神所取代？

冲突的要素

13-16：社会陷阱和镜像知觉是如何引发社会冲突的？

对社会心理学家来说，**冲突**（conflict）是行为、目标或观念等方面的不相容。从国家间的战争到一个社会中的文化纷争，再到婚姻矛盾中的个人，冲突的因素在各个层面上都非常相似。在每一个情境中，人们都会陷入一个具有潜在破坏性的社会过程，而这个过程可能产生大家都不希望的结果。这些破坏性过程就包括社会陷阱和扭曲的知觉。

社会陷阱 在有些情况下，我们可以通过追求个人利益来促进集体的福祉。正如资本论者亚当·斯密在 1776 年出版的《国富论》中所写的，"我们所期望的晚餐不是来自屠夫、酿酒者或是面包师的善行或捐款，而是来自于他们对自己利益的关注"。在另一些情况下，参与的各方在追求各自目标时可能会导致相互伤害。这样的情境就是**社会陷阱**（social trap）。

思考图 13.16 中这个简单的游戏矩阵，这和那些已经有无数人参与的实验中所用的方法相似。在这个游戏中，双方可能都赢或都输，这取决于参与者的个人选择。假如你是 1 号参与者，另一个人是 2 号参与者，你们俩单独选择 A 或 B 后你们将各自获得如图所示的奖励。（你也可以请某个人和你一起玩这个游戏，由他扮演 2 号参与者）。你会选择哪一个，A 还是 B？

当你思考这个游戏时，你会发现你和 2 号参与者处于一个两难境地。假如你们都选 A，你们都会受益，每个人获得 5 美元；假如你们都选择 B，你们中任何一个都不会受益，因为你们都没赢。不过，在每个单次选择中，你选 B 符合自己的利益，你不会输，并且你可能获得 10 美元。但是，这种情况也同样可以发生在另一个人身上。于是，社会陷阱出现了：只要你们都追求自己眼前的最大利益而选择 B，你们都将一无所获——这是最典型的结果——而你们本来都可以获得 5 美元。

类似地，许多现实生活情境也会造成个人利益与共同利益的冲突。私家车拥有者在想："混合动力和电动汽车更贵，而且也不如我想买的车型漂亮。况且，我用的燃料并不会明显增加温室效应。"当这样想的人非常多的话，产生的共同结果就是灾难的降临——海平面上升和极端天气增多。

社会陷阱给我们提出了挑战，我们需要寻找合适的方法来协调我们追求个人利益的权利与我们为世人造福的责任之间的关系。心理学家因而正在寻找合适的方法说服人们为了共同的发展和提高而相互合作——这些方法有：建立一致同意的规则，进行更有效的沟通，以及提升人们对社区、国家乃至整个人类的责任意识（Dawes, 1980; Linder, 1982; Sato, 1987）。有了这些，不管是在实验条件下还是在现实生活中，人们都更可能相互合作。

敌人知觉 心理学家注意到，处于冲突中的人们倾向于丑化另一方的形象。具有讽刺意味的是，这些扭曲的形象如此相似，我们把它们叫作**镜像知觉**（mirror-image perceptions）。每一方都在丑化另一方：我们把"他们"看作是不值得信任的和邪恶的，同样"他们"也这么看我们。

镜像知觉常常会造成敌意的恶性循环。如果胡安相信玛丽在生自己的气，就可能冷落玛丽，这会导致玛丽相应的行为，从而证明胡安知觉的正确性。个体如此，

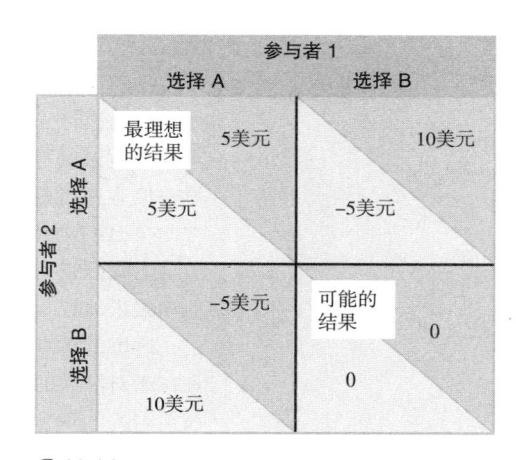

图 13.16

社会陷阱游戏矩阵

追求个人利益而不信任他人会使我们以失败告终。为了阐明这个道理，想象你自己正在玩这个游戏。每个方格深色部分显示了 1 号参与者的结果，而这取决于两个参与者的选择。假如你是 1 号参与者，你将选择 A 还是 B 呢？（这一游戏被称为"非零和博弈"，因为不要求最终结果的总和为零，两方可以共赢或者共输）。

别在我的海里！ 很多人支持替代能源，包括风力涡轮机。但是要在人们生活的周边地区建造风力农场时，却很少得到支持。在马萨诸塞州楠塔基特岛的海岸建造风力机的提议就引发了热议，争论的焦点在于未来清洁能源的益处与改变宝贵的海洋景观的代价，以及还可能改变鸟的迁徙路线。

国家亦然。知觉变成了自我实现的预言。

我们往往会把自己的行为视为对挑衅的反应，而非后续事件的原因。当我们觉得自己是以牙还牙时，往往做出更强烈的回击，正如伦敦大学学院的志愿者在一项实验中所做的那样。他们在感觉到自己手指上的压力后，要使用一台机械设备按压另一位志愿者的手指。虽然他们的任务是回报以相同的压力，但他们按压的力量通常比自己刚刚体验到的压力要多出约40%。尽管需要做出同等的响应，但他们的做法马上就升级为强烈的按压，就像每个打过一架的孩子所说的："我只是推了他一下，他却狠狠地打我"（Shergill et al., 2003）。

这里的重点并不在于真理必须是两种冲突观点的中间点（一个可能更准确），而是在于对敌人的知觉经常会形成镜像。此外，随着敌人的变化，知觉也会发生变化。在美国人的观念与媒体宣传中，"嗜血的、残忍的、奸诈的"日本人在二战以后成为他们"聪明的、勤奋的、自律的、足智多谋的"盟友（Gallup, 1972）。

提取一下

- 为什么球迷在他们的主要竞争球队输掉比赛时会有满足感？在其他场合，为什么这样的感觉会导致冲突的解决更加困难？

答案：该球队可能威胁到自己的球队的一部分（主要竞争者的存在的深入）以及分为外群体，他们就变得更令人讨厌。同样，对于其他的我们觉得成员威胁了我们自己的群体中，我们来一种满足感，并非来一种性满足感（扭曲的明明显的，其他被认知和定义的）。

促进和平

13-17：我们怎样才能把偏见、攻击和冲突的感受转变为促进和平的态度？

我们怎样才能实现和平？接触、合作、沟通和调解可以把偏见和冲突导致的敌意变成寻求和平的态度吗？研究表明，在某些情况下确实可以。

接触　让冲突的双方紧密接触会有帮助吗？那要看情况。如果这种接触没有竞争性，双方地位平等，比如一起工作的店员，接触往往有帮助作用。原来存有偏见的不同种族的同事，在这种情况下通常会彼此接纳。研究者对500多项有关与外群体（比如少数族裔、老年人、残疾人等）面对面接触的研究进行了统计分析，结果证明了上述结论。在研究所涵盖的38个国家的25万人中，接触与更积极的态度相关，或者在实验研究中，接触有助于形成更加积极的态度（Pettigrew & Tropp, 2011）。举例如下：

- 在跨种族的接触中，南非白人和黑人的态度变得更为接近（Dixon et al., 2007; Finchilescu & Tredoux, 2010）。
- 异性恋者对同性恋者的态度不仅受到他们知道什么的影响，也受到他们认识什么人的影响（Smith et al., 2009;）。在一项全美调查中，家人或好友中有同性恋的人支持同性婚姻的可能性是没有的人的2倍——分别为55%与25%（Neidorf & Morin, 2007）。
- 甚至与外群体成员的间接接触（通过读故事或者朋友间的转述）通常也能减少

偏见（Cameron & Rutland, 2006; Pettigrew et al., 2007）。

然而，有时光有接触还不够。在大部分废除种族隔离的学校，不同的种族群体重新在午餐厅和其他学校场所隔离自己（Alexander & Tredoux, 2010; Clack et al., 2005; Schofield, 1986）。每个群体的人通常都认为他们欢迎与别的群体进行更多的接触，但又假定别的群体不会回报己方的良好愿望（Richeson & Shelton, 2007）。"我不会主动与他们接触，因为我不想遭到拒绝；他们也不会主动与我接触，因为他们对我根本不感兴趣。"只有纠正这种镜像式的错误知觉，才可能建立友谊，消除偏见。

合作 为了弄清敌对双方能否克服他们的差异，研究者谢里夫（Sherif, 1966）先故意激起群体的冲突。他把 22 名俄克拉荷马城的男孩子分到一个男孩侦察营的两个独立区域。然后在两组之间进行了一系列的竞争性活动，并奖励获胜者。没过多久，每个男孩都对自己所在的小组有着强烈的自豪感，而对另一小组充满敌意并形容对方是"鬼鬼祟祟的""卑鄙的"。他们在用餐期间争夺食物并把餐厅洗劫一空，不得不由营地职员来制止斗殴。当谢里夫再把两组人聚集在一起时，除了辱骂与威胁，他们互不搭理。谁都不会想到，几天之后，他们竟然成了朋友。

谢里夫做到这一点是通过给予他们**超级目标**（superordinate goal）——只有通过合作才能达成的共同目标。他安排将营地水源供应中断，所有 22 个男孩子必须一起努力来恢复供水。在没有在线影片租赁的日子里，租一部电影需要他们把资源聚拢起来。所有的男孩子需要一起又推又拉才能使抛锚的卡车重新发动。谢里夫用分离与竞争使陌生人变为了敌对者，又用共同的困境和目标使敌对者和解并成为朋友。简单的接触并不能降低冲突，合作性的接触才能降低冲突。

一个共同的困境在"9·11"事件后的数周里也起着强大的团结作用。在美国，人们感到"我们"正在遭受袭击，爱国心高涨。盖洛普对"我们的总统"支持率的调查显示，在袭击前一周还是 51% 的支持率，到袭击后 10 天就提高到了历史最高点——90%，刚刚超过老布什在 1991 年海湾战争进入高潮时所达到的 89% 的支持率这一记录（Newport, 2002）。无论是在聊天室还是在日常对话中，"我们"（相对于"我"而言）这个词的使用频率在"9·11"事件之后急剧增加（Pennebaker, 2002）。

在这些时候，合作解散了人们原先所属的亚群体，使人们将自己看作是一个新的、容纳性更强的群体的成员（Dovidio & Gaertner, 1999）。你可以让两个团体的成员围着桌子坐在一起，而不是相对而坐，给他们一个共同的新名字，让他们一起工作，这样的经历会使"我们和他们"转变为"我们"。"9·11"之后，一个 18 岁的新泽西州青年这样描述自己社会身份的转换："以前我只是把自己看作是一个黑人，而现在我感觉我是一个美国人，这种感觉比以往任何时候都强烈"（Sengupta, 2001）。在一项真实的实验中，美国白人在读了报纸新闻（即恐怖分子威胁了所有美国人）之后，对黑人的偏见减少了（Dovidio et al., 2004）。

假如对立群体的成员进行合作性的接触有助于形成积极的态度，我们是否可以把这一原理应用于多元文化的学校？我们能否用合作性的课堂情境来代替竞争性的课堂情境并以此来促进不同种族间的友谊？合作学习能否维持甚至提高学生的成绩？对来自 11 个国家的青少年进行的实验证实，在以上三种情形中，答案都是肯定的（Roseth et al., 2008）。

你无法与握紧的拳头握手。
——英迪拉·甘地，1971

科菲·安南："我们大多数人都有多重身份，这些身份将我们与一些截然不同的群体联合起来。我们可以热爱自己，同时不反感与我们不同的人或事，我们可以在自己的传统中成长，也可以向其他的传统学习和借鉴"（诺贝尔奖演讲，2001）。

在课堂和体育赛事中，不同种族的团体成员为了一些项目一起工作或一同比赛之后，能明显感受到彼此之间的友好。认识到这一点后，数千名教师已经把不同种族间的合作学习运用到他们的教学中。

合作性活动可以化敌为友，这使得心理学家们呼吁增加国际交流与合作。当我们参与到互利互惠的贸易中时，当我们为了共同的命运一起努力来保护这个脆弱的星球时，当我们更加清醒地意识到我们的希望和恐惧是连在一起的时候，我们就可以将那些导致分裂与冲突的错误观念转化为一种建立在共同利益之上的团结一致。

沟通 当现实生活中的冲突变得激烈时，一个处于第三方的调停者——婚姻顾问、劳动争议调解人、外交家、社区志愿者——可以促成非常必要的沟通（Rubin et al., 1994）。调停者帮助每一方阐明自己的观点并帮助他们理解另一方的观点。通过引导每一方去考虑另一方的基本需要和目标，调停者试图用一种互惠互利的合作性双赢取向来代替竞争性的非赢则输的取向，从而得到一个双方都受益的解决方案。一个经典的例子是：两个朋友为了一个橘子吵了一架，最后两人决定把橘子分为两半。其中一个人是把他分到的一半拿来榨了果汁，而另一个人只是用他那一半的果皮为蛋糕提味。假如他俩能事先了解彼此的动机的话，他们完全可以寻找到一个双赢的解决办法：即一个人得到所有的果汁，另一个人得到所有的果皮。

和解 在愤怒或危机出现时，相互理解与合作的解决方法是最为需要的，然而也是最难以做到的（Bodenhausen et al., 1994; Tetlock, 1988）。当冲突加剧时，刻板印象增多，判断更加僵化，沟通更加困难甚至变得不可能。每一方都可能进行威胁、强迫或报复。在海湾战争开始前的几周里，（老）布什总统公开威胁要"萨达姆尝尝厉害"，而萨达姆则同样威胁要让美国人"血流成河"。

在这种情况下，有什么办法可以替代战争或投降吗？社会心理学家奥斯古德（Osgood, 1962, 1980）提出了一个降低紧张关系的分级互惠动议（Graduated and Reciprocated Initiatives in Tension-Reduction）策略，简称为 **GRIT**。在运用 GRIT 的过程中，一方首先声明自己对彼此利益的认识以及缓和紧张关系的意愿；然后主动做出一个或多个小的和解行为。在未削弱自己的报复能力的情况下，这种谦让的开端会为对方做出回应敞开大门。如果对方回报以敌意，一方就要予以回击。如果对方做出任何和解的举动，一方也回报以善意。

在实验室研究中，一个小小的愿意和解的姿态——一个微笑、一次触摸、一句道歉的话语——也能使双方把关系的紧张度降到安全的级别，从而开始沟通和相互理解（Lindskold et al., 1978, 1988）。在现实世界的国际冲突中，肯尼迪总统停止大气层核试验的表态，开启了一系列相互回应的和解行动，这些行动以在1963年达成的禁止在大气层进行核试验条约而告终。

正如致力于共同目标所提醒我们的，我们更为相似而非不同。文明的进步不是依赖冲突和文化隔离，而是把各种文化遗产包括知识、技能、艺术推广到整个人类。索厄尔（Sowell, 1991）指出，多亏了文化共享，每一个现代社会都因为文化融合而变得丰富。我们应该感谢中国的造纸术、印刷术，以及开启了伟大探索事业的磁性指南针；我们还应该感谢埃及的三角学，感谢伊斯兰世界和印度教徒为我们发明了阿拉伯数字。当我们拥有这些文化遗产并为此庆贺时，我们同样也可以对丰富当今

超级目标能克服差异 一起努力以实现共同的目标是打破社会壁垒的有效方法。

Syracuse Newspapers/ The Image Works

社会的多样性表示欢迎。我们可以把自己看作是人类交响乐团中的一件件乐器。这样，我们就可以建立不同文化传统之间交流、理解与合作的桥梁，同时发扬我们自己的文化传统。

提取一下

- 调和冲突并促进和平的方式有哪些？

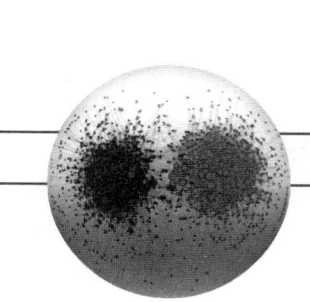

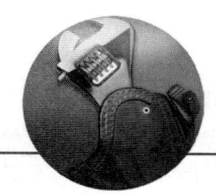

答案：鼓励人为达成共同的卓越目标（超越差异的目标），顺应沟通相互以及互惠和更深的交流（每一方作一件小事）。

本章复习

社会心理学

学习目标

回答以下学习目标问题来测试一下你自己（这里重复了本章中的问题）。然后翻到附录的完整章节复习，核对你的答案。研究表明，试着自主回答这些问题将增进你对这些概念的长期记忆（McDaniel et al., 2009）。

社会思维

13-1： 社会心理学家研究什么？我们倾向于对自己和他人的行为做出怎样的解释？

13-2： 态度与行为如何相互作用？

社会影响

13-3： 文化规范如何影响我们的行为？

13-4： 什么是自动模仿？从众实验是如何揭示社会影响的力量的？

13-5： 关于社会影响的力量，米尔格拉姆的服从实验对我们有什么启示？

13-6： 他人在场对我们的行为有何影响？

13-7： 什么是群体极化和群体思维，作为个体我们有多大的力量？

社会关系

13-8： 什么是偏见？偏见的社会与情感根源是什么？

13-9： 什么是偏见的认知根源？

13-10： 心理学对"攻击"的定义与日常用法有哪些区别？哪些生物学因素使得我们更倾向于彼此伤害？

13-11： 哪些心理和社会文化因素可能引发攻击行为？

13-12： 为什么我们会结交或爱恋某些特定的人？

13-13： 浪漫爱情是如何随着时间推移而变化的？

13-14： 什么时候我们最愿意和最不愿意帮助他人？

13-15： 社会交换理论和社会规范如何解释帮助行为？

13-16： 社会陷阱和镜像知觉是如何引发社会冲突的？

13-17： 我们怎样才能把偏见、攻击和冲突的感受转变为促进和平的态度？

术语与概念

测试自己对以下术语的理解，试着用自己的语言写下这些术语的定义，然后翻到提到术语的那一页核对你的答案。

社会心理学
归因理论
基本归因错误
态　度
外周途径说服
中心途径说服
登门槛现象
角　色
认知失调理论
文　化
规　范
从　众
规范性社会影响

信息性社会影响
社会助长
社会懈怠
去个性化
群体极化
群体思维
偏　见
刻板印象
歧　视
公平世界现象
内群体
外群体
内群体偏见
替罪羊理论
异族效应
攻　击
挫折–攻击原理
社会脚本

曝光效应
激情之爱
伴侣之爱
公　平
自我表露
利他主义
旁观者效应
社会交换理论
互惠规范
社会责任规范
冲　突
社会陷阱
镜像知觉
超级目标
降低紧张关系的分级互惠动议
GRIT

心理障碍概述
批判性思考：注意缺陷/多动障碍是正常的精力充沛，还是真正的心理障碍？
对心理障碍的理解
心理障碍的分类和给人们贴标签
批判性思考：精神病与责任

焦虑障碍
广泛性焦虑障碍
惊恐障碍
恐怖症
强迫症
创伤后应激障碍
对焦虑障碍的理解

心境障碍
抑郁症
双相障碍
对心境障碍的理解
特写：自杀与自伤

精神分裂症
精神分裂症的症状
精神分裂症的发病和发展
对精神分裂症的理解

其他障碍
分离障碍
进食障碍
人格障碍

心理障碍的患病率

第 14 章

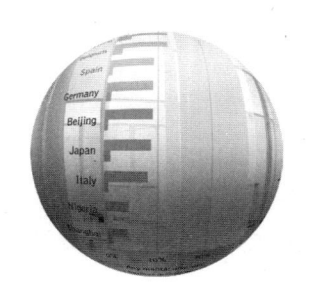

心 理 障 碍

> 我感觉有打扫房间的必要……还会花上四五个小时来打扫。我会将所有的书从书柜里拿出来，拂去灰尘，然后再放回原处……停不下来。
>
> ——马克，被诊断为强迫症（摘自 Summers, 1996）

> 每次我感到抑郁，都是因为我失去了自我感。我找不到喜欢自己的理由，觉得自己丑陋，认为没有人会喜欢我。
>
> ——格里塔，被诊断为抑郁症（摘自 Thorne, 1993, p.21）

> 我总是听到一阵声音，像是一群人在怒吼。我觉得自己像耶稣一般经受着痛苦的煎熬。
>
> ——斯图尔特，被诊断为精神分裂症（摘自 Emmons et al., 1997）

我们都会在某些时候以心理异常之人的常用方式去感受、思考和行事。我们也会感到焦虑、抑郁、怀疑、妄想或退缩，只是表现得更为平和，持续时间也较为短暂。因此，偶尔看到我们处在自己所研究的心理障碍中也就不足为奇了。

通过亲身体验或通过朋友、家人的经历，很多人能感受到由无法解释的身体症状、非理性的恐惧或由生活没有意义感而造成的困惑和痛苦。世界卫生组织（WHO, 2010）报告，全世界约有 4 亿 5 千万人经受着精神或行为障碍的折磨。在世界范围内，由此而致的生命损失年数占由于死亡或残疾而导致的生命损失总年数的 15.4%，稍低于心血管疾病并略高于癌症（Murray & Lopez, 1996）。文化不同，心理障碍的患病率和表现也不同，但任何社会都不能幸免于两种可怕的障碍：抑郁和精神分裂症（Baumeister & Härter, 2007; Draguns 1990a, b, 1997）。本章将对这些以及其他一些障碍进行考察，下一章则考虑如何治疗。不过，我们先要解决几个基本问题。

心理障碍概述

14-1：我们应该如何区分正常行为和心理障碍？

多数人可能都认为，一个心情抑郁且三个月都拒绝下床的家人有心理障碍。但我们又该如何看待一位在孩子去世三个月后仍未恢复正常社会活动的悲伤父亲？我们应该如何区分临床上的抑郁和可以理解的悲伤？怎样辨别荒诞的非理性思维和蹩脚的创造力？如何区分异常和正常？

理论家和临床医生在寻找答案的时候考虑了几个视角：

- 我们该怎样定义心理障碍？
- 我们该怎样理解心理障碍，是需要诊断和治疗的疾病，还是一种对困境的自然反应？
- 我们该如何对心理障碍进行分类？我们能否找出一种分类方法，既帮助了那些受困扰的人，又不会因"贴标签"而对他们造成伤害？

许多心理健康工作者认为**心理障碍**（psychological disorder）是"个体在认知、情绪或行为方面的显著功能失调"。这种功能失调反映了"精神功能背后潜在的心理、生物或发展过程的紊乱"（DSM-5 Task Force, 2012）。

功能失调行为是适应不良的，它们会干扰正常的日常生活。对蜘蛛的强烈恐惧可能是不正常的，但是如果它没有干扰你的生活，它就不是心理障碍。马克的清洁仪式（见本章开头）确实干扰了他的工作和业余生活。如果偶然的悲伤情绪持续下去并使人丧失能力，那么它们就可能标志着心理障碍。

功能失调的行为往往伴随着痛苦。马克、格里塔和斯图尔特显然都因其行为或情绪而感到痛苦。1973 年，美国精神医学学会不再认为同性恋是一种障碍，因为精神卫生工作者开始认为同性吸引本身并非是功能失调或使人痛苦的。另一方面，在 20 世纪 70 年代，人们通常认为精力充沛的儿童只是稍有点"野"的正常孩子。如今，这些儿童则更多地被认为是功能失调，并且被诊断为注意缺陷/多动障碍（ADHD）。（见"批判性思考：注意缺陷/多动障碍是正常的精力充沛，还是真正的心理障碍？"）

对心理障碍的理解

14-3：选用医学模式还是生物–心理–社会模型会如何影响我们对心理障碍的理解？

我们看待问题的方式会影响我们解决问题的方式。在古代，人们常常以一些神秘力量——星体的运行、神的力量或魔鬼的灵魂——在起作用来解释那些令人不解的行为。假如你生活在中世纪，你也许会说"魔鬼驱使他这样做"。为了驱邪降魔，人们有时会把"疯子"关进笼子，或者给予如下"治疗"：切除生殖器、抽打、拔牙、切除部分肠子或输入动物的血液（Farina, 1982）。

一些改革者如法国的菲利普·皮内尔（Philippe Pinel, 1745—1826）反对这些残

> **批判性思考**

注意缺陷/多动障碍是正常的精力充沛，还是真正的心理障碍？

14-2：为什么注意缺陷/多动障碍存在争议？

8岁的托德总是活力十足。在家里，他说起话来喋喋不休，一会儿干这个，一会儿干那个，很少坐下来读一本书或专注于一个游戏。他在玩耍的时候表现鲁莽，如果同伴撞到他或拿了他的某个玩具，他会做出过度的反应。在学校里，筋疲力尽的老师抱怨坐立不安的托德不听课，不听从指示，不待在座位上，也不做功课。成年后，托德的多动症状似乎消退了，但注意力不集中的问题则一直存在（Kessler et al., 2010）。

如果托德接受心理评估，他可能会被诊断为**注意缺陷/多动障碍**（attention-deficit hyperactivity disorder, ADHD）。有5%的儿童和3%的青少年表现出至少一个注意缺陷/多动障碍的关键症状（严重的注意力不集中、多动和冲动）（Polanczyk et al., 2007）。研究还发现，有2.5%的成人（虽然人数随着年龄增长而减少）表现出了注意缺陷/多动障碍的症状（Simon et al., 2009）。

对持怀疑观点的人而言，注意力分散、坐立不安和冲动像是单纯由Y染色体上的遗传变异所导致的"障碍"。而被诊断为注意缺陷/多动障碍的男孩的确比女孩多3倍。精力充沛的儿童加上枯燥无趣的学校是否造成了注意缺陷/多动障碍的过度诊断？我们是否把这个标签误贴在了健康学童身上？在更自然的户外环境中，这些儿童可能看起来完全正常。

这正是持怀疑观点者的想法。他们指出，在1987年以后的十年中，接受注意缺陷/多动障碍治疗的美国儿童的数量增加了近3倍（Olfson et al., 2003）。诊断的普遍程度部分取决于教师的做法。有些教师大量介绍儿童接受注意缺陷/多动障碍评估，另一些教师则不这样做。纽约州各个县的注意缺陷/多动障碍患病率相差10倍（Carlson, 2000）。格雷指出，取决于所居住的地区，那些让校方感到"如鲠在喉"的儿童常会被诊断为注意缺陷/多动障碍并给予强效的处方药物（Gray, 2010）。不过他认为问题不在孩子身上，而更多地在于现在的环境，这种不正常的环境强迫儿童长时间坐在椅子上，但进化并没有为他们做这样的准备。

争论的另一方认为现在越来越多的注意缺陷/多动障碍诊断反映了人们对这种心理障碍的认识的提高，尤其是在那些诊断率最高的地区。他们承认这种诊断是主观的并且有时是前后矛盾的，无法像手臂骨折那样被客观定义。尽管如此，世界精神卫生联盟（World Federation for Mental Health, 2005）宣称："国际科学界已经达成重要共识，注意缺陷/多动障碍是一种真正的神经生物学障碍，对其存在与否不应再有争议。"75位研究人员在共识声明中指出，在神经影像研究中，注意缺陷/多动障碍与异常的脑部活动模式有关（Barkley et al., 2002）。

那么，关于注意缺陷/多动障碍的病因，有什么是我们已知的呢？它不是过多的糖分或糟糕的学校导致的。这种障碍往往跟某种学习障碍或反叛和易怒的行为同时存在。注意缺陷/多动障碍具有遗传性，研究人员正在追踪造成问题的基因变异和异常神经通路（Nikolas & Burt, 2010; Poelmans et al., 2011; Volkow et al., 2009; Williams et al., 2010）。注意缺陷/多动障碍可用药物治疗，如利他林（Ritalin）和阿得拉（Adderall）。这些药物被视为兴奋剂，但有助于减少多动行为，让孩子更坐得住，更能专注于任务，并取得正常的学业进步（Barbaresi et al., 2007）。心理治疗，例如那些着重于在学校和家中进行行为塑造的心理治疗，也有助于应对注意缺陷/多动障碍造成的痛苦（Fabiano et al., 2008）。

重点：极端的注意力分散、多动和冲动会阻碍人们在社会、学业和职业领域取得成就，这些症状可以通过药物或其他疗法来治疗。然而，对于正常的吵闹行为是否过于频繁地被诊断为精神障碍，以及长期使用兴奋性药物来治疗注意缺陷/多动障碍是否会造成损害，争论仍在继续。

忍的做法。疯癫不是邪魔附体的结果，而是一种由沉重的压力和不人道的环境引起的心理疾病。皮内尔认为治愈这个疾病，需要"道德疗法"，包括用打开枷锁和交谈的方式鼓舞病人的士气。他们用温和代替残酷，用各种活动改变病人的孤立状态，用新鲜的空气和阳光取代污秽的环境。

174　心理学导论

"道德疗法" 受菲利普·皮内尔的影响，医院有时会组织病人跳舞，常被称为"疯狂舞会"。乔治·贝洛斯在其画作《精神病院中的舞会》中描绘了上述景象。

医学模式

在19世纪，一项医学突破促使了进一步的改革。研究人员发现梅毒（一种性传播疾病）会侵袭大脑并扭曲心智。这一发现诱发了一股去寻找产生障碍的生理原因以及治愈这些病症的方法的热潮。医院取代了精神病院，精神障碍的**医学模式**（medical model）诞生了。反映这一模式的一些词汇沿用至今。我们会说起精神卫生运动。精神疾病（或心理病理学）需要依据症状加以诊断，而且需要通过疗法（包括在精神病医院的治疗）来治疗。新近的一些发现为医学的观点提供了更多证据。遗传导致的大脑结构和生物化学方面的异常与多种障碍的产生有关。

生物－心理－社会观

将心理障碍称为"疾病"，这使研究受到生物学的强烈影响，远离我们的个人历史及社会文化环境的影响。然而，正如我们在本书中已经看到的，我们的生物、心理和社会文化环境的交互作用塑造了我们的行为、想法和感受。作为个体，我们承受的压力大小不同，应对应激源的方式也不同。不同文化产生的应激源和提供的应对方式也是不同的。

我们可以从文化相关的症状上看到环境对心理障碍的影响（Beardsley, 1994; Castillo, 1997）。例如，在不同的文化中，焦虑会以不同的方式表现出来。在马来西亚，可能会出现杀人狂（amok）——突然爆发的暴力行为（短语"run amok"即由此而来）。在拉美文化里，人们可能会表现出惊恐症（susto，又称"惊骇症"）症状，显著特征为严重的焦虑、不安和对黑巫术的恐惧。在日本文化中，人们可能会体验对人恐怖症（taijin-kyofusho），表现为对外表感到焦虑，容易脸红，惧怕目光接触，或蛰居族（hikikomori）的极端退缩。进食障碍中的神经性厌食症和神经性贪食症主要发生在北美和其他西方文化中。然而，跟麦当劳和音乐电视一样，这种美国人的心理障碍正在加速向全世界扩散（Watters, 2010）。

其他心理障碍，例如抑郁症和精神分裂症，则在世界范围内发生。从亚洲到非洲，再到美洲，精神分裂症者往往表现出无理、紊乱的言行。

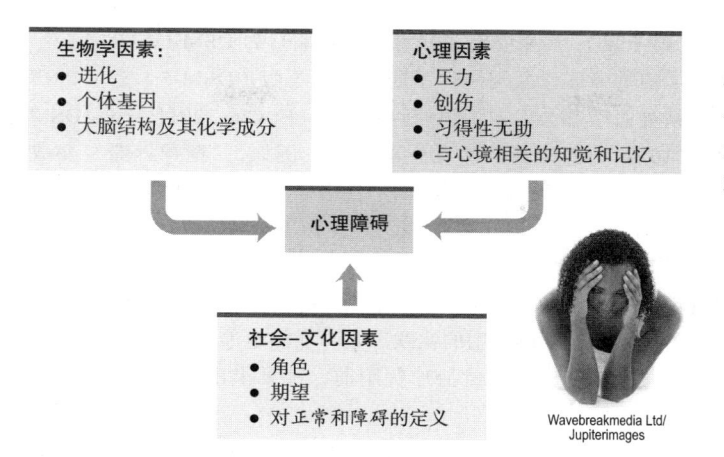

图 14.1

心理障碍的生物 – 心理 – 社会观

今天的心理学研究生物学、心理和社会文化因素如何通过相互作用导致特定心理障碍。

生物学因素：
- 进化
- 个体基因
- 大脑结构及其化学成分

心理因素
- 压力
- 创伤
- 习得性无助
- 与心境相关的知觉和记忆

社会–文化因素
- 角色
- 期望
- 对正常和障碍的定义

→ 心理障碍

Wavebreakmedia Ltd/Jupiterimages

看来，心理障碍不仅反映了遗传倾向和生理状况，也反映了心理动力学以及社会和文化环境。生物 – 心理 – 社会观认为心理和生理是密不可分的（图 14.1）。因此，负面情绪会导致生理疾病，生理异常也可能导致负面情绪。我们通过身体表现出来，并根植于社会之中。

提取一下

- 心理障碍是普遍存在的，还是文化特有的？举例说明。

答案：某些心理障碍是文化特有的，如饮食障碍主要发生在西方文化中，但少数心理障碍似乎普遍存在，如抑郁和精神分裂症发生在所有文化中。

- 什么是生物 – 心理 – 社会观，为什么它对我们理解心理障碍很重要？

答案：生物心理社会观认为生物、心理和社会文化因素共同作用于我们的行为，以小到他们的相互影响。因为这点，临床医生在诊断和治疗时考虑到每个病人的每一种因素，并在相应社会文化环境的背景下。

心理障碍的分类和给人们贴标签

14-4：临床医师如何以及为什么对心理障碍进行分类？为什么一些心理学家批评诊断标签的使用？

在生物学中，分类产生秩序，并帮助我们交流。例如，将某种动物归于"哺乳类"传递了大量信息：它有恒定体温、有毛发或皮毛、用乳汁来养育后代等。在精神病学和心理学领域，分类也服务于同一目的。将某个人的障碍划分为"精神分裂症"也能传递大量信息。这意味着他语无伦次、出现了荒诞的想法，表现出情感淡漠或情绪表达不当，或者社会退缩等。"精神分裂症"是描述一套复杂行为的便捷方式。

但是诊断分类不仅是为了对个人的障碍行为进行简略的概述，在精神病学和心理学中，它还试图预测障碍的未来病程，提出恰当的治疗方法，并促进对其成因的研究。的确，要研究某一障碍，我们必须首先对它进行命名和描述。

之前，心理障碍最权威的分类方案是美国精神医学学会的《精神障碍诊断与统本章的很多例子选自 DSM–IV–TR 的配套案例分析。

计手册》（第 4 版），后来它有了修订版，其缩写为 DSM-IV-TR。

新版《精神障碍诊断与统计手册》即第 5 版（DSM-5）定于 2013 年问世。2010 年，美国精神医学学会发布了该修订本的初稿（Clay, 2011; www.DSM5.org; Miller & Holden, 2010）。一些诊断标签发生了变化。例如，"精神迟滞"变成了"智力发育障碍"。增加了一些新的分类，例如"性上瘾症"、"囤积障碍"和"暴食障碍"。世界卫生组织的《国际疾病分类》（第 11 版）（ICD-11）包含了躯体疾病和心理障碍，将于 2014 年出版（Clay, 2010）（现已出版——译者注）。

尽管使用了医学术语（诊断、症状、疾病），但多数从业者仍将 DSM-IV-TR 看成是一种有用的实践工具。当然也涉及经济原因：大多数北美健康保险公司在支付治疗费用前，都要求出示根据 DSM-IV 得出的诊断结果。

DSM-IV-TR 的分类和诊断标准（**表 14.1**）一直以来信度较高。如果一个精神病学家或心理学家把某个体诊断为"精神分裂症"，那么另一位精神卫生工作者独立给出相同诊断的可能性很大。临床医生通过使用结构化访谈程序获得诊断，包括向病人询问一系列有关可观察行为的客观问题，例如，询问"这个人害怕离开家吗"。

在一项研究中，16 名心理学家利用 DSM 指导原则，采用结构访谈法对 75 名有心理障碍的人进行诊断，以确定各位是否有（1）抑郁症，（2）广泛性焦虑障碍，或（3）其他障碍（Riskind et al., 1987）。然后，另一位心理学家通过观看访谈录像带再进行独立诊断。结果表明，对于 83% 的人，两位心理学家的诊断结果是一致的。

不过，DSM 也遭到了批评。有人担心它覆盖面过广，"几乎把所有行为都包括到精神病学的范围内"（Eysenck et al., 1983）。DSM-IV 的障碍种类是 1952 年初版的 5 倍。随着障碍种类的数目不断增加，至少符合一项精神障碍标准的成年人的数目也不断增加。根据美国国家精神卫生研究所的数据（U.S. National Institute of Mental Health., 2008），每年都有 26% 的人至少符合其中一项。46% 的人在其一生中的某些时间至少符合其中一项（Kessler et al., 2005）。

其他批评者提出了更根本的反对意见，往好了说这些标签是武断的，往差了说则是科学伪装下最糟糕的价值判断。一旦给某人贴上标签，我们就会以异样的眼光来看待他（Bathje & Pryor, 2011; Sadler et al., 2012）。标签让我们非常注意支持自身观点的证据，并可能因此改变现实。当跟老师说某些学生具有"天赋"，老师就会以某种方式行动，而这种方式能产生他们所预期的创造性行为（Snyder, 1984）。如果我们听说有个新同事很难相处，我们就会满腹狐疑地对待他。反过来，他也会像一个难相处的人那样对待我们。标签是可以自我实现的。

标签的偏见作用清楚地呈现在一项经典实验中。戴维·罗森汉（Rosenhan, 1973）与 7 位合作者一起来到精神病院的门诊室，主诉自己听到有"声音"在说"空""轰""砰"。除了这些主诉并隐瞒真实姓名和职业外，他们按照真实情况回答了其他所有问题。结果这 8 个正常人都被误诊为有障碍。

我们应该感到惊讶吗？当然不。正如一位精神病学家所说，如果有个人吞下一口血走进急诊室，然后把血吐出来，我们会因医生将其诊断为出血性溃疡而横加指责吗？然而在罗森汉的研究中，诊断后所发生的事情是令人震惊的。在实验中，直到出院（平均 19 天之后），"病人"都没有表现出其他症状。但是，临床医生在分析

表 14.1

如何诊断心理障碍?

基于评估、访谈和观察,很多临床医生通过回答下列问题来做出诊断。这些问题来源于 DSM-IV-TR 的 5 个水平,或者说 5 个轴(括号中的章节对应主题在本书中的章节)。

轴Ⅰ 是否存在某种临床综合征?

通过使用明确定义的标准,临床医生可以从下面的列表中选择无、一个或多个综合征:

- 通常首次诊断于婴儿期、儿童期或青少年期的障碍
- 谵妄、痴呆、遗忘及其他认知障碍(第 5 章和第 8 章)
- 一般躯体疾病导致的精神障碍
- 与物质有关的障碍(第 3 章)
- 精神分裂症及其他精神病性障碍(本章)
- 心境障碍(本章)
- 焦虑障碍(本章)
- 躯体形式障碍
- 做作性障碍(有意作假)
- 分离障碍(本章)
- 进食障碍(本章)
- 性障碍和性别认同障碍(第 5 章)
- 睡眠障碍(第 3 章)
- 未归于他类的冲动控制障碍
- 适应障碍
- 临床上可能关注的其他状况

轴Ⅱ 是否存在人格障碍或精神迟滞(智力发育障碍)?
临床医生可以选择这两种障碍中的一种,或者不选。

轴Ⅲ 是否存在一般躯体疾病,如糖尿病、高血压或关节炎?

轴Ⅳ 是否存在心理社会问题或环境问题,如学校或住房问题?

轴Ⅴ 对该个体的功能的总体评价是什么?
临床医生在 0—100 的编码范围内进行评价。

了"病人"(相当正常的)生活史后,却能够"发现"障碍出现的原因,比如,对父母的一方有着复杂的情绪。即使是"病人"做笔记之类的日常行为,也常被误解为症状。

在另一项研究中,人们要观看访谈录像。如果被告知录像中的受访者是应聘者,则人们视其为正常人(Langer & Abelson, 1974, 1980)。告诉另一部分观看者,他们正在观看的是精神病人或癌症患者,则他们感到相同的受访者"异于常人"。这就是标签的作用。认为自己正在观看对精神病人的访谈的治疗者们经常会感觉受访者"因自己的攻击冲动而感到害怕",或是"被动依赖型个体",等等。正如罗森汉发现的那样,标签也有"生命,且有其自身的影响"。

标签也会影响到实验室以外的地方。对于刚从精神病院出院的人来说,就业或租房是一大挑战。当我们更恰当地将心理障碍理解为大脑疾病而不是性格缺陷时,羞耻感似乎有所减轻(Solomon, 1996)。公众人士通过坦陈他们与抑郁症之类的心

准确的描述 最近的电影提供了一些关于心理障碍的真实描述。如图所示的《黑天鹅》(2010)，描述了一个有妄想障碍的主角。《自闭历程》(2010)将一个克服了自闭症的主角搬上银幕。《单身男子》(2009)描述了抑郁。

格纳特说："如果他们不作出回应，名字于他们而言有什么用处呢？"
艾丽丝："对他们没有用处，但我想对那些赋予他们名字的人来说是有用的。"
——刘易斯·卡罗尔，《爱丽丝漫游镜中世界》，1871

理障碍的抗争，促进了公众对心理障碍的理解。人们与有心理障碍的人接触越多，就越容易接纳有心理障碍的人（Kolodziej & Johnson, 1996）。

某些电影对心理障碍进行了相当准确和富有人情味的描写，这反映了人们对心理障碍越来越了解，但通常有心理障碍的人会被塑造成受嘲讽的对象（《尽善尽美》）、杀人的疯子（《沉默的羔羊》中的汉尼拔）或怪人（Nairn, 2007）。在现实生活中，精神障碍很少导致暴力。在少数做出暴力行为的精神障碍者中，有些人经历着受威胁的妄想，幻觉中的声音命令他们行动；另一些人则有包括物质滥用在内的功能失调问题（Douglas et al., 2009; Elbogen & Johnson, 2009; Fazel et al., 2009, 2010）。在现实生活中，有障碍的人更可能是暴力行为的受害者，而非实施者（Marley & Bulia, 2001）。确实，美国军医局局长办事处（U.S. Surgeon General's Office, 1999, p.7）报告说："陌生人偶尔与有精神障碍的人接触几次，受攻击或被伤害的危险非常小。"（尽管大多数有心理障碍的人不具有攻击性，但那些有攻击性的确实给社会带来了道德困境。更多内容见"批判性思考：精神病与责任"。）

但是，我们也要意识到诊断标签的好处。精神卫生专业人员有充足的理由使用标签。诊断标签有助于他们相互交流关于案例的情况，准确理解潜在病因，以及分享有效的治疗方法。诊断定义对于探索心理障碍病因和治疗的研究也有帮助。

提取一下

● 给心理障碍者贴标签有什么价值，有哪些危险？

答案：通过使用心理健康标签，治疗师和他人可以用一种共同的语言来交流。但是连贯的诊断有利于研究人们的病因和治疗方法。另一方面，给人们贴标签也会影响他们的行为，并且标签也会影响，治疗师观察患者以评估其体征和举止的方式。

焦虑障碍

14-5：有哪些主要的焦虑障碍？它们与我们都会经历的正常担忧、害怕有何不同？

焦虑是生活的一部分。当面对全班同学发言、从高处向下看或等候参加一场重大比赛时，任何人都可能会感到焦虑。有时焦虑会使我们不敢正视他人或避免与人交谈，我们将其称为"害羞"。值得庆幸的是，大多数人表现出的焦虑并不十分强烈和持续。

然而，我们当中有一部分人会更容易注意到威胁并记住它们（Mitte, 2008）。这一倾向让这些人更可能有某种**焦虑障碍**（anxiety disorder）。如果脑内的危险探测系

> 批判性思考

精神病与责任

法律认可的精神病辩护始于1843年，在有妄想症的丹尼尔·麦纳顿试图暗杀英格兰首相（他认为首相正在迫害他）却误杀了首相助手之后。丹尼尔·麦纳顿和行刺美国前总统里根的约翰·欣克利一样，被送进了精神病院而不是监狱。

对于这两起案件，当时的公众倍感震怒。一条新闻标题宣称"欣克利精神错乱，公众疯了"。1991年人们又一次被气疯了，当时疯狂的杰弗里·达莫承认杀害了15个年轻人并吃掉了受害者的部分身体。1998年人们再次震怒不已，一名叫基普·金克尔的15岁孩子由于"总感觉大脑中有一种声音"而把自己的父母和其他两人杀害，并使另外25人受伤。2002年，在得克萨斯州，一名叫安德烈娅·耶茨的女子受审，她因抗精神病药物被停掉而将自己的5个孩子溺死。2011年，精神不正常的贾里德·洛克耐尔在亚利桑那州一个超市停车场向人群开枪，幸存者包括女议员加布里埃尔·吉福兹。公众对此类事件愤怒至极。这些人被逮捕之后都被送往监狱，而不是精神病院（虽然再次审讯之后，耶茨被转至精神病院）。正如耶茨的命运所揭示的，在精神病辩护成功的人当中，99%的人都被关进了精神病院，被关押的时间往往跟那些被定罪的罪犯一样长（Lilienfeld & Arkowitz, 2011）。此外，精神病辩护其实很少被采用，有人对60 432份起诉书进行分析，其中只有8起无争议的案件采用了精神病辩护（Council of State Governments, 2002）。

绝大多数精神障碍者并不暴力。然而，社会应该如何对待那些暴力的精神障碍者呢？很多死囚或已被处决的人，因为智力低下而能力受限或受到了幻觉中的声音刺激。阿肯色州强迫有精神分裂症的谋杀犯查尔斯·辛格顿服用两种抗精神病药物，使他的心智水平恢复到能够对他实施死刑的程度。

耶茨的哪个陪审团的判断是正确的？第一个还是第二个？第一个陪审团认为，做出如此罕见、残忍行为的人应该承担责任。第二个陪审团认为应该将责任归咎于蒙蔽了其双眼的"疯魔"。随着我们越来越理解人们行为的生理和环境基础，从慷慨行为到故意破坏行为，什么时候我们应该让人们为（或不为）他们的行为承担责任？

监狱还是医院？ 贾里德·李·洛克耐尔被指控于2011年在亚利桑那州图森市枪杀了6个人，并致使另外十多个人受伤，其中包括前美国国会议员加布里埃尔·吉福兹。洛克耐尔过去就有包括偏执信念在内的精神问题，并被诊断为精神分裂症。他的行为在精神分裂症者中并非典型。只有伴随物质滥用时，该障碍才会与暴力相关联（Fazel et al., 2009）。

统变得过度活跃，在没有威胁时也产生令人痛苦的持续性焦虑，焦虑障碍就发生了。我们将主要介绍其中的五种：

- 广泛性焦虑障碍：主要表现为个体没有缘由地持续紧张、担忧与不安。
- 惊恐障碍：表现为个体体验到突发的、强烈的恐惧感。
- 恐怖症：表现为个体对特定物体、活动或环境的强烈非理性恐惧。
- 强迫症：表现为个体被不想要的、重复的想法或行为所困扰。
- 创伤后应激障碍：人们在经历具有严重威胁且不可控的事件数周后出现挥之不去的记忆、噩梦和其他症状。

广泛性焦虑障碍

在过去的两年里，27岁的电工汤姆经常有头晕、手心出汗和心律不齐等症状。他感到自己很焦躁，甚至有时发现自己在颤抖。汤姆比较成功地向家人和同事隐瞒了这些症状。然而，从两年前出现这些症状后，他就几乎不参与任何社交活动。有时，他甚至无法继续工作。他的家庭医生和神经病学家都没能发现汤姆有任何器质性问题。

汤姆这种无目标的、无法控制的消极情绪显示出他有**广泛性焦虑障碍**（generalized anxiety disorder）。这种障碍的症状很普通，但其六个月或更长的持续时间，则非同寻常。有广泛性焦虑障碍的人（三分之二为女性）长期担忧，经常紧张不安，烦躁，睡眠不足（McLean & Anderson, 2009）。集中注意力是非常困难的，因为他们的注意力不停地在各种担忧间转换。这种紧张和担忧可能表现为皱眉、眨眼、发抖、冒汗或坐立不安。

人们可能不能确定焦虑发生的原因，因此也无法应付和回避。用弗洛伊德的术语来说，焦虑就是"自由联想"。广泛性焦虑障碍和抑郁常常一起出现，不过即使没有抑郁，该障碍也足以令人失能（Hunt et al., 2004; Moffitt et al., 2007b）。此外，它也可能导致躯体疾病，如高血压。

惊恐障碍

惊恐障碍（panic disorder）是焦虑的龙卷风。它突然爆发，造成严重破坏后，会马上消失。对于有这种障碍的人而言，75个人中有1个人的焦虑程度会突然增强，形成可怕的惊恐发作——出现持续数分钟的高度恐惧，担心某种可怕的事情将发生。伴随惊恐发生的可能是心律不齐、胸部疼痛、呼吸急促、窒息感、颤抖或头晕等症状。

一名女性回忆说，她突然感觉"很热，好像无法呼吸。心跳异常剧烈，我开始出汗和发抖，我确信我将昏倒。然后，我开始感觉到手指麻木和刺痛，一切变得不真实。当时情况十分糟糕，我都怀疑我将会死去，并要求丈夫带我去看急诊。当我到达急诊室时（大约10分钟后），最难受的那段时间已经过去，我只觉得自己像是经历了一场浩劫，精疲力竭"（Greist et al., 1986）。

惊恐发作的症状往往被误认为是心脏病发作或其他严重的躯体疾病。吸烟者有惊恐障碍的风险至少是其他人的两倍（Zvolensky & Bernstein, 2005）。因为尼古丁是种兴奋剂，点烟并不能让我们变得快活。

恐怖症

我们在生活中都有一些害怕的东西。有**恐怖症**（phobias）的人则受到持续的非理性恐惧的折磨，并回避某些物品、活动或场所。例如，28岁的玛丽莲在其他方面都很健康和快乐，但她非常害怕打雷，只要听到天气预报说未来几天里可能会有暴风雨，她就非常焦虑。如果丈夫不在家，又听到了暴风雨的预告，她可能就会和亲戚待在一起。在风暴出现时，她会远离窗户，把头蒙起来，以免看到闪电。像玛丽

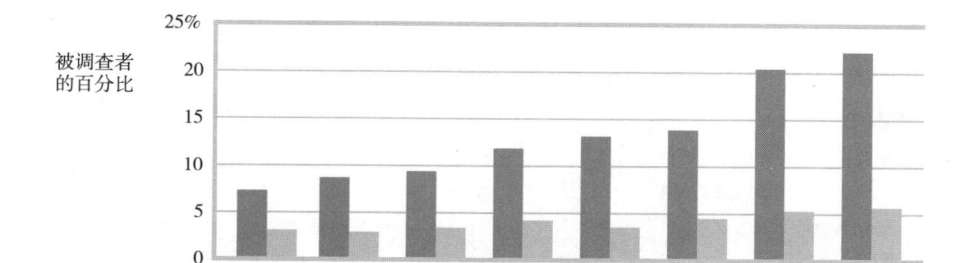

图 14.2
一些常见和不常见的恐惧 这一全国性的调查确定了各种特定恐惧的普遍性。如果强烈的恐惧使人们产生了逃避所害怕的物体或情境的不可抗拒的、非理性的强烈愿望，就属于恐怖症的范畴了。（资料来源：Curtis et al., 1998）。

莲这样的特定恐怖症者通常对特定的动物、昆虫、高处、血或密闭空间表现出不合理的恐惧（图 14.2）。人们会避免引起恐惧的刺激，如高处。

并不是所有的恐惧都这么明确。社交恐怖症是一种极度的害羞，个体害怕被他人评论。他们会避免威胁性的社交场合，如在公共场所发言、到外边去吃东西或参加聚会，否则他们会紧张得出汗或颤抖。

具有讽刺意味的是，就像因失眠而烦恼会导致失眠一样，对焦虑的担心——或许是害怕又一次惊恐发作，或害怕在公共场合因焦虑而出汗——会加剧焦虑症状（Olatunji & Wolitzky-Taylor, 2009）。在几次惊恐发作之后，人们会变得害怕恐惧本身。这可能会引发广场恐怖症，害怕或回避可能产生恐慌、难以逃离、得不到帮助的场所。广场恐怖症者会避免离开家，进入人群，乘坐公共汽车或搭乘电梯。

在 5 年的环球航行之后，查尔斯·达尔文在 28 岁时得了惊恐障碍。受此影响，他搬到乡村居住，不参加社交聚会，并且只在妻子的陪伴下旅行。不过这种相对的隐居的确使他得以解脱，专心致志地发展进化论。"甚至不佳的健康状况，"他回忆说，"也让我避免了因社交及娱乐活动而分心"（Ma, 1997）。

强迫症

和广泛性焦虑障碍及恐怖症一样，我们也可以在**强迫症**（obsessive-compulsive disorder, OCD）中看到自己某些方面的行为。强迫思维（回忆一下马克对清洁房间的关注）是人们不想要的，并且它会反复出现，似乎永远不会停止。强迫行为是对强迫思维的回应（清洁、清洁、清洁）。

我们都会在某些时候被一些无意义或讨厌的想法占据，挥之不去。你是否发现自己有过强迫行为，也许是客人到来前的严格检查、整理、擦洗，或是在学习之前一定要将自己的书和笔整理成"这样"？在一定范围内，强迫思维和强迫行为都是日常生活的一部分，当其跨越这个界限，干扰到我们的生活方式或给我们带来痛苦时，就会由正常变为异常。检查门锁好没有是正常的，但检查 10 次就不正常了；洗手是正常行为，但过于频繁以至于把皮都洗破就不正常了（表 14.2 给

让一切完美 足球明星大卫·贝克汉姆曾公开谈论过他的强迫倾向，这种倾向驱使他将物品成对地摆成一行，或花几个小时将家具排整齐（Adams, 2011）。

表 14.2
有强迫症的儿童和青少年常见的强迫思维和行为

思维或行为	报告症状的百分比
强迫观念（重复思维）	
对灰尘、细菌或毒素的关注	40%
可怕事情的发生（火灾、死亡、疾病）	24%
对称、顺序、精确	17%
强迫冲动（重复行为）	
过度地洗手、洗澡、刷牙或打扮	85%
重复习惯行为（进门或出门，从椅子上起来或坐下）	51%
检查门、锁、电器或汽车刹车、家庭作业	46%

改编自 Rapoport (1989).

出了更多的例子）。在生命发展的某些阶段，特别是 20 岁左右，百分之二到百分之三的人从正常的重复和挑剔发展到令人痛苦的障碍（Karno et al., 1988）。尽管个体知道自己是不理性的，但是被焦虑激发的强迫思维非常难以摆脱，强迫行为在不知不觉中浪费大量的时间，使有效的机体功能难以正常发挥。

相比老年人，强迫症在青少年和年轻人中更常见（Samuels & Nestadt, 1997）。一项对 144 名被诊断患有强迫症的瑞典人进行的为期 40 年的跟踪研究发现，尽管只有五分之一的人完全摆脱了强迫症，大多数人的强迫思维和行为已随年龄增长逐渐减少（Skoog & Skoog, 1999）。

创伤后应激障碍

作为曾参加伊拉克战争的一名士兵，杰西说："目睹对儿童和妇女的杀戮对任何一个人来说都是残酷的。"他看到有军火被运进一座房子，在呼叫一架直升机袭击这座房子之后，他听到里面传来孩子们的尖叫声。"我真不知道里面还有孩子，"杰西回忆道。回到得克萨斯州的家之后，杰西深受"真实的痛苦闪回"的折磨（Welch, 2005）。

杰西并非个例。一项研究调查了 103 788 名从伊拉克和阿富汗回来的老兵，其中 25% 的人被诊断为有某种心理障碍（Seal et al., 2007）。最常见的诊断是**创伤后应激障碍**（post-traumatic stress disorder，PTSD）。典型的症状包括萦绕不去的记忆和反复出现的噩梦、对社交退缩感到麻木、紧张焦虑以及睡眠问题（Hoge et al., 2004, 2006, 2007; Kessler, 2000）。很多经历战火的老兵都被诊断为创伤后应激障碍。事故、灾难以及暴力袭击和性侵犯（包括大约三分之二的妓女）的幸存者也会经历这些症状（Brewin et al., 1999; Farley et al., 1998; Taylor et al., 1998）。

在创伤事件中个体体验到的痛苦情绪越强烈，出现创伤后应激障碍的风险越高（Ozer et al., 2003）。在经历了激烈战斗的越战老兵中，有三分之一的人被诊断为有创伤后应激障碍（Centers for Disease Control

把战争带回家 这位海军上士在伊拉克执行了三次部署，在此期间受了创伤性脑损伤。退役以后，他被诊断为创伤后应激障碍。他定期在妻子的陪伴下花两个小时到贝蒂斯海军医院精神科和内科就诊。

Vietnam Experience Study, 1988; Dohrenwend et al., 2006）。在从未见过战斗场面的老兵中，有十分之一的人得到了这样的诊断。目击"9·11"恐怖袭击的纽约人中也有相似的比率。世贸中心内部幸存者出现创伤后应激障碍的比例是在世贸中心外部的纽约人的 2 倍（Bonmanno et al., 2006）。创伤事件越频繁，越严重，带来的长期后果越不利（Golding, 1999）。越战后的 30 年里，被诊断为创伤后应激障碍的老兵死亡的概率是正常水平的两倍（Crawford et al., 2009）。

我们当中大约一半的人会在一生中经历至少一起创伤事件。为什么有些人在创伤事件后出现了创伤后应激障碍，而另一些人则没有？有些人可能处理情绪的边缘系统更为敏感，导致应激激素在体内涌动（Kosslyn, 2005; Ozer & Weiss, 2004）。经历创伤事件后的女性（约十分之一）比男性（二十分之一）更可能出现该障碍（Olff et al., 2007; Ozer & Weiss, 2004）。

一些心理学家认为创伤后应激障碍被过度诊断了，一定程度上由于创伤的定义过于宽泛（Dobbs, 2009; McNally, 2003）。一些批评者说，太多的时候，创伤后应激障碍的范围被扩展到将痛苦经历后的正常的痛苦记忆和噩梦也包括在内。在这种情况下，出于好意让人们重温创伤可能会使情绪问题更加严重，并将正常的应激反应病理化（Wakefield & Spitzer, 2002）。例如，幸存者可能会在创伤发生后立即被要求"汇报情况"，并重温该经历和发泄情绪。这种做法通常是无效的，有时是有害的（Bonanno et al., 2010）。

大部分人，不论男性还是女性，都会展现出一种令人印象深刻的幸存者复原力，或者说在严重应激后恢复的能力（Bonanno et al., 2010）。在第 15 章中，我们将看到更多关于人类复原力和一些人所经历的创伤后成长的内容。

> **提取一下**
>
> - 无目标的紧张、恐惧和唤起被称为_____障碍。如果个体的焦虑集中指向特定的恐惧对象或场所，则此人可能有_____。那些通过不需要的重复性想法或行动来表达焦虑的人可能有_____障碍。在创伤事件发生后的几个星期里，记忆和噩梦反复出现、社会退缩、失眠，并伴随着焦虑，则可能被诊断为_____障碍。无法预期地经历阶段性的恐怖和强烈的恐惧，并伴随着令人害怕的身体感觉，可能被诊断为有_____障碍。
>
> 答案：广泛性焦虑；恐惧症；强迫；创伤后应激；惊恐

对焦虑障碍的理解

14-6：条件作用、认知和生物学因素对焦虑障碍的典型感觉和想法有何影响？

焦虑既是一种情感，也是一种认知，是对个人安全和社会技能的充满怀疑的评价。这些焦虑情感和认知是如何产生的？弗洛伊德的精神分析观点（第 12 章）认为，从童年时期开始，个体压抑了那些无法容忍的冲动、念头和情感，而这些被淹没在潜意识中的心理能量，有时会产生一些难以解释的症状，如焦虑。但是，现代心理学家已经很少用这种方式解释焦虑障碍了。大多数人认为三种现代观点更为有用。

条件作用

当糟糕事件在无法预料和控制的情况下发生时,焦虑通常就会出现(Field, 2006; Mineka & Oehlberg, 2008)。研究者用实验展示了经典条件作用如何引起恐惧和焦虑。回顾一下第 7 章,婴儿学会了惧怕与可怕的噪音相伴的绒毛物体,大鼠因受到不可预料的电刺激而变得焦虑(Schwartz, 1984)。就像被袭击的受害者在回到犯罪现场时报告感到焦虑一样,大鼠在实验室环境里也会烦躁不安。那个环境变成了恐惧的线索。

这样的研究有助于解释容易感到恐慌的人是如何把焦虑和特定的线索联系起来的,以及为什么焦虑的人对可能的威胁会过度注意(Bar-Haim et al., 2007; Bouton et al., 2001)。在一项调查中,58% 的社交恐怖症者说他们的障碍是从一次创伤性事件后开始的(Ost & Hugdahl, 1981)。

条件作用是如何将单一的令人痛苦和害怕的事件放大成全面的恐惧的?部分原因是刺激泛化和强化。

如果某人在经历一次可怕的事件后对类似的事件都产生了恐惧,这就是刺激泛化。一个司机看漏了交通灯的停止信号,撞上了我的车。之后好几个月,只要有车从边道靠近,我就感到一阵紧张。我的恐惧最终消失了,但对于另一些人来说,恐惧可能会一直存在并且越来越强烈。在一次雷雨中的可怕或痛苦的经历后,玛丽莲的恐怖症(歌手麦当娜也是如此)可能产生了类似的泛化。

恐怖症和强迫症一旦出现,强化作用就会助长这些症状的维持。任何有助于回避或逃离可怕情境的事都可以减轻焦虑,而缓和的感觉能够强化恐惧行为。一个人因惊恐发作而感到害怕时,他可能会回家或待在家里。在感到更加平静的强化后,这个人可能在将来重复适应不良的行为(Antony et al., 1992)。同样,强迫行为降低焦虑感。如果洗手能够缓解你的不安,当不安再次出现时,你可能又去洗手。

认 知

我们的有些惧怕是通过观察他人而习得的。苏姗·明纳卡(Mineka, 1985, 2002)力图解释,为何几乎所有野生的猴子都害怕蛇,而实验室饲养的猴子却不怕。当然,大部分野生的猴子并没有被蛇咬过。它们是通过观察学会害怕蛇的吗?为了找出答案,明纳卡用 6 只野生猴子(全都非常害怕蛇)和它们在实验室里长大的后代(都不害怕蛇)做实验。年轻的猴子们多次看到父母或同伴在有蛇的情况下拒绝去取食,然后它们也对蛇产生了类似的强烈恐惧。3 个月后再次进行测试时,它们习得的恐惧仍然存在。人类也一样,通过观察其他人习得恐惧(Olsson et al., 2007)。

观察学习并非认知影响焦虑的唯一途径。正如下一章中对认知行为疗法的讨论所显示的,我们的解释和预期,不论是理性的还是非理性的,都会影响我们的反应。老房子里的嘎吱声可以解释为风,也可以解释为一个可能的持刀闯入者,这两种解释决定了我们是否会恐慌。焦虑障碍者倾向于过度警觉。对于他们来说,砰砰乱跳的心就是心脏病发作的信号。床边的一只蜘蛛就是大群害虫来袭的排头兵。在日常生活中与伴侣或上级的意见分歧就预示着这段关系的末日。当人们无法切断这种侵入性的想法,并且感到失去控制和无助时,尤其会产生焦虑(Franklin & Foa, 2011)。

生物学

焦虑障碍绝不仅仅是简单的条件作用和认知过程的结果。生物学的观点有助于解释为什么有些人经历创伤后会形成持久的恐怖症而另外一些人却不会，为什么我们更易于习得某些恐惧，以及为什么一些人容易出现焦虑障碍。

基因 在猴子中恐惧反应是在家族中传递的。如果某只猴子的近亲中有敏感和高度紧张的气质，那么它对应激的反应也较为强烈（Suomi, 1986）。人类也是，一些人生来就更容易焦虑。如果同卵双生子中的一个有焦虑障碍，另一个也可能有（Hettema et al., 2001; Kendler et al., 1992, 1999, 2002a, b）。即使是分开抚养，同卵双生子也会表现出相似的恐怖症（Carey, 1990; Eckert et al., 1981）。例如，一对分开抚养的同卵双生子各自变得非常害怕水，以至于在 35 岁时，她们只能背对着走入海水，而且只让水浸到膝盖。

考虑到基因对焦虑障碍的影响，研究者现在正在寻找可能引起问题的基因组合。在他们的发现中，有 17 个基因变异似乎表达为典型的焦虑障碍症状（Hovatta et al., 2005），另一些则与强迫症有特定关系（Dodman et al., 2010; Hu et al., 2006）。

一些基因通过调节脑部的神经递质水平对焦虑障碍产生作用，例如影响睡眠和心境的 5-羟色胺（Canli, 2008），以及影响大脑警报中心活动的谷氨酸盐（Lafleur et al., 2006; Welch et al., 2007）。

基因很重要。有些人的基因让他们像兰花一样脆弱，但是在良好的环境中能够绽放美丽。另一些人则像蒲公英一样强壮，在各种环境下都能茁壮成长（Ellis & Boyce, 2008）。

大脑 经历会改变我们的大脑，形成新的通路。创伤性的恐惧学习经历能够在大脑留下痕迹并在杏仁核内形成恐惧回路（Etkin & Wager, 2007; Kolassa & Elbert, 2007; Maren, 2007）。这些恐惧通路容易产生更多的恐惧体验（Armony et al., 1998）。一些抗抑郁的药物可以抑制恐惧回路的活动以及相关的强迫行为。

广泛性焦虑、惊恐发作、创伤后应激障碍，甚至是强迫思维和强迫行为，都会在生物学上表现出来。当患有障碍者的大脑发现有什么不对劲时，就会产生重复思维或行为的心理呃逆（Gehring et al., 2000）。对焦虑障碍者的脑部进行扫描，发现与冲动控制和习惯化行为有关的区域活动水平异常偏高。对强迫症者的脑扫描揭示出，在反复洗手、检查、整理、囤积等强迫行为发生时，大脑某些特定区域的活动水平升高（Insel, 2010; Mataix-Cols et al., 2004, 2005）。如图 14.3 所示，强迫症患者的前扣带回（监控行为和检查错误的脑区）似乎尤其活跃（Maltby et al., 2005）。

自然选择 无论我们是多么充满恐惧或无所畏惧，由于生物遗传的作用，我们似乎都会恐惧祖先所面临的威胁：蜘蛛和蛇；封闭的空间和高处；风暴和黑暗等。

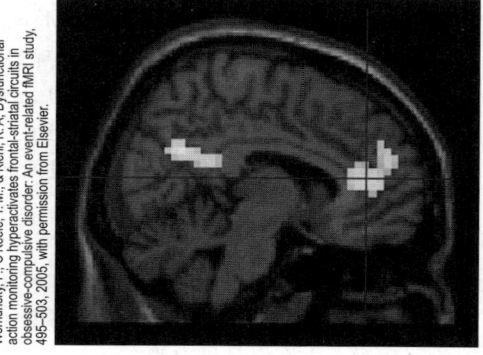

图 14.3
一个强迫的大脑（见彩插）神经科学家们（Maltby et al., 2005）用功能性磁共振成像比较了强迫症患者和正常人在完成挑战性认知任务时的大脑。扫描结果显示，强迫症患者额叶区的前扣带回较为活跃（显示在最右边的黄色区域）。

无所畏惧 生物学视角帮助我们理解为什么大多数人不敢尝试美国奥林匹克单板滑雪选手怀特·肖恩的技巧。怀特天生不像大多数人那样恐高！

（在远古时期，不害怕这些威胁的人不太可能存活并留下后代。）因此，即使在只有一种毒蛇的英国，人们往往也害怕蛇。并且我们在非常年幼的时候就有恐惧。学龄前儿童能在一个场景中更快地发现蛇而不是花、毛毛虫或青蛙（LoBue & DeLoache, 2008）。石器时代的恐惧刺激容易形成条件作用，并难以消退（Coelho & Purkis, 2009; Davey, 1995; Öhman, 2009）。

现代人的恐惧也可以用进化的观点来解释。害怕坐飞机的现代恐惧也有生物学源头，可能源自对高处和禁闭的恐惧。

此外，我们还要考虑到人们有不去学会害怕某些事情的倾向。第二次世界大战中的空袭很少给人带来持久的恐惧。随着空袭的持续，英国人、日本人和德国人并没有变得更为恐慌，反而对那些不是离自己所在区域很近的飞机更加无动于衷（Mineka & Zinbarg, 1996）。进化并没有将对从空中落下炸弹的恐惧遗传给我们。

我们的恐怖症集中在祖先所面临的危险上。强迫行为往往是那些有助于种族生存行为的夸大升级。理毛具有生存价值，它让我们发现寄生虫和感染；如果失去控制，就变成了强迫性的拔毛。清洗帮助人们保持健康；如果失控，清洗就变成了洗手仪式。检查领土的边界有助于抵御敌人，在强迫症中，这变成了反复检查已经锁好的门（Rapoport, 1989）。

***

生物学观点不能解释焦虑障碍的所有方面，但它显然是一个重要的组成部分。

提取一下

- 研究者认为焦虑障碍受到条件作用、观察学习和认知的影响。焦虑障碍还受到哪些生物学因素的影响？

答案：生物因素兼且体特的人，我们所承受的恐惧的反应可以遗传给后代，以及基因对神经系统有可能引起的影响。

心境障碍

14-7：什么是心境障碍？抑郁症和双相障碍有何不同？

我们大部分人都对**心境障碍**（mood disorders）有些直接或间接的经验。心境障碍的特点是极端情绪，有两种基本形式：（1）抑郁症，一种持久的无望抑郁状态；（2）双相障碍（之前被称为躁狂抑郁障碍），在抑郁和躁狂状态之间转换。

焦虑是对未来损失所形成的威胁的一种反应，而抑郁则常是对过去和现在损失的反应。因极度悲伤事件（如爱人的死亡）而感到难受的反应是和现实相联系的。在这些时候，抑郁就像汽车显示油量过低的指示灯，提醒我们要停下来采取适当的措施。

在过去一年中，你曾有些时候"感到非常抑郁，以至于难以正常生活"吗？如果是，那你的同伴可能比你以为的要多（Jordan et al., 2011）。在一项全美调查中，31%的美国大学生对上述问题给出了肯定的答案（ACHA, 2009）。大学生活令人激动，但也充满了压力。也许你对尽力兼顾学业、工作和家庭责任感到厌倦了。也许有一些社

会压力，例如失恋了或感到被孤立，会让你感到孤独或将你推向绝望的深渊。沉浸在这些想法中可能会让你对自己的生活和未来感到气馁。你可能没有力气将事情做完，甚至不能将自己从床上拖起来。你可能无法集中注意力，无法正常地吃饭、睡觉，甚至偶尔会想是不是死了更好。

这些感觉的来袭更可能是在灰暗的冬季，而不是明媚的夏日。对某些人来说，冬季的阴沉意味着更多的抑郁情绪。当被询问"你今天哭了吗？"时，回答"是"的人数在冬天翻了一番（**表 14.3**）。对另一些人来说，在暗淡的冬季反复发生的抑郁构成了季节性情感障碍。

从进化的角度来看，抑郁是有意义的。正如社会心理学家丹尼尔·吉尔伯特（Gilbert, 2006）所警告的，"如果有人要给你一颗能让你永远快乐的药丸，那你最好跑快点、跑远点。情绪是个指南针，告诉我们该做什么，而一个永远固定在"北"上的指南针是没有用的。"抑郁症帮助我们面对和解决问题。

按照生物学的解释，生活的目标不是幸福，而是生存和繁衍。咳嗽、呕吐和各种形式的疼痛可以保护身体免受危险的有毒物质伤害。同样，抑郁是一种心理上的冬眠：它使我们慢下来，攻击性降低，抛弃无法达到的目标和减少冒险行为（Andrews & Thomson, 2009a, b; Wrosch & Miller, 2009）。暂时停下来，正如当我们感受到威胁或者发现目标远远无法实现时所做的那样，我们有了时间努力思考，并重新考虑我们的选择（Wrosch & Miller, 2009）。在对自己的生活进行重新评估后，我们可能会用更有作为的方式来分配能量（Watkins, 2008）。即使轻度的悲伤也能改善人们的记忆，让他们的眼光更敏锐，帮助他们进行复杂的决策（Forgas, 2009）。受苦是有意义的。但是有时候抑郁会变成严重的适应不良。我们如何分辨正常的心境不佳和异常的抑郁之间的界限呢？

表 14.3
在"你今天哭了吗？"这个问题上回答"是"的人所占百分比

	男性	女性
8 月	4%	7%
12 月	8%	21%

资料来源：Time/CNN survey, 1994

抑郁症

高兴、满足、悲伤和绝望是连续体上的不同点，可以在任何时候被任何人感受到。在听到坏消息后表现出的忧郁心境与**抑郁症**（major depressive disorder，也译作重性抑郁障碍）的区别，就像剧烈跑动后几分钟的喘气与慢性哮喘的差异一样。当至少有 5 个抑郁的信号持续两个星期或更长的时间时（**表 14.4**），就出现了抑郁症。为了说明抑郁的感受，有些临床医生建议，可以想象将悲伤的痛苦与通宵熬夜后的疲倦加起来。

尽管恐怖症更为常见，但抑郁却是人们寻求精神卫生服务的首要原因。12% 的加拿大成年人和 17% 的美国成年人会在有生之年的某个时候经历抑郁（Holden, 2010; Patten et al., 2006）。在世界范围内，它是导致人们失能的首要原因。在任何一年中，有 5.8% 的男性和 9.5% 的女性会经历抑郁发作（WHO, 2002）。

双相障碍

在**双相障碍**（bipolar disorder）中，人们从一个情绪极端弹向另一极端。抑郁阶段结束后是精神亢奋、活动过度、过分乐观的**躁狂**（mania）阶段。但是过不了多久，

我的生命突然停止了。我还能呼吸、吃喝和睡觉。我的确是不由自主地这样做，但是对我来说，并没有真正意义上的生活。

——列夫·托尔斯泰，
《我的忏悔》，1887

表 14.4

抑郁症分类

DSM-IV-TR 将抑郁症划分为：在两个星期内表现出下列症状中的至少 5 个（包括抑郁心境、失去兴趣或乐趣）。症状必须导致痛苦或损害，并且不是物质滥用、丧亲或其他躯体疾病造成的。

- 一天大部分时间处于抑郁心境中
- 对活动的兴趣或乐趣明显减少
- 在未节食的情况下体重明显减轻或增加，或食欲明显减退或增加
- 失眠或嗜睡
- 生理性激越或迟缓
- 几乎每天都感到疲劳或缺乏精力
- 无价值感，或过度的、不合理的自罪自责
- 思考、集中注意力或决策等日常问题
- 反复出现死亡和自杀的念头

兴高采烈的情绪就会回归正常或一路下跌到抑郁状态。

如果抑郁是慢镜头，躁狂就是快进。在躁狂阶段，个体通常讲话滔滔不绝、过度活跃、极度亢奋。他们对睡眠需要很少；性活动没有节制；说话声音大、反复无常，难以被打断；如果受到反对，则易被激怒。他们感到极其乐观，自尊心高涨，觉得劝告令人恼怒。然而，他们需要保护，因为判断力差可能导致鲁莽消费或不安全的性行为。

在较轻度的躁狂状态下，个体的精力和自由奔逸的思维可以激发创造力。乔治·弗雷德里克·亨德尔（George Frideric Handel, 1685—1759）被认为有轻度双相障碍。1742 年，他在极富创造力和活力的 3 个星期里，写下了长达 3 个小时的《弥赛亚》（Keynes, 1980）。与那些依靠情感表达和生动形象来完成创造的人（如诗人和艺术家）相比，依靠精确和逻辑的专业人士（如建筑师、设计师和记者）有双相障碍的可能性较小（Jamison, 1993, 1995; Kaufman & Baer, 2002; Ludwig, 1995）。

双相障碍比抑郁症少见得多，但表现出更多的功能失调。它在男女性别中发生的概率相同。被诊断为双相障碍的青少年人数正在增加，他们的情绪波动——有时会持续一段时间——的范围可以从狂怒到快活。在美国国家健康统计中心的年度医生调查中，这一趋势十分明显。在 1994 到 2003 年间，20 岁以下人群中被诊断为双

创造性与双相障碍 历史上许多富于创造力的艺术家、作曲家、作家和演奏家都有双相障碍，马德琳·英格在《沉默的周期》（*A Circle of Quiet*, 1972）中写道："在历史、文学和艺术领域里，所有我最敬佩的人：莫扎特、莎士比亚、荷马、格列柯、圣约翰·契诃夫、尼撒的格里高利、陀思妥耶夫斯基、艾米莉·勃朗特等，没有一个人能符合心理健康的标准。"

演员凯瑟琳·泽塔·琼斯
Kevin Mazur/WireImage

作家弗吉尼亚·伍尔夫
George C. Beresford/Hulton Getty Pictures Library

幽默作家萨缪尔·克莱门（马克·吐温）
The Granger Collection

制片人蒂姆·波顿
Jemal Countess/Getty Images

相障碍的人数增长了令人震惊的 40 倍——从约 2 万人到 80 万人（Carey, 2007; Flora & Bobby, 2008; Moreno et al., 2007）。诊断数量的增加，其中三分之二的案例是男孩，对于生产减少情绪波动的处方药的企业是一大福音。

对心境障碍的理解

14-8：生物学和社会认知观点如何解释心境障碍？

通过数以千计有关心境障碍的病因、治疗和预防的研究，研究者达成了一些共识。抑郁的任何相关理论都必须至少能解释以下现象（Lewinsohn et al., 1985, 1998, 2003）：

伴随抑郁出现的认知和行为改变 陷入抑郁心境中的人不活跃，感觉没有动力。他们对负面的事情敏感（Peckham et al., 2010），会回忆负面的信息，并且有着负面的结果预期（我的球队将失利，我的成绩将下降，我将失去爱）。当心境提升时，这些行为和认知都会消失。在近乎一半的情况下，抑郁者还会有其他障碍的某些症状，例如焦虑或物质滥用。

抑郁非常普遍 抑郁是世界范围内普遍存在的两种心理障碍之一。这说明抑郁的病因肯定也具有普遍性。

女性有抑郁症的危险是男性的近两倍 2009 年，盖洛普调查向 25 万以上的美国人询问他们是否曾被诊断为抑郁，有 13% 的男性和 22% 的女性回答"是"（Pelham, 2009）。这一性别差异在世界范围内都存在（图 14.4）。这种趋势始于青少年期，青少年期前的女孩并不比男孩更容易抑郁（Hyde et al., 2008）。到了青少年期，女孩往往会更多地琢磨她们的身体并为之烦恼。

抑郁症的性别差异符合更广泛的模式：女性通常更容易产生与内在状态有关的心理障碍，如抑郁、焦虑和性欲望的抑制；男性的心理障碍则更倾向于外显，如酒精滥用、反社会行为、对冲动缺乏控制。在悲伤时，女性比男性表现得更为悲伤；在疯狂时，男性比女性表现得更为疯狂。

大多数人的抑郁症发作会自行消失 虽然治疗可以加速康复，但是大多数有抑郁症的人在没有专门治疗的情况下最终也能恢复正常。抑郁的乌云袭来，然而几个星期或几个月后，它会自行消散。其中大约一半人的抑郁最终会复发（Burcusa & Iacono, 2007; Curry et al., 2011; Hardeveld et al., 2010）。大约 20% 的人其症状会转为慢性（Klein, 2010）。

平均来看，现在有抑郁症的人在今后 10 年里有四分之三的时间将处于正常的、不抑郁的状态（Furukawa et al., 2009）。在以下情况下，康复很可能是持久的（Belsher & Costello, 1988; Fergusson & Woodward, 2002; Kendler et al., 2001）：

抑郁之后的生活 作家 J.K. 罗琳公布自己在 25 岁到 28 岁之间有过急性的抑郁，一段伴随着自杀念头的"黑暗时期"。她说，那是"糟糕至极的境地"，但是它的确形成了一个基础，让她能够"以更强大的状态回归"（McLaughlin, 2010）。

图 14.4
性别与抑郁
对 18 个国家（这里展示了其中的 10 个）的 89 037 名成人的访谈证实了大量小型研究已经发现的结果：女性发生抑郁症的风险几乎达到男性的 2 倍（Bromet et al., 2011）。此处显示的数据来自"发达国家"。"发展中国家"，从巴西到乌克兰，也表现出同样的模式，抑郁的女性和男性总体人数之比为 1.97:1。

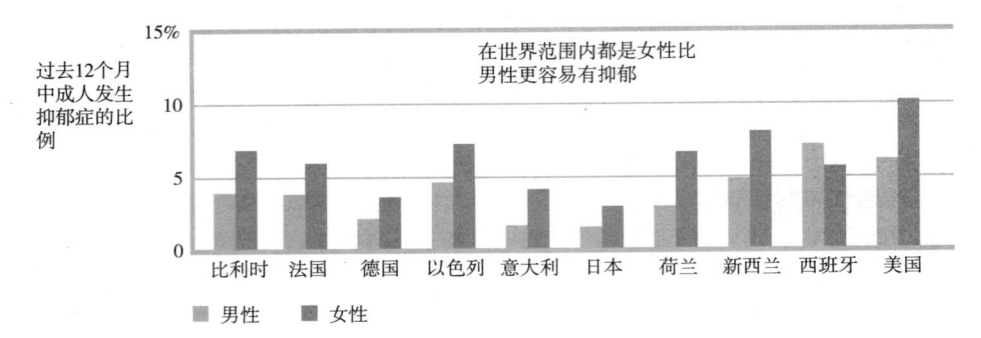

过去12个月中成人发生抑郁症的比例

在世界范围内都是女性比男性更容易有抑郁

比利时 法国 德国 以色列 意大利 日本 荷兰 新西兰 西班牙 美国

■ 男性 ■ 女性

- 第一次抑郁发作时年龄较大
- 先前很少发作
- 个体经历的应激很小
- 社会支持充分

抑郁常发生于应激事件之后 家庭成员死亡、失业、婚姻危机或身体伤害等都会增加一个人患抑郁的风险（Kendler et al., 2008; Monroe & Reid, 2009; Orth et al., 2009）。一项对 2 000 人的长期跟踪研究表明，那些在之前的一个月没有经历过应激生活事件的人中，抑郁的患病率不到 1%，而在那些上个月经历过 3 次应激事件的人群中，患病率是 24%（Kendler, 1998）。

> 我把抑郁看成是现代社会的瘟疫。
> ——刘易斯·贾德，美国国家精神卫生研究所前所长，2000

抑郁一代比一代出现得早（现在经常是在青少年后期出现），并影响着更多的人，发达国家的年轻人比例最高 这种现象在加拿大、英国、法国、德国、意大利、黎巴嫩、新西兰、波多黎各和美国等地方都存在（Collishaw et al., 2007; Cross-National Collaborative Group, 1992; Kessler et al., 2010; Twenge et al., 2008）。在一项关于澳大利亚青少年的研究中，12% 的人报告了抑郁症状（Sawyer et al., 2000），但大多数青少年不愿意将自己的抑郁状况告诉父母，这些父母中有 90% 的人认为自己的孩子没有抑郁。在北美，青年人中报告说自己最近或曾经受抑郁折磨的比例是其祖父母的 3 倍。这是事实，尽管祖辈处在风险之中的时间更长。

年轻人抑郁的风险增加了，这在一定程度上是真的，但它也反映了代际之间的文化差异。今天的年轻人更乐于公开谈论他们的抑郁。心理过程也可能在起作用。我们很容易随着时间推移而忘记许多负面经历，因此老一辈人可能会忽略他们年轻时有过的抑郁感受。

生物学的观点

抑郁是整体性的障碍。它涉及遗传倾向、生化失衡、消极想法和忧郁心境。

基因和抑郁 我们已经知道，心境障碍在家族中传递。假如你有抑郁的父母或兄弟姐妹，那么你就更易出现抑郁症（Sullivan et al., 2000）。研究

男性和女性的情感生活？

表明，假如同卵双生子中的一个被诊断为抑郁症，那么另一个在某个时候有抑郁症的可能性是 50%；假如同卵双生子中的一个有双相障碍，那么另一个在某个时候有双相障碍的可能性为 70%。而在异卵双生子之间，发生相应情况的概率在 20% 以下（Tsuang & Faraone, 1990）。同卵双生子之间这种更高的相关即使在被分开抚养的情况下也同样存在（DiLalla et al., 1996）。某个研究小组通过总结主要的双生子研究推测出（图 14.5），抑郁症的遗传力（个体差异归因于遗传的程度）为 37%。

此外，当那些被收养的个体有心境障碍时，他的血缘近亲中也常有人有心境障碍、酒精依赖或自杀（Wender et al., 1986）。（"特写：自杀与自伤"报告了其他研究结果。）

情绪是"来自基因的明信片"（Plotkin, 1994）。为了梳理出使人有抑郁风险的基因，研究者们采用了连锁分析的方法。首先，研究者找出在几代人中都出现障碍的家庭，然后分别从受影响和不受影响的家庭成员身上抽取血液进行 DNA 分析，以便找出差异。连锁分析将他们指向某条染色体及其邻近区域。行为遗传学研究者（Plomin & McGuffin, 2003）指出，"找出问题基因需要挨家挨户的搜查。"连锁研究强化了一种观点，即抑郁症是一种复杂的障碍。许多基因都对它的形成有一些细微的影响，当这些影响结合在一起时，就会使个体抑郁的可能性增大。如果问题基因的变异能够被识别，那么就可能产生更有效的药物治疗。

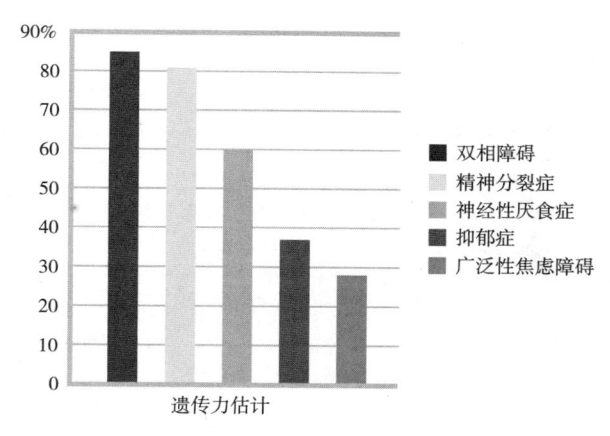

抑郁的大脑 扫描设备打开了一扇通向抑郁和躁狂状态下的大脑活动的窗户。抑郁阶段，大脑活动水平低；躁狂阶段，活动加强（图 14.6）。与处于积极情绪中相比，个体在抑郁状态时，大脑左额叶和相邻的奖赏中枢较不活跃（Davidson et al., 2002; Heller et al., 2009）。通过磁共振成像扫描发现，重度抑郁者的大脑额叶比正常人小 7%（Coffey et al., 1993）。海马是与大脑的情绪回路相连的记忆加工中心，研究表明，海马易受应激相关事件的影响。

至少两种神经递质系统对伴随心境障碍的大脑活动水平有影响。第一种是去甲肾上腺素，它是一种提高唤起水平和改善心境的神经递质，当个体处于抑郁状态时，这种激素的含量明显不足。研究表明，大多数有抑郁史的人是习惯性的吸烟者。抑郁者可能尝试通过吸入尼古丁进行自我调节，这样可以暂时提高体内的去甲肾上腺

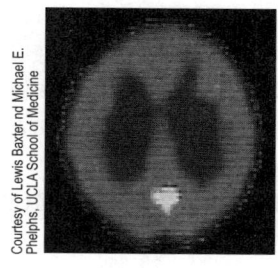

图 14.5
各种心理障碍的遗传性
研究者（Bienvenu, Davydow, & Kendler, 2011）整合了同卵和异卵双生子的研究数据，以评估双相障碍、精神分裂症、神经性厌食症、抑郁症和广泛性焦虑障碍的遗传性。

图 14.6
双相障碍的起伏（见彩插）
PET（正电子发射断层扫描术）显示，个体大脑能量的消耗随着个体情绪的变化而升高或降低。红色区域是大脑能量快速消耗的区域。

抑郁状态（5月17日）　　躁狂状态（5月18日）　　抑郁状态（5月27日）

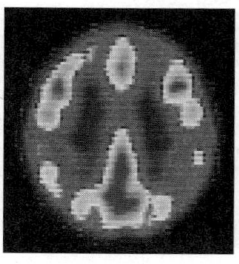

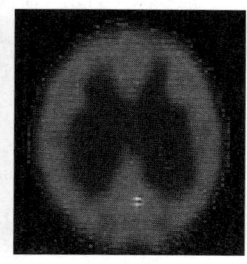

特 写

自杀与自伤

14-9：自杀和自伤有哪些影响因素？为防止自杀，我们要注意哪些重要的警示信号？

> 但是生命，如果厌倦了尘世的捆绑，从不缺乏自弃的力量。
> ——莎士比亚，《恺撒大帝》，1599

在世界范围内，每年大约有100万绝望的人因为没能找到有效方法来解决可能只是暂时性的问题而选择永久的了结（WHO, 2000）。通过比较不同群体的自杀率，研究者发现：

- **国家差异**：英国、意大利和西班牙人的自杀率只比加拿大、澳大利亚和美国人的一半略多一点；而奥地利和芬兰人的自杀率比加拿大、澳大利亚和美国人还要高（WHO, 2011）。在欧洲，自杀率最高的国家（白俄罗斯）和最低的国家（格鲁吉亚）相比，前者自杀率是后者的16倍。
- **种族差异**：在美国，白人和印第安人的自杀率几乎是黑人、拉美裔和亚裔的2倍（CDC, 2012）。
- **性别差异**：与男性相比，女性比男性更可能试图自杀（WHO, 2011）。但是在自杀成功的人中，男性很可能是女性的2~4倍（有国别差异）。男性更倾向于采用致命的方式，如对准头部开枪自杀。在美国，60%的自杀者都采用了这种方式。
- **年龄差异和变化趋势**：自杀率在成年晚期增加，在中年及以后达到顶峰。在20世纪下半叶，全球年自杀率几乎翻了一倍（WHO, 2008）。
- **其他群体差异**：富人、没有宗教信仰的人、单身、丧偶或离异的人自杀率较高（Hoyer & Lund, 1993; Stack, 1992; Stengel, 1981）。当所面临的环境缺乏支持时，包括家庭或同伴的拒绝，同性恋年轻人尝试自杀的风险增加（Goldfried, 2001; Haas et al., 2011; Hatzenbuehler, 2011）。
- **星期几**：25%的自杀发生在星期三（Kposowa & D'Auria, 2009）。

抑郁者的自杀风险比一般人群高至少5倍（Bostwick & Pankratz, 2000）。抑郁最严重时，由于缺乏精力和主动性，人们很少会自杀。而当他们开始从抑郁中恢复时，因具备了自杀的能力而危险性增大。与无障碍的人相比，酒精依赖者自杀的可能性高出大约100倍；3%左右的酒精依赖者会自杀（Murphy & Wetzel, 1990; Sher, 2006）。

因为自杀常常是出于一时冲动，所以环境障碍（例如在高架桥上设置跳跃障碍，不让人获得装有子弹的枪支）能够减少自杀（Anderson, 2008）。尽管人们通常认为一个下定决心的人会另找一条途径去完成这个行为，但这种限制为自毁冲动的消退提供了时间。

社会暗示也可能引发自杀。在一些高度曝光的自杀事件以及描述自杀的电视节目播放之后，公布于众的自杀不断增多。致命的车祸和私人飞机坠毁也有类似的效果。一项为期6年的研究对20世纪90年代期间居住在斯德哥尔摩市内的120万人中的自杀案例进行了追踪（Hedström et al., 2008）。经历过家人自杀的男性的自杀率比没有过这种经历的男性高8倍。尽管该现象可能在一定程度上与家族遗传有关，但共同的遗传倾向不能解释为什么经历过同事自杀的男性的自杀率比没有过这种经历的男性高3.5倍。

自杀不一定是敌意或报复行为。有些老年人用自杀来代替目前正在或将来可能经受的痛苦。对所有年龄段的人来说，自杀可能是为了结束无法忍受的痛苦，或解除自我感知的给家庭成员造成的负担。"如果两个最基本的需要被打击到完全消失的地步，人们就会想要死亡，"托马斯·乔伊纳（Joiner, 2006, p. 47）指出，"归属或与他人相联结的需要，感到对他人有用或影响他人的需要。"当感到与他人的关系破裂或成为对方的负担时（Joiner, 2010），或者感到被无法逃离的情境击败或困住时，人们通常就会产生自杀冲动（Taylor et al., 2011）。因此，自杀率在经济衰退期有所增加（Luo et al., 2011）。当人们被驱使着去达到某个目标或标准——变瘦、变成异性恋或变得富有——并发现无法做到时，自杀念头也会增加（Chatard & Selimbegović, 2011）。

通过事后回顾，家人和朋友可能

会想起一些本该让他们警醒的信号，包括言语暗示，把个人财产转送给他人，退缩或被死亡的念头占据。从对17个国家的84 850人的调查来看，大约9%的人在一生中的某个时候曾经严肃地考虑过自杀。其中大约30%的人（占这些国家人数的3%）试图自杀（Nock et al., 2008）。在试图自杀的人中，每25个人中只有一人自杀成功（AAS, 2009）。在死去的人中，有三分之一的人以前就试图自杀，并且绝大部分人曾谈论过自杀。因此，如果一个朋友与你谈论自杀，你应该认真倾听他的谈话，并指导他寻求专业帮助。每个威胁要自杀的人至少都在发送一个信号：他感到沮丧或绝望。

非自杀性自伤

自杀不是发出信号或应对痛苦的唯一方式。有些人，尤其是青少年和年轻的成人，会做出非自杀性自伤行为（NSSI）（图14.7）。这种行为包括切割或烧灼皮肤，击打自己，拔头发，将物体插入指甲或皮肤下面，以及给自己纹身（Fikke et al., 2011）。

为什么人们要伤害自己？这样做的人大多难以忍受情绪上的痛苦。他们往往会极度地自我批评，人际沟通和问题解决技能很差（Nock, 2010）。他们做出自伤行为可能是为了：

- 用疼痛来分散注意力，从负面想法中解脱出来。
- 寻求帮助或获得关注。
- 用自我惩罚来缓解内疚。
- 让其他人改变他们的负面行为（欺凌、批评）。
- 融入同伴群体。

非自杀性自伤行为会导致自杀吗？通常不会。实施非自杀性自伤行为的人一般是姿态性自杀者，而不是企图性自杀者（Nock & Kessler, 2006）。姿态性自杀者将非自杀性自伤行为作为一种绝望但并不对生命造成威胁的沟通形式，或者当他们感到被压垮时，他们也会做出该行为。但是非自杀性自伤行为是未来自杀企图的一个风险因素（Wilkinson & Goodyer, 2011）。如果人们没有得到帮助，他们的非自杀性行为可能会升级为自杀念头，以及最终的自杀企图。

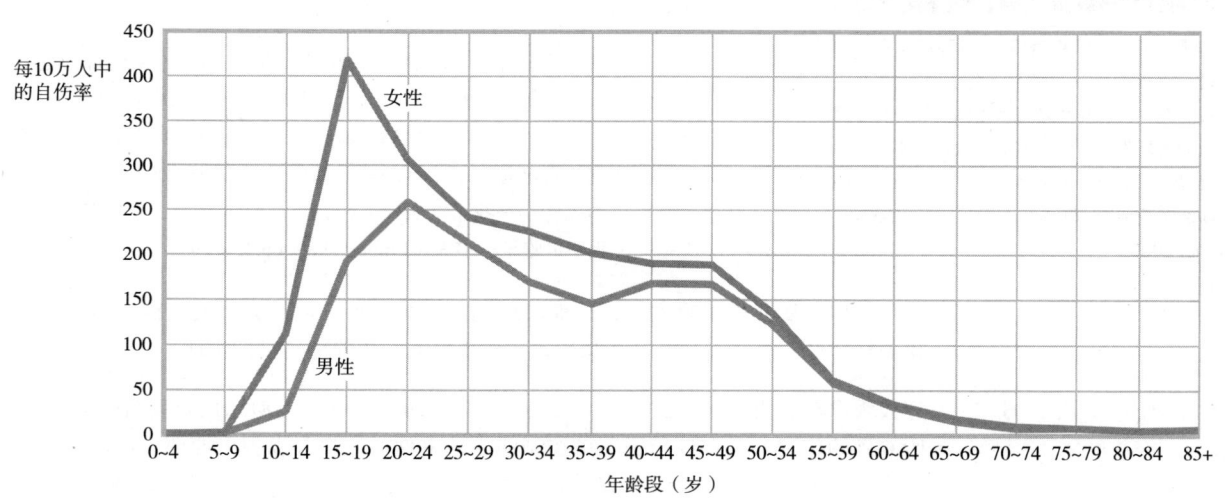

图 14.7
美国的非致命性自伤率
女性的自伤率峰值高于男性（CDC, 2009）。

素，改善自己的心境（HMHL, 2002）。但是吸烟也会增加个体未来抑郁的风险（Pasco et al., 2008）。

躁狂时，去甲肾上腺素的含量过多。缓解躁狂症状的药物会减少去甲肾上腺素的含量。抑郁时，体内的 5- 羟色胺也会含量低或不活跃（Carver et al., 2008）。缓解抑郁的药物倾向于增加去甲肾上腺素和 5- 羟色胺的含量，这主要是通过抑制对它们的再摄取（就像氟西汀、舍曲林和帕罗西汀对 5- 羟色胺的作用）或化学分解来实现。经常进行跑步等体育锻炼可以增加 5- 羟色胺的含量，从而缓解抑郁（Ilardi et al., 2009; Jacobs, 1994）。提高 5- 羟色胺含量会刺激海马的神经元生长，从而促进个体从抑郁中康复（Airan et al., 2007; Jacobs et al., 2000）。

对心脏有好处的东西对大脑和心理同样有好处。采用有利于心脏健康的"地中海饮食（大量蔬菜、鱼类和橄榄油）"的人发生心脏病、晚年认知衰退和抑郁的风险相对较低，这些疾病都与慢性炎症有关（Dowlati et al., 2010; Sánchez-Villegas et al., 2009; Tangney et al., 2011）。过量饮酒也与抑郁相关，部分原因是抑郁症使饮酒量增加，但主要是因为酒精滥用导致抑郁（Fergusson et al., 2009）。

社会认知观点

生物学因素对抑郁有影响，但在天性和教养的较量中，思考和行动同样会起作用。社会认知观点探索了人们的假设和预期是如何影响他们的感知的。

抑郁人群透过低自尊的黑色眼镜看待生活（Orth et al., 2009）。他们对自己、情境和未来的强烈负面假设导致他们夸大自己的消极经历，弱化自己的积极经历。听听加拿大的诺曼教授是如何回忆他的抑郁体验的：

> 我再次为自己是人类而感到"绝望"。我真切地感受到自己是低等动物，比最低等的害虫还低。而且，我自轻自贱，无论如何也不能理解为什么会有人愿意和我接触。就让我一个人自生自灭吧，不要管我……我觉得自己是一个十足的骗子和冒牌货，我的博士学位、正教授身份名不副实……我不配做研究，我不理解自己怎么会写书和发表文章……我一定骗了很多人（Endler, 1982, pp.45-49）。

苏珊·诺伦-霍克西玛 "这种病态冥想的流行是一种疾病，这种病更多地折磨女性而不是男性。女性会反复思考任何事情、每一件事情——我们的外表、我们的家庭、我们的事业和我们的健康。"（*Women Who Think Too Much: How to Break Free of Overthinking and Reclaim Your Life*, 2003）

正如诺曼在这里表现的，抑郁者预期最差的结果，他们会夸大糟糕的经历而弱化美好的经历。自我挫败信念和消极解释风格会助长抑郁的恶性循环。

消极观念与消极心境相互作用 自我挫败信念源于习得性无助。正如我们在第 11 章所看到的，狗和人在经历了不可控制的痛苦事件后，都会表现出抑郁、被动和退缩反应。与男性相比，女性更容易感到无助，她们对应激的反应可能更强烈（Hankin & Abramson, 2001; Mazure et al., 2002; Nolen-Hoeksema, 2001, 2003）。你是否同意"我至少偶尔会被必须要做的所有事情压倒？"在一项研究中，38% 的女性和 17% 的做了肯定的答复（Pryor et al., 2006）。（你的回答是否符合该模式？）男性报告说他们会把更多的时间花在运动、看电视、聚会等焦虑程度低的活动上，并尽可能回避那些自己无法应对的活动。

为什么女性发生抑郁的概率几乎是男性的两倍？苏珊·诺伦-霍克西玛（Nolen-Hoeksema, 2003）认为这种高风险与女性倾向于过度思考、忧思或反刍思考有关。当反刍思考帮助我们有目的地专注于某个问题时，它是具有适应性的，维持注意力的额叶区的持续放电使这成为可能（Altamirano et al., 2010; Andrews & Thomson, 2009 a, b）。而当它变得没完没了时，自我关注的反刍思考就是适应不良了。它让我们从思考其他生活任务上转移开来，并使我们深陷在消极情绪中（Kuppens et al., 2010）。

虽然如此，为什么生活中不可避免的失败会使一些人（男性和女性）变得抑郁，而对其他人影响不大呢？这一差异部分在于人们对失败的解释风格，也就是将失败归因于谁或者什么。考虑一下如果考试失利你会作何感想。如果将其归因于其他人，那么你更有可能感到生气。如果将之归咎于自己，你可能会认为自己很笨，并感到抑郁。

当不好的事情发生时，容易抑郁的人倾向于责怪自己（Mor & Winquist, 2002; Pyszczynski et al., 1991; Wood et al., 1990a, b）。如图 14.8 所示，抑郁的人更喜欢用稳定（我永远都过不去了）、普遍（我什么都做不好）和内化（都是我的错）的语言解释不幸。他们的解释是悲观、过度泛化、自我关注和自责的。结果可能是一种使人抑郁的绝望感（Abramson et al., 1989; Panzarella et al., 2006）。正如马丁·塞利格曼指出的，"先前存在的悲观主义撞上失败，其结果就是重度的抑郁"（Seligman, 1991, p. 78）。

那么对于并不抑郁但表现出悲观解释风格的大学新生，我们可以有什么样的预期呢？劳伦·阿诺伊及其合作者（Alloy et al., 1999）在两年半时间里以每 6 个星期一次的间隔对天普大学和威斯康辛大学的学生进行记录。在被确认为具有悲观思考风格的学生中，有 17% 的人经历了抑郁症的首次发作，而在入学时具有乐观思考风格的学生中，只有 1% 的人是这样。

批评者注意到对抑郁的社会认知解释存在鸡和蛋的问题。哪个先发生的？是悲观的解释风格，还是抑郁心境？消极的解释和抑郁心境确实同时发生，而且它们是抑郁的指示器。但它们引起抑郁吗？我们能说汽车的速度是读数为时速 110 千米的速度计引起的吗？在抑郁发生的之前以及之后，个体的观念并不太消极。可能是抑郁的心境导致了消极想法的出现。如果你暂时使人们陷入悲伤或糟糕的心境状态，他们的记忆、判断和期待就会突然变得更加悲观。（见第 8 章的"状态依赖性记忆"。）

文化的力量也会让人们更容易抑郁或更不容易抑郁。塞利格曼（Seligman, 1991, 1995）认为，抑郁在西方国家的年轻人当中是相当普遍的，因为个人主义的上升和对宗教与家庭承诺的降低迫使个体在面对失败或被拒绝时要自己承担责任。而在非西方的国家里，亲密的连带关系和相互合作是很普遍的，因而抑郁症并不那么常见，个体也不会因失败而过分自责（WHO, 2004）。例如，在日本，抑郁的人倾向于报告因让他人失望而感到羞愧（Draguns, 1990a）。

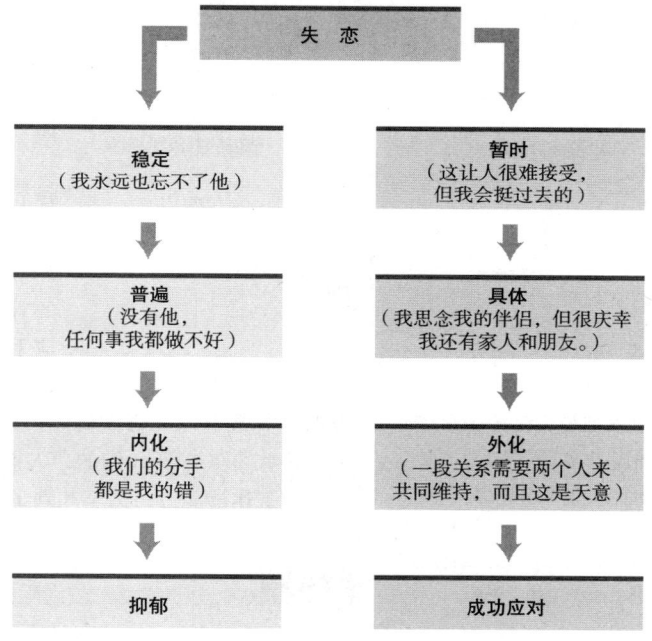

图 14.8

解释风格和抑郁

在经历负面事件后，容易抑郁的人会以消极的解释风格做出反应。

有些人无论到哪儿都能带来快乐；有些人只要一走大家就开心了。

——爱尔兰作家
奥斯卡·王尔德
(Oscar Wilde, 1854—1900)

抑郁的恶性循环 　　不论先后顺序如何，拒绝和抑郁都是相互促进的。正如我们所看到的那样，抑郁通常是由扰乱你的身份感和价值感的事情引起的，充满压力的经历有失业、离婚、遭到拒绝、受到身体创伤等。受到扰乱的自我感和价值感反过来会导致忧思，从而滋生了消极情绪。但是退缩、自我专注和抱怨又会引发拒绝（Furr & Funder, 1998; Gotlib & Hammen, 1992）。确实，深受抑郁折磨的人更可能离婚、失业和遭遇其他压力事件。对此人的疲惫、无望态度、无精打采感到厌烦的配偶可能会威胁要离开，或者老板可能会开始怀疑此人是否能够胜任工作。新的丧失和应激会让这个已经抑郁的人落到更加悲惨的境地。悲惨的人可能会喜欢另一个人的陪伴，但是伴侣却未必喜欢另一个人的悲惨。

现在我们可以将抑郁的各个环节连接起来（**图14.9**）：（1）消极的应激事件通过（2）忧思性的悲观主义归因得到解释，这种归因风格，导致（3）无望、抑郁状态的产生，而这种状态又（4）影响着个体思维和行为方式，这反过来又产生了（1）更多的消极体验。抑郁就像一条吞噬自己尾巴的蛇。

这就是我们都知道的那个循环。当我们感到低落时，我们会消极地思考，并记住糟糕的经历。从好的方面看，如果我们能识别出这个循环，我们就可以打破它。四个环节中的任何一个都有出口。我们可以扭转自责和消极的看法，向外转移注意力，从事更有趣的活动和更得心应手的事情。

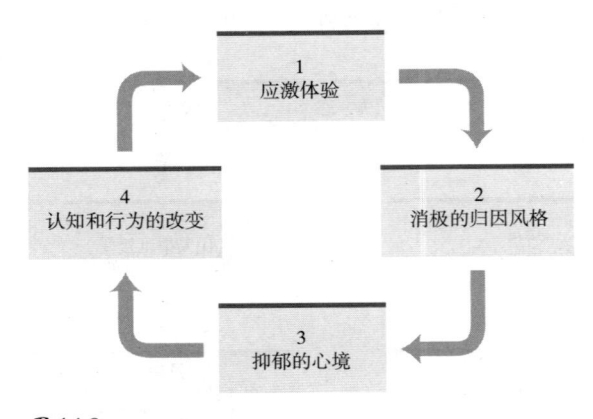

图 14.9

抑郁思维的恶性循环

正如我们将在第 15 章看到的，认知治疗师通过改变抑郁者处理事件的方式，来试图打破这个循环。精神科医生开出的药试图改变持续抑郁心境的生物学根源。

英国前首相丘吉尔将抑郁称为定期追逐他的"黑狗"；亚伯拉罕·林肯在年轻时表现得非常退缩和喜欢忧思，以至朋友们担心他会结束自己的生命（Kline, 1974）。正如这些事实告诉我们的，人们能够战胜也的确战胜了抑郁。许多抑郁的人重新获得爱和工作的能力，甚至达到了事业的顶峰。

提取一下

- "抑郁是全身障碍"这句话的含义是什么？

答案：抑郁牵涉到许多身体的组成部分，并包括身体的和心理的方面，而且这些因素会互相影响。抑郁状态反应为身体和情绪的表现。

精神分裂症

　　病情最严重的时候，精神分裂症患者生活在自己的世界里，时常出现的怪异想法和影像占据了他们的头脑。从字面意思来看，**精神分裂症**（schizophrenia）指的是"心理分裂"。这并不是指多重人格分裂，而是指与现实的分离，表现出思维混乱、知觉扭曲、情绪和行为不当等。精神分裂症是**精神病**（psychosis）的主要代表，是一种以非理性、知觉扭曲、脱离现实为标志的心理障碍。

　　你能想象到，这些特点会对人际关系和工作造成严重的干扰。如果给予支持性环境和药物治疗，40% 以上的精神分裂症者能够拥有一年甚至更长时间的正常生活经历（Jobe & Harrow, 2010）。还有很多其他人在生活中大部分时间都处于社会退缩和隔离或被拒绝的状态。

精神分裂症的症状

14-10：精神分裂症有哪些亚型？精神分裂症的思维、感知、情感和行为模式有什么特点？

精神分裂症有不同的形式。有阳性症状的精神分裂症者可能会体验到幻觉，言语混乱并缺乏真实性，表现出不合时宜的哭、笑或愤怒。而有阴性症状的人说话语调单一，表情麻木，身体僵硬。阳性症状是因为存在不适当的行为，而阴性症状则是因为缺乏适当的行为。由于精神分裂症是一组障碍，因此这些不同症状出现的原因可能也是多方面的。**表 14.5** 列出了精神分裂症的亚型。

混乱的思维 试想一下与马克辛交流。马克辛是一位思维表达没有逻辑的年轻女性。她的传记作者希恩（Sheehan, 1982, p. 25）专门观察了她大声自言自语的情形，"今天早上，我在赫尔塞德（医院）拍电影。我被电影明星们簇拥着……我是玛丽·波平斯。这个房间刷成蓝色是为了让我生气吗？我的外祖母在我 18 岁生日后的第四个星期去世了。"

正如上面这段怪异的独白所展示的，精神分裂症者的思维不连贯、荒诞，并为虚幻的信念所扭曲，这称为**妄想**（delusion）。马克辛认为自己是玛丽·波平斯。具有妄想倾向的人往往认为他们正在受到威胁或被追逐。

混乱的思维可能以"词语杂拌"的形式表现出来，杂乱的想法让其他人摸不着头脑。一个年轻人请求"在治疗中增加一点拍子"，并提出"扩展眼界的解放运动"将"因此在演讲中摄取一些智慧"。

混乱的思维可能源于选择性注意的中断。一般来说，我们都具有很强的选择注意能力，能排除其他感觉刺激而专注于某组刺激（第 3 章）。但精神分裂症者做不到。因此，微小的无关刺激，如砖上的鹅毛或者声调的抑扬变化都能使他们的注意力从整个场景或说话者的意思中转移开来。正如一名从前的病人所回忆的那样，"我出现了什么问题……毫不相关的刺激使我的注意力从本应注意的对象上移开"

表 14.5

精神分裂症的亚型

类型	症状
偏执型	以妄想或幻觉为主要症状，经常出现被害妄想或夸大妄想
瓦解型	语言或行为混乱，或者平淡或不恰当的情感
紧张型	僵直（或过度、无目的的活动），极端的消极主义，和/或鹦鹉学舌式地重复别人的话或行为
未分化型	许多种不同症状
残留型	在幻觉和妄想消失之后表现出退缩

某个精神分裂症者的绘画作品 在对此类艺术作品进行评论时（摘自 Craig Geiser's 2010 art exhibit in Michigan），诗人和艺术批评家约翰·阿什伯利写道："这些作品都蕴含着很强的诱惑力，但这种不可名状的主题也很可怕。"（见彩插）

大多数精神分裂症者抽烟，通常烟瘾重。尼古丁显然会刺激有助于集中注意的某些大脑受体（Diaz et al., 2008; Javitt & Coyle, 2004）。

（MacDonald, 1960, p. 218）。这种选择性注意困难只是与精神分裂症相关的数十种认知差异之一（Reichenberg & Harvey, 2007）。

歪曲的知觉 妄想是错误的信念。幻觉是错误的知觉，一种没有感觉刺激的感觉体验。精神分裂症者能够看见、感受到、闻到并不存在的东西。最常见的幻觉是听觉，他们可能听到并不存在的侮辱或命令。这些声音可能告诉这个人她很坏或者她必须用打火机烧自己。如果一个梦进入了你清醒的意识，想象一下你自己的反应。埃蒙斯描述了他的体验：

> 有人让我解释精神分裂症，我告诉他们，就像当你做梦的时候，有时候你自己出现在梦境里，而有些梦感觉就像是真实的噩梦。我的精神分裂症就像是我正在梦中行走一样。但是我身边的每个事物都是真实的。有时，今天的世界显得很无趣，我就想我是否想回到精神分裂的梦中，然后我又会记起来所有可怕的、恐怖的体验（Emmons et al., 1997）。

如果觉得不真实的东西似乎像真的一样，知觉的结果往好里说是怪诞的，而往坏里说就是可怕的了。

不恰当的情绪和行为 精神分裂症者的情绪表达经常是不恰当的，与现实似乎是分离的（Kring & Caponigro, 2010）。马克辛想起外祖母的死反而开怀大笑。有时，她会在其他人笑时大哭，或者莫名其妙地生气。还有一些精神分裂症者会陷入没有明显情感的情感淡漠状态。很多精神分裂症者难以解读其他人的面部情绪和心理状态（Green & Horan, 2010; Kohler et al., 2010）。

不恰当的动作行为也有很多形式。精神分裂症者可能表现出无意义的强迫行为，如不停地摇摆或摩擦自己的胳膊。还有一些人则可能几个小时保持不动（这个状况称作紧张症），然后又变得非常愤怒。

精神分裂症的发病和发展

14-11：慢性和急性精神分裂症有何差异？

精神分裂症在人群中的患病率接近 1%（其中 60% 是男性），据估计全世界有 2 400 万人患有这种可怕的疾病（Abel et al., 2010; WHO, 2011）。精神分裂症通常在即将步入成年期的时候发作。精神分裂症是无国界的。男性倾向于发病时间更早，病情更严重，患病率也略高（Aleman et al., 2003; Picchioni & Murray, 2007）。在对瑞典和丹麦男性的研究中，消瘦且年轻的人群以及非母乳喂养的人群患精神分裂症的风险最高（Sørensen et al., 2005, 2006; Zammit et al., 2007）。

对有些人而言，精神分裂症会突然出现，似乎是对应激的反应。而对其他人而言，例如马克辛，精神分裂症是因长时间缺乏社交和学校表现不佳而逐渐形成的（MacCabe et al., 2008）。这有助于解释为什么那些具有精神分裂症倾向的个体往往社会经济水平低下，甚至无家可归。

一个在世界范围内适用的规律表明（WHO，1979）：如果精神分裂症是一个缓慢发展的过程（也称慢性或进行性精神分裂症），那就很难恢复。那些患有慢性精神分裂症的个体经常表现出社交退缩等阴性症状（Kirkpatrick et al., 2006）。一般来说，男性精神分裂症的平均发作年龄要比女性早4年，而且男性更多地表现为阴性症状和慢性精神分裂症（Räsänen et al., 2000）。

如果一个先前自我调适良好的个体因对特定应激事件做出反应而迅速发展出精神分裂（也称急性或反应性精神分裂症），那恢复的可能性就大得多。有反应性精神分裂症的人通常表现出对药物治疗有反应的阳性症状（Fenton & McGlashan, 1991, 1994; Fowles, 1992）。

对精神分裂症的理解

精神分裂症不仅是最可怕的心理障碍，而且是被研究得最为深入的一种心理障碍。新近的大多数研究都将精神分裂症与大脑异常及遗传易感性联系起来。精神分裂症就是一种以心理症状的形式表现出来的大脑疾病。

大脑异常

14-12：哪些大脑异常与精神分裂症有关？

大脑中化学成分的失调能解释精神分裂症吗？科学家早就知道，奇怪的行为可能是奇怪的化学因素导致的。你是否听说过"疯得像个做帽子的？"这句谚语可以追溯到英国制帽人的行为，由于他们经常用嘴唇和舌头润湿含有水银的毛毡帽边儿，因而大脑逐渐受到侵害（Smith, 1983）。精神分裂症症状是否也有类似的生物化学因素？科学家正在探索化学物质引发幻觉和其他症状的机制。

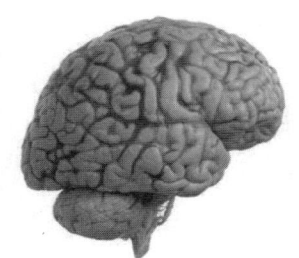

多巴胺活动过度 研究者们在解剖精神分裂患者死后的大脑时发现了一个可能的答案。他们发现了过量的多巴胺受体，其中D4多巴胺受体超了6倍（Seeman et al., 1993; Wong et al., 1986）。过于敏感的多巴胺系统可能增强了精神分裂症者大脑中的信号，结果产生阳性症状，如幻想和偏执等（Grace, 2010）。其他一些证据强化了这个观点：阻断多巴胺受体通路的药物可以减轻精神分裂症的症状；而增加多巴胺含量的药物，如安非他明和可卡因等，有时会导致症状加剧（Seeman, 2007; Swerdlow & Koob, 1987）。

大脑的异常活动与解剖学 慢性精神分裂症者表现出多个脑区的活动异常。一些人大脑额叶活动异常低下，而额叶在推理、计划和问题解决上起关键作用（Morey et al., 2005; Pettegrew et al., 1993; Resnick, 1992）。反映额叶神经元同步放电的脑电波明显减弱（Spencer et al., 2004; Symond et al., 2005）。这些不同步的神经元可能会干扰神经网络的运作。

研究精神分裂症的神经生理学 精神病学家福乐·托利收集了数百名已经死亡的、生前有精神分裂症或双相障碍等心理障碍的年轻成人的大脑。托利将制作的脑组织样本提供给全世界研究者使用。

一项研究在参与者出现幻觉时对其脑活动进行 PET 扫描（Silbersweig et al., 1995）。当参与者听到某种声音或看见某一事物时，其大脑的若干核心区域变得非常活跃，包括丘脑，该结构过滤传入的感觉信号并将它们传至大脑皮层。另一项针对妄想症者的 PET 扫描研究发现杏仁核活动增强，而杏仁核是恐惧处理中枢（Epstein et al., 1998）。

许多研究发现，在精神分裂症者的脑中，有一些膨胀的、充满液体的区域及相应收缩变薄的脑组织（Wright et al., 2000）。研究者甚至在以后可能有精神分裂症的人及其近亲身上也发现了这样的大脑异常（Karlsgodt et al., 2010）。大脑收缩得越厉害，这种思维障碍就越严重（Collinson et al., 2003; Nelson et al., 1998; Shenton, 1992）。

一个收缩变小的部位是大脑皮层。另一个是连接两个大脑半球的胼胝体（Arnone et al., 2008）。丘脑也比正常人的小，这可以解释为什么精神分裂症者难以过滤输入的感觉信息和集中注意力（Andreasen et al., 1994; Ellison-Wright et al., 2008）。总之，精神分裂症不是某一脑区单独异常的结果，而是若干脑区及其相互连接的问题（Andreasen, 1997, 2001）。

出生前环境与风险

> 14-13：哪些产前事件与精神分裂症的风险增加有关？

导致精神分裂症者大脑异常的原因是什么？一些研究者指出可能是胎儿期或分娩时的一些意外（Fatemi & Folsom, 2009; Walker et al., 2010）。精神分裂症风险因素包括出生体重低、母亲糖尿病、高龄产妇、分娩期间缺氧（King et al., 2010）。饥荒也会加大风险。在二战时期的荷兰饥荒中怀孕的女性其孩子后来有精神分裂症的比率是正常情况下的 2 倍（Susser et al., 1996）。受孕于 1959 年至 1961 年中国三年困难时期的人患病率同样翻倍（St. Clair et al., 2005; Susser et al., 1996）。

让我们考虑另一个可能的原因。孕期的病毒感染会危害胎儿大脑的发展吗（Patterson, 2007）？为了检验这种胎儿期病毒感染的观点，科学家们提出了以下问题：

- 在胎儿发展的中期，如果所在的国家出现了流行性感冒，那么他们后来患精神分裂症的风险会增加吗？答案是"是的"（Mednick et al., 1994; Murray et al., 1992; Wright et al., 1995）。
- 如果一个地区人口稠密，该地区内的病毒性疾病传播得很快，那么在这里出生的人患精神分裂症的风险更大吗？答案是肯定的，最近一项对 175 万丹麦人进行的研究证实了这一观点（Jablensky, 1999; Mortensen et al., 1999）。
- 在秋冬流感季节之后的冬春季节出生的人患精神分裂症的风险更大吗？回答仍然是肯定的，风险增加 5% 到 8%（Fox, 2010; Torrey et al., 1997, 2002）。
- 在南半球，季节正好和北半球相反，那么高于平均水平的精神分裂症出生月份也同样相反吗？虽然有一些不同，但结论还是肯定的。例如，在澳大利亚，出生于 8 月到 10 月的人患精神分裂症的风险更大。但有一个例外：那些出生于北半球而后移民到澳大利亚的人，如果出生于 1 月到 3 月，则患精神分裂症的风险更大（McGrath et al., 1995, 1999）。
- 母亲在孕期患过流行性感冒，孩子更可能患精神分裂症吗？对近 8 000 名女性的研究表明答案是肯定的。患精神分裂症的风险从一般的 1% 增加到 2%，但前提是感染发生在怀孕后的 4~6 个月（Brown et al., 2000）。母猴在孕期患流行性感冒也会影响胎儿的大脑发育（Short et al., 2010）。

- 如果孩子后来有了精神分裂症，从其怀孕的母亲体内抽取的血液中会含有高于正常水平的抗体（表示存在病毒感染）吗？一项对 27 名女性（她们的孩子后来患上精神分裂症）的研究证明答案是肯定的（Buka et al., 2001）。加利福尼亚的一项大型研究在 20 世纪 50 年代和 60 年代期间从大约 2 万名孕妇那里收集了血液样本，研究结果也支持上述结论（Brown et al., 2004）。另一项研究在接近半数的精神分裂症者体内发现微量的特异性逆转录病毒（HERV），而在健康人群中则没有发现这种病毒（Perron et al., 2008）。

这些证据集中表明，孕期病毒感染对精神分裂症的形成有一定作用。这一发现也支持了美国政府的建议：那些预计在流感季节里怀孕将超过 3 个月的女性应该打流感疫苗（CDC, 2011）。

为什么怀孕后的 4~6 个月里母亲患流感会增加胎儿得精神分裂症的风险呢？是病毒本身的原因吗？是因为母亲对病毒的免疫反应吗？是因为服用的药物吗（Wyatt et al., 2001）？感冒会削弱大脑胶质细胞的功能从而导致突触连接减少吗（Moises et al., 2002）？答案终有一天会揭晓。

遗传因素

14-14：基因对精神分裂症有何影响？

胎儿感染病毒可能会增加孩子将来发生精神分裂症的可能性。然而，很多女性在怀孕后的 4~6 个月内染上流行性感冒，但其中只有 2% 的人生下的子女得了精神分裂症。为什么产前接触流感病毒让一些孩子有发生精神分裂症的风险，而另一些孩子则没有？是否是因为某些人的遗传倾向让他们更容易得该疾病？证据很明显：答案是肯定的。对于大多数人来说，被诊断为精神分裂症的比率接近 1%，而如果父母或兄弟姐妹有精神分裂症，那他被诊断为精神分裂症的比率是约 10%；而在同卵双生子中，比率几乎是 50%（图 14.10）。即使是分开抚养，同卵双生子中的一个有精神分裂症，另一个有精神分裂症的比率仍然为 50%（Plomin et al., 1997）。（类似的案例有记载的仅有 10 多例。）

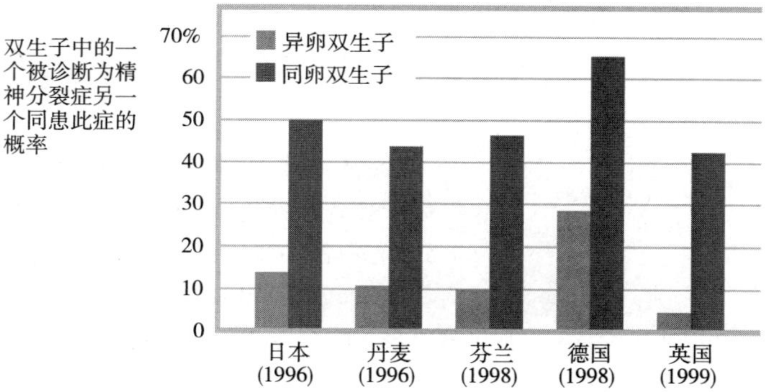

尽管如此，请记住同卵双生子共享的不只是基因。他们也共享着出生前的环境。大约三分之二的同卵双生子共享着同一个胎盘和其所供应的血液。另外三分之一则分别有各自的胎盘。共享胎盘是有影响的。如果同卵双生子在母体内共用一个胎盘，那出生后若一个有精神分裂症，另一个患病的可能性为 60%；如果他们不共用胎盘（异卵双生子亦如此），那么另一个患病的可能性仅为 10%（Davis et al., 1995a, b;

图 14.10

精神分裂症发生的风险

个体一生中患精神分裂症的概率与其亲属是否有这种障碍有关。多个国家的研究表明，如果异卵双生子中的一个有精神分裂症，那么另一个同患此症的概率为 10%，但同卵双生子却高达 50%。（摘自 Gottesman, 2001.）

同卵双生子中的精神分裂症
当双生子之间存在差异时，通常只是患有精神分裂症的那个人的颅腔（左）会增大，充满液体（Suddath et al., 1990）。双生子之间的差异意味着有一些非遗传因素（如病毒）也在起作用。

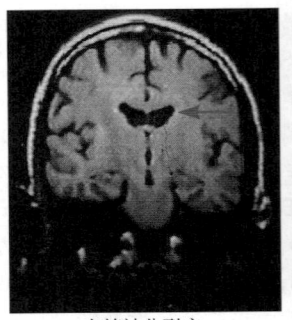

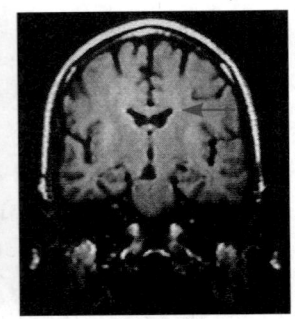

有精神分裂症　　　无精神分裂症

吉奈恩家四胞胎　随机挑选 4 个人，他们均有精神分裂症的可能性是一亿分之一。但是基因相同的四姐妹诺拉、艾里斯、迈拉、赫斯特都有精神分裂症，其中两个症状比较严重。这一现象表明，不仅生物学因素在起作用，环境因素也起着重要作用。

Phelps et al., 1997）。共用一个胎盘的双生子在胎儿期更可能经历相同的病毒感染。因此，相同的病菌可能和相同的基因一样，都能导致同卵双生子的相似性。

收养研究有助于区分遗传和环境的影响。被有精神分裂症的成人收养的儿童，几乎很少会"染上"这种障碍；而如果被收养儿童的亲生父母有精神分裂症，那么他们有精神分裂症的风险会大大增加（Gottesman, 1991）。这是基因的作用。

人们在寻找特定的基因，这些基因通过某种组合可能会导致诱发精神分裂症的大脑异常（Levinson et al., 2011; Mitchell & Porteous, 2011; Vacic et al., 2011; Wang et al., 2010）。（是大脑而不是基因直接控制行为。）其中一些基因影响了多巴胺和大脑中其他神经递质的活性。其他一些基因影响了髓鞘的产生，髓鞘是一种包裹在神经细胞轴突外面的一层脂肪物质，使得神经冲动在神经网络之间快速传递。

遗传因素的作用是毋庸置疑的，但其过程并不像眼睛颜色的遗传那么简单。对数千名有精神分裂症和无精神分裂症的个体进行的基因组研究表明，精神分裂症受到许多基因的影响，单个基因的作用非常小（International Schizophrenia Consortium, 2009; Pogue-Geile & Yokley, 2010）。回想一下第 2 章，表观遗传（epigenetic，字面意思是"除基因之外"）因素会影响基因表达。就像热水泡开茶包一样，病毒感染、营养剥夺和孕期应激等环境因素能够"启动"基因，从而增加了一部分人患精神分裂症的风险。同卵双生子在子宫中以及之后的不同经历解释了为什么其中只有一个显示出了不同的基因表达（Walker et al., 2010）。正如我们在这么多不同的情形中所看到的，先天和后天是相互作用的。一个巴掌拍不响。

正是由于我们对遗传和大脑如何影响精神分裂症类疾病有了更广泛的理解，公众越来越多地将精神病性障碍归因于生物学因素（Pescosolido et al., 2010）。

***

大多数人更容易理解心境障碍中的情绪波动，而不容易理解精神分裂症中各种怪异的想法、知觉和行为。有时我们的思维会跳跃，但我们很少会说没有意义的话。有时我们会感到自己在不公正地怀疑别人，但我们不会担心全世界的人都密谋加害我们。我们的知觉经常会出现错误，但我们很少会看见或听到不存在的事物或声音。

我们在嘲笑某个人的不幸后会感到内疚，但我们听到坏消息时却很少会发笑。我们时常想独处，但我们不会生活在与世隔绝中。然而，全世界仍有上百万的人表现得言语怪异，经受着妄想的折磨，听见并不存在的声音，看到并不存在的事物，在不恰当的时候哭笑，或者退缩到个人的想象世界中。因此，人们一直在寻求解开精神分裂症这个残酷的谜题，而且比以往更为积极。

提取一下

- 具有_____（阳性/阴性）症状的精神分裂症者可能面无表情，声音单调。这些症状在_____（慢性/急性）精神分裂症中最为常见，并且对药物治疗不太可能产生反应。具有_____（阳性/阴性）症状的精神分裂症者可能会产生妄想并被诊断为_____（慢性/急性）精神分裂症，更可能对药物治疗产生反应。

答案：阴性；慢性；阳性；急性。

- 哪些因素影响精神分裂症的发病和发展？

答案：生物学因素和个人观点均为影响因素。由遗传易感性和母体病毒感染引起的异常脑组织，结合压力因素触发作用下，精神分裂症可能会发生发展。

其他障碍

分离障碍

14-15：什么是分离障碍，为什么它们是有争议的？

罕见的**分离障碍**（dissociative disorder）是最令人困惑的心理障碍之一。个体的意识觉知与痛苦的记忆、想法和感受分离（分开）。个体可能进入一种"漫游状态"，即突然的记忆丧失或身份改变，往往是对无法抵抗的压力情境的反应。其中一个案例是一名越战老兵，他因战友的死亡而心神不宁，在"9·11"袭击发生前不久离开了他位于世贸中心的办公室。某一天他在上班的路上失踪了，6个月后在芝加哥一个无家可归者的收容所里被发现，据说他不记得自己的身份或家庭（Stone, 2006）。

分离本身并不罕见。我们任何人都有过一闪而逝的非现实的感觉，与身体分离的感觉，以及像看电影那样观看我们自己的感觉。在**分离性身份障碍**（dissociative identity disorder, DID）中，自我与通常的意识之间产生了巨大的分裂。在不同时间里，有两个或更多不同的身份控制着个体的行为，每一个身份都有各自的表达和行为习惯。因此，个体可能有时显得一本正经、举止恰当，有时又大声喧哗、表现轻浮。一般来说，原本的人格否认对其他人格的任何察觉。

有分离性身份障碍（过去被称为多重人格障碍）的人很

多重人格 电影《三面夏娃》及其同名图书讲述了克里斯·塞茨摩尔的故事，在早期将现在被称为分离性身份障碍的心理障碍引入人们的视野。

少是暴力的，但在有些案例中个体可能分裂出"好的"和"坏的"（或攻击性的）人格——就像罗伯特·路易斯·史蒂文森的小说中闻名后世的杰基尔博士和海德先生的温和版。肯尼思·比安奇是一个不同寻常的案例，他在"山腰绞杀手"案件中被指控奸杀了 10 名加利福尼亚女子。心理学家约翰·沃特金斯（Watkins, 1984）在催眠比安奇时"唤醒"了一个隐藏的人格："我已经和肯谈了不少，但我想可能还存在着另一部分的肯……也许不同于已经跟我交谈过的那个部分……你愿意通过说'我在这里'来跟我说话吗？"比安奇回答"是"，然后自称是"史蒂夫"。

在作为史蒂夫说话的时候，比安奇说他讨厌肯，因为肯是个好人，而他（史蒂夫）在堂兄的帮助下谋杀过女人。他还声称肯对史蒂夫的存在一无所知，对于谋杀是完全无辜的。比安奇的第二人格是否是个诡计，是否只是拒绝为他的行为承担责任的一个方式？事实上，比安奇是一个训练有素的骗子，他在心理学书籍中读过有关多重人格的内容，后来被宣判有罪。

对分离性身份障碍的理解 怀疑者提出了关于分离性身份障碍的一些重要问题。首先，他们发现这一障碍的历史短得可疑。在 20 世纪 30 年代到 60 年代间，在北美人中，每 10 年里只有 2 个人被诊断为分离性身份障碍。到了 20 世纪 80 年代，《精神障碍诊断与统计手册》收录了这一障碍的首个正式编码，有该障碍的人数暴增到 2 万多（McHugh, 1995a）。患者表现出来的平均人格数量也迅速增加，从 3 个增加到 12 个（Goff & Simms, 1993）。

其次，怀疑者指出，分离性身份障碍在北美以外的地方较不普遍，尽管在其他文化中也有人声称被外来灵魂"占据"了身体（Aldridge-Morris, 1989; Kluft, 1991）。在英国，分离性身份障碍十分罕见，一些人认为它是"古怪的美国潮流"（Cohen, 1995）。在印度和日本，基本上是不存在（或者至少没有报告）分离性身份障碍的。怀疑者说，这些发现指向一个文化解释，这是在特定的社会环境中由治疗师创造出来的障碍（Merskey, 1992）。分离性症状不是创伤诱发的，而倾向于在易受暗示、富于幻想的人身上表现出来（Giesbrecht et al., 2008, 2010）。

最后，怀疑者问，分离性身份障碍是否可能是正常人格转换能力的扩展，而不是真正的心理障碍？尼古拉斯·斯帕诺斯（Spanos, 1986, 1994, 1996）让大学生假扮受到指控的谋杀犯并且正在接受精神病学家的检查。给予跟比安奇一样的催眠治疗后，大部分人都自发地表达出第二人格。这一发现让斯帕诺斯感到不解：这些分离的身份是否只是我们正常呈现的各个不同"自我"的极端版本，就像我们在跟朋友出去玩的时候会表现出可笑、吵闹的自我，而在祖父母身边则会表现出顺从、有礼貌的自我一样。批评者说，如果是这样的话，那么发现多重人格的临床医生可能只是激活了富于幻想的那些人的角色扮演能力。毕竟，来访者在开始治疗时并不会说"请允许我介绍多个我"。相反，怀疑者指出，有些治疗师会"钓"出多重人格："你曾感到你的另一部分在做一些你不能控制的事情吗？你的这一部分有名字吗？我可以和你愤怒的那部分对话吗？"一旦来访者同意治疗师指名与"怒言相向的那部分你"对话时，他们就会开始将幻想表演出来。就像演员在角色当中迷失了自己一样，易受影响的患者可能会"变成"他们所扮演的角色。结果可能就是另一个自我的体验。

其他研究者和临床医生认为分离性身份障碍确实是一种心理障碍。他们找到了支持这一观点的证据，不同的人格具有不同的大脑和身体状态（Putnam, 1991）。对

"山腰绞杀手" 图中肯尼思·比安奇正在接受审判。

弄假成真。
——中国谚语

分离性身份障碍者的脑扫描显示，与创伤记忆有关的脑区活跃（Elzinga et al., 2007）。利手有时会随人格转换而改变（Henninger, 1992）。当分离性身份障碍者转换人格时，能够记录到视敏度和眼肌平衡的变化，但是在控制组成员试图模仿分离性身份障碍的行为时则没有记录到变化（Miller et al., 1991）。

心理动力学和学习观点都把分离性身份障碍的症状解释为应对焦虑的方式。一些心理动力学理论家将其视为对无法接受的冲动所致焦虑的防御。根据这个观点，不道德的第二人格可以让被禁止的冲动得到释放。（这个解释假定存在被压抑的记忆，但受到记忆研究者的质疑；见第8章和第12章。）学习理论家将分离障碍视为因焦虑减少而得到强化的行为。

一些临床医生建议将分离性身份障碍归到创伤后应激障碍这个大类之下。根据这个观点，分离性身份障碍是一种对童年创伤经历的自然保护性反应（Putnam, 1995; Spiegel, 2008）。很多分离性身份障碍者回忆在小时候受到过身体虐待、性虐待或情感虐待（Gleaves, 1996; Lilienfeld et al., 1999）。一项研究考察了12名被诊断为分离性身份障碍的谋杀犯，其中11人在童年时遭遇了严重虐待甚至折磨（Lewis et al., 1997）。一个人曾被父母灼烧身体。另一个人曾被用于拍儿童色情片，并因为被强迫坐在炉子上而伤痕累累。然而，有些批评者怀疑这些回忆是否是逼真的想象或治疗师的暗示促成的（Kihlstrom, 2005）。

争论还在继续。一方认为多重人格是人们试图摆脱可怕经历而孤注一掷的努力。另一方的怀疑者认为分离性身份障碍是治疗师和来访者的互动构建出来的状况，并由富于幻想、情感脆弱的人表演出来。精神病学家保罗·麦克休（McHugh, 1995b）预测说，如果怀疑者的观点取胜，那么"这种流行病结束的方式将与猎杀女巫狂潮在塞勒姆结束的方式一样[1]。[多重人格现象]将会被认为是人为制造的。"

"我能跟付账的那个人格说话吗？"

提取一下

- 心理动力学和学习观点都认为分离性身份障碍症状是应对焦虑的方式，两者的解释有何不同？

答案：心理动力学家认为分离性身份障碍可防御对不可接受的冲动所产生的焦虑。学习理论家将其解释为因焦虑减轻而得到强化的行为。

进食障碍

14-16：三种主要的进食障碍是什么？生物、心理和社会文化影响如何让人们更容易患上这些障碍？

我们的身体天生倾向于保持正常的体重，包括储存能量为食物匮乏时期做储备。

---

[1] 中世纪的猎杀女巫狂潮从欧洲大陆开始，扩展到不列颠群岛，最后在美国结束，一共持续了数百年。1692年发生在美国马萨诸塞州塞勒姆镇的塞勒姆女巫审判案造成20多人死亡，另有200多人被逮捕或监禁，是历史上著名的冤案之一。从塞勒姆女巫审判案后，美国再也没有发生因巫术受审的事件。——译者注

瘦身不要命　神经性厌食症在19世纪70年代被确认和命名，当时它出现在富裕的青少年女孩当中（Brumberg, 2000）。这张20世纪30年代的照片显示了身体状况。

为什么女人的自尊心那么低？有很多心理和社会方面的复杂原因，我指的是芭比娃娃。

Dave Barry, 1999

然而有时心理影响会压倒生物智慧。在三种进食障碍中，这一点尤为明显：

- **神经性厌食症**（anorexia nervosa）一般始于减肥节食。有厌食症的人体重会明显低于标准体重，通常低15%或更多，多见于青少年，并且90%为女性。但是他们还会觉得胖，害怕长胖，依然沉迷于减肥，有时会运动过量。大约一半的厌食症者表现出暴食—清除—抑郁循环。
- **神经性贪食症**（bulimia nervosa）也可能由减肥节食触发，并且因狂吃被禁止的食物而中断。在重复发作的循环中，有该障碍的人——大部分是十八九岁到二十岁出头的女性——会交替进行暴食和清除（通过催吐或使用泻药）（Wonderlich et al., 2007）。之后可能会禁食或过量运动。他们为食物所困扰（喜欢甜食或高脂肪的食物），害怕超重，暴食-清除进食者在暴食期间或之后会经历抑郁或焦虑发作（Hinz & Williamson, 1987; Johnson et al., 2002）。但与神经性厌食症不同，神经性贪食症的标志是体重在标准范围之内或之上波动，导致症状不易被发现。
- **暴食障碍**（binge-eating disorder）者会做出明显的暴食行为，之后会后悔，但他们不会清除、禁食或过量运动，因此可能会超重。

一项由美国国家精神卫生研究所资助的研究报告说，有0.6%的人在一生中的某个时候达到神经性厌食症的标准，1%的人达到神经性贪食症的标准，2.8%的人达到暴食障碍的标准（Hudson et al., 2007）。那么，我们如何解释这些心理障碍？

对进食障碍的理解

进食障碍并不像有人曾经推测的那样与儿童性虐待有着直接的联系（Smolak & Murnen, 2002; Stice, 2002）。然而家庭环境可能会以另一些方式为进食障碍的形成提供滋生的土壤。

- 有进食障碍女孩的母亲常关注她们自己的体重，同时也关注女儿们的体重和外貌（Pike & Rodin, 1991）。
- 在神经性贪食症患者的家庭中，儿童期肥胖和负面自我评价的发生率高于正常水平（Jacobi et al., 2004）。
- 神经性厌食症患者通常来自竞争性强、成就动机高以及保护性强的家庭（Pate et al., 1992; Yates, 1989, 1990）。

进食障碍者往往自我评价低，设置完美主义者的标准，因为不能达到预期而烦恼，并且极为在意其他人对他们的看法（Pieters et al., 2007; Polivy & Herman, 2002; Sherry & Hall, 2009）。其中一些因素还可以预测十几岁男孩对不现实的肌肉发达的追求（Ricciardelli & McCabe, 2004）。

遗传也可能影响进食障碍的易感性。同卵双生子比异卵双生子更有可能同时有进食障碍（Culbert et al., 2009; Klump et al., 2009; Root et al., 2010）。科学家正在寻找问题基因，这些基因可能影响人体内可利用的5-羟色胺和雌激素（Klump & Culbert,

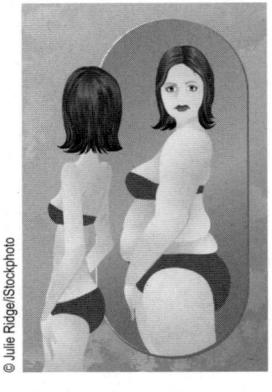

神经性厌食症的背后是过于肥胖的体象

2007)。

但是这些心理障碍也包含文化和性别成分。不同文化和不同时期的理想体形是不同的。在贫穷的国家，包括非洲的很多地区——丰满意味着富足，而消瘦是贫困或疾病的表现——越胖似乎越好（Knickmeyer, 2001; Swami et al., 2010）。在西方文化中，似乎就不是越胖越好了，从对 14.1 万人进行的 222 项研究来看，20 世纪后半叶，进食障碍患病率的增长，与对体象不满的女性人数的急剧增长是一致的（Feingold & Mazzella, 1998）。

最容易患进食障碍的是那些最将苗条理想化，并且对自己的身体最不满意的人群（通常是女性或同性恋男性）（Feldman & Meyer, 2010; Kane, 2010; Stice et al., 2010）。那么，如果女性在看到真实的和经过处理的异常苗条的模特和名人的图片时常常感到羞愧、抑郁以及对自己身体不满（恰好是诱发进食障碍的态度），我们应该感到吃惊吗（Grabe et al., 2008; Myers & Crowther, 2009; Tiggeman & Miller, 2010）？斯蒂斯及同事（Stice et al., 2001）检验了这个模型的观点，他们给一些青少年期的女孩（而不是其他人）订阅了 15 个月的美国青少年时装杂志，与那些没有收到杂志的对照组相比，脆弱敏感（指对自己不满意、将苗条理想化并缺乏社会支持）的女孩们对身体更加不满意并表现出进食障碍倾向。但是，即使那些极其苗条的模特也无法达到经典芭比娃娃那样不可能的标准。身高 5 英尺 7 英寸，三围 32—16—29（按厘米计算是身高 170，胸围 82，腰围 41，臀围 73；Norton et al., 1996）。

似乎很显然，当今进食障碍的弊端部分在于我们过分关注体重的文化，这种文化用无数的方式说"肥胖不好"，促使数以百万计的女性"总在节食"，并且因迫使女性长期生活在半饥饿状态中而助长她们的暴食行为。如果文化习得促成进食行为，那么预防项目会提高人们对自己身体的接纳吗？对预防研究的回顾表明答案是肯定的，尤其当项目是互动性的，并以 15 岁以上的女孩为对象时（Stice et al., 2007; Vocks et al., 2010）。

"谢谢，不过我们不吃。"

"走秀的骨架" 一篇报刊文章用了这个标题，旨在批评超瘦模特走秀。这些模特是否会使"让自己挨饿"成为潮流？

提取一下

- _____（神经性厌食症 / 神经性贪食症）者即使在体重偏轻的情况下还想要继续减肥。
- _____（神经性厌食症 / 神经性贪食症）者的体重倾向于在正常范围之内或之上波动。

答案：神经性厌食症；神经性贪食症

人格障碍

> 14-17：人格障碍分为哪三个类别？反社会人格障碍的行为和大脑活动有何特点？

人格障碍（personality disorders）具有破坏性、顽固而持久的行为模式会干扰社会功能。这些障碍倾向于形成三个类别，其特征为：

- 焦虑，如倾向退缩的回避型人格障碍对拒绝过分敏感。
- 古怪或奇异的行为，例如分裂样人格障碍的疏离冷漠。
- 戏剧性行为或冲动行为，例如希望引起注意的表演型人格障碍，自我聚焦和自我膨胀的自恋型人格障碍以及反社会型人格障碍。

不过，这些类别之间的界限并不分明，并且与其他心理障碍一样，《精神障碍诊断与统计手册》一直在对其进行修改和调整（Holden, 2010）。

反社会型人格障碍

最使人苦恼且研究最多的人格障碍是**反社会型人格障碍**（antisocial personality disorder）。你可能听过古老的叫法：社会病态或精神病态。反社会型人格障碍者通常是男性，表现得毫无良知，甚至对朋友和家人也是如此。当反社会型人格个体具有超常的智力但没有良知时，可能会成为一名聪明且有魅力的行骗高手、一名无情的公司总裁（《西装革履的蛇》是一本关于商业里的反社会行为的书）——甚至更坏。

该障碍通常出现在 15 岁以前，个体开始撒谎、偷窃、打架，或性行为无节制（Cale & Lilienfeld, 2002）。不是所有这样的儿童都会变成反社会的成年人。那些进入成年后仍有反社会行为的人（约占一半）一般无法保有一份工作，对配偶和孩子不负责任，有暴力或犯罪行为（Farrington, 1991）。尽管他们冷酷，有时候有犯罪行为，但犯罪行为并不是反社会行为的必要成分（Skeem & Cooke, 2010）。此外，很多罪犯并不符合反社会型人格障碍的特征。为什么？因为许多罪犯对自己的朋友和家人是负责任的。

反社会型人格障碍个体行为冲动，几乎没有感受和畏惧（Fowles & Dindo, 2009）。这可能导致骇人听闻的后果，正如亨利·李·卢卡斯案例中那样。卢卡斯 13 岁时杀死了第一名受害者。当时以及事后他都没有一点悔恨。他承认自己在 32 年的犯罪史上，曾经残忍地使用殴打、窒息、刺伤、枪击、断肢等方式，伤害了大约 360 名女子、男子和儿童。在他实施恐怖罪行的最后 6 年里，卢卡斯和埃尔伍德·图尔合伙，后者说自己杀死了 50 名"他认为已失去了生存价值的人"（Darrach & Norris, 1984）。

毫无悔意 丹尼斯·雷德，著名的 BTK 杀手（BTK 指 bind, torture 和 kill，即绑、虐、杀——译者注），在 30 年时间里杀死了 10 个人，于 2005 年被定罪。雷德完全没有良知，这正是反社会型人格障碍的特征。

"星期四不行。我有陪审员义务。"

很多罪犯跟这个人一样，在生活的其他方面表现出良知和责任感，因此并没有表现出反社会型人格障碍。

对反社会型人格障碍的理解 反社会型人格障碍由生物和心理因素交织而成。犯罪等复杂行为不是由哪一个单个基因决定的。然而，分子遗传学家识别了一些特定基因，这些基因在反社会型人格障碍者身上更为常见（Gunter et al., 2010）。无所畏惧和不受约束的人生也许与某种遗传倾向有关。双生子研究和收养研究表明，与反社会型人格和无情感倾向的人有血缘关系的个体，其反社会行为的风险增加（Larsson et al., 2007; Livesley & Jang, 2008）。使人们有反社会行为风险的基因也会增加酒精及其他物质依赖的风险，这有助于解释为什么这些障碍往往是一起出现的（Dick, 2007）。

遗传影响往往与童年虐待共同作用，助长大脑形成连接（Dodge, 2009）。反社会型人格和无情感倾向个体的遗传易感性导致个体唤起水平低下。在等待电击或噪音等会令大多数人紧张不安的事件时，他们自主神经系统的唤起很不明显（Hare, 1975; van Goozen et al., 2007）。长期研究表明，即使是在他们做出犯罪活动之前的青少年时期，他们的应激激素水平也比同龄人低（图 14.11）。在 3 岁时形成条件化恐惧比较慢的儿童，长大以后更可能犯罪（Gao et al., 2010）。

其他研究发现，在青少年期表现出攻击或反社会倾向的男孩，在学龄前就表现得冲动、不受约束、不关心社会奖赏、焦虑水平过低（Caspi et al., 1996; Tremblay et al., 1994）。如果得到有益的引导，这些特质就可能促使其成为勇敢的英雄、冒险家或体育明星（Poulton & Milne, 2002）。但是，如果缺乏社会责任感，同样的遗传倾向可能会使其成为一名冷酷的骗子或杀手（Lykken, 1995）。

对于反社会行为以及很多其他行为来说，天性和教养相互影响并在大脑中留下它们的印记。为了探索反社会型人格障碍的神经基础，科学家们正在识别反社会型罪犯的大脑活动差异。观看能唤起情绪的照片时，例如一个男人把刀子架在一个女人的脖子上，这些罪犯的心率和排汗反应缓慢，并且通常对情绪刺激做出反应的脑区较不活跃（Harenski et al., 2010; Kiehl & Buckholtz, 2010）。他们的多巴胺奖赏系统也显得过度活跃，使他们倾向于在冲动驱使下去做一些能带来奖赏的事情，而不考虑后果（Buckholtz et al., 2010）。一项研究将 41 名杀人犯与同年龄和同性别的正常人的 PET 扫描进行比较，发现杀人犯的大脑额叶活动减少，而额叶有助于控制冲动（Raine, 1999, 2005；图 14.12）。额叶活动的减少对那些冲动杀人的人来说尤其明显。在一项跟踪研究中，研究者们发现，与正常人相比，暴力惯犯的额叶组织比正常人

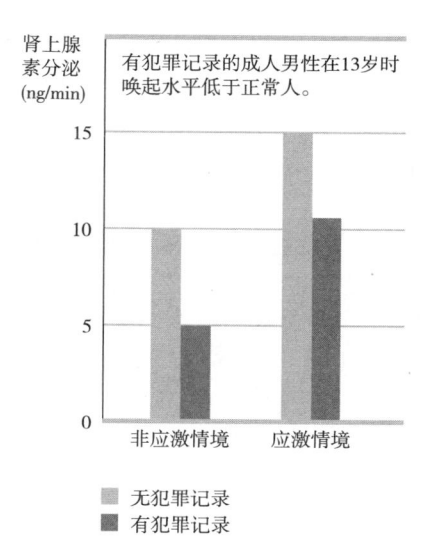

图 14.11

冷血的唤起水平与犯罪风险

对瑞典的两组 13 岁男孩的肾上腺素水平进行测量。在应激条件下和非应激条件下，那些后来（18 岁到 26 岁间）犯罪的儿童都表现出了相对较低的唤起水平。（摘自 Magnusson, 1990.）

满月会激发一些人内心的"疯狂"吗？詹姆斯·罗顿和 I.W. 凯利（Rotton & Kelly, 1985）考察了来自 37 项研究的数据，这些研究将犯罪、杀人、危机呼叫和精神病院入院与月相联系起来。他们的结论是：没有关于"月狂"的证据。月相跟自杀、攻击、急诊或交通灾难也没有联系（Martin et al., 1992; Raison et al., 1999）。

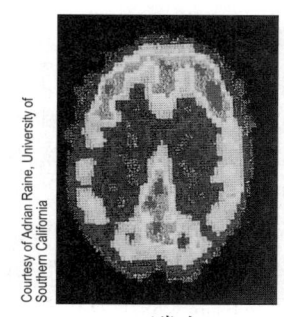

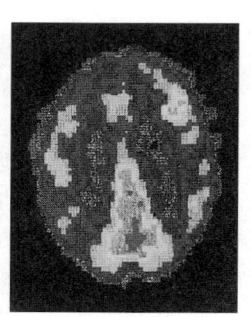

图 14.12

杀人犯的心理（见彩插）

PET 扫描结果表明，杀人犯大脑额叶的活动减少，而这一脑区有助于阻止冲动和攻击性行为。（摘自 Raine, 1999.）

少 11%（Raine et al., 2000）。这就有助于解释为什么反社会型人格障碍者在思维的许多方面比正常水平落后很多，如计划、组织和控制，而这些都是额叶的功能（Morgan & Lilienfeld, 2000）。这些数据再次提醒我们：心理的每个方面都与生物学有关。

提取一下

- 生物和心理因素如何促成反社会型人格障碍？

答案：关于反社会型人格行为的遗传素质影响证据，包括大脑的差异以及对压力的应激反应减弱。如同儿童期虐待之类的负面环境因素也起作用——当其与遗传素质相结合时尤其如此。

心理障碍的患病率

14-18：有多少人目前有或曾经有过心理障碍？贫困是一个风险因素吗？

什么人最容易出现心理障碍？在人生的哪个时期最容易发生？为了回答这些问题，多个国家对由数千名国民组成的有代表性的样本进行了详细的结构化访谈。在问了数百个探查症状的问题（"你曾有两个星期或更长的时间感觉想自杀吗？"）之后，研究者们评估了各种障碍在目前、上一年以及终生的患病率。

有多少人现在或曾经有过心理障碍？人数远远高于我们的想象：

- 美国国家精神卫生研究所（U.S. National Institute of Mental Health, 2008，基于 Kessler et al., 2005）估计每年有 26% 的美国成年人患有某种可诊断的精神障碍（表 14.6）。
- 世界卫生组织（World Health Organization, 2004）在 21 世纪的一项研究——基于对 60 463 人的 90 分钟访谈，对 20 个国家和地区上一年度的精神障碍患病率进行了估计。如图 14.13 所示，精神障碍患病率最低的是中国上海，最高的是美国。此外，来自墨西哥、非洲和亚洲的新移民普遍比他们已成为美国人的同胞心理更健康（Breslau et al., 2007；Maldonado-Molina et al., 2011）。例如，与刚刚移民到美国的墨西哥人相比，在美国出生的墨西哥裔美国人更可能出现精神障碍，这是一种被称为移民悖论的现象（Schwartz et al., 2010）。

什么人最容易产生精神障碍？正如我们已经看到的，不同的精神障碍有不同的答案。贫困是心理障碍的一个预测因子，它跨越了种族和性别的界限。贫困线以下的人群严重心理障碍的发生率是其他人的 2 倍（Centers for Disease Control, 1992）。和其他很多相关一样，这也提出进一步的问题：是贫困导致障碍还是障碍导致贫困？答案是都有，尽管对不同障碍而言情况并不相同。精神分裂症导致贫困可以理解，但是贫困带来的压力和消沉状态也

表 14.6
美国人报告的过去一年里曾有过的某些心理障碍的百分比

心理障碍	百分比
广泛性焦虑障碍	3.1%
社交恐惧	6.8%
特定情境或物体恐惧症	8.7%
心境障碍	9.5%
强迫症	1.0%
精神分裂症	1.1%
创伤后应激障碍（PTSD）	3.5%
注意缺陷/多动障碍（ADHD）	4.1%
任何精神障碍	26.2%

资料来源：National Institute of Mental Health, 2008.

会导致心理障碍，特别是女性的抑郁和男性的物质滥用（Dohrenwend et al., 1992）。在一项探索贫困和病理学之间关系的自然实验中，研究者在经济发展快速降低社区贫困率的时期，对北卡罗来纳州印第安儿童的行为问题比率进行跟踪。研究开始时，贫困儿童表现出更多的偏差行为和攻击行为。4 年以后，经济水平上升到贫困线以上的家庭中，儿童的行为问题下降了 40%；家庭经济水平与之前一样（处于贫困线以下或以上）的儿童没有发生变化（Costello et al., 2003）。

心理障碍会在一生中的哪些阶段发生？一般在成年早期。"在我们的样本中，75% 以上有某种障碍的人到 24 岁时已出现第一次症状，"罗宾斯和雷杰说（Robins & Regier, 1991, p.331）。反社会型人格障碍（中位数是 8 岁）和恐怖症（中位数是 10 岁）的症状出现得最早。酒精依赖、强迫症、双相障碍和精神分裂症的症状出现的中位数 20 岁。抑郁症的症状出现时间稍晚，中位数为 25 岁。这些结果说明有必要对心理障碍进行研究和治疗，以帮助越来越多有心理障碍的人，特别是青少年和年轻人。

尽管心理障碍是令人痛苦的，但许多平凡或杰出的人让我们深受鼓舞，他们忍受心理障碍的折磨，同时追求辉煌的事业，享受心满意足的人生。心理障碍会导致困惑、恐惧、悲伤，这是事实；但正如第 15 章所讲的，希望也是真实存在的。

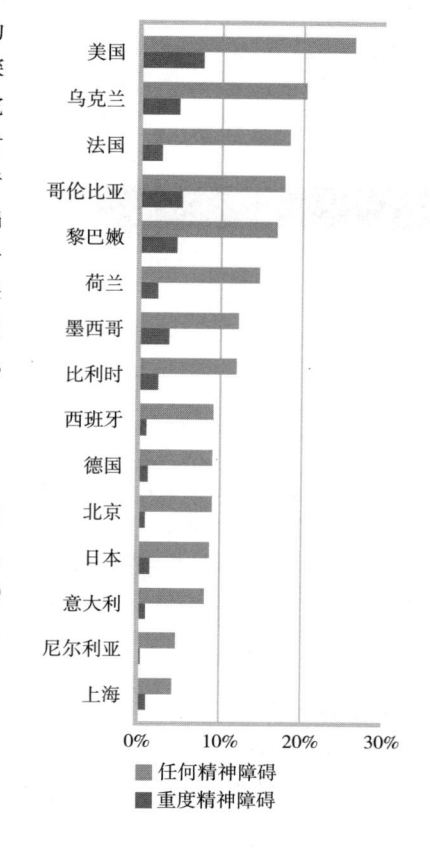

图 14.13
某些地区上一年度的精神障碍患病率
来自世界卫生组织（WHO, 2004）的一项访谈研究，涉及 20 个国家和地区。

任何精神障碍
重度精神障碍

提取一下

- 贫困和心理障碍之间有何关系？

答案：与贫困有关的压力会助长心理障碍的出现，几乎不能说心理障碍会导致贫困。因此贫困和心理障碍是有关的关系，但难以确定谁是谁的因。

本章复习

心理障碍

学习目标

回答以下学习目标问题来测试一下你自己（这里重复了本章中的问题）。然后翻到附录的完整章节复习，核对你的答案。研究表明，试着自主回答这些问题将增进你对这些概念的长期记忆（McDaniel et al., 2009）。

心理障碍概述

14-1： 我们应该如何区分正常行为和心理障碍？

14-2： 为什么注意缺陷/多动障碍存在争议？

14-3： 选用医学模式还是生物–心理–社会模型会如何影响我们对心理障碍的理解？

14-4： 临床医师如何以及为什么对心理障碍进行分类？为什么一些心理学家批评诊断标签的使用？

焦虑障碍

14-5： 有哪些主要的焦虑障碍？它们与我们都会经历的正常担忧、害怕有何不同？

14-6： 条件作用、认知和生物学因素对焦虑障碍的典型感觉和想法有何影响？

心境障碍

14-7： 什么是心境障碍？抑郁症和双相障碍有何不同？

14-8： 生物学和社会认知观点如何解释心境障碍？

14-9： 自杀和自伤有哪些影响因素？为防止自杀，我们要注意哪些重要的警示信号？

精神分裂症

14-10： 精神分裂症有哪些亚型？精神分裂症的思维、感知、情感和行为模式有什么特点？

14-11： 慢性和急性精神分裂症有何差异？

14-12： 哪些大脑异常与精神分裂症有关？

14-13： 哪些产前事件与精神分裂症的风险增加有关？

14-14： 基因对精神分裂症有何影响？

其他障碍

14-15： 什么是分离障碍，为什么它们是有争议的？

14-16： 三种主要的进食障碍是什么？生物、心理和社会文化影响如何让人们更容易患上这些障碍？

14-17： 人格障碍分为哪三个类别？反社会人格障碍的行为和大脑活动有何特点？

心理障碍的患病率

14-18： 有多少人目前有或曾经有过心理障碍？贫困是一个风险因素吗？

术语与概念

测试自己对以下术语的理解，试着用自己的语言写下这些术语的定义，然后翻到提到术语的那一页核对你的答案。

心理障碍
注意缺陷/多动障碍（ADHD）
医学模式
DSM-IV-TR
焦虑障碍

广泛性焦虑障碍
惊恐障碍
恐怖症
强迫症（OCD）
创伤后应激障碍（PTSD）
心境障碍
抑郁症
双相障碍
躁　狂
精神分裂症

精神病
妄　想
分离障碍
分离性身份障碍（DID）
神经性厌食症
神经性贪食症
暴食障碍
人格障碍
反社会型人格障碍

心理障碍的治疗

心理治疗

精神分析和心理动力疗法

人本主义疗法

行为疗法

认知疗法

团体与家庭治疗

心理治疗的评估

心理治疗有效吗

哪种心理治疗方法最有效

替代疗法的评估

心理治疗如何助人

心理治疗中的文化和价值观

特写：心理健康专家的消费者指南

生物医学疗法

药物疗法

脑刺激

精神外科手术

治疗性的生活方式改变

心理障碍的预防

复原力

创造健康的环境

第 15 章

心理障碍的治疗方法

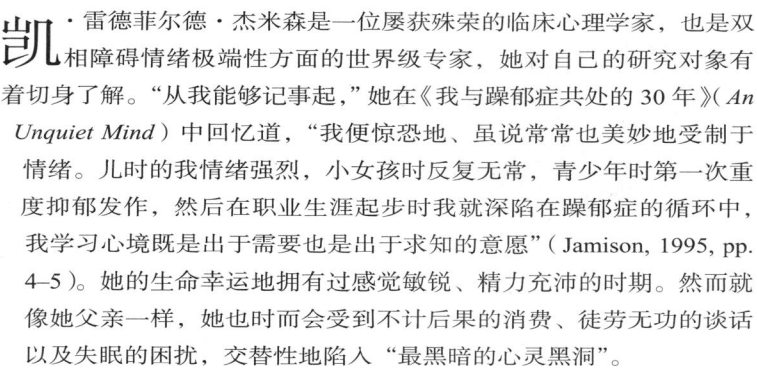

凯·雷德菲尔德·杰米森是一位屡获殊荣的临床心理学家,也是双相障碍情绪极端性方面的世界级专家,她对自己的研究对象有着切身了解。"从我能够记事起,"她在《我与躁郁症共处的 30 年》(*An Unquiet Mind*)中回忆道,"我便惊恐地、虽说常常也美妙地受制于情绪。儿时的我情绪强烈,小女孩时反复无常,青少年时第一次重度抑郁发作,然后在职业生涯起步时我就深陷在躁郁症的循环中,我学习心境既是出于需要也是出于求知的意愿"(Jamison, 1995, pp. 4–5)。她的生命幸运地拥有过感觉敏锐、精力充沛的时期。然而就像她父亲一样,她也时而会受到不计后果的消费、徒劳无功的谈话以及失眠的困扰,交替性地陷入"最黑暗的心灵黑洞"。

然后,"在彻底的混乱之中,"她做了一个明智而意义深远的有益决定。她冒着让职业生涯蒙羞的风险约见了一个治疗师,这是在今后几年中她每周都会拜访的精神病学家:

> 他拯救了我上千次。他看到我经历疯狂、绝望、美妙又可怕的恋爱、幻灭与成功、疾病复发和几乎致命的自杀企图、我深爱的男人的死亡以及职业生涯中的巨大快乐与危机……他非常严厉,同时也很善良。我感到自己的精力、活力和创造力因服药而严重受损。虽然他比任何人都更清楚这一点,但他却总能从整体的角度来看躁郁症对我的损害和对生命造成的威胁……尽管我到他那里是为了治病,但他教会了我……大脑和心灵之间有着千丝万缕的联系(Jamison, pp.87-88)。

"心理治疗使人疗愈,"杰米森说,"它让混乱有了些许意义,压制了可怕的想法和感受,并从中恢复了一些控制、希望和可能性。"

在这一章中,我们将考虑治疗师和向其寻求帮助的人可选择的一些治疗方法。

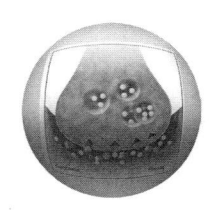

心理障碍的治疗

> 15-1：心理治疗、生物医学疗法和治疗的折衷取向有何不同？

在致力于治疗心理障碍的漫长历史中，有着各种各样令人困惑的残酷和温和的方法。出于好心的人们会在患者的脑袋上凿洞，束缚他们，给他们放血，或通过击打身体来"将魔鬼驱除出体外"。他们也使用药物和电击。但他们也会让患者洗热水澡，给他们按摩，给他们提供阳光充足的安静环境。他们还会跟患者谈论其童年经历、现在的感受以及适应不良的想法和行为。

菲利普·皮内尔（Philippe Pinel）、多罗西娅·迪克斯（Dorothea Dix）及其他改革者强烈呼吁使用更温和、更人性化的治疗方法，并且建立精神病院。自 20 世纪 50 年代以来，由于出现了有效的治疗药物和以社区为基础的治疗计划，大多数医院都被腾空了。

当今的心理治疗可分为两大类，采用何种治疗方法取决于障碍本身以及心理治疗师所受的训练和专业知识。在**心理治疗**（psychotherapy）中，受过训练的治疗师通过心理治疗技术帮助个体克服困难，获得个人成长。**生物医学疗法**（biomedical therapy）提供药物或其他生物学治疗。

一些心理治疗师会联合使用多种技术。贾米森在与她的治疗师会面时接受了心理治疗，并通过药物来控制强烈的情绪波动。实际上，有一半的心理治疗师认为自己采用的是综合的**折衷取向**（eclectic approach），使用混合的治疗方法。很多患者在进行心理治疗的同时也接受药物治疗。

首先，让我们看看那些接受"谈话疗法"的患者可以选择哪些心理治疗。

多罗西娅·迪克斯（1802—1887） "我……呼吁你们关注这个国家里那些关在笼子中的精神病人的处境。"
Culver Pictures

治疗的历史 18世纪精神病院的参观者要付费观看患者，就像观看动物园里的动物一样。威廉·贺加斯（William Hogarth, 1697—1764）的画作（左）描绘了人们参观伦敦的伯利恒圣玛丽医院（一般称为疯人院）的场景。本杰明·拉什（Benjamin Rush, 1746—1813）是精神疾病人道治疗运动的发起人，他"为了发狂患者的利益"而设计了右边的椅子。他认为束缚能帮助他们恢复理智。（见彩插）

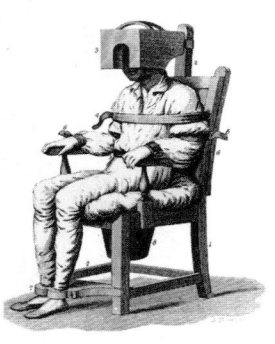

心理治疗

心理治疗的方法有很多，我们将回顾最有影响的一些方法。每一种方法都以一种或多种心理学的主要理论为基础：精神分析、人本主义、行为主义和认知理论。大多数技术都可以在一对一治疗或团体治疗中应用。

精神分析和心理动力疗法

> 15-2：精神分析的目标和技术是什么？它们是如何适用于心理动力疗法的？

西格蒙德·弗洛伊德的**精神分析**（psychoanalysis）是最早的心理疗法。如今的临床医生几乎没人会像弗洛伊德那样进行治疗，但是作为心理障碍治疗基础的一部分，他的工作仍然值得讨论。

精神分析的目标

精神分析理论认为，如果人们释放了他们之前用在本我—自我—超我冲突上的能量，他们就有可能生活得更加健康，焦虑更少（见第 12 章）。弗洛伊德假设我们并不完全了解自己。我们似乎不希望自己知道一些具有威胁性的事物——我们否认或拒绝它们。

弗洛伊德的治疗目标是让被压抑或否认的感受进入意识。通过帮助人们重获无意识的想法和感受并领悟其心理障碍的源头，弗洛伊德帮助他们减轻了阻碍成长的内在冲突。

精神分析技术

精神分析是对过去经历的重构。精神分析理论强调童年经历的塑造力量以及它对成人的影响力。因此，它的目标是挖掘过去，希望解开过去对现在的束缚。在抛弃了催眠这个不可靠的挖掘工具后，弗洛伊德转向了自由联想。

想象自己是一个正在进行自由联想的来访者。首先，你要放松，可能是躺在沙发上。精神分析师坐在你视线以外的地方，你要大声说出想到的任何想法。有时你在叙述一段童年记忆。有时你在描述一个梦或近期的一段经历。这听起来容易，但你很快就意识到，你会在讲话的时候频繁地编辑自己的想法。在说出一个令人尴尬的想法之前，你会有短暂的停顿。你会省略那些琐碎的、无关的或可耻的想法。有时，你的脑子变得一片空白，无法回忆起重要的细节。你或许会开个玩笑，或是转向更不具威胁性的话题。

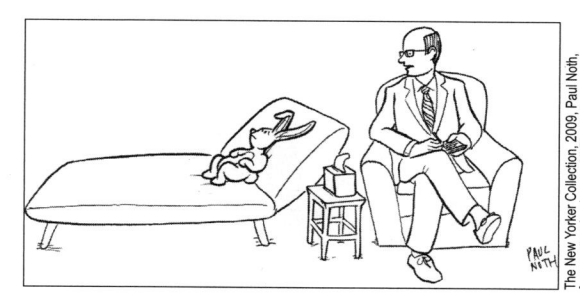

"我更想听听你藏起来的那些鸡蛋。"

对分析师而言，自由联想的中断表示**阻抗**（resistance）。这意味着焦虑就潜伏在这里，你正在压抑敏感的内容。分析师将会让你意识到自己的阻抗，然后解释它们的深层含义。如果时机正确，分析师的**解释**（interpretation）——比如你不想谈论你的母亲——可以说明你正在逃避什么潜在的愿望、感受或冲突。分析师也可能会解释这种阻抗与心理困惑的其他部分的吻合情况，包括那些基于梦境内容分析的部分。

在大量类似这样的会谈中，你的关系模式在互动中开始浮现出来，可能还包括对分析师的强烈的积极或消极情感。分析师可能会提示你正在**移情**（transfer），例如你在与家人或重要他人的早期关系中体验到的依赖感或混合了爱意和愤怒的情感。

在电影《傻瓜大闹科学城》中，伍迪·艾伦从假死状态苏醒过来后说："我有200年没有见到我的分析师了，他是弗洛伊德的忠实信奉者。如果我一直接受他的治疗，我现在可能都快被治好了。"

通过揭露这种情感，你会获得对当前关系的领悟。

现在美国很少有治疗师提供传统的精神分析，因为它的大部分基础理论得不到科学研究的支持（第12章）。分析师的解释既无法被证实也无法被证伪。精神分析需要耗费大量时间和金钱，往往要在数年内每周进行数次昂贵的会谈。现代的心理动力学疗法从精神分析中发展而来，已经解决了其中一部分问题。

> **提取一下**
>
> ● 在精神分析中，来访者可能会对他们的分析师产生强烈的情感，这被称为_____。如果来访者围绕敏感记忆设置心理屏障，可以说他们展示出了焦虑——表现出_____。分析师试图通过提供对心理屏障的_____来揭示潜在的焦虑。
>
> 答案：移情；阻抗；解释。

心理动力学疗法

心理动力学治疗师（psychodynamic therapists）并不过多谈论自我、本我和超我。相反，他们关注贯穿于重要关系（包括童年经历和与治疗师关系）的主题，试图帮助人们理解自己目前的症状。"我们可以对同一个人产生既爱又恨的情感，"而且，"我们可以既渴望某个事物又害怕它，"心理动力学治疗师乔纳森·夏德勒指出（Shedler, 2009）。来访者和治疗师每周会面一次或两次（而不是一周几次），只需要几个星期或几个月（而不是几年）。在来访者对防御性想法和感受进行探索并获取新的视角时，他们不是躺在沙发上并处于治疗师的视线之外，而是与治疗师面对面。

治疗师大卫·夏皮罗（Shapiro, 1999, p.8）讲述了一个年轻人的例子。年轻人告诉女人们他爱她们，但他清楚地知道自己并不爱。他这样说只是因为她们期待这样。然而，妻子也希望他说他爱她，但对妻子，他却发现自己说不出口——"我不知道为什么，但我做不到。"

治疗师：那么你的意思是，如果你能，你会想要这样做？
患者：嗯，我不知道……也许我说不出来，因为我不确定这是不是真的。也许我不爱她。

进一步的互动显示，他无法表达真实的爱，因为那会使人感觉"多愁善感"和"软弱"，因此没有男子气概。夏皮罗指出，这个年轻人处于"与自身的冲突中，并且他与冲突的本质相隔绝（或被隔绝）"。对于这种与自身疏离的患者，心理动力学治疗师"的作用是将他们介绍给他们自己"，夏皮罗补充说，"我们可以恢复他们对自身的希望和感受的意识，并且让他们意识到自己为抗拒这些希望和感受而做出的反应。"

探索过往人际关系方面的困难可以帮助人们理解当前困境的根源。夏德勒（Shedler, 2010a）回想起"杰弗里"抱怨难以与同事和妻子相处，他们认为他太挑剔了。然后，杰弗里"对我的反应，就像我是个不可预测的、愤怒的对手"。夏德勒抓住这个机会帮助杰弗里识别这个关系模式及其根源，它源于他从酗酒的父亲那里受到的攻击和羞辱。在这之后，他逐步领悟并有所改变（修通），放弃了这种对其他人的防御型反应。心理动力学

面对面的心理治疗 在当前的心理动力学治疗中，沙发不见了，但精神分析理论的影响在某些方面还在继续，因为治疗师从来访者那里寻找童年时期的信息，并且帮助来访者意识到无意识的情感。

治疗师并不信奉弗洛伊德理论的所有方面，他们的目标是帮助人们领悟童年经历和潜意识动力。

人本主义疗法

> 15-3：人本主义疗法有哪些基本主题？罗杰斯的来访者中心疗法有哪些具体目标和技术？

人本主义的观点（见第12章）强调个体自我实现的内在潜能。毫无疑问，人本主义疗法试图减少阻碍自然发展与成长的内在冲突。为了实现这个目标，人本主义治疗试图向来访者提供新的视角。实际上，由于人本主义疗法与精神分析疗法目标一致，因而通常被称为**领悟疗法**（insight therapies）。

但人本主义治疗师与精神分析治疗师在其他很多方面有所不同：

- 人本主义治疗师通过帮助人们在自我觉知和自我接纳方面成长来促进他们的自我实现。
- 治疗的重点是促进成长而非治愈疾病。因此，将接受治疗的人当成"来访者"或就是"人"，而不是"患者"（这个改变已被其他很多治疗师所接受）。
- 成长的路径是对个人情感和行动直接负责，而不是去揭示隐藏的原因。
- 意识想法比无意识更重要。
- 现在和未来比过去更重要。因此治疗专注于探讨正在发生的感受，而不是探讨导致这种感受的儿童期根源。

以上所有这些主题都广泛应用于卡尔·罗杰斯（Carl Rogers, 1902—1987）所创造的人本主义治疗技术，也就是**来访者中心疗法**（client-centered therapy）。该疗法现在常被称作以人为中心疗法，强调个体有意识的自我觉知。它是非指导性的——治疗师在倾听过程中并不加以评价和解释，避免指导来访者倾向于某些领悟。

罗杰斯（Rogers, 1961, 1980）坚信，大多数人已经拥有成长的资源，他鼓励治疗师表现出真诚、接纳和同理心，以促进这种成长。真诚意味着治疗师要表达自己的真实情感。通过表现出接纳，治疗师可以帮助来访者感到更加自由，对改变更加开放。而通过表现出同理心，感觉和反映来访者的情感，治疗师可以帮助来访者体验更为深刻的自我理解和自我接纳（Hill & Nakayama, 2000）。正如罗杰斯（Rogers, 1980, p.10）所解释的：

> 倾听具有重要意义。当我真正地倾听一个人和那些此时此刻对于他很重要的含义，倾听的不仅仅是他的话，而是他的人，当我让他知道我听懂了他个人私下的含义的时候，许多事情就会发生。首先我看到的是感激的目光。他感到一种解脱。他想告诉我更多他的世界。他感受到一种全新的自由感。他对这种变化过程变得更加开放。
>
> 我常常发现，我对一个人倾听得越深入，这种情形就越可能发生。几乎无一例外，当一个人意识到他被人真正理解，他的眼睛常常会湿润。我想他确实是在为快乐而流泪。那就如同他在说："感谢上帝，有人听懂了我的话。有人知道我的感受。"

对于罗杰斯来说，"倾听"是指**积极倾听**（active listening）。治疗师回应、重述和澄清来访者所表达的内容（言语的和非言语的）。治疗师也会表示注意到了那些被表达出来的情感。积极倾听现在已经被许多学派、学院和诊所的咨询实践所接受。咨询师全神贯注地倾听，只有在需要重述和肯定来访者的情感、接受来访者所说的话或者验证他们的理解时才会打断来访者。在下面的简短摘录中，注意罗杰斯如何试着提供一面心理的镜子，以帮助来访者更清楚地看到他自己：

> 罗杰斯：这就是现在的感受，是吗？你对你自己没有用，对任何人也没有用。将来对任何人也没有用。你完全没有价值，是吗？——这些就是糟糕的感受。你感觉自己一点儿用处都没有，是吗？
>
> 来访者：是的。（沮丧地低声自语道）这就是那个前两天跟我一起进城的家伙告诉我的。
>
> 罗杰斯：跟你一起进城的家伙真的告诉你，你一点儿用处都没有？这是不是你刚才说的？我没有听错吧？
>
> 来访者：嗯。
>
> 罗杰斯：如果我没有猜错的话，这件事的意思是这个人对你很重要，并且他对你有一些看法？为什么是这样，他告诉你，他认为你一无是处，而他的话给了你沉重的打击。（来访者默默地哭了。）这些话让你流泪了。（20秒的沉默。）
>
> 来访者：（有点挑衅地）然而我不在意。
>
> 罗杰斯：你告诉自己你一点儿也不在意，但我猜你的某些部分却非常在意。因为你的某些部分在为此哭泣。
>
> （Meador & Rogers, 1984, p.167）

批评者问道，治疗师是否能够成为一面完美的镜子，对所反映的东西不做任何选择和阐释？罗杰斯承认一个人不可能是完全非指导性的。即便如此，他说，治疗师最重要的贡献是接纳和理解来访者。假如给个体一个能够提供**无条件积极关注**（unconditional positive regard）的环境，这个环境是非评价性的和体面优雅的，那么人们能够接纳甚至自身最坏的特性而仍能感受到价值和完整性。

我们如何在自己的关系中通过更加主动地倾听来增强自身的沟通能力？下面三个罗杰斯式的提示或许有帮助：

1. 释意。用自己的话来总结说话者的意思，以验证自己的理解是否正确，而不是

我们有两只耳朵一张嘴，就是为了少说多听。

——齐诺，公元前335—前263，第欧根尼·拉尔修

积极倾听 在这个团体治疗会谈中，罗杰斯（右）与一个来访者产生同理心。

说"我知道你的感受"。
2. 请求澄清。如"你说的那一点有什么例子吗?",这样可能会鼓励说话者讲出更多信息。
3. 反映情感。如"它听起来令人沮丧",这样可以反映出你对说话者的身体语言和情感强度的感觉。

行为疗法

15-4:行为疗法的基本假设与心理动力学疗法和人本主义疗法有何不同?暴露疗法和厌恶条件作用使用什么技术?

领悟疗法假设自我意识和心理健康是相辅相成的。精神分析家预期,当人们领悟了自己以前无法消解和从未意识到的紧张时,问题就会消失。人本主义治疗家则预期,当人们了解了自己的内心感受时,问题就会减弱。然而,**行为治疗师**(behavior therapist)却怀疑自我觉知的治疗力量。(你明明知道考试是高度焦虑的原因,但你仍会焦虑。)他们不是深入探究内在原因,而是假定问题行为就是问题本身。他们认为学习原则是消除不想要的行为的实用工具。例如,他们将恐怖症或性障碍视为习得性行为。如果是这样,为什么不利用通过经典或操作性条件作用习得的建设性的新行为取而代之呢?

经典条件作用技术

一系列的行为治疗都是由巴甫洛夫的条件反射实验原理发展而来的(见第 7 章)。正如巴甫洛夫和其他人的研究所示,通过经典条件反射,我们学会了各种各样的行为和情绪。如果我们被一条狗攻击了,之后我们可能会在别的狗接近时产生条件性恐惧反应。(我们的恐惧泛化了,所有的狗都变成了条件刺激。)

那么,适应不良的症状可以作为条件性反应的例子吗?假如是,重新进行条件化或许是一种解决方案?学习理论家莫勒(O. H. Mowrer)是这样认为的。他成功地研究出了条件作用疗法来治疗慢性尿床症,他将对液体敏感的垫子与警报器相连。如果睡着的孩子弄湿了垫子,这个垫子就会引发警报,并弄醒孩子。经过多次反复作用,膀胱松弛与被叫醒建立联结,这样就消除了尿床习惯。此疗法对四分之三的病例都是有效的,而且治疗的成功提升了儿童的自我形象(Christophersen & Edwards, 1992; Houts et al., 1994)。

新的条件作用能够使我们消除恐惧反应吗?对很多人来说是的。举个例子:对电梯的恐惧通常是对封闭空间刺激形成的习得性厌恶反应。**对抗性条件作用**(counterconditioning)是将触发刺激(电梯的封闭空间)与不能引起恐惧的新反应(放松)配对。行为治疗师已经利用对抗性条件作用成功治疗了很多害怕封闭空间的人。两个利用对抗性条件作用的技术是暴露疗法和厌恶条件作用。这两种技术的目标都是用新的反应来替代不想要的反应。

暴露疗法　设想一个场景：行为主义心理学家玛丽·科弗·琼斯对三岁的彼得进行治疗，彼得对兔子和其他有毛的物体会产生恐惧反应。为了消除彼得的恐惧，琼斯计划将引起恐惧的兔子和快乐放松的进食行为联系起来。当彼得开始吃午后点心时，琼斯把关在笼子里的兔子放到大屋子的另一边，彼得正在不停地嚼饼干，一边还喝着牛奶，几乎没有注意到兔子的存在。在接下来的几天，她逐渐让小白兔越来越靠近彼得。还没到两个月，彼得已经能够把小白兔放在膝盖上，甚至可以一边吃东西一边抚摸小白兔。此外，他对其他有毛物体的恐惧反应也消失了，恐惧已经被与其不能共存的放松状态"对抗"或是代替了（Fisher, 1984; Jones, 1924）。

琼斯在 1924 年报告了关于彼得和兔子的故事，那时并没有得到心理学界的认可，这对那些本来有可能通过她的对抗性条件作用而获得帮助的人来讲是不幸的。直到 30 多年以后，精神病学家沃尔普（Wolpe, 1958; Wolpe & Plaud, 1997）改进了琼斯的对抗性条件作用技术，使其成为今天使用的**暴露疗法**（exposure therapy）。这类疗法形式多样，都通过让人们反复接触能诱发不想要的反应的刺激来改变人们的反应。当反复接触通常会回避或逃避（因焦虑减轻而得到强化的行为）的事物时，人们就会适应。我们在日常生活中都经历过这个过程。一个刚搬进新公寓的人可能会因为附近的巨大交通噪声而烦恼，但只会烦恼一段时间。在反复接触的情况下，个体就适应了。对特定事件有恐惧反应的人也是如此。如果反复进入曾经令他们恐慌的场所，他们就能够学会做出不那么焦虑的反应（Rosa-Alcázar et al., 2008; Wolitzky-Taylor et al., 2008）。

常用于治疗恐怖症的一种暴露疗法是**系统脱敏**（systematic desensitization）。你无法同时体验焦虑和放松。因此当你面对能诱发焦虑的刺激时，如果你能不断地放松，那么你的焦虑就会逐渐消除。诀窍是要循序渐进。假如你害怕在公众面前演讲，行为主义治疗师可能首先要求你列一个诱发演讲焦虑的情境清单。该清单的范围从引发轻度焦虑的情境（在一小群朋友中大声说话），到引发恐慌的情境（不得不在很多观众面前演讲）。

下一步，治疗师将利用渐进放松对你进行训练。你要学会一组一组地放松肌肉，直到你进入一种完全放松和舒适的状态。然后治疗师让你闭眼想象一个引发轻度焦虑的环境：你和一群朋友喝咖啡，正在决定是否讲话。如果想象这个场景使你感到有任何一点儿焦虑的话，你就举起手指来表达你的紧张。看到这个信号，治疗师会指导你转换心理想象并回到深层的放松状态。这种想象的场景反复与放松配对，直到你感受不到一丝焦虑。

然后治疗师将进行情境清单上的下一项，并利用放松技术使你对每一种想象中的场景脱敏。在几个疗程以后，个体开始在实际情境下实践那些只在想象中出现过的做法。你将从相对容易的任务开始，然后逐渐过渡到充满焦虑的任务。在真实的情境中战胜自己的焦虑，而不只是在想象中，会提高你的自信心（Foa & Kozak, 1986; Williams, 1987）。最终，你可以成为一名自信的公众发言人。

如果重现引起焦虑的情境太昂贵、太困难或太令人难堪，治疗师可能会建议使用**虚拟现实暴露疗法**（virtual reality exposure therapy）。你可能要戴上头盔式的显示装置，在你眼前投影出三维的虚拟世界。这些栩栩如生的场景会随着你头部的转动而变化，并根据你所恐惧的对象量身打造。人们曾在实验中对飞行、高处、特定的动物和公开讲话等恐惧进行治疗（Parsons & Rizzo, 2008）。如果你害怕飞行，可以在模拟飞机上盯着窗外虚拟的景象，你可以感受到飞机降落在跑道上或起飞时引擎

虚拟现实暴露疗法 在一个房间里，虚拟现实技术让人们暴露在对恐惧刺激的逼真模拟中，例如飞机起飞。

的振动并听到引擎的轰鸣声。控制研究发现，接受了虚拟现实暴露治疗的人，在真实生活中明显地体验到了恐惧的减轻（Hoffman, 2004; Meyerbroëker & Emmelkamp, 2010）。

厌恶条件作用 暴露治疗帮助来访者用放松的积极反应来代替对无害刺激的消极反应。**厌恶条件作用**（aversive conditioning）用消极（厌恶）反应来代替对有害刺激（如酒精）的积极反应。暴露治疗帮助你接受自己*应该怎么做*。厌恶条件作用帮助你学会哪些*不应该*做。

厌恶条件作用的程序很简单：将不想要的行为与不愉快的感受联系起来。为了治疗咬指甲行为，可以在指甲上涂一层难闻的指甲油（Baskind, 1997）。为了治疗酒精依赖，厌恶条件治疗师给来访者提供诱人的酒，其中含有令人严重恶心反胃的药物。通过将酒精和强烈的恶心感联系起来（回忆一下第 7 章中用大鼠和狼所做的味觉厌恶实验），治疗师将个体对酒精的积极反应转换成消极反应（**图 15.1**）。

厌恶条件作用有效吗？从短期看可能是有效的。在一项经典研究中，685 位酒精依赖者在一家医院完成了厌恶治疗项目（Wiens & Menustik, 1983）。第二年，他们又返回医院接受了几项强化治疗，其中酒精与呕吐感配对。那年年末，有 63% 的人成功戒断。但是三年之后，只有 33% 的人保持了治疗效果。

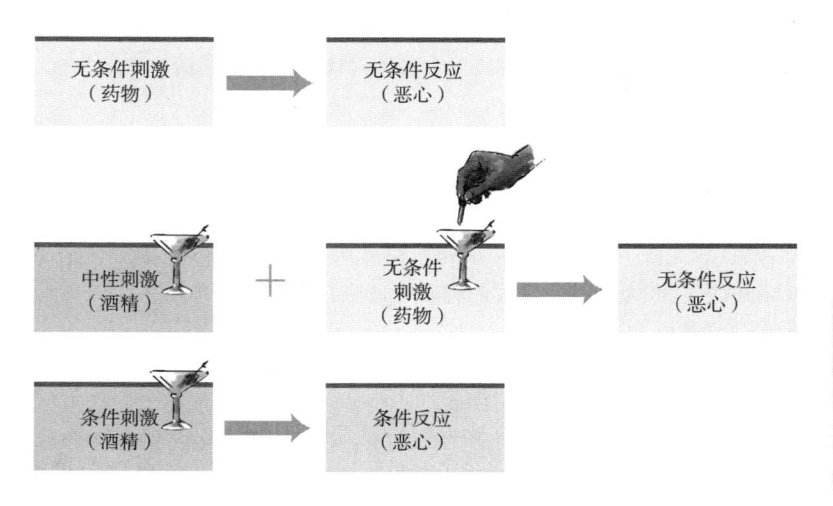

图 15.1
对酗酒者的厌恶治疗
如果反复地在酒里放入会令人感到严重恶心的药物，有些有酒精滥用史的人至少会暂时产生对酒精的条件性厌恶。

提取一下

- 定义 US, UR, NS, CS 和 CR。

答案：US 是无条件刺激，UR 是无条件反应，NS 是中性刺激，CS 是条件刺激，CR 是条件反应。

正如我们在第 7 章所看到的，问题在于认知影响条件反射。人们知道在治疗师的办公室之外，喝酒是不用担心恶心反胃的。个体有区分厌恶性条件环境和其他环境的能力，这无疑会限制治疗的效果。因此，厌恶条件作用通常和其他治疗方法联合使用。

操作性条件作用

15-5：操作性条件作用的基本概念是什么，支持和反对它的论据分别有哪些？

操作性条件作用的一个基本概念（第 7 章）是，我们的自主行为会受到其结果的强烈影响。因此，行为治疗师能实施行为矫正，强化被期望的行为。但他们不去强化——或有时惩罚——他们认为不受欢迎的行为。

我们用操作性条件作用来解决特殊行为问题，并从某些看似毫无希望的案例中看到了希望。智力失能的儿童已被教会如何照顾自己；表现为社交退缩的孤独症儿童学会了如何与人交往；精神分裂症者在医院病房内的行为变得更加理性。在这些例子中，治疗师采用正强化来塑造个体行为。他们通过循序渐进的方式，奖赏那些越来越接近于期望的行为。

在极端情况下，治疗必须很密集。在一个研究中，19 名表现为退缩、寡言少语的 3 岁孤独症儿童参与了历时两年、每周 40 个小时的治疗，由父母来塑造他们的行为（Lovaas, 1987）。他们正强化期望的行为，忽略或惩罚攻击性的、自我贬低的行为，两者的联合使用在一些孩子身上产生了惊人的效果。到了小学一年级，19 个孩子中有 9 个能够成功地适应学校生活，还能表现出正常的智力。而在现实中没有参加这种实验的同类儿童，40 个当中只有 1 个取得类似的进步。（后来的研究关注有效的一面——正强化。）

用于矫正行为的奖赏多种多样，因为对于不同的人而言，强化物也不同。对某些人来讲，关注或者表扬就会产生足够的强化力量。而另一些人则要求物质的奖励，例如食物。在研究机构中，治疗师发明了一种**代币法**（token economy）。当人们表现出受期待的行为时，如起床、洗漱、穿衣、吃饭、有意义地说话、整理房间或在游戏中合作，他们就会获得代币或塑料币。然后，他们可以用一定数额的代币去交换奖励，如糖果、看电视、一日游或更舒适的生活环境。代币法已经被成功地运用到各种机构（家庭、教室、医院、少年犯收容所）和各种群体成员（包括精神异常儿童、精神分裂症者以及其他心理障碍者）中。

对于行为矫正，批评者表达了两方面的忧虑。其中之一是现实性：行为可以维持多久？由于个体如此依赖外部奖赏，当强化停止时这种受期待的行为会不会消失？行为矫正的支持者认为，如果治疗师可以使人们摆脱对代币的依赖，而对其他现实生活中的奖赏（如社会支持）产生兴趣，那么行为就可以持续。此外，他们指出，受期待的行为自身也可以作为奖赏。当人们越来越适应社会时，这种内在的社交满足可以帮助他们保持这种行为。

第二种担心是伦理方面的：一个人是否可以控制另一个人的行为？代币法的设定者剥夺了某些别人想要的东西，并决定哪些行为应该受到强化。批评家们认为整个行为矫正过程带有专制的色彩。而支持者的回应是，控制本就存在；强化物和惩罚物已经在维持破坏性行为模式。难道用积极奖赏去强化适应性行为不比收容和惩罚更人性吗？支持者还认为，它的治疗效果及其对生活的有效改善证明了暂时剥夺的合理性。

提取一下

- 领悟疗法与行为疗法有何不同？

答案：领悟疗法——如心理动力学和人本主义疗法——的目的旨在提高对问题根源的意识。行为疗法认为问题本身为疾病，并直接加以治疗。

- 有些适应不良的行为是习得的。这个事实带来了什么样的希望？

答案：如果非期待行为能够被习得，那么它们也能被放弃，并替换其他反应方式。

- 暴露治疗和厌恶条件作用是对_____条件作用的应用。代币法是对_____条件作用的应用。

答案：经典；操作性

认知疗法

15-6：认知疗法和认知行为疗法的目标和方法是什么？

行为疗法对特定的恐惧和行为问题有一定作用。但是要怎样修正伴随抑郁症产生的各种行为问题呢？广泛性焦虑障碍的弥散性焦虑并没有明确的焦虑触发情境，又要怎样治疗呢？过去半个世纪以来，认知革命影响了心理学的其他领域，也影响了心理治疗。

认知疗法（cognitive therapy）假定思维会影响情感（图15.2）。在事件和反应之间的是思维。对糟糕事件的自责和过度概括化解释是导致抑郁恶性循环的重要原因之一（第14章）。抑郁者把建议看成批评，把不同意见看成不喜欢，把表扬看成拍马屁，把友好看成同情。对这种想法的固着支撑了消极思维。认知治疗师的目标是用新的、更具建设性的思维方式来改变人们的想法。

在日记的协助下用认知疗法治疗进食障碍 认知治疗师指导人们用新的方式来解释他们的好经验和坏经验。通过记录积极事件以及自己是如何促成这些事件的，这名女性可能会变得对自己的自控力有更多的意识，并更加乐观。

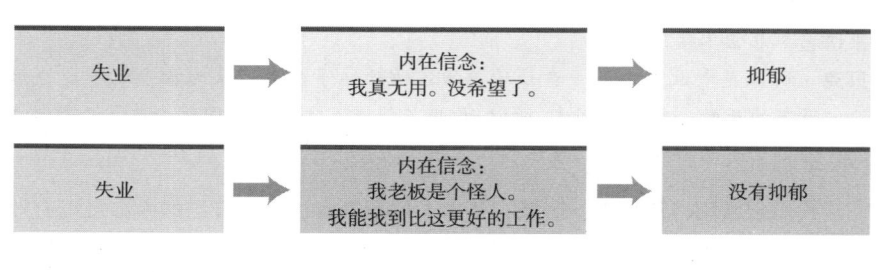

失业	→	内在信念： 我真无用。没希望了。	→	抑郁
失业	→	内在信念： 我老板是个怪人。 我能找到比这更好的工作。	→	没有抑郁

图 15.2
心理障碍的认知观
一个人的情绪产生并不是直接来源于某一事件，而是源于个体对这一事件的认识。

抑郁的贝克疗法

认知治疗师阿伦·贝克（Aaron Beck）最初接受的是弗洛伊德技术的训练，包括梦的解析。他发现，抑郁者报告的梦境通常与丧失、拒绝和抛弃等消极主题有关。这些想法会持续到来访者清醒的时候，甚至出现在治疗中，如当来访者回忆和复述他们的失败经历和最糟糕的冲动时（Kelly, 2000）。贝克及其同事（Beck et al., 1979）想知道：如何扭转来访者对自己、身处情境和未来的消极信念？贝克的答案就是我们现在称作认知治疗的方法。他们力求用温和的提问来帮助人们发现自身的不理性的想法，并试图说服这些人摘掉他们观察生活的墨镜（Beck et al., 1979, pp.145-146）。

来访者：我同意你对我的描述。但我想我并不认为是我的思维方式让我沮丧。

贝克：那你是怎样理解它的呢？

来访者：当做错事时我感到沮丧。比如，没有通过考试。

贝克：没有通过考试怎么让你沮丧呢？

来访者：是这样的，假如我没有通过，我就不能进入法学院。

贝克：所以，没有通过考试对你来说非常糟糕。但是，假如考试失败能让人们有临床的抑郁表现，难道你认为每个不及格的人都会抑郁吗？……每个不及格者都抑郁到需要治疗吗？

来访者：不，但是这取决于考试对每个人的重要程度。

贝克：对，那么谁决定重要性呢？

来访者：我。

贝克：所以，我们需要考察你看待考试的方式，以及它对你进入法学院的可能性的影响。你同意吗？

来访者：同意。

贝克：你认为你理解考试结果的方式会影响你吗？你可能感到沮丧，你可能失眠，没胃口，甚至可能想是否应该放弃。

来访者：我一直在想我可能通不过。是的，我同意。

贝克：现在，考试失败意味着什么呢？

来访者：（眼泪汪汪）我将不能进入法学院。

贝克：这对你意味着什么呢？

来访者：说明我不够聪明。

贝克：还有呢？

来访者：我将永远不会快乐。

贝克：这些想法让你有什么感觉？

来访者：非常不快乐。

贝克：所以是考试失败的含意让你非常不快乐。事实上，认为你永远不会快乐是导致不快乐的一个重要因素，所以，你把不能进入法学院等同于"我永远不会快乐"，通过这样的解释，你让自己陷入困境。

我们常常用言语思考。因此，要求人们改变自己自言自语的内容可以有效地改变他们的思维方式。也许你会与那些考试焦虑的学生产生共鸣，他们在考试前总是用自我挫败的想法把事情搞得更糟："这次考试可能不会通过，其他同学似乎很轻松自信。我希望我准备得更好。总之我太紧张了，我会忘掉所有的内容。"心理学家将

> 生活并非主要由大量的事实和事件所组成。生活主要是由来自大脑的源源不断的各种想法组成。
> ——马克·吐温，1835—1910

这种持续不断的、过度概括的自责行为称为灾难化。

为了改变这种消极的自言自语，治疗师训练人们重构自己在压力环境下的思维（Meichenbaum, 1977, 1985）。有时它可能简单到只需对自己说更多积极的话："放松，这次考试可能很难，但它对其他人也一样难。我比其他大多数人都刻苦努力，而且我也不需要得到一个极高的分数。"训练人们对消极想法进行"反驳"是有效的。通过这样的训练，有抑郁倾向的儿童和大学生未来抑郁的比率减半（Brunwasser et al., 2009; Seligman, 2002; Stice et al., 2009）。在很大程度上，想法才是关键。**表 15.1** 列举了认知疗法的常用技术。

认知行为疗法

"大多数疗法的问题在于，"治疗师阿尔伯特·埃利斯（Albert Ellis, 1913—2007）说，"它让你感觉变好了，但其实并没有变好。你得用行动、行动、行动来支持它。"**认知行为疗法**（cognitive-behavior therapy）采用双重方法来治疗抑郁和其他心理障碍。这个应用广泛的整合方法不仅旨在改变人们的思维方式，还要改变人们的行为方式。与其他认知治疗一样，这种方法试图使人们意识到自身非理性的消极思维，并用新的思维方式去代替它。与其他行为治疗一样，这种方法训练人们在日常生活中更多地使用积极思维。

认知行为疗法已经帮助了有破坏性情绪的焦虑和心境障碍者（Aldao & Nolen-Hoeksema, 2010）。在治疗中，人们学会用更真实的评价来替代灾难化思维，并以家庭作业的方式来练习解决问题的行为（Kazantzis et al., 2010a, b; Moses & Barlow, 2006）。抑郁者可能会以日记的方式记录与消极和积极情绪有关的日常情境，并尝试

表 15.1
一些认知疗法技术

技术的目标	技术	治疗师的指导语
揭露信念	质疑你的解释	探索你的信念，揭露错误的假设，如"我必须得到所有人的喜爱"。
	将想法和情绪排序	将你的想法和情绪按照从轻微令人苦恼到极其令人苦恼的顺序进行排列，由此获得新的视角。
测试信念	考察后果	探索困难的情境，评估可能的后果并质疑错误的推理。
	去除灾难化思维	修通你所面临情境的最糟糕的实际后果（往往没有想象的那样糟）。然后决定如何应对你所面临的实际情境。
改变信念	承担适当的责任	质疑全部自责和消极的思维方式，注意你真正需要承担责任的方面以及并非你的责任的方面。
	抵制极端	形成新的思考和感受方式并替代适应不良的习惯。例如，从"我是个彻底的失败者"的想法变为"我这次考试没通过，我可以做出改变，下次通过"。

更多地参与让他们感觉良好的活动。害怕社交场合的人可能会练习接近他人。

在一项研究中,强迫症者学会重新定义他们的冲动思维(Schwartz et al., 1996)。当产生再一次洗手的冲动时,他们会告诉自己:"我正感受到一种强烈的冲动。"然后自己将洗手冲动解释为大脑异常活动的结果,正如他们之前在 PET 扫描中所看到的一样。随后,他们参加 15 分钟的替代性娱乐活动,如练习乐器、散步或园艺,而不是服从于冲动。这有助于大脑转移注意力和活跃大脑的其他部分。他们每周进行一次治疗会谈,并在家中进行重新定义和重新设定注意力的练习,持续 2~3 个月。在研究结束时,大多数参与者症状消失,他们的 PET 扫描显示大脑活动正常。很多其他研究证实了认知行为疗法对有焦虑障碍、抑郁或神经性厌食症的人是有效的(Covin et al., 2008; Mitte, 2005; Norton & Price, 2007)。研究还发现,在互联网上教授认知行为技术以及进行治疗同样有效(Barak et al., 2008; Kessler et al., 2009; Marks & Cavanaugh, 2009; Stross, 2011)。

> **提取一下**
>
> - 人本主义疗法和认知疗法有何差异?
>
> 答案:人本主义治疗师关注来访者当前的情感和自我意识,而认知治疗师则关注扭曲的思维方式,指导他们重新定义自己并采取更加积极的思维方式,以加强人的成长。
>
> - 什么是认知行为疗法,这种疗法被用来处理哪些问题?
>
> 答案:认知行为治疗分为若干阶段并融入行为技术的治疗方法,它已经被用于处理的疾病有抑郁症、焦虑、心境障碍和神经性厌食症。

团体与家庭治疗

15-7:团体与家庭治疗的目标和优势是什么?

团体治疗

除传统的精神分析以外,大多数治疗方法还可以在小团体中使用。**团体治疗**(group therapy)不能给每个来访者提供相同程度的心理治疗,然而它却有很多优势:

- 节省治疗师的时间和来访者的金钱,而且效果也不会比个体治疗差(Fuhriman & Burlingame, 1994)。
- 为探索社会性行为和发展社交技巧提供社会实验室。治疗师常常建议有家庭冲突或者因自己的行为给别人带来痛苦的人进行团体治疗。在每周多达 90 分钟的治疗中,治疗师指导他们在讨论问题时彼此互动,并尝试新行为。
- 在来访者尝试新的行为方式时提供反馈。即使你感到焦虑、不自在,听到别人说你看起来沉着冷静也是令人宽慰的。

家庭治疗

家庭治疗（family therapy）是一种特殊类型的团体互动，它假定没有人生来就是一座孤岛。我们在与他人的联系中生活、成长，尤其是我们的家庭，但我们也会寻求家庭以外的认同。这两种相反的倾向可以使个人和家庭产生应激。

大多数心理疗法关注人们的内心世界，而家庭治疗与此不同，治疗师与多个家庭成员一起缓解家庭关系和调动家庭资源。他们倾向于将家庭看作一个系统，其中每个成员的行动都会激发其他成员的反应，并帮助家庭成员找到自己在家庭这个社会系统中的角色。例如，一个孩子的叛逆会影响家庭关系，同时也被其他家庭关系所影响。家庭治疗师也试图——研究表明通常有一定的效果——让家庭成员相互交流，或者帮助他们发现避免争吵或解决争吵的新方法（Hazelrigg et al., 1987; Shadish et al., 1993）。

家庭治疗 这类疗法往往作为一种预防性的心理健康策略来使用。治疗师帮助家庭成员理解他们的相处方式是如何产生问题的。家庭治疗不强调改变个体，而强调改变他们的关系和互动。

自助小组

超过1亿的美国人是某些定期会面的宗教、兴趣或自助小组成员——十分之九的人报告小组成员"在情感上相互支持"（Gallup, 1994）。对14 000多个自助小组和在线支持小组的分析报告显示：大多数的支持小组针对的是一些受到污名化和难以讨论的疾病（Davison et al., 2000）。艾滋病患者参加支持小组的可能性是高血压患者的250倍，那些有厌食症和酒精依赖的人常常会参加支持小组，但有偏头痛和溃疡的人通常就不这么做。

支持小组的先驱，嗜酒者互诚协会（Alcoholics Anonymous, AA）报告它在全球有114 000个小组和超过200万名成员。它著名的12步计划要求成员承认自己的无助，向更强的力量和他人寻求帮助，并且（第12步）把这种信息转告给其他需要的人。这种做法已被其他许多自助小组所模仿。对诸如嗜酒者互诚协会这样的12步计划的研究发现，它们帮助减少酒精依赖的比率与其他治疗干预手段差不多（Ferri et al., 2006; Moos & Moos, 2005）。一项历时8年、花费2 700万美元的调查发现，参加

尽管嗜酒者互诚协会在全球有200多万成员，但据说"它是地球上最大的没有人愿意参加的组织"（Finlay, 2000）。

嗜酒者互诚协会的人饮酒量急剧降低，与接受认知行为疗法或"动机疗法"的效果一致（Project Match, 1997）。在一项针对 2 300 名因酒精依赖寻求治疗的老兵的研究中，嗜酒者互诚协会参与程度高的人之后酗酒问题减少了（McKellar et al., 2003）。成员参加集会的次数越多，就越可能戒酒（Moos & Moos, 2006）。

在个人主义时代，随着越来越多的人离群索居，支持小组的盛行——对于成瘾者、丧失亲人者、离异者以及那些只是寻找友谊和成长的人来说——反映了他们对团体和社会关系的渴望。

***

这些现代心理治疗方法的概要见**表** 15.2。

表 15.2
现代心理治疗之间的比较

治疗	假定问题	治疗目标	治疗技术
心理动力学疗法	源于童年经历的潜意识冲突	通过自我领悟减少焦虑	对来访者的记忆和感受作出解释
来访者中心疗法	自我理解和自我接纳受阻	通过无条件的积极关注、真诚和同理心来促进成长	积极倾听并反映来访者的感受
行为疗法	功能失调行为	重新习得适应性行为，消除问题行为	使用经典条件作用（通过暴露疗法或厌恶疗法）或操作性条件作用（如代币法）
认知疗法	消极、自我挫败的思维	促进更健康的思维方式和自我对话	训练来访者对消极的想法和归因进行辩驳
认知行为疗法	自我伤害的想法和行为	促进更健康的思维方式和适应性行为	训练来访者对抗自我伤害的想法并运用新的思维方式
团体和家庭治疗	紧张关系	关系的疗愈	理解家庭和其他社会系统，对角色进行探索，改善沟通

提取一下

- 哪种治疗技术更关注现在和未来而不是过去，并且包括无条件积极关注和积极倾听？

  答案：来访者中心疗法，是罗杰斯来访者中心疗法的特点。

- 下列哪一项不是团体治疗的优势？

  a. 治疗师的关注更加集中　　c. 社会性反馈
  b. 不那么昂贵　　　　　　　d. 其他人分享烦恼所带来的安慰

  答案：a。

心理治疗的评估

很多美国人都对心理治疗的效果充满信心。专栏作家常常会建议"做个咨询"或"让你的朋友找个治疗师"。1950 年以前，提供心理健康帮助的主要是精神科医生。现在，大多数心理治疗由临床和咨询心理学家、临床社会工作者、教牧咨询师、婚姻咨询师、物质滥用咨询师、学校咨询师和精神科护士来提供。

全世界数百万人给予这些治疗师的信任是合理的吗？这个问题尽管简单，却并不容易回答。

心理治疗有效吗

> 15-8：心理治疗有效吗？由谁决定？

衡量治疗效果不像只需测量体温就能判断是否退烧那样简单。假如你和我要去接受心理治疗，我们怎样评估它的效果呢？是通过我们自己对进展的感觉，还是治疗师的感觉，或者我们朋友家人的感觉呢？又或者是看看我们的行为发生了什么变化？

来访者的看法

假如来访者的证言是判断疗效的唯一准绳，我们就能有力地肯定心理治疗的有效性。考虑一下《消费者报告》的 2 900 名读者，他们报告了自己和心理健康专家的接触经历（*Consumer Reports*, 1995; Kotkin et al., 1996; Seligman, 1995）。有多少人至少"还算满意"呢？接近90%（就像我们在本章开头看到的凯·雷德菲尔德·杰米森）。在那些回忆起刚开始治疗时感觉还行或非常不好的人当中，九成的人现在感觉非常好、好或至少一般。我们听到了他们的说法，谁又能知道更多呢？

然而来访者的证言并不能让所有人信服。批评者指出了怀疑的理由：

- 来访者可能需要证明他们在时间和精力上的投入是值得的。
- 来访者通常为他们的治疗师说好话。即使问题仍然存在，来访者"仍然会努力地去寻找一些积极的话来说。治疗师非常地理解他们，来访者已经获得了新视角，他学会了更好地沟通，他的内心感到放松，总之任何让他避免说出治疗失败的理由"（Zilbergeld, 1983, p.117）。
- 人们通常在遇到危机时进行治疗。伴随事件的正常起伏，当危机过去后，人们会将他们的好转归功于治疗。

治疗师的看法

假如治疗师的看法能证明治疗效果，我们可能有更多的理由来庆祝成功。成功的个案研究比比皆是。另外，治疗师也像我们一样，很珍惜来访者在离开时或之后向他们表达的感激之情。问题是，来访者来接受治疗时强调的是他们的苦恼，而离开时则是在强调他们感觉良好，并且只有在自己感到满意的前提下才会保持联系。因此，治疗师最了解其他治疗师的失败，这些治疗师的来访者在经历短暂的缓解之后，现在正在寻找新的治疗师来解决自己反复出现的问题。同一个长期被同样的焦虑、抑郁或婚姻问题折磨的人，可能会成为好几个治疗师的"成功"案例。

结果研究

那么，我们应该怎样客观地评估心理治疗的效果？我们可以预期什么结果——哪些类型的人和问题得到的帮助最大，又是通过哪种心理疗法？

为了寻找答案，心理学家开始进行控制研究。这是一条很多人都走过的路。在19世纪，持怀疑态度的医生开始意识到：很多患者能自动好转，而许多流行的治疗方法（放血、净化）并不见效。只有对患者进行跟踪并记录经过或未经过特定治疗之后的结果，才能区分事实与迷信。例如，伤寒症患者常常在被放血后有所好转，这使大多数医生相信这种方法是有效的。然后令人震惊的结果出现了。控制组的患者仅仅是在床上休息，发烧五周后，竟有70%的患者有所好转，表明放血疗法是无效的（Thomas, 1992）。

在20世纪，心理学及其多种多样的治疗选择受到了类似的挑战。英国心理学家汉斯·艾森克（Eysenck, 1952）总结了24项研究中的心理治疗结果，发起了一场激烈的争论。他发现，三分之二因各种障碍（不包括幻想或妄想）而接受心理治疗的人都有明显好转。直到今天，也没有人对这一乐观的估计持有争议。

但是，我们为何仍要为心理治疗是否有效而争论呢？因为艾森克也报告，在未经治疗的患者中也出现了类似的好转，例如那些在等候名单上的人。他说，不管有没有接受心理治疗，大约都有三分之二的人出现明显好转。时间是最好的医生。

艾森克的结论受到了铺天盖地的批评。有些批评指出，他的分析存在错误。另一些则指出，他的观点建立在仅仅24项研究之上。50多年后的今天，这样的研究成百上千。其中最好的是随机化临床试验：研究者随机将等候名单上的人分配为接受治疗或不接受治疗。然后，他们利用对个体是否得到治疗不知情的人所作出的评定数据，对试验参与者进行评估和比较。简而言之，元分析（对大量研究的统计汇总）将为我们提供最终的结果。

第一个对约475个心理治疗结果研究进行的元分析受到了心理治疗师的欢迎（Smith et al., 1980）。它表明，在治疗结束时，处于平均水平的接受治疗的来访者要好于80%在等候名单上未接受治疗的人（图15.3）。这种说法是有保留的——根据定义，大约50%的未接受过治疗的人也要好于处于平均水平的未接受治疗的人。大

创伤 这些女性正在哀悼2010年中国大地震中失去的生命和家园。经历了类似创伤的人可能会从咨询中获益，尽管很多人会自行康复或得益于家人和朋友的支持。心理动力学治疗师凯伦·霍尼指出，"生活自身仍是一位非常有效的治疗师"（*Our Inner Conflicts*, 1945）。

Feng Li/Getty Images

图15.3

治疗与不治疗的对比

这里的两条正态分布曲线的数据来源于475项研究，代表接受过心理治疗的来访者和未经治疗的人们的好转情况。接受过治疗的来访者的平均水平超过了80%没有接受治疗的人们。（资料来源：Smith et al., 1980）

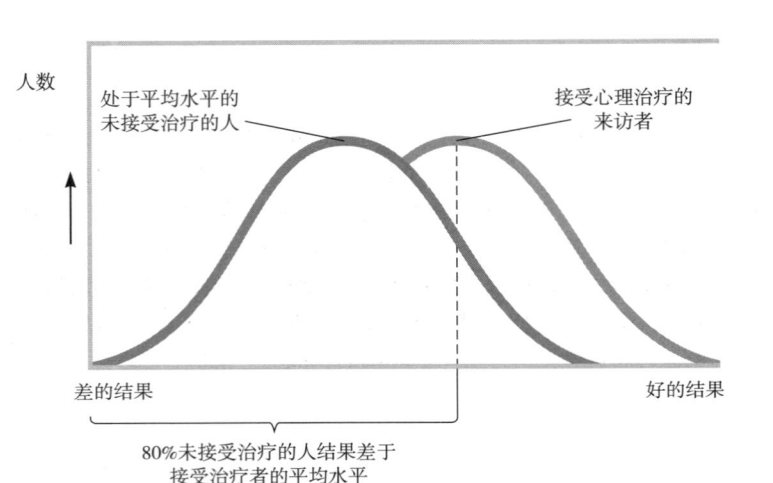

量的后续总结检验了这一问题。它们的结论印证了早期研究的结果：没有接受治疗的人通常能好转，但接受治疗的人更有可能好转，且复发的风险更低。

那么心理治疗是否也具有成本效益？答案也是肯定的。研究表明，当人们寻求心理治疗时，他们对其他医学治疗的需求下降——在一份包含了91项研究的汇总中下降了16%（Chiles et al., 1999）。每年心理障碍和药物滥用的费用是令人震惊的，包括犯罪、事故、失业和治疗等，因此心理治疗是一项很好的投资，正像对孕期和婴幼儿护理的投入一样，都能减少长期花费。促进员工的心理健康能够减少医药开支，提高工作效率和减少旷工。

但要注意这个说法（心理治疗一般来说多少有些效果）并不特指某一种治疗。正如那些用来安抚肺癌患者的话，对健康问题的药物治疗"一般来说"是有些效果的。人们想要知道的是针对具体问题的某种治疗方法的效果。

哪种治疗方法最有效

15-9：针对具体障碍，某些治疗方法比其他方法更有效吗？

早期的统计总结和调查发现，没有哪种心理疗法总体上好于其他疗法（Smith et al., 1977, 1980）。近期的研究也有类似发现，来访者的治疗结果与临床医生的经验、训练、督导和执照之间几乎没什么联系（Luborsky et al., 2002; Wampold, 2007）。《消费者报告》的调查显示：无论是接受精神病学家、心理学家还是社会工作者的治疗，无论是团体治疗还是个体治疗，无论治疗师所受的训练和经验是丰富还是有限，来访者似乎都同样地满意（Seligman, 1995）。

那么，这是否就像《爱丽丝漫游仙境》里的渡渡鸟所唱的："每个人都能取胜，所有人都应该有奖品"？不完全是。某些治疗方法特别适用于某些特定的问题。行为疗法对于特定的行为问题有着特别好的疗效，如尿床、恐怖症、强迫症、婚姻问题和性障碍（Baker et al., 2008; Hunsley & Digiulio, 2002; Shadish & Baldwin, 2005）。心理动力学疗法在治疗抑郁和焦虑方面已经取得了成功（Driessen et al., 2010; Leichsenring & Rabung, 2008; Shedler, 2010b）。很多研究证明了认知疗法和认知行为疗法在治疗焦虑、创伤后应激障碍和抑郁方面的效果（有些人说是优越性）（Baker et al., 2008; De Los Reyes & Kazdin, 2009; Stewart & Chambliss, 2009; Tolin, 2010）。

此外，问题越明确治疗越有效（Singer, 1981; Westen & Morrison, 2001）。那些经历恐惧或惊恐的人、顺从的人或因性表现而受挫的人有希望得到改善。那些问题不具体的人，比如抑郁和焦虑，通常会在短期内有所改善，但之后会反复。那些具有慢性精神分裂症阴性症状或渴望改变自己整个人格的人，如果只接受心理治疗的话，效果可能不明显（Pfammatter et al., 2006; Zilbergeld, 1983）。问题越具体，希望越大。

但是某些其他疗法并没有获得认可，也几乎或完全没有科学支持（Arkowitz & Lilienfeld, 2006）。因此我们都应该明智地回避操纵人体不可见能量场的能量疗法，旨在揭露早期童年受虐的"被压抑记忆"的记忆恢复疗法（第8章），以及让人们重现所谓出生创伤的重生疗法。

就像某些药物治疗一样，心理治疗可能不仅无效而且还有害——让人们变得更加糟糕或者阻止他们变好（Barlow, 2010; Castonguay et al., 2010; Dimidjian & Hollon,

不管治疗效果存在怎样的差异，这种差异看起来还是极其微小的。

——布鲁斯·万普尔德及同事（Wampold et al., 1997）

不同的溃疡用不同的药膏。

——英格兰谚语

2010）。美国国家科学技术委员会认为"少年监狱体验计划"（目的是阻止儿童和青少年犯罪）就是意图很好但被证明无效甚至有害的一个例子。

"哪种疗法可以获奖，哪种不能？"这个评估问题处在一些人所称的心理学内战的核心。科学应该在多大程度上对临床实践以及医疗服务提供者和保险公司为心理治疗付费的意愿进行指导？一方面，研究型心理学家使用科学方法扩展了定义完善且对各种心理障碍有效的疗法清单。他们谴责临床医生"更重视他们的个人经验"（Baker et al., 2008）。另一方面，非科学家型的治疗师将自己的治疗实践更多地视为艺术而不是科学，是无法在手册里描述或用实验来检验的。很多治疗师说，人太复杂，而心理治疗太凭直觉，不适合用科学方法来评估。

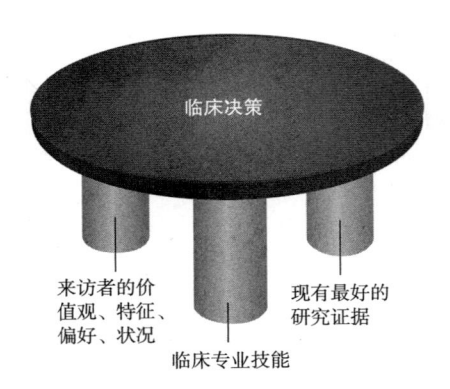

科学导向的临床医生处于两派之间，主张循证实践，这一点得到了美国心理学协会、美国医学会和其他机构的认可（2006; Baker et al., 2008; Levant & Hasan, 2008）。持有这种导向的治疗师将现有最好的研究与临床专业技能以及来访者的偏好和特征进行整合（**图 15.4**）。经过严格评估之后，临床医生会根据自己的技术和每一个来访者的独特处境，选用那些被证明可用的疗法。保险公司和政府对心理健康服务的支持越来越多地要求循证实践。

图 15.4
循证实践
理想的临床决策是一个三条腿的凳子，由研究证据、临床专业技能和对来访者的了解所支撑。

提取一下

- 治疗更可能帮助那些问题（最/最不）明确的人。

答案：最

- 什么是循证实践？

答案：使用各种方法，治疗师可以在考虑和其他来访者了解的基础上作出治疗决策。

替代疗法的评估

15-10：在科学的审视下，替代疗法表现如何？

两种倾向为伪心理治疗提供了肥沃的土壤：

- 很多个体不需要治疗就从异常心理状态恢复到正常状态。
- 仅仅是认为自己正在接受有效的治疗就能振奋精神，放松身体，让自己感到安心。这种安慰剂效应在缓解疼痛、抑郁和焦虑方面有详细的记载（Kirsch & Sapirstein, 1998）。

替代疗法是一种新的、非传统的治疗方法，往往宣称对多种疾病都有疗效。受到倡导者的支持、媒体的宣传、互联网的鼓吹，一些五花八门的治疗法就像野火一样到处蔓延。在美国一项全国调查中，57% 有焦虑史的人和 54% 有抑郁史的人曾经尝试过各种替代疗法，如草药、按摩和精神疗愈（Kessler et al., 2001）。

替代疗法的支持者常常认为他们自身的证言就足以作为证据。但是这些疗法在多大程度上经得起科学的审视呢？大部分替代疗法并没有被证实或证伪。然而，有些疗法曾被作为控制研究的对象，让我们来看其中的两个。正如我们所提倡的，我们需要用科学的态度去粗取精：怀疑而不嘲讽，愿意接受意外发现但不轻信。

眼动脱敏与再加工疗法

眼动脱敏与再加工（EMDR）疗法受到成千上万人的喜爱，也被认为是骗局而被更多的人嗤之以鼻——"用来展示科学和伪科学治疗技术差异的优秀工具"，詹姆斯·赫伯特等人指出（Herbert et al., 2000）。

弗朗辛·夏皮罗（Shapiro, 1989, 2007）在公园散步时发现：当她扫视四周时，焦虑的情绪就消失了。她将这种新奇的焦虑疗法推广给其他人。她让人们想象创伤情境，并在他们眼前晃动手指来引发眼睛的转动，期望人们能够开启并重新加工被尘封的记忆。来自 75 个国家的数万名心理健康专业人士已接受了这项训练（EMDR, 2011）。自从弗朗兹·安东·麦斯默（Franz Anton Mesmer）发明了催眠（当时称为动物磁性）疗法后的两个多世纪以来（也是在受到户外体验的启发之后），还没有哪种新的治疗方法能如此迅速地吸引如此多的热衷者。

眼动脱敏与再加工有效吗？夏皮罗认为答案是肯定的，她引用了四项研究，EMDR 对其中 84% 的单一创伤受害者有效（Shapiro, 1999, 2002）。而且，治疗只需三个疗程，每次 90 分钟。美国临床心理学协会实证有效治疗特别工作组认为这种治疗对非军事创伤后应激障碍"可能是有效的"（Chambless et al., 1997; See also Bisson & Andrew, 2007; Rodenburg et al., 2009; Seidler & Wanger, 2006）。

令怀疑者感到不解的是，为什么在唤起痛苦时快速转动眼球会有治疗作用。一些人认为眼球运动使来访者放松或分心，因此消除了与记忆相关的情绪（Gunter & Bodner, 2008）。其他人认为，眼睛的转动本身并不是产生疗效的因素。在试验中让人们用手指敲击，或是当治疗师手指晃动时眼睛仍直视前方，也能产生治疗效果（Devilly, 2003）。怀疑者也承认，眼动脱敏与再加工确实比什么都不做的效果好（Lilienfeld & Arkowitz, 2007）。但很多人猜想，这种疗法可能是暴露疗法——反复将创伤记忆与安全舒适的环境联结在一起，在情绪上与创伤经历形成距离——与强大的安慰剂效应相结合所起的作用。理查德·麦克纳利观察到，如果将麦斯默的伪治疗法和完全不治疗相比，它也"可能是有效的"（这是因为积极信念自身会产生疗愈力量）（McNally, 1999）。

光照治疗

在冬天灰蒙蒙的早上或寒冷阴霾的日子里，你是否发现自己睡得太多，体重增加，整天昏昏沉沉的？在昏暗的冬季慢下来并节省能量似乎有利于我们的远古祖先生存。然而对于现代人来说，尤其是妇女和那些生活在远离赤道地区的人，令人厌烦的冬季会

研究显示 EMDR 在眼球固定时同样有效。如果结论是对的，那么对治疗（主要是行为脱敏）有用的东西不是新的，而所谓的新东西是多余的。

——*Harvard Mental Health Letter*，2002

光照治疗 为了减轻冬季抑郁，有些人会每天早上花时间接受模拟户外自然光线的强烈光照。到了冬季，这些挪威高中生会在学校里定期接受光照治疗。在美国，用于治疗季节性情感障碍的灯箱在保健品店和灯具店都有销售。

使他们出现抑郁，也就是通常所说的季节性情感障碍，简称 SAD。为了消除这种不良情绪，在 20 世纪 80 年代早期，美国国家心理卫生研究所的研究人员提出，每天给予有季节性情感障碍的人定时定量的光照。当然，人们报告感觉变好了。

然而，这会不会是安慰剂效应的又一个愚蠢的例子呢？近期的研究为回答这个问题提供了一些信息。有一项研究让一部分季节性情感障碍者暴露在 90 分钟的亮光下；让另一些季节性情感障碍者接受假的安慰剂疗法——假装用嘶嘶作响的"负离子发生器"治疗，研究人员对此表现出与平时一样的热情（但是发生器其实什么都未产生）。四周后，接受早晨光照治疗的人中有 61% 明显好转，接受傍晚光照治疗的人中有 50% 好转，而接受安慰剂疗法的人中有 32% 好转（Eastman et al., 1998）。其他研究已经发现，暴露在 30 分钟、1 万勒克斯的白色荧光灯下能让半数以上接受早晨光照治疗的人症状减轻（Flory et al., 2010; Terman et al., 1998, 2001）。从 20 多项严格控制的实验中得出的结论（Golden et al., 2005; Wirz-Justice, 2009）是：清晨的亮光照射确实能缓解很多人的症状。而且，它与服用抗抑郁药物或接受认知行为治疗同样有效（Lam et al., 2006; Rohan et al., 2007）。这个效果在脑部扫描中显而易见，光照治疗激发了影响身体唤起和激素的脑区的活动（Ishida et al., 2005）。

提取一下

- 什么是 EMDR 和光照治疗，对于这些疗法的价值我们从控制研究中了解到了什么？

答案：一些好的使用眼动疗法的临床工作者认为——在未来对此疗法的记忆激活成分研究者中——这种治疗获得的效果非常明显的人们认为，如此治疗这种方式是正确起作用的机制身——露光治疗（这是季节性情感障碍）。

- 哪两种倾向会使替代疗法的疗效评估产生偏差？

答案：(a) 人们寻求其他帮助时首先考虑的正常情况的倾向；(b) 安慰剂效应，不论治疗可能有多奇怪，期待有好效果就可能会使他们相信这些治疗真的有效的。

心理治疗如何助人

15-11：各种心理治疗的三个共同点是什么？

为什么治疗师的训练和经验似乎对来访者的治疗结果没有影响？答案似乎是因为所有的心理治疗师都能提供以下三点：给受挫的人以希望；对自我和世界的新认识；具有同理心、信任、关怀的良好关系（Frank, 1982; Goldfried & Padawer, 1982; Strupp, 1986; Wampold, 2001, 2007）。

受挫者的希望 寻求心理治疗的人的典型症状是：感到焦虑、抑郁、缺乏自信、缺乏处理事情的能力。而治疗所能做的就是让来访者相信，通过自己的努力，一切都会好起来的。除了专门的治疗技术外，信心本身就能使人振作精神，让人产生自我效能感，从而减轻症状（Prioleau et al., 1983）。

一个新的视角 每种心理疗法都对人们的症状作出解释。治疗是一种新的经历，有助于人们改变自己的行为和对自己的看法。有了一个可信的全新视角，他们可能以新的态度投入生活。

具有同理心、信任、关怀的关系 无论采用何种技术，有效的治疗师都是具有同理心的。他们尽力去理解来访者的体验，传递关心和忧虑，通过礼貌的倾听、宽慰和建议赢得来访者的信任。在36位公认的治疗大师的治疗录像中，我们可以清楚地观察到这些品质（Goldfried et al., 1998）。其中有些是认知行为治疗师，有些是心理动力治疗师。不论怎样，他们在各自最关键的环节中都如此相似。在关键时刻，两类具有同理心的治疗师都会帮助来访者评价他们自己，将其生活的某个方面与其他方面联系起来，并提升来访者对自身与他人互动的领悟。治疗师与来访者之间的情感联结——治疗联盟——是有效治疗的一个关键方面（Klein et al., 2003; Wampold, 2001）。美国国家心理卫生研究所对抑郁症治疗的研究表明，最有效的治疗师同理心最强，最关心来访者，并能够与之建立最紧密的治疗联结（Blatt et al., 1996）。

所有的心理治疗方法都由一个富有关爱之心的人提出看问题的新视角，为来访者带来希望。这些也可以使辅助人员（接受简单培训的照料者）有效地帮助众多深受困扰的人（Christensen & Jacobson, 1994）。这三种共同的元素也是日益增多的自助团体和支持性团体为其成员所提供帮助的一部分。它们也包括在传统医治者所提供的服务中（Jackson, 1992）。医治者是一群特别的人，不论是精神科医生、巫医还是萨满，其他人会向他们表露自己的痛苦，而所有医治者为了理解、感同身受、宽慰、建议、安抚、阐释或解释，都会细心倾听对方的倾诉（Torrey, 1986）。这些品质也解释了为什么在亲密关系中感觉获得了支持的人——那些享受与富有爱心者友谊的人——不太需要治疗或不太会去寻求治疗（Frank, 1982; O'Connor & Brown, 1984）。

***

总之，寻求心理帮助的人通常都能好转。那些未经心理治疗的人也是如此，这要归功于人类自身的智慧和互相关心的能力。虽然治疗师的研究取向和经验看起来不是很重要，但接受过心理治疗的人往往比未经治疗的人好转更多。问题具体而明确的人好转最多。

关怀的关系 有效的治疗师与来访者形成信任的纽带。

提取一下
● 接受心理治疗的人比没有接受心理治疗的人_____（更/更不）可能表现出好转。

答案：更多

心理治疗的文化和价值观

15-12：文化和价值观如何影响治疗师与来访者的关系？

所有的心理治疗都会带来希望。几乎所有治疗师都努力提高来访者的敏感性、开放性、个人责任感和目标意识（Jensen & Bergin, 1988）。但由于多样性的存在，治疗师们彼此不尽相同，他们与来访者也可能存在差异（Delaney et al., 2007; Kelly, 1990）。

当治疗师和来访者的文化背景不同时，这些差异性就会导致不匹配。比如，在北美、欧洲和澳大利亚，治疗师大多反映的是主流文化的个人主义（重视个人的需求和同一性）。而很多来自亚洲文化的来访者带有集体主义视角，他们可能会假定人们应该多考虑他人的期望。因此当治疗师要求他们只考虑自己的福祉时，他们会感到为难。

这种差异性可用来解释为什么少数族裔的人不愿意接受心理卫生服务并倾向于过早终止治疗（Chen et al., 2009; Sue, 2006）。在一个实验中，将亚裔美籍来访者与具有同样文化价值观的咨询师相匹配（而不是与文化价值观不同的咨询师错位匹配），这些来访者更多地感受到了咨询师的同理心，并且感到与咨询师的联盟更加牢固（Kim et al., 2005）。由于许多心理治疗师认识到与来访者可能在价值观、沟通方式和语言方面存在差异，因此美国心理学协会授权的许多治疗训练项目提供了文化敏感性方面的训练，并招聘一些来自未被充分代表的文化群体的成员。

治疗师和来访者也可能具有不同的宗教观。虔诚的宗教人士可能更喜欢并受益于信仰相似的治疗师（Masters, 2010; Smith et al., 2007; Wade et al., 2006）。他们可能难以与价值观不同的治疗师建立情感联系。

艾伯特·埃利斯是理情行为疗法（rational-emotive behavior therapy, REBT）的拥护者，阿兰·伯金是《心理治疗与行为改变手册》的合编者，他们认为心理治疗师之间有着天壤之别，这些差别影响了他们对健康个体的看法。埃利斯（Ellis, 1980）假设，"没有任何人或任何事是至高无上的"，应该鼓励"自我满足"，而"明确的爱、承诺、奉献……对任何人际承诺的忠诚，特别是对婚姻的忠诚，将导致不良结果"。伯金（Bergin, 1980）的假设却相反，"上帝是至高无上的，因此谦卑、对神圣权威的接纳都是美德"，"自我控制、对爱的承诺以及自我牺牲都应该得到鼓励"，而"对人际承诺的不忠，尤其是对婚姻的不忠，将导致不良后果"。

伯金和埃利斯的价值观相差甚远，但他们都认为：心理治疗师的个人信仰和价值观会影响他们的实践。来访者倾向于采纳治疗师的价值观（Worthington et al., 1996），因此一些心理学家认为治疗师应该更加开放地表达他们的价值观。（关于治疗的选择，见特写：心理健康专家的消费者指南。）

生物医学疗法

心理疗法是治疗心理障碍的途径之一。生物医学疗法是常用于治疗严重障碍的另一种治疗途径。这种疗法利用药物改变大脑的化学成分从而改变其功能，或通过

第 15 章 心理障碍的治疗方法　239

> **特　写**
>
> ### 心理健康专家的消费者指南
>
> **15-13：人们选择治疗师时应该关注什么？**
>
> 每个人的生活都充满了平静与紧张，福与祸，好心情与坏心情。那么，什么时候人们应该寻求心理健康专家的帮助呢？美国心理学协会列出了这些常见的障碍征兆：
>
> - 感到无望
> - 长期而严重的抑郁
> - 自毁行为，比如酗酒和药物滥用
> - 破坏性的恐惧
> - 心境突然转变
> - 自杀念头
> - 强迫性仪式，如洗手
> - 性障碍
> - 听到其他人听不到的声音或看到其他人看不到的事物
>
> 如果你打算找一位心理治疗师，你可以向两三位治疗师进行初步咨询。大学的健康中心通常是一个好的起点，他们会提供一些免费的服务。咨询中，你可以先描述一下自己的问题，获知每个治疗师的治疗方法。你可以问一些关于治疗师的价值观、资历（**表 15.3**）、执照以及收费情况的问题。你可以评价一下自己对每个治疗师的感觉。治疗师和来访者之间的情感联结可能是有效治疗中最重要的因素。
>
> **表 15.3**
> 心理治疗师及其所受的训练
>
> | 类型 | 描述 |
> | --- | --- |
> | 临床心理学家 | 大部分人是拥有 Ph.D. 学位（包括研究训练）或 Psy.D. 学位（专注于治疗）的心理学家，并以督导实习以及（常常还有）博士后训练作为补充。约一半的临床心理学家在各种机构或研究所工作，一半在私人诊所工作。 |
> | 精神科医生 | 精神科医生是专门治疗心理障碍的医生。并非所有精神科医生都接受了大量的心理治疗训练，但是他们像 M.D. 和 D.O. 一样可以开具处方。因此他们倾向于治疗最严重的问题，很多人拥有自己的私人诊所。 |
> | 临床或精神科社会工作者 | 两年社会工作的硕士研究生项目加上研究生督导使一些社会工作者能够提供心理治疗，其中大部分是面向日常的个人和家庭问题。其中多半是国家社会工作者协会指定的临床社会工作者。 |
> | 心理咨询师 | 婚姻与家庭咨询师的专长是家庭关系问题。牧师也为不计其数的人提供咨询。物质滥用（或虐待）咨询师的工作对象是物质滥用者以及配偶和儿童的虐待者及其受害者。心理健康咨询师和其他咨询师可能需要具备两年制的硕士学位。 |

电流刺激、磁脉冲、精神外科手术影响大脑的神经环路。

药物疗法

15-14：什么是药物疗法？双盲实验如何帮助研究者评估药物的疗效？

迄今为止，应用最广泛的生物医学疗法就是药物疗法。从 20 世纪 50 年代起，**心理药理学**（psychopharmacology）（研究药物对心理和行为的作用）的发现使几种严重障碍的治疗发生了变革。正是由于药物治疗和社区精神卫生计划的支持，美国州立和县立精神病院的住院人数比半个世纪前有了极大的下降。人们致力于尽

"我们的心理药理学家是个天才"

药效还是安慰剂效应 对于很多人来说，服用抗抑郁药时抑郁就减轻了。但是被给予安慰剂的人们也可能体验到同样的效果。双盲临床试验表明，尤其是对严重抑郁者来说，抗抑郁药确实至少具有一定程度的临床疗效。

也许你能猜到L-多巴胺偶尔会出现的一个副作用：这种药物能增加帕金森综合征患者的多巴胺水平，即出现幻觉。

可能减少非自愿入院的人数，使成千上万的人从医院的禁锢中解放出来。不过，对一些不能自理的人来说，离开医院意味着无家可归。

包括药物治疗在内的许多新疗法在刚面世时，都会因为很多人明显改善而掀起热潮。然而这种热情往往会随着更深入的检验而降低。为了判断新疗法的有效性，我们也需要知道以下两方面的比率：

- 未经治疗者的自然康复
- 因安慰剂效应而康复，即由于患者与心理健康工作者的积极期望

为了控制这些影响，在测试新药的时候，研究者会让一半患者服药；而另一半的患者服用看上去相似的安慰剂。因为研究者和患者都不知道谁服用的是哪种，因此这被称为双盲程序。值得庆幸的是，通过双盲研究，不少药物被证明对治疗心理障碍是有效的。

抗精神病药

精神病药物治疗的革命开始于一个偶然的发现：用来治疗其他疾病的某些药物居然使一些人的幻觉或妄想（这些患者与现实分裂的一部分）平息下来了。这些**抗精神病药**（antipsychotic drugs），如氯丙嗪（商品名为Thorazine），能减少患者对无关刺激的过度反应。因此，它们向正在经历精神分裂症阳性症状（如幻听和偏执）的人提供了最大的帮助（Lehman et al., 1998; Lenzenweger et al., 1989）。

最常见的抗精神病药与神经递质多巴胺分子如此相似，以至于会占据多巴胺受体的位置，并阻断其活动。这一发现支持了一个观点，即过度活跃的多巴胺系统是导致精神分裂症的一个因素。

抗精神病药的副作用很大。有些可能引起诸如行动迟缓、震颤、抽搐等跟帕金森病相同的症状（Kaplan & Saddock, 1989）。长期使用抗精神病药能够引起迟发性运动障碍，伴随面部肌肉（如做鬼脸）、舌头和四肢的不自主运动。尽管在控制精神分裂症症状方面没有更好的效果，但很多新一代抗精神病药如利培酮（商品名为Risperdal）和奥氮平（商品名为Zyprexa）的上述副作用较少。然而，这些药物可能会增加肥胖和糖尿病的风险（Buchanan et al., 2010; Tiihonen et al., 2009）。

尽管抗精神病药存在缺陷，但它与生活技能项目及家庭支持结合起来，给许多精神分裂症者带来了新的希望（Guo, 2010）。成千上万的患者离开了精神病院的病房，回归工作并过上了接近正常的生活（Leucht et al., 2003）。

抗焦虑药

抗焦虑药（antianxiety drugs），如阿普唑仑或劳拉西泮，会像酒精一样抑制中枢神经系统的活动（因此这类药物不能与酒精合用）。抗焦虑药往往与心理治疗联合使用。抗生素D-环丝氨酸是一种抗焦虑药，作用于受体，与行为治疗联合使用时，有助于消除习得性恐惧。实验表明药物能够提高暴露治疗的效果并帮助缓解创伤后应

激障碍和强迫症的症状（Davis, 2005; Kushner et al., 2007）。

行为疗法受到的一个批评是它没有在减少症状的同时解决根本的问题，尤其是用作持续治疗。一有紧张的迹象就服用阿普唑仑会导致心理依赖，即刻的放松强化了个体在焦虑时服药的倾向。大量服药也会导致生理依赖。定期服药者在停止使用抗焦虑药后会体验到更强烈的焦虑、失眠和其他退缩症状。

在20世纪末的最后十几年里，焦虑障碍的门诊治疗比例翻了将近一番。在此期间，接受药物治疗的精神病患者的比例从52%上升到了70%（Olfson et al., 2004）。针对焦虑障碍的新的标准药物治疗是什么？抗抑郁药。

抗抑郁药

抗抑郁药（antidepressant drugs）因为能缓解患者的抑郁症状而得名。直到最近，这都是这类药物的主要用途。这些药物现在越来越多地被用来治疗焦虑障碍，如强迫症。它们通过增加去甲肾上腺素和5-羟色胺水平而起作用。这些神经递质能提高唤起和改善心境，抑郁时会缺乏。

氟西汀也就是百忧解，这种全世界数千万使用者所熟悉的药物，部分地阻止了对突触中过量的5-羟色胺的正常再摄取（**图 15.5**）。氟西汀及其类似物舍曲林、帕罗西汀被称作"选择性5-羟色胺再摄取抑制剂"（selective serotonin reuptake inhibitor, SSRI），因为它们减缓（抑制）了突触清空（再摄取）5-羟色胺。（考虑到它们也用于治疗从焦虑到中风的其他障碍，一些专业人士将其称为选择性5-羟色胺再摄取抑制剂而非抗抑郁药 [Kramer, 2011]。）

其他抗抑郁药通过阻断去甲肾上腺素和5-羟色胺的再摄取或分解而起作用。这类药尽管有效，但会产生更多的副作用，例如口干、体重增加、高血压、间歇性昏迷（Anderson, 2000; Mulrow, 1999）。以贴片的形式使用这类药物可以避开肠道和肝脏，

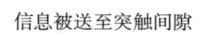

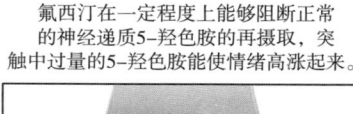

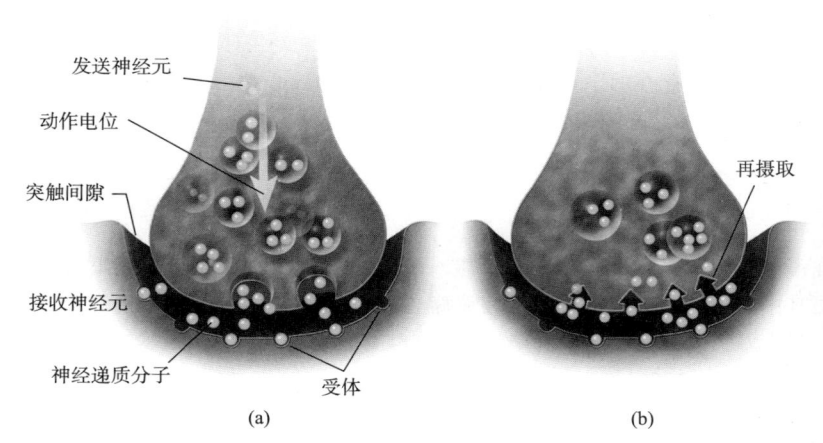

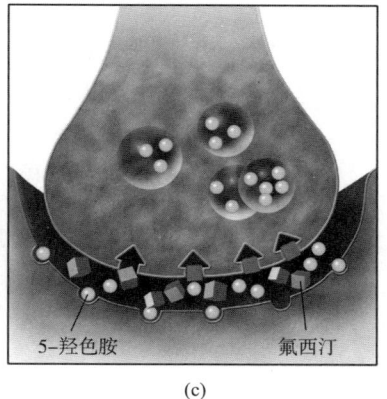

图 15.5
抗抑郁药的生物机制（见彩插）
本图显示的是氟西汀部分阻断5-羟色胺再摄取的过程。

有助于减少副作用（Bodkin & Amsterdam, 2002）。

引入 SSRI 类药物之后，接受药物治疗的抑郁者的比例出现了巨大增长，从 1987 年也就是 SSRI 引入前一年的 70%，提高至 2001 年的 89%（Olfson et al., 2003; Stafford et al., 2001）。从 1996 年到 2005 年，被开具抗抑郁药处方的美国人翻了一番，从 1 300 万到 2 700 万（Olfson & Marcus, 2009）。在澳大利亚，抗抑郁药的使用在 2002 年到 2007 年之间增长了 41%（Hollingworth et al., 2010）。

需要提醒的是：抑郁者不会在开始服用抗抑郁药的第二天醒来时唱道："哦，多么美丽的早晨！"虽然抗抑郁药对神经传递的影响会在几小时内起作用，但全部心理效应的发挥则需要四周时间（可能会有性欲减弱的副作用）。延迟的一个原因可能是，5-羟色胺的增加会促进神经发生，产生新的神经元，来对抗由紧张而导致的神经元损失（Becker & Wojtowicz, 2007; Jacobs et al., 2004）。

抗抑郁药不是提振身体的唯一方法。有氧运动可以让焦虑者冷静下来，为抑郁者提供活力，对于大部分轻度到中度的抑郁者，有氧运动不仅带来和抗抑郁药一样的好处，而且还有其他的积极效果（本章后面会进一步讨论这个主题）。认知疗法可以帮助患者扭转习惯性的消极思维，以促进药物辅助的抑郁缓解，并减少治疗后的复发（Hollon et al., 2002; Keller et al., 2000; Vittengl et al., 2007）。抗抑郁药自下而上地影响情绪形成的边缘系统。认知行为疗法自上而下地改变额叶活动和思维过程。它们共同作用，从上下两个方面对抑郁（和焦虑）发起攻击（Cuijpers et al., 2010; Walkup et al., 2008）。

所有人都承认，服用一个月的抗抑郁药后，抑郁者通常有所改善。但在考虑了自然恢复和安慰剂效应后，药物的作用有多大？有些研究者报告说作用不大（Kirsch et al., 1998, 2002, 2010）。在双盲临床试验中，安慰剂产生的改善作用相当于活性药物效果的 75%。在一篇包含未发表的临床试验的后续综述中，抗抑郁药的作用仍然不太大（Kirsch et al., 2008）。对于重度抑郁者，安慰剂效应的作用较小，这使得药物带给他们某种程度上更大的额外益处。欧文·基尔希下结论说，"考虑到这些结果，似乎没什么理由给重度抑郁者之外的任何人开具抗抑郁药，除非替代疗法已经失败了"（BBC, 2008）。一个新的分析证明，与安慰剂相比，抗抑郁药的优势"对轻度或中度症状的人平均来说是很小或不存在的"。对于那些人，有氧运动或心理治疗往往是有效的。但是对于"非常严重"的抑郁者，药物的优势变得"明显"（Fournier et al., 2010）。

心境稳定剂

除了抗精神病药、抗焦虑药和抗抑郁药，精神病医生还使用心境稳定剂。双丙戊酸钠就是其中的一种，最初被用于治疗癫痫。人们发现它也能够有效地控制双相障碍的躁狂期。另一种心境稳定剂是锂盐，它能够有效地平复双相障碍的情绪起伏。凯·杰米森（Jamison, 1995, pp. 88-89）描述了这种作用："锂盐能够阻止诱人但极具破坏性的情绪高涨，减少抑郁，清除病态思维中的枝枝蔓蔓，让我慢下来，变得温和，阻止我毁掉自己的事业和人际关系，让我远离医院，活着，并让心理治疗成为可能。"

锂盐的疗效是澳大利亚医生约翰·凯德在 20 世纪 40 年代发现的。当时他用锂

"如果这个不能对你有所帮助，不要担心，它是一种安慰剂。"

没有任何一种扭曲的想法不是源于扭曲的细胞。

——心理学家
拉尔夫·杰勒德

盐治疗一个有严重躁狂的人，这个患者在不到一周的时间内康复得非常好（Snyder, 1986）。然而我们不了解锂盐为什么起作用。有七成的双相障碍者得益于长期每日使用这种廉价的药物（Solomon et al., 1995）。

长期服用锂盐的双相障碍者的自杀率仅是未服用者的六分之一（Tondo et al., 1997）。饮用水中的锂含量与较低的自杀率（涉及18个日本城镇）和较低的犯罪率（涉及得克萨斯州的27个县）相关（Ohgami et al., 2009; Schrauzer & Shrestha, 1990, 2010; Terao et al., 2010）。锂也能保护神经的健康，因此会降低双相障碍者未来的痴呆发生率（Kessing et al., 2010）。

"首先我认为你应该知道上一季度的销售额受到了我的心境稳定剂的干扰。"

提取一下

- 研究者如何评估某种药物疗法的有效性？

答案：进行双盲研究。给接受该药物治疗的人和对照组用安慰剂，然后比较两组的疗效。如果治疗组的疗效明显好于对照组，则该药物治疗就是有效的。

- 最常用于治疗抑郁症的药物称为_____。现在最常用来治疗焦虑障碍的药物被称为_____。精神分裂症常用_____药物来治疗。

答案：抗抑郁药；抗焦虑药（我们现在已提到的抗抑郁剂和苯二氮䓬类药物）；抗精神病

脑刺激

15-15：如何使用脑刺激和精神外科手术治疗特定的心理障碍？

电痉挛疗法

另一种生物医学疗法是**电痉挛疗法**（electroconvulsive therapy, ECT），通过电击来操纵大脑。当ECT于1938年被首次引入时，清醒的患者被固定在一张桌子上，接受100伏的电流对其大脑的电击。该程序会产生痛苦的痉挛和短暂的意识丧失，因而给人粗暴的印象。尽管这种印象挥之不去，但ECT已有所改变。现在，患者要接受全身麻醉和肌肉松弛剂以防止痉挛。精神科医生向患者的大脑施加30~60秒的短脉冲电流，有时只对大脑右半球通电（图15.6）。患者会在30分钟内醒来，而且完全不记得治疗中或前几个小时的情况。

一项又一项研究证实了ECT能够有效治疗对于药物治疗没有反应的"抗治疗型"患者的重度抑郁（Bailine et al., 2010; Fink, 2009; UK ECT Review Group, 2003）。患者每周接受3次治疗，2~4周后，80%的患者明显好转。他们对治疗过程表现出一定的记忆丧失，但没有明显的大脑损伤。现代ECT对记忆的破坏小于早期的ECT（HMHL, 2007）。

《美国医学会杂志》在一篇社论中总结道，"ECT对重度抑郁的疗效是医学上所有最积极的治疗效果之一"（Glass, 2001）。ECT能减少自杀的想法，并因挽救了许多

电治疗的历史很悠久，医生把电鳗置于罗马皇帝克劳狄乌斯（公元前10年—公元54年）的太阳穴上来治疗他的头痛。

图 15.6
电痉挛疗法
虽然对 ECT 的争议颇多，但医生常用它来治疗一些对药物疗法无反应的抑郁。"电痉挛"这个词已经不准确了，因为患者现在会服药来防止痉挛。

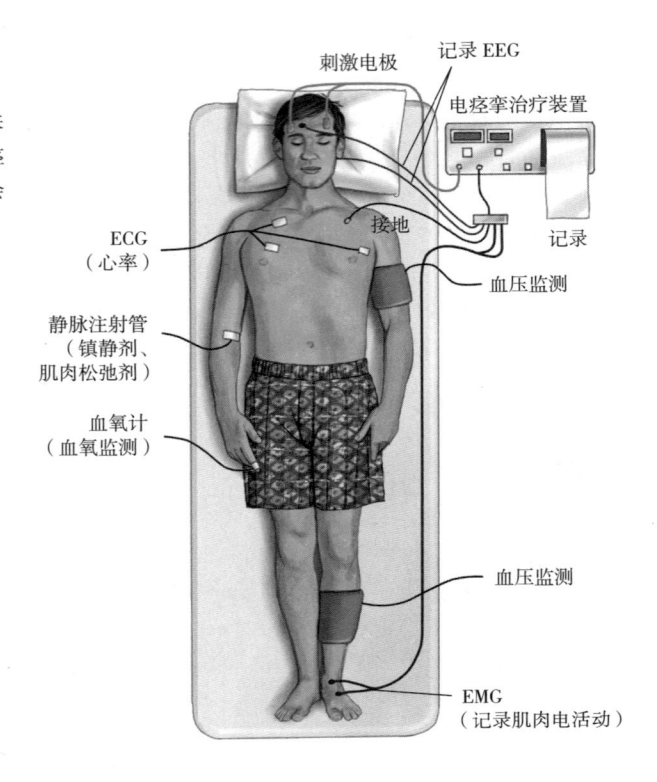

想自杀的人而受到赞扬（Kellner et al., 2005）。

ECT 是如何缓解重度抑郁的？70 多年后，仍然没有人能说清楚。有人把 ECT 比作天花疫苗，它们都是在人们了解其原理之前就开始挽救生命了。可能是短暂的电流使神经中枢平静下来，因为这些区域的过度活跃会导致抑郁。与抗抑郁药物和锻炼一样，ECT 似乎也能促进新的脑细胞的产生（Bolwig & Madsen, 2007）。

怀疑者提出了另一种可能的解释：ECT 可能激发了安慰剂效应。大部分 ECT 研究都没有加入控制组：随机分配的患者接受同样的全身麻醉并经历模拟的 ECT，但没有受到电击。当患者接受这种安慰剂治疗时，他们对积极结果的预期在没有电击的情况下是有治疗效果的（Read & Bentall, 2010）。尽管如此，美国食品药品监督管理局（FDA, 2011）的一篇研究综述的结论是，ECT 比安慰剂更有效，尤其是在短期内。

不管治疗效果多么令人印象深刻，用电流电击人们的粗暴方式仍然震惊了很多人，尤其是在大家都不知道 ECT 原理的情况下。此外，每 10 个接受 ECT 治疗的人当中，大约有 4 个人在 6 个月内抑郁复发（Kellner et al., 2006）。但在许多精神病学家和患者看来，相比重度抑郁所造成的不幸、痛苦和自杀风险，ECT 造成的伤害更小。正如研究型心理学家诺曼·恩德勒（Endler, 1982）在 ECT 缓解了他自己的重度抑郁后报告的那样，"奇迹在两周后发生了。"

其他的神经刺激疗法

现在有希望通过其他方法来启动抑郁大脑内的神经通路。通过植入胸部的一个电装置，迷走神经刺激会对颈部深处的神经进行刺激。该装置会周期性地向大脑中与情绪相关的边缘系统发送信号（Daskalakis et al., 2008）。

深部脑刺激（deep-brain stimulation）是另一种新的实验程序，由控制植入电极的起搏器实施（Lozano et al., 2008; Mayberg et al., 2005）。这种刺激对增强消极情绪和思维的脑区活动有抑制作用。一些对药物或ECT没有反应的抑郁者发现深部脑刺激消除了他们的抑郁。某些神经元能够抑制增强消极情绪的脑区活动，为了在实验中激活这些神经细胞，神经科学家海伦·梅贝格及其同事（Mayberg et al., 2005, 2006, 2007, 2009）使用了有时被用来治疗帕金森氏症的震颤症状的深部脑刺激技术。在最初被植入电极和起搏器的20个患者中，有12人体验到缓解，随后保持了3~6年（Kennedy et al., 2011）。一些人感到突然变得更加清醒，更加健谈和忙碌；另一些人则只有轻微的改善。后续的研究将探索梅贝格是否发现了能够消除抑郁的开关。其他研究者正在对深部脑刺激能够缓解强迫症的报告进行追踪（Rabins et al., 2009）。

用磁能脉冲反复作用于个体的大脑时，抑郁心境似乎也能得到改善。在一种叫作**重复经颅磁刺激**（repetitive transcranial magnetic stimulation，rTMS）的无痛程序中，线圈发射的磁场会穿过颅骨到达大脑（图15.7）。与深部脑刺激不同，电磁波的能量只穿过大脑的表层。与ECT不同的是，rTMS治疗过程不会引起记忆丧失或其他严重的副作用。（可能导致头痛。）患者在清醒状态下每日接受治疗，疗程为数周。

最早的研究已经发现重复经颅磁刺激有"一定程度的"积极作用（Daskalakis et al., 2008; George et al., 2010; López-Ibor et al., 2008）。它起作用的原理还不太清楚。一

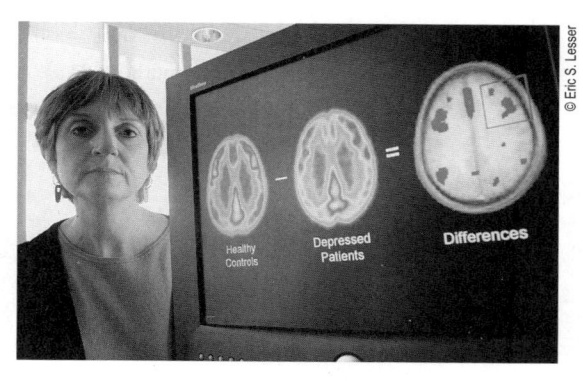

抑郁开关？ 研究者海伦·梅贝格通过比较抑郁者和非抑郁者的大脑，识别了一个在抑郁或悲伤的人身上表现活跃的脑区，通过深部脑刺激能够抑制其活动。

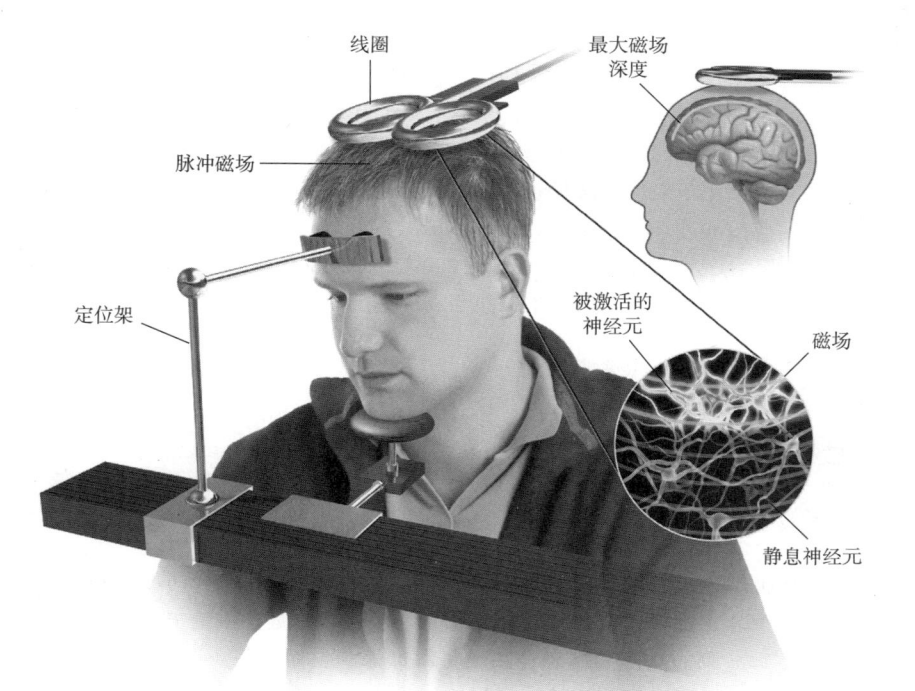

图15.7

心灵的电磁

重复经颅磁刺激（rTMS）传送无痛的磁场到大脑皮层表面。脉冲波可用于刺激或抑制不同皮层区的活动（资料来源：George, 2003.）

个可能的解释是，刺激使左侧额叶活跃起来，而这个脑区在抑郁期间是相对不活跃的（Helmuth，2001）。反复的刺激可能通过长时程增强的过程使神经细胞形成新的功能回路。（见第 8 章中关于长时程增强的更多细节。）

提取一下

- 对其他疗法没有反应的重度抑郁可以采用_____来治疗，这种疗法会导致失忆。为减轻抑郁而设计的更温和的神经刺激技术包括_____刺激、_____刺激和_____磁刺激。

答案：电痉挛治疗（ECT）；深度神经、迷走神经、重复经颅

精神外科手术

由于手术结果的不可逆转性，**精神外科手术**（psychosurgery）——摘除或损伤脑组织的外科手术——是在改变思维和行为方面最激烈、使用得最少的生物医学干预。20 世纪 30 年代，葡萄牙医生埃加斯·莫尼兹（Egas Moniz）开创了一项后来非常有名的精神外科手术：**额叶切除术**（lobotomy），即切断连接额叶和大脑内部情绪控制中心的神经。他这个粗糙但简单便宜的手术只用了 10 分钟。让患者昏迷以后，他（以及后来的其他神经外科医生）将形状类似冰凿的工具从两个眼窝分别钉入大脑，然后摇动工具以切断与额叶的神经联结。在 1936 年至 1954 之间，上万名重度精神障碍者接受了额叶切除术（Valenstein，1986）。

虽然手术的目的只是将情绪与思维分离，但结果往往比这严重得多。额叶切除术通常可减轻个体的痛苦或紧张。但是，手术也会导致永久性的倦怠、不成熟、缺乏创造性的人格。到了 20 世纪 50 年代，镇静类药物开始出现，精神外科手术基本被弃用，而至此仅美国就有 35 000 人接受了额叶切除术。这种手术如今已成为历史。更精准的微型精神外科手术有时会用于极端的案例。例如，如果患者有不可控制的癫痫，外科医生可以破坏引起或传递冲动的特定神经束。以磁共振成像为导向的精准手术也偶尔会用来切除回路以治疗严重的强迫症（Carey，2009，2011；Sachdev & Sachdev，1997）。因为手术的不可逆性，医生只在万不得已的情况下才使用。

失败的额叶切除术 这张 1940 年的照片上是 22 岁的罗斯玛丽·肯尼迪（中间）和她的哥哥约翰（后来成为美国总统）及妹妹简。一年以后，她的父亲在医生的建议下，同意用额叶切除术来控制她据说剧烈的情绪波动。手术使她的心智变成了婴儿水平，此后她一直待在医院里，直到 2005 年她在 86 岁时去世。

治疗性的生活方式改变

15-16：为什么采用更健康的生活方式可能会缓解抑郁，为什么说这表明我们是生物 – 心理 – 社会的系统？

生物医学疗法的疗效提醒我们一个重要的教训：谈论单独的心理和生理的影响很容易，但其实身心是密不可分的。每一个想法和感觉都依赖于大脑的活动。每一个灵感，每一刻的欢乐和恼怒，甚至每次抑郁的发作都来源于大脑的电化学活动。影响是双向的：当心理治疗减少了强迫行为时，PET 扫描会显现出一个更平静的大

脑（Schwartz et al., 1996）。

多年以来，我们将自己的身体托付给内科医生，将我们的心理托付给精神科医生和心理学家。这种简单的区分似乎不再合理。应激会影响身体的化学过程和健康。失去化学平衡（不管是何种原因引起）可能会导致心理障碍。焦虑障碍、抑郁症、双相障碍和精神分裂症都是生物事件。正如我们反复看到的那样，人类是一个综合的生理－心理－社会系统。

这一经验被史蒂芬·伊拉德及其同事（Ilardi et al., 2009）应用在促进治疗性生活方式改变的研讨会中。他们指出，人类的大脑和身体是被设计来进行身体活动和社会交往的。我们的祖先成群结队地打猎、采集和建造房屋，没有人因为抑郁而失能。的确，那些生活方式涉及剧烈的身体活动、紧密的群体关系、阳光照射和大量睡眠的人（想一想巴布亚新几内亚的觅食群体或北美的阿米什人农耕群体），几乎不会产生抑郁。对于孩子和成人来说，自然环境中的户外活动——也许是在森林中散步——都可以减轻压力和促进健康（NEEF, 2011; Phillips, 2011）。伊拉德说，"人类从来不是为营养不良、静坐不动、睡眠剥夺、社会隔离、节奏混乱的 21 世室内生活而设计的"（2009, p. viii）。

让伊拉德团队同样印象深刻的一项研究发现是，规律性有氧运动的效果可与抗抑郁药物的效果相媲敌，完整的夜间睡眠可以提升情绪和能量。所以他们邀请一些抑郁患者小组接受了一项为期 12 周的训练，目标在于：

- 有氧锻炼，每天 30 分钟，每周至少 3 次（促进健康和增加活力，刺激内啡呔分泌）
- 充足的睡眠，每天晚上睡 7~8 小时（增加能量和保持清醒，增强免疫力）
- 接受光照，每天早上用灯箱照射至少 30 分钟（强化唤起，影响激素分泌）
- 社会接触，减少独处时间，每周至少参加两次有意义的社交活动（满足归属感的需要）
- 抵制反刍思考，识别并重新定位消极思维（提升积极思维）
- 营养补充品，包括每天服用鱼油以补充 ω-3 脂肪酸（维持健康的大脑功能）。

在一项包括 74 名参与者的研究中，完成项目训练的人中有 77% 的抑郁症状得到了缓解。相比之下，分配到接受常规治疗的控制组中，只有 19% 的抑郁症状得到了缓解。未来的研究应该寻求重复生活方式改变带来的惊人结果。研究者也要试图确定是治疗的哪个部分起到了治疗效果。但是，我们似乎没有理由来怀疑拉丁谚语中的智慧："健全的心灵寓于健康的体魄"（图 15.8）。

表 15.4 对生物医学疗法进行了总结。

"森林浴" 在几个小型研究中，日本研究者发现在森林中行走有助于降低应激激素水平和血压（Phillips, 2011）。

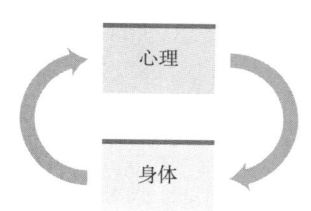

图 15.8
心－身交互作用
生物医学疗法假定心理与身体是一个整体：影响一个，另一个也会受到影响。

表 15.4

各种生物医学疗法的比较

疗法	假定的问题	治疗目标	治疗技术
药物疗法	神经递质功能障碍	控制心理障碍的症状	用药物改变大脑的化学成分
脑刺激	重度、"抗治疗型"的抑郁	缓解对药物治疗没有反应的抑郁	通过电痉挛休克、迷走神经刺激、深部脑刺激或磁脉冲对大脑进行刺激
精神外科手术	脑功能障碍	缓解重度的心理障碍	切除或损毁脑组织
治疗性的生活方式改变	应激和不健康的生活方式	恢复健康的身体状态	通过充足的运动、睡眠或其他变化来改变生活方式

提取一下

- 我们可以通过改变某些生活方式来改善心理健康，请举例。

答案：有规律的锻炼，获得充足的睡眠，接受重要的关系，充足的睡眠，改变你饮食的摄入方式，有出去多 3 种强的晒太阳。

心理障碍的预防

15-17：心理健康预防项目的基本原理是什么？

我们已经看到，改变生活方式能够帮助人们逆转一些心理障碍的症状。**复原力**（resilience）是应对压力和从逆境中恢复的能力。生活方式的改变是否也能通过产生复原力而对某些心理障碍起到预防作用呢？

复原力

面对意料之外的创伤，大部分成年人都会表现出复原力。"9·11"事件之后的纽约人就是这样，尤其是那些享受支持性亲密关系和近期没有经历其他应激事件的人（Bonanno et al., 2007）。尽管"9·11"事件让他们震惊不已、悲痛欲绝，但是90%以上的纽约人没有产生功能失调的应激反应。到第二年的1月，产生应激反应的人的应激症状也基本消失了（Person et al., 2006）。甚至在产生战斗应激反应的老兵和受尽折磨才活下来的政治叛乱者群体中，大部分人后来都没有产生创伤后应激障碍（Mineka & Zinbarg, 1996）。

心理学家彼得·苏德费尔德（Suedfeld, 1998, 2000）记录了大屠杀幸存者的复原力，其中大部分人后来都过着富有成效的生活。"'那些没有杀死你的东西会使你更强大'，这句话并不总是对的，但它常常是对的，"苏德费尔德说。"那些没有杀死你的东西能让你看到自己到底有多强大。"这是他的经验之谈。苏德费尔德从大屠杀中幸存的时候还是个男孩，但他的母亲没能活下来。他的幸存者同伴埃温·斯托布描述了"由苦难产生的利他主义"（Staub & Vollhardt, 2008）。他报告说，虽然恐怖或迫害的存在是不合理的，但那些承受苦难的人往往会比一般人对苦难更敏感。他们对受苦的人有更多的同理心，更具责任感，更有关怀能力。斯托布自己就是一个活生生的例子。多亏有人英勇干预，斯托布才避免了被送进奥斯维辛集中营的命运。从那以后，他一生的使命就是去理解为什么有的人作恶，有的人旁观，有的人则会伸出援手。

与具有挑战性的危机作斗争也能让人得到创伤后的成长（Tedeschi & Calhoun, 2004）。很多癌症存活者报告说，他们对生命有了更深的领悟，建立了更有意义的人际关系，增强了个人力量，改变了优先事项，过上了更加丰富的精神生活。即使最糟糕的经历也能产生一些好的结果。苦难会带来新的敏感性和力量。

创造健康的环境

我们已经看到，心理治疗和生物医学疗法都倾向于把心理障碍归于个体内部的原因。这些疗法试图通过让人们认识到自己的问题，利用药物让他们获得控制，或者通过改变其思维来治疗心理障碍者。然而从预防的角度来看，不仅是个体需要治疗，还有个体所处的社会环境。

很多心理障碍是对充满应激和干扰的社会的回应，这种回应是可以理解的。预防问题应通过改变不良的环境，增强人们应对社会的能力，而不是等到问题出现后才去解决它。

从急流中救落水者的故事向我们揭示了预防的重要性：在成功地为第一个溺水者施行急救之后，救助者看到了另一个正在挣扎的人并把她救起；连续救了六个后，救助者突然掉头而去，即使他看到还有人在水中挣扎。旁边的人问他为什么不救了，他会说："我打算到上游看看到底是什么东西把他们推入水的。"

心理保健和预防属于上游工作。它力图通过寻找并清除引起心理问题的原因来起到预防作用。贫困、无意义的工作、无休止的批评、失业、种族歧视、性别歧视和异性恋主义等都会削弱人们对自身能力、自控和自尊的意识。这些应激会增加抑郁、酒精依赖和自杀的风险。

阿尔比（Albee, 1986）认为，如果要预防心理上的伤亡，热心人士就应当支持可以控制或减少应激情境的项目。我们消灭天花并不是靠治疗已感染的人，而是靠给没感染的人接种。我们战胜黄热病是通过对蚊子进行控制。预防心理问题就意味着给无助的人打气，改善滋生孤独感的环境，让破裂的家庭重建关系，促进伴侣之间的沟通训练，提高家长和教师的心理健康教育能力。"改善人们的状况，让人们生活得更加充实、有意义，这被认为是预防心理或情绪困扰的一部分"（Kessler & Albee, 1975, p.557）。

预防工作包括对有抑郁风险的儿童进行认知训练以促进积极思维（Brunwasser et al., 2009; Gillham et al., 2006; Stice et al., 2009）。美国国家研究委员会和美国医学研究院于2009年发布的一份报告——《年轻人心理、情绪和行为障碍的预防》，提供了鼓励。这份报告证明，干预措施（大多基于认知行为治疗原则）对儿童和青少年的茁壮成长有明显的促进作用。这些干预措施和健康的生活方式将会使掉进心理障碍急流的人变少。

> 预防重于治疗。
> ——秘鲁民间格言

社区心理学家就是这些上游的干预工作者中的一员，他们很注意人们如何与环境互动。社区心理学家注重创造有利于心理健康的环境，重视研究和社会活动，他们的目标是赋予人们力量，提高他们的竞争力、健康水平和幸福感。

提取一下

- 预防性的心理保健与心理治疗或生物医学疗法有何差异？

答案：心理治疗和生物医学疗法试图减少人们已经遭遇的心理困扰并帮助他们恢复。预防性的心理保健则试图来防止心理困扰的发生。

***

如果你刚刚读完了本书，那么你就完成了心理科学的入门。我们的心理科学之旅让我在这些方面受益良多（你呢？）：关于情绪和记忆，关于潜意识的影响范围，关于我们的茁壮成长和奋斗，关于我们如何感知自然世界和人类社会，关于我们的生物性和文化如何反过来塑造我们自身。作为这段旅程中的向导，我希望你分享了一些让我着迷的东西，增强了理解力和同情心，批判性思维也变得更加敏锐。我也希望你享受这段旅程。

祝你在今后的事业中获得成功，

戴维·G. 迈尔斯

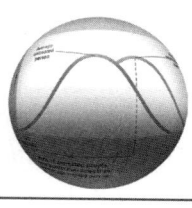

本章复习

心理障碍的治疗方法

学习目标

回答以下学习目标问题来测试一下你自己（这里重复了本章中的问题）。然后翻到附录的完整章节复习，核对你的答案。研究表明，试着自主回答这些问题将增进你对这些概念的长期记忆（McDaniel et al., 2009）。

心理障碍的治疗

15-1： 心理治疗、生物医学疗法和治疗的折衷取向有何不同？

心理治疗

15-2： 精神分析的目标和技术是什么？它们是如何适用于心理动力疗法的？

15-3： 人本主义疗法有哪些基本主题？罗杰斯的来访者中心疗法有哪些具体目标和技术？

15-4： 行为疗法的基本假设与心理动力学疗法和人本主义疗法有何不同？暴露疗法和厌恶条件作用使用什么技术？

15-5： 操作性条件作用的基本概念是什么，支持和反对它的论据分别有哪些？

15-6： 认知疗法和认知行为疗法的目标和方法是什么？

15-7： 团体与家庭治疗的目标和优势是什么？

心理治疗的评估

15-8： 心理治疗有效吗？由谁决定？

15-9： 针对具体障碍，某些治疗方法比其他方法更有效吗？

15-10： 在科学的审视下，替代疗法表现如何？

15-11： 各种心理治疗的三个共同点是什么？

15-12： 文化和价值观如何影响治疗师与来访者的关系？

15-13： 人们选择治疗师时应该关注什么？

生物医学疗法

15-14： 什么是药物疗法？双盲实验如何帮助研究者评估药物的疗效？

15-15： 如何使用脑刺激和精神外科手术治疗特定的心理障碍？

15-16： 为什么采用更健康的生活方式可能会缓解抑郁，为什么说这表明我们是生物-心理-社会的系统？

心理障碍的预防

15-17： 心理健康预防项目的基本原理是什么？

术语与概念

测试自己对以下术语的理解，试着用自己的语言写下这些术语的定义，然后翻到提到术语的那一页核对你的答案。

心理治疗
生物医学疗法
折衷取向
精神分析
阻抗
解释
移情
心理动力学疗法

领悟疗法
来访者中心疗法
积极倾听
无条件积极关注
行为疗法
对抗性条件作用
暴露疗法
系统脱敏
虚拟现实暴露疗法
厌恶条件作用
代币法
认知疗法
认知行为疗法

团体治疗
家庭治疗
循证实践
心理药理学
抗精神病药
抗焦虑药
抗抑郁药
电痉挛治疗（ECT）
重复经颅磁刺激（rTMS）
精神外科手术
额叶切除术
复原力

附 录

完整章节复习

第 10 章 动机与情绪

动机及相关概念

10-1：心理学家如何定义动机？他们从哪些视角审视动机行为？

动机是激发和引导行为的需要或欲望。本能/进化观点探究复杂行为的遗传影响。驱力降低理论探究了生理需要如何引起紧张状态（驱力），引导我们去满足这些需要。环境诱因可以增强驱力。驱力降低的目标是体内平衡，维持稳定的内部状态。唤醒理论认为，某些行为（如由好奇心驱动的行为）不会减少生理需要，而是通过寻找最佳的唤醒水平来寻求刺激。耶基斯-多德森定律指出，表现随唤醒而增加，但只会在某一特定点后降低。在困难任务中，表现在唤醒水平较低时就达到顶峰，而在容易或熟练的任务中，达到顶峰的唤醒水平更高。亚伯拉罕·马斯洛的需要层次理论提出了人类需要的金字塔，从饥渴等基本需要到自我实现和自我超越等更高层次的需要。

饥 饿

10-2：哪些生理因素导致饥饿？

饥饿的痛苦与胃的收缩相对应，但饥饿也有其他原因。大脑中的神经区域，下丘脑内的一些区域，监测血液中的化学物质（包括血糖水平）和有关身体状态的信息。食欲激素包括胰岛素（控制血糖）；饥饿素（空腹分泌）；增食欲素（下丘脑分泌）；瘦激素（由脂肪细胞分泌）；和酪酪肽（消化道分泌）。基础代谢率是身体休息时的能量消耗速率。身体可能有一个设定点（生理上固定的倾向，以维持最适的体重）或一个更宽松的稳定点（也受环境的影响）。

10-3：影响饥饿的文化和情境因素有哪些？

饥饿也反映了我们对上次吃东西的记忆以及我们对下次再吃东西的期待。作为一个物种，人类喜欢某些口味（比如甜和咸），但是我们个人的喜好也受到条件作用、文化和情境的影响。一些口味偏好具有生存价值，比如不吃新的食物或者是让我们生病的食物。

10-4：哪些因素让一些人容易变得肥胖，并保持肥胖？

基因和环境相互作用导致肥胖。肥胖与抑郁症相关，尤其是女性。双生子和收养研究表明，体重也受基因影响。环境影响包括缺乏运动、大量高热量食物和社会影响。那些想要减肥的人被建议终身改变习惯：获得足够的睡眠；通过运动增加能量消耗；限制食物的种类，尽量少接触诱人的食物线索；吃健康的食物，减少分量；全天空腹用餐；谨防狂欢；监控社交活动中的进食情况；原谅偶尔的犯错；与支持团体建立联系。

归属需要

10-5：有何证据表明我们人类有归属需要？

我们对归属的需要——感觉与他人的联系和认同——对我们的祖先有生存价值，这或许可以解释为什么每个社会中的人类都是群居的。由于需要归属，人们在被社会排斥的时候会感到痛苦，他们可能会做出自我挫败的行为（低于自身能力的表现）或反社会的行为。被爱的感觉会激活与奖赏和安全系统相关的脑区。社会隔绝会使我们在精神和身体上处于危险之中。

10-6：社交网络对我们有什么影响？

我们通过社交网络与他人联结，加强我们与已经认识的人的关系。在社交网络中，人们倾向于增加自我表露。制定自我控制和自律的策略可以帮助人们在社会关系、学校和工作表现之间保持健康的平衡。

成就动机

10-7：什么是成就动机？

成就动机是对获得重大成就、掌握技能或思想、控制、快速达到高标准的渴望。成就更多地与坚韧（对长远目标的激情奉献）有关，而不是单纯的能力。

情绪：唤醒、行为与认知

10-8：唤醒、认知和外显行为在情绪中如何相互作用？
情绪是整个生物体的心理反应，包括生理唤醒、外显行为和意识体验之间的相互作用。情绪理论通常涉及两个主要问题：（1）生理唤醒是在情绪感受之前还是之后发生的，（2）认知和情绪是如何相互作用的？詹姆斯－兰格理论认为，情绪感受会在身体对情绪唤起刺激做出反应之后发生。坎农－巴德理论认为，我们对情绪唤起刺激的生理反应与我们对情绪的主观感受同时发生（两者没有因果关系）。沙克特－辛格的双因素理论认为，我们的情绪有两种成分：生理唤醒和认知标签，而我们对唤醒状态的认知标签是情绪的重要组成部分。拉扎勒斯同意，许多重要的情绪都来自我们的解释或推断。然而，扎荣茨和勒杜认为，一些简单的情绪反应不仅发生在我们的意识之外，而且在任何认知加工之前就会立即发生。情绪和认知之间的这种相互作用说明了我们的双通道心理。

具身情绪

10-9：基本情绪有哪些？
伊扎德的 10 种基本情绪是喜悦、兴趣－兴奋、惊讶、悲伤、愤怒、厌恶、轻视、恐惧、羞耻和内疚。

10-10：情绪唤醒与自主神经系统有何关联？
情绪的唤醒部分是由自主神经系统的交感神经（唤醒）和副交感神经（镇静）调节的。在危机中，战斗或逃跑反应自动动员你的身体采取行动。

10-11：不同的情绪是否会激活不同的生理和大脑反应模式？
不同的情绪可能会引起类似的唤醒，但一些微妙的生理反应如面部肌肉运动会区分不同的情绪。在一些大脑通路和皮层区域的活动中也发现了有意义的差异。

10-12：多导仪利用身体状态来检测谎言效果如何？
多导仪可以测量多种情绪的生理指标，但它的准确性不足以证明在商业和执法领域广泛应用是合理的。使用犯罪知识问题和新技术可能更好地表明是否说谎。

情绪的表达和体验

10-13：我们如何通过非言语渠道沟通？
我们大部分的交流都是通过肢体动作、面部表情和语调进行的。即使是几秒钟的行为录像片段也能揭示情感。

10-14：男性和女性在情绪表达和体验方面存在哪些差异？
女性更容易理解情绪线索，也更富有同理心。她们的面孔也表达了更多的情绪。

10-15：手势和面部表情在所有文化中含义都一样吗？
手势的含义因文化而异，但面部表情如快乐和恐惧的表情，在世界各地都是普遍的。不同的文化表达情绪的程度也不同。

10-16：面部表情如何影响我们的感受？
对面部反馈效应的研究表明，我们的面部表情可以触发情绪感受，并向身体发出相应的信号。我们也会模仿他人的表情，这有助于我们产生同理心。

第 11 章 应激、健康与人类丰盛

应激与健康

11-1：什么事件会引发应激反应，我们如何对应激做出反应和适应应激？
应激是我们评价和应对挑战或威胁我们的应激源（灾难性事件、重大的生活转变和日常生活中的小麻烦）的过程。坎农将应激反应看作"战斗或逃跑"系统。塞雷提出了一般适应综合征（GAS），普遍分为三级（警戒－对抗－衰竭）。面对应激，女性可能会有一种照料和结盟的反应；男人可能会在社交中退缩、酗酒或变得具有攻击性。

11-2：为什么应激使我们更容易生病？
心理神经免疫学家研究身心的相互作用，包括与应激有关的生理疾病，如高血压和一些头疼。应激会转移免疫系统的能量，抑制 B 淋巴细胞和 T 淋巴细胞、巨噬细胞和自然杀伤细胞的活动。应激不会导致像艾滋病和癌症这样的疾病，但是通过改变我们的免疫功能而可能使得我们更容易受到它们的影响，并影响它们的发展。

11-3：为什么有些人更易患冠心病？
冠心病是北美第一大死因，与反应性、易怒的 A 型人格有关。与放松、随和的 B 型人格相比，A 型人格的人分泌更多的激素，加速了心脏动脉壁上斑块的形成。慢性应激也会导致持续的炎症，从而增加动脉阻塞和抑郁的风险。

11-4：处理愤怒情绪有哪些健康的方式？
长期的敌意是一种与心脏病有关的消极情绪。情绪宣泄可以暂时平静下来，但从长远来看，它并不能减少愤怒。发泄愤怒会让我们更生气。控制情绪的说法可以解决矛盾，宽恕可以使我们摆脱愤怒的感受。

应对应激

11-5：人们试图从哪两个方面来减少应激？
我们使用问题聚焦应对方法来改变应激源或者改变我们与应激源的互动方式。我们使用情绪聚焦应对方法来避免或忽略应激源，并关注与应激反应相关的情绪需求。

11-6：失控的感觉对健康有何影响？
无法避免重复的厌恶事件会导致习得性无助。那些感知到内控制点的人比那些感知到外控制点的人取得更多的成就，享受更好的健康，更快乐。自我控制需要注意力和能量，但它预示着良好的适应能力、更好的成绩和社会成功。意识到缺乏控制会引发大量的激素释放，从而危及人们的健康。

11-7：对生命、社会支持、应激和健康的基本看法之间有什么关联？
对乐观者的研究表明，与悲观者相比，他们的免疫系统更强，他们的血压不会因应激而急剧升高，心脏搭桥手术后的恢复速度更快，预期寿命也更长。社会支持通过使我们平静、降低血压和应激激素以及增强免疫功能来促进健康。

减少应激

11-8：通过有氧运动来进行应激管理和提升幸福感的效果如何？
有氧运动是一种持续的耗氧活动，可以增强心脏和肺的健康。它可以增强唤醒，放松肌肉，带来更好的睡眠，触发神经递质的产生，提升自我形象。它可以缓解抑郁，在老年时与更好的认知功能和更长的寿命有关。

11-9：放松和冥想可能会以哪些方式影响应激和健康？
放松和冥想已经被证明可以通过放松肌肉、降低血压、改善免疫功能、减轻焦虑和抑郁来减轻应激。按摩疗法也可以放松肌肉，减少抑郁。

11-10：什么是信仰因素，对信仰和健康之间的联系有哪些可能的解释？
信仰因素是积极参加宗教活动的人倾向于比不参加的人寿命更长。可能的解释包括干预变量的影响，如健康的行为、社会支持或经常参加宗教仪式的人的积极情绪。

幸福

11-11：幸福的主要影响有哪些？
好心情能使人对世界的感觉更加愉快。快乐的人往往很健康，精力充沛，对生活满意。他们也更愿意帮助他人（好心情乐于助人现象）。

11-12：什么是主观幸福感？积极心理学研究者探索的主题有哪些？该运动的三大"支柱"是什么？
主观幸福感是指你对生活感到快乐或满意。积极心理学家使用科学的方法来研究人类的丰盛，包括积极情绪、积极健康、积极的神经科学和积极教育。积极心理学的三大支柱是积极幸福感、积极性格以及积极的团体、社区和文化。

11-13：时间、财富、适应和比较如何影响我们的幸福水平？
由好事情或坏事情引发的心情很少会持续到那天以后。即使是重大的好事，如暴富，也很少能长期增加幸福感。幸福与我们自己的经历（适应水平现象）和他人的成功（相对剥夺原则）有关。

11-14：幸福有哪些预测因子？我们怎样才能更幸福？
有些人因为他们的遗传倾向和个人经历比其他人更幸福。文化也会影响个人的幸福水平，因为文化在其所重视的品质以及期望和回报的行为上各不相同。那些想要更快乐的人可以（1）认识到财富上的成功并不会带来持久的幸福；（2）管理好他们的时间；（3）表现得快乐，会引发面部和行为的反馈；（4）寻找需要技能的工作和娱乐活动，以促进"流畅感"；（5）运动；（6）获得足够的睡眠；（7）培养亲密关系；（8）关注自我之外的人和事；（9）记录并表达感激之情；（10）培养他们的精神自我。

第12章 人格

人格是一个人的思维、情感和行为的典型模式。

心理动力学理论

心理动力学理论从行为是意识和潜意识之间的动态交互作用的角度来看待人格。这些理论可以追溯到西格蒙德·弗洛伊德的精神分析理论。

12-1：弗洛伊德是如何在对心理障碍的治疗中得出对潜意识的看法的？
在治疗那些患有没有明确生理解释的障碍的病人时，弗洛伊德得出结论，这些问题反映了隐藏在潜意识里的不可接受的想法和感受。为了探索病人心理中隐藏的部分，弗洛伊德使用了自由联想和梦的解析。

12-2：弗洛伊德的人格观点是什么？
弗洛伊德认为，人格是由三个心理系统之间的相互作用的冲突引起的：本我（寻求快乐的冲动）、自我（以现实为导向的执行）和超我（内在的一组理想，或者说良知）。

12-3：弗洛伊德提出了哪些发展阶段？
他认为儿童会经历五个心理性欲期（口唇期、肛门期、性器期、潜伏期和生殖期）。任何阶段中未解决的冲突都可能使一个人寻求快乐的冲动固着（停滞）在那个阶段。

12-4：弗洛伊德认为人们是如何防御焦虑的？
在弗洛伊德看来，焦虑是本我与超我的需要之间紧张关系的产物。自我通过使用无意识的防御机制来应对，比如压抑，他认为压抑是最基本的机制，并使得所有其他机制发挥作用。

12-5：弗洛伊德的哪些观点是其追随者接受的，哪些是他们不接受的？
弗洛伊德的早期追随者和新弗洛伊德学派，接受了他的许多观点。他们的不同之处在于更强调意识心理，更强调社会动机而不是性或攻击性。当代的心理动力学理论家和心理治疗师拒绝接受弗洛伊德对性动机的重视。他们强调，在现代研究结果的支持下，我们的精神生活大部分是无意识的，他们相信童年的经历会影响成年时的人格和依恋模式。许多人还认为，人类共同的进化史形成了一些普遍的倾向。

12-6：何为投射测验，如何使用它们？它们受到了哪些批评？
投射测验试图通过向人们展示模棱两可的刺激（对许多可能的解释开放）并将他们的答案视为对无意识动机的揭示来评估人格。罗夏墨迹测验就是这样一种测验，它的信度和效度都很低，只有少数领域例外，比如敌意和焦虑。

12-7：今天的心理学家如何看待弗洛伊德的精神分析？
他们认为弗洛伊德的功劳在于，他将人们的注意力吸引到了巨大的潜意识中，关注到我们在应对性方面的挣扎，关注到生物冲动和社会约束之间的冲突，以及某些形式的防御机制（错误一致性效应/投射；反向形成）。但是，他的压抑概念，以及他认为潜意识是被压抑和不可接受的想法、愿望、感受和记忆的集合的观点，都经不起科学的检验。弗洛伊德提供了事后的解释，这是很难科学检验的。研究并不支持弗洛伊德的许多具体观点，比如认为发展固着在童年期的观点。（我们现在知道发展是终生的。）

12-8：现代研究在哪些方面增进了我们对潜意识的理解？
目前的研究证实，我们无法完全了解头脑中发生的一切，但目前对潜意识的看法是，它是一个独立的、平行的信息加工通道，发生在我们的意识之外。这种加工包括控制我们知觉的图式；启动；习得技能的内隐记忆；即刻激发的情绪；以及刻板印象，即我们对他人的特质和性格的信息加工。

人本主义理论

12-9：人本主义心理学家如何看待人格？他们研究人格的目标是什么？
人本主义心理学家的人格观关注的是个体健康成长的潜力和人们对自我决定和自我实现的努力追求。亚伯拉罕·马斯洛提出，人的动机形成了需要层次；如果基本需要得到满足，人们就会朝着自我实现和自我超越的方向努力。卡尔·罗杰斯相信促进成长环境的要素是真诚、接纳（包括无条件积极关注）和同理心。在马斯洛和罗杰斯看来，自我概念是人格的中心特征。

12-10：人本主义心理学家如何测量一个人的自我感？
有些人拒绝接受任何标准化的评估，而依赖于访谈和交谈。罗杰斯有时会用问卷调查的方式，让人们描述理想的自我和真实的自我，他后来用这些问卷来判断治疗过程中的进展。

12-11：人本主义理论对心理学产生了怎样的影响？它面临了怎样的批评？
人本主义心理学帮助人们重新对自我的概念产生兴趣。批评者指出，人本主义心理学的概念是模糊而主观的，它重视以自我为中心，它的假设是天真而乐观的。

特质理论

12-12：心理学家如何用特质来描述人格？
特质理论家认为人格是一种稳定而持久的行为模式。他们描述我们的差异，而不是试图解释它们。通过使用因素分析，他们确定了一起发生的行为倾向集群。遗传倾向影响许多特质。

12-13：什么是人格调查表？作为人格测量工具，它们有何优点与不足？
人格调查表（如 MMPI）是一份调查问卷，人们在问卷上对各种各样的感觉和行为进行评价。测验项目是由实证推知的，测验的计分是客观的。但是，人们可以伪装他们的答案，以创造一个良好的印象，同时计算机化施测的易用性可能导致测验的滥用。

12-14：哪些特质对于人格差异能提供最有用的信息？
大五人格因素——尽责性、随和性、神经质、开放性和外倾性（CANOE）——提供了目前最清晰的人格描述。这些因素是稳定的，似乎在所有文化中都存在。

12-15：研究证据支持人格特质跨时间和跨情境的一致性吗？

一个人的平均特质会随着时间的推移而保持不变，在许多不同的情境下都是可以预测的。但是特质并不能预测任何特定情境下的行为。

社会认知理论

12-16：社会认知理论家是如何看待人格发展的，他们又是如何探索行为的？

阿尔伯特·班杜拉首先提出了社会认知观点，认为人格是一个人的特质（包括思维）与情境（即社会环境）交互作用的产物。社会认知研究者将学习、认知和社会行为的原理应用于人格。交互决定论这个术语是用来描述行为、内在的个人因素和环境因素的交互作用和相互影响。

12-17：社会认知理论家所面临的批评是什么？

社会认知研究者建立在完善的学习和认知概念的基础上。他们倾向于认为，预测一个人在特定情境下的行为的最好方法是观察他在类似情境下的行为。他们被批评低估了潜意识动机、情绪和受生物学影响的特质的重要性。

探索自我

12-18：为何在心理学中关于自我的研究如此之多？自尊对心理学以及对我们的幸福感有多重要？

自我是人格的中心，组织着我们的想法、情感和行为。考虑可能的自我有助于我们朝着积极的方向发展，但过于关注自己会导致聚光灯效应。自尊是我们对自我价值的感觉；自我效能感是我们对一项任务的胜任感。高自尊与较低的从众压力、在困难任务中坚持不懈和社交技能有关。但这种相关的方向并不清楚。现在，心理学家对不切实际地促进儿童自我价值感的意义而不是奖励他们的成就持悲观态度，这些成就会导致儿童产生胜任感。

12-19：哪些证据揭示了自我服务偏差？防御型自尊与安全型自尊有何区别？

自我服务偏差是指我们倾向于看到自己好的一面，就像我们认为自己比一般人好，或者为我们的成功而接受赞扬，但不为失败接受指责。自恋是过度的自爱和自我关注。防御型自尊（不切实际的高自尊）是脆弱的，专注于自身的维持，并将失败或批评视为威胁。安全型自尊能让我们觉得自己整个人被接受。

12-20：个人主义文化和集体主义文化如何影响人们？

在任何文化中，个人主义或集体主义的程度因人而异。建立在自我依赖的个人主义基础上的文化，如北美和西欧的文化，倾向于重视个人独立和个人成就。它们用自尊、个人目标和特质、个人权利和自由来定义同一性。基于社会联结的集体主义文化，就像亚洲和非洲许多地方的文化一样，倾向于重视相互依赖、传统与和谐，它们根据群体目标、承诺和所属群体来定义同一性。

第13章　社会心理学

社会思维

13-1：社会心理学家研究什么？我们倾向于对自己和他人的行为做出怎样的解释？

社会心理学家用科学的方法来研究人们是如何思考、影响和彼此建立关系的。他们通过研究社会影响来解释为什么同一个人在不同的情境下会有不同的行为。在解释他人的行为时，我们可能会犯基本归因错误，尤其是如果我们来自西方的个人主义文化，我们会低估情境的影响，高估稳定、持久的特质的影响。在解释我们自己的行为时，我们更容易将其归因于情境的影响。

13-2：态度与行为如何相互作用？

态度是常常受到我们的信念影响的感受，使我们倾向于以某些方式作出反应。外周途径说服利用偶然的线索（如名人代言）试图在态度上产生快速但相对缺乏考虑的改变。中心途径说服提供证据和论据，以引发人们深思熟虑的反应。当其他影响很微小时，稳定、具体、容易回忆的态度会影响我们的行为。行为可以改变人们的态度，比如登门槛现象（同意一个小要求后再服从大的要求）和角色扮演（根据预期行为准则扮演社会角色）。当我们的态度与我们的行动不一致时，认知失调理论表明我们会通过改变我们的态度来匹配我们的行动以减少紧张。

社会影响

13-3：文化规范如何影响我们的行为？

文化是一个群体共同拥有并代代相传的行为、思想、态度、价值观和传统。文化规范是一些可以理解的规则，它向成员传达一种文化关于可接受和期望的行为的信息。文化随着时间和空间的不同而不同，文化也会改变。

13-4：什么是自动模仿？从众实验是如何揭示社会影响的力量的？

自动模仿（变色龙效应）——我们无意识地模仿他人的表情、姿势和音调的倾向——是一种从众形式。阿施和其他人发现，我们最有可能调整我们的行为或思维以适应某个群体的标准，当（a）我们感到无能或不安全时，（b）我们所在的群体至少有三个人，（c）所有其他人都同意，（d）我们崇尚群体的地位和吸引力，（e）我们对任何回答都没有做出预先的承诺，（f）我们知道自己正在被观察，（g）我们的文化倡导尊重社会标准。我们从众可能是为了获得认可（规范性社会影响）或者因为我们愿意接受别人的意见作为新的信息（信息性社会影响）。

13-5：关于社会影响的力量，米尔格拉姆的服从实验对我们有什么启示？

斯坦利·米尔格拉姆的实验表明，强大的社会影响可以让普通人相信谎言或屈服于残忍，在他的实验中，人们服从命令，即使他们认为自己在伤害另一个人。在以下情况中服从率最高：（a）发出命令的人在附近并被视为合法的权威人物；（b）这项研究得到一个著名机构的支持；（c）受害人去个性化或离得很远；（d）没有反抗的角色榜样。

13-6：他人在场对我们的行为有何影响？

在社会助长中，仅仅是他人的在场就会唤醒我们，提高我们在简单或熟练任务上的表现，但在困难的任务上则会表现下降。在社会懈怠中，参加集体项目会让我们觉得不那么有责任感，我们可能会搭他人的便车。当他人的在场既唤起我们又让我们感到处于匿名状态时，我们可能经历去个性化——自我意识和自我约束的丧失。

13-7：什么是群体极化和群体思维，作为个体我们有多大的力量？

在群体极化中，与观点相近的人的群体讨论，加强了成员普遍的信念和态度。互联网交流放大了这种效应，无论是好是坏。群体思维是由对决策群体内部和谐的渴望所驱动的，它凌驾于对替代方案的现实评价之上。个人的力量和情境的力量相互作用。坚持表达自己观点的少数派可能会左右多数派的意见。

社会关系

13-8：什么是偏见？偏见的社会与情感根源是什么？

偏见是对一个群体及其成员的一种不合理的、通常是负面的态度。偏见的三个组成部分是信念（通常是刻板印象）、情绪和行动倾向性（歧视）。随着时间的推移，在北美，公开的偏见已经减少了，但是内隐的偏见——一种自动的、不加思考的态度——还在继续。偏见的社会根源包括社会不平等和分化。地位较高的群体常常以公正世界现象来为自己的特权地位辩护。当我们把自己分为"我们"（内群体）和"他们"（外群体）时，我们倾向于偏爱自己的群体（内群体偏见）。偏见也是一种保护我们情绪幸福感的工具，就像我们把愤怒的情绪集中在一个替罪羊身上一样。

13-9：什么是偏见的认知根源？

偏见的认知根源来自我们处理信息的自然方式：形成类别，记住生动的个案，相信世界是公正的，以及我们自己的和我们文化的做事方式是正确的。

13-10：心理学对"攻击"的定义与日常用法有哪些区别？哪些生物学因素使得我们更倾向于彼此伤害？

在心理学中，攻击是指任何意在伤害或破坏的身体或言语行为。生物学在三个层面上影响我们的攻击行为阈值：遗传（遗传的特质），神经（关键脑区的活动）和生物化学（如血液中的酒精或过量睾丸素）。攻击是一种复杂的行为，是生物和经验相互作用的结果。

13-11：哪些心理和社会文化因素可能引发攻击行为？

挫折（挫折－攻击原理），先前对攻击行为的强化，观察攻击行为的榜样，以及糟糕的自我控制都可能导致攻击。媒体对暴力的描绘提供了孩子们学习遵守的社会脚本。观看性暴力会对女性造成更多的攻击。玩暴力电子游戏会增加攻击性的想法、情绪和行为。

13-12：为什么我们会结交或爱恋某些特定的人？

接近性（地理上的接近）促进喜爱，部分原因是曝光效应——接触新刺激会增加我们对那些刺激的喜爱。外貌吸引力增加了社交机会，也提升了人们对我们的看法。态度和兴趣的相似性大大增加了好感，尤其是随着关系的发展。我们也喜欢那些喜欢我们的人。

13-13：浪漫爱情是如何随着时间推移而变化的？

亲密的爱情关系始于激情之爱——一种强烈唤起的状态。随着时间的推移，伴侣之爱可能会发展出强烈的感情，特别是如果通过公平的关系和亲密的自我表露来增强这种感情的话。

13-14：什么时候我们最愿意和最不愿意帮助他人？

利他主义是对他人利益的无私关注。当我们（a）注意到一件事，（b）把它看作紧急情况，（c）承担帮助的责任时，我们最有可能提供帮助。其他因素，包括我们的心情和我们与受害者的相似程度，也会影响我们的帮助意愿。如果有其他旁观者在场（旁观者效应），我们最不可能提供帮助。

13-15：社会交换理论和社会规范如何解释帮助行为？
社会交换理论认为，我们帮助他人是因为这是我们自己的利益；从这个角度看，社会行为的目的是最大化个人收益和最小化成本。另一些人则认为，帮助是社会化的结果。在社会化的过程中，我们学习了社会情境中预期行为的准则，比如互惠规范和社会责任规范。

13-16：社会陷阱和镜像知觉是如何引发社会冲突的？
冲突是行动、目标或观念等方面的不相容。社会陷阱是人们在冲突中追求个人利益而损害集体利益的情境。个人和文化在冲突中也倾向于形成镜像知觉：双方都认为对方是不值得信任的、出于恶意的，而自己是道德的、和平的受害者。

13-17：我们怎样才能把偏见、攻击和冲突的感受转变为促进和平的态度？
当个人或群体共同努力实现超级（共同）目标时，就会带来和平。研究表明，四个过程——接触、合作、沟通和调解——有助于促进和平。

第 14 章　心理障碍

心理障碍概述

14-1：我们应该如何区分正常行为和心理障碍？
DSM-5 工作组将心理障碍定义为"个体在认知、情绪或行为上的显著功能失调"，反映了"精神功能背后潜在的心理、生物或发展过程的紊乱"。功能失调行为是适应不良的，通常会让患者感到痛苦。

14-2：为什么注意缺陷/多动障碍存在争议？
7 岁时表现出极端的注意力不集中、多动和冲动的儿童可能被诊断为注意缺陷/多动障碍（ADHD），需接受药物和其他治疗。争论的焦点是，越来越多的注意缺陷/多动障碍病例是反映了过度诊断，还是人们对这种障碍的意识增强。兴奋剂药物治疗对注意缺陷/多动障碍的长期效果尚不清楚。

14-3：选用医学模式还是生物-心理-社会模型会如何影响我们对心理障碍的理解？
医学模式假设心理障碍是具有生理原因的精神疾病，能够加以诊断和治疗，在大多数情况下，可以通过治疗治愈，有时在医院治疗。生物-心理-社会观点认为，三种影响——生物（进化、遗传、大脑结构和化学成分）、心理（应激、创伤、习得性无助、与心境相关的知觉和记忆）和社会文化环境（角色、期望、"正常"和"障碍"的定义）——相互作用导致特定的心理障碍。

14-4：临床医师如何以及为什么对心理障碍进行分类？为什么一些心理学家批评诊断标签的使用？
美国精神医学学会的 *DSM-IV-TR*（《精神障碍诊断和统计手册》）包含了诊断标签和描述，为交流和研究提供了共同的语言和概念。（DSM-5 将很快取代和更新 DSM-IV-TR。）一些批评者认为 DSM 的版本已经变得过于详细和广泛。大多数美国健康保险公司在支付治疗费用前都需要出示 ICD/DSM 的诊断结果。其他批评者认为 DSM 的诊断标签是武断的，它制造了对被贴上标签的人过去和现在行为的偏见。诸如"精神错乱"这样的标签，带来了道德和伦理问题，即社会是否应该让有心理障碍的人对其暴力行为负责。大多数有心理障碍的人是非暴力的，他们更容易成为受害者而不是袭击者。

焦虑障碍

14-5：有哪些主要的焦虑障碍？它们与我们都会经历的正常担忧、害怕有何不同？
焦虑的感受和行为只有在形成一种令人痛苦的、持续的焦虑或减少焦虑的适应不良行为的模式时，才被归类为焦虑障碍。患有广泛性焦虑障碍的人总是无明显原因地感到持续的、无法控制的紧张和忧虑。在更为极端的惊恐障碍中，焦虑会升级为周期性的强烈恐惧。那些有恐怖症的人可能会非理性地害怕某个特定的物体或情境。强迫症的特征是持续而重复的想法（强迫思维）和行为（强迫行为）。创伤后应激障碍的症状包括 4 周或 4 周以上的萦绕不去的记忆、噩梦、社交退缩、紧张焦虑和一些创伤经历后的睡眠问题。

14-6：条件作用、认知和生物学因素对焦虑障碍的典型感觉和想法有何影响？
学习观点认为，焦虑障碍是恐惧条件作用、刺激泛化、恐惧行为强化、对他人的恐惧和认知（解释、非理性信念和高度警觉）的观察学习的结果。生物学观点认为，对危及生命的动物、物体或情境的恐惧在自然选择和进化中起到了作用；高水平的情绪反应性和神经递质产生的遗传倾向；大脑恐惧回路的异常反应。

心境障碍

14-7：什么是心境障碍？抑郁症和双相障碍有何不同？
心境障碍以极端情绪为特征。抑郁症患者经历了 2 周或 2

周以上的重度抑郁心境和毫无价值的感觉，对大多数活动都不感兴趣，也没有什么乐趣可言。双相障碍更加少见，患者不仅会经历抑郁，还会经历躁狂——活动过度、极度乐观、冲动行为的发作期。

14-8：生物学和社会认知观点如何解释心境障碍？
关于抑郁的生物学观点关注遗传倾向以及大脑结构和功能的异常（包括那些在神经递质系统中发现的异常）。社会认知观点认为抑郁是一种持续的压力体验循环（通过消极的信念、归因和记忆来解释），导致消极的心境和行为，并促进新的压力体验。

14-9：自杀和自伤有哪些影响因素？为防止自杀，我们要注意哪些重要的警示信号？
自杀率因国家、种族、性别、年龄、收入、宗教信仰、婚姻状况以及（对于同性恋年轻人）社会支持结构而异。抑郁者的自杀风险比其他人高，但社会暗示、健康状况以及经济和社会挫折也是导致自杀的因素。非自杀性自伤（NSSI）通常不会导致自杀，但如果未经治疗，可能会升级为自杀想法和行为。非自杀性自伤者不能很好地承受压力，倾向于自我批评，缺乏沟通和解决问题的能力。环境障碍（如跳跃障碍）在防止自杀方面是有效的。自杀的预先警示可能包括言语暗示、转送财产、退缩、被死亡的念头占据和讨论自己的自杀。

精神分裂症

14-10：精神分裂症有哪些亚型？精神分裂症的思维、感知、情感和行为模式有什么特点？
精神分裂症是通常在青少年期后期发病的一组障碍，对男性的影响比女性略大，似乎在所有文化中都有发生。精神分裂症的亚型是偏执型、瓦解型、紧张型、未分化型和残留型。症状是混乱和妄想的思维、歪曲的知觉和不恰当的情绪和行动。妄想是虚幻的信念；幻觉是没有感觉刺激的感觉体验。精神分裂症的症状可能是阳性（存在不恰当的行为）或阴性的（缺乏恰当的行为）。

14-11：慢性和急性精神分裂症有何差异？
在慢性（或进行性）精神分裂症中，该障碍逐渐发展，难以恢复。在急性（或反应性）精神分裂症中，发作是突然的，是对应激的反应，恢复的前景更光明。

14-12：哪些大脑异常与精神分裂症有关？
有精神分裂症的人，多巴胺受体增加，这可能会强化大脑信号，产生幻觉和偏执等阳性症状。与精神分裂症相关的脑异常包括膨大、充满液体的脑腔和相应的皮质减少。脑扫描显示额叶、丘脑和杏仁核的异常活动。多个脑区及其连接的交互故障可能会导致精神分裂症的症状。

14-13：哪些产前事件与精神分裂症的风险增加有关？
可能的影响因素包括母亲怀孕期间的病毒感染或饥荒状况；出生时体重低或缺氧；还有母亲的糖尿病或者父亲年龄较大。

14-14：基因对精神分裂症有何影响？
双生子和收养研究表明精神分裂症的易感性是遗传的。多个基因可能相互作用导致精神分裂症。没有任何环境因素一定会导致精神分裂症，但环境事件（如产前病毒或母体压力）可能会在那些有这种倾向的人身上"开启"这种障碍的基因。

其他障碍

14-15：什么是分离障碍，为什么它们是有争议的？
分离障碍是指意识觉知似乎与先前的记忆、想法和感受分离的状况。怀疑者指出，在20世纪末，分离性身份障碍（以前被称为多重人格障碍）急剧增加，在北美以外很少发现，它可能反映了那些易受治疗师暗示影响的人的角色扮演。另一些人则认为这种障碍是焦虑情绪的表现，或者是因焦虑减少而行为得到强化的习得反应。

14-16：三种主要的进食障碍是什么？生物、心理和社会文化影响如何让人们更容易患上这些障碍？
对于那些有进食障碍的人（通常是女性或男同性恋者），心理因素会压倒身体保持正常体重的倾向。尽管体重严重偏低，但有神经性厌食症的人（通常是青少年女性）由于认为自己太胖而继续节食和运动。那些有神经性贪食症的人（通常是十几岁和二十几岁的女性）偷偷暴食，然后通过清除、禁食或过度运动来补偿。那些有暴食障碍的人暴饮暴食，但他们不会清除、禁食和运动。文化压力、低自尊和负性情绪与有压力的生活经历和遗传因素相互作用，导致进食障碍。

14-17：人格障碍分为哪三个类别？反社会人格障碍的行为和大脑活动有何特点？
人格障碍是破坏性、顽固和持久的行为模式，损害社会功能。这种障碍形成了三个集群，其主要特征是：（1）焦虑；（2）古怪或奇异的行为；（3）戏剧性或冲动的行为。反社会型人格障碍（第三组中的一种）的特征是缺乏良知，有时表现为攻击性和无畏的行为。遗传倾向可能与环境相互作用，产生与反社会型人格障碍相关的大脑活动改变。

心理障碍的患病率

14-18：有多少人目前有或曾经有过心理障碍？贫困是一个风险因素吗？

根据调查时间和地点的不同，心理障碍的患病率也不同。在一项跨国调查中，任一种障碍的患病率的范围是从 5% 以下（上海）到 25% 以上（美国）。贫困是一个危险因素：与贫困有关的环境条件和经验有助于心理障碍的发展。但有些疾病，如精神分裂症，会使人陷入贫困。

第 15 章　心理障碍的治疗方法

心理障碍的治疗

15-1：心理治疗、生物医学疗法和治疗的折衷取向有何不同？

心理治疗是使用心理技术的治疗方法；它包括一个训练有素的治疗师和一个寻求克服心理困难或实现个人成长的人之间的互动。主要的心理疗法来源于心理学的心理动力学、人本主义、行为和认知观点。生物医学疗法通过直接作用于患者生理机能的药物或手术来治疗心理障碍。折衷取向结合了各种治疗形式的技术。

心理治疗

15-2：精神分析的目标和技术是什么？它们是如何适用于心理动力疗法的？

通过精神分析，西格蒙德·弗洛伊德试图通过将焦虑的感受和想法带入意识觉知中，让人们获得自我洞察，缓解他们的障碍。精神分析技术包括使用自由联想和解释关于抗拒和移情的实例。心理动力学疗法受到传统精神分析的影响，但在许多方面与之不同，包括不相信本我、自我和超我。这种现代疗法更简单，更便宜，更专注于帮助患者从目前的症状中得到缓解。心理动力学治疗师帮助客户理解过去的关系如何创造主题，这些主题可能会在现在的关系中表现出来。

15-3：人本主义疗法有哪些基本主题？罗杰斯的来访者中心疗法有哪些具体目标和技术？

精神分析治疗师和人本主义治疗师都是领悟疗法——他们试图通过提高来访者对动机和防御的觉察来改善功能。人本主义治疗的目标包括帮助来访者在自我觉知和自我接纳方面成长；促进个人成长而非治愈疾病；帮助来访者对自己的成长负责；关注有意识的想法而不是无意识的动机；把现在和未来看得比过去更重要。卡尔·罗杰斯的来访者中心疗法提出，治疗师最重要的作用是通过积极倾听，充当心理镜子的作用，并提供无条件积极关注的成长促进环境，其特点是真诚、接纳和同理心。

15-4：行为疗法的基本假设与心理动力学疗法和人本主义疗法有何不同？暴露疗法和厌恶条件作用使用什么技术？

行为疗法不是领悟疗法。它们的目标是应用学习原则来矫正问题行为。经典条件作用技术，包括暴露疗法（如系统脱敏或虚拟现实暴露疗法）和厌恶条件作用，试图通过对抗性条件作用来改变行为——唤起对触发不良行为的旧刺激的新反应。

15-5：操作性条件作用的基本概念是什么，支持和反对它的论据分别有哪些？

基于操作性条件作用原则的治疗，通过积极强化被期望的行为和忽略或惩罚不期望的行为，使用行为矫正技术来改变不受欢迎的行为。批评者认为（1）那些在代币法中使用的技术可能会产生行为变化，当奖赏结束时，这些变化就会消失；（2）决定哪些行为应该改变带有专制的色彩，是不道德的。支持者认为，比起因为不受欢迎的行为而去惩罚那些人或将他们收容起来，积极奖赏的做法更人道。

15-6：认知疗法和认知行为疗法的目标和方法是什么？

认知疗法，如阿伦·贝克针对抑郁的认知疗法，假设我们的想法影响我们的感受，治疗师的角色是通过训练客户以更积极的方式看待自己，来改变他们自我挫败的想法。理情行为疗法是一种对抗性的认知疗法，主动挑战非理性的信念。得到广泛研究和实践的认知行为疗法结合了认知疗法和行为疗法，帮助来访者在日常生活中有规律地实践新的思维方式和说话方式。

15-7：团体与家庭治疗的目标和优势是什么？

与个体治疗相比，团体治疗可以帮助更多的人，而且人均花费更少。来访者可能会受益于在群体情境中探索感受和发展社交技能，了解到其他人有类似的问题，以及从新的行为方式得到反馈。家庭治疗将家庭视为一个互动系统，试图帮助成员发现他们扮演的角色，学习更公开和直接的沟通方式。

心理治疗的评估

15-8：心理治疗有效吗？由谁决定？

来访者和治疗师的证言并不能证明心理治疗是有效的，而安慰剂效应使得判断治疗是否带来改善变得困难。通过使用元分析，将数百项随机化心理治疗结果研究的结果进行统计汇总，研究者发现，那些不接受治疗的患者往往也会好转，但接受心理治疗的患者好转的速度更快，复发的几率也更低。

15-9：针对具体障碍，某些治疗方法比其他方法更有效吗？
没有哪种心理疗法总体上好于其他疗法。对于那些有明确的特定问题的人，治疗是最有效的。有些疗法——比如治疗恐怖症和强迫症的行为条件作用——对特定的障碍更有效。心理动力学疗法对抑郁和焦虑很有效，认知疗法和认知行为疗法在应对焦虑、创伤后应激障碍和抑郁方面也很有效。循证实践将现有的最佳研究与临床医生的专业技能和患者的特点、偏好和情况相结合。

15-10：在科学的审视下，替代疗法表现如何？
异常状态往往会自行恢复正常，而安慰剂效应会给人一种治疗有效的印象。这两种倾向使得对替代疗法（声称可以治愈某些疾病的非传统疗法）的评估变得复杂。眼动脱敏与再加工疗法已经显示出一些疗效——不是通过眼球运动，而是通过暴露疗法的本质。光照疗法似乎通过激活影响唤醒和激素的脑区来减轻季节性情感障碍（SAD）的症状。

15-11：各种心理治疗的三个共同点是什么？
所有的心理疗法都给受挫的人带来了新的希望；一个全新的视角；以及（如果治疗师有效的话）具有同理心、信任和关怀的关系。治疗师和来访者之间信任和理解的情感纽带——治疗联盟——是有效治疗的重要因素。

15-12：文化和价值观如何影响治疗师与来访者的关系？
治疗师在影响他们的治疗目标和他们对进展的看法上有不同的价值观。如果治疗师和来访者的文化或宗教观点不同，这些差异可能会造成问题。

15-13：人们选择治疗师时应该关注什么？
寻求治疗的人可能想询问治疗师的治疗方法、价值观、资历和费用。一个重要的考虑是治疗寻求者是否感到舒适，是否能够与治疗师建立联结。

生物医学疗法

15-14：什么是药物疗法？双盲实验如何帮助研究者评估药物的疗效？
心理药理学是研究药物对人的心理和行为的影响，它使药物疗法成为应用最广泛的生物医学疗法。用于治疗精神分裂症的抗精神病药阻断了多巴胺的活性。副作用可能包括迟发性运动障碍（面部肌肉、舌头和四肢的不自主运动）或增加肥胖和糖尿病的风险。抑制中枢神经系统活动的抗焦虑药被用来治疗焦虑障碍。这些药物在生理和心理上都会成瘾。抗抑郁药，可以增加5-羟色胺和去甲肾上腺素的可用性，被用于治疗抑郁，其疗效勉强高于安慰剂药物。被称为选择性5-羟色胺再摄取抑制剂（通常被称为SSRI类药物）的抗抑郁药现在被用于治疗其他障碍，包括中风和焦虑障碍。锂盐和双丙戊酸钠是双相障碍患者的心境稳定剂。研究可以使用双盲程序来避免安慰剂效应和研究者偏差。

15-15：如何使用脑刺激和精神外科手术治疗特定的心理障碍？
电痉挛疗法（ECT）是一种有效的、最后选择的治疗方法，用于治疗对其他疗法没有反应的重度抑郁患者。治疗抑郁的新方法包括迷走神经刺激、重复经颅磁刺激（rTMS），以及在初步的临床实验中，通过深部脑刺激来缓解与负面情绪相关的过度活跃的脑区。精神外科手术切除或破坏脑组织，以期改变行为。额叶切除术等激进的精神外科手术曾经很流行，但神经外科医生现在很少进行改变行为或情绪的脑部手术。脑外科手术是万不得已的治疗手段，因为它的效果是不可逆转的。

15-16：为什么采用更健康的生活方式可能会缓解抑郁，为什么说这表明我们是生物-心理-社会的系统？
通过有氧锻炼、充足睡眠、光照、社交活动、减少消极想法和更好的营养，抑郁者通常会得到一些缓解。在我们整合的生物-心理-社会系统中，应激影响着我们的身体化学成分和健康；化学失衡会导致抑郁；社会支持和其他生活方式的改变可以缓解症状。

心理障碍的预防

15-17：心理健康预防项目的基本原理是什么？
心理健康预防项目的基础是，许多心理障碍可以通过改变压迫性的、破坏自尊的环境来预防，使环境变得更仁慈、更有益，从而促进成长、自信和复原力。与挑战作斗争可能让人得到创伤后的成长。社区心理学家经常积极参与心理健康预防项目。

专业术语表

A

achievement motivation 成就动机 a desire for significant accomplishment, for mastery of skills or ideas, for control, and for rapidly attaining a high standard.

active listening 积极倾听 empathic listening in which the listener echoes, restates, and clarifies. A feature of Rogers' client-centered therapy.

adaptation-level phenomenon 适应水平现象 our tendency to form judgments (of sounds, of lights, of income) relative to a neutral level defined by our prior experience.

aerobic exercise 有氧运动 sustained exercise that increases heart and lung fitness; may also alleviate depression and anxiety.

aggression 攻击 any physical or verbal behavior intended to hurt or destroy.

altruism 利他主义 unselfish regard for the welfare of others.

anorexia nervosa 神经性厌食症 an eating disorder in which a person (usually an adolescent female) maintains a starvation diet despite being significantly (15 percent or more) underweight.

antianxiety drugs 抗焦虑药 drugs used to control anxiety and agitation.

antidepressant drugs 抗抑郁药 drugs used to treat depression and some anxiety disorders. Different types work by altering the availability of various neurotransmitters.

antipsychotic drugs 抗精神病药 drugs used to treat schizophrenia and other forms of severe thought disorder.

antisocial personality disorder 反社会型人格障碍 a personality disorder in which a person (usually a man) exhibits a lack of conscience for wrongdoing, even toward friends and family members. May be aggressive and ruthless or a clever con artist.

anxiety disorders 焦虑障碍 psychological disorders characterized by distressing, persistent anxiety or maladaptive behaviors that reduce anxiety.

attention-deficit hyperactivity disorder (ADHD) 注意缺陷/多动障碍 a psychological disorder marked by the appearance by age 7 of one or more of three key symptoms: extreme inattention, hyperactivity, and impulsivity.

attitude 态度 feelings, often influenced by our beliefs, that predispose us to respond in a particular way to objects, people, and events.

attribution theory 归因理论 the theory that we explain someone's behavior by crediting either the situation or the person's disposition.

aversive conditioning 厌恶条件作用 a type of counterconditioning that associates an unpleasant state (such as nausea) with an unwanted behavior (such as drinking alcohol).

B

basal metabolic rate 基础代谢率 the body's resting rate of energy expenditure.

behavior therapy 行为疗法 therapy that applies learning principles to the elimination of unwanted behaviors.

binge-eating disorder 暴食障碍 significant binge-eating episodes, followed by distress, disgust, or guilt, but without the compensatory purging or fasting that marks bulimia nervosa.

biomedical therapy 生物医学疗法 prescribed medications or procedures that act directly on the person's physiology.

bipolar disorder 双相障碍 a mood disorder in which a person alternates between the hopelessness and lethargy of depression and the overexcited state of mania. (Formerly called manic-depressive disorder.)

bulimia nervosa 神经性贪食症 an eating disorder in which a person alternates binge eating (usually of high-calorie foods) with purging (by vomiting or laxative use) or fasting.

bystander effect 旁观者效应 the tendency for any given bystander to be less likely to give aid if other bystanders are present.

C

Cannon-Bard theory 坎农–巴德理论 the theory that an emotion-arousing stimulus simultaneously triggers (1) physiological responses and the subjective experience of emotion.

catharsis 宣泄 in psychology, the idea that "releasing" aggressive energy (through action or fantasy) relieves aggressive urges.

central nervous system (CNS) 中枢神经系统 the brain and spinal cord.

central route persuasion 中心途径说服 occurs when interested people focus on the arguments and respond with favorable thoughts.

client-centered therapy 来访者中心疗法 a humanistic therapy, developed by Carl Rogers, in which the therapist uses techniques such as active listening within a genuine, accepting, empathic environment to facilitate clients' growth. (Also called *person-centered therapy*.)

cognitive dissonance theory 认知失调理论 the theory that we act to reduce the discomfort (dissonance) we feel when two of our thoughts (cognitions) are inconsistent. For example, when we become aware that our attitudes and our actions clash, we can reduce the resulting dissonance by changing our attitudes.

cognitive therapy 认知疗法 therapy that teaches people new, more adaptive ways of thinking; based on the assumption that thoughts intervene between events and our emotional reactions.

cognitive-behavioral therapy 认知行为疗法 a popular integrative therapy that combines cognitive therapy (changing self-defeating thinking) with behavior therapy (changing behavior).

collective unconscious 集体潜意识
Carl Jung's concept of a shared, inherited reservoir of memory traces from our species' history.

collectivism 集体主义 giving priority to the goals of one's group (often one's extended family or work group) and defining one's identity accordingly.

companionate love 伴侣之爱 the deep affectionate attachment we feel for those with whom our lives are intertwined.

conflict 冲突 a perceived incompatibility of actions, goals, or ideas.

conformity 从众 adjusting our behavior or thinking to coincide with a group standard.

coping 应对 alleviating stress using emotional, cognitive, or behavioral methods.

coronary heart disease 冠心病 the clogging of the vessels that nourish the heart muscle; the leading cause of death in many developed countries.

counterconditioning 对抗性条件作用 behavior therapy procedures that use classical conditioning to evoke new responses to stimuli that are triggering unwanted behaviors; include *exposure therapies* and *aversive conditioning*.

culture 文化 the enduring behaviors, ideas, attitudes, values, and traditions shared by a group of people and transmitted from one generation to the next.

D

defense mechanisms 防御机制 in psychoanalytic theory, the ego's protective methods of reducing anxiety by unconsciously distorting reality.

deindividuation 去个性化 the loss of self-awareness and self-restraint occurring in group situations that foster arousal and anonymity.

delusions 妄想 false beliefs, often of persecution or grandeur, that may accompany psychotic disorders.

discrimination 分化 (1) in classical conditioning, the learned ability to distinguish between a conditioned stimulus and stimuli that do not signal an unconditioned stimulus. (2) in social psychology, unjustifiable negative behavior toward a group and its members.

dissociative disorders 分离障碍 disorders in which conscious awareness becomes separated (dissociated) from previous memories, thoughts, and feelings.

dissociative identity disorder (DID) 分离性身份障碍 a rare dissociative disorder in which a person exhibits two or more distinct and alternating personalities. Formerly called multiple personality disorder.

drive-reduction theory 驱力降低理论 the idea that a physiological need creates an aroused tension state (a drive) that motivates an organism to satisfy the need.

DSM-IV-TR the American Psychiatric Association's Diagnostic and Statistical Manual of Mental Disorders, Fourth Edition, with an updated "text revision"; a widely used system for classifying psychological disorders.

E

eclectic approach 折衷取向 an approach to psychotherapy that, depending on the client's problems, uses techniques from various forms of therapy.

ego 自我 the largely conscious, "executive" part of personality that, according to Freud, mediates among the demands of the id, superego, and reality. The ego operates on the *reality principle*, satisfying the id's desires in ways that will realistically bring pleasure rather than pain.

electroconvulsive therapy (ECT) 电痉挛疗法 a biomedical therapy for severely depressed patients in which a brief electric current is sent through the brain of an anesthetized patient.

emotion 情绪 a response of the whole organism, involving (1) physiological arousal, (2) expressive behaviors, and (3) conscious experience.

emotion-focused coping 情绪聚焦应对 attempting to alleviate stress by avoiding or ignoring a stressor and attending to emotional needs related to one's stress reaction.

empirically derived test 实证推知的测验 a test (such as the MMPI) developed by testing a pool of items and then selecting those that discriminate between groups.

equity 公平 a condition in which people receive from a relationship in proportion to what they give to it.

evidence-based practice 循证实践 clinical decision making that integrates the best available research with clinical expertise and patient characteristics and preferences.

exposure therapies 暴露疗法 behavioral techniques, such as *systematic desensitization and virtual reality exposure therapy*, that treat anxieties by exposing people (in imagination or actual situations) to the things they fear and avoid.

external locus of control 外控制点 the perception that chance or outside forces beyond our personal control determine our fate.

F

facial feedback effect 面部反馈效应 the tendency of facial muscle states to trigger corresponding feelings, such as fear, anger, or happiness.

family therapy 家庭治疗 therapy that treats the family as a system. Views an individual's unwanted behaviors as influenced by, or directed at, other family members.

feel-good, do-good phenomenon 好心情乐于助人现象 people's tendency to be helpful when already in a good mood.

fixation 固着 according to Freud, a lingering focus of pleasure-seeking energies at an earlier psychosexual stage, in which conflicts were unresolved.

foot-in-the-door phenomenon 登门槛现象 the tendency for people who have first agreed to a small request to comply later with a larger request.

free association 自由联想 in psychoanalysis, a method of exploring the unconscious in which the person relaxes and says whatever comes to mind, no matter how trivial or embarrassing.

frustration-aggression principle 挫折－攻击原理 the principle that frustration—the blocking of an attempt to achieve some goal—creates anger, which can generate aggression.

fundamental attribution error 基本归因错误 the tendency for observers, when analyzing another's behavior, to underestimate the impact of the situation and to overestimate the impact of personal disposition.

G

general adaptation syndrome (GAS) 一般适应综合征   Selye's concept of the body's adaptive response to stress in three phases—alarm, resistance, exhaustion.

generalized anxiety disorder 广泛性焦虑障碍   an anxiety disorder in which a person is continually tense, apprehensive, and in a state of autonomic nervous system arousal.

glucose 血糖   the form of sugar that circulates in the blood and provides the major source of energy for body tissues. When its level is low, we feel hunger.

GRIT   Graduated and Reciprocated Initiatives in Tension-Reduction—a strategy designed to decrease international tensions.

group polarization 群体极化   the enhancement of a group's prevailing inclinations through discussion within the group.

group therapy 团体治疗   therapy conducted with groups rather than individuals, permitting therapeutic benefits from group interaction.

groupthink 群体思维   the mode of thinking that occurs when the desire for harmony in a decision-making group overrides a realistic appraisal of alternatives.

H

health psychology 健康心理学   a subfield of psychology that provides psychology's contribution to behavioral medicine.

hierarchy of needs 需要层次   Maslow's pyramid of human needs, beginning at the base with physiological needs that must first be satisfied before higher-level safety needs and then psychological needs become active.

homeostasis 体内平衡   a tendency to maintain a balanced or constant internal state; the regulation of any aspect of body chemistry, such as blood glucose, around a particular level.

humanistic theories 人本主义理论   view personality with a focus on the potential for healthy personal growth.

I

id 本我   a reservoir of unconscious psychic energy that, according to Freud, strives to satisfy basic sexual and aggressive drives. The id operates on the *pleasure principle*, demanding immediate gratification.

identification 认同   the process by which, according to Freud, children incorporate their parents' values into their developing superegos.

incentive 诱因   a positive or negative environmental stimulus that motivates behavior.

individualism 个人主义   giving priority to one's own goals over group goals and defining one's identity in terms of personal attributes rather than group identifications.

informational social influence 信息性社会影响   influence resulting from one's willingness to accept others' opinions about reality.

ingroup 内群体   "Us"—people with whom we share a common identity.

ingroup bias 内群体偏见   the tendency to favor our own group.

insight therapies 领悟疗法   a variety of therapies that aim to improve psychological functioning by increasing a person's awareness of underlying motives and defenses.

instinct 本能   a complex behavior that is rigidly patterned throughout a species and is unlearned.

internal locus of control 内控制点   the perception that you control your own fate.

interpretation 解释   in psychoanalysis, the analyst's noting supposed dream meanings, resistances, and other significant behaviors and events in order to promote insight.

J

James-Lange theory 詹姆斯－兰格理论   the theory that our experience of emotion is our awareness of our physiological responses to emotion-arousing stimuli.

just-world phenomenon 公正世界现象   the tendency for people to believe the world is just and that people therefore get what they deserve and deserve what they get.

L

learned helplessness 习得性无助   the hopelessness and passive resignation an animal or human learns when unable to avoid repeated aversive events.

lobotomy 额叶切除术   a psychosurgical procedure once used to calm uncontrollably emotional or violent patients. The procedure cut the nerves connecting the frontal lobes to the emotion-controlling centers of the inner brain.

M

major depressive disorder 抑郁症   a mood disorder in which a person experiences, in the absence of drugs or another medical condition, two or more weeks of significantly depressed moods or diminished interest or pleasure in most activities, along with at least four other symptoms.

mania 躁狂   a hyperactive, wildly optimistic state in which dangerously poor judgment is common.

medical model 医学模式   the concept that diseases, in this case psychological disorders, have physical causes that can be diagnosed, treated, and, in most cases, cured, often through treatment in a hospital.

mere exposure effect 曝光效应   the phenomenon that repeated exposure to novel stimuli increases liking of them.

Minnesota Multiphasic Personality Inventory (MMPI) 明尼苏达多相人格调查表   the most widely researched and clinically used of all personality tests. Originally developed to identify emotional disorders (still considered its most appropriate use), this test is now used for many other screening purposes.

mood disorders 心境障碍   psychological disorders characterized by emotional extremes. See major depressive disorder, mania, and bipolar disorder.

motivation 动机   a need or desire that energizes and directs behavior.

N

narcissism 自恋   excessive self-love and self-absorption.

norm 规范   an understood rule for accepted and expected behavior. Norms prescribe "proper" behavior.

normative social influence 规范性社会影响   influence resulting from a person's desire to gain approval or avoid disapproval.

O

obsessive-compulsive disorder (OCD) 强迫症 an anxiety disorder characterized by unwanted repetitive thoughts (obsessions), actions (compulsions), or both.

Oedipus complex 俄狄浦斯情结 according to Freud, a boy's sexual desires toward his mother and feelings of jealousy and hatred for the rival father.

other-race effect 异族效应 the tendency to recall faces of one's own race more accurately than faces of other races. Also called the *cross-race effect* and the *own-race bias*.

P

panic disorder 惊恐障碍 an anxiety disorder marked by unpredictable, minutes-long episodes of intense dread in which a person experiences terror and accompanying chest pain, choking, or other frightening sensations.

passionate love 激情之爱 an aroused state of intense positive absorption in another, usually present at the beginning of a love relationship.

peripheral route persuasion 外周途径说服 occurs when people are influenced by incidental cues, such as a speaker's attractiveness.

personality 人格 an individual's characteristic pattern of thinking, feeling, and acting.

personality disorders 人格障碍 psychological disorders characterized by inflexible and enduring behavior patterns that impair social functioning.

personality inventory 人格调查表 a questionnaire (often with *true-false* or *agree-disagree* items) on which people respond to items designed to gauge a wide range of feelings and behaviors; used to assess selected personality traits.

phobia 恐怖症 an anxiety disorder marked by a persistent, irrational fear and avoidance of a specific object, activity, or situation.

polygraph 多导仪 a machine, commonly used in attempts to detect lies, that measures several of the physiological responses (such as perspiration and cardiovascular and breathing changes) accompanying emotion.

positive psychology 积极心理学 the scientific study of human functioning, with the goals of discovering and promoting strengths and virtues that help individuals and communities to thrive.

post-traumatic stress disorder (PTSD) 创伤后应激障碍 an anxiety disorder characterized by haunting memories, nightmares, social withdrawal, jumpy anxiety, and/or insomnia that lingers for four weeks or more after a traumatic experience.

prejudice 偏见 an unjustifiable and usually negative attitude toward a group and its members. Prejudice generally involves stereotyped beliefs, negative feelings, and a predisposition to discriminatory action.

problem-focused coping 问题聚焦应对 attempting to alleviate stress directly—by changing the stressor or the way we interact with that stressor.

projective test 投射测验 a personality test, such as the Rorschach, that provides ambiguous stimuli designed to trigger projection of one's inner dynamics.

psychoanalysis 精神分析 (1) Sigmund Freud's theory of personality that attributes thoughts and actions to unconscious motives and conflicts. (2) Freud's therapeutic technique used in treating psychological disorders. Freud believed that the patient's free associations, resistances, dreams, and transferences—and the therapist's interpretations of them—released previously repressed feelings, allowing the patient to gain self-insight.

psychodynamic theories 心理动力学理论 view personality with a focus on the unconscious and the importance of childhood experiences.

psychodynamic therapy 心理动力学疗法 therapy deriving from the psychoanalytic tradition; views individuals as responding to unconscious forces and childhood experiences, and seeks to enhance self-insight.

psychological disorder 心理障碍 a significant dysfunction in a person's thoughts, feelings, or behaviors.

psychology 心理学 the science of behavior and mental processes.

psychoneuroimmunology 心理神经免疫学 the study of how psychological, neural, and endocrine processes together affect the immune system and resulting health.

psychopharmacology 心理药理学 the study of the effects of drugs on mind and behavior.

psychosexual stages 心理性欲期 the childhood stages of development (oral, anal, phallic, latency, genital) during which, according to Freud, the id's pleasure-seeking energies focus on distinct erogenous zones.

psychosis 精神病 a psychological disorder in which a person loses contact with reality, experiencing irrational ideas and distorted perceptions.

psychosurgery 精神外科手术 surgery that removes or destroys brain tissue in an effort to change behavior.

psychotherapy 心理治疗 treatment involving psychological techniques; consists of interactions between a trained therapist and someone seeking to overcome psychological difficulties or achieve personal growth.

R

reciprocal determinism 交互决定论 the interacting influences of behavior, internal cognition, and environment.

reciprocity norm 互惠规范 an expectation that people will help, not hurt, those who have helped them.

relative deprivation 相对剥夺 the perception that one is worse off relative to those with whom one compares oneself.

repetitive transcranial magnetic stimulation (rTMS) 重复经颅磁刺激 the application of repeated pulses of magnetic energy to the brain; used to stimulate or suppress brain activity.

repression 压抑 in psychoanalytic theory, the basic defense mechanism that banishes from consciousness anxiety-arousing thoughts, feelings, and memories.

resilience 复原力 the personal strength that helps most people cope with stress and recover from adversity and even trauma.

resistance 阻抗 in psychoanalysis, the blocking from consciousness of anxiety-laden material.

role 角色 a set of expectations (norms) about a social position, defining how those in the position ought to behave.

Rorschach inkblot test 罗夏墨迹测验 the most widely used projective test, a set of 10 inkblots, designed by Hermann Rorschach; seeks to identify people's inner feelings by analyzing their interpretations of the blots.

S

scapegoat theory 替罪羊理论 the theory that prejudice offers an outlet for anger by providing someone to blame.

schema 图式 a concept or framework that organizes and interprets information.

schizophrenia 精神分裂症 a group of severe disorders characterized by disorganized and delusional thinking, disturbed perceptions, and inappropriate emotions and behaviors.

self 自我 in contemporary psychology, assumed to be the center of personality, the organizer of our thoughts, feelings, and actions.

self-actualization 自我实现 according to Maslow, one of the ultimate psychological needs that arises after basic physical and psychological needs are met and self-esteem is achieved; the motivation to fulfill one's potential.

self-concept 自我概念 all our thoughts and feelings about ourselves, in answer to the question, "Who am I?"

self-control 自我控制 the ability to control impulses and delay short-term gratification for greater long-term rewards.

self-disclosure 自我表露 revealing intimate aspects of oneself to others.

self-efficacy 自我效能感 one's sense of competence and effectiveness.

self-esteem 自尊 one's feelings of high or low self-worth.

self-serving bias 自我服务偏差 a readiness to perceive oneself favorably.

set point 设定点 the point at which your "weight thermostat" is supposedly set. When your body falls below this weight, increased hunger and a lowered metabolic rate may combine to restore the lost weight.

social exchange theory 社会交换理论 the theory that our social behavior is an exchange process, the aim of which is to maximize benefits and minimize costs.

social facilitation 社会助长 improved performance on simple or well-learned tasks in the presence of others.

social loafing 社会懈怠 the tendency for people in a group to exert less effort when pooling their efforts toward attaining a common goal than when individually accountable.

social psychology 社会心理学 the scientific study of how we think about, influence, and relate to one another.

social script 社会脚本 culturally modeled guide for how to act in various situations.

social trap 社会陷阱 a situation in which the conflicting parties, by each rationally pursuing their self-interest, become caught in mutually destructive behavior.

social-cognitive perspective 社会认知观 views behavior as influenced by the interaction between people's traits (including their thinking) and their social context.

social-responsibility norm 社会责任规范 an expectation that people will help those dependent upon them.

spotlight effect 聚光灯效应 overestimating others' noticing and evaluating our appearance, performance, and blunders (as if we presume a spotlight shines on us).

stereotype 刻板印象 a generalized (sometimes accurate but often overgeneralized) belief about a group of people.

stress 应激 the process by which we perceive and respond to certain events, called *stressors*, that we appraise as threatening or challenging.

subjective well-being 主观幸福感 self-perceived happiness or satisfaction with life. Used along with measures of objective well-being (for example, physical and economic indicators) to evaluate people's quality of life.

superego 超我 the part of personality that, according to Freud, represents internalized ideals and provides standards for judgment (the conscience) and for future aspirations.

superordinate goals 超级目标 shared goals that override differences among people and require their cooperation.

systematic desensitization 系统脱敏 a type of exposure therapy that associates a pleasant relaxed state with gradually increasing anxiety-triggering stimuli. Commonly used to treat phobias.

T

tend and befriend 照料和结盟 under stress, people (especially women) often provide support to others (tend) and bond with and seek support from others (befriend).

token economy 代币法 an operant conditioning procedure in which people earn a token of some sort for exhibiting a desired behavior and can later exchange the tokens for various privileges or treats.

trait 特质 a characteristic pattern of behavior or a disposition to feel and act, as assessed by self-report inventories and peer reports.

transference 移情 in psychoanalysis, the patient's transfer to the analyst of emotions linked with other relationships (such as love or hatred for a parent).

two-factor theory 双因素理论 the Schachter-Singer theory that to experience emotion one must (1) be physically aroused and (2) cognitively label the arousal.

Type A A 型人格 Friedman and Rosenman's term for competitive, hard-driving, impatient, verbally aggressive, and anger-prone people.

Type B B 型人格 Friedman and Rosenman's term for easygoing, relaxed people.

U

unconditional positive regard 无条件积极关注 a caring, accepting, nonjudgmental attitude, which Carl Rogers believed would help clients develop self-awareness and self-acceptance.

unconscious 潜意识 according to Freud, a reservoir of mostly unacceptable thoughts, wishes, feelings, and memories. According to contemporary psychologists, information processing of which we are unaware.

V

virtual reality exposure therapy 虚拟现实暴露疗法 an anxiety treatment that progressively exposes people to electronic simulations of their greatest fears, such as airplane flying, spiders, or public speaking.

Y

Yerkes-Dodson law 耶基斯－多德森定律 the principle that performance increases with arousal only up to a point, beyond which performance decreases.

参考文献

A

AAS. (2009, April 25). *USA suicide: 2006 final data.* Prepared for the American Association of Suicidology by J. L. McIntosh (www.suicidology.org). (p. 525)

Abel, E. L., & Kruger, M. L. (2010). Smile intensity in photographs predicts longevity. *Psychological Science, 21,* 542–544. (p. 400)

Abel, K. M., Drake, R., & Goldstein, J. M. (2010). Sex differences in schizophrenia. *International Review of Psychiatry, 22,* 417–428. (p. 529)

Abrams, D. B., & Wilson, G. T. (1983). Alcohol, sexual arousal, and self-control. *Journal of Personality and Social Psychology, 45,* 188–198. (p. 103)

Abrams, L. (2008). Tip-of-the-tongue states yield language insights. *American Scientist, 96,* 234–239. (p. 292)

Abrams, M. (2002, June). Sight unseen—Restoring a blind man's vision is now a real possibility through stem-cell surgery. But even perfect eyes cannot see unless the brain has been taught to use them. *Discover, 23,* 54–60. (p. 215)

Abramson, L. Y., Metalsky, G. I., & Alloy, L. B. (1989). Hopelessness depression: A theory-based subtype. *Psychological Review, 96,* 358–372. (p. 526)

Abrevaya, J. (2009). Are there missing girls in the United States? Evidence from birth data. *American Economic Journal: Applied Economics, 1*(2), 1–34. (p. 476)

Acevedo, B. P., & Aron, A. (2009). Does a long-term relationship kill romantic love? *Review of General Psychology, 13,* 59–65. (p. 492)

ACHA. (2009). *American College Health Association-National College Health Assessment II: Reference group executive summary Fall 2008.* Baltimore: American College Health Association. (p. 519)

Ackerman, D. (2004). *An alchemy of mind: The marvel and mystery of the brain.* New York: Scribner. (p. 39)

Ackerman, J. M., Nocera, C. C., & Bargh, J. A. (2010). Incidental haptic sensations influence social judgments and decisions. *Science, 328,* 1712–1715. (p. 229)

ACMD. (2009). *MDMA ('ecstasy'): A review of its harms and classification under the misuse of drugs act 1971.* London: Home Office; Advisory Council on the Misuse of Drugs. (pp. 106, 107)

Adams, S. (2011, February 6). OCD: David Beckham has it—as do over a million other Britons. *The Telegraph* (www.telegraph.co.uk). (p. 514)

Adelmann, P. K., Antonucci, T. C., Crohan, S. F., & Coleman, L. M. (1989). Empty nest, cohort, and employment in the well-being of midlife women. *Sex Roles, 20,* 173–189. (p. 156)

Ader, R., & Cohen, N. (1985). CNS-immune system interactions: Conditioning phenomena. *Behavioral and Brain Sciences, 8,* 379–394. (p. 245)

Affleck, G., Tennen, H., Urrows, S., & Higgins, P. (1994). Person and contextual features of daily stress reactivity: Individual differences in relations of undesirable daily events with mood disturbance and chronic pain intensity. *Journal of Personality and Social Psychology, 66,* 329–340. (p. 414)

Agrillo, C. (2011). Near-death experience: Out-of-body and out-of-brain? *Review of General Psychology, 15,* 1–10. (p. 107)

Ai, A. L., Park, C. L., Huang, B., Rodgers, W., & Tice, T. N. (2007). Psychosocial mediation of religious coping styles: A study of short-term psychological distress following cardiac surgery. *Personality and Social Psychology Bulletin, 33,* 867–882. (p. 412)

Aiello, J. R., Thompson, D. D., & Brodzinsky, D. M. (1983). How funny is crowding anyway? Effects of room size, group size, and the introduction of humor. *Basic and Applied Social Psychology, 4,* 193–207. (p. 471)

Aimone, J. B., Jessberger, S., & Gage, F. H. (2010, last modified February 5). Adult neurogenesis. *Scholarpedia* (www.scholarpedia.org). (p. 58)

Ainsworth, M. D. S. (1973). The development of infant-mother attachment. In B. Caldwell & H. Ricciuti (Eds.), *Review of child development research* (Vol. 3). Chicago: University of Chicago Press. (p. 134)

Ainsworth, M. D. S. (1979). Infant-mother attachment. *American Psychologist, 34,* 932–937. (p. 134)

Ainsworth, M. D. S. (1989). Attachments beyond infancy. *American Psychologist, 44,* 709–716. (p. 134)

Airan, R. D., Meltzer, L. A., Roy, M., Gong, Y., Chen, H., & Deisseroth, K. (2007). High-speed imaging reveals neurophysiological links to behavior in an animal model of depression. *Science, 317,* 819–823. (p. 525)

Åkerstedt, T., Kecklund, G., & Axelsson, J. (2007). Impaired sleep after bedtime stress and worries. *Biological Psychology, 76,* 170–173. (p. 92)

Alanko, K., Santtila, P., Harlaar, N., Witting, K., Varjonen, M., Jern, P., Johansson, A., von der Pahlen, B., & Sandnabba, N. K. (2010). Common genetic effects of gender atypical behavior in childhood and sexual orientation in adulthood: A study of Finnish twins. *Archives of Sexual Behavior, 39,* 81–92. (p. 181)

Albee, G. W. (1986). Toward a just society: Lessons from observations on the primary prevention of psychopathology. *American Psychologist, 41,* 891–898. (p. 577)

Alcock, J. (2011, March/April). Back from the future: Parapsychology and the Bem affair. *Skeptical Inquirer,* pp. 31–39. (p. 232)

Aldao, A., & Nolen-Hoeksema, S. (2010). Emotion-regulation strategies across psychopathology: A meta-analytic review. *Clinical Psychology Review, 30,* 217–237. (p. 556)

Aldrich, M. S. (1989). Automobile accidents in patients with sleep disorders. *Sleep, 12,* 487–494. (p. 92)

Aldridge-Morris, R. (1989). *Multiple personality: An exercise in deception.* Hillsdale, NJ: Erlbaum. (p. 534)

Aleman, A., Kahn, R. S., & Selten, J-P. (2003). Sex differences in the risk of schizophrenia: Evidence from meta-analysis. *Archives of General Psychiatry, 60,* 565–571. (p. 529)

Alexander, L., & Tredoux, C. (2010). The spaces between us: A spatial analysis of informal segregation. *Journal of Social Issues, 66,* 367–386. (p. 499)

Allard, F., & Burnett, N. (1985). Skill in sport. *Canadian Journal of Psychology, 39,* 294–312. (p. 277)

Allen, J. R., & Setlow, V. P. (1991). Heterosexual transmission of HIV: A view of the future. *Journal of the American Medical Association, 266,* 1695–1696. (p. 174)

Allen, K. (2003). Are pets a healthy pleasure? The influence of pets on blood pressure. *Current Directions in Psychological Science, 12,* 236–239. (p. 406)

Allen, M. W., Gupta, R., & Monnier, A. (2008). The interactive effect of cultural symbols and human values on taste evaluation. *Journal of Consumer Research, 35,* 294–308. (p. 225)

Allesøe, K., Hundrup, V. A., Thomsen, J. F., & Osler, M. (2010). Psychosocial work environment and risk of ischaemic heart disease in women: The Danish Nurse Cohort Study. *Occupational and Environmental Medicine, 67,* 318–322. (p. 400)

Alloy, L. B., Abramson, L. Y., Whitehouse, W. G., Hogan, M. E., Tashman, N. A., Steinberg, D. L., Rose, D. T., & Donovan, P. (1999). Depressogenic cognitive styles: Predictive validity, information processing and personality characteristics, and developmental origins. *Behaviour Research and Therapy, 37,* 503–531. (p. 527)

Allport, G. W. (1954). *The nature of prejudice.* New York: Addison-Wesley. (p. 17, 478)

Allport, G. W., & Odbert, H. S. (1936). Trait-names: A psycho-lexical study. *Psychological Monographs, 47*(1). (p. 436)

Almas, I., Cappelen, A. W., Sørensen, E. Ø., & Tungodden, B. (2010). Fairness and the development of inequality acceptance. *Science, 328,* 1176–1178. (p. 141)

Altamirano, L. J., Miyake, A., & Whitmer, A. J. (2010). When mental inflexibility facilitates executive control: Beneficial side effects of ruminative tendencies on goal maintenance. *Psychological Science, 21,* 1377–1382. (p. 526)

Altman, L. K. (2004, November 24). Female cases of HIV found rising worldwide. *New York Times* (www.nytimes.com). (p. 396)

Alwin, D. F. (1990). Historical changes in parental orientations to children. In N. Mandell (Ed.), *Sociological studies of child development* (Vol. 3). Greenwich, CT: JAI Press. (p. 138)

AMA. (2010, accessed 13 January). Women medical school applicants (Table 2 of Statistics History). ama-assn.org. (p. 186)

Amabile, T. M. (1983). *The social psychology of creativity*. New York: Springer-Verlag. (p. 448)

Amabile, T. M., & Hennessey, B. A. (1992). The motivation for creativity in children. In A. K. Boggiano & T. S. Pittman (Eds.), *Achievement and motivation: A social-developmental perspective*. New York: Cambridge University Press. (p. 315)

Amato, P. R., Booth, A., Johnson, D. R., & Rogers, S. J. (2007). *Alone together: How marriage in America is changing*. Cambridge, MA: Harvard University Press. (p. 169)

Ambady, N., Hallahan, M., & Rosenthal, R. (1995). On judging and being judged accurately in zero-acquaintance situations. *Journal of Personality and Social Psychology, 69,* 518–529. (p. 381)

Ambady, N., & Rosenthal, R. (1992). Thin slices of expressive behavior as predictors of interpersonal consequences: A meta-analysis. *Psychological Bulletin, 111,* 256–274. (p. 443)

Ambady, N., & Rosenthal, R. (1993). Half a minute: Predicting teacher evaluations from thin slices of nonverbal behavior and physical attractiveness. *Journal of Personality and Social Psychology, 64,* 431–441. (p. 443)

Ambrose, C. T. (2010). The widening gyrus. *American Scientist, 98,* 270–274. (p. 123)

Amedi, A., Floel, A., Knect, S., Zohary, E., & Cohen, L. (2004). Transcranial magnetic stimulation of the occipital pole interferes with verbal processing in blind subjects. *Nature Neuroscience, 7,* 1266–1270. (p. 58)

Amedi, A., Merabet, L. B., Bermpohl, F., & Pascual-Leone, A. (2005). The occipital cortex in the blind: Lessons about plasticity and vision. *Current Directions in Psychological Science, 14,* 306–311. (p. 58)

Amen, D. G., Stubblefield, M., Carmichael, B., & Thisted, R. (1996). Brain SPECT findings and aggressiveness. *Annals of Clinical Psychiatry, 8,* 129–137. (p. 483)

American Academy of Pediatrics. (2009). Policy statement—media violence. *Pediatrics, 124,* 1495–1503. (p. 265)

American Enterprise. (1992, January/February). Women, men, marriages & ministers. p. 106. (p. 452)

American Psychological Association. (2006). Evidence-based practice in psychology (from APA Presidential Task Force on Evidence-Based Practice). *American Psychologist, 61,* 271–285. (p. 562)

American Psychological Association. (2007). Answers to your questions about sexual orientation and homosexuality. (www.apa.org. Accessed December 6, 2007). (p. 179)

Ames, D. R. (2008). In search of the right touch: Interpersonal assertiveness in organizational life. *Current Directions in Psychological Science, 17,* 381–385. (p. B-11)

Andersen, R. A., Hwang, E. J., & Mulliken, G. H. (2010). Cognitive neural prosthetics. *Annual Review of Psychology, 61,* 169–190. (pp. 54, 317)

Andersen, S. M. (1998). *Service learning: A national strategy for youth development*. A position paper issued by the Task Force on Education Policy. Washington, DC: Institute for Communitarian Policy Studies, George Washington University. (p. 143)

Anderson, A. K., & Phelps, E. A. (2000). Expression without recognition: Contributions of the human amygdala to emotional communication. *Psychological Science, 11,* 106–111. (p. 51)

Anderson, B. L. (2002). Biobehavioral outcomes following psychological interventions for cancer patients. *Journal of Consulting and Clinical Psychology, 70,* 590–610. (p. 397)

Anderson, C. A. (2004a). An update on the effects of playing violent video games. *Journal of Adolescence, 27,* 113–122. (pp. 485, 486)

Anderson, C. A., Anderson, K. B., Dorr, N., DeNeve, K. M., & Flanagan, M. (2000). Temperature and aggression. In M. P. Zanna (Ed.), *Advances in Experimental Social Psychology*. San Diego: Academic Press. (p. 483)

Anderson, C. A., Bushman, B. J., & Groom, R. W. (1997). Hot years and serious and deadly assault: Empirical tests of the heat hypothesis. *Journal of Personality and Social Psychology, 73,* 1213–1223. (p. 483)

Anderson, C. A., & Delisi, M. (2011). Implications of global climate change for violence in developed and developing countries. In J. Forgas, A. Kruglanski, & K. Williams (eds.), *The psychology of social conflict and aggression*. New York: Psychology Press. (p. 483)

Anderson, C. A., & Dill, K. E. (2000). Video games and aggressive thoughts, feelings, and behavior in the laboratory and in life. *Journal of Personality and Social Psychology, 78,* 772–790. (p. 486)

Anderson, C. A., & Gentile, D. A. (2008). Media violence, aggression, and public policy. In E. Borgida & S. Fiske (Eds.), *Beyond common sense: Psychological science in the courtroom*. Malden, MA: Blackwell. (p. 265)

Anderson, C. A., Gentile, D. A., & Buckley, K. E. (2007). *Violent video game effects on children and adolescents: Theory, research, and public policy*. New York: Oxford University Press. (p. 281)

Anderson, C. A., Lindsay, J. J., & Bushman, B. J. (1999). Research in the psychological laboratory: Truth or triviality? *Current Directions in Psychological Science, 8,* 3–9. (p. 26)

Anderson, C. A., Shibuya, A., Ihori, N., Swing, E. L., Bushman, B. J., Sakamoto, A., Rothstein, H. R., & Saleem, M. (2010). Violent video game effects on aggression, empathy, and prosocial behavior in Eastern and Western countries: A meta-analytic review. *Psychological Bulletin, 136,* 151–173. (p. 485)

Anderson, C. A., & Warburton, W. A. (2012). The impact of violent video games: An overview. In W. Warburton & D. Braunstein (Eds.), *Growing up fast and furious*. Annandale, NSW, Australia: The Federation Press. (p. 486)

Anderson, I. M. (2000). Selective serotonin reuptake inhibitors versus tricyclic antidepressants: A meta-analysis of efficacy and tolerability. *Journal of Affective Disorders, 58,* 19–36. (p. 570)

Anderson, J. R., Myowa-Yamakoshi, M., & Matsuzawa, T. (2004). Contagious yawning in chimpanzees. *Biology Letters, 271,* S468–S470. (p. 465)

Anderson, R. C., Pichert, J. W., Goetz, E. T., Schallert, D. L., Stevens, K. V., & Trollip, S. R. (1976). Instantiation of general terms. *Journal of Verbal Learning and Verbal Behavior, 15,* 667–679. (p. 292)

Anderson, S. (2008, July 6). The urge to end it all. *New York Times* (www.nytimes.com). (p. 524)

Anderson, S. E., Dallal, G. E., & Must, A. (2003). Relative weight and race influence average age at menarche: Results from two nationally representative surveys of U.S. girls studied 25 years apart. *Pediatrics, 111,* 844–850. (p. 167)

Anderson, S. R. (2004). *Doctor Dolittle's delusion: Animals and the uniqueness of human language*. New Haven: Yale University Press. (p. 324)

Andreasen, N. C. (1997). Linking mind and brain in the study of mental illnesses: A project for a scientific psychopathology. *Science, 275,* 1586–1593. (p. 531)

Andreasen, N. C. (2001). *Brave new brain: Conquering mental illness in the era of the genome*. New York: Oxford University Press. (p. 531)

Andreasen, N. C., Arndt, S., Swayze, V., II, Cizadlo, T., & Flaum, M. (1994). Thalamic abnormalities in schizophrenia visualized through magnetic resonance image averaging. *Science, 266,* 294–298. (p. 531)

Andrews, P. W., & Thomson, J. A., Jr. (2009a). The bright side of being blue: Depression as an adaptation for analyzing complex problems. *Psychological Review, 116,* 620–654. (pp. 519, 526)

Andrews, P. W., & Thomson, J. A., Jr. (2009b, January/February). Depression's evolutionary roots. *Scientific American Mind,* pp. 57–61. (pp. 519, 526)

Angelsen, N. K., Vik, T., Jacobsen, G., & Bakketeig, L. S. (2001). Breast feeding and cognitive development at age 1 and 5 years. *Archives of Disease in Childhood, 85,* 183–188. (p. 22)

Antoni, M. H., & Lutgendorf, S. K. (2007). Psychosocial factors and disease progression in cancer. *Current Directions in Psychological Science, 16,* 42–46. (p. 397)

Antony, M. M., Brown, T. A., & Barlow, D. H. (1992). Current perspectives on panic and panic disorder. *Current Directions in Psychological Science, 1,* 79–82. (p. 517)

Antrobus, J. (1991). Dreaming: Cognitive processes during cortical activation and high afferent thresholds. *Psychological Review, 98,* 96–121. (p. 95)

AP. (2007). AP-Ipsos poll of 1,013 U.S. adults taken October 16–18, 2007 and distributed via Associated Press. (p. 230)

AP. (2009, May 9). AP-mtvU poll: Financial worries, stress and depression on college campus. www.hosted.ap.org. (p. 89, 390)

APA. (2002). *Ethical principles of psychologists and code of conduct.* Washington, DC: American Psychological Association. (p. 27)

APA. (2007). Answers to your questions about sexual orientation and homosexuality (www.apa.org. Accessed December 6, 2007). (p. 177)

APA. (2010a, accessed July 31). *Answers to your questions about transgender individuals and gender identity.* Washington, DC: American Psychological Association. (p. 171)

APA. (2010b, November 9). *Stress in America findings.* Washington, DC: American Psychological Association. (p. 392)

Archer, J. (2004). Sex differences in aggression in real-world settings: A meta-analytic review. Review of *General Psychology, 8,* 291–322. (p. 164)

Archer, J. (2006). Cross-cultural differences in physical aggression between partners: A social-role analysis. *Personality and Social Psychology Review, 10,* 133–153. (p. 164)

Archer, J. (2009). Does sexual selection explain human sex differences in aggression? *Behavioral and Brain Sciences, 32,* 249–311. (p. 164)

Arendt, H. (1963). *Eichmann in Jerusalem: A report on the banality of evil.* New York: Viking Press. (p. 143)

Ariely, D. (2009). *Predictably irrational: The hidden forces that shape our decisions.* HarperCollins. (p. 287)

Aries, E. (1987). Gender and communication. In P. Shaver & C. Henrick (Eds.), *Review of Personality and Social Psychology, 7,* 149–176. (p. 165)

Arjamaa, O., & Vuorisalo, T. (2010). Gene-culture coevolution and human diet. *American Scientist, 98,* 140–147. (p. 359)

Arkowitz, H., & Lilienfeld, S. O. (2006, April/May). Psychotherapy on trial. *Scientific American: Mind,* pp. 42–49. (p. 562)

Armony, J. L., Quirk, G. J., & LeDoux, J. E. (1998). Differential effects of amygdala lesions on early and late plastic components of auditory cortex spike trains during fear conditioning. *Journal of Neuroscience, 18,* 2592–2601. (p. 518)

Arnett, J. J. (1999). Adolescent storm and stress, reconsidered. *American Psychologist, 54,* 317–326. (p. 140)

Arnett, J. J. (2006). Emerging adulthood: Understanding the new way of coming of age. In J. J. Arnett & J. L. Tanner (Eds.), *Emerging adults in America: Coming of age in the 21st century.* Washington, DC: American Psychological Association. (p. 149)

Arnett, J. J. (2007). Socialization in emerging adulthood: From the family to the wider world, from socialization to self-socialization. In J. E. Grusec & P. D. Hastings (Eds.), *Handbook of socialization: Theory and research.* New York: Guilford Press. (p. 149)

Arnone, D., McIntosh, A. M., Tan, G. M. Y., & Ebmeier, K. P. (2008). Meta-analysis of magnetic resonance imaging studies of the corpus callosum in schizophrenia. *Schizophrenia Research, 101,* 124–132. (p. 531)

Aron, A. P., Melinat, E., Aron, E. N., Vallone, R. D., & Bator, R. J. (1997). The experimental generation of interpersonal closeness: A procedure and some preliminary findings. *Personality and Social Psychology Bulletin, 23,* 363–377. (p. 493)

Aronson, E. (2001, April 13). Newsworthy violence. E-mail to SPSP discussion list, drawing from *Nobody Left to Hate.* New York: Freeman. (p. 146)

Artiga, A. I., Viana, J. B., Maldonado, C. R., Chandler-Laney, P. C., Oswald, K. D., & Boggiano, M. M. (2007). Body composition and endocrine status of long-term stress-induced binge-eating rats. *Physiology and Behavior, 91,* 424–431. (p. 359)

Asch, S. E. (1955). Opinions and social pressure. *Scientific American, 193,* 31–35. (p. 466)

Aserinsky, E. (1988, January 17). Personal communication. (p. 84)

Askay, S. W., & Patterson, D. R. (2007). Hypnotic analgesia. *Expert Review of Neurotherapeutics, 7,* 1675–1683. (p. 98)

Aspinwall, L. G., & Tedeschi, R. G. (2010). The value of positive psychology for health psychology: Progress and pitfalls in examining the relation of positive phenomena to health. *Annals of Behavioral Medicine, 39,* 4–15. (p. 404)

ASPS. (2010). *2010 report of the 2009 statistics: National Clearinghouse of Plastic Surgery Statistics.* American Society of Plastic Surgeons (www.plasticsurgery.org). (p. 490)

Aspy, C. B., Vesely, S. K., Oman, R. F., Rodine, S., Marshall, L., & McLeroy, K. (2007). Parental communication and youth sexual behaviour. *Journal of Adolescence, 30,* 449–466. (p. 176)

Assanand, S., Pinel, J. P. J., & Lehman, D. R. (1998). Personal theories of hunger and eating. *Journal of Applied Social Psychology, 28,* 998–1015. (p. 359)

Astin, A. W., Astin, H. S., & Lindholm, J. A. (2004). *Spirituality in higher education: A national study of college students' search for meaning and purpose.* Los Angeles: Higher Education Research Institute, UCLA. (pp. 144, 145)

Atkinson, R. C., & Shiffrin, R. M. (1968). Human memory: A control system and its control processes. In K. Spence (Ed.), *The psychology of learning and motivation* (Vol. 2). New York: Academic Press. (p. 273)

Austin, E. J., Deary, I. J., Whiteman, M. C., Fowkes, F. G. R., Pedersen, N. L., Rabbitt, P., Bent, N., & McInnes, L. (2002). Relationships between ability and personality: Does intelligence contribute positively to personal and social adjustment? *Personality and Individual Differences, 32,* 1391–1411. (p. 339)

Australian Unity. (2008). *What makes us happy? The Australian Unity Wellbeing Index.* South Melbourne: Australian Unity. (p. 415)

Auyeung, B., Baron-Cohen, S., Ashwin, E., Knickmeyer, R., Taylor, K., Hackett, G., & Hines, M. (2009). Fetal testosterone predicts sexually differentiated childhood behavior in girls and in boys. *Psychological Science, 20,* 144–148. (p. 130)

Averill, J. R. (1993). William James's other theory of emotion. In M. E. Donnelly (Ed.), *Reinterpreting the legacy of William James.* Washington, DC: American Psychological Association. (p. 372)

Aviezer, H., Hassin, R. R., Ryan, J., Grady, C., Susskind, J., Anderson, A., Moscovitch, M., & Bentin, S. (2008). Angry, disgusted, or afraid? Studies on the malleability of emotion perception. *Psychological Science, 19,* 724–732. (p. 384)

Ax, A. F. (1953). The physiological differentiation of fear and anger in humans. *Psychosomatic Medicine, 15,* 433–442. (p. 378)

Ayan, S. (2009, April/May). Laughing matters. *Scientific American Mind,* pp. 24–31. (p. 405)

Aydin, N., Fischer, P., & Frey, D. (2010). Turning to God in the face of estracism: Effects of social exclusion on religiousness. *Personality and Social Psychology Bulletin, 36,* 742–753. (p. 366)

Azar, B. (1998, June). Why can't this man feel whether or not he's standing up? *APA Monitor* (www.apa.org/monitor/jun98/touch.html). (p. 227)

Azevedo, F. A., Carvalho, L. R., Grinberg, L. T., Farfel, J. M., Ferretti, R. E., Leite, R. E., Jacob Filho, W., Lent, R., & Herculano-Houzel, S. (2009). Equal numbers of neuronal and nonneuronal cells make the human brain an isometrically scaled-up primate brain. *Journal of Comparative Neurology, 513,* 532–541. (p. 44)

B

Baas, M., De Dreu, C. K. W., & Nijstad, B. A. (2008). A meta-analysis of 25 years of mood-creativity research: Hedonic tone, activation, or regulatory focus? *Psychological Bulletin, 134,* 779–806. (p. 412)

Babad, E., Bernieri, F., & Rosenthal, R. (1991). Students as judges of teachers' verbal and nonverbal behavior. *American Educational Research Journal, 28,* 211–234. (p. 380)

Babyak, M., Blumenthal, J. A., Herman, S., Khatri, P., Doraiswamy, M., Moore, K., Craighead, W. W., Baldewics, T. T., & Krishnan, K. R. (2000). Exercise treatment for major depression: Maintenance of therapeutic benefit at ten months. *Psychosomatic Medicine, 62,* 633–638. (p. 408)

Bachman, J., O'Malley, P. M., Schulenberg, J. E., Johnston, L. D., Freedman-Doan, P., & Messersmith, E. E. (2007). *The education-drug use connection: How successes and failures in school relate to adolescent smoking, drinking, drug use, and delinquency.* Mahwah, NJ: Earlbaum. (p. 111)

Back, M. D., Stopfer, J. M., Vazire, S., Gaddis, S., Schmukle, S. C., Egloff, B., & Gosling, S. D. (2010). Facebook profiles reflect actual personality not self-idealization. *Psychological Science, 21,* 372–374. (pp. 368, 442)

Backman, L., & MacDonald, S. W. S. (2006). Death and cognition: Synthesis and outlook. *European Psychologist, 11,* 224–235. (p. 153)

Baddeley, A. D. (1982). *Your memory: A user's guide.* New York: Macmillan. (p. 286)

Baddeley, A. D. (2001). Is working memory still working? *American Psychologist, 56,* 849–864. (p. 273)

Baddeley, A. D. (2002, June). Is working memory still working? *European Psychologist, 7,* 85–97. (pp. 273, 274)

Baddeley, A. D., Thomson, N., & Buchanan, M. (1975). Word length and the structure of short-term memory. *Journal of Verbal Learning and Verbal Behavior, 14,* 575–589. (p. 276)

Baddeley, J. L., & Singer J. A. (2009). A social interactional model of bereavement narrative disclosure. *Review of General Psychology, 13,* 202–218. (p. 158)

Bagemihl, B. (1999). *Biological exuberance: Animal homosexuality and natural diversity.* New York: St. Martins. (p. 180)

Bahrick, H. P. (1984). Semantic memory content in permastore: 50 years of memory for Spanish learned in school. *Journal of Experimental Psychology: General, 111,* 1–29. (pp. 291, 292)

Bahrick, H. P., Bahrick, L. E., Bahrick, A. S., & Bahrick, P. E. (1993). Maintenance of foreign language vocabulary and the spacing effect. *Psychological Science, 4,* 316–321. (p. 278)

Bahrick, H. P., Bahrick, P. O., & Wittlinger, R. P. (1975). Fifty years of memory for names and faces: A cross-sectional approach. *Journal of Experimental Psychology: General, 104,* 54–75. (p. 285)

Bailenson, J. N., Iyengar, S., & Yee, N. (2005). Facial identity capture and presidential candidate preference. Paper presented at the Annual Conference of the International Communication Association. (p. 489)

Bailey, J. M., Gaulin, S., Agyei, Y., & Gladue, B. A. (1994). Effects of gender and sexual orientation on evolutionary relevant aspects of human mating psychology. *Journal of Personality and Social Psychology, 66,* 1081–1093. (p. 184)

Bailey, J. M., Kirk, K. M., Zhu, G., Dunne, M. P., & Martin, N. G. (2000). Do individual differences in sociosexuality represent genetic or environmentally contingent strategies? Evidence from the Australian twin registry. *Journal of Personality and Social Psychology, 78,* 537–545. (p. 184)

Bailey, R. E., & Gillaspy, J. A., Jr. (2005). Operant psychology goes to the fair: Marian and Keller Breland in the popular press, 1947–1966. *The Behavior Analyst, 28,* 143–159. (p. 258)

Bailine, S., & 10 others. (2010). Elctroconvulsive therapy is equally effective in unipolar and bipolar depression. *Acta Psychiatrica Scandinavica, 121,* 431–436. (p. 571)

Baillargeon, R. (1995). A model of physical reasoning in infancy. In C. Rovee-Collier & L. P. Lipsitt (Eds.), *Advances in infancy research* (Vol. 9). Stamford, CT: Ablex. (p. 127)

Baillargeon, R. (2008). Innate ideas revisited: For a principle of persistence in infants' physical reasoning. *Perspectives in Psychological Science, 3,* 2–13. (p. 127)

Baker, E. L. (1987). The state of the art of clinical hypnosis. *International Journal of Clinical and Experimental Hypnosis, 35,* 203–214. (p. 98)

Baker, T. B., McFall, R. M., & Shoham, V. (2008). Current status and future prospects of clinical psychology: Toward a scientifically principles approach to mental and behavioral health care. *Psychological Science in the Public Interest, 9,* 67–103. (p. 562)

Baker, T. B., Piper, M. E., McCarthy, D. E., Majeskie, M. R., & Fiore, M. C. (2004). Addiction motivation reformulated: An affective processing model of negative reinforcement. *Psychological Review, 111,* 33–51. (p. 248)

Bakermans-Kranenburg, M. J., van IJzendoorn, M. H., & Juffer, F. (2003). Less is more: Meta-analyses of sensitivity and attachment interventions in early childhood. *Psychological Bulletin, 129,* 195–215. (p. 135)

Balcetis, E., & Dunning, D. (2006). See what you want to see: Motivational influences on visual perception. *Journal of Personality and Social Psychology, 91,* 612–625. (p. 199)

Balcetis, E., & Dunning, D. (2010). Wishful seeing: More desire objects are seen as closer. *Psychological Science, 21,* 147–152. (p. 199)

Balsam, K. F., Beauchaine, T. P., Rothblum, E. S., & Solomon, S. E. (2008). Three-year follow-up of same-sex couples who had civil unions in Vermont, same-sex couples not in civil unions, and heterosexual married couples. *Developmental Psychology, 44,* 102–116. (p. 155)

Balter, M. (2010). Animal communication helps reveal roots of language. *Science, 328,* 969–970. (p. 324)

Balter, M. (2011, April 25). What does IQ really measure? *ScienceNOW.* (p. 342)

Bambico, F. R., Nguyen N-T., Katz, N., & Gobbi, G. (2010). Chronic exposure to cannabinoids during adolescence but not during adulthood impairs emotional behaviour and monoaminergic neurotransmission. *Neurobiology of Disease, 37,* 641–655. (p. 108)

Bancroft, J., Loftus, J., & Long, J. S. (2003). Distress about sex: A national survey of women in heterosexual relationships. *Archives of Sexual Behavior, 32,* 193–208. (p. 174)

Bandura, A. (1982). The psychology of chance encounters and life paths. *American Psychologist, 37,* 747–755. (p. 154)

Bandura, A. (1986). *Social foundations of thought and action: A social-cognitive theory.* Englewood Cliffs, NJ: Prentice-Hall. (p. 443)

Bandura, A. (2005). The evolution of social cognitive theory. In K. G. Smith & M. A. Hitt (Eds.), *Great minds in management: The process of theory development.* Oxford: Oxford University Press. (pp. 154, 261)

Bandura, A. (2006). Toward a psychology of human agency. *Perspectives on Psychological Science, 1,* 164–180. (p. 443)

Bandura, A. (2008). An agentic perspective on positive psychology. In S. J. Lopez (Ed.), *The science of human flourishing.* Westport, CT: Praeger. (p. 443)

Bandura, A., Ross, D., & Ross, S. A. (1961). Transmission of aggression through imitation of aggressive models. *Journal of Abnormal and Social Psychology, 63,* 575–582. (p. 261)

Bar-Haim, Y., Lamy, D., Pergamin, L., Bakermans-Kranenburg, M. J., & van IJzendoorn, M. H. (2007). Threat-related attentional bias in anxious and nonanxious individuals: A meta-analytic study. *Psychological Bulletin, 133,* 1–24. (p. 516)

Barak, A., Hen, L., Boniel-Nissim, M., & Shapira, N. (2008). A comprehensive review and a meta-analysis of the effectiveness of Internet-based psychotherapeutic interventions. *Journal of Technology in Human Services, 26,* 108–160. (p. 557)

Barash, D. P. (2006, July 14). I am, therefore I think. *Chronicle of Higher Education,* pp. B9, B10. (p. 78)

Barbaresi, W. J., Katusic, S. KI., Colligan, R. C., Weaver, A. L., & Jacobsen, S. J. (2007). Modifiers of long-term school outcomes for children with attention-deficit/hyperactivity disorder: Does treatment with stimulant medication make a difference? Results from a population-based study. *Journal of Developmental and Behavioral Pediatrics, 28,* 274–287. (p. 507)

Barber, T. X. (2000). A deeper understanding of hypnosis: Its secrets, its nature, its essence. *American Journal of Clinical Hypnosis, 42,* 208–272. (p. 99)

Bargh, J. A., & Chartrand, T. L. (1999). The unbearable automaticity of being. *American Psychologist, 54,* 462–479. (p. 80)

Bargh, J. A., & McKenna, K. Y. A. (2004). The Internet and social life. *Annual Review of Psychology, 55,* 573–590. (p. 488)

Bargh, J. A., McKenna, K. Y. A., & Fitzsimons, G. M. (2002). Can you see the real me? Activation and expression of the "true self" on the Internet. *Journal of Social Issues, 58,* 33–48. (p. 488)

Bargh, J. A., & Morsella, E. (2008). The unconscious mind. *Perspectives on Psychological Science, 3,* 73–79. (p. 432)

Barinaga, M. B. (1992). The brain remaps its own contours. *Science, 258,* 216–218. (p. 58)

Barinaga, M. B. (1997). How exercise works its magic. *Science, 276,* 1325. (p. 407)

Barkley, R. A., & 74 others. (2002). International consensus statement (January 2002). *Clinical Child and Family Psychology Review, 5,* 2. (p. 507)

Barlow, D. H. (2010). Negative effects from psychological treatments: A perspective. *American Psychologist, 65,* 13–20. (p. 562)

Barnes, M. L., & Sternberg, R. J. (1989). Social intelligence and decoding of nonverbal cues. *Intelligence, 13,* 263–287. (p. 381)

Barnier, A. J., & McConkey, K. M. (2004). Defining and identifying the highly hypnotizable person. In M. Heap, R. J. Brown, & D. A. Oakley (Eds.), *High hypnotisability: Theoretical, experimental and clinical issues.* London: Brunner-Routledge. (p. 97)

Baron-Cohen, S. (2008). Autism, hypersystemizing, and truth. *Quarterly Journal of Experimental Psychology, 61,* 64–75. (p. 130)

Baron-Cohen, S. (2009). Autism: The empathizing-systemizing (E-S) theory. *The Year in Cognitive Neuroscience, 1156,* 68–80. (p. 130)

Baron-Cohen, S., Golan, O., Chapman, E., & Granader, Y. (2007). Transported to a world of emotion. *The Psychologist, 20,* 76–77. (p. 131)

Barrett, L. F. (2006). Are emotions natural kinds? *Perspectives on Psychological Science, 1,* 28–58. (pp. 372, 377)

Barrett, L. F., & Bliss-Moreau, E. (2009). She's emotional. He's having a bad day: Attributional explanations for emotion stereotypes. *Emotion, 9,* 649–658. (p. 381)

Barrett, L. F., Lane, R. D., Sechrest, L., & Schwartz, G. E. (2000). Sex differences in emotional awareness. *Personality and Social Psychology Bulletin, 26,* 1027–1035. (p. 381)

Barrick, M. R., Shaffer, J. A., & DeGrassi, S. W. (2009). What you see may not be what you get: Relationships among self-presentation tactics and ratings of interview and job performance. *Journal of Applied Psychology, 94,* 1304–1411. (p. B-4)

Barry, D. (1995, September 17). Teen smokers, too, get cool, toxic, waste-blackened lungs. *Asbury Park Press,* p. D3. (p. 104)

Barry, D. (2002, April 26). *The Dave Barry 2002 Calendar.* Kansas City: Andrews McMeel. (p. 27)

Bartels, M., & Boomsma, D. I. (2009). Born to be happy? The etiology of subjective well-being. *Behavior Genetics, 39,* 605–615. (p. 418)

Bartholow, B. C., Bushman, B. J., & Sestir, M. A. (2006). Chronic violent video game exposure and desensitization to violence: Behavioral and event-related brain potential data. *Journal of Experimental Social Psychology, 42,* 532–539. (p. 486)

Bashore, T. R., Ridderinkhof, K. R., & van der Molen, M. W. (1997). The decline of cognitive processing speed in old age. *Current Directions in Psychological Science, 6,* 163–169. (p. 152)

Baskind, D. E. (1997, December 14). Personal communication, from Delta College. (p. 552)

Bates, L. A., & Byrne, R. W. (2010, September/October). Imitation: What animal imitation tells us about animal cognition. *Wiley Interdisciplinary Reviews: Cognitive Science, 1,* 685–695. (p. 262)

Bathje, G. J., & Pryor, J. B. (2011). The relationships of public and self-stigma to seeking mental health services. *Journal of Mental Health Counseling, 33,* 161–177. (p. 510)

Bauer, P. J. (2002). Long-term recall memory: Behavioral and neurodevelopmental changes in the first 2 years of life. *Current Directions in Psychology, 11,* 137–141. (p. 124)

Bauer, P. J. (2007). Recall in infancy: A neurodevelopmental account. *Current Directions in Psychological Science, 16,* 142–146. (p. 124)

Bauer, P. J., Burch, M. M., Scholin, S. E., & Güler, O. E. (2007). Using cue words to investigate the distribution of autobiographical memories in childhood. *Psychological Science, 18,* 910–916. (p. 282)

Baum, A., & Posluszny, D. M. (1999). Health psychology: Mapping biobehavioral contributions to health and illness. *Annual Review of Psychology, 50,* 137–163. (p. 396)

Baumann, J., & DeSteno, D. (2010). Emotion guided threat detection: Expecting guns where there are none. *Journal of Personality and Social Psychology, 99,* 595–610. (p. 199)

Baumeister, H., & Härter, M. (2007). Prevalence of mental disorders based on general population surveys. *Social Psychiatry and Psychiatric Epidemiology, 42,* 537–546. (p. 505)

Baumeister, R. F. (1989). The optimal margin of illusion. *Journal of Social and Clinical Psychology, 8,* 176–189. (p. 312)

Baumeister, R. F. (1996). Should schools try to boost self-esteem? Beware the dark side. *American Educator, 20,* 43. (p. 449)

Baumeister, R. F. (2000). Gender differences in erotic plasticity: The female sex drive as socially flexible and responsive. *Psychological Bulletin, 126,* 347–374. (p. 179)

Baumeister, R. F. (2001, April). Violent pride: Do people turn violent because of self-hate, or self-love? *Scientific American,* pp. 96–101. (p. 449)

Baumeister, R. F. (2005). *The cultural animal: Human nature, meaning, and social life.* New York: Oxford University Press. (p. 463)

Baumeister, R. F. (2006, August/September). Violent pride. *Scientific American Mind,* pp. 54–59. (p. 447)

Baumeister, R. F., & Bratslavsky, E. (1999). Passion, intimacy, and time: Passionate love as a function of change in intimacy. *Personality and Social Psychology Review, 3,* 49–67. (p. 493)

Baumeister, R. F., Catanese, K. R., & Vohs, K. D. (2001). Is there a gender difference in strength of sex drive? Theoretical views, conceptual distinctions, and a review of relevant evidence. *Personality and Social Psychology Review, 5,* 242–273. (p. 183)

Baumeister, R. F., Dale, K., & Sommer, K. L. (1998). Freudian defense mechanisms and empirical findings in modern personality and social psychology: Reaction formation, projection, displacement, undoing, isolation, sublimation, and denial. *Journal of Personality, 66,* 1081–1125. (p. 432)

Baumeister, R. F., & Exline, J. J. (2000). Self-control, morality, and human strength. *Journal of Social and Clinical Psychology, 19,* 29–42. (p. 403)

Baumeister, R. F., & Leary, M. R. (1995). The need to belong: Desire for interpersonal attachments as a fundamental human motivation. *Psychological Bulletin, 117,* 497–529. (p. 364)

Baumeister, R. F., & Tice, D. M. (1986). How adolescence became the struggle for self: A historical transformation of psychological development. In J. Suls & A. G. Greenwald (Eds.), *Psychological perspectives on the self* (Vol. 3). Hillsdale, NJ: Erlbaum. (p. 148)

Baumeister, R. F., Twenge, J. M., & Nuss, C. K. (2002). Effects of social exclusion on cognitive processes: Anticipated aloneness reduces intelligent thought. *Journal of Personality and Social Psychology, 83,* 817–827. (p. 366)

Baumgardner, A. H., Kaufman, C. M., & Levy, P. E. (1989). Regulating affect interpersonally: When low esteem leads to greater enhancement. *Journal of Personality and Social Psychology, 56,* 907–921. (p. 448)

Baumrind, D. (1996). The discipline controversy revisited. *Family Relations, 45,* 405–414. (p. 138)

Baumrind, D., Larzelere, R. E., & Cowan, P. A. (2002). Ordinary physical punishment: Is it harmful? Comment on Gershoff (2002). *Psychological Bulletin, 128,* 602–611. (p. 252)

Bavelier, D., Newport, E. L., & Supalla, T. (2003). Children need natural languages, signed or spoken. *Cerebrum, 5*(1), 19–32. (p. 321)

BBC. (2008, February 26). Anti-depressants 'of little use.' *BBC News* (www.news.bbc.co.uk). (p. 570)

Beaman, A. L., & Klentz, B. (1983). The supposed physical attractiveness bias against supporters of the women's movement: A meta-analysis. *Personality and Social Psychology Bulletin, 9,* 544–550. (p. 490)

Beardsley, L. M. (1994). Medical diagnosis and treatment across cultures. In W. J. Lonner & R. Malpass (Eds.), *Psychology and culture.* Boston: Allyn & Bacon. (p. 508)

Bearzi, M., & Stanford, C. (2010). A bigger, better brain. *American Scientist, 98,* 402–409. (p. 318)

Beauchamp, G. K. (1987). The human preference for excess salt. *American Scientist, 75,* 27–33. (p. 359)

Beck, A. T., Rush, A. J., Shaw, B. F., & Emery, G. (1979). *Cognitive therapy of depression.* New York: Guilford Press. (p. 555)

Beck, H. P., Levinson, S., & Irons, G. (2009). Finding Little Albert: A journey to John B. Watson's infant laboratory. *American Psychologist, 64,* 605–614. (p. 245)

Beck, H. P., Levinson, S., & Irons, G. (2010). The evidence supports Douglas Merritte as Little Albert. *American Psychologist, 65*, 301–303. (p. 245)

Becker, D. V., Kenrick, D. T., Neuberg, S. L., Blackwell, K. C., & Smith, D. M. (2007). The confounded nature of angry men and happy women. *Journal of Personality and Social Psychology, 92*, 179–190. (pp. 381, 382)

Becker, S., & Wojtowicz, J. M. (2007). A model of hippocampal neurogenesis in memory and mood disorders. *Trends in Cognitive Sciences, 11*, 70–76. (p. 570)

Becklen, R., & Cervone, D. (1983). Selective looking and the noticing of unexpected events. *Memory and Cognition, 11*, 601–608. (p. 81)

Beckman, M. (2004). Crime, culpability, and the adolescent brain. *Science, 305*, 596–599. (p. 141)

Bègue, L., Bushman, B. J., Giancola, P. R., Subra, B., & Rosset, E. (2010). "There is no such thing as an accident," especially when people are drunk. *Personality and Social Psychology Bulletin, 36*, 1301–1304. (p. 482)

Bègue, L., Subra, B., Arvers, P., Muller, D., Bricout, V., & Zorman, M. (2009). A message in a bottle: Extrapharmacological effects of alcohol on aggression. *Journal of Experimental Social Psychology, 45*, 137–142. (p. 482)

Beilin, H. (1992). Piaget's enduring contribution to developmental psychology. *Developmental Psychology, 28*, 191–204. (p. 129)

Bell, A. P., Weinberg, M. S., & Hammersmith, S. K. (1981). *Sexual preference: Its development in men and women.* Bloomington: Indiana University Press. (p. 179)

Belluck, P. (2010, February 16). Wanted: Volunteers, all pregnant. *New York Times* (www.nytimes.com). (p. 130)

Belot, M., & Francesconi, M. (2006, November). *Can anyone be 'the one'? Evidence on mate selection from speed dating.* London: Centre for Economic Policy Research (www.cepr.org). (p. 489)

Belsher, G., & Costello, C. G. (1988). Relapse after recovery from unipolar depression: A critical review. *Psychological Bulletin, 104*, 84–96. (p. 522)

Belsky, J., Houts, R. M., & Fearon, R. M. P. (2010). Infant attachment security and the timing of puberty: Testing an evolutionary hypothesis. *Psychological Science, 21*, 1195–1201. (p. 167)

Bem, D. J. (1984). Quoted in *The Skeptical Inquirer, 8*, 194. (p. 231)

Bem, D. J. (2011). Feeling the future: Experimental evidence for anomalous retroactive influences on cognition and affect. *Journal of Personality and Social Psychology, 100*, 407–425. (p. 231)

Bem, S. L. (1987). Masculinity and femininity exist only in the mind of the perceiver. In J. M. Reinisch, L. A. Rosenblum, & S. A. Sanders (Eds.), *Masculinity/femininity: Basic perspectives.* New York: Oxford University Press. (p. 170)

Bem, S. L. (1993). *The lenses of gender.* New Haven, CT: Yale University Press. (p. 170)

Ben-Shakhar, G., & Elaad, E. (2003). The validity of psychophysiological detection of information with the guilt knowledge test: A meta-analytic review. *Journal of Applied Psychology, 88*, 131–151. (p. 379)

Benjamin, L. T., Jr., & Simpson, J. A. (2009). The power of the situation: The impact of Milgram's obedience studies on personality and social psychology. *American Psychologist, 64*, 12–19. (p. 467)

Benjamins, M. R., Ellison, C. G., & Rogers, R. G. (2010). Religious involvement and mortality risk among pre-retirement aged U.S. adults. In C. E. Ellison & R. A. Hummer (Eds.), *Religion, families, and health: Population-based research in the United States.* New Brunswick, NJ: Rutgers University Press. (p. 411)

Bennett, W. I. (1995). Beyond overeating. *New England Journal of Medicine, 332*, 673–674. (p. 363)

Benson, H. (1996). *Timeless healing: The power and biology of belief.* New York: Scribner. (p. 410)

Berghuis, P., & 16 others. (2007). Hardwiring the brain: Endocannabinoids shape neuronal connectivity. *Science, 316*, 1212–1216. (p. 108)

Bergin, A. E. (1980). Psychotherapy and religious values. *Journal of Consulting and Clinical Psychology, 48*, 95–105. (p. 567)

Berk, L. E. (1994, November). Why children talk to themselves. *Scientific American*, pp. 78–83. (p. 129)

Berk, L. S., Felten, D. L., Tan, S. A., Bittman, B. B., & Westengard, J. (2001). Modulation of neuroimmune parameters during the eustress of humor-associated mirthful laughter. *Alternative Therapies, 7*, 62–76. (p. 405)

Berkowitz, L. (1983). Aversively stimulated aggression: Some parallels and differences in research with animals and humans. *American Psychologist, 38*, 1135–1144. (p. 483)

Berkowitz, L. (1989). Frustration-aggression hypothesis: Examination and reformulation. *Psychological Bulletin, 106*, 59–73. (p. 483)

Berman, M., Gladue, B., & Taylor, S. (1993). The effects of hormones, Type A behavior pattern, and provocation on aggression in men. *Motivation and Emotion, 17*, 125–138. (p. 482)

Berman, M. G., Jonides, J., & Kaplan, S. (2008). The cognitive benefits of interacting with nature. *Psychological Science, 19*, 1207–1212. (p. 369)

Bernal, S., Dehaene-Lambertz, G. Millotte, S., & Christophe, A. (2010). Two-year-olds compute syntactic structure on-line. *Developmental Science, 13*, 69–76. (p. 321)

Bernieri, F., Davis, J., Rosenthal, R., & Knee, C. (1994). Interactional synchrony and rapport: Measuring synchrony in displays devoid of sound and facial affect. *Personality and Social Psychology Bulletin, 20*, 303–311. (p. 263)

Bernstein, D. M., & Loftus, E. F. (2009). How to tell if a particular memory is true or false. *Perspectives on Psychological Science, 4*, 370–374. (p. 294)

Bernstein, D. M., & Loftus, E. F. (2009). The consequences of false memories for food preferences and choices. *Perspectives on Psychological Science, 4*, 135–139. (p. 295)

Bernstein, M. J., Young, S. G., & Claypool, H. M. (2010). Is Obama's win a gain for Blacks? Changes in implicit racial prejudice following the 2008 election. *Social Psychology, 41*, 147–151. (p. 477)

Berridge, K. C., & Winkielman, P. (2003). What is an unconscious emotion? (The case of unconscious "liking"). *Cognition and Emotion, 17*, 181–211. (p. 374)

Berscheid, E. (1981). An overview of the psychological effects of physical attractiveness and some comments upon the psychological effects of knowledge of the effects of physical attractiveness. In G. W. Lucker, K. Ribbens, & J. A. McNamara (Eds.), *Psychological aspects of facial form* (Craniofacial growth series). Ann Arbor: Center for Human Growth and Development, University of Michigan. (p. 490)

Berscheid, E. (1985). Interpersonal attraction. In G. Lindzey & E. Aronson (Eds.), *The handbook of social psychology.* New York: Random House. (p. 364)

Berscheid, E. (2010). Love in the fourth dimension. *Annual Review of Psychology, 61*, 1–25. (p. 492)

Berscheid, E., Gangestad, S. W., & Kulakowski, D. (1984). Emotion in close relationships: Implications for relationship counseling. In S. D. Brown & R. W. Lent (Eds.), *Handbook of counseling psychology.* New York: Wiley. (p. 492)

Berti, A., Cottini, G., Gandola, M., Pia, L., Smania, N., Stracciari, A., Castiglioni, I., Vallar, G., & Paulesu, E. (2005). Shared cortical anatomy for motor awareness and motor control. *Science, 309*, 488–491. (p. 61)

Beyerstein, B., & Beyerstein, D. (Eds.). (1992). *The write stuff: Evaluations of graphology.* Buffalo, NY: Prometheus Books. (p. 438)

Bhatt, R. S., Wasserman, E. A., Reynolds, W. F., Jr., & Knauss, K. S. (1988). Conceptual behavior in pigeons: Categorization of both familiar and novel examples from four classes of natural and artificial stimuli. *Journal of Experimental Psychology: Animal Behavior Processes, 14*, 219–234. (p. 247)

Bialystok, E., & Craik, F. I. M. (2010). Cognitive and linguistic processing in the bilingual mind. *Current Directions in Psychological Science, 19*, 19–23. (p. 327)

Bianchi, S. M., Milkie, M. A., Sayer, L. C., & Robinson, J. P. (2000). Is anyone doing the housework? Trends in the gender division of household labor. *Social Forces, 79*, 191–228. (p. 186)

Bianchi, S. M., Robinson, J. P., & Milkie, M. A. (2006). *Changing rhythms of American family life.* New York: Russell Sage. (p. 186)

Biederman, I., & Vessel, E. A. (2006). Perceptual pleasure and the brain. *American Scientist, 94*, 247–253. (p. 354)

Bienvenu, O. J., Davydow, D. S., & Kendler, K. S. (2011). Psychiatric 'diseases' versus behavioral disorders and degree of genetic influence. *Psychological Medicine, 41,* 33–40. (p. 523)

Bilefsky, D. (2009, March 11). Europeans debate castration of sex offenders. *New York Times* (www.nytimes.com). (p. 172)

Binet, A. (1909). *Les idées mordermes sur les enfants.* Paris: Flammarion (quoted by A. Clarke & A. Clarke, Born to be bright. *The Psychologist, 19,* 409. (p. 334)

Bird, C. D., & Emery, N. J. (2009). Rooks use stones to raise the water level to reach a floating worm. *Current Biology, 19,* 1410–1414. (p. 318)

Birnbaum, G. E., Reis, H. T., Mikulincer, M., Gillath, O., & Orpaz, A. (2006). When sex is more than just sex: Attachment orientations, sexual experience, and relationship quality. *Journal of Personality and Social Psychology, 91,* 929–943. (p. 135)

Birnbaum, S. G., Yuan, P. X., Wang, M., Vijayraghavan, S., Bloom, A. K., Davis, D. J., Gobeski, K. T., Sweatt, J. D., Manhi, H. K., & Arnsten, A. F. T. (2004). Protein kinase C overactivity impairs prefrontal cortical regulation of working memory. *Science, 306,* 882–884. (p. 283)

Biro, D., Humle, T., Koops, K., Sousa, C., Hayashi, M., & Matsuzawa, T. (2010). Chimpanzee mothers at Bossou, Guinea carry the mummified remains of their dead infants. *Current Biology, 20,* R351–R352. (p. 317)

Biro, F. M., & 9 others. (2010). Pubertal assessment method and baseline characteristics in a mixed longitudinal study of girls. *Pediatrics, 126,* e583–e590. (p. 167)

Bishop, D. I., Weisgram, E. S., Holleque, K. M., Lund, K. E., & Wheeler, J. R. (2005). Identity development and alcohol consumption: current and retrospective self-reports by college students. *Journal of Adolescence, 28,* 523–533. (p. 110, 145)

Bishop, G. D. (1991). Understanding the understanding of illness: Lay disease representations. In J. A. Skelton & R. T. Croyle (Eds.), *Mental representation in health and illness.* New York: Springer-Verlag. (p. 306)

Bisson, J., & Andrew, M. (2007). Psychological treatment of post-traumatic stress disorder (PTSD). *Cochrane Database of Systematic Reviews 2007,* Issue 3. Art. No: CD003388. (p. 564)

Bjork, E. L., & Bjork, R. A. (2011). Making things hard on yourself, but in a good way: Creating desirable difficulties to enhance learning. In M. A. Gernsbacher, M. A. Pew, L. M. Hough, & J. R. Pomerantz (eds.), *Psychology and the real world.* New York: Worth Publishers. (p. 30)

Bjorklund, D. F., & Green, B. L. (1992). The adaptive nature of cognitive immaturity. *American Psychologist, 47,* 46–54. (p. 131)

Blackhart, G. C., Nelson, B. C., Knowles, M. L., & Baumeister, R. F. (2009). Rejectioneleicits emotional reactions but neither causes immediate distress nor lowers self-esteem: A meta-analytic review of 192 studies on social exclusion. *Personality and Social Psychology Bulletin, 13,* 269–309. (p. 365)

Blakemore, S-J. (2008). Development of the social brain during adolescence. *Quarterly Journal of Experimental Psychology, 61,* 40–49. (p. 140)

Blakemore, S-J., Wolpert, D. M., & Frith, C. D. (1998). Central cancellation of self-produced tickle sensation. *Nature Neuroscience, 1,* 635–640. (p. 220)

Blakeslee, S. (2006, January 10). Cells that read minds. *New York Times* (www.nytimes.com). (p. 262)

Blanchard, R. (1997). Birth order and sibling sex ratio in homosexual versus heterosexual males and females. *Annual Review of Sex Research, 8,* 27–67. (p. 182)

Blanchard, R. (2008a). Review and theory of handedness, birth order, and homosexuality in men. *Laterality, 13,* 51–70. (p. 182)

Blanchard, R. (2008b). Sex ratio of older siblings in heterosexual and homosexual, right-handed and non-right-handed men. *Archives of Sexual Behavior, 37,* 977–981. (p. 182)

Blanchard-Fields, F. (2007). Everyday problem solving and emotion: An adult developmental perspective. *Current Directions in Psychological Science, 16,* 26–31. (p. 338)

Blankenburg, F., Taskin, B., Ruben, J., Moosmann, M., Ritter, P., Curio, G., & Villringer, A. (2003). Imperceptive stimuli and sensory processing impediment. *Science, 299,* 1864. (p. 194)

Blanton, H., Jaccard, J., Christie, C., & Gonzales, P. M. (2007). Plausible assumptions, questionable assumptions and post hoc rationalizations: Will the real IAT please stand up? *Journal of Experimental Social Psychology, 43,* 399–409. (p. 477)

Blanton, H., Jaccard, J., Gonzales, P. M., & Christie, C. (2006). Decoding the implicit association test: Implications for criterion prediction. *Journal of Experimental Social Psychology, 42,* 192–212. (p. 477)

Blanton, H., Jaccard, J., Klick, J., Mellers, B., Mitchell, G., & Tetlock, P. E. (2009). Strong claims and weak evidence: Reassessing the predictive validity of the IAT. *Journal of Applied Psychology, 94,* 567–582. (p. 477)

Blascovich, J., Seery, M. D., Mugridge, C. A., Norris, R. K., & Weisbuch, M. (2004). Predicting athletic performance from cardiovascular indexes of challenge and threat. *Journal of Experimental Social Psychology, 40,* 683–688. (p. 391)

Blass, T. (1996). Stanley Milgram: A life of inventiveness and controversy. In G. A. Kimble, C. A. Boneau, & M. Wertheimer (Eds.), *Portraits of pioneers in psychology* (Vol. II). Washington, DC and Mahwah, NJ: American Psychological Association and Lawrence Erlbaum Publishers. (p. 469)

Blass, T. (1999). The Milgram paradigm after 35 years: Some things we now know about obedience to authority. *Journal of Applied Social Psychology, 29,* 955–978. (p. 468)

Blatt, S. J., Sanislow, C. A., III, Zuroff, D. C., & Pilkonis, P. (1996). Characteristics of effective therapists: Further analyses of data from the National Institute of Mental Health Treatment of Depression Collaborative Research Program. *Journal of Consulting and Clinical Psychology, 64,* 1276–1284. (p. 565)

Block, J. (2010). The five-factor framing of personality and beyond: Some ruminations. *Psychological Inquiry, 21,* 2–25. (p. 440)

Bloom, B. C. (Ed.). (1985). *Developing talent in young people.* New York: Ballantine. (p. 371)

Bloom, F. E. (1993, January/February). What's new in neurotransmitters. *BrainWork,* pp. 7–9. (p. 40)

Bloom, P. (2000). *How children learn the meanings of words.* Cambridge, MA: MIT Press. (p. 319)

BLS. (2011, June 22). American time use survey summary. Bureau of Labor Statistics (www.bls.gov). (p. 464)

Blum, K., Cull, J. G., Braverman, E. R., & Comings, D. E. (1996). Reward deficiency syndrome. *American Scientist, 84,* 132–145. (p. 52)

Boag, S. (2006). Freudian repression, the common view, and pathological science. *Review of General Psychology, 10,* 74–86. (p. 431)

Bocklandt, S., Horvath, S., Vilain, E., & Hamer, D. H. (2006). Extreme skewing of X chromosome inactivation in mothers of homosexual men. *Human Genetics, 118,* 691–694. (p. 181)

Bodenhausen, G. V., Sheppard, L. A., & Kramer, G. P. (1994). Negative affect and social judgment: The differential impact of anger and sadness. *European Journal of Social Psychology, 24,* 45–62. (p. 500)

Bodkin, J. A., & Amsterdam, J. D. (2002). Transdermal selegiline in major depression: A double-blind, placebo-controlled, parallel-group study in outpatients. *American Journal of Psychiatry, 159,* 1869–1875. (p. 570)

Boehm, K. E., Schondel, C. K., Marlowe, A. L., & Manke-Mitchell, L. (1999). Teens' concerns: A national evaluation. *Adolescence, 34,* 523–528. (p. 146)

Boehm-Davis, D. A. (2005). Improving product safety and effectiveness in the home. In R. S. Nickerson (Ed.), *Reviews of human factors and ergonomics.* Volume 1 (pp. 219–253). Santa Monica, CA: Human Factors and Ergonomics Society, 219–253. (p. B-14)

Boesch-Achermann, H., & Boesch, C. (1993). Tool use in wild chimpanzees: New light from dark forests. *Current Directions in Psychological Science, 2,* 18–21. (p. 317)

Bogaert, A. F. (2003). Number of older brothers and sexual orientation: New texts and the attraction/behavior distinction in two national probability samples. *Journal of Personality and Social Psychology, 84,* 644–652. (p. 182)

Bogaert, A. F. (2004). Asexuality: Prevalence and associated factors in a national probability sample. *Journal of Sex Research, 41,* 279–287. (p. 171)

Bogaert, A. F. (2006a). Toward a conceptual understanding of asexuality. *Review of General Psychology, 10,* 241–250. (p. 182)

Bogaert, A. F. (2006b). Biological versus nonbiological older brothers and men's sexual orientation. *Proceedings of the National Academy of Sciences, 103,* 10771–10774. (p. 171)

Bogaert, A. F. (2010). Physical development and sexual orientation in men and women: An analysis of NATSAL-2000. *Archives of Sexual Behavior, 39,* 110–116. (p. 182)

Boggiano, A. K., Harackiewicz, J. M., Bessette, M. M., & Main, D. S. (1985). Increasing children's interest through performance-contingent reward. *Social Cognition, 3,* 400–411. (p. 260)

Boggiano, M. M., Chandler, P. C., Viana, J. B., Oswald, K. D., Maldonado, C. R., & Wauford, P. K. (2005). Combined dieting and stress evoke exaggerated responses to opioids in binge-eating rats. *Behavioral Neuroscience, 119,* 1207–1214. (p. 359)

Bohman, M., & Sigvardsson, S. (1990). Outcome in adoption: Lessons from longitudinal studies. In D. Brodzinsky & M. Schechter (Eds.), *The psychology of adoption.* New York: Oxford University Press. (p. 66)

Bolger, N., DeLongis, A., Kessler, R. C., & Schilling, E. A. (1989). Effects of daily stress on negative mood. *Journal of Personality and Social Psychology, 57,* 808–818. (p. 414)

Bolwig, T. G., & Madsen, T. M. (2007). Electroconvulsive therapy in melancholia: The role of hippocampal neurogenesis. *Acta Psychiatrica Scandinavica, 115,* 130–135. (p. 572)

Bonanno, G. A. (2004). Loss, trauma, and human resilience: Have we underestimated the human capacity to thrive after extremely aversive events? *American Psychologist, 59,* 20–28. (p. 158)

Bonanno, G. A., Brewin, C. R., Kaniasty, K., & La Greca, A. M. (2010). Weighing the costs of disaster: Consequences, risks, and resilience in individuals, families, and communities. *Psychological Science in the Public Interest, 11,* 1–49. (p. 516)

Bonanno, G. A., Galea, S., Bucciarelli, A., & Vlahov, D. (2006). Psychological resilience after disaster. *Psychological Science, 17,* 181–186. (p. 515)

Bonanno, G. A., Galea, S., Bucciarelli, A., & Vlahov, D. (2007). What predicts psychological resilience after disaster? The role of demographics, resources, and life stress. *Journal of Consulting and Clinical Psychology, 75*(5), 671–682. (p. 576)

Bonanno, G. A., & Kaltman, S. (1999). Toward an integrative perspective on bereavement. *Psychological Bulletin, 125,* 760–777. (p. 158)

Bond, C. F., Jr., & DePaulo, B. M. (2006). Accuracy of deception judgments. *Personality and Social Psychology Review, 10,* 214–234. (p. 380)

Bond, C. F., Jr., & DePaulo, B. M. (2008). Individual differences in detecting deception: Accuracy and bias. *Psychological Bulletin, 134,* 477–492. (p. 380)

Bond, M. H. (1988). Finding universal dimensions of individual variation in multi-cultural studies of values: The Rokeach and Chinese values surveys. *Journal of Personality and Social Psychology, 55,* 1009–1015. (p. 451)

Bond, R., & Smith, P. B. (1996). Culture and conformity: A meta-analysis of studies using Asch's (1952b, 1956) line judgment task. *Psychological Bulletin, 119,* 111–137. (p. 467)

Bonetti, L., Campbell, M. A., & Gilmore, L. (2010). The relationship of loneliness and social anxiety with children's and adolescents' online communication. *Cyberpsychology, Behavior, and Social Networking, 13,* 279–285. (p. 368)

Bonezzi, A., Brendl, C. M., & DeAngelis, M. (2011). Stuck in the middle: The psychophysics of goal pursuit. *Psychological Science, 22,* 607–612. (p. 370)

Bono, J. E., & Judge, T. A. (2004). Personality and transformational and transactional leadership: A meta-analysis. *Journal of Applied Psychology, 89,* 901–910. (p. B-12)

Bor, D. (2010, July/August). The mechanics of mind reading. *Scientific American,* pp. 52–57. (p. 78)

Boring, E. G. (1930). A new ambiguous figure. *American Journal of Psychology, 42,* 444–445. (p. 197)

Bornstein, M. H., Cote, L. R., Maital, S., Painter, K., Park, S-Y., Pascual, L., Pecheux, M-G., Ruel, J., Venute, P., & Vyt, A. (2004). Cross-linguistic analysis of vocabulary in young children: Spanish, Dutch, French, Hebrew, Italian, Korean, and American English. *Child Development, 75,* 1115–1139. (p. 321)

Bornstein, M. H., Tal, J., Rahn, C., Galperin, C. Z., Pecheux, M-G., Lamour, M., Toda, S., Azuma, H., Ogino, M., & Tamis-LeMonda, C. S. (1992a). Functional analysis of the contents of maternal speech to infants of 5 and 13 months in four cultures: Argentina, France, Japan, and the United States. *Developmental Psychology, 28,* 593–603. (p. 139)

Bornstein, M. H., Tamis-LeMonda, C. S., Tal, J., Ludemann, P., Toda, S., Rahn, C. W., Pecheux, M-G., Azuma, H., & Vardi, D. (1992b). Maternal responsiveness to infants in three societies: The United States, France, and Japan. *Child Development, 63,* 808–821. (p. 139)

Bornstein, R. F. (1989). Exposure and affect: Overview and meta-analysis of research, 1968–1987. *Psychological Bulletin, 106,* 265–289. (p. 133, 488)

Bornstein, R. F. (1999). Source amnesia, misattribution, and the power of unconscious perceptions and memories. *Psychoanalytic Psychology, 16,* 155–178. (p. 488)

Bornstein, R. F., Galley, D. J., Leone, D. R., & Kale, A. R. (1991). The temporal stability of ratings of parents: Test-retest reliability and influence of parental contact. *Journal of Social Behavior and Personality, 6,* 641–649. (p. 288)

Boroditsky, L. (2009, June 12). How does our language shape the way we think? www.edge.org. (pp. 318, 326)

Boroditsky, L. (2011, February). How language shapes thought. *Scientific American,* pp. 63–65. (p. 326)

Boscarino, J. A. (1997). Diseases among men 20 years after exposure to severe stress: Implications for clinical research and medical care. *Psychosomatic Medicine, 59,* 605–614. (p. 391)

Bosma, H., Marmot, M. G., Hemingway, H., Nicolson, A. C., Brunner, E., & Stansfeld, S. A. (1997). Low job control and risk of coronary heart disease in Whitehall II (prospective cohort) study. *British Medical Journal, 314,* 558–565. (p. 402)

Bosma, H., Peter, R., Siegrist, J., & Marmot, M. (1998). Two alternative job stress models and the risk of coronary heart disease. *American Journal of Public Health, 88,* 68–74. (p. 402)

Bostwick, J. M., & Pankratz, V. S. (2000). Affective disorders and suicide risk: A re-examination. *American Journal of Psychiatry, 157,* 1925–1932. (p. 524)

Bosworth, R. G., & Dobkins, K. R. (1999). Left-hemisphere dominance for motion processing in deaf signers. *Psychological Science, 10,* 256–262. (p. 58)

Bothwell, R. K., Brigham, J. C., & Malpass, R. S. (1989). Cross-racial identification. *Personality and Social Psychology Bulletin, 15,* 19–25. (p. 480)

Bouchard, T. J., Jr. (1981, December 6). Interview on Nova: Twins [program broadcast by the Public Broadcasting Service]. (p. 65)

Bouchard, T. J., Jr. (2009). Genetic influences on human intelligence (Spearman's g): How much? *Annals of Human Biology, 36,* 527–544. (p. 65)

Bouton, M. E., Mineka, S., & Barlow, D. H. (2001). A modern learning theory perspective on the etiology of panic disorder. *Psychological Review, 108,* 4–32. (p. 516)

Bower, B. (2009, February 14). The dating go round. *Science News,* pp. 22–25. (p. 488)

Bower, G. H. (1986). Prime time in cognitive psychology. In P. Eelen (Ed.), *Cognitive research and behavior therapy: Beyond the conditioning paradigm.* Amsterdam: North Holland Publishers. (p. 287)

Bower, G. H., Clark, M. C., Lesgold, A. M., & Winzenz, D. (1969). Hierarchical retrieval schemes in recall of categorized word lists. *Journal of Verbal Learning and Verbal Behavior, 8,* 323–343. (p. 278)

Bower, G. H., & Morrow, D. G. (1990). Mental models in narrative comprehension. *Science, 247,* 44–48. (p. 279)

Bower, J. E., Kemeny, M. E., Taylor, S. E., & Fahey, J. L. (1998). Cognitive processing, discovery of meaning, CD4 decline, and AIDS-related mortality among bereaved

HIV-seropositive men. *Journal of Consulting and Clinical Psychology, 66*, 979–986. (p. 396)

Bower, J. M., & Parsons, L. M. (2003, August). Rethinking the "lesser brain." *Scientific American*, pp. 50–57. (p. 50)

Bowers, J. S. (2009). On the biological plausibility of grandmother cells: Implications for neural network theories in psychology and neuroscience. *Psychological Review, 116*, 220–251. (p. 205)

Bowers, J. S., Mattys, S. L., & Gage, S. H. (2009). Preserved implicit knowledge of a forgotten childhood language. *Psychological Science, 20*, 1064–1069. (p. 124)

Bowers, K. S. (1984). Hypnosis. In N. Endler & J. M. Hunt (Eds.), *Personality and behavioral disorders* (2nd ed.). New York: Wiley. (p. 97)

Bowers, K. S. (1987, July). Personal communication. (p. 97)

Bowler, M. C., & Woehr, D. J. (2006). A meta-analytic evaluation of the impact of dimension and exercise factors on assessment center ratings. *Journal of Applied Psychology, 91*, 1114–1124. (p. 445)

Bowling, N., A., Eschleman, K. J., & Wang, Q. (2010). A meta-analytic examination of the relationship between job satisfaction and subjective well-being. *Journal of Occupational and Organizational Psychology, 83*, 915–934. (p. B-7)

Boxer, P., Huesmann, L. R., Bushman, B. J., O'Brien, M., & Moceri, D. (2009). The role of violent media preference in cumulative developmental risk for violence and general aggression. *Journal of Youth and Adolescence, 38*, 417–428. (p. 265)

Boyatzis, C. J., Matillo, G. M., & Nesbitt, K. M. (1995). Effects of the "Mighty Morphin Power Rangers" on children's aggression with peers. *Child Study Journal, 25*, 45–55. (p. 265)

Braden, J. P. (1994). *Deafness, deprivation, and IQ*. New York: Plenum. (p. 343)

Bradley, D. R., Dumais, S. T., & Petry, H. M. (1976). Reply to Cavonius. *Nature, 261*, 78. (p. 208)

Bradley, R. B., & 15 others. (2008). Influence of child abuse on adult depression: Moderation by the corticotropin-releasing hormone receptor gene. *Archives of General Psychiatry, 65*, 190–200. (p. 137)

Bradshaw, C., Kahn, A. S., & Saville, B. K. (2010). To hook up or date: Which gender benefits? *Sex Roles, 62*, 661–669. (p. 184)

Braiker, B. (2005, October 18). A quiet revolt against the rules on SIDS. *New York Times* (www.nytimes.com). (p. 123)

Brainerd, C. J. (1996). Piaget: A centennial celebration. *Psychological Science, 7*, 191–195. (p. 125)

Branas, C. C., Richmond, T. S., Culhane, D. P., Ten Have, Thomas, R., & Wiebe, D. J. (2009). Investigating the link between gun possession and gun assault. *American Journal of Public Health, 99*, 2034–2040. (p. 481)

Brandon, S., Boakes, J., Glaser, & Green, R. (1998). Recovered memories of childhood sexual abuse: Implications for clinical practice. *British Journal of Psychiatry, 172*, 294–307. (p. 299)

Brang, D., Edwards, L., Ramachandran, V. S., & Coulson, S. (2008). Is the sky 2? Contextual priming in grapheme-color synaesthesia. *Psychological Science, 19*, 421–428. (p. 229)

Brannon, L. A., & Brock, T. C. (1993). Comment on report of HIV infection in rural Florida: Failure of instructions to correct for gross underestimation of phantom sex partners in perception of AIDS risk. *New England Journal of Medicine, 328*, 1351–1352. (p. 174)

Bransford, J. D., & Johnson, M. K. (1972). Contextual prerequisites for understanding: Some investigations of comprehension and recall. *Journal of Verbal Learning and Verbal Behavior, 11*, 717–726. (p. 279)

Braun, S. (1996). New experiments underscore warnings on maternal drinking. *Science, 273*, 738–739. (p. 120)

Braun, S. (2001, Spring). Seeking insight by prescription. *Cerebrum*, pp. 10–21. (p. 107)

Braunstein, G. D., Sundwall, D. A., Katz, M., Shifren, J. L., Buster, J. E., Simon, J. A., Bachman, G., Aguirre, O. A., Lucas, J. D., Rodenberg, C., Buch, A., & Watts, N. B. (2005). Safety and efficacy of a testosterone patch for the treatment of hypoactive sexual desire disorder in surgically menopausal women: A randomized, placebo-controlled trial. *Archives of Internal Medicine, 165*, 1582–1589. (p. 172)

Bray, D. W., & Byham, W. C. (1991, Winter). Assessment centers and their derivatives. *Journal of Continuing Higher Education*, pp. 8–11. (p. 445)

Bray, D. W., & Byham, W. C., interviewed by Mayes, B. T. (1997). Insights into the history and future of assessment centers: An interview with Dr. Douglas W. Bray and Dr. William Byham. *Journal of Social Behavior and Personality, 12*, 3–12. (p. 445)

Brayne, C., Spiegelhalter, D. J., Dufouil, C., Chi, L-Y., Dening, T. R., Paykel, E. S., O'Connor, D.W., Ahmed, A., McGee, M. A., & Huppert, F.A. (1999). Estimating the true extent of cognitive decline in the old old. *Journal of the American Geriatrics Society, 47*, 1283–1288. (p. A-7)

Breedlove, S. M. (1997). Sex on the brain. *Nature, 389*, 801. (p. 180)

Brehm, S., & Brehm, J. W. (1981). *Psychological reactance: A theory of freedom and control.* New York: Academic Press. (p. 474)

Breslau, J., Aguilar-Gaxiola, S., Borges, G., Kendler, K. S., Su, M., & Kessler, R. C. (2007). Risk for psychiatric disorder among immigrants and their US-born descendants. *Journal of Nervous and Mental Disease, 195*, 189–195. (p. 540)

Brewer, C. L. (1990). Personal correspondence. (p. 67)

Brewer, C. L. (1996). Personal communication. (p. 6)

Brewer, M. B., & Chen, Y-R. (2007). Where (who) are collectives in collectivism? Toward conceptual clarification of individualism and collectivism. *Psychological Review, 114*, 133–151. (p. 451)

Brewer, W. F. (1977). Memory for the pragmatic implications of sentences. *Memory & Cognition, 5*, 673–678. (p. 279)

Brewin, C. R., Andrews, B., Rose, S., & Kirk, M. (1999). Acute stress disorder and posttraumatic stress disorder in victims of violent crime. *American Journal of Psychiatry, 156*, 360–366. (p. 515)

Brewin, C. R., Kleiner, J. S., Vasterling J. J., & Field, A. P. (2007). Memory for emotionally neutral information in posttraumatic stress disorder: A meta-analytic investigation. *Journal of Abnormal Psychology, 116*, 448–463. (p. 283)

Brief, A. P., & Weiss, H. M. (2002). Organizational behavior: Affect in the workplace. *Annual Review of Psychology, 53*, 279–307. (p. B-7)

Briñol, P., Petty, R. E., & Barden, J. (2007). Happiness versus sadness as a determinant of thought confidence in persuasion: A self-validation analysis. *Journal of Personality and Social Psychology, 93*, 711–727. (p. 412)

Briscoe, D. (1997, February 16). Women lawmakers still not in charge. *Grand Rapids Press*, p. A23. (p. 170)

Brislin, R. W. (1988). Increasing awareness of class, ethnicity, culture, and race by expanding on students' own experiences. In I. Cohen (Ed.), *The G. Stanley Hall Lecture Series*. Washington, DC: American Psychological Association. (p. 463)

Brissette, I., & Cohen, S. (2002). The contribution of individual differences in hostility to the associations between daily interpersonal conflict, affect, and sleep. *Personality and Social Psychology Bulletin, 28*, 1265–1274. (p. 92)

British Psychological Society. (1993). Ethical principles for conducting research with human participants. *The Psychologist: Bulletin of the British Psychological Society, 6*, 33–36. (p. 438)

Brockmann, H., Delhey, J., Welzel, C., & Yuan, H. (2009). The China puzzle: Falling happiness in a rising economy. *Journal of Happiness Studies, 10*, 387–405. (p. 415)

Brody, J. E. (2002, November 26). When the eyelids snap shut at 65 miles an hour. *New York Times* (www.nytimes.com). (p. 90)

Brody, J. E. (2003, September). Addiction: A brain ailment, not a moral lapse. *New York Times* (www.nytimes.com). (p. 101)

Brody, S., & Tillmann, H. C. (2006). The post-orgasmic prolactin increase following intercourse is greater than following masturbation and suggests greater satiety. *Biological Psychology, 71*, 312–315. (p. 178)

Bromet, E., & 21 others. (2011). Cross-national epidemiology of DSM-IV major depressive episode. *BMC Medicine, 9*, 90. (p. 522)

Brown, A. S. (2003). A review of the déjà vu experience. *Psychological Bulletin, 129*, 394–413. (p. 296)

Brown, A. S. (2004). Getting to grips with déjà vu. *The Psychologist, 17*, 694–696. (p. 296)

Brown, A. S., Begg, M. D., Gravenstein, S., Schaefer, C. A., Wyatt, R. J., Bresnahan, M., Babulas, V. P., & Susser, E. S. (2004). Serologic evidence of prenatal influenza in the etiology of schizophrenia. *Archives of General Psychiatry, 61,* 774–780. (p. 532)

Brown, A. S., Schaefer, C. A., Wyatt, R. J., Goetz, R., Begg, M. D., Gorman, J. M., & Susser, E. S. (2000). Maternal exposure to respiratory infections and adult schizophrenia spectrum disorders: A prospective birth cohort study. *Schizophrenia Bulletin, 26,* 287–295. (p. 531)

Brown, E. L., & Deffenbacher, K. (1979). *Perception and the senses.* New York: Oxford University Press. (p. 219)

Brown, J. A. (1958). Some tests of the decay theory of immediate memory. *Quarterly Journal of Experimental Psychology, 10,* 12–21. (p. 276)

Brown, J. D., Steele, J. R., & Walsh-Childers, K. (2002). *Sexual teens, sexual media: Investigating media's influence on adolescent sexuality.* Mahwah, NJ: Erlbaum. (p. 176)

Brown, R. (1986). Linguistic relativity. In S. H. Hulse & B. F. Green, Jr. (Eds.), *One hundred years of psychological research in America.* Baltimore: Johns Hopkins University Press. (p. 326)

Brown, R. P., Osterman, L. L., & Barnes, C. D. (2009). School violence and the culture of honor. *Psychological Science, 20,* 1400–1405. (p. 484)

Brown, S. L., Brown, R. M., House, J. S., & Smith, D. M. (2008). Coping with spousal loss: Potential buffering effects of self-reported helping behavior. *Personality and Social Psychology Bulletin, 34,* 849–861. (p. 158)

Brown, S. W., Garry, M., Loftus, E., Silver, B., DuBois, K., & DuBreuil, S. (1996). People's beliefs about memory: Why don't we have better memories? Paper presented at the American Psychological Society convention. (p. 294)

Browning, C. (1992). *Ordinary men: Reserve police battalion 101 and the final solution in Poland.* New York: HarperCollins. (p. 469)

Bruce, D., Dolan, A., & Phillips-Grant, K. (2000). On the transition from childhood amnesia to the recall of personal memories. *Psychological Science, 11,* 360–364. (p. 124)

Bruce-Keller, A. J., Keller, J. N., & Morrison, C. D. (2009). Obesity and vulnerability of the CNS. *Biochemica et Biophysica Acta, 1792,* 395–400. (p. 361)

Bruck, M., & Ceci, S. J. (1999). The suggestibility of children's memory. *Annual Review of Psychology, 50,* 419–439. (p. 297)

Bruck, M., & Ceci, S. J. (2004). Forensic developmental psychology: Unveiling four common misconceptions. *Current Directions in Psychological Science, 15,* 229–232. (p. 297)

Bruer, J. T. (1999). *The myth of the first three years: A new understanding of early brain development and lifelong learning.* New York: Free Press. (p. 341)

Brumberg, J. J. (2000). *Fasting girls: The history of anorexia nervosa.* New York: Vintage. (p. 536)

Bruno, M-A., Bernheim, J. L., Ledoux, D., Pellas, F., Demertzi, A., & Laureys, S. (2011). A survey on self-assessed well-being in a cohort of chronic locked-in syndrome patients: Happy majority, miserable minority. *BMJ Open.* bmjopen.bmj.com/content/early/2011/02/16/bmjopen-2010-000039.short?rss=1.1. (p. 415)

Bruno, M-A., Pellas, F., & Laureys, S. (2008). Quality of life in locked-in syndrome survivors. In J. L. Vincent (ed.), *2008 yearbook of intensive care and emergency medicine.* New York: Springer. (p. 415)

Brunwasser, S. M., Gillham, J. E., & Kim, E. S. (2009). A meta-analytic review of the Penn Resiliency Program's effect on depressive symptoms. *Journal of Consulting and Clinical Psychology, 77,* 1042–1054. (pp. 556, 577)

Bryant, A. N., & Astin, H. A. (2008). The correlates of spiritual struggle during the college years. *Journal of Higher Education, 79,* 1–27. (p. 145)

Bryant, G. A., & Haselton, M. G. (2009). Vocal cues of ovulation in human females. *Biology Letters, 5*(1), 12–15. (p. 172)

Bryant, R. A. (2001). Posttraumatic stress disorder and traumatic brain injury: Can they coexist? *Clinical Psychology Review, 21,* 931–948. (p. 299)

Buchanan, R. W., & 10 others. (2010). The 2009 schizophrenia PORT psychopharmacological treatment recommendations and summary statements. *Schizophrenia Bulletin, 36,* 71–93. (p. 568)

Buchanan, T. W. (2007). Retrieval of emotional memories. *Psychological Bulletin, 133,* 761–779. (p. 283)

Buck, L. B., & Axel, R. (1991). A novel multigene family may encode odorant receptors: A molecular basis for odor recognition. *Cell, 65,* 175–187. (p. 226)

Buckholtz, J. W., & 13 others. (2010). Mesolimbic dopamine reward system hypersensitivity in individuals with psychopathic traits. *Nature Neuroscience, 13,* 419–421. (p. 539)

Buckingham, M. (2001, August). Quoted by P. LaBarre, "Marcus Buckingham thinks your boss has an attitude problem." *The Magazine* (fastcompany.com/online/49/buckingham.html). (p. B-9)

Buckingham, M. (2007). *Go put your strengths to work: 6 powerful steps to achieve outstanding performance.* New York: Free Press. (p. B-3)

Buckingham, M., & Clifton, D. O. (2001). *Now, discover your strengths.* New York: Free Press. (pp. B-3, B-4)

Buckley, K. E., & Leary, M. R. (2001). Perceived acceptance as a predictor of social, emotional, and academic outcomes. Paper presented at the Society of Personality and Social Psychology annual convention. (p. 365)

Buehler, R., Griffin, D., & Ross, M. (1994). Exploring the "planning fallacy": Why people underestimate their task completion times. *Journal of Personality and Social Psychology, 67,* 366–381. (p. 312)

Buffardi, L. E., & Campbell, W. K. (2008). Narcissism and social networking web sites. *Personality and Social Psychology Bulletin, 34,* 1303–1314. (p. 370)

Bugelski, B. R., Kidd, E., & Segmen, J. (1968). Image as a mediator in one-trial paired-associate learning. *Journal of Experimental Psychology, 76,* 69–73. (p. 277)

Bugental, D. B. (1986). Unmasking the "polite smile": Situational and personal determinants of managed affect in adult-child interaction. *Personality and Social Psychology Bulletin, 12,* 7–16. (p. 380)

Buka, S. L., Tsuang, M. T., Torrey, E. F., Klebanoff, M. A., Wagner, R. L., & Yolken, R. H. (2001). Maternal infections and subsequent psychosis among offspring. *Archives of General Psychiatry, 58,* 1032–1037. (p. 531)

Buller, D. J. (2005). *Adapting minds: Evolutionary psychology and the persistent quest for human nature.* Cambridge, MA: MIT Press/Bradford Books. (p. 185)

Buller, D. J. (2009, January). Four fallacies of pop evolutionary psychology. *Scientific American,* pp. 74–81. (p. 185)

Bullough, V. (1990). The Kinsey scale in historical perspective. In D. P. McWhirter, S. A. Sanders, & J. M. Reinisch (Eds.), *Homosexuality/heterosexuality: Concepts of sexual orientation.* New York: Oxford University Press. (p. 178)

Bunde, M., & Suls, J. (2006). A quantitative analysis of the relationship between the Cook-Medley Hostility Scale and traditional coronary artery disease risk factors. *Health Psychology, 25,* 493–500. (p. 399)

Buquet, R. (1988). Le reve et les deficients visuels [Dreams and the visually-impaired]. *Psychanalyse-a-l'Universite, 13,* 319–327. (p. 93)

Burcusa, S. L., & Iacono, W. G. (2007). Risk for recurrence in depression. *Clinical Psychology Review, 27,* 959–985. (p. 522)

Bureau of Labor Statistics. (2004, September 14). *American time-user survey summary.* Washington, DC: United States Department of Labor (www.bls.gov). (p. 169)

Burger, J. M. (2009). Replicating Milgram: Would people still obey today? *American Psychologist, 64,* 1–11. (p. 468)

Burgess, M., Enzle, M. E., & Schmaltz, R. (2004). Defeating the potentially deleterious effects of externally imposed deadlines: Practitioners' rules-of-thumb. *Personality and Social Psychology Bulletin, 30,* 868–877. (p. B-11)

Buri, J. R., Louiselle, P. A., Misukanis, T. M., & Mueller, R. A. (1988). Effects of parental authoritarianism and authoritativeness on self-esteem. *Personality and Social Psychology Bulletin, 14,* 271–282. (p. 138)

Burish, T. G., & Carey, M. P. (1986). Conditioned aversive responses in cancer chemotherapy patients: Theoretical and developmental analysis. *Journal of Counseling and Clinical Psychology, 54,* 593–600. (p. 258)

Burk, W. J., Denissen, J., Van Doorn, M. D., Branje, S. J. T., & Laursen, B. (2009). The vicissitudes of conflict measurement: Stability and reliability in the frequency of disagreements. *European Psychologist, 14,* 153–159. (p. 146)

Burke, D. M., & Shafto, M. A. (2004). Aging and language production. *Current Directions in Psychological Science, 13,* 21–24. (p. 153)

Burns, B. C. (2004). The effects of speed on skilled chess performance. *Psychological Science, 15,* 442–447. (p. 313)

Burns, J. M., & Swerdlow, R. H. (2003). Right orbitofrontal tumor with pedophilia symptom and constructional apraxia sign. *Archives of Neurology, 60,* 437–440. (p. 35)

Burris, C. T., & Branscombe, N. R. (2005). Distorted distance estimation induced by a self-relevant national boundary. *Journal of Experimental Social Psychology, 41,* 305–312. (p. 327)

Burton, C. M., & King, L. A. (2008). Effects of (very) brief writing on health: The two-minute miracle. *British Journal of Health Psychology, 13,* 9–14. (p. 407)

Busby, D. M., Carroll, J. S., & Willoughby, B. J. (2010). Compatibility or restraint? The effects of sexual timing on marriage relationships. *Journal of Family Psychology, 24,* 766–774. (p. 178)

Bushman, B. J. (1993). Human aggression while under the influence of alcohol and other drugs: An integrative research review. *Current Directions in Psychological Science, 2,* 148–152. (p. 482)

Bushman, B. J. (2002). Does venting anger feed or extinguish the flame? Catharsis, rumination, distraction, anger, and aggressive responding. *Personality and Social Psychology Bulletin, 28,* 724–731. (pp. 398, 399)

Bushman, B. J. (2011, July 7). Quoted in S. Vendantam, "It's a duel: How do violent video games affect kids? www.npr.org. (p. 486)

Bushman, B. J., & Anderson, C. A. (2009). Comfortably numb: Desensitizing effects of violent media on helping others. *Psychological Science, 20,* 273–277. (pp. 265, 486)

Bushman, B. J., & Baumeister, R. F. (1998). Threatened egotism, narcissism, self-esteem, and direct and displaced aggression: Does self-love or self-hate lead to violence? *Journal of Personality and Social Psychology, 75,* 219–229. (p. 449)

Bushman, B. J., Baumeister, R. F., Thomaes, S., Ryu, E., Begeer, S., & West, S. G. (2009). Looking again, and harder, for a link between low self-esteem and aggression. *Journal of Personality, 77,* 427–446. (p. 449)

Bushman, B. J., Moeller, S. J., & Crocker, J. (2011). Sweets, sex, or self-esteem? Comparing the value of self-esteem boosts with other pleasant rewards. *Journal of Personality,* in press. (onlinelibrary.wiley.com/doi/10.1111/j.1467-6494.2010.00712.x/abstract). (p. 434)

Bushman, B. J., Rothstein, H. R., & Anderson, C. A. (2010). Much ado about something: Violent video game effects and a school of red herring: Reply to Ferguson and Kilburn (2010). *Psychological Bulletin, 136,* 182–187. (p. 486)

Busnel, M. C., Granier-Deferre, C., & Lecanuet, J. P. (1992, October). Fetal audition. *New York Academy of Sciences, 662,* 118–134. (p. 119)

Buss, A. H. (1989). Personality as traits. *American Psychologist, 44,* 1378–1388. (p. 443)

Buss, D. M. (1994). The strategies of human mating: People worldwide are attracted to the same qualities in the opposite sex. *American Scientist, 82,* 238–249. (p. 184)

Buss, D. M. (1995). Evolutionary psychology: A new paradigm for psychological science. *Psychological Inquiry, 6,* 1–30. (p. 184)

Buss, D. M. (1996). Sexual conflict: Evolutionary insights into feminism and the "battle of the sexes." In D. M. Buss & N. M. Malamuth (Eds.), *Sex, power, conflict: Evolutionary and feminist perspectives.* New York: Oxford University Press. (p. 184)

Buss, D. M. (2008). Female sexual psychology. World Question Center 2008 (edge.org). (p. 175)

Buss, D. M. (2009). The great struggles of life: Darwin and the emergence of evolutionary psychology. *American Psychologist, 64,* 140–148. (p. 184)

Buster, J. E., Kingsberg, S. A., Aguirre, O., Brown, C., Breaux, J. G., Buch, A., Rodenberg, C. A., Wekselman, K., & Casson, P. (2005). Testosterone patch for low sexual desire in surgically menopausal women: A randomized trial. *Obstetrics and Gynecology, 105*(5), 944–952. (p. 172)

Butcher, L. M., Davis, O. S. P., Craig, I. W., & Plomin, R. (2008). Genome-wide quantitative trait locus association scan of general cognitive ability using pooled DNA and 500K single nucleotide polymorphism microarrays. *Genes, Brain and Behavior, 7,* 435–446. (p. 340)

Butler, R. A. (1954, February). Curiosity in monkeys. *Scientific American,* pp. 70–75. (p. 353)

Byers-Heinlein, K., Burns, T. C., & Werker, J. F. (2010). The roots of bilingualism in newborns. *Psychological Science, 21,* 343–348. (p. 119)

Bynum, R. (2004, November 1). Associated Press article. (p. 221)

Byrne, D. (1971). *The attraction paradigm.* New York: Academic Press. (p. 491)

Byrne, D. (1982). Predicting human sexual behavior. In A. G. Kraut (Ed.), *The G. Stanley Hall Lecture Series* (Vol. 2). Washington, DC: American Psychological Association. (p. 172, 242)

Byrne, R. W. (1991, May/June). Brute intellect. *The Sciences,* pp. 42–47. (p. 323)

Byrne, R. W., Bates, L. A., & Moss, C. J. (2009). Elephant cognition in primate perspective. *Comparative Cognition & Behavior Reviews, 4,* 1–15. (p. 317)

Byrne, R. W., & Corp, N. (2004). Neocortex size predicts deception in primates. *Proceedings of the Royal Society B, 271,* 1693–1699. (p. 18)

C

Cable, D. M., & Gilovich, T. (1998). Looked over or overlooked? Prescreening decisions and post-interview evaluations. *Journal of Personality and Social Psychology, 83,* 501–508. (p. B-5)

Cacioppo, J. T., & Hawkley, L. C. (2009). Perceived social isolation and cognition. *Trends in Cognitive Sciences, 13,* 447–454. (pp. 365, 366)

Cahill, L. (1994). (Beta)-adrenergic activation and memory for emotional events. *Nature, 371,* 702–704. (p. 283)

Cahn, B. R., & Polich, J. (2006). Meditation states and traits: EEG, ERP, and neuroimaging studies. *Psychological Bulletin, 132,* 180–211. (p. 410)

Cale, E. M., & Lilienfeld, S. O. (2002). Sex differences in psychopathy and antisocial personality disorder: A review and integration. *Clinical Psychology Review, 22,* 1179–1207. (p. 538)

Call, K. T., Riedel, A. A., Hein, K., McLoyd, V., Petersen, A., & Kipke, M. (2002). Adolescent health and well-being in the twenty-first century: A global perspective. *Journal of Research on Adolescence, 12,* 69–98. (p. 176)

Callaghan, T., Rochat, P., Lillard, A., Claux, M. L., Odden, H., Itakura, S., Tapanya, S., & Singh, S. (2005). Synchrony in the onset of mental-state reasoning. *Psychological Science, 16,* 378–384. (p. 128)

Calvo-Merino, B., Glaser, D. E., Grèzes, J., Passingham, R. E., & Haggard, P. (2004). Action observation and acquired motor skills: An fMRI study with expert dancers. *Cerebral Cortex, 15,* 1243–1249. (p. 328)

Camerer, C. F., Loewenstein, G., & Weber, M. (1989). The curse of knowledge in economic settings: An experimental analysis. *Journal of Political Economy, 97,* 1232–1254. (p. B-15)

Cameron, L., & Rutland, A. (2006). Extended contact through story reading in school: Reducing children's prejudice toward the disabled. *Journal of Social Issues, 62,* 469–488. (p. 499)

Campbell, A. (2010). Oxytocin and human social behavior. *Personality and Social Psychology Review, 14,* 281–205. (p. 393)

Campbell, D. T. (1975). On the conflicts between biological and social evolution and between psychology and moral tradition. *American Psychologist, 30,* 1103–1126. (p. 416)

Campbell, D. T., & Specht, J. C. (1985). Altruism: Biology, culture, and religion. *Journal of Social and Clinical Psychology, 3*(1), 33–42. (p. 435)

Campbell, M. W., & de Waal, F. B. M. (2011). Ingroup-outgroup bias in contagious yawning by chimpanzees supports link to empathy. *PLoS One, 6,* e18283. (p. 479)

Campbell, S. (1986). *The Loch Ness Monster: The evidence.* Willingborough, Northamptonshire, U.K.: Aquarian Press. (p. 197)

Camperio-Ciani, A., Corna, F., & Capiluppi, C. (2004). Evidence for maternally inherited factors favouring male homosexuality and promoting female fecundity. *Proceedings of the Royal Society of London B, 271,* 2217–2221. (p. 181)

Camperio-Ciani, A., Lemmola, F., & Blecher, S. R. (2009). Genetic factors increase fecundity in female maternal relatives of bisexual men as in homosexuals. *Journal of Sexual Medicine, 6,* 449–455. (p. 181)

Campos, J. J., Bertenthal, B. I., & Kermoian, R. (1992). Early experience and emotional development: The emergence of wariness and heights. *Psychological Science, 3,* 61–64. (p. 210)

Canli, T. (2008, February/March). The character code. *Scientific American Mind,* pp. 53–57. (p. 518)

Canli, T., Desmond, J. E., Zhao, Z., & Gabrieli, J. D. E. (2002). Sex differences in the neural basis of emotional memories. *Proceedings of the National Academy of Sciences, 99,* 10789–10794. (p. 382)

Cannon, W. B. (1929). *Bodily changes in pain, hunger, fear, and rage.* New York: Branford. (pp. 357, 392)

Cannon, W. B., & Washburn, A. L. (1912). An explanation of hunger. *American Journal of Physiology, 29,* 441–454. (p. 337)

Cantor, N., & Kihlstrom, J. F. (1987). *Personality and social intelligence.* Englewood Cliffs, NJ: Prentice-Hall. (p. 333)

Cantril, H., & Bumstead, C. H. (1960). *Reflections on the human venture.* New York: New York University Press. (p. 475)

Caplan, N., Choy, M. H., & Whitmore, J. K. (1992, February). Indochinese refugee families and academic achievement. *Scientific American,* pp. 36–42. (pp. 147, 345)

Card, N. A., Stucky, B. C., Sawalani, G. M., & Little, T. D. (2008). Direct and indirect aggression during childhood and adolescence: A meta-analytic review of gender differences, intercorrelations, and relations to maladjustment. *Child Development, 79,* 1185–1229. (p. 164)

Carey, B. (2007, September 4). Bipolar illness soars as a diagnosis for the young. *New York Times* (www.nytimes.com). (p. 521)

Carey, B. (2009, November 27). Surgery for mental ills offers both hope and risk. *New York Times* (www.nytimes.com). (p. 574)

Carey, B. (2010). Seeking emotional clues without facial cues. *New York Times* (www.nytimes.com). (p. 385)

Carey, B. (2011, February 14). Wariness on surgery of the mind. *New York Times* (www.nytimes.com). (p. 574)

Carey, G. (1990). Genes, fears, phobias, and phobic disorders. *Journal of Counseling and Development, 68,* 628–632. (p. 517)

Carli, L. L., & Leonard, J. B. (1989). The effect of hindsight on victim derogation. *Journal of Social and Clinical Psychology, 8,* 331–343. (p. 481)

Carlson, C. L. (2000). ADHD is overdiagnosed. In R. L. Atkinson, R. C. Atkinson, E. E. Smith, D. J. Bem, & S. Nolen-Hoeksema (Eds.), *Hilgard's introduction to psychology* (13th ed.). Fort Worth: Harcourt. (p. 507)

Carlson, M., Charlin, V., & Miller, N. (1988). Positive mood and helping behavior: A test of six hypotheses. *Journal of Personality and Social Psychology, 55,* 211–229. (p. 495)

Carlson, S. (1985). A double-blind test of astrology. *Nature, 318,* 419–425. (p. 438)

Carmeli, A., Ben-Hador, B., Waldman, D. A., & Rupp, D. E. (2009). How leaders cultivate social capital and nurture employee vigor: Implications for job performance. *Journal of Applied Psychology, 94,* 1553–1561. (p. B-12)

Carnahan, T., & McFarland, S. (2007). Revisiting the Stanford Prison Experiment: Could participant self-selection have led to the cruelty? *Personality and Social Psychology Bulletin, 33,* 603–614. (p. 462)

Carpusor, A., & Loges, W. E. (2006). Rental discrimination and ethnicity in names. *Journal of Applied Social Psychology, 36,* 934–952. (p. 24)

Carroll, D., Davey Smith, G., & Bennett, P. (1994, March). Health and socio-economic status. *The Psychologist,* pp. 122–125. (p. 402)

Carroll, J. M., & Russell, J. A. (1996). Do facial expressions signal specific emotions? Judging emotion from the face in context. *Journal of Personality and Social Psychology, 70,* 205–218. (p. 383)

Carroll, J. S., Padilla-Walker, L. M., Nelson, L. J., Olson, C. D., Barry, C. M., & Madsen, S. D. (2008). Generation XXX: Pornography acceptance and use among emerging adults. *Journal of Adolescent Research, 23,* 6–30. (p. 484)

Carskadon, M. A. (2002). *Adolescent sleep patterns: Biological, social, and psychological influences.* New York: Cambridge University Press. (p. 90)

Carstensen, L. L., & Mikels, J. A. (2005). At the intersection of emotion and cognition: Aging and the positivity effect. *Current Directions in Psychological Science, 14,* 117–121. (pp. 156. 338)

Carter, R. (1998). *Mapping the mind.* Berkeley: University of California Press. (p. 41)

Carter, T. J., & Gilovich, T. (2010). The relative relativity of material and experiential purchases. *Journal of Personality and Social Psychology, 98,* 146–159. (p. 418)

Carver, C. S., Johnson, S. L., & Joormann, J. (2008). Serotonergic function, two-mode models of self-regulation, and vulnerability to depression: What depression has in common with impulsive aggression. *Psychological Bulletin, 134,* 912–943. (p. 524)

Carver, C. S., Scheier, M. F., & Segerstrom, S. C. (2010). Optimism. *Clinical Psychology Review, 30,* 879–889. (p. 404)

CASA. (2003). *The formative years: Pathways to substance abuse among girls and young women ages 8–22.* New York: National Center on Addiction and Substance Use, Columbia University. (pp. 103, 110)

CASA. (2004). *CASA 2004 teen survey.* National Center on Addiction and Substance Abuse, Columbia University (www.casacolumbia.org). (p. 174)

Casey, B. J., Getz, S., & Galvan, A. (2008). The adolescent brain. *Developmental Review, 28,* 62–77. (p. 140)

Cash, T., & Janda, L. H. (1984, December). The eye of the beholder. *Psychology Today,* pp. 46–52. (p. 489)

Caspi, A. (2000). The child is father of the man: Personality continuities from childhood to adulthood. *Journal of Personality and Social Psychology, 78,* 158–172. (p. 134)

Caspi, A., Moffitt, T. E., Newman, D. L., & Silva, P. A. (1996). Behavioral observations at age 3 years predict adult psychiatric disorders: Longitudinal evidence from a birth cohort. *Archives of General Psychiatry, 53,* 1033–1039. (p. 539)

Cassidy, J., & Shaver, P. R. (1999). *Handbook of attachment.* New York: Guilford. (p. 133)

Castillo, R. J. (1997). *Culture and mental illness: A client-centered approach.* Pacific Grove, CA: Brooks/Cole. (p. 508)

Castonguay, L. G., Boswell, J. F., Constantino, M. J., Goldfried, M. R., & Hill, C. E. (2010). Training implications of harmful effects of psychological treatments. *American Psychologist, 65,* 34–49. (p. 562)

Cattell, R. B. (1963). Theory of fluid and crystallized intelligence: A critical experiment. *Journal of Educational Psychology, 54,* 1–22. (p. 337)

Cavalli-Sforza, L., Menozzi, P., & Piazza, A. (1994). *The history and geography of human genes.* Princeton, NJ: Princeton University Press. (p. 344)

Cavigelli, S. A., & McClintock, M. K. (2003). Fear of novelty in infant rats predicts adult corticosterone dynamics and an early death. *Proceedings of the National Academy of Sciences, 100,* 16131–16136. (p. 393)

Cawley, B. D., Keeping, L. M., & Levy, P. E. (1998). Participation in the performance appraisal process and employee reactions: A meta-analytic review of field investigations. *Journal of Applied Psychology, 83,* 615–633. (p. B-11)

CDC. (2009a). *Self-harm, all injury causes, nonfatal injuries and rates per 100,000.* National Center for Injury Prevention and Control. http://webappa.cdc.gov/cgi-bin/broker.exe. (p. 525)

CDC. (2009b, December 18). Prevalence of autism spectrum disorders—Autism and developments disabilities monitoring network, United States, 2006 (corresponding author: Catherine Rice). *MMWR, 58*(SS10), 1–20. (www.cdc.gov). (p. 130)

CDC. (2011a). Resources for Entertainment Education Content Developers. Centers for Disease Control and Prevention (www.cdc.gov/healthcommunication/ToolsTemplates/EntertainmentEd/Tips/Influenza.html). (p. 532)

CDC. (2011b, February). *HIV surveillance report, 2009,* vol. 21. Centers for Disease Control and Prevention (www.cdc.gov/hiv/topics/surveillance/basic.htm:hivaidsage). (p. 174)

CDC. (2011c, accessed April 20). *Who's at risk? Tobacco use—smoking.* Centers for Disease Control and Prevention (cdc.gov/vitalsigns/TobaccoUse/Smoking/Risk.html). (p. 112)

CDC. (2012, May 11). Suicide rates among persons ages 10 years and older, by race/ethnicity and sex, United States, 2005–2009. National Suicide Statistics at a Glance, Centers for disease Control and Prevention (www.cdc.gov). (p. 524)

Ceci, S. J. (1993). Cognitive and social factors in children's testimony. Master lecture, American Psychological Association convention. (pp. 297, 298)

Ceci, S. J., & Bruck, M. (1993). Child witnesses: Translating research into policy. *Social Policy Report* (Society for Research in Child Development), 7(3), 1–30. (p. 297)

Ceci, S. J., & Bruck, M. (1995). *Jeopardy in the courtroom: A scientific analysis of children's testimony.* Washington, DC: American Psychological Association. (p. 297)

Ceci, S. J., Huffman, M. L. C., Smith, E., & Loftus, E. F. (1994). Repeatedly thinking about a non-event: Source misattributions among preschoolers. *Consciousness and Cognition, 3,* 388–407. (p. 297)

Ceci, S. J., & Williams, W. M. (1997). Schooling, intelligence, and income. *American Psychologist, 52,* 1051–1058. (p. 342)

Ceci, S. J., & Williams, W. M. (2009). *The mathematics of sex: How biology and society conspire to limit talented women and girls.* New York: Oxford University Press. (p. 342)

Centers for Disease Control. (1992, September 16). Serious mental illness and disability in the adult household population: United States, 1989. *Advance Data* No. 218 from *Vital and Health Statistics,* National Center for Health Statistics. (p. 540)

Centers for Disease Control Vietnam Experience Study. (1988). Health status of Vietnam veterans. *Journal of the American Medical Association, 259,* 2701–2709. (p. 515)

Centerwall, B. S. (1989). Exposure to television as a risk factor for violence. *American Journal of Epidemiology, 129,* 643–652. (p. 265)

Cepeda, N. J., Pashler, H., Vul, E., Wixted, J. T., & Rohrer, D. (2006). Distributed practice in verbal recall tasks: A review and quantitative synthesis. *Psychological Bulletin, 132,* 354–380. (p. 278)

Cepeda, N. J., Vul, E., Rohrer, D., Wixed, J. T., & Pashler, H. (2008). Spacing effects in learning: A temporal ridgeline of optimal retention. *Psychological Science, 19,* 1095–1102. (p. 278)

Cerella, J. (1985). Information processing rates in the elderly. *Psychological Bulletin, 98,* 67–83. (p. 152)

CFI. (2003, July). *International developments. Report.* Amherst, NY: Center for Inquiry International. (p. 232)

Chabris, C. F., & Simons, D. (2010). *The invisible gorilla: And other ways our intuitions deceive us.* New York: Crown. (p. 82)

Chambless, D. L., Baker, M. J., Baucom, D. H., Beutler, L. E., Calhoun, K. S., Crits-Christoph, P., Daiuto, A., DeRubeis, R., Detweiler, J., Haaga, D. A. F., Johnson, S. B., McCurry, S., Mueser, K. T., Pope, K. S., Sanderson, W. C., Shoham, V., Stickle, T., Williams, D. A., & Woody, S. R. (1997). Update on empirically validated therapies, II. *The Clinical Psychologist, 51*(1), 3–16. (p. 564)

Chamove, A. S. (1980). Nongenetic induction of acquired levels of aggression. *Journal of Abnormal Psychology, 89,* 469–488. (p. 264)

Champagne, F. A. (2010). Early adversity and developmental outcomes: Interaction between genetics, epigenetics, and social experiences across the life span. *Perspectives on Psychological Science, 5,* 564–574. (p. 67)

Champagne, F. A., Francis, D. D., Mar, A, & Meaney, M. J. (2003). Naturally-occurring variations in maternal care in the rat as a mediating influence for the effects of environment on the development of individual differences in stress reactivity. *Physiology & Behavior, 79,* 359–371. (p. 68)

Champagne, F. A., & Mashoodh, R. (2009). Genes in context: Gene-environment interplay and the origins of individual differences in behavior. *Current Directions in Psychological Science, 18,* 127–131. (p. 68)

Chance News. (1997, 25 November). More on the frequency of letters in texts. Dart.Chance@Dartmouth.edu. (p. 20)

Chandler, J., & Schwarz, N. (2009). How extending your middle finger affects your perception of others: learned movements influence concept accessibility. *Journal of Experimental Social Psychology, 45,* 123–128. (p. 385)

Chandra, A., Mosher, W. D., & Copen, C. (2011, March). Sexual behavior, sexual attraction, and sexual identity in the United States: Data from the 2006–2008 National Survey of Family Growth. *National Health Statistics Reports,* Number 36 (Centers for Disease Control and Prevention). (p. 178)

Chaplin, W. F., Phillips, J. B., Brown, J. D., Clanton, N. R., & Stein, J. L. (2000). Handshaking, gender, personality, and first impressions. *Journal of Personality and Social Psychology, 79,* 110–117. (p. 379)

Charness, N., & Boot, W. R. (2009). Aging and information technology use. *Current Directions in Psychological Science, 18,* 253–258. (p. 338)

Charpak, G., & Broch, H. (2004). *Debunked! ESP, telekinesis, and other pseudoscience.* Baltimore, MD: Johns Hopkins University Press. (p. 231)

Chartrand, T. L., & Bargh, J. A. (1999). The chameleon effect: The perception-behavior link and social interaction. *Journal of Personality and Social Psychology, 76,* 893–910. (p. 465)

Chatard, A., & Selimbegović, L. (2011). When self-destructive thoughts flash through the mind: Failure to meet standards affects the accessibility of suicide-related thoughts. *Journal of Personality and Social Psychology, 100,* 587–605. (p. 524)

Chater, N., Reali, F., & Christiansen, M. H. (2009). Restrictions on biological adaptation in language evolution. *PNAS, 106,* 1015–1020. (p. 321)

Cheek, J. M., & Melchior, L. A. (1990). Shyness, self-esteem, and self-consciousness. In H. Leitenberg (Ed.), *Handbook of social and evaluation anxiety.* New York: Plenum. (p. 451)

Cheit, R. E. (1998). Consider this, skeptics of recovered memory. *Ethics & Behavior, 8,* 141–160. (p. 431)

Chen, A. W., Kazanjian, A., & Wong, H. (2009). Why do Chinese Canadians not consult mental health services: Health status, language or culture? *Transcultural Psychiatry, 46,* 623–640. (p. 566)

Chen, E. (2004). Why socioeconomic status affects the health of children: A psychosocial perspective. *Current Directions in Psychological Science, 13,* 112–115. (p. 402)

Chen, S-Y., & Fu, Y-C. (2008). Internet use and academic achievement: Gender differences in early adolescence. *Adolescence, 44,* 797–812. (p. 369)

Chen, X., Beydoun, M. A., & Wang, Y. (2008). Is sleep duration associated with childhood obesity? A systematic review and meta-analysis. *Obesity, 16,* 265–274. (p. 90)

Cherkas, L. F., Hunkin, J. L., Kato, B. S., Richards, J. B., Gardner, J. P., Surdulescu, G. L., Kimura, M., Lu, X., Spector, T. D., & Aviv, A. (2008). The association between physical activity in leisure time and leukocyte telomere length. *Archives of Internal Medicine, 168,* 154–158. (p. 152)

Cherniss, C. (2010a). Emotional intelligence: Toward clarification of a concept. *Industrial and Organizational Psychology, 3,* 110–126. (p. 333)

Cherniss, C. (2010b). Emotional intelligence: New insights and further clarifications. *Industrial and Organizational Psycvhology, 3,* 183–191. (p. 333)

Chess, S., & Thomas, A. (1987). *Know your child: An authoritative guide for today's parents.* New York: Basic Books. (p. 134)

Cheung, B. Y., Chudek, M., & Heine, S. J. (2011). Evidence for a sensitive period for acculturation: Younger immigrants report acculturating at a faster rate. *Psychological Science, 22,* 147–152. (p. 321)

Chida, Y., & Hamer, M. (2008). Chronic psychosocial factors and acute physiological responses to laboratory-induced stress in healthy populations: A quantitative review of 30 years of investigations. *Psychological Bulletin, 134,* 829–885. (p. 398)

Chida, Y., Hamer, M., Wardle, J., & Steptoe, A. (2008). Do stress-related psychosocial factors contribute to cancer incidence and survival? *Nature Reviews: Clinical Oncology, 5,* 466–475. (p. 397)

Chida, Y., & Steptoe, A. (2009). The association of anger and hostility with future coronary heart disease: A meta-analytic review of prospective evidence. *Journal of the American College of Cardiology, 17,* 936–946. (p. 398)

Chida, Y., Steptoe, A., & Powell, L. H. (2009). Religiosity/spirituality and mortality. *Psychotherapy and Psychosomatics, 78,* 81–90. (p. 412)

Chiles, J. A., Lambert, M. J., & Hatch, A. L. (1999). The impact of psychological interventions on medical cost offset: A meta-analytic review. *Clinical Psychology; Science and Practice, 6,* 204–220. (p. 561)

Chivers, M. L. (2005). A brief review and discussion of sex differences in the specificity of sexual arousal. *Sexual and Relationship Therapy, 20,* 377–390. (p. 179)

Chivers, M. L., Seto, M. C., Lalumière, M. L., Laan, E., & Grimbos, T. (2010). Agreement of self-reported and genital measures of sexual arousal in men and women: A meta-analysis. *Archives of Sexual Behavior, 39,* 5–56. (p. 175)

Choi, C. Q. (2008, March). Do you need only half your brain? *Scientific American,* p. 104. (p. 58)

Choi, I., & Choi, Y. (2002). Culture and self-concept flexibility. *Personality and Social Psychology Bulletin, 28,* 1508–1517. (p. 451)

Chomsky, N. (1972). *Language and mind.* New York: Harcourt Brace. (p. 323)

Christakis, N. A., & Fowler, J. H. (2007). The spread of obesity in a large social network over 32 years. *New England Journal of Medicine, 357,* 370–379. (p. 362)

Christakis, N. A., & Fowler, J. H. (2008, May). The collective dynamics of smoking in a large social network. *New England Journal of Medicine, 358*(21), 2249–2258. (p. 112)

Christakis, N. A., & Fowler, J. H. (2009). *Connected: The surprising power of social networks and how they shape our lives.* New York: Little, Brown. (p. 407)

Christensen, A., & Jacobson, N. S. (1994). Who (or what) can do psychotherapy: The status and challenge of nonprofessional therapies. *Psychological Science, 5,* 8–14. (p. 566)

Christophersen, E. R., & Edwards, K. J. (1992). Treatment of elimination disorders: State of the art 1991. *Applied & Preventive Psychology, 1,* 15–22. (p. 551)

Chua, H. F., Boland, J. E., & Nisbett, R. E. (2005). Cultural variation in eye movements during scene perception. *Proceedings of the National Academy of Sciences, 102,* 12629–12633. (p. 458)

Chugani, H. T., & Phelps, M. E. (1986). Maturational changes in cerebral function in infants determined by 18FDG positron emission tomography. *Science, 231,* 840–843. (p. 122)

Church, T. S., Thomas, D. M., Tudor-Locke, C., Katzmarzyk, P. T., Earnest, C. P., Rodarte, R. Q., Martin, C. K., Blair, S. N., & Bouchard, C. (2011). Trends over 5 decades in U.S. occupation-related physical activity and their associations with obesity. *PLoS ONE, 6*(5), e19657. (p. 362)

CIA. (2010). *The World Fact Book:* Literacy. Washington, D.C.: CIA (https://www.cia.gov/library/publications/the-world-factbook/fields/2103.html). (p. 476)

Cialdini, R. B. (1993). *Influence: Science and practice* (3rd ed.). New York: HarperCollins. (p. 461)

Cialdini, R. B., & Richardson, K. D. (1980). Two indirect tactics of image management: Basking and blasting. *Journal of Personality and Social Psychology, 39,* 406–415. (p. 479)

Ciarrochi, J., Forgas, J. P., & Mayer, J. D. (2006). *Emotional intelligence in everyday life* (2nd ed.). New York: Psychology Press. (p. 333)

Cin, S. D., Gibson, B., Zanna, M. P., Shumate, R., & Fong, G. T. (2007). Smoking in movies, implicit associations of smoking with the self, and intentions to smoke. *Psychological Science, 18,* 559–563. (p. 111)

Circle of Prevention. (2002). Economic independence for women leaving or living in abusive relationships. Government of Newfoundland and Labrador (www.gov.nl.ca/VPI/publications/economicindependence.pdf). (p. 464)

Clack, B., Dixon, J., & Tredoux, C. (2005). Eating together apart: Patterns of segregation in a multi-ethnic cafeteria. *Journal of Community and Applied Social Psychology, 15,* 1–16. (p. 499)

Clancy, S. A. (2005). *Abducted: How people come to believe they were kidnapped by aliens.* Cambridge, MA: Harvard University Press. (p. 85)

Clancy, S. A. (2010). *The trauma myth: The truth about the sexual abuse of children—and its aftermath.* New York: Basic Books. (p. 136)

Clark, A., Seidler, A., & Miller, M. (2001). Inverse association between sense of humor and coronary heart disease. *International Journal of Cardiology, 80,* 87–88. (p. 405)

Clark, K. B., & Clark, M. P. (1947). Racial identification and preference in Negro children. In T. M. Newcomb & E. L. Hartley (Eds.), *Readings in social psychology.* New York: Holt. (p. 29)

Clay, R. A. (2010, July/August). Defining disease worldwide. *Monitor on Psychology,* pp. 54–57. (p. 509)

Clay, R. A. (2011, January). Revising the DSM. *Monitor on Psychology,* pp. 54–55. (p. 509)

Cleary, A. M. (2008). Recognition memory, familiarity, and déjà vu experiences. *Current Directions in Psychological Science, 17,* 353–357. (p. 296)

Coan, J. A., Schaefer, H. S., & Davidson, R. J. (2006). Lending a hand: Social regulation of the neural response to threat. *Psychological Science, 17,* 1032–1039. (p. 405)

Coelho, C. M., & Purkis, H. (2009). The origins of specific phobias: Influential theories and current perspectives. *Review of General Psychology, 13,* 335–348. (p. 518)

Coffey, C. E., Wilkinson, W. E., Weiner, R. D., Parashos, I. A., Djang, W. T., Webb, M. C., Figiel, G. S., & Spritzer, C. E. (1993). Quantitative cerebral anatomy in depression: A controlled magnetic resonance imaging study. *Archives of General Psychiatry, 50,* 7–16. (p. 523)

Cohen, A. B. (2009). Many forms of culture. *American Psychologist, 64,* 194–204. (pp. 452, 463)

Cohen, D. (1995, June 17). Now we are one, or two, or three. *New Scientist,* pp. 14–15. (p. 534)

Cohen, N. (2011, January 30). Define gender gap? Look up Wikipedia's contributor list. *New York Times* (www.nytimes.com). (p. 166)

Cohen, P. (2007, November 15). Freud is widely taught at universities, except in the psychology department. *New York Times* (www.nytimes.com). (p. 424)

Cohen, P. (2010, June 11). Long road to adulthood is growing even longer. *New York Times* (www.nytimes.com). (p. 149)

Cohen, R. (2011, March 12). The happynomics of life. *New York Times* (www.nytimes.com). (p. 419)

Cohen, S. (2004). Social relationships and health. *American Psychologist, 59,* 676–684. (p. 406)

Cohen, S., Doyle, W. J., Alper, C. M., Janicki-Deverts, D., & Turner, R. B. (2009). Sleep habits and susceptibility to the common cold. *Archives of Internal Medicine, 169,* 62–67. (p. 90)

Cohen, S., Doyle, W. J., Skoner, D. P., Rabin, B. S., & Gwaltney, J. M., Jr. (1997). Social ties and susceptibility to the common cold. *Journal of the American Medical Association, 277,* 1940–1944. (pp. 402, 406)

Cohen, S., Doyle, W. J., Turner, R., Alper, C. M., & Skoner, D. P. (2003). Sociability and susceptibility to the common cold. *Psychological Science, 14,* 389–395. (p. 395)

Cohen, S., Kaplan, J. R., Cunnick, J. E., Manuck, S. B., & Rabin, B. S. (1992). Chronic social stress, affiliation, and cellular immune response in nonhuman primates. *Psychological Science, 3,* 301–304. (p. 394)

Cohen, S., & Pressman, S. D. (2006). Positive affect and health. *Current Directions in Psychological Science, 15,* 122–125. (p. 395)

Cohen, S., Tyrrell, D. A. J., & Smith, A. P. (1991). Psychological stress and susceptibility to the common cold. *New England Journal of Medicine, 325,* 606–612. (p. 395)

Colapinto, J. (2000). *As nature made him: The boy who was raised as a girl.* New York: HarperCollins. (p. 169)

Colarelli, S. M., & Dettman, J. R. (2003). Intuitive evolutionary perspectives in marketing. *Psychology and Marketing, 20,* 837–865. (p. 70)

Colarelli, S. M., Spranger, J. L., & Hechanova, M. R. (2006). Women, power, and sex composition in small groups: An evolutionary perspective. *Journal of Organizational Behavior, 27,* 163–184. (p. 165)

Colcombe, S. J., Kramer, A. F., Erickson, K. I., Scalf, P., McAuley, E., Cohen, N. J., Webb, A., Jerome, G. J., Marquex, D. X., & Elavsky, S. (2004). Cardiovascular fitness, cortical plasticity, and aging. *Proceedings of the National Academy of Sciences, 101,* 3316–3321. (p. 152)

Cole, K. C. (1998). *The universe and the teacup: The mathematics of truth and beauty.* New York: Harcourt Brace. (p. 104)

Coley, R. L., Medeiros, B. L., & Schindler, H. (2008). Using sibling differences to estimate effects of parenting on adolescent sexual risk behaviors. *Journal of Adolescent Health, 43,* 133–140. (p. 177)

Collins, D. W., & Kimura, D. (1997). A large sex difference on a two-dimensional mental rotation task. *Behavioral Neuroscience, 111,* 845–849. (p. 342)

Collins, F. (2006). *The language of God.* New York: Free Press. (p. 70)

Collins, G. (2009, March 9). The rant list. *New York Times* (nytimes.com). (p. 28)

Collins, N. L., & Miller, L. C. (1994). Self-disclosure and liking: A meta-analytic review. *Psychological Bulletin, 116,* 457–475. (pp. 492, 493)

Collins, R. L., Elliott, M. N., Berry, S. H., Danouse, D. E., Kunkel, D., Hunter, S. B., & Miu, A. (2004). Watching sex on television predicts adolescent initiation of sexual behavior. *Pediatrics, 114,* 280–289. (p. 21)

Collins, W. A., Welsh, D. P., & Furman, W. (2009). Adolescent romantic relationships. *Annual Review of Psychology, 60,* 631–652. (p. 145)

Collinson, S. L., MacKay, C. E., James, A. C., Quested, D. J., Phillips, T., Roberts, N., & Crow, T. J. (2003). Brain volume, asymmetry and intellectual impairment in relation to sex in early-onset schizophrenia. *British Journal of Psychiatry, 183,* 114–120. (p. 531)

Collishaw, S., Pickles, A., Natarajan, L., & Maughan, B. (2007, June). 20-year trends in depression and anxiety in England. Paper presented at the Thirteenth Scientific Meeting on The Brain and the Developing Child, London. (p. 522)

Colombo, J. (1982). The critical period concept: Research, methodology, and theoretical issues. *Psychological Bulletin, 91,* 260–275. (p. 133)

Comfort, A. (1992). *The new joy of sex.* New York: Pocket. (p. 151)

Comstock, G. (2008). A sociological perspective on television violence and aggression. *American Behavioral Scientist, 51,* 1184–1211. (p. 265)

Confer, J. C., Easton, J. A., Fleischman, D. S., Goetz, C. D., Lewis, D. M. G., Perilloux, C., & Buss, D. M. (2010). Evolutionary psychology: Controversies, questions, prospects, and limitations. *American Psychologist, 65,* 110–126. (pp. 185, 186)

Conley, C. S., & Rudolph, K. D. (2009). The emerging sex difference in adolescent depression: Interacting contributions of puberty and peer stress. *Development and Psychopathology, 21,* 593–620. (p. 140)

Conn, V. S. (2010). Depressive symptom outcomes of physical activity interventions: Meta-analysis findings. *Annals of Behavioral Medicine, 39,* 128–138. (p. 408)

Connor, C. E. (2010). A new viewpoint on faces. *Science, 330,* 764–765. (p. 204)

Connor-Smith, J. K., & Flachsbart, C. (2007). Relations between personality and coping: A meta-analysis. *Journal of Personality and Social Psychology, 93,* 1080–1107. (p. 401)

Consumer Reports. (1995, November). Does therapy help? Pp. 734–739. (p. 560)

Conway, A. R. A., Skitka, L. J., Hemmerich, J. A., & Kershaw, T. C. (2009). Flashbulb memory for 11 September 2001. *Applied Cognitive Psychology, 23,* 605–623. (p. 283)

Conway, M. A., Wang, Q., Hanyu, K., & Haque, S. (2005). A cross-cultural investigation of autobiographical memory. On the universality and cultural variation of the reminiscence bump. *Journal of Cross-Cultural Psychology, 36,* 739–749. (p. 153)

Cooke, L. J., Wardle, J., & Gibson, E. L. (2003). Relationship between parental report of food neophobia and everyday food consumption in 2–6-year-old children. *Appetite, 41,* 205–206. (p. 224)

Cooper, K. J. (1999, May 1). This time, copycat wave is broader. *Washington Post* (www.washingtonpost.com). (p. 465)

Cooper, M. (2010, October 18). From Obama, the tax cut nobody heard of. *New York Times* (www.nytimes.com). (p. 479)

Cooper, M. L. (2006). Does drinking promote risky sexual behavior? A complex answer to a simple question. *Current Directions in Psychological Science, 15,* 19–23. (p. 102)

Cooper, W. H., & Withey, M. J. (2009). The strong situation hypothesis. *Personality and Social Psychology Review, 13,* 62–72. (p. 443)

Coopersmith, S. (1967). *The antecedents of self-esteem.* San Francisco: Freeman. (p. 138)

Copeland, W., Shanahan, L., Miller, S., Costello, E. J., Angold, A., & Maughan, B. (2010). Outcomes of early pubertal timing in young women: A prospective population-based study. *American Journal of Psychiatry, 167,* 1218–1225. (p. 140)

Corballis, M. C. (2002). *From hand to mouth: The origins of language.* Princeton, NJ: Princeton University Press. (p. 324)

Corballis, M. C. (2003). From mouth to hand: Gesture, speech, and the evolution of right-handedness. *Behavioral and Brain Sciences, 26,* 199–260. (p. 324)

Coren, S. (1996). *Sleep thieves: An eye-opening exploration into the science and mysteries of sleep.* New York: Free Press. (pp. 89, 91)

Corey, D. P., & 15 others. (2004). TRPA1 is a candidate for the mechanosensitive transduction channel of vertebrate hair cells. *Nature, 432,* 723–730. (p. 217)

Corina, D. P. (1998). The processing of sign language: Evidence from aphasia. In B. Stemmer & H. A. Whittaker (Eds.), *Handbook of neurolinguistics.* San Diego: Academic Press. (p. 61)

Corina, D. P., Vaid, J., & Bellugi, U. (1992). The linguistic basis of left hemisphere specialization. *Science, 255,* 1258–1260. (p. 61)

Corkin, S., quoted by R. Adelson (2005, September). Lessons from H. M. *Monitor on Psychology,* p. 59. (p. 290)

Corneille, O., Huart, J., Becquart, E., & Brédart, S. (2004). When memory shifts toward more typical category exemplars: Accentuation effects in the recollection of ethnically ambiguous faces. *Journal of Personality and Social Psychology, 86,* 236–250. (p. 306)

Correll, J., Park, B., Judd, C. M., & Wittenbrink, B. (2002). The police officer's dilemma: Using ethnicity to disambiguate potentially threatening individuals. *Journal of Personality and Social Psychology, 83,* 1314–1329. (p. 477)

Correll, J., Park, B., Judd, C. M., Wittenbrink, B., Sadler, M. S., & Keesee, T. (2007). Across the thin blue line: Police officers and racial bias in the decision to shoot. *Journal of Personality and Social Psychology, 92,* 1006–1023. (p. 477)

Costa, P. T., Jr., & McCrae, R. R. (2009). The five-factor model and the NEO inventories. In J. N. Butcher (ed.), *Oxford handbook of personality assessment.* New York: Oxford University Press. (p. 439)

Costa, P. T., Jr., Terracciano, A., & McCrae, R. R. (2001). Gender differences in personality traits across cultures: Robust and surprising findings. *Journal of Personality and Social Psychology, 81,* 322–331. (p. 381)

Costello, E. J., Compton, S. N., Keeler, G., & Angold, A. (2003). Relationships between poverty and psychopathology: A natural experiment. *Journal of the American Medical Association, 290,* 2023–2029. (pp. 21, 540)

Coughlin, J. F., Mohyde, M., D'Ambrosio, L. A., & Gilbert, J. (2004). *Who drives older driver decisions?* Cambridge, MA: MIT Age Lab. (p. 152)

Couli, J. T., Vidal, F., Nazarian, B., & Macar, F. (2004). Functional anatomy of the attentional modulation of time estimation. *Science, 303,* 1506–1508. (p. B-1)

Council of State Governments. (2002). *Criminal justice/mental health consensus project.* Lexington, KY: Author. (p. 512)

Courtney, J. G., Longnecker, M. P., Theorell, T., & de Verdier, M. G. (1993). Stressful life events and the risk of colorectal cancer. *Epidemiology, 4,* 407–414. (p. 397)

Covin, R., Ouimet, A. J., Seeds, P. M., & Dozois, D. J. A. (2008). A meta-analysis of CBT for pathological worry among clients with GAD. *Journal of Anxiety Disorders, 22,* 108–116. (p. 557)

Cowan, G., Lee, C., Levy, D., & Snyder, D. (1988). Dominance and inequality in X-rated videocassettes. *Psychology of Women Quarterly, 12,* 299–311. (p. 484)

Cowan, N. (1988). Evolving conceptions of memory storage, selective attention, and their mutual constraints within the human information-processing system. *Psychological Bulletin, 104,* 163–191. (p. 276)

Cowan, N. (2010). The magical mystery four: How is working memory capacity limited, and why? *Current Directions in Psychological Science, 19,* 51–57. (p. 273)

Cowart, B. J. (1981). Development of taste perception in humans: Sensitivity and preference throughout the life span. *Psychological Bulletin, 90,* 43–73. (p. 224)

Cowart, B. J. (2005). Taste, our body's gustatory gatekeeper. *Cerebrum,* 7(2), 7–22. (pp. 224, 225)

Cox, J. J., & 18 others. (2006). An *SCN9A* channelopathy causes congenital inability to experience pain. *Nature, 444,* 894–898. (p. 222)

Coyne, J. C., Ranchor, A. V., & Palmer, S. C. (2010). Meta-analysis of stress-related factors in cancer. *Nature Reviews: Clinical Oncology, 7,* doi:10.1038/ncponc1134-c1. (p. 397)

Coyne, J. C., Stefanek, M., & Palmer, S. C. (2007). Psychotherapy and survival in cancer: The conflict between hope and evidence. *Psychological Bulletin, 133,* 367–394. (p. 397)

Coyne, J. C., & Tennen, H. (2010). Positive psychology in cancer care: Bad science, exaggerated claims, and unproven medicine. *Annals of Behavioral Medicine, 39,* 16–26. (p. 397)

Coyne, J. C., Thombs, B. C., Stefanek, M., & Palmer, S. C. (2009). Time to let go of the illusion that psychotherapy extends the survival of cancer patients: Reply to Kraemer, Kuchler, and Spiegel (2009). *Psychological Bulletin, 135,* 179–182. (p. 397)

Crabbe, J. C. (2002). Genetic contributions to addiction. *Annual Review of Psychology, 53,* 435–462. (p. 110)

Crabtree, S. (2005, January 13). Engagement keeps the doctor away. *Gallup Management Journal* (gmj.gallup.com). (p. B-9)

Crabtree, S. (2010, July 14). Personal correspondence (Gallup Organization). (p. 156)

Craik, F. I. M., & Tulving, E. (1975). Depth of processing and the retention of words in episodic memory. *Journal of Experimental Psychology: General, 104,* 268–294. (p. 279)

Crandall, J. E. (1984). Social interest as a moderator of life stress. *Journal of Personality and Social Psychology, 47,* 164–174. (p. 435)

Crawford, E. F., Drescher, K. D., & Rosen, C. S. (2009). Predicting mortality in veterans with posttraumatic stress disorder thirty years after Vietnam. *Journal of Nervous and Mental Disease, 197,* 260–265. (p. 515)

Crawley, J. N. (2007). Testing hypotheses about autism. *Science, 318,* 56–57. (p. 131)

Credé, M., & Kuncel, N. R. (2008). Study habits, skills, and attitudes: The third pillar supporting collegiate academic performance. *Perspectives on Psychological Science, 3,* 425–453. (p. 342)

Crews, F. T., He, J., & Hodge, C. (2007). Adolescent cortical development: A critical period of vulnerability for addiction. *Pharmacology, Biochemistry and Behavior, 86,* 189–199. (pp. 102, 141)

Crews, F. T., Mdzinarishvili, A., Kim, D., He, J., & Nixon, K. (2006). Neurogenesis in adolescent brain is potently inhibited by ethanol. *Neuroscience, 137,* 437–445. (p. 102)

Crocker, J., & Park, L. E. (2004). The costly pursuit of self-esteem. *Psychological Bulletin, 130,* 392–414. (p. 450)

Crocker, J., Thompson, L. L., McGraw, K. M., & Ingerman, C. (1987). Downward comparison, prejudice, and evaluation of others: Effects of self-esteem and threat. *Journal of Personality and Social Psychology, 52,* 907–916. (p. 479)

Croft, R. J., Klugman, A., Baldeweg, T., & Gruzelier, J. H. (2001). Electrophysiological evidence of serotonergic impairment in long-term MDMA ("Ecstasy") users. *American Journal of Psychiatry, 158,* 1687–1692. (p. 107)

Crook, T. H., & West, R. L. (1990). Name recall performance across the adult life-span. *British Journal of Psychology, 81,* 335–340. (p. 153)

Cross, S., & Markus, H. (1991). Possible selves across the life span. *Human Development, 34,* 230–255. (p. 447)

Cross-National Collaborative Group. (1992). The changing rate of major depression. *Journal of the American Medical Association, 268,* 3098–3105. (p. 522)

Crowell, J. A., & Waters, E. (1994). Bowlby's theory grown up: The role of attachment in adult love relationships. *Psychological Inquiry, 5,* 1–22. (p. 133)

Csikszentmihalyi, M. (1990). *Flow: The psychology of optimal experience.* New York: Harper & Row. (p. B-1)

Csikszentmihalyi, M. (1999). If we are so rich, why aren't we happy? *American Psychologist, 54,* 821–827. (p. B-1)

Csikszentmihalyi, M., & Hunter, J. (2003). Happiness in everyday life: The uses of experience sampling. *Journal of Happiness Studies, 4,* 185–199. (p. 146)

Cuijpers, P., van Straten, A., Schuurmans, J., van Oppen, P., Hollon, S. D., & Andersson, G. (2010). Psychotherapy for chronic major depression and dysthymia: A meta-analysis. *Clinical Psychology Review, 30,* 51–62. (p. 570)

Culbert, K. M., Burt, S. A., McGue, M., Iacono, W. G., & Klump, K. L. (2009). Puberty and the genetic diathesis of disordered eating attitudes and behaviors. *Journal of Abnormal Psychology, 118,* 788–796. (p. 536)

Cullum, J., & Harton, H. C. (2007). Cultural evolution: Interpersonal influence, issue importance, and the development of shared attitudes in college residence halls. *Personality and Social Psychology Bulletin, 33,* 1327–1339. (p. 467)

Cummings, R. A. (2006, April 4). *Australian Unity Wellbeing Index: Survey 14.1.* Australian Centre on Quality of Life, Deakin University, Melbourne: Report 14.1. (p. 415)

Cunningham, M. R., & others. (2005). "Their ideas of beauty are, on the whole, the same as ours": Consistency and variability in the cross-cultural perception of female physical attractiveness. *Journal of Personality and Social Psychology, 68,* 261–279. (p. 490)

Cunningham, W. A., Johnson, M. K., Raye, C. L., Gatenby, J. C., Gore, J. C., & Banaji, M. R. (2004). Separable neural components in the processing of Black and White faces. *Psychological Science, 15,* 806–813. (p. 477)

Currie, T. E., & Little, A. C. (2009). The relative importance of the face and body in judgments of human physical attractiveness. *Evolution and Human Behavior, 30,* 409–416. (p. 490)

Curry, J., & 22 others. (2011). Recovery and recurrence following treatment for adolescent major depression. *Archives of General Psychiatry, 68,* 263–269. (p. 522)

Curtis, G. C., Magee, W. J., Eaton, W. W., Wittchen, H-U., & Kessler, R. C. (1998). Specific fears and phobias: Epidemiology and classification. *British Journal of Psychiatry, 173,* 212–217. (p. 514)

Curtis, R. C., & Miller, K. (1986). Believing another likes or dislikes you: Behaviors making the beliefs come true. *Journal of Personality and Social Psychology, 51,* 284–290. (p. 491)

Custers, R., & Aarts, H. (2010). The unconscious will: How the pursuit of goals operates outside of conscious awareness. *Science, 329,* 47–50. (p. 313)

Cyders, M. A., & Smith, G. T. (2008). Emotion-based dispositions to rash action: Positive and negative urgency. *Psychological Bulletin, 134,* 807–828. (p. 371)

Czeisler, C. A., Allan, J. S., Strogatz, S. H., Ronda, J. M., Sanchez, R., Rios, C. D., Freitag, W. O., Richardson, G. S., & Kronauer, R. E. (1986). Bright light resets the human circadian pacemaker independent of the timing of the sleep-wake cycle. *Science, 233,* 667–671. (p. 88)

Czeisler, C. A., Duffy, J. F., Shanahan, T. L., Brown, E. N., Mitchell, J. F., Rimmer, D. W., Ronda, J. M., Silva, E. J., Allan, J. S., Emens, J. S., Dijk, D-J., & Kronauer, R. E. (1999). Stability, precision, and near-24-hour period of the human circadian pacemaker. *Science, 284,* 2177–2181. (p. 87)

Czeisler, C. A., Kronauer, R. E., Allan, J. S., & Duffy, J. F. (1989). Bright light induction of strong (type O) resetting of the human circadian pacemaker. *Science, 244,* 1328–1333. (p. 88)

D

Dabbs, J. M., Jr., Bernieri, F. J., Strong, R. K., Campo, R., & Milun, R. (2001b). Going on stage: Testosterone in greetings and meetings. *Journal of Research in Personality, 35,* 27–40. (p. 482)

Dabbs, J. M., Jr., & Morris, R. (1990). Testosterone, social class, and antisocial behavior in a sample of 4,462 men. *Psychological Science, 1,* 209–211. (p. 482)

Dabbs, J. M., Jr., Riad, J. K., & Chance, S. E. (2001a). Testosterone and ruthless homicide. *Personality and Individual Differences, 31,* 599–603. (p. 482)

Damasio, A. R. (2003). *Looking for Spinoza: Joy, sorrow, and the feeling brain.* New York: Harcourt. (p. 372)

Damasio, A. R. (2010). *Self comes to mind: Constructing the conscious brain.* New York: Pantheon. (p. 447)

Damasio, H., Grabowski, T., Frank, R., Galaburda, A. M., & Damasio, A. R. (1994). The return of Phineas Gage: Clues about the brain from the skull of a famous patient. *Science, 264,* 1102–1105. (p. 57)

Damon, W., Menon, J., & Bronk, K. (2003). The development of purpose during adolescence. *Applied Developmental Science, 7,* 119–128. (p. 145)

Danner, D. D., Snowdon, D. A., & Friesen, W. V. (2001). Positive emotions in early life and longevity: Findings from the Nun Study. *Journal of Personality and Social Psychology, 80,* 804–813. (p. 405)

Danso, H., & Esses, V. (2001). Black experimenters and the intellectual test performance of white participants: The tables are turned. *Journal of Experimental Social Psychology, 37,* 158–165. (p. 346)

Danziger, S., & Ward, R. (2010). Language changes implicit associations between ethnic groups and evaluation in bilinguals. *Psychological Science, 21,* 799–800. (p. 326)

Dapretto, M., Davies, M. S., Pfeifer, J. H., Scott, A. A., Sigman, M., Bookheimer, S. Y., & Iacoboni, M. (2006). Understanding emotions in others: Mirror neuron dysfunction in children with autism spectrum disorders. *Nature Neuroscience, 9,* 28–30. (p. 131)

Darley, J. M. (2009). Morality in the law: The psychological foundations of citizens' desires to punish transgressions. *Annual Review of Law and Social Science, 5,* 1–23. (p. 143)

Darley, J. M., & Alter, A. (2011). Behavioral issues of punishment and deterrence. In E. Shafir (Ed.), *The behavioral foundations of policy.* Princeton, NJ: Princeton University Press and the Russell Sage Foundation. (p. 251)

Darley, J. M., & Latané, B. (1968a). Bystander intervention in emergencies: Diffusion of responsibility. *Journal of Personality and Social Psychology, 8,* 377–383. (pp. 494, 495)

Darley, J. M., & Latané, B. (1968b, December). When will people help in a crisis? *Psychology Today,* pp. 54–57, 70–71. (p. 494)

Darrach, B., & Norris, J. (1984, August). An American tragedy. *Life,* pp. 58–74. (p. 538)

Darwin, C. (1859). *On the origin of species by means of natural selection.* London: John Murray. (p. 70)

Darwin, C. (1872). *The expression of the emotions in man and animals.* London: John Murray, Albemarle Street. (pp. 223, 384)

Daskalakis, Z. J., Levinson, A. J., & Fitzgerald, P. B. (2008). Repetitive transcranial magnetic stimulation for major depressive disorder: A review. *Canadian Journal of Psychiatry, 53,* 555–564. (p. 572, 573)

Daum, I., & Schugens, M. M. (1996). On the cerebellum and classical conditioning. *Psychological Science, 5,* 58–61. (p. 282)

Davey, G. C. L. (1992). Classical conditioning and the acquisition of human fears and phobias: A review and synthesis of the literature. *Advances in Behavior Research and Therapy, 14,* 29–66. (p. 258)

Davey, G. C. L. (1995). Preparedness and phobias: Specific evolved associations or a generalized expectancy bias? *Behavioral and Brain Sciences, 18,* 289–297. (p. 518)

Davidoff, J. (2004). Coloured thinking. *The Psychologist, 17,* 570–572. (p. 326)

Davidson, R. J. (2000). Affective style, psychopathology, and resilience: Brain mechanisms and plasticity. *American Psychologist, 55,* 1196–1209. (p. 378)

Davidson, R. J. (2003). Affective neuroscience and psychophysiology: Toward a synthesis. *Psychophysiology, 40,* 655–665. (p. 378)

Davidson, R. J., Kabat-Zinn, J., Schumacher, J., Rosenkranz, M., Muller, D., Santorelli, S. F., Urbanowski, F., Harrington, A., Bonus, K., & Sheridan, J. F. (2003). Alterations in brain and immune function produced by mindfulness meditation. *Psychosomatic Medicine, 65,* 564–570. (p. 410)

Davidson, R. J., Pizzagalli, D., Nitschke, J. B., & Putnam, K. (2002). Depression: Perspectives from affective neuroscience. *Annual Review of Psychology, 53,* 545–574. (p. 523)

Davidson, R. J., Putnam, K. M., & Larson, C. L. (2000). Dysfunction in the neural circuitry of emotion regulation—a possible prelude to violence. *Science, 289,* 591–594. (p. 483)

Davies, M. F. (1997). Positive test strategies and confirmatory retrieval processes in the evaluation of personality feedback. *Journal of Personality and Social Psychology, 73,* 574–583. (p. 439)

Davies, P. (2007). *Cosmic jackpot: Why our universe is just right for life.* Boston: Houghton Mifflin. (p. 72)

Davis, B. E., Moon, R. Y., Sachs, H. C., & Ottolini, M. C. (1998). Effects of sleep position on infant motor development. *Pediatrics, 102,* 1135–1140. (p. 123)

Davis, J. O., & Phelps, J. A. (1995). Twins with schizophrenia: Genes or germs? *Schizophrenia Bulletin, 21,* 13–18. (p. 532)

Davis, J. O., Phelps, J. A., & Bracha, H. S. (1995). Prenatal development of monozygotic twins and concordance for schizophrenia. *Schizophrenia Bulletin, 21,* 357–366. (p. 532)

Davis, M. (2005). Searching for a drug to extinguish fear. *Cerebrum, 7*(3), 47–58. (p. 569)

Davison, K. P., Pennebaker, J. W., & Dickerson, S. S. (2000). Who talks? The social psychology of illness support groups. *American Psychologist, 55,* 205–217. (p. 558)

Dawes, R. M. (1980). Social dilemmas. *Annual Review of Psychology, 31,* 169–193. (p. 498)

Dawes, R. M. (1994). *House of cards: Psychology and psychotherapy built on myth.* New York: Free Press. (p. 447)

Dawkins, R. (1998). *Unweaving the rainbow.* Boston: Houghton Mifflin. (p. 71)

Dawkins, R. (2007, July 1). Inferior design. *New York Times* (www.nytimes.com). (p. 69)

Dean, G. A., Kelly, I. W., Saklofske, D. H., & Furnham, A. (1992). Graphology and human judgment. In B. Beyerstein & D. Beyerstein (Eds.), *The write stuff: Evaluations of graphology.* Buffalo, NY: Prometheus Books. (p. 438)

Deary, I. J., Johnson, W., & Houlihan, L. M. (2009). Genetic foundations of human intelligence. *Human Genetics, 126,* 215–232. (p. 340)

Deary, I. J., & Matthews, G. (1993). Personality traits are alive and well. *The Psychologist: Bulletin of the British Psychological Society, 6,* 299–311. (p. 442)

Deary, I. J., Penke, L., & Johnson, W. (2009). The neuroscience of human intelligence differences. *Nature Reviews: Neuroscience, 11,* 201–211. (p. 340)

Deary, I. J., Thorpe, G., Wilson, V., Starr, J. M., & Whalley, L. J. (2003). Population sex differences in IQ at age 11: The Scottish mental survey 1932. *Intelligence, 31,* 533–541. (p. 342)

de Boysson-Bardies, B., Halle, P., Sagart, L., & Durand, C. (1989). A cross linguistic investigation of vowel formats in babbling. *Journal of Child Language, 16,* 1–17. (p. 320)

DeBruine, L. M. (2002). Facial resemblance enhances trust. *Proceedings of the Royal Society of London, 269,* 1307–1312. (p. 489)

DeBruine, L. M. (2004). Facial resemblance increases the attractiveness of same-sex faces more than other-sex faces. *Proceedings of the Royal Society of London B, 271,* 2085–2090. (p. 489)

DeCasper, A. J., Lecanuet, J-P., Busnel, M-C., & others. (1994). Fetal reactions to recurrent maternal speech. *Infant Behavior and Development, 17,* 159–164. (p. 119)

DeCasper, A. J., & Prescott, P. A. (1984). Human newborns' perception of male voices: Preference, discrimination and reinforcing value. *Developmental Psychobiology, 17,* 481–491. (p. 119)

DeCasper, A. J., & Spence, M. J. (1986). Prenatal maternal speech influences newborns' perception of speech sounds. *Infant Behavior and Development, 9,* 133–150. (p. 119)

Deci, E. L., Koestner, R., & Ryan, R. M. (1999, November). A meta-analytic review of experiments examining the effects of extrinsic rewards on intrinsic motivation. *Psychological Bulletin, 125*(6), 627–668. (p. 260)

Deci, E. L., & Ryan, R. M. (1985). *Intrinsic motivation and self-determination in human behavior.* New York: Plenum Press. (p. 260)

Deci, E. L., & Ryan, R. M. (Eds.). (2002). *Handbook of self-determination research.* Rochester, NY: University of Rochester Press. (p. 364)

Deci, E. L., & Ryan, R. M. (2009). Self-determination theory: A consideration of human motivational universals. In P. J. Corr & G. Matthews (eds.), *The Cambridge Handbook of Personality Psychology*. New York: Cambridge University Press. (pp. 260, 364)

de Courten-Myers, G. M. (2005, February 4). Personal correspondence (estimating total brain neurons, extrapolating from her carefully estimated 20 to 23 billion cortical neurons). (pp. 44, 53)

De Dreu, C. K. W., Greer, L. L., Handgraaf, M. J. J., Shalvi, S., Van Kleef, G. A., Baas, M., Ten Velden, F. S., Van Dijk, E., & Feith, S. W. W. (2010). The neuropeptide oxytocin regulated parochial altruism in intergroup conflict among humans. *Science, 328,* 1409–1411. (p. 45)

De Gelder, B. (2010, May). Uncanny sight in the blind. *Scientific American,* pp. 61–65. (p. 80)

de Gonzales, A. B., & 33 others. (2010). Body-mass index and mortality among 1.46 million white adults. *New England Journal of Medicine, 363,* 2211–2219. (p. 361)

Dehaene, S. (2009, November 24). Signatures of consciousness. *Edge is Paris.* www.Edge.org. (p. 194)

Dehne, K. L., & Riedner, G. (2005). *Sexually transmitted infections among adolescents: The need for adequate health services.* Geneva: World Health Organization. (p. 174)

de Hoogh, A. H. B., den Hartog, D. N., Koopman, P. L., Thierry, H., van den Berg, P. T., van der Weide, J. G., & Wilderom, C. P. M. (2004). Charismatic leadership, environmental dynamism, and performance. *European Journal of Work and Organisational Psychology, 13,* 447–471. (p. B-12)

De Koninck, J. (2000). Waking experiences and dreaming. In M. Kryger, T. Roth, & W. Dement (Eds.), *Principles and practice of sleep medicine* (3rd ed.). Philadelphia: Saunders. (p. 93)

DeLamater, J. D., & Sill, M. (2005). Sexual desire in later life. *Journal of Sex Research, 42,* 138–149. (p. 151)

Delaney, H. D., Miller, W. R., & Bisonó, A. M. (2007). Religiosity and spirituality among psychologists: A survey of clinician members of the American Psychological Association. *Professional Psychology; Research and Practice, 38,* 538–546. (p. 566)

Delaunay-El Allam, M., Soussignan, R., Patris, B., Marlier, L., & Schaal, B. (2010). Long-lasting memory for an odor acquired at the mother's breast. *Developmental Science, 13,* 849–863. (p. 121)

Delgado, J. M. R. (1969). *Physical control of the mind: Toward a psychocivilized society.* New York: Harper & Row. (p. 54)

DeLoache, J. S. (1987). Rapid change in the symbolic functioning of very young children. *Science, 238,* 1556–1557. (p. 128)

DeLoache, J. S., Chiong, C., Sherman, K., Islam, N., Vanderborght, M., Troseth, G. L., Strouse, G. A., & O'Doherty, K. (2010). Do babies learn from baby media? *Psychological Science, 21,* 1570–1574. (p. 341)

DeLoache, J. S., Uttal, D. H., & Rosengren, K. S. (2004). Scale errors offer evidence for a perception-action dissociation early in life. *Science, 304,* 1027–1029. (p. 125)

De Los Reyes, A., & Kazdin, A. E. (2009). Identifying evidence-based interventions for children and adolescents using the range of possible changes model: A meta-analytic illustration. *Behavior Modification, 33,* 583–617. (p. 562)

Dement, W. C. (1978). *Some must watch while some must sleep.* New York: Norton. (pp. 84, 92)

Dement, W. C. (1999). *The promise of sleep.* New York: Delacorte Press. (pp. 84, 85, 87, 89, 90, 92)

Dement, W. C., & Wolpert, E. A. (1958). The relation of eye movements, body mobility, and external stimuli to dream content. *Journal of Experimental Psychology, 55,* 543–553. (p. 94)

Demir, E., & Dickson, B. J. (2005). Fruitless splicing specifies male courtship behavior in Drosophila. *Cell, 121,* 785–794. (p. 181)

de Moraes, L. (2010, March 18). Reality show contestants willing to kill in French experiment. *Washington Post* (www.washingtonpost.com). (p. 468)

DeNeve, K. M., & Cooper, H. (1998). The happy personality: A meta-analysis of 137 personality traits and subjective well-being. *Psychological Bulletin, 124,* 197–229. (p. 417)

Dennett, D. C. (1991). *Consciousness explained.* Boston: Little, Brown. (p. 259)

Denson, T. F. (2011). A social neuroscience perspective on the neurobiological bases of aggression. In P. R. Shaver, & M. Mikulincer (Eds.), *Human aggression and violence: Causes, manifestations, and consequences.* Washington, DC: U. S. American Psychological Association. (p. 482)

Denton, K., & Krebs, D. L. (1990). From the scene to the crime: The effect of alcohol and social context on moral judgment. *Journal of Personality and Social Psychology, 59,* 242–248. (p. 102)

Der, G., Batty, G. D., & Deary, I. J. (2006). Effect of breast feeding on intelligence in children: Prospective study, sibling pairs analysis, and meta-analysis. *British Medical Journal, 333,* 945. (p. 22)

De Raad, B., Barelds, D. P. H., Levert, E., Ostendorf, F., Mlačić, B., Di Blas, L., Hřebíčková, M., Szirmák, Z., Szarota, P., Perugini, M., Church, A. T., & Katigbak, M. S. (2010). Only three factors of personality description are fully replicable across languages: A comparison of 14 trait taxonomies. *Journal of Personality and Social Psychology, 98,* 160–173. (p. 440)

Dermer, M., Cohen, S. J., Jacobsen, E., & Anderson, E. A. (1979). Evaluative judgments of aspects of life as a function of vicarious exposure to hedonic extremes. *Journal of Personality and Social Psychology, 37,* 247–260. (p. 417)

DeSteno, D., Petty, R. E., Wegener, D. T., & Rucker, D. D. (2000). Beyond valence in the perception of likelihood: The role of emotion specificity. *Journal of Personality and Social Psychology, 78,* 397–416. (p. 288)

Dettman, S. J., Pinder, D., Briggs, R. J. S., Dowell, R. C., & Leigh, J. R. (2007). Communication development in children who receive the cochlear implant younger than 12 months: Risk versus benefits. *Ear and Hearing, 28*(2), Supplement 11S–18S. (p. 218)

Deutsch, J. A. (1972, July). Brain reward: ESP and ecstasy. *Psychology Today, 46*–48. (p. 52)

DeValois, R. L., & DeValois, K. K. (1975). Neural coding of color. In E. C. Carterette & M. P. Friedman (Eds.), *Handbook of perception: Vol. V. Seeing.* New York: Academic Press. (p. 207)

Devilly, G. J. (2003). Eye movement desensitization and reprocessing: A chronology of its development and scientific standing. *Scientific Review of Mental Health Practice, 1,* 113–118. (p. 564)

De Vogli, R., Chandola, T., & Marmot, M. G. (2007). Negative aspects of close relationships and heart disease. *Archives of Internal Medicine, 167,* 1951–1957. (p. 405)

Dew, M. A., Hoch, C. C., Buysse, D. J., Monk, T. H., Begley, A. E., Houck, P. R., Hall, M., Kupfer, D. J., Reynolds, C. F., III (2003). Healthy older adults' sleep predicts all-cause mortality at 4 to 19 years of follow-up. *Psychosomatic Medicine, 65,* 63–73. (p. 90)

de Waal, F. B. M. (2005, September 23). We're all Machiavellians. *Chronicle of Higher Education.* (p. 18)

de Waal, F. B. M. (2009, October). The empathy instinct. *Discover,* pp. 54–57. (p. 465)

DeWall, C. N., Baumeister, R. F., Stillman, T. F., & Gailliot, M. T. (2007). Violence restrained: Effects of self-regulation and its depletion on aggression. *Journal of Experimental Social Psychology, 43,* 62–76. (p. 403)

DeWall, C. N., & Bushman, B. J. (2009). Hot under the collar in a lukewarm environment: Words associated with hot temperature increase aggressive thoughts and hostile perceptions. *Journal of Experimental Social Psychology, 45,* 1045–1047. (p. 483)

DeWall, C. N., MacDonald, G., Webster, G. D., Masten, C. L., Baumeister, R. F., Powell, C., Combs, D., Schurtz, D. R., Stillman, T. F., Tice, D. M., & Eisenberger, N. I. (2010). Acetaminophen reduces social pain: Behavioral and neural evidence. *Psychological Science, 21,* 931–937. (p. 366)

DeWall, C. N., Pond, R. S., Jr., Campbell, W. K., & Twenge, J. M. (2011). Tuning in to psychological change: Linguistic markers of psychological traits and emotions over time in popular U.S. song lyrics. *Psychology of Aesthetics, Creativity, and the Arts, 5*(3), 200–207. (doi: 10.1037/a0023195). (p. 449)

de Wit, L., Luppino, F., van Straten, A., Penninx, B., Zitman, F., & Cuijpers, P. (2010). Depression and obesity: A meta-analysis of community-based studies. *Psychiatry Research, 178,* 230–235. (p. 361)

De Wolff, M. S., & van IJzendoorn, M. H. (1997). Sensitivity and attachment: A meta-analysis on parental antecedents of infant attachment. *Child Development, 68,* 571–591. (p. 134)

DeYoung, C. G., Hirsch, J. B., Shane, M. S., Papademetris, X., Rajeevan, N., & Gray, J. R. (2010). Testing predictions from personality neuroscience: Brain structure and the Big Five. *Psychological Science, 21,* 820–828. (p. 440)

Diaconis, P. (2002, August 11). Quoted by L. Belkin, The odds of that. *New York Times* (www.nytimes.com). (p. 13)

Diaconis, P., & Mosteller, F. (1989). Methods for studying coincidences. *Journal of the American Statistical Association, 84,* 853–861. (p. 13)

Diamond, J. (2001, February). A tale of two reputations: Why we revere Darwin and give Freud a hard time. *Natural History,* pp. 20–24. (p. 70)

Diamond, L. (2008). *Sexual fluidity: Understanding women's love and desire.* Cambridge, MA: Harvard University Press. (p. 179)

Diaz, F. J., Velásquex, D. M., Susce, M. T., & de Leon, J. (2008). The association between schizophrenia and smoking: Unexplained by either the illness or the prodromal period. *Schizophrenia Research, 104,* 214–219. (p. 529)

Dick, D. M. (2007). Identification of genes influencing a spectrum of externalizing psychopathology. *Current Directions in Psychological Science, 16,* 331–335. (p. 538)

Dickens, W. T., & Flynn, J. R. (2006). Black Americans reduce the racial IQ gap: Evidence from standardization samples. *Psychological Science, 17,* 913–920. (p. 343)

Dickerson, S. S., & Kemeny, M. E. (2004). Acute stressors and cortisol responses: A theoretical integration and synthesis of laboratory research. *Psychological Bulletin, 130,* 355–391. (p. 401)

Dickinson, H. O., Parkinson, K. M., Ravens-Sieberer, U., Schirripa, G., Thyen, U., Arnaud, C., Beckung, E., Fauconnier, J., McManus, V., Michelsen, S. I., Parkes, J., & Colver, A. F. (2007). Self-reported quality of life of 8–12-year-old children with cerebral palsy: A cross-sectional European study. *Lancet, 369,* 2171–2178. (p. 414)

Dickson, B. J. (2005, June 3). Quoted in E. Rosenthal, For fruit flies, gene shift tilts sex orientation. *New York Times* (www.nytimes.com). (p. 181)

Diekelmann, S., & Born, J. (2010). The memory function of sleep. *Nature Neuroscience, 11,* 114–126. (p. 293)

Diener, E. (2006). Guidelines of national indicators of subjective well-being and ill-being. *Journal of Happiness Studies, 7,* 397–404. (p. 419)

Diener, E., & Biswas-Diener, R. (2002). Will money increase subjective well-being? A literature review and guide to needed research. *Social Indicators Research, 57,* 119–169. (p. 415)

Diener, E., & Biswas-Diener, R. (2009). *Rethinking happiness: The science of psychological wealth.* Malden, MA: Wiley Blackwell. (pp. 415, 419)

Diener, E., & Chan, M. (2011). Happy people live longer: Subjective well-being contributes to health and longevity. *Applied Psychology: Health and Well-Being, 3,* 1–43. (p. 399)

Diener, E., Lucas, R. E., & Scollon, C. N. (2006). Beyond the hedonic treadmill: Revising the adaptation theory of well-being. *American Psychologist, 61,* 305–314. (p. 414)

Diener, E., Nickerson, C., Lucas, R. E., & Sandvik, E. (2002). Dispositional affect and job outcomes. *Social Indicators Research, 59,* 229–259. (p. 413)

Diener, E., & Oishi, S. (2000). Money and happiness: Income and subjective well-being across nations. In E. Diener & E. M. Suh (Eds.), *Subjective well-being across cultures.* Cambridge, MA: MIT Press. (p. 416)

Diener, E., Oishi, S., & Lucas, R. E. (2003). Personality, culture, and subjective well-being: Emotional and cognitive evaluations of life. *Annual Review of Psychology, 54,* 403–425. (pp. 417, 418)

Diener, E., & Seligman, M. E. P. (2002). Very happy people. *Psychological Science, 13,* 81–84. (p. 364)

Diener, E., Tay, L., & Myers, D. G. (2011). The religion paradox: If religion makes people happy, why are so many dropping out? *Journal of Personality and Social Psychology, 101,* 1278–1290. (p. 19)

Diener, E., Wolsic, B., & Fujita, F. (1995). Physical attractiveness and subjective well-being. *Journal of Personality and Social Psychology, 69,* 120–129. (p. 490)

DiFranza, J. R. (2008, May). Hooked from the first cigarette. *Scientific American,* pp. 82–87. (p. 104)

Dijksterhuis, A., & Aarts, H. (2003). On wildebeests and humans: The preferential detection of negative stimuli. *Psychological Science, 14,* 14–18. (p. 380)

DiLalla, D. L., Carey, G., Gottesman, I. I., & Bouchard, T. J., Jr. (1996). Heritability of MMPI personality indicators of psychopathology in twins reared apart. *Journal of Abnormal Psychology, 105,* 491–499. (p. 523)

Dimberg, U., Thunberg, M., & Elmehed, K. (2000). Unconscious facial reactions to emotional facial expressions. *Psychological Science, 11,* 86–89. (pp. 375, 385)

Dimidjian, S., & Hollon, S. D. (2010). How would we know if psychotherapy were harmful? *American Psychologist, 65,* 21–33. (p. 562)

Dinges, N. G., & Hull, P. (1992). Personality, culture, and international studies. In D. Lieberman (Ed.), *Revealing the world: An interdisciplinary reader for international studies.* Dubuque, IA: Kendall-Hunt. (p. 326)

Dingfelder, S. F. (2010, November). A second chance for the Mexican wolf. *Monitor on Psychology,* pp. 20–21. (p. 257)

Dion, K. K., & Dion, K. L. (1993). Individualistic and collectivistic perspectives on gender and the cultural context of love and intimacy. *Journal of Social Issues, 49,* 53–69. (p. 452)

Dirix, C. E. H., Nijhuis, J. G., Jongsma, H. W., & Hornstra, G. (2009). Aspects of fetal learning and memory. *Child Development, 80,* 1251–1258. (p. 120)

DiSalvo, D. (2010, January/February). Are social networks messing with your head? *Scientific American Mind,* pp. 48–55. (p. 368)

Discover. (1996, May). A fistful of risks. pp. 82–83. (p. 104)

Di Tella, R., & MacCulloch, R. (2010). Happiness adaptation to income beyond "basic needs." In E. Diener, J. Helliwell, & D. Kahneman (Eds.), *International Differences in Well-Being,* pp. 217–247. New York: Oxford University Press. (pp. 415, 416)

Dittrich, L. (2010, October 25). The brain that changed everything. *Esquire* (www.esquire.com). (p. 290)

Dixon, J., Durrheim, K., & Tredoux, C. (2007). Intergroup contact and attitudes toward the principle and practice of racial equality. *Psychological Science, 18,* 867–872. (p. 498)

Dobbs, D. (2009, April). The post-traumatic stress trap. *Scientific American,* pp. 64–69. (p. 516)

Dodge, K. A. (2009). Mechanisms of gene-environment interaction effects in the development of conduct disorder. *Perspectives on Psychological Science, 4,* 408–414. (p. 538)

Dodman, N. H., Karlsson, E. K., Moon-Fanelli, A., Galdzicka, M., Perloski, M., Shuster, L., Lindblad-Toh, K., & Ginns, E. I. (2010). A canine chromosome 7 locus confers compulsive disorder susceptibility. *Molecular Psychiatry 15,* 8–10. (p. 517)

Doherty, E. W., & Doherty, W. J. (1998). Smoke gets in your eyes: Cigarette smoking and divorce in a national sample of American adults. *Families, Systems, and Health, 16,* 393–400. (p. 105)

Dohrenwend, B. P., Levav, I., Shrout, P. E., Schwartz, S., Naveh, G., Link, B. G., Skodol, A. E., & Stueve, A. (1992). Socioeconomic status and psychiatric disorders: The causation-selection issue. *Science, 255,* 946–952. (p. 540)

Dohrenwend, B. P., Pearlin, L., Clayton, P., Hamburg, B., Dohrenwend, B. P., Riley, M., & Rose, R. (1982). Report on stress and life events. In G. R. Elliott & C. Eisdorfer (Eds.), *Stress and human health: Analysis and implications of research* (A study by the Institute of Medicine/National Academy of Sciences). New York: Springer. (p. 392)

Dohrenwend, B. P., Turner, J. B., Turse, N. A., Adams, B. G., Koenen, K. C., & Marshall, R. (2006). The psychological risks of Vietnam for U.S. veterans: A revisit with new data and methods. *Science, 313,* 979–982. (p. 515)

Dolezal, H. (1982). *Living in a world transformed.* New York: Academic Press. (p. 215)

Domhoff, G. W. (1996). *Finding meaning in dreams: A quantitative approach.* New York: Plenum. (p. 93)

Domhoff, G. W. (2003). *The scientific study of dreams: Neural networks, cognitive development, and content analysis.* Washington, DC: APA Books. (p. 95)

Domhoff, G. W. (2007). Realistic simulations and bizarreness in dream content: Past findings and suggestions for future research. In D. Barrett & P. McNamara (Eds.), *The new science of dreaming: Content, recall, and personality characteristics.* Westport, CT: Praeger. (p. 93)

Domhoff, G. W. (2010). The case for a cognitive theory of dreams. Unpublished manuscript: University of California at Santa Cruz (dreamresearch.net/Library/domhoff_2010.html). (p. 96)

Domhoff, G. W. (2011). The neural substrate for dreaming: Is it a subsystem of the default network? *Consciousness and Cognition, 20,* 1163–1174. (p. 96)

Domjan, M. (1992). Adult learning and mate choice: Possibilities and experimental evidence. *American Zoologist, 32,* 48–61. (p. 242)

Domjan, M. (1994). Formulation of a behavior system for sexual conditioning. *Psychonomic Bulletin & Review, 1,* 421–428. (p. 242)

Domjan, M. (2005). Pavlovian conditioning: A functional perspective. *Annual Review of Psychology, 56.* (p. 242)

Donlea, J. M., Ramanan, N., & Shaw, P. J. (2009). Use-dependent plasticity in clock neurons regulates sleep need in *Drosophila. Science, 324,* 105–108. (p. 87)

Donnellan, M. B., Trzesniewski, K. H., Robins, R. W., Moffitt, T. E., & Caspi, A. (2005). Low self-esteem is related to aggression, antisocial behavior, and delinquency. *Psychological Science, 16,* 328–335. (p. 444)

Donnerstein, E. (1998). Why do we have those new ratings on television. Invited address to the National Institute on the Teaching of Psychology. (pp. 264, 265)

Donnerstein, E. (2011). The media and aggression: From TV to the Internet. In J. Forgas, A. Kruglanski, & K. Williams (eds.), *The psychology of social conflict and aggression.* New York: Psychology Press. (pp. 264, 265)

Donnerstein, E., Linz, D., & Penrod, S. (1987). *The question of pornography.* New York: Free Press. (p. 265)

Donvan, J., & Zucker, C. (2010, October). Autism's first child. *The Atlantic* (www.theatlantic.com). (p. 130)

D'Orlando, F. (2011). The demand for pornography. *Journal of Happiness Studies, 12,* 51–75. (p. 485)

Doss, B. D., Rhoades, G. K., Stanley, S. M., & Markman, H. J. (2009). The effect of the transition to parenthood on relationship quality: An 8-year prospective study. *Journal of Personality and Social Psychology, 96,* 601–619. (p. 155)

Dotan-Eliaz, O., Sommer, K. L., & Rubin, S. (2009). Multilingual groups: Effects of linguistic ostracism on felt rejection and anger, coworker attraction, perceived team potency, and creative performance. *Basic and Applied Social Psychology, 31,* 363–375. (pp. 365, 366)

Douglas, K. S., Guy, L. S., & Hart, S. D. (2009). Psychosis as a risk factor for violence to others: A meta-analysis. *Psychological Bulletin, 135,* 679–706. (p. 511)

Douthat, R. (2010, November 28). The partisan mind. *New York Times* (www.nytimes.com). (p. 479)

Dovidio, J. F., & Gaertner, S. L. (1999). Reducing prejudice: Combating intergroup biases. *Current Directions in Psychological Science, 8,* 101–105. (p. 499)

Dovidio, J. F., ten Vergert, M., Stewart, T. L., Gaertner, S. L., Johnson, J. D., Esses, V. M., Riek, B. M., & Pearson, A. R. (2004). Perspective and prejudice: Antecedents and mediating mechanisms. *Personality and Social Psychology Bulletin, 30,* 1537–1549. (p. 499)

Dowlati, Y., Herrmann, N., Swardfager, W., Liu, H., Sham, L., Reim, E. K., & Lanctôt, K. (2010). A meta-analysis of cytokines in major depression. *Biological Psychiatry, 67,* 466–457. (p. 525)

Downing, P. E., Jiang, Y., & Shuman, M. (2001). A cortical area selective for visual processing of the human body. *Science, 293,* 2470–2473. (p. 204)

Downs, E., & Smith, S. L. (2010). Keepin abreast of hypersexuality: A video game character content analysis. *Sex Roles, 62,* 721–733. (p. 177)

Doyle, R. (2005, March). Gay and lesbian census. *Scientific American,* p. 28. (p. 184)

Draguns, J. G. (1990a). Normal and abnormal behavior in cross-cultural perspective: Specifying the nature of their relationship. *Nebraska Symposium on Motivation 1989, 37,* 235–277. (pp. 505, 527)

Draguns, J. G. (1990b). Applications of cross-cultural psychology in the field of mental health. In R. W. Brislin (Ed.), *Applied cross-cultural psychology.* Newbury Park, CA: Sage. (p. 505)

Draguns, J. G. (1997). Abnormal behavior patterns across cultures: Implications for counseling and psychotherapy. *International Journal of Intercultural Relations, 21,* 213–248. (p. 505)

Driessen, E., Cuijpers, P., de Maat, S. C. M., Abbas, A. A., de Jonghe, F., & Dekker, J. J. M. (2010). The efficacy of short-term psychodynamic psychotherapy for depression: A meta-analysis. *Clinical Psychology Review, 30,* 25–36. (p. 562)

Druckman, D., & Bjork, R. A. (Eds.). (1994). *Learning, remembering, believing: Enhancing human performance.* Washington, DC: National Academy Press. (pp. 97, 98)

DSM-5 Task Force. (2012). Definition of a mental disorder. Washington, D.C.: American Psychiatric Association (www.dsm5.org). (p. 506)

Duckworth, A. L., Quinn, P. D., Lynam, D. R., Loeber, R., & Stouthamer-Loeber, M. (2011). Role of test motivation in intelligence testing. *PNAS, 108,* 7716–7720. (p. 342)

Duckworth, A. L., Quinn, P. D., & Seligman, M. E. P. (2009). Positive predictors of teacher effectiveness. *Journal of Positive Psychology, 4,* 540–547. (p. 370)

Duckworth, A. L., & Seligman, M. E. P. (2005). Discipline outdoes talent: Self-discipline predicts academic performance in adolescents. *Psychological Science, 12,* 939–944. (p. 370)

Duckworth, A. L., & Seligman, M. E. P. (2006). Self-discipline gives girls the edge: Gender in self-discipline, grades, and achievement tests. *Journal of Educational Psychology, 98,* 198–208. (p. 370)

Duclos, S. E., Laird, J. D., Sexter, M., Stern, L., & Van Lighten, O. (1989). Emotion-specific effects of facial expressions and postures on emotional experience. *Journal of Personality and Social Psychology, 57,* 100–108. (p. 384)

Duffy, M. (2003, June 9). Weapons of mass disappearance. *Time,* pp. 28–33. (p. 462)

Duggan, J. P., & Booth, D. A. (1986). Obesity, overeating, and rapid gastric emptying in rats with ventromedial hypothalamic lesions. *Science, 231,* 609–611. (p. 357)

Dumont, K. A., Widom, C. S., & Czaja, S. J. (2007). Predictors of resilience in abused and neglected children grown-up: The role of individual and neighborhood characteristics. *Child Abuse & Neglect, 31,* 255–274. (p. 136)

Dunbar, R. I. M. (1992, June). Neocortex size as a constraint on group size in primates. *Journal of Human Evolution, 22,* 469–493. (p. 369)

Dunbar, R. I. M. (2010, December 25). You've got to have (150) friends. *New York Times* (www.nytimes.com). (p. 369)

Dunn, E. W., Aknin, L. B., & Norton, M. I. (2008). Spending money on others promotes happiness. *Science, 319,* 1687–1688. (p. 495)

Dunn, M., & Searle, R. (2010). Effect of manipulated prestige-car ownership on both sex attractiveness ratings. *British Journal of Psychology, 101,* 69–80. (p. 184)

Dunson, D. B., Colombo, B., & Baird, D. D. (2002). Changes with age in the level and duration of fertility in the menstrual cycle. *Human Reproduction, 17,* 1399–1403. (p. 151)

Dutton, D. G., & Aron, A. P. (1974). Some evidence for heightened sexual attraction under conditions of high anxiety. *Journal of Personality and Social Psychology, 30,* 510–517. (p. 492)

Dutton, D. G., & Aron, A. P. (1989). Romantic attraction and generalized liking for others who are sources of conflict-based arousal. *Canadian Journal of Behavioural Sciences, 21,* 246–257. (p. 492)

Dweck, C. S. (2006). *Mindset: The new psychology of success.* New York: Random House. (p. 346)

Dweck, C. S. (2007, November 28). The secret to raising smart kids. *Scientific American Mind*, pp. 36–43 (http://www.sciam.com). (p. 346)

Dweck, C. S. (2008). Can personality be changed? The role of beliefs in personality and change. *Current Directions in Psychological Science, 17*, 391–394. (p. 346)

Dye, M. W. G., Green, C. S., & Bavelier, D. (2009). Increasing speed of processing with action video games. *Current Directions in Psychological Science, 18*, 321–326. (p. 486)

Dyrdal, G. M., & Lucas, R. E. (2011). Reaction and adaptation to the birth of a child: A couple level analysis. Unpublished manuscript, Michigan State University. (p. 154)

E

Eagleman, D. (2011, September). Secret life of the mind. *Discover*, pp. 50–53. (p. 79)

Eagly, A. H. (2007). Female leadership advantage and disadvantage: Resolving the contradictions. *Psychology of Women Quarterly, 31*, 1–12. (p. B-12)

Eagly, A. H. (2009). The his and hers of prosocial behavior: An examination of the social psychology of gender. *American Psychologist, 64*, 644–658. (pp. 166, 185)

Eagly, A. H., Ashmore, R. D., Makhijani, M. G., & Kennedy, L. C. (1991). What is beautiful is good, but . . .: A meta-analytic review of research on the physical attractiveness stereotype. *Psychological Bulletin, 110*, 109–128. (p. 489)

Eagly, A. H., & Carli, L. L. (2007). *Through the labyrinth: The truth about how women become leaders*. Cambridge, MA: Harvard University Press. (p. 165)

Eagly, A. H., & Wood, W. (1999). The origins of sex differences in human behavior: Evolved dispositions versus social roles. *American Psychologist, 54*, 408–423. (p. 185)

Eastman, C. L., Boulos, Z., Terman, M., Campbell, S. S., Dijk, D-J., & Lewy, A. J. (1995). Light treatment for sleep disorders: Consensus report. VI. Shift work. *Journal of Biological Rhythms, 10*, 157–164. (p. 88)

Eastman, C. L., Young, M. A., Fogg, L. F., Liu, L., & Meaden, P. M. (1998). Bright light treatment of winter depression: A placebo-controlled trial. *Archives of General Psychiatry, 55*, 883–889. (p. 564)

Eastwick, P. W., & Finkel, E. J. (2008a). Sex differences in mate preferences revisited: Do people know what they initially desire in a romantic partner? *Journal of Personality and Social Psychology, 94*, 245–264. (p. 488)

Eastwick, P. W., & Finkel, E. J. (2008b). Speed-dating as a methodological innovation. *The Psychologist, 21*, 402–403. (p. 488)

Ebbinghaus, H. (1885/1964). *Memory: A contribution to experimental psychology* (H. A. Ruger & C. E. Bussenius, Trans.). New York: Dover. (pp. 278, 291)

Ebel-Lam, A. P., MacDonald, T. K., Zanna, M. P., & Fong, G. T. (2009). An experimental investigation of the interactive effects of alcohol and sexual arousal on intentions to have unprotected sex. *Basic and Applied Social psychology, 31*, 226–233. (p. 102)

Eberhardt, J. L. (2005). Imaging race. *American Psychologist, 60*, 181–190. (p. 477)

Eckensberger, L. H. (1994). Moral development and its measurement across cultures. In W. J. Lonner & R. Malpass (Eds.), *Psychology and culture*. Boston: Allyn & Bacon. (p. 142)

Ecker, C., & 10 others. (2010). Describing the brain in autism in five dimensions—Magnetic Resonance Imaging-assisted diagnosis of autism spectrum disorder using a multiparameter classification approach. *Journal of Neuroscience, 30*, 10612–10623. (p. 131)

Eckert, E. D., Heston, L. L., & Bouchard, T. J., Jr. (1981). MZ twins reared apart: Preliminary findings of psychiatric disturbances and traits. In L. Gedda, P. Paris, & W. D. Nance (Eds.), *Twin research: Vol. 3. Pt. B. Intelligence, personality, and development*. New York: Alan Liss. (p. 517)

Eckholm, E. (2010, September 21). Woman on death row runs out of appeals. *New York Times* (www.nytimes.com). (p. 338)

Ecklund-Flores, L. (1992). The infant as a model for the teaching of introductory psychology. Paper presented to the American Psychological Association annual convention. (p. 119)

Economist. (2001, December 20). An anthropology of happiness. *The Economist* (www.economist.com/world/asia). (p. 365)

Edwards, R. R., Campbell, C., Jamison, R. N., & Wiech, K. (2009). The neurobiological underpinnings of coping with pain. *Current Directions in Psychological Science, 18*, 237–241. (p. 223)

Eibl-Eibesfeldt, I. (1971). *Love and hate: The natural history of behavior patterns*. New York: Holt, Rinehart & Winston. (p. 383)

Eich, E. (1990). Learning during sleep. In R. B. Bootzin, J. F. Kihlstrom, & D. L. Schacter (Eds.), *Sleep and cognition*. Washington, DC: American Psychological Association. (p. 94)

Ein-Dor, T., Mikulincer, M., Doron, G., & Shaver, P. R. (2010). The attachment paradox: How can so many of us (the insecure ones) have no adaptive advantages? *Perspectives on Psychological Science, 5*, 123–141. (p. 135)

Eippert, F., Finsterbusch, J., Bingel, U., & Büchel, C. (2009). Direct evidence for spinal cord involvement in placebo analgesia. *Science, 326*, 404. (p. 223)

Eisenberg, N., & Lennon, R. (1983). Sex differences in empathy and related capacities. *Psychological Bulletin, 94*, 100–131. (p. 382)

Eisenberger, N. I., Master, S. L., Inagaki, T. K., Taylor, S. E., Shirinyan, D., Lieberman, M. D., & Naliffoff, B. D. (2011). Attachment figures activate a safety signal-related neural region and reduce pain experience. *Proceedings of the National Academy of Sciences, 108*, 11721–11726. (p. 365)

Eisenberger, R., & Aselage, J. (2009). Incremental effects of reward on experienced performance pressure: Positive outcomes for intrinsic interest and creativity. *Journal of Organizational Behavior, 30*, 95–117. (p. 260)

Ekman, P. (1994). Strong evidence for universals in facial expressions: A reply to Russell's mistaken critique. *Psychological Bulletin, 115*, 268–287. (p. 383)

Ekman, P., & Friesen, W. V. (1975). *Unmasking the face*. Englewood Cliffs, NJ: Prentice-Hall. (p. 383)

Ekman, P., Friesen, W. V., O'Sullivan, M., Chan, A., Diacoyanni-Tarlatzis, I., Heider, K., Krause, R., LeCompte, W. A., Pitcairn, T., Ricci-Bitti, P. E., Scherer, K., Tomita, M., & Tzavaras, A. (1987). Universals and cultural differences in the judgments of facial expressions of emotion. *Journal of Personality and Social Psychology, 53*, 712–717. (p. 383)

Elbert, T., Pantev, C., Wienbruch, C., Rockstroh, B., & Taub, E. (1995). Increased cortical representation of the fingers of the left hand in string players. *Science, 270*, 305–307. (p. 122)

Elbogen, E. B., & Johnson, S. C. (2009). The intricate link between violence and mental disorder: Results from the National Epidemiologic Survey on Alcohol and Related Conditions. *Archives of General Psychiatry, 66*, 152–161. (p. 511)

Elfenbein, H. A., & Ambady, N. (1999). *Does it take one to know one? A meta-analysis of the universality and cultural specificity of emotion recognition*. Unpublished manuscript, Harvard University. (p. 383)

Elfenbein, H. A., & Ambady, N. (2002). On the universality and cultural specificity of emotion recognition: A meta-analysis. *Psychological Bulletin, 128*, 203–235. (p. 383)

Elfenbein, H. A., & Ambady, N. (2003a). Universals and cultural differences in recognizing emotions. *Current Directions in Psychological Science, 12*, 159–164. (p. 383)

Elfenbein, H. A., & Ambady, N. (2003b). When familiarity breeds accuracy: Cultural exposure and facial emotion recognition. *Journal of Personality and Social Psychology, 85*, 276–290. (p. 383)

Elkind, D. (1970). The origins of religion in the child. *Review of Religious Research, 12*, 35–42. (p. 141)

Elkind, D. (1978). *The child's reality: Three developmental themes*. Hillsdale, NJ: Erlbaum. (p. 141)

Ellenbogen, J. M., Hu, P. T., Payne, J. D., Titone, D., & Walker, M. P. (2007). Human relational memory requires time and sleep. *Proceedings of the National Academy of Sciences, 104*, 7723–7728. (p. 89)

Ellin, A. (2009, February 12). The recession. Isn't it romantic? *New York Times* (www.nytimes.com). (p. 488)

Elliot, A. J., & McGregor, H. A. (2001). A 2x2 achievement goal framework. *Journal of Personality and Social Psychology, 80*, 501–519. (p. B-10)

Elliot, A. J., & Niesta, D. (2008). Romantic red: Red enhances men's attraction to women. *Journal of Personality and Social Psychology, 95*, 1150–1164. (p. 257)

Ellis, A. (1980). Psychotherapy and atheistic values: A response to A. E. Bergin's "Psychotherapy and religious values." *Journal of Consulting and Clinical Psychology, 48,* 635–639. (p. 567)

Ellis, A., & Becker, I. M. (1982). *A guide to personal happiness.* North Hollywood, CA: Wilshire Book Co. (p. 245)

Ellis, B. J., Bates, J. E., Dodge, K. A., Fergusson, D. M., John, H. L., Pettit, G. S., & Woodward, L. (2003). Does father absence place daughters at special risk for early sexual activity and teenage pregnancy? *Child Development, 74,* 801–821. (p. 177)

Ellis, B. J., & Boyce, W. T. (2008). Biological sensitivity to context. *Current Directions in Psychological Science, 17,* 183–187. (p. 518)

Ellis, L., & Ames, M. A. (1987). Neurohormonal functioning and sexual orientation: A theory of homosexuality-heterosexuality. *Psychological Bulletin, 101,* 233–258. (p. 181)

Ellis, L., Hershberger, S., Field, E., Wersinger, S., Pellis, S., Geary, D., Palmer, C., Hovenga, K., Hetsroni, A., & Karadi, K. (2008). *Sex differences: Summarizing more than a century of scientific research.* New York: Psychology Press. (p. 164)

Ellison-Wright, I., Glahn, D. C., Laird, A. R., Thelen, S. M., & Bullmore, E. (2008). The anatomy of first-episode and chronic schizophrenia: An anatomical likelihood estimation meta-analysis. *American Journal of Psychiatry, 165,* 1015–1023. (p. 531)

Else-Quest, N. M., Hyde, J. S., & Linn, M. C. (2010). Cross-national patterns of gender differences in mathematics: A meta-analysis. *Psychological Bulletin, 136,* 103–127. (p. 342)

Elzinga, B. M., Ardon, A. M., Heijnis, M. K., De Ruiter, M. B., Van Dyck, R., & Veltman, D. J. (2007). Neural correlates of enhanced working-memory performance in dissociative disorder: A functional MRI study. *Psychological Medicine, 37,* 235–245. (p. 535)

EMDR. (2011, February 18). E-mail correspondence from Robbie Dunton, EMDR Institute (www.emdr.org). (p. 563)

Emerging Trends. (1997, September). *Teens turn more to parents than friends on whether to attend church.* Princeton, NJ: Princeton Religion Research Center. (p. 146)

Emery, G., Jr. (2004). *Psychic predictions 2004.* Committee for the Scientific Investigation of Claims of the Paranormal (www.csicop.org). (p. 230)

Emery, G., Jr. (2006, January 17). Psychic predictions 2005. *Skeptical Inquirer* (www.csicop.org). (p. 230)

Emmons, R. A. (2007). *Thanks! How the new science of gratitude can make you happier.* Boston: Houghton Mifflin. (p. 418)

Emmons, S., Geisler, C., Kaplan, K. J., & Harrow, M. (1997). *Living with schizophrenia.* Muncie, IN: Taylor and Francis (Accelerated Development). (pp. 505, 529)

Empson, J. A. C., & Clarke, P. R. F. (1970). Rapid eye movements and remembering. *Nature, 227,* 287–288. (p. 95)

Endler, N. S. (1982). *Holiday of darkness: A psychologist's personal journey out of his depression.* New York: Wiley. (pp. 526, 572)

Engemann, K. M., & Owyang, M. T. (2005, April). So much for that merit raise: The link between wages and appearance. *Regional Economist* (www.stlouisfed.org). (p. 489)

Engen, T. (1987). Remembering odors and their names. *American Scientist, 75,* 497–503. (p. 226)

Engle, R. W. (2002). Working memory capacity as executive attention. *Current Directions in Psychological Science, 11,* 19–23. (p. 273)

Epel, E. S. (2009). Telomeres in a life-span perspective: A new "psychobiomarker"? *Current Directions in Psychological Science, 18,* 6–9. (p. 152)

Epley, N., & Dunning, D. (2000). Feeling "holier than thou": Are self-serving assessments produced by errors in self- or social prediction? *Journal of Personality and Social Psychology, 79,* 861–875. (p. 449)

Epley, N., Keysar, B., Van Boven, L., & Gilovich, T. (2004). Perspective taking as egocentric anchoring and adjustment. *Journal of Personality and Social Psychology, 87,* 327–339. (p. 128)

Epstein, J., Stern, E., & Silbersweig, D. (1998). Mesolimbic activity associated with psychosis in schizophrenia: Symptom-specific PET studies. In J. F. McGinty (Ed.), *Advancing from the ventral striatum to the extended amygdala: Implications for neuropsychiatry and drug use: In honor of Lennart Heimer.* Annals of the New York Academy of Sciences, 877, 562–574. (p. 530)

Epstein, S. (1983a). Aggregation and beyond: Some basic issues on the prediction of behavior. *Journal of Personality, 51,* 360–392. (p. 442)

Epstein, S. (1983b). The stability of behavior across time and situations. In R. Zucker, J. Aronoff, & A. I. Rabin (Eds.), *Personality and the prediction of behavior.* San Diego: Academic Press. (p. 442)

Erdberg, P. (1990). Rorschach assessment. In G. Goldstein & M. Hersen (Eds.), *Handbook of psychological assessment, 2nd ed.* New York: Pergamon. (p. 430)

Erdelyi, M. H. (1985). *Psychoanalysis: Freud's cognitive psychology.* New York: Freeman. (p. 431)

Erdelyi, M. H. (1988). Repression, reconstruction, and defense: History and integration of the psychoanalytic and experimental frameworks. In J. Singer (Ed.), *Repression: Defense mechanism and cognitive style.* Chicago: University of Chicago Press. (p. 431)

Erdelyi, M. H. (2006). The unified theory of repression. *Behavioral and Brain Sciences, 29,* 499–551. (p. 431)

Erel, O., & Burman, B. (1995). Interrelatedness of marital relations and parent-child relations: A meta-analytic review. *Psychological Bulletin, 118,* 108–132. (p. 155)

Erickson, K. I. (2009). Aerobic fitness is associated with hippocampal volume in elderly humans. *Hippocampus, 19,* 1030–1039. (p. 152)

Erickson, K. I., & 9 others. (2010). Physical activity predicts gray matter volume in late adulthood: The Cardiovascular Health Study. *Neurology, 75,* 1415–1422. (p. 151)

Erickson, M. F., & Aird, E. G. (2005). *The motherhood study: Fresh insights on mothers' attitudes and concerns.* New York: The Motherhood Project, Institute for American Values. (p. 155)

Ericsson, K. A. (2001). Attaining excellence through deliberate practice: Insights from the study of expert performance. In M. Ferrari (Ed.), *The pursuit of excellence in education.* Hillsdale, NJ: Erlbaum. (p. 371)

Ericsson, K. A. (2002). Attaining excellence through deliberate practice: Insights from the study of expert performance. In C. Desforges & R. Fox (Eds.), *Teaching and learning: The essential readings.* Malden, MA: Blackwell Publishers. (p. 332)

Ericsson, K. A. (2006). The influence of experience and deliberate practice on the development of superior expert performance. In K. A. Ericsson, N. Charness, P. J. Feltovich, & R. R. Hoffman (Eds.), *The Cambridge handbook of expertise and expert performance.* Cambridge: Cambridge University Press. (p. 371)

Ericsson, K. A. (2007). Deliberate practice and the modifiability of body and mind: Toward a science of the structure and acquisition of expert and elite performance. *International Journal of Sport Psychology, 38,* 4–34. (pp. 332, 371)

Ericsson, K. A., Roring, R. W., & Nandagopal, K. (2007). Giftedness and evidence for reproducibly superior performance: An account based on the expert performance framework. *High Ability Studies, 18,* 3–56. (p. 346)

Erikson, E. H. (1963). *Childhood and society.* New York: Norton. (p. 143)

Erikson, E. H. (1983, June). A conversation with Erikson (by E. Hall). *Psychology Today,* pp. 22–30. (p. 135)

Erol, R. Y., & Orth, U. (2011). Self-esteem development from age 14 to 30 years: A longitudinal study. *Journal of Personality and Social Psychology, 101,* 607–619. (p. 145)

Ertmer, D. J., Young, N. M., & Nathani, S. (2007). Profiles of focal development in young cochlear implant recipients. *Journal of Speech, Language, and Hearing Research, 50,* 393–407. (p. 321)

Escobar-Chaves, S. L., Tortolero, S. R., Markham, C. M., Low, B. J., Eitel, P., & Thickstun, P. (2005). Impact of the media on adolescent sexual attitudes and behaviors. *Pediatrics, 116,* 303–326. (p. 177)

Escobedo, J. R., & Adolphs, R. (2010). Becoming a better person: Temporal remoteness biases autobiographical memories for moral events. *Emotion, 10,* 511–518. (p. 450)

Eskine, K. J., Kacinik, N. A., & Prinz, J. J. (2011). A bad taste in the mouth: Gustatory disgust influences moral judgment. *Psychological Science, 22,* 295–299. (p. 142)

ESPAD. (2003). *Summary of the 2003 findings.* European School Survey Project on Alcohol and Other Drugs. (www.espad.org) (p. 111)

Esser, J. K., & Lindoerfer, J. S. (1989). Groupthink and the space shuttle Challenger accident: Toward a quantitative case analysis. *Journal of Behavioral Decision Making, 2*, 167–177. (p. 474)

Esterson, A. (2001). The mythologizing of psychoanalytic history: Deception and self-deception in Freud's accounts of the seduction theory episode. *History of Psychiatry, 12*, 329–352. (p. 430)

Etkin, A., & Wager, T. D. (2007). Functional neuroimaging of anxiety: A meta-analysis of emotional processing in PTSD, social anxiety disorder, and specific phobia. *American Journal of Psychiatry, 164*, 1476–1488. (p. 518)

Eurich, T. L., Krause, D. E., Cigularov, K., & Thornton, G. C., III. (2009). Assessment centers: Current practices in the United States. *Journal of Business Psychology, 24*, 387–407. (p. 445)

Euston, D. R., Tatsuno, M., & McNaughton, B. L. (2007). Fast-forward playback of recent memory sequences in prefrontal cortex during sleep. *Science, 318*, 1147–1150. (p. 282)

Evans, C. R., & Dion, K. L. (1991). Group cohesion and performance: A meta-analysis. *Small Group Research, 22*, 175–186. (p. B-11)

Evans, G. W., Palsane, M. N., & Carrere, S. (1987). Type A behavior and occupational stress: A cross-cultural study of blue-collar workers. *Journal of Personality and Social Psychology, 52*, 1002–1007. (p. 398)

Evans, N., & Levinson, S. C. (2009). The myth of language universals: Language diversity and its importance for cognitive science. *Behavioral and Brain Sciences, 32*, 429–492. (p. 321)

Everson, S. A., Goldberg, D. E., Kaplan, G. A., Cohen, R. D., Pukkala, E., Tuomilehto, J., & Salonen, J. T. (1996). Hopelessness and risk of mortality and incidence of myocardial infarction and cancer. *Psychosomatic Medicine, 58*, 113–121. (p. 405)

Exner, J. E. (2003). *The Rorschach: A comprehensive system, 4th edition*. Hoboken, NJ: Wiley. (p. 430)

Eysenck, H. J. (1952). The effects of psychotherapy: An evaluation. *Journal of Consulting Psychology, 16*, 319–324. (p. 561)

Eysenck, H. J. (1990, April 30). An improvement on personality inventory. *Current Contents: Social and Behavioral Sciences, 22*(18), 20. (p. 436)

Eysenck, H. J. (1992). Four ways five factors are *not* basic. *Personality and Individual Differences, 13*, 667–673. (p. 436)

Eysenck, H. J., & Grossarth-Maticek, R. (1991). Creative novation behaviour therapy as a prophylactic treatment for cancer and coronary heart disease: Part II—Effects of treatment. *Behaviour Research and Therapy, 29*, 17–31. (p. 410)

Eysenck, H. J., Wakefield, J. A., Jr., & Friedman, A. F. (1983). Diagnosis and clinical assessment: The DSM-III. *Annual Review of Psychology, 34*, 167–193. (p. 510)

Eysenck, M. W., MacLeod, C., & Mathews, A. (1987). Cognitive functioning and anxiety. *Psychological Research, 49*, 189–195. (p. 444)

Eysenck, S. B. G., & Eysenck, H. J. (1963). The validity of questionnaire and rating assessments of extraversion and neuroticism, and their factorial stability. *British Journal of Psychology, 54*, 51–62. (p. 436)

F

Fabiano, G. A., Pelham, Jr., W. E., Coles, E. K., Gnagy, E. M., Chronis-Tuscano, A., & O'Connor, B. C. (2008). A meta-analysis of behavioral treatments for attention-deficit/hyperactivity disorder. *Clinical Psychology Review, 29*, 129–140. (p. 507)

Fagan, J. F., & Holland, C. R. (2007). Equal opportunity and racial differences in IQ. *Intelligence, 30*, 361–387. (pp. 344, 345)

Fagan, J. F., & Holland, C. R. (2009). Culture-fair prediction of academic achievement. *Intelligence, 37*, 62–67. (p. 345)

Falk, C. F., Heine, S. J., Yuki, M., & Takemura, K. (2009). Why do Westerners self-enhance more than East Asians? *European Journal of Personality, 23*, 183–203. (p. 449)

Falk, R., Falk, R., & Ayton, P. (2009). Subjective patterns of randomness and choice: Some consequences of collective responses. *Journal of Experimental Psychology: Human Perception and Performance, 35*, 203–224. (p. 12)

Fanti, K. A., Vanman, E., Henrich, C. C., & Avraamides, M. N. (2009). Desensitization to media violence over a short period of time. *Aggressive Behavior, 35*, 179–187. (p. 265)

Farah, M. J., Rabinowitz, C., Quinn, G. E., & Liu, G. T. (2000). Early commitment of neural substrates for face recognition. *Cognitive Neuropsychology, 17*, 117–124. (p. 58)

Farina, A. (1982). The stigma of mental disorders. In A. G. Miller (Ed.), *In the eye of the beholder*. New York: Praeger. (p. 506)

Farley, M., Baral, I., Kiremire, M., & Sezgin, U. (1998). Prostitution in five countries: Violence and post-traumatic stress disorder. *Feminism and Psychology, 8*, 405–426. (p. 515)

Farrington, D. P. (1991). Antisocial personality from childhood to adulthood. *The Psychologist: Bulletin of the British Psychological Society, 4*, 389–394. (p. 538)

Fatemi, S. H., & Folsom, T. D. (2009). The neurodevelopmental hypothesis of schizophrenia, revisted. *Schizophrenia Bulletin, 35*, 528–548. (p. 531)

Fazel, S., Langstrom, N., Hjern, A., Grann, M., & Lichtenstein, P. (2009). Schizophrenia, substance abuse, and violent crime. *JAMA, 301*, 2016–2023. (pp. 511, 512)

Fazel, S., Lichtenstein, P, Grann, M, Goodwin, G. M., & Långström, N. (2010). Bipolar disorder and violent crime: new evidence from population-based longitudinal studies and systematic review. *Archives of General Psychiatry, 67*, 931–938. (p. 511)

FBI. (2009). *Uniform Crime Reports*. Table 3. Washington, DC: Federal Bureau of Investigation. (p. 165)

Feder, H. H. (1984). Hormones and sexual behavior. *Annual Review of Psychology, 35*, 165–200. (p. 171)

Feeney, D. M. (1987). Human rights and animal welfare. *American Psychologist, 42*, 593–599. (p. 27)

Feeney, J. A., & Noller, P. (1990). Attachment style as a predictor of adult romantic relationships. *Journal of Personality and Social Psychology, 58*, 281–291. (p. 135)

Feigenson, L., Carey, S., & Spelke, E. (2002). Infants' discrimination of number vs. continuous extent. *Cognitive Psychology, 44*, 33–66. (p. 127)

Feingold, A. (1990). Gender differences in effects of physical attractiveness on romantic attraction: A comparison across five research paradigms. *Journal of Personality and Social Psychology, 59*, 981–993. (p. 489)

Feingold, A. (1992). Good-looking people are not what we think. *Psychological Bulletin, 111*, 304–341. (p. 489)

Feingold, A., & Mazzella, R. (1998). Gender differences in body image are increasing. *Psychological Science, 9*, 190–195. (p. 537)

Feinstein, J. S., Duff, M. C., & Tranel, D. (2010, April 27). Sustained experiences of emotion after loss of memory in patients with amnesia. *Proceedings of the National Academy of Sciences, 107*, 7674–7679. (p. 283)

Feldman, M. B., & Meyer, I. H. (2010). Comorbidity and age of onset of eating disorders in gay men, lesbians, and bisexuals. *Psychiatry research, 180*, 126–131. (p. 537)

Feng, J., Spence, I., & Pratt, J. (2007). Playing an action video game reduces gender differences in spatial cognition. *Psychological Science, 18*, 850–855. (p. 342)

Fenton, W. S., & McGlashan, T. H. (1991). Natural history of schizophrenia subtypes: II. Positive and negative symptoms and long-term course. *Archives of General Psychiatry, 48*, 978–986. (p. 530)

Fenton, W. S., & McGlashan, T. H. (1994). Antecedents, symptom progression, and long-term outcome of the deficit syndrome in schizophrenia. *American Journal of Psychiatry, 151*, 351–356. (p. 530)

Ferguson, C. (2009, June 14). Not every child is secretly a genius. *The Chronicle Review* (http://chronicle.com/article/Not-Every-Child-Is-Secretly/48001). (pp. 265, 332)

Ferguson, C. J. (2010). A meta-analysis of normal and disordered personality across the life span. *Journal of Personality and Social Psychology, 98*, 659–667. (p. 158)

Ferguson, C. J., & Kilburn, J. (2010). Much ado about nothing: The misestimation and overinterpretation of violent video game effects in Eastern and Western nations: Common on Anderson et al. (2010). *Psychological Bulletin, 136*, 174–178. (p. 486)

Ferguson, E. D. (1989). Adler's motivational theory: An historical perspective on belonging and the fundamental human striving. *Individual Psychology, 45,* 354–361. (p. 364)

Ferguson, E. D. (2001). Adler and Dreikurs: Cognitive-social dynamic innovators. *Journal of Individual Psychology, 57,* 324–341. (p. 364)

Ferguson, E. D. (2003). Social processes, personal goals, and their intertwining: Their importance in Adlerian theory and practice. *Journal of Individual Psychology, 59,* 136–144. (p. 428)

Ferguson, E. D. (2010). Editor's notes: Adler's innovative contributions regarding the need to belong. *Journal of Individual Psychology, 66*(1), 1–7. (p. 364)

Ferguson, M. J., & Zayas, V. (2009). Automatic evaluation. *Current Directions in Psychological Science, 18,* 362–366. (p. 194)

Fergusson, D. M., Boden, J. M., & Horwood, L. J. (2009). Tests of causal links between alcohol abuse or dependence and major depression. *Archives of General Psychiatry, 66,* 260–266. (p. 525)

Fergusson, D. M., & Woodward, L. G. (2002). Mental health, educational, and social role outcomes of adolescents with depression. *Archives of General Psychiatry, 59,* 225–231. (p. 522)

Fernandez-Dols, J-M., & Ruiz-Belda, M-A. (1995). Are smiles a sign of happiness? Gold medal winners at the Olympic Games. *Journal of Personality and Social Psychology, 69,* 1113–1119. (p. 383)

Fernyhough, C. (2008). Getting Vygotskian about theory of mind: Mediation, dialogue, and the development of social understanding. *Developmental Review, 28,* 225–262. (p. 129)

Ferri, M., Amato, L., & Davoli, M. (2006). Alcoholics Anonymous and other 12-step programmes for alcohol dependence. *Cochrane Database of Systematic Reviews,* Issue 3. Art. No.: CD005032. (p. 558)

Ferriman, K., Lubinski, D., & Benbow, C. P. (2009). Work preferences, life values, and personal views of top math/science graduate students and the profoundly gifted: Developmental changes and gender differences during emerging adulthood and parenthood. *Journal of Personality and Social Psychology, 97,* 517–522. (p. 166)

Ferris, C. F. (1996, March). The rage of innocents. *The Sciences,* pp. 22–26. (p. 136)

Festinger, L. (1957). *A theory of cognitive dissonance.* Stanford: Stanford University Press. (p. 462)

Fiedler, F. E. (1981). Leadership effectiveness. *American Behavioral Scientist, 24,* 619–632. (p. B-11)

Fiedler, F. E. (1987, September). When to lead, when to stand back. *Psychology Today,* pp. 26–27. (p. B-11)

Fiedler, K., Nickel, S., Muehlfriedel, T., & Unkelbach, C. (2001). Is mood congruency an effect of genuine memory or response bias? *Journal of Experimental Social Psychology, 37,* 201–214. (p. 288)

Field, A. P. (2006). Is conditioning a useful framework for understanding the development and treatment of phobias? *Clinical Psychology Review, 26,* 857–875. (p. 516)

Field, T. (1996). Attachment and separation in young children. *Annual Review of Psychology, 47,* 541–561. (p. 137)

Field, T., Diego, M., & Hernandez-Reif, M. (2007). Massage therapy research. *Developmental Review, 27,* 75–89. (p. 122)

Field, T., Hernandez-Reif, M., Feijo, L., & Freedman, J. (2006). Prenatal, perinatal and neonatal stimulation: A survey of neonatal nurseries. *Infant Behavior & Development, 29,* 24–31. (p. 122)

Fields, R. D. (2004, April). The other half of the brain. *Scientific American,* pp. 54–61. (p. 37)

Fields, R. D. (2008, March). White matter. *Scientific American,* pp. 54–61. (p. 37)

Fields, R. D. (2009). *The other brain: From dementia to schizophrenia, how new discoveries about the brain are revolutionizing medicine and science.* New York: Simon & Schuster. (p. 37)

Fikke, L. T., Melinder, A., & Landrø, N. I. (2011). Executive functions are impaired in adolescents engaging in non-suicidal self-injury. *Psychological Medicine, 41,* 601–610. (p. 525)

Fincham, F. D., & Bradbury, T. N. (1993). Marital satisfaction, depression, and attributions: A longitudinal analysis. *Journal of Personality and Social Psychology, 64,* 442–452. (p. 459)

Finchilescu, G., & Tredoux, C. (eds.) (2010). Intergroup relations in post apartheid South Africa: Change, and obstacles to change. *Journal of Social Issues, 66,* 223–236. (p. 498)

Fingelkurts, A. A., & Fingelkurts, A. A. (2009). Is our brain hardwired to produce God, or is our brain hardwire to perceive God? A systematic review on the role of the brain in mediating religious experience. *Cognitive Processes, 10,* 293–326. (p. 57)

Fingerman, K. L., & Charles, S. T. (2010). It takes two to tango: Why older people have the best relationships. *Current Directions in Psychological Science, 19,* 172–176. (p. 156)

Fink, G. R., Markowitsch, H. J., Reinkemeier, M., Bruckbauer, T., Kessler, J., & Heiss, W-D. (1996). Cerebral representation of one's own past: Neural networks involved in autobiographical memory. *Journal of Neuroscience, 16,* 4275–4282. (p. 281)

Fink, M. (2009). *Electroconvulsive therapy: A guide for professionals and their patients.* New York; Oxford University Press. (p. 571)

Finkel, E. J., & Eastwick, P. W. (2008). Speed-dating. *Current Directions in Psychological Science, 17,* 193–197. (p. 489)

Finkel, E. J., & Eastwick, P. W. (2009). Arbitrary social norms influence sex differences in romantic selectivity. *Psychological Science 20,* 1290–1295. (p. 488)

Finlay, S. W. (2000). Influence of Carl Jung and William James on the origin of alcoholics anonymous. *Review of General Psychology, 4,* 3–12. (pp. 558, 559)

Finzi, E., & Wasserman, E. (2006). Treatment of depression with botulinum toxin A: A case series. *Dermatological Surgery, 32,* 645–650. (p. 385)

Fiore, M. C., & 23 others. (2008). *Treating tobacco use and dependence: 2008 update. Clinical practice guideline.* Rockville, MD: U.S. Department of Health and Human Services, Public Health Service. (p. 105)

Fischer, P., & Greitemeyer, T. (2006). Music and aggression: The impact of sexual-aggressive song lyrics on aggression-related thoughts, emotions, and behavior toward the same and the opposite sex. *Personality and Social Psychology Bulletin, 32,* 1165–1176. (p. 484)

Fischhoff, B. (1982). Debiasing. In D. Kahneman, P. Slovic, & A. Tversky (Eds.), *Judgment under uncertainty: Heuristics and biases.* New York: Cambridge University Press. (p. 312)

Fischhoff, B., Slovic, P., & Lichtenstein, S. (1977). Knowing with certainty: The appropriateness of extreme confidence. *Journal of Experimental Psychology: Human Perception and Performance, 3,* 552–564. (p. 311)

Fischtein, D. S., Herold, E. S., & Desmarais, S. (2007). How much does gender explain in sexual attitudes and behaviors? A survey of Canadian adults. *Archives of Sexual Behavior, 36,* 451–461. (p. 184)

Fishbach, A., Dhar, R., & Zhang, Y. (2006). Subgoals as substitutes or complements: The role of goal accessibility. *Journal of Personality and Social Psychology, 91,* 232–242. (p. B-11)

Fisher, H. E. (1993, March/April). After all, maybe it's biology. *Psychology Today,* pp. 40–45. (p. 154)

Fisher, H. E., Aron, A., Mashek, D., Li, H., & Brown, L. L. (2002). Defining the brain systems of lust, romantic attraction, and attachment. *Archives of Sexual Behavior, 31,* 413–419. (p. 173)

Fisher, H. T. (1984). Little Albert and Little Peter. *Bulletin of the British Psychological Society, 37,* 269. (p. 551)

Fisher, K., Egerton, M., Gershuny, J. I., & Robinson, J. P. (2006). Gender convergence in the American Heritage Time Use Study (AHTUS). *Social Indicators Research, 82,* 1–33. (p. 169)

Flack, W. F. (2006). Peripheral feedback effects of facial expressions, bodily postures, and vocal expressions on emotional feelings. *Cognition and Emotion, 20,* 177–195. (p. 385)

Flegal, K. M., Carroll, M. D., Ogden, C. L., & Curtin, L. R. (2010). Prevalence and trends in obesity among US adults, 1999–2008. *JAMA, 303,* 235–241. (p. 361)

Fleming, I., Baum, A., & Weiss, L. (1987). Social density and perceived control as mediator of crowding stress in high-density residential neighborhoods. *Journal of Personality and Social Psychology, 52,* 899–906. (p. 403)

Fleming, J. H. (2001, Winter/Spring). Introduction to the special issue on linkage analysis. *The Gallup Research Journal*, pp. i–vi. (p. B-10)

Fleming, J. H., & Scott, B. A. (1991). The costs of confession: The Persian Gulf War POW tapes in historical and theoretical perspective. *Contemporary Social Psychology, 15*, 127–138. (p. 382)

Fletcher, G. J. O., Fitness, J., & Blampied, N. M. (1990). The link between attributions and happiness in close relationships: The roles of depression and explanatory style. *Journal of Social and Clinical Psychology, 9*, 243–255. (p. 459)

Flood, M. (2007). Exposure to pornography among youth in Australia. *Journal of Sociology, 43*, 45–60. (p. 484)

Flora, S. R. (2004). *The power of reinforcement*. Albany, NJ: SUNY Press. (p. 253)

Flora, S. R., & Bobby, S. E. (2008, September/October). The bipolar bamboozle. *Skeptical Inquirer*, pp. 41–45. (p. 521)

Flory, R., Ametepe, J., & Bowers, B. (2010). A randomized, place-controlled trial of bright light and high-density negative air ions for treatment of Season Affective Disorder. *Psychiatry Research, 177*, 101–108. (p. 564)

Flouri, E., & Buchanan, A. (2004). Early father's and mother's involvement and child's later educational outcomes. *British Journal of Educational Psychology, 74*, 141–153. (p. 135)

Foa, E. B., & Kozak, M. J. (1986). Emotional processing of fear: Exposure to corrective information. *Psychological Bulletin, 99*, 20–35. (p. 552)

Food and Drug Administration (2011). FDA Executive Summary. Prepared for the January 27–28, 2011 meeting of the Neurological Devices Panel (www.fda.gov). (p. 572)

Ford, E. S. (2002). Does exercise reduce inflammation? Physical activity and B-reactive protein among U.S. adults. *Epidemiology, 13*, 561–569. (p. 407)

Foree, D. D., & LoLordo, V. M. (1973). Attention in the pigeon: Differential effects of food-getting versus shock-avoidance procedures. *Journal of Comparative and Physiological Psychology, 85*, 551–558. (p. 258)

Forer, B. R. (1949). The fallacy of personal validation: A classroom demonstration of gullibility. *Journal of Abnormal and Social Psychology, 44*, 118–123. (p. 439)

Forgas, J. P. (2008). Affect and cognition. *Perspectives on Psychological Science, 3*, 94–101. (p. 412)

Forgas, J. P. (2009, November/December). Think negative! *Australian Science*, pp. 14–17. (p. 519)

Forgas, J. P., Bower, G. H., & Krantz, S. E. (1984). The influence of mood on perceptions of social interactions. *Journal of Experimental Social Psychology, 20*, 497–513. (p. 288)

Forhan, S. E., Gottlieb, S. L., Sternberg, M. R., Xu, F., Datta, D., Berman, S., & Markowitz, L. (2008). Prevalence of sexually transmitted infections and bacterial vaginosis among female adolescents in the United States: Data from the National Health and Nutrition Examination Survey (NHANES) 2003–2004. Paper presented to the 2008 National STD Prevention Conference, Chicago, Illinois. (p. 174)

Forman, D. R., Aksan, N., & Kochanska, G. (2004). Toddlers' responsive imitation predicts preschool-age conscience. *Psychological Science, 15*, 699–704. (p. 264)

Foss, D. J., & Hakes, D. T. (1978). *Psycholinguistics: An introduction to the psychology of language*. Englewood Cliffs, NJ: Prentice-Hall. (p. 430)

Foulkes, D. (1999). *Children's dreaming and the development of consciousness*. Cambridge, MA: Harvard University Press. (p. 96)

Fournier, J. C., DeRubeis, R. J., Hollon, S. D., Dimidjian, S., Amsterdam, J. D., Shelton, R. C., & Fawcett, J. (2010). Antidepressant drug effects and depression severity: A patient-level meta-analysis. *Journal of the American Medical Association, 303*, 47–53. (p. 570)

Fouts, R. S. (1992). Transmission of a human gestural language in a chimpanzee mother-infant relationship. *Friends of Washoe, 12/13*, pp. 2–8. (p. 324)

Fouts, R. S. (1997). *Next of kin: What chimpanzees have taught me about who we are*. New York: Morrow. (p. 324)

Fowles, D. C. (1992). Schizophrenia: Diathesis-stress revisited. *Annual Review of Psychology, 43*, 303–336. (p. 530)

Fowles, D. C., & Dindo, L. (2009). Temperament and psychopathy: A dual-pathway model. *Current Directions in Psychological Science, 18*, 179–183. (p. 538)

Fox, D. (2010, June). The insanity virus. *Discover*, pp. 58–64. (p. 531)

Fox, J. L. (1984). The brain's dynamic way of keeping in touch. *Science, 225*, 820–821. (p. 58)

Fox, N. A., Hane, A. E., & Pine, D. S. (2007). Plasticity for affective neurocircuitry. *Current Directions in Psychological Science, 16*, 1–5. (p. 134)

Fozard, J. L., & Popkin, S. J. (1978). Optimizing adult development: Ends and means of an applied psychology of aging. *American Psychologist, 33*, 975–989. (p. 151)

Fracassini, C. (2000, August 27). Holidaymakers led by the nose in sales quest. *Scotland on Sunday*. (p. 226)

Fraley, R. C. (2002). Attachment stability from infancy to adulthood: Meta-analysis and dynamic modeling of developmental mechanisms. *Personality and Social Psychology Review, 6*, 123–151. (p. 135)

Fraley, R. C., Vicary, A. M., Brumbaugh, C. C., & Roisman, G. I. (2011). Patterns of stability in adult attachment: An empirical test of two models of continuity and change. *Journal of Personality and Social Psychology, 101*, 974–992. (pp. 135, 365)

Frank, J. D. (1982). Therapeutic components shared by all psychotherapies. In J. H. Harvey & M. M. Parks (Eds.), *The Master Lecture Series: Vol. 1. Psychotherapy research and behavior change*. Washington, DC; American Psychological Association. (pp. 565, 566)

Frankel, A., Strange, D. R., & Schoonover, R. (1983). CRAP: Consumer rated assessment procedure. In G. H. Scherr & R. Liebmann-Smith (Eds.), *The best of The Journal of Irreproducible Results*. New York: Workman Publishing. (p. 438)

Frankenburg, W., Dodds, J., Archer, P., Shapiro, H., & Bresnick, B. (1992). The Denver II: A major revision and restandardization of the Denver Developmental Screening Test. *Pediatrics, 89*, 91–97. (p. 123)

Franklin, M., & Foa, E. B. (2011). Treatment of obsessive-compulsive disorder. *Annual Review of Clinical Psychology, 7*, 229–243. (p. 517)

Franz, E. A., Waldie, K. E., & Smith, M. J. (2000). The effect of callosotomy on novel versus familiar bimanual actions: A neural dissociation between controlled and automatic processes? *Psychological Science, 11*, 82–85. (p. 61)

Frasure-Smith, N., & Lesperance, F. (2005). Depression and coronary heart disease: Complex synergism of mind, body, and environment. *Current Directions in Psychological Science, 14*, 39–43. (p. 400)

Frattaroli, J. (2006). Experimental disclosure and its moderators: A meta-analysis. *Psychological Bulletin, 132*, 823–865. (p. 406)

Fredrickson, B. L. (2006). The broaden-and-build theory of positive emotions. In M. Csikszentmihalyi & I. S. Csikszentmihalyi (Eds.), *A life worth living: Contributions to positive psychology*. New York: Oxford University Press. (p. 412)

Freedman, D. H. (2011, February). How to fix the obesity crisis. *Scientific American*, pp. 40–47. (p. 363)

Freedman, D. J., Riesenhuber, M., Poggio, T., & Miller, E. K. (2001). Categorical representation of visual stimuli in the primate prefrontal cortex. *Science, 291*, 312–316. (p. 317)

Freedman, J. L. (1988). Television violence and aggression: What the evidence shows. In S. Oskamp (Ed.), *Television as a social issue*. Newbury Park, CA: Sage. (p. 265)

Freedman, J. L., & Fraser, S. C. (1966). Compliance without pressure: The foot-in-the-door technique. *Journal of Personality and Social Psychology, 4*, 195–202. (p. 461)

Freedman, J. L., & Perlick, D. (1979). Crowding, contagion, and laughter. *Journal of Experimental Social Psychology, 15*, 295–303. (p. 471)

Freeman, E. C., & Twenge, J. M. (2010, January). Using MySpace increases the endorsement of narcissistic personality traits. Poster presented at the annual conference of the Society for Personality and Social Psychology, Las Vegas, NV. (p. 370)

Freeman, W. J. (1991, February). The physiology of perception. *Scientific American*, pp. 78–85. (p. 216)

Freud, S. (1931; reprinted 1961). Female sexuality. In J. Strachey (Trans.), *The standard edition of the complete psychological works of Sigmund Freud.* London: Hogarth Press. (p. 424)

Freud, S. (1935; reprinted 1960). *A general introduction to psychoanalysis.* New York: Washington Square Press. (p. 154)

Freyd, J. J., DePrince, A. P., & Gleaves, D. H. (2007). The state of betrayal trauma theory: Reply to McNally—Conceptual issues and future directions. *Memory, 15,* 295–311. (p. 298)

Freyd, J. J., Putnam, F. W., Lyon, T. D., Becker-Blease, K. A., Cheit, R. E., Siegel, N. B., & Pezdek, K. (2005). The science of child sexual abuse. *Science, 308,* 501. (p. 137)

Fridlund, A. J., Beck, H. P., Goldie, W. D., & Irons, G. (2012). Little Albert: A neurologically impaired child. *History of Psychology,* in press. (p. 245)

Friedman, M., & Ulmer, D. (1984). *Treating Type A behavior—and your heart.* New York: Knopf. (pp. 397, 409)

Friedman, R., & James, J. W. (2008). The myth of the sages of dying, death and grief. *Skeptic, 14*(2), 37–41. (p. 158)

Friedman, S. L., & Boyle, D. E. (2008). Attachment in US children experiencing nonmaternal care in the early 1990s. *Attachment & Human Development, 10,* 225–261. (p. 137)

Frijda, N. H. (1988). The laws of emotion. *American Psychologist, 43,* 349–358. (p. 416)

Frisch, M., & Zdravkovic, S. (2010). Body size at birth and same-sex marriage in young adulthood. *Archives of Sexual Behavior, 39,* 117–123. (p. 182)

Frith, U., & Frith, C. (2001). The biological basis of social interaction. *Current Directions in Psychological Science, 10,* 151–155. (p. 130)

Fritz, T., Jentschke, S., Gosselin, N., Sammler, D., Peretz, I., Turner, R., Friederici, A., & Koelsch, S. (2009). Universal recognition of three basic emotions in music. *Current Biology, 19,* 573–576. (p. 383)

Fromkin, V., & Rodman, R. (1983). *An introduction to language* (3rd ed.). New York: Holt, Rinehart & Winston. (p. 321)

Fry, A. F., & Hale, S. (1996). Processing speed, working memory, and fluid intelligence: Evidence for a developmental cascade. *Psychological Science, 7,* 237–241. (p. 152)

Fry, R., & Cohn, D. (2010, January 19). Women, men and the new economics of marriage. Pew Research Center (pewresearch.org). (p. 170)

Fuhriman, A., & Burlingame, G. M. (1994). Group psychotherapy: Research and practice. In A. Fuhriman & G. M. Burlingame (Eds.), *Handbook of group psychotherapy.* New York; Wiley. (p. 557)

Fuller, M. J., & Downs, A. C. (1990). Spermarche is a salient biological marker in men's development. Poster presented at the American Psychological Society convention. (p. 168)

Fulmer, C. A., Gelfand, M. J., Kruglanski, A. W., Kim-Prieto, C., Diener, E., Pierro, A., & Higgins, E. T. (2010). On "feeling right" in cultural contexts: How person-culture match affects self-esteem and subjective well-being. *Psychological Science, 21,* 1563–1569. (p. 444)

Fulmer, I. S., Gerhart, B., & Scott, K. S. (2003). Are the 100 best better? An empirical investigation of the relationship between being a "great place to work" and firm performance. *Personnel Psychology, 56,* 965–993. (p. B-8)

Funder, D. C. (2001). Personality. *Annual Review of Psychology, 52,* 197–221. (p. 440)

Funder, D. C. (2009). Persons, behaviors and situations: An agenda for personality psychology in the postwar era. *Journal of Research in Personality, 43,* 155–162. (p. 444)

Funder, D. C., & Block, J. (1989). The role of ego-control, ego-resiliency, and IQ in delay of gratification in adolescence. *Journal of Personality and Social Psychology, 57,* 1041–1050. (p. 143)

Furlow, F. B., & Thornhill, R. (1996, January/February). The orgasm wars. *Psychology Today,* pp. 42–46. (p. 173)

Furnham, A. (1982). Explanations for unemployment in Britain. *European Journal of Social Psychology, 12,* 335–352. (p. 459)

Furnham, A., & Baguma, P. (1994). Cross-cultural differences in the evaluation of male and female body shapes. *International Journal of Eating Disorders, 15,* 81–89. (p. 361)

Furnham, A., & Wu, J. (2008). Gender differences in estimates of one's own and parental intelligence in China. *Individual Differences Research, 6,* 1–12. (p. 476)

Furr, R. M., & Funder, D. C. (1998). A multi-modal analysis of personal negativity. *Journal of Personality and Social Psychology, 74,* 1580–1591. (p. 527)

Furukawa, T. A., Yoshimura, R., Harai, H., Imaizumi, T., Takeuchi, H., Kitamua, T., & Takahashi, K. (2009). How many well vs. unwell days can you expect over 10 years, once you become depressed? *Acta Psychiatrica Scandinavica, 119,* 290–297. (p. 522)

G

Gable, S. L., Gonzaga, G. C., & Strachman, A. (2006). Will you be there for me when things go right? Supportive responses to positive event disclosures. *Journal of Personality and Social Psychology, 91,* 904–917. (p. 156)

Gabrieli, J. D. E., Desmond, J. E., Demb, J. E., Wagner, A. D., Stone, M. V., Vaidya, C. J., & Glover, G. H. (1996). Functional magnetic resonance imaging of semantic memory processes in the frontal lobes. *Psychological Science, 7,* 278–283. (p. 281)

Gailliot, M. T., Baumeister, R. F., DeWall, C. N., Maner, J. K., & Plant, E. A. (2007). Self-control relies on glucose as a limited energy source: Willpower is more than a metaphor. *Journal of Personality and Social Psychology, 92,* 325–336. (p. 403)

Galambos, N. L. (1992). Parent-adolescent relations. *Current Directions in Psychological Science, 1,* 146–149. (p. 146)

Galanter, E. (1962). Contemporary psychophysics. In R. Brown, E. Galanter, E. H. Hess, & G. Mandler (Eds.), *New directions in psychology.* New York: Holt Rinehart & Winston. (p. 193)

Galati, D., Scherer, K. R., & Ricci-Bitti, P. E. (1997). Voluntary facial expression of emotion: Comparing congenitally blind with normally sighted encoders. *Journal of Personality and Social Psychology, 73,* 1363–1379. (p. 383)

Gale, C. R., Batty, G. D., & Deary, I. J. (2008). Locus of control at age 10 years and health outcomes and behaviors at age 30 years: The 1970 British Cohort Study. *Psychosomatic Medicine, 70,* 397–403. (p. 403)

Galinsky, E., Aumann, K., & Bond, J. T. (2008). *Times are changing: Gender and generation at work and at home.* Work and Families Institute (www.familiesandwork.org). (p. 448)

Gallese, V., Gernsbacher, M. A., Heyes, C., Hickok, G., & Iacoboni, M. (2011). Mirror neuron forum. *Perspectives on Psychological Science, 6,* 369–407. (pp. 131, 262)

Gallo, W. T., Teng, H. M., Falba, T. A., Kasl, S. V., Krumholz, H. M., & Bradley, E. H. (2006). The impact of late career job loss on myocardial infarction and stroke: A 10 year follow up using the health and retirement survey. *Occupational and Environmental Medicine, 63,* 683–687. (pp. 391, 400)

Gallup. (2010, accessed June 28). Gallup daily: U.S. mood. Based on the Gallup-Healthways well-being index. www.gallup.com. (p. 19)

Gallup Brain. (2008, accessed February 20). Woman for president: Question qn2f, March, 2007 wave. Brain.Gallup.com. (p. 476)

Gallup, G. G., Jr., & Frederick, D. A. (2010). The science of sex appeal: An evolutionary perspective. *Review of General Psychology, 14,* 240–250. (p. 490)

Gallup, G. H. (1972). *The Gallup poll: Public opinion 1935–1971* (Vol. 3). New York: Random House. (p. 498)

Gallup, G. H., Jr. (1994, October). Millions finding care and support in small groups. *Emerging Trends,* pp. 2–5. (p. 558)

Gallup, G. H., Jr. (2002, April 30). Education and youth. *Gallup Tuesday Briefing* (www.gallup.com/poll/tb/educaYouth/20020430.asp). (p. 264)

Gallup Organization. (2003, July 8). American public opinion about Iraq. *Gallup Poll News Service* (www.gallup.com). (p. 462)

Gallup Organization. (2004, August 16). 65% of Americans receive NO praise or recognition in the workplace. E-mail from Tom Rath: bucketbook@gallup.com. (p. B-10)

Gangestad, S. W., & Simpson, J. A. (2000). The evolution of human mating: Trade-offs and strategic pluralism. *Behavioral and Brain Sciences, 23,* 573–587. (p. 184)

Gangestad, S. W., Thornhill, R., & Garver-Apgar, C. E. (2010). Men's facial masculinity predicts changes in their female partners' sexual interests across the ovulatory cycle, whereas men's intelligence does not. *Evolution and Human Behavior, 31,* 412–424. (p. 490)

Gangwisch, J. E., Babiss, L. A., Malaspina, D., Turner, J. B., Zammit, G. K., & Posner, K. (2010). Earlier parental set bedtimes as a protective factor against depression and suicidal ideation. *Sleep, 33,* 97–106. (p. 89)

Gao, Y., Raine, A., Venables, P. H., Dawson, M. E., & Mednick, S. A. (2010). Association of poor child fear conditioning and adult crime. *American Journal of Psychiatry, 167,* 56–60. (p. 539)

Garber, K. (2007). Autism's cause may reside in abnormalities at the synapse. *Science, 317,* 190–191. (p. 131)

Garcia, J., & Gustavson, A. R. (1997, January). Carl R. Gustavson (1946–1996): Pioneering wildlife psychologist. *APS Observer,* pp. 34–35. (p. 257)

Garcia, J., & Koelling, R. A. (1966). Relation of cue to consequence in avoidance learning. *Psychonomic Science, 4,* 123–124. (p. 256)

Gardner, H. (1983). *Frames of mind: The theory of multiple intelligences.* New York: Basic Books. (p. 330)

Gardner, H. (1998a, March 19). An intelligent way to progress. *The Independent* (London), p. E4. (p. 331)

Gardner, H. (1998b, November 5). Do parents count? *New York Review of Books* (www.nybooks.com). (p. 147)

Gardner, H. (1999). *Multiple views of multiple intelligence.* New York: Basic Books. (p. 333)

Gardner, H. (2006). *The development and education of the mind: The selected works of Howard Gardner.* New York: Routledge/Taylor & Francis. (p. 330)

Gardner, J., & Oswald, A. J. (2007). Money and mental well-being: A longitudinal study of medium-sized lottery wins. *Journal of Health Economics, 6,* 49–60. (p. 416)

Gardner, M. (2006, January/February). The memory wars, part one. *Skeptical Inquirer, 30,* 28–31. (p. 298)

Gardner, R. A., & Gardner, B. I. (1969). Teaching sign language to a chimpanzee. *Science, 165,* 664–672. (p. 324)

Garfield, C. (1986). *Peak Performers: The new heroes of American Business.* New York: Morrow. (p. 328)

Garon, N., Bryson, S. E., & Smith, I. M. (2008). Executive function in preschoolers: A review using an integrative framework. *Psychological Bulletin, 134,* 31–60. (p. 122)

Garrett, B. L. (2008). Judging innocence. *Columbia Law Review, 108,* 55–142. (p. 297)

Garry, M., Loftus, E. F., & Brown, S. W. (1994). Memory: A river runs through it. *Consciousness and Cognition, 3,* 438–451. (p. 431)

Garry, M., Manning, C. G., Loftus, E. F., & Sherman, S. J. (1996). Imagination inflation: Imagining a childhood event inflates confidence that it occurred. *Psychonomic Bulletin & Review, 3,* 208–214. (p. 295)

Gartrell, N., & Bos, H. (2010). U.S. national longitudinal lesbian family study: Psychological adjustment of 17-year-old adolescents. *Pediatrics, 126,* 28–36. (p. 180)

Gatchel, R. J., Peng, Y. B., Peters, M. L., Fuchs, P. N., & Turk, D. C. (2007). The biopsychosocial approach to chronic pain: Scientific advances and future directions. *Psychological Bulletin, 133,* 581–624. (p. 221)

Gawande, A. (1998, September 21). The pain perplex. *The New Yorker,* pp. 86–94. (p. 222)

Gawin, F. H. (1991). Cocaine addiction: Psychology and neurophysiology. *Science, 251,* 1580–1586. (p. 106)

Gazzaniga, M. S. (1967, August). The split brain in man. *Scientific American,* pp. 24–29. (pp. 59, 60)

Gazzaniga, M. S. (1983). Right hemisphere language following brain bisection: A 20-year perspective. *American Psychologist, 38,* 525–537. (p. 60)

Gazzaniga, M. S. (1988). Organization of the human brain. *Science, 245,* 947–952. (pp. 61, 101)

Ge, X., & Natsuaki, M. N. (2009). In search of explanations for early pubertal timing effects on developmental psychopathology. *Current Directions in Psychological Science, 18,* 327–441. (p. 140)

Geary, D. C. (1995). Sexual selection and sex differences in spatial cognition. *Learning and Individual Differences, 7,* 289–301. (p. 342)

Geary, D. C. (1996). Sexual selection and sex differences in mathematical abilities. *Behavioral and Brain Sciences, 19,* 229–247. (p. 342)

Geary, D. C. (1998). *Male, female: The evolution of human sex differences.* Washington, DC: American Psychological Association. (p. 184)

Geary, D. C. (2010). *Male, female: The evolution of human sex differences* (second edition). Washington, DC: American Psychological Association. (p. 167)

Geary, D. C., Salthouse, T. A., Chen, G-P., & Fan, L. (1996). Are East Asian versus American differences in arithmetical ability a recent phenomenon? *Developmental Psychology, 32,* 254–262. (p. 344)

Geen, R. G., & Quanty, M. B. (1977). The catharsis of aggression: An evaluation of a hypothesis. In L. Berkowitz (Ed.), *Advances in experimental social psychology* (Vol. 10). New York: Academic Press. (p. 398)

Geen, R. G., & Thomas, S. L. (1986). The immediate effects of media violence on behavior. *Journal of Social Issues, 42*(3), 7–28. (p. 265)

Gehring, W. J., Wimke, J., & Nisenson, L. G. (2000). Action monitoring dysfunction in obsessive-compulsive disorder. *Psychological Science, 11*(1), 1–6. (p. 518)

Geier, A. B., Rozin, P., & Doros, G. (2006). Unit bias: A new heuristic that helps explain the effects of portion size on food intake. *Psychological Science, 17,* 521–525. (p. 360)

Gelman, D. (1989, May 15). Voyages to the unknown. *Newsweek,* pp. 66–69. (p. 383)

Genesee, F., & Gándara, P. (1999). Bilingual education programs: A cross-national perspective. *Journal of Social Issues, 55,* 665–685. (p. 327)

Gentile, B., Twenge, J. M., & Campbell, W. K. (2010). Birth cohort differences in self-esteem, 1988–2008: A cross-temporal meta-analysis. *Review of General Psychology, 14,* 261–268. (p. 449)

Gentile, D. (2009). Pathological video-game use among youth ages 8 to 18: A national study. *Psychological Science, 20,* 594–602. (p. 101)

Gentile, D. A., Anderson, C. A., Yukawa., S., Ihori, N., Saleem, M., Ming, L. K., Shibuya, A., Liau, A. K., Khoo, A., & Sakamoto, A. (2009). The effects of prosocial video games on prosocial behaviors: International evidence from correlational, experimental, and longitudinal studies. *Personality and Social Psychology Bulletin, 35,* 752–763. (pp. 485, 486)

Gentile, D. A., Lynch, P. J., Linder, J. R., & Walsh, D. A. (2004). The effects of violent video game habits on adolescent hostility, aggressive behaviors, and school performance. *Journal of Adolescence, 27,* 5–22. (p. 265)

George, L. K., Ellison, C. G., & Larson, D. B. (2002). Explaining the relationships between religious involvement and health. *Psychological Inquiry, 13,* 190–200. (p. 412)

George, M. S. (2003, September). Stimulating the brain. *Scientific American,* pp. 67–73. (p. 573)

George, M. S., & 12 others. (2010). Daily left prefrontal transcranial magnetic stimulation therapy for major depressive disorder: A sham-controlled randomized trial. *Archives of General Psychiatry, 67,* 507–516. (p. 573)

Geraerts, E., Bernstein, D. M., Merckelbach, H., Linders, C., Raymaekers, L., & Loftus, E. F. (2008). Lasting false beliefs and their behavioral consequences. *Psychological Science, 19,* 749–753. (p. 295)

Geraerts, E., Schooler, J. W., Merckelbach, H., Jelicic, M., Hauer, B. J. A., & Ambadar, Z. (2007). The reality of recovered memories: Corroborating continuous and discontinuous memories of childhood sexual abuse. *Psychological Science, 18,* 564–568. (p. 299)

Gerhart, K. A., Koziol-McLain, J., Lowenstein, S. R., & Whiteneck, G. G. (1994). Quality of life following spinal cord injury: Knowledge and attitudes of emergency care providers. *Annals of Emergency Medicine, 23,* 807–812. (p. 414)

Gernsbacher, M. A., Dawson, M., & Goldsmith, H. H. (2005). Three reasons not to believe in an autism epidemic. *Current Directions in Psychological Science, 14,* 55–58. (p. 130)

Gerrard, M., & Luus, C. A. E. (1995). Judgments of vulnerability to pregnancy: The role of risk factors and individual differences. *Personality and Social Psychology Bulletin, 21,* 160–171. (p. 176)

Gershoff, E. T. (2002). Parental corporal punishment and associated child behaviors and experiences: A meta-analytic and theoretical review. *Psychological Bulletin, 128,* 539–579. (p. 251)

Gershoff, E. T., Grogan-Kaylor, A., Lansford, J. E., Chang, L., Zelli, A., Deater-Deckard, K., & Dodge, K. A. (2010). Parent discipline practices in an international sample: Associations with child behaviors and moderation by perceived normativeness. *Child Development, 81*, 487–502. (p. 252)

Gerstorf, D., Ram, N., Röcke, C., Lindenberger, U., & Smith, J. (2008). Decline in life satisfaction in old age: Longitudinal evidence for links to distance-to-death. *Psychology and Aging, 23*, 154–168. (p. 156)

Gertner, J. (2010, May 10). The rise and fall of the G.D.P. *New York Times* (www.nytimes.com). (p. 419)

Geschwind, N. (1979, September). Specializations of the human brain. *Scientific American, 241*, 180–199. (p. 323)

Gfeller, J. D., Lynn, S. J., & Pribble, W. E. (1987). Enhancing hypnotic susceptibility: Interpersonal and rapport factors. *Journal of Personality and Social Psychology, 52*, 586–595. (p. 99)

Giancola, P. R., & Corman, M. D. (2007). Alcohol and aggression: A test of the attention-allocation model. *Psychological Science, 18*, 649–655. (p. 482)

Giancola, P. R., Josephs, R. A., Parrott, D. J., & Duke, A. A. (2010). Alcohol myopia revisited: Clarifying aggression and other acts of disinhibition through a distorted lens. *Perspectives on Psychological Science, 5*, 265–278. (p. 103)

Gibbons, F. X. (1986). Social comparison and depression: Company's effect on misery. *Journal of Personality and Social Psychology, 51*, 140–148. (p. 417)

Gibbs, W. W. (1996, June). Mind readings. *Scientific American*, pp. 34–36. (p. 54)

Gibson, E. J., & Walk, R. D. (1960, April). The "visual cliff." *Scientific American*, pp. 64–71. (p. 210)

Gibson, H. B. (1995, April). Recovered memories. *The Psychologist*, pp. 153–154. (p. 97)

Gick, B., & Derrick, D. (2009). Aero-tactile integration in speech perception. *Nature, 462*, 502–504. (p. 228)

Giesbrecht, T., Lynn, S. J., Lilienfeld, S. O., & Merckelbach, H. (2008). Cognitive processes in dissociation: An analysis of core theoretical assumptions. *Psychological Bulletin, 134*, 617–647. (p. 534)

Giesbrecht, T., Lynn, S. J., Lilienfeld, S. O., & Merckelbach, H. (2010). Cognitive processes, trauma, and dissociation—Misconceptions and misrepresentations: Reply to Bremmer (2010). *Psychological Bulletin, 136*, 7–11. (p. 534)

Gigerenzer, G. (2004). Dread risk, September 11, and fatal traffic accidents. *Psychological Science, 15*, 286–287. (p. 310)

Gigerenzer, G. (2006). Out of the frying pan into the fire: Behavioral reactions to terrorist attacks. *Risk Analysis, 26*, 347–351. (p. 310)

Gigerenzer, G. (2010). *Rationality for mortals: How people cope with uncertainty.* New York: Oxford University Press. (p. A-1)

Gigerenzer, G., Gaissmaier, W., Kurz-Milcke, E., Schwartz, L. M., & Woloshin, S. (2008). Helping doctors and patients make sense of health statistics. *Psychological Science in the Public Interest, 8*, 53–96. (p. A-1)

Gigerenzer, G., Gaissmaier, W., Kurz-Milcke, E., Schwartz, L. M., & Woloshin, S. (2009, April/May). Knowing your chances. *Scientific American Mind*, pp. 44–51. (p. A-1)

Gilbert, D. T. (2006). *Stumbling on happiness.* New York: Knopf. (pp. 156, 294, 373, 449, 519)

Gilbert, D. T., Pelham, B. W., & Krull, D. S. (2003). The psychology of good ideas. *Psychological Inquiry, 14*, 258–260. (p. 11)

Gilbert, D. T., Pinel, E. C., Wilson, T. D., Blumberg, S. J., & Wheatley, T. P. (1998). Immune neglect: A source of durability bias in affective forecasting. *Journal of Personality and Social Psychology, 75*, 617–638. (p. 414)

Giles, D. E., Dahl, R. E., & Coble, P. A. (1994). Childbearing, developmental, and familial aspects of sleep. In J. M. Oldham & M. B. Riba (Eds.), *Review of psychiatry* (Vol. 13). Washington, DC: American Psychiatric Press. (p. 93)

Gilestro, G. F., Tononi, G., & Cirelli, C. (2009). Widespread changes in synaptic markers as a function of sleep and wakefulness in *Drosophila. Science, 324*, 109–112. (p. 88)

Gill, A. J., Oberlander, J., & Austin, E. (2006). Rating e-mail personality at zero acquaintance. *Personality and Individual Differences, 40*, 497–507. (p. 443)

Gillham, J. E., Hamilton, J., Freres, D. R., Patton, K., & Gallop, R. (2006). Preventing depression among early adolescents in the primary care setting: A randomized controlled study of the Penn Resiliency Program. *Journal of Abnormal Child Psychology, 34*, 195–211. (p. 577)

Gillison, M. L., Broutian, T., Pickard, R. K. L., Tong, Z-Y., Xiao, W., Kahle, L., Graubard, B. I., & Chaturvedi, A. K. (2012). Prevalence of oral HPV infection in the United States, 2009–2010. *JAMA, 307*(7), 693–703. (p. 174)

Gilovich, T. (1996). The spotlight effect: Exaggerated impressions of the self as a social stimulus. Unpublished manuscript, Cornell University. (p. 447)

Gilovich, T., Kruger, J., & Medvec, V. H. (2002). The spotlight effect revisited: Overestimating the manifest variability of our actions and appearance. *Journal of Experimental Social Psychology, 38*, 93–99. (p. 447)

Gilovich, T., & Medvec, V. H. (1995). The experience of regret: What, when, and why. *Psychological Review, 102*, 379–395. (p. 156)

Gilovich, T., & Savitsky, K. (1999). The spotlight effect and the illusion of transparency: Egocentric assessments of how we are seen by others. *Current Directions in Psychological Science, 8*, 165–168. (p. 447)

Gilovich, T., Vallone, R., & Tversky, A. (1985). The hot hand in basketball: On the misperception of random sequences. *Cognitive Psychology, 17*, 295–314. (p. 13)

Giltay, E. J., Geleijnse, J. M., Zitman, F. G., Buijsse, B., & Kromhout, D. (2007). Lifestyle and dietary correlates of dispositional optimism in men: The Zutphen Elderly Study. *Journal of Psychosomatic Research, 63*, 483–490. (p. 404)

Giltay, E. J., Geleijnse, J. M., Zitman, F. G., Hoekstra, T., & Schouten, E. G. (2004). Dispositional optimism and all-cause and cardiovascular mortality in a prospective cohort of elderly Dutch men and women. *Archives of General Psychiatry, 61*, 1126–1135. (p. 404)

Gingerich, O. (1999, February 6). Is there a role for natural theology today? *The Real Issue* (www.origins.org/real/n9501/natural.html). (p. 71)

Gladue, B. A. (1990). Hormones and neuroendocrine factors in atypical human sexual behavior. In J. R. Feierman (Ed.), *Pedophilia: Biosocial dimensions.* New York: Springer-Verlag. (p. 181)

Gladwell, M. (2000, May 9). The new-boy network: What do job interviews really tell us? *New Yorker*, pp. 68–86. (p. B-6)

Gladwell, M. (2005). *Blink: The power of thinking without thinking.* New York: Little, Brown. (p. 491)

Glasman, L. R., & Albarracin, D. (2006). Forming attitudes that predict future behavior: A meta-analysis of the attitude-behavior relation. *Psychological Bulletin, 132*, 778–822. (p. 460)

Glass, R. I. (2004). Perceived threats and real killers. *Science, 304*, 927. (p. 311)

Glass, R. M. (2001). Electroconvulsive therapy: Time to bring it out of the shadows. *Journal of the American Medical Association, 285*, 1346–1348. (p. 571)

Gleaves, D. H. (1996). The sociocognitive model of dissociative identity disorder: A reexamination of the evidence. *Psychological Bulletin, 120*, 42–59. (p. 535)

Glick, P., Gottesman, D., & Jolton, J. (1989). The fault is not in the stars: Susceptibility of skeptics and believers in astrology to the Barnum effect. *Personality and Social Psychology Bulletin, 15*, 572–583. (p. 439)

Gluszek, A., & Dovidio, J. F. (2010). The way *they* speak: A social psychological perspective on the stigma of nonnative accents in communication. *Personality and Social Psychology Review, 14*, 214–237. (p. 478)

Godden, D. R., & Baddeley, A. D. (1975). Context-dependent memory in two natural environments: On land and underwater. *British Journal of Psychology, 66*, 325–331. (p. 287)

Goff, D. C., & Simms, C. A. (1993). Has multiple personality disorder remained consistent over time? *Journal of Nervous and Mental Disease, 181*, 595–600. (p. 534)

Golan, O., Ashwin, E., Granader, Y., McClintock, S., Day, K., Leggett, V., & Baron-Cohen, S. (2010). Enhancing emotion recognition in children with autism spectrum conditions: An intervention using animated vehicles with real emotional faces. *Journal of Autism Development and Disorders, 40*, 269–279. (p. 131)

Gold, M., & Yanof, D. S. (1985). Mothers, daughters, and girlfriends. *Journal of Personality and Social Psychology, 49*, 654–659. (p. 146)

Goldberg, J. (2007, accessed May 31). *Quivering bundles that let us hear*. Howard Hughes Medical Institute (www.hhmi.org/senses/c120.html). (p. 217)

Goldberg, W. A., Prause, J., Lucas-Thompson, R., & Himsel, A. (2008). Maternal employment and children's achievement in context: A meta-analysis of four decades of research. *Psychological Bulletin, 134*, 77–108. (p. 137)

Golden, R. N., Gaynes, B. N., Ekstrom, R. D., Hamer, R. M., Jacobsen, F. M., Suppes, T., Wisner, K. L., & Nemeroff, C. B. (2005). The efficacy of light therapy in the treatment of mood disorders: A review and meta-analysis of the evidence. *American Journal of Psychiatry, 162*, 656–662. (p. 564)

Golder, S. A., & Macy, M. W. (2011). Diurnal and seasonal mood vary with work, sleep, and day-length across diverse cultures. *Science, 333*, 1878–1881. (p. 414)

Goldfried, M. R. (2001). Integrating gay, lesbian, and bisexual issues into mainstream psychology. *American Psychologist, 56*, 977–988. (p. 524)

Goldfried, M. R., & Padawer, W. (1982). Current status and future directions in psychotherapy. In M. R. Goldfried (Ed.), *Converging themes in psychotherapy: Trends in psychodynamic, humanistic, and behavioral practice*. New York: Springer. (p. 565)

Goldfried, M. R., Raue, P. J., & Castonguay, L. G. (1998). The therapeutic focus in significant sessions of master therapists: A comparison of cognitive-behavioral and psychodynamic-interpersonal interventions. *Journal of Consulting and Clinical Psychology, 66*, 803–810. (p. 565)

Goldin-Meadow, S., & Beilock, S. L. (2010). Action's influence on thought: The case of gesture. *Perspectives on Psychological Science, 5*, 664–674. (p. 385)

Golding, J. M. (1996). Sexual assault history and women's reproductive and sexual health. *Psychology of Women Quarterly, 20*, 101–121. (p. 484)

Golding, J. M. (1999). Sexual-assault history and the long-term physical health problems: Evidence from clinical and population epidemiology. *Current Directions in Psychological Science, 8*, 191–194. (p. 515)

Goldman, A. L., Pezawas, L., Mattay, V. S., Fischl, B., Verchinski, B. A., Chen, Q., Weinberger, D. R., & Meyer-Lindenberg, A. (2009). Widespread reductions of cortical thickness in schizophrenia and spectrum disorders and evidence of heritability. *Archives of General Psychiatry, 66*, 467–477. (p. 531)

Goldstein, A. P., Glick, B., & Gibbs, J. C. (1998). *Aggression replacement training: A comprehensive intervention for aggressive youth* (rev. ed.). Champaign, IL: Research Press. (p. 484)

Goldstein, I. (2000, August). Male sexual circuitry. *Scientific American*, pp. 70–75. (p. 45)

Goldstein, I., Lue, T. F., Padma-Nathan, H., Rosen, R. C., Steers, W. D., & Wicker, P. A. (1998). Oral sildenafil in the treatment of erectile dysfunction. *New England Journal of Medicine, 338*, 1397–1404. (p. 23)

Goleman, D. (1980, February). 1,528 little geniuses and how they grew. *Psychology Today*, pp. 28–53. (p. 370)

Goleman, D. (2006). *Social intelligence*. New York: Bantam Books. (p. 333)

Gonsalkorale, K., & Williams, K. D. (2006). The KKK would not let me play: Ostracism even by a despised outgroup hurts. *European Journal of Social Psychology, 36*, 1–11. (p. 366)

González-Vallejo, C., Lassiter, G. D., Bellezza, F. S., & Lindberg, M. J. (2008). "Save angels perhaps": A critical examination of unconscious thought theory and the deliberation-without-attention effect. *Review of General Psychology, 12*, 282–296. (p. 313)

Goodall, J. (1968). The behaviour of free-living chimpanzees in the Gombe Stream Reserve. *Animal Behaviour Monographs, 1*, 161–311. (p. 147)

Goodall, J. (1986). *The chimpanzees of Gombe: Patterns of behavior*. Cambridge, MA: Harvard University Press. (p. 479)

Goodall, J. (1998). Learning from the chimpanzees: A message humans can understand. *Science, 282*, 2184–2185. (p. 18)

Goode, E. (1999, April 13). If things taste bad, 'phantoms' may be at work. *New York Times* (www.nytimes.com). (p. 222)

Goodman, G. S. (2006). Children's eyewitness memory: A modern history and contemporary commentary. *Journal of Social Issues, 62*, 811–832. (p. 298)

Goodman, G. S., Ghetti, S., Quas, J. A., Edelstein, R. S., Alexander, K. W., Redlich, A. D., Cordon, I. M., & Jones, D. P. H. (2003). A prospective study of memory for child sexual abuse: New findings relevant to the repressed-memory controversy. *Psychological Science, 14*, 113–118. (p. 299)

Goodstein, L., & Glaberson, W. (2000, April 9). The well-marked roads to homicidal rage. *New York Times* (www.nytimes.com). (p. 445)

Goodwin, P. Y., Mosher, W. D., & Chandra, A. (2010). Marriage and cohabitation in the United States: A statistical portrait based on Cycle 6 (2002) of the National Survey of Family Growth. National Center for Health Statistics. *Vital Health Statistics, 23*(28). (p. 155)

Gopnik, A., & Meltzoff, A. N. (1986). Relations between semantic and cognitive development in the one-word stage: The specificity hypothesis. *Child Development, 57*, 1040–1053. (p. 327)

Goranson, R. E. (1978). The hindsight effect in problem solving. Unpublished manuscript, cited by G. Wood (1984), Research methodology: A decision-making perspective. In A. M. Rogers & C. J. Scheirer (Eds.), *The G. Stanley Hall Lecture Series* (Vol. 4). Washington, DC. (p. 12)

Gorchoff, S. M., John, O. P., & Helson, R. (2008). Contextualizing change in marital satisfaction during middle age. *Psychological Science, 19*, 1194–1200. (p. 156)

Gordon, P. (2004). Numerical cognition without words: Evidence from Amazonia. *Science, 306*, 496–499. (p. 326)

Gore-Felton, C., Koopman, C., Thoresen, C., Arnow, B., Bridges, E., & Spiegel, D. (2000). Psychologists' beliefs and clinical characteristics: Judging the veracity of childhood sexual abuse memories. *Professional Psychology: Research and Practice, 31*, 372–377. (p. 299)

Gosling, S. D. (2008). *Snoop: what your stuff says about you*. New York: Basic Books. (p. 442)

Gosling, S. D., Gladdis, S., & Vazire, S. (2007). Personality impressions based on Facebook profiles. Paper presented to the Society for Personality and Social Psychology meeting. (p. 442)

Gosling, S. D., Ko, S. J., Mannarelli, T., & Morris, M. E. (2002). A room with a cue: Personality judgments based on offices and bedrooms. *Journal of Personality and Social Psychology, 82*, 379–398. (p. 442)

Gosling, S. D., Kwan, V. S. Y., & John, O. P. (2003). A dog's got personality: A cross-species comparative approach to personality judgments in dogs and humans. *Journal of Personality and Social Psychology, 85*, 1161–1169. (p. 437)

Gotlib, I. H., & Hammen, C. L. (1992). *Psychological aspects of depression: Toward a cognitive-interpersonal integration*. New York: Wiley. (p. 527)

Gottesman, I. I. (1991). *Schizophrenia genesis: The origins of madness*. New York: Freeman. (p. 532)

Gottesman, I. I. (2001). Psychopathology through a life span—genetic prism. *American Psychologist, 56*, 867–881. (p. 532)

Gottfredson, L. S. (2002a). Where and why g matters: Not a mystery. *Human Performance, 15*, 25–46. (p. 332)

Gottfredson, L. S. (2002b). g: Highly general and highly practical. In R. J. Sternberg & E. L. Grigorenko (Eds.), *The general factor of intelligence: How general is it?* Mahwah, NJ: Erlbaum. (p. 332)

Gottfredson, L. S. (2003a). Dissecting practical intelligence theory: Its claims and evidence. *Intelligence, 31*, 343–397. (p. 332)

Gottfredson, L. S. (2003b). On Sternberg's "Reply to Gottfredson." *Intelligence, 31*, 415–424. (p. 332)

Gottfried, J. A., O'Doherty, J., & Dolan, R. J. (2003). Encoding predictive reward value in human amygdala and orbitofrontal cortex. *Science, 301*, 1104–1108. (p. 437)

Gottman, J. (2007). *Why marriages succeed or fail—2007 publication*. London: Bloomsbury. (p. 493)

Gottman, J., with Silver, N. (1994). *Why marriages succeed or fail*. New York: Simon & Schuster. (p. 155)

Gould, E. (2007). How widespread is adult neurogenesis in mammals? *Nature Neuroscience, 8*, 481–488. (p. 58)

Gould, S. J. (1981). *The mismeasure of man.* New York: Norton. (p. 334)

Gould, S. J. (1997, June 12). Darwinian fundamentalism. *The New York Review of Books, XLIV*(10), 34–37. (p. 185)

Grabe, S., Ward, L. M., & Hyde, J. S. (2008). The role of the media in body image concerns among women: A meta-analysis of experimental and correlational studies. *Psychological Bulletin, 134*, 460–476. (p. 537)

Grace, A. A. (2010). Ventral hippocampus, interneurons, and schizophrenia: A new understanding of the pathophysiology of schizophrenia and its implications for treatment and prevention. *Current Directions in Psychological Science, 19*, 232–237. (p. 530)

Grady, C. L., McIntosh, A. R., Horwitz, B., Maisog, J. M., Ungeleider, L. G., Mentis, M. J., Pietrini, P., Schapiro, M. B., & Haxby, J. V. (1995). Age-related reductions in human recognition memory due to impaired encoding. *Science, 269*, 218–221. (p. 291)

Graf, P. (1990). Life-span changes in implicit and explicit memory. *Bulletin of the Psychonomic Society, 28*, 353–358. (p. 153)

Graham, J. E., Christian, L. M., & Kiecolt-Glaser, J. K. (2006). Marriage, health, and immune function. In S. R. H. Beach & others (Eds.), *Relational processes and DSM-5: Neuroscience, assessment, prevention, and treatment.* Washington, DC: American Psychiatric Association. (p. 405)

Grant, N., Wardle, J., & Steptoe, A. (2009). The relationship between life satisfaction and health behavior: A cross-cultural analysis of young adults. *International Journal of Behavioral Medicine, 16*, 259–268. (p. 408)

Gray, P. B. (2010, July 7). ADHD and school: The problem of assessing normaly in an abnormal environment. *Psychology Today Blog* (www.psychologytoday.com). (p. 507)

Gray, P. B., & Anderson, K. G. (2010). *Fatherhood: Evolution and human paternal behavior.* Cambridge, MA: Harvard University Press. (p. 185)

Gray, P. B., Yang, C-F. J., & Pope, Jr., H. G. (2006). Fathers have lower salivary testosterone levels than unmarried men and married non-fathers in Beijing, China. *Proceedings of the Royal Society, 273*, 333–339. (p. 172)

Gray-Little, B., & Burks, N. (1983). Power and satisfaction in marriage: A review and critique. *Psychological Bulletin, 93*, 513–538. (p. 492)

Green, B. (2002). Listening to leaders: Feedback on 360-degree feedback one year later. *Organizational Development Journal, 20*, 8–16. (p. B-7)

Green, C. S., Pouget, A., & Bavelier, D. (2010). Improved probabilistic inference, as a general learning mechanism with action video games. *Current Biology, 20*, 1573–1579. (p. 486)

Green, J. D., Sedikides, C., & Gregg, A. P. (2008). Forgotten but not gone: The recall and recognition of self-threatening memories. *Journal of Experimental Social Psychology, 44*, 547–561. (p. 431)

Green, J. T., & Woodruff-Pak, D. S. (2000). Eyeblink classical conditioning: Hippocampal formation is for neutral stimulus associations as cerebellum is for association-response. *Psychological Bulletin, 126*, 138–158. (p. 282)

Green, M. F., & Horan, W. P. (2010). Social cognition in schizophrenia. *Current Directions in Psychological Science, 19*, 243–248. (p. 529)

Greenberg, J. (2008). Understanding the vital human quest for self-esteem. *Perspectives on Psychological Science, 3*, 48–55. (p. 447)

Greene, J. (2010). *Remarks to An Edge conference: The new science of morality.* www.edge.org. (p. 143)

Greene, J., Sommerville, R. B., Nystrom, L. E., Darley, J. M., & Cohen, J. D. (2001). An fMRI investigation of emotional engagement in moral judgment. *Science, 293*, 2105. (p. 143)

Greenwald, A. G. (1992). Subliminal semantic activation and subliminal snake oil. Paper presented to the American Psychological Association Convention, Washington, DC. (p. 195)

Greenwald, A. G., McGhee, D. E., & Schwartz, J. L. K. (1998). Measuring individual differences in implicit cognition: The implicit association test. *Journal of Personality and Social Psychology, 74*, 1464–1480. (p. 477)

Greenwald, A. G., Oakes, M. A., & Hoffman, H. (2003). Targets of discrimination: Effects of race on responses to weapons holders. *Journal of Experimental Social Psychology, 39*, 399. (p. 477)

Greenwald, A. G., Poehlman, T. A., Uhlmann, E. L., & Banaji, M. R. (2009). Understanding and using the implicit association test: III. Meta-analysis of the predictive validity. *Journal of Personality and Social Psychology, 97*, 17–41. (p. 477)

Greenwald, A. G., Spangenberg, E. R., Pratkanis, A. R., & Eskenazi, J. (1991). Double-blind tests of subliminal self-help audiotapes. *Psychological Science, 2*, 119–122. (p. 195)

Gregory, A. M., Rijksdijk, F. V., Lau, J. Y., Dahl, R. E., & Eley, T. C. (2009). The direction of longitudinal associations between sleep problems and depression symptoms: A study of twins aged 8 and 10 years. *Sleep, 32*, 189–199. (p. 90)

Gregory, R. L. (1978). *Eye and brain: The psychology of seeing* (3rd ed.). New York: McGraw-Hill. (p. 215)

Gregory, R. L., & Gombrich, E. H. (Eds.). (1973). *Illusion in nature and art.* New York: Charles Scribner's Sons. (p. 198)

Greif, E. B., & Ulman, K. J. (1982). The psychological impact of menarche on early adolescent females: A review of the literature. *Child Development, 53*, 1413–1430. (p. 168)

Greist, J. H., Jefferson, J. W., & Marks, I. M. (1986). *Anxiety and its treatment: Help is available.* Washington, DC: American Psychiatric Press. (p. 513)

Greitemeyer, T., & McLatchie, N. (2011). Denying humanness to others: A newly discovered mechanism by which violent video games increase aggressive behavior. *Psychological Science, 22*, 655–659. (p. 486)

Greitemeyer, T., & Osswald, S. (2010). Effects of prosocial video games on prosocial behavior. *Journal of Personality and Social Psychology, 98*, 211–221. (p. 485)

Greyson, B. (2010). Implications of near-death experiences for a postmaterialist psychology. *Review of Religion and Spirituality, 2*, 37–45. (p. 107)

Grèzes, J., & Decety, J. (2001). Function anatomy of execution, mental simulation, observation, and verb generation of actions: A meta-analysis. *Human Brain Mapping, 12*, 1–19. (p. 328)

Griffiths, M. (2001). Sex on the Internet: Observations and implications for Internet sex addiction. *Journal of Sex Research, 38*, 333–342. (p. 101)

Grilo, C. M., & Pogue-Geile, M. F. (1991). The nature of environmental influences on weight and obesity: A behavior genetic analysis. *Psychological Bulletin, 110*, 520–537. (p. 361)

Grinker, R. R. (2007). *Unstrange minds: Remapping the world of autism.* New York: Basic Books. (p. 130)

Grobstein, C. (1979, June). External human fertilization. *Scientific American*, pp. 57–67. (p. 119)

Grogan-Kaylor, A. (2004). The effect of corporal punishment on antisocial behavior in children. *Social Work Research, 28*, 153–162. (p. 252)

Groothuis, T. G. G., & Carere, C. (2005). Avian personalities: Characterization and epigenesis. *Neuroscience and Biobehavioral Reviews, 29*, 137–150. (p. 437)

Gross, A. E., & Crofton, C. (1977). What is good is beautiful. *Sociometry, 40*, 85–90. (p. 490)

Gross, T. F. (2009). Own-ethnicity bias in the recognition of Black, East Asian, Hispanic, and White faces. *Basic and Applied Social Psychology, 31*, 128–135. (p. 480)

Grossberg, S. (1995). The attentive brain. *American Scientist, 83*, 438–449. (p. 199)

Grossmann, I., Na, J., Varnum, M. E. W., Park, D. C., Kitayama, S., & Nisbett, R. E. (2010). Reasoning about social conflicts improves into old age. *PNAS, 107*, 7246–7250. (p. 338)

Gruder, C. L. (1977). Choice of comparison persons in evaluating oneself. In J. M. Suls & R. L. Miller (Eds.), *Social comparison processes.* New York: Hemisphere. (p. 417)

Guerin, B. (1986). Mere presence effects in humans: A review. *Journal of Personality and Social Psychology, 22*, 38–77. (p. 471)

Guerin, B. (2003). Language use as social strategy: A review and an analytic framework for the social sciences. *Review of General Psychology, 7*, 251–298. (p. 318)

Guiso, L., Monte, F., Sapienza, P., & Zingales, L. (2008). Culture, gender, and math. *Science, 320*, 1164–1165. (p. 343)

Gunstad, J., Strain, G., Devlin, M. J., Wing, R., Cohen, R. A., Paul, R. H., Crosby, R. D., & Mitchell, J. E. (2011). Improved memory function 12 weeks after bariatric surgery. *Surgery for Obesity and Related Diseases, 7*, 465–472. (p. 361)

Gunter, R. W., & Bodner, G. E. (2008). How eye movements affect unpleasant memories: Support for a working-memory account. *Behaviour Research and Therapy, 46*, 913–931. (p. 564)

Gunter, T. D., Vaughn, M. G., & Philibert, R. A. (2010). Behavioral genetics in antisocial spectrum disorders and psychopathy: A review of the recent literature. *Behavioral Sciences and the Law, 28*, 148–173. (p. 538)

Guo, X., & 19 others. (2010). Effect of antipsychotic medication alone vs combined with psychosocial intervention on outcomes of early-stage schizophrenia. *Archives of General Psychiatry, 67*, 895–904. (p. 569)

Gustavson, C. R., Garcia, J., Hankins, W. G., & Rusiniak, K. W. (1974). Coyote predation control by aversive conditioning. *Science, 184*, 581–583. (p. 257)

Gustavson, C. R., Kelly, D. J., & Sweeney, M. (1976). Prey-lithium aversions I: Coyotes and wolves. *Behavioral Biology, 17*, 61–72. (p. 257)

Guttmacher Institute. (1994). *Sex and America's teenagers*. New York: Alan Guttmacher Institute. (pp. 148, 174)

Guttmacher Institute. (2000). *Fulfilling the promise: Public policy and U.S. family planning clinics*. New York: Alan Guttmacher Institute. (p. 148)

H

H., Sally. (1979, August). Videotape recording number T–3, Fortunoff Video Archive of Holocaust Testimonies. New Haven, CT: Yale University Library. (p. 431)

Haas, A. P., & 25 others. (2011). Suicide and suicide risk in lesbian, gay, bisexual, and transgender populations: Review and recommendations. *Journal of Homosexuality, 58*, 10–51. (p. 524)

Haase, C. M., Tomasik, M. JH., & Silbereisen, R. K. (2008). Premature behavioral autonomy: Correlates in late adolescence and young adulthood. *European Psychologist, 13*, 255–266. (p. 138)

Haber, R. N. (1970, May). How we remember what we see. *Scientific American*, pp. 104–112. (p. 272)

Hagger, M. S., Wood, C., Stiff, C., & Chatzisarantis, N. L. D. (2010). Ego depletion and the strength model of self-control: A meta-analysis. *Psychological Bulletin, 136*, 495–525. (p. 403)

Haidt, J. (2000). The positive emotion of elevation. *Prevention and Treatment, 3*, article 3 (journals.apa.org/prevention/volume3). (p. 142)

Haidt, J. (2002). The moral emotions. In R. J. Davidson, K. Scherer, & H. H. Goldsmith (Eds.), *Handbook of affective sciences*. New York: Oxford University Press. (p. 142)

Haidt, J. (2006). *The happiness hypothesis: Finding modern truth in ancient wisdom*. New York: Basic Books. (p. 142)

Haidt, J. (2010). Moral psychology must not be based on faith and hope: Commentary on Narvaez. *Perspectives on Psychological Science, 5*, 182–184. (p. 142)

Hakuta, K., Bialystok, E., & Wiley, E. (2003). Critical evidence: A test of the critical-period hypothesis for second-language acquisition. *Psychological Science, 14*, 31–38. (p. 321)

Halberstadt, J., Sherman, S. J., & Sherman, J. W. (2011). Why Barack Obama is black. *Psychological Science, 22*, 29–33. (p. 480)

Haldeman, D. C. (1994). The practice and ethics of sexual orientation conversion therapy. *Journal of Consulting and Clinical Psychology, 62*, 221–227. (p. 179)

Haldeman, D. C. (2002). Gay rights, patient rights: The implications of sexual orientation conversion therapy. *Professional Psychology: Research and Practice, 33*, 260–264. (p. 179)

Hall, C. S., Dornhoff, W., Blick, K. A., & Weesner, K. E. (1982). The dreams of college men and women in 1950 and 1980: A comparison of dream contents and sex differences. *Sleep, 5*, 188–194. (p. 93)

Hall, C. S., & Lindzey, G. (1978). *Theories of personality* (2nd ed.). New York: Wiley. (p. 431)

Hall, G. (1997). Context aversion, Pavlovian conditioning, and the psychological side effects of chemotherapy. *European Psychologist, 2*, 118–124. (p. 258)

Hall, G. S. (1904). *Adolescence: Its psychology and its relations to physiology, anthropology, sex, crime, religion and education* (Vol. I). New York: Appleton-Century-Crofts. (p. 140)

Hall, J. A. (1984). *Nonverbal sex differences: Communication accuracy and expressive style*. Baltimore: Johns Hopkins University Press. (p. 381)

Hall, J. A. (1987). On explaining gender differences: The case of nonverbal communication. In P. Shaver & C. Hendrick (Eds.), *Review of Personality and Social Psychology, 7*, 177–200. (p. 381)

Hall, J. G. (2003). Twinning. *Lancet, 362*, 735–743. (p. 64)

Hall, S. S. (2004, May). The good egg. *Discover*, pp. 30–39. (p. 119)

Hall, W. (2006). The mental health risks of adolescent cannabis use. *PloS Medicine, 3*(2), e39. (p. 108)

Halpern, C. T., Joyner, K., Udry, J. R., & Suchindran, C. (2000). Smart teens don't have sex (or kiss much either). *Journal of Adolescent Health, 26*(3), 213–215. (p. 177)

Halpern, D. F. (2000). *Sex-related ability differences: Changing perspectives, changing minds*. Mahwah, NJ: Erlbaum. (p. 342)

Halpern, D. F., Benbow, C. P., Geary, D. C., Gur, R. C., Hyde, J. S., & Gernsbacher, M. A. (2007). The science of sex differences in science and mathematics. *Psychological Science in the Public Interest, 8*, 1–51. (p. 342)

Halsey, A., III. (2010, January 26). U.S. bans truckers, bus drivers from texting while driving. *Washington Post* (www.washingtonpost.com). (p. 81)

Hammer, E. (2003). How lucky you are to be a psychology major. *Eye on Psi Chi*, 4–5. (p. C-5)

Hammersmith, S. K. (1982, August). Sexual preference: An empirical study from the Alfred C. Kinsey Institute for Sex Research. Paper presented at the meeting of the American Psychological Association, Washington, DC. (p. 179)

Hammond, D. C. (2008). Hypnosis as sole anesthesia for major surgeries: Historical and contemporary perspectives. *American Journal of Clinical Hypnosis, 51*, 101–121. (p. 98)

Hampson, R. (2000, April 10). In the end, people just need more room. *USA Today*, p. 19A. (p. 362)

Hancock, K. J., & Rhodes, G. (2008). Contact, configural coding and the other-race effect in face recognition. *British Journal of Psychology, 99*, 45–56. (p. 480)

Hankin, B. L., & Abramson, L. Y. (2001). Development of gender differences in depression: An elaborated cognitive vulnerability-transactional stress theory. *Psychological Bulletin, 127*, 773–796. (p. 526)

Hansen, C. H., & Hansen, R. D. (1988). Finding the face-in-the-crowd: An anger superiority effect. *Journal of Personality and Social Psychology, 54*, 917–924. (p. 380)

Harbaugh, W. T., Mayr, U., & Burghart, D. R. (2007). Neural responses to taxation and voluntary giving reveal motives for charitable donations. *Science, 316*, 1622–1625. (p. 495)

Harber, K. D. (1998), Feedback to minorities: Evidence of a positive bias. *Journal of Personality and Social Psychology, 74*, 622–628. (p. 477)

Hardeveld, H. S., De Graaf, R., Nolen, W. A., & Beckman, A. T. F. (2010). Prevalence and predictors of recurrence of major depressive disorder in the adult population. *Acta Psychiatrica Scandinavia, 122*, 184–191. (p. 522)

Hardt, O., Einarsson, E. O., & Nader, K. (2010). A bridge over troubled water: Reconsolidation as a link between cognitive and neuroscientific memory research traditions. *Annual Review of Psychology, 61*, 141–167. (p. 294)

Hare, R. D. (1975). Psychophysiological studies of psychopathy. In D. C. Fowles (Ed.), *Clinical applications of psychophysiology*. New York: Columbia University Press. (p. 539)

Harenski, C. L., Harenski, K. A., Shane, M. W., & Kiehl, K. A. (2010). Aberrant neural processing of moral violations in criminal psychopaths. *Journal of Abnormal Psychology, 119*, 863–874. (p. 539)

Harkins, S. G., & Szymanski, K. (1989). Social loafing and group evaluation. *Journal of Personality and Social Psychology, 56,* 934–941. (p. 472)

Harlow, H. F., Harlow, M. K., & Suomi, S. J. (1971). From thought to therapy: Lessons from a primate laboratory. *American Scientist, 59,* 538–549. (p. 132)

Harmon-Jones, E., Abramson, L. Y., Sigelman, J., Bohlig, A., Hogan, M. E., & Harmon-Jones, C. (2002). Proneness to hypomania/mania symptoms or depression symptoms and asymmetrical frontal cortical responses to an anger-evoking event. *Journal of Personality and Social Psychology, 82,* 610–618. (p. 378)

Harper, C., & McLanahan, S. (2004). Father absence and youth incarceration. *Journal of Research on Adolescence, 14,* 369–397. (p. 484)

Harper's Index. (2010, September). India mobile phones, p. 11. (p. 367)

Harris, B. (1979). Whatever happened to Little Albert? *American Psychologist, 34,* 151–160. (p. 245)

Harris Interactive. (2010). 2009 eHarmony® marriage metrics study: Methodological notes. www.eharmony.com/harrisinteractivepoll (p. 488)

Harris, J. A. (1999). Review and methodological considerations in research on testosterone and aggression. *Aggression and Violent Behavior, 4,* 273–291. (p. 482)

Harris, J. R. (1998). *The nurture assumption.* New York: Free Press. (pp. 135, 146)

Harris, J. R. (2000). Beyond the nurture assumption: Testing hypotheses about the child's environment. In J. G. Borkowski & S. L. Ramey (Eds.), *Parenting and the child's world: Influences on academic, intellectual, and social-emotional development.* Washington, DC: APA Books. (p. 146)

Harris, J. R. (2006). *No two are alike: Human nature and human individuality.* New York: Norton. (p. 65)

Harris, J. R. (2007, August 8). Do pals matter more than parents? *The Times* (www.timesonline.co.uk). (p. 146)

Harris, R. J. (1994). The impact of sexually explicit media. In J. Brant & D. Zillmann (Eds.), *Media effects: Advances in theory and research.* Hillsdale, NJ: Erlbaum. (p. 485)

Harriston, K. A. (1993, December 24). 1 shakes, 1 snoozes: Both win $45 million. *Washington Post* release (in *Tacoma News Tribune*, pp. A1, A2). (p. 445)

Harter, J. K., Schmidt, F. L., Asplund, J. W., Killham, E. A., & Agrawal, S. (2010). Causal impact of employee work perceptions on the bottom line of organizations. *Perspectives on Psychological Science, 5,* 378–389. (p. B-9)

Harter, J. K., Schmidt, F. L., & Hayes, T. L. (2002). Business-unit-level relationship between employee satisfaction, employee engagement, and business outcomes: A meta-analysis. *Journal of Applied Psychology, 87,* 268–279. (p. B-8)

Hartmann, E. (1981, April). The strangest sleep disorder. *Psychology Today,* pp. 14, 16, 18. (p. 93)

Hartwig, M., & Bond, C. F., Jr. (2011). Why do lie-catchers fail? A lens model meta-analysis of human lie judgments. *Psychological Bulletin, 137,* 643–659. (p. 380)

Harvard Mental Health Letter. (2002, February). EMDR (Eye movement and reprocessing). *Harvard Mental Health Letter, 18,* 4–5. (p. 564)

Haslam, S. A., & Reicher, S. (2007). Beyond the banality of evil: Three dynamics of an interactionist social psychology of tyranny. *Personality and Social Psychology Bulletin, 33,* 615–622. (p. 462)

Hassan, B., & Rahman, Q. (2007). Selective sexual orientation-related differences in object location memory. *Behavioral Neuroscience, 121,* 625–633. (p. 183)

Hatfield, E. (1988). Passionate and companionate love. In R. J. Sternberg & M. L. Barnes (Eds.), *The psychology of love.* New Haven, CT: Yale University Press. (pp. 491, 492)

Hatfield, E., & Sprecher, S. (1986). *Mirror, mirror . . . The importance of looks in everyday life.* Albany: State University of New York Press. (p. 489)

Hathaway, S. R. (1960). *An MMPI Handbook* (Vol. 1, Foreword). Minneapolis: University of Minnesota Press rev. ed. (p. 1972). (p. 437)

Hatzenbuehler, M. L. (2011). The social environment and suicide attempts in lesbian, gay, and bisexual youth. *Pediatrics, 127,* 896–903. (p. 524)

Havas, D. A., Glenberg, A. M., Gutowski, K. A., Lucarelli, M. J., & Davidson, R. J. (2010). Cosmetic use of Botulinum Toxin-A affects processing of emotional language. *Psychological Science, 21,* 895–900. (p. 385)

Havas, D. A., Glenberg, A. M., & Rink, M. (2007). Emotion simulation during language comprehension. *Psychonomic Bulletin & Review, 14,* 436–441. (p. 385)

Haworth, C. M. A., & 17 others. (2009). A twin study of the genetics of high cognitive ability selected from 11,000 twin pairs in six studies from four countries. *Behavior Genetics, 39,* 359–370. (p. 339)

Haworth, C. M. A., & 23 others. (2010). The heritability of general cognitive ability increases linearly from childhood to young adulthood. *Molecular Psychiatry, 15,* 1112–1120. (p. 340)

Haxby, J. V. (2001, July 7). Quoted by B. Bower, Faces of perception. *Science News,* pp. 10–12. See also J. V. Haxby, M. I. Gobbini, M. L. Furey, A. Ishai, J. L. Schouten & P. Pietrini, Distributed and overlapping representations of faces and objects in ventral temporal cortex. *Science, 293,* 2425–2430. (p. 204)

Haynes, J-D., & Rees, G. (2005). Predicting the orientation of invisible stimuli from activity in human primary visual cortex. *Nature Neuroscience, 8,* 686–691. (p. 194)

Haynes, J-D., & Rees, G. (2006). Decoding mental states from brain activity in humans. *Nature Reviews Neuroscience, 7,* 523–534. (p. 194)

Hazan, C., & Shaver, P. R. (1994). Attachment as an organizational framework for research on close relationships. *Psychological Inquiry, 5,* 1–22. (p. 137)

Hazelrigg, M. D., Cooper, H. M., & Borduin, C. M. (1987). Evaluating the effectiveness of family therapies: An integrative review and analysis. *Psychological Bulletin, 101,* 428–442. (p. 558)

He, Y., Jones, C. R., Fujiki, N., Xu, Y., Guo, B., Holder, J. L., Jr., Rossner, M. J., Nishino, S., & Fu, Y-H. (2009). The transcriptional repressor DEC2 regulates sleep length in mammals. *Science, 325,* 866–870. (p. 87)

Headey, B., Muffels, R., & Wagner, G. G. (2010). Long-running German panel survey shows that personal and economic choices, not just genes, matter for happiness. *PNAS, 107,* 17922–17926. (p. 417)

Health Canada. (2012). Major findings from the Canadian Alcohol and Drug Use Monitoring Survey (CADUMS) 2011. Health Canada (www.hc-sc.gc.ca/hc-ps/drugs-drogues/stat/index-eng.php). (p. 109)

Heavey, C. L., & Hurlburt, R. T. (2008). The phenomena of inner experience. *Consciousness and Cognition, 17,* 798–810. (p. 326)

Hedström, P., Liu, K-Y., & Nordvik, M. K. (2008). Interaction domains and suicides: A population-based panel study of suicides in the Stockholm metropolitan area, 1991–1999. *Social Forces, 2,* 713–740. (p. 524)

Heider, F. (1958). *The psychology of interpersonal relations.* New York: Wiley. (p. 458)

Heiman, J. R. (1975, April). The physiology of erotica: Women's sexual arousal. *Psychology Today,* pp. 90–94. (p. 175)

Heine, S. J., & Buchtel, E. E. (2009). Personality: The universal and the culturally specific. *Annual Review of Psychology, 60,* 369–394. (p. 447)

Heine, S. J., & Hamamura, T. (2007). In search of East Asian self-enhancement. *Personality and Social Psychology Review, 11,* 4–27. (p. 449)

Heine, S. J., & Ruby, M. B. (2010). Cultural psychology. *Wiley Interdisciplinary Reviews: Cognitive Science, 1,* 254–266. (p. 458)

Hejmadi, A., Davidson, R. J., & Rozin, P. (2000). Exploring Hindu Indian emotion expressions: Evidence for accurate recognition by Americans and Indians. *Psychological Science, 11,* 183–187. (p. 380)

Helfand, D. (2011, January 7). An assault on rationality. *New York Times* (www.nytimes.com). (p. 232)

Heller, A. S., Johnstone, T., Schackman, A. J., Light, S. N., Peterson, M. J., Kolden, G. G., Kalin, N. H., & Davidson, R. J. (2009). Reduced capacity to sustain positive emotion in major depression reflects diminished maintenance of fronto-striatal brain activation. *PNAS, 106,* 22445–22450. (p. 523)

Heller, W. (1990, May/June). Of one mind: Second thoughts about the brain's dual nature. *The Sciences*, pp. 38–44. (p. 61)

Helmreich, W. B. (1992). *Against all odds: Holocaust survivors and the successful lives they made in America*. New York: Simon & Schuster. (pp. 136, 431)

Helmreich, W. B. (1994). Personal correspondence. Department of Sociology, City University of New York. (p. 431)

Helms, J. E., Jernigan, M., & Mascher, J. (2005). The meaning of race in psychology and how to change it: A methodological perspective. *American Psychologist, 60*, 27–36. (p. 344)

Helmuth, L. (2001). Boosting brain activity from the outside in. *Science, 292*, 1284–1286. (p. 573)

Helton, W. S. (2008). Expertise acquisition as sustained learning in humans and other animals: Commonalities across species. *Animal Cognition, 11*, 99–107. (p. 332)

Hembree, R. (1988). Correlates, causes, effects, and treatment of test anxiety. *Review of Educational Research, 58*, 47–77. (p. 354)

Hemenover, S. H. (2003). The good, the bad, and the healthy: Impacts of emotional disclosure of trauma on resilient self-concept and psychological distress. *Personality and Social Psychology Bulletin, 29*, 1236–1244. (p. 407)

Henderlong, J., & Lepper, M. R. (2002). The effects of praise on children's intrinsic motivation: A review and synthesis. *Psychological Bulletin, 128*, 774–795. (p. 260)

Henderson, J. M. (2007). Regarding scenes. *Current Directions in Psychological Science, 16*, 219–222. (p. 196)

Henig, R. M. (2010, August 18). What is it about 20-somethings? *New York Times* (www.nytimes.com). (p. 148)

Henkel, L. A., Franklin, N., & Johnson, M. K. (2000, March). Cross-modal source monitoring confusions between perceived and imagined events. *Journal of Experimental Psychology: Learning, Memory, & Cognition, 26*, 321–335. (p. 296)

Henley, N. M. (1989). Molehill or mountain? What we know and don't know about sex bias in language. In M. Crawford & M. Gentry (Eds.), *Gender and thought: Psychological perspectives*. New York: Springer-Verlag. (p. 327)

Hennenlotter, A., Dresel, C., Castrop, F., Ceballos Baumann, A., Wohschlager, A., & Haslinger, B. (2008). The link between facial feedback and neural activity within central circuitries of emotion: New insights from Botulinum Toxin-induced denervation of frown muscles. *Cerebral Cortex, 19*, 537–542. (p. 385)

Hennessey, B. A., & Amabile, T. M. (2010). Creativity. *Annual Review of Psychology, 61*, 569–598. (pp. 314, B-12)

Henninger, P. (1992). Conditional handedness: Handedness changes in multiple personality disordered subject reflect shift in hemispheric dominance. *Consciousness and Cognition, 1*, 265–287. (p. 535)

Henrich, J., Heine, S. J., & Norenzayan, A. (2010). The weirdest people in the world? *Behavioral and Brain Sciences, 33*, 61–135. (p. 26)

Hepper, P. (2005). Unravelling our beginnings. *The Psychologist, 18*, 474–477. (p. 119)

Herbenick, D., Reece, M., Schick, V., Sanders, S. A., Dodge, B., & Fortenberry, J. D. (2010a). Sexual behavior in the United States: Results from a national probability sample of men and women ages 14–94. *Journal of Sexual Medicine, 7*(suppl. 5): 255–265. (p. 178)

Herbert, J. D., Lilienfeld, S. O., Lohr, J. M., Montgomery, R. W., O'Donohue, W. T., Rosen, G. M., & Tolin, D. F. (2000). Science and pseudoscience in the development of eye movement desensitization and reprocessing: Implications for clinical psychology. *Clinical Psychology Review, 20*, 945–971. (p. 563)

Herman, C. P., & Polivy, J. (1980). Restrained eating. In A. J. Stunkard (Ed.), *Obesity*. Philadelphia: Saunders. (p. 363)

Herman, C. P., Roth, D. A., & Polivy, J. (2003). Effects of the presence of others on food intake: A normative interpretation. *Psychological Bulletin, 129*, 873–886. (p. 360)

Herman-Giddens, M. E., Wang, L., & Koch, G. (2001). Secondary sexual characteristics in boys: Estimates from the National Health and Nutrition Examination Survey III, 1988–1994. *Archives of Pediatrics and Adolescent Medicine, 155*, 1022–1028. (p. 168)

Hernandez, A. E., & Li, P. (2007). Age of acquisition: Its neural and computational mechanisms. *Psychological Bulletin, 133*, 638–650. (p. 321)

Herrmann, E., Call, J., Hernández-Lloreda, M. V., Hare, B., & Tomasello, M. (2007). Humans have evolved specialized skills of social cognition: The cultural intelligence hypothesis. *Science, 317*, 1360–1365. (p. 262)

Herrmann, E., Hernández-Lloreda, V., Call, J., Hare, B., & Tomasello, M. (2010). The structure of individual differences in the cognitive abilities of children and chimpanzees. *Psychological Science, 21*, 102–110. (p. 325)

Herrnstein, R. J., & Loveland, D. H. (1964). Complex visual concept in the pigeon. *Science, 146*, 549–551. (p. 247)

Hershenson, M. (1989). *The moon illusion*. Hillsdale, NJ: Erlbaum. (p. 213)

Hertenstein, M. J., Hansel, C., Butts, S., Hile, S. (2009). Smile intensity in photographs predicts divorce later in life. *Motivation & Emotion, 33*, 99–105. (pp. 158, 159)

Hertenstein, M. J., Keltner, D., App, B. Bulleit, B., & Jaskolka, A. (2006). Touch communicates distinct emotions. *Emotion, 6*, 528–533. (pp. 133, 220)

Herz, R. S. (2001). Ah sweet skunk! Why we like or dislike what we smell. *Cerebrum, 3*(4), 31–47. (p. 226)

Herz, R. S., Beland, S. L., & Hellerstein, M. (2004). Changing odor hedonic perception through emotional associations in humans. *International Journal of Comparative Psychology, 17*, 315–339. (p. 226)

Herzog, H. (2010). *Some we love, some we hate, some we eat: Why it's so hard to think straight about animals*. New York: Harper. (p. 406)

Hess, E. H. (1956, July). Space perception in the chick. *Scientific American*, pp. 71–80. (p. 215)

Hess, U., & Thibault, P. (2009). Darwin and emotion expression. *American Psychologist, 64*, 120–128. (p. 383)

Hetherington, M. M., Anderson, A. S., Norton, G. N. M., & Newson, L. (2006). Situational effects on meal intake: A comparison of eating alone and eating with others. *Physiology and Behavior, 88*, 498–505. (p. 360)

Hettema, J. M., Neale, M. C., & Kendler, K. S. (2001). A review and meta-analysis of the genetic epidemiology of anxiety disorders. *American Journal of Psychiatry, 158*, 1568–1578. (p. 517)

Hickok, G., Bellugi, U., & Klima, E. S. (2001, June). Sign language in the brain. *Scientific American*, pp. 58–65. (p. 61)

Hilgard, E. R. (1986). *Divided consciousness: Multiple controls in human thought and action*. New York: Wiley. (p. 99)

Hilgard, E. R. (1992). Dissociation and theories of hypnosis. In E. Fromm & M. R. Nash (Eds.), *Contemporary hypnosis research*. New York: Guilford. (p. 99)

Hill, C. E., & Nakayama, E. Y. (2000). Client-centered therapy: Where has it been and where is it going? A comment on Hathaway. *Journal of Clinical Psychology, 56*, 961–875. (p. 549)

Hines, M. (2004). *Brain gender*. New York: Oxford University Press. (p. 167)

Hingson, R. W., Heeren, T., & Winter, M. R. (2006). Age at drinking onset and alcohol dependence. *Archives of Pediatrics & Adolescent Medicine, 160*, 739–746. (p. 111)

Hintzman, D. L. (1978). *The psychology of learning and memory*. San Francisco: Freeman. (p. 277)

Hinz, L. D., & Williamson, D. A. (1987). Bulimia and depression: A review of the affective variant hypothesis. *Psychological Bulletin, 102*, 150–158. (p. 536)

Hjelmborg, J. v. B., Fagnani, C., Silventoinen, K., McGue, M., Korkeila, M., Christensen, K., Rissanen, A., & Kaprio, J. (2008). Genetic influences on growth traits of BMI: A longitudinal study of adult twins. *Obesity, 16*, 847–852. (p. 362)

HMHL. (2002a, January). Disaster and trauma. *Harvard Mental Health Letter*, pp. 1–5. (p. 391)

HMHL. (2002b, August). Smoking and depression. *Harvard Mental Health Letter*, pp. 6–7. (p. 524)

HMHL. (2007, February). Electroconvulsive therapy. *Harvard Mental Health Letter*, Harvard Medical School, pp. 1–4. (p. 571)

Hobaiter, C., & Byrne, R. W. (2011). The gestural repertoire of the wild chimpanzee. *Animal Cognition*, DOI: 10.1007/s10071-011-0409-2. (p. 324)

Hobson, J. A. (1995, September). Quoted by C. H. Colt, The power of dreams. *Life*, pp. 36–49. (p. 95)

Hobson, J. A. (2003). *Dreaming: An introduction to the science of sleep*. New York: Oxford. (p. 95)

Hobson, J. A. (2004). *13 dreams Freud never had: The new mind science*. New York: Pi Press. (p. 95)

Hobson, J. A. (2009). REM sleep and dreaming: Towards a theory of protoconsciousness. *Nature Reviews, 10*, 803–814. (p. 95)

Hochberg, L. R., Serruya, M. D., Friehs, G. M., Mukand, J. A., Saleh, M., Caplan, A. H., Branner, A., Chen, D., Penn, R. D., & Donoghue, J. P. (2006). Neuronal ensemble control of prosthetic devices by a human with tetraplegia. *Nature, 442*, 164–171. (p. 54)

Hodgkinson, V. A., & Weitzman, M. S. (1992). *Giving and volunteering in the United States*. Washington, DC: Independent Sector. (p. 496)

Hoebel, B. G., & Teitelbaum, P. (1966). Effects of forcefeeding and starvation on food intake and body weight in a rat with ventromedial hypothalamic lesions. *Journal of Comparative and Physiological Psychology, 61*, 189–193. (p. 357)

Hoeft, F., Watson, C. L., Kesler, S. R., Bettinger, K. E., & Reiss, A. L. (2008). Gender differences in the mesocorticolimbic system during computer game-play. *Journal of Psychiatric Research, 42*, 253–258. (p. 101)

Hoffman, C., & Hurst, N. (1990). Gender stereotypes: Perception or rationalization? *Journal of Personality and Social Psychology, 58*, 197–208. (p. 478)

Hoffman, D. D. (1998). *Visual intelligence: How we create what we see*. New York: Norton. (p. 205)

Hoffman, H. G. (2004, August). Virtual-reality therapy. *Scientific American*, pp. 58–65. (pp. 223, 552)

Hofmann, S. G., Sawyer, A. T., Witt, A. A., & Oh, D. (2010). The effect of mindfulness-based therapy on anxiety and depression: A meta-analytic review. *Journal of Consulting and Clinical Psychology, 78*, 169–183. (p. 410)

Hogan, R. (1998). Reinventing personality. *Journal of Social and Clinical Psychology, 17*, 1–10. (p. 442)

Hoge, C. W., & Castro, C. A. (2006). Posttraumatic stress disorder in UK and U.S. forces deployed to Iraq. *Lancet, 368*, 837. (p. 515)

Hoge, C. W., Castro, C. A., Messer, S. C., McGurk, D., Cotting, D. I., & Koffman, R. L. (2004). Combat duty in Iraq and Afghanistan, mental health problems, and barriers to care. *New England Journal of Medicine, 351*, 13–22. (p. 515)

Hoge, C. W., Terhakopian, A., Castro, C. A., Messer, S. C., & Engel, C. C. (2007). Association of posttraumatic stress disorder with somatic symptoms, health care visits, and absenteeism among Iraq War veterans. *American Journal of Psychiatry, 164*, 150–153. (p. 515)

Hogg, M. A. (1996). Intragroup processes, group structure and social identity. In W. P. Robinson (Ed.), *Social groups and identities: Developing the legacy of Henri Tajfel*. Oxford: Butterworth Heinemann. (p. 478)

Hogg, M. A. (2006). Social identity theory. In P. J. Burke (Ed.), *Contemporary social psychological theories*. Stanford, CA: Stanford University Press. (p. 478)

Hohmann, G. W. (1966). Some effects of spinal cord lesions on experienced emotional feelings. *Psychophysiology, 3*, 143–156. (p. 372)

Hokanson, J. E., & Edelman, R. (1966). Effects of three social responses on vascular processes. *Journal of Personality and Social Psychology, 3*, 442–447. (p. 398)

Holahan, C. K., & Sears, R. R. (1995). *The gifted group in later maturity*. Stanford, CA: Stanford University Press. (p. 339)

Holden, C. (1980a). Identical twins reared apart. *Science, 207*, 1323–1325. (p. 65)

Holden, C. (1980b, November). Twins reunited. *Science, 80*, 55–59. (p. 65)

Holden, C. (2010a). Behavioral addictions debut in proposed DSM-5. *Science, 327*, 935. (p. 538)

Holden, C. (2010b). Experts map the terrain of mood disorders. *Science, 327*, p. 1068. (p. 520)

Holliday, R. E., & Albon, A. J. (2004). Minimizing misinformation effects in young children with cognitive interview mnemonics. *Applied Cognitive Psychology, 18*, 263–281. (p. 298)

Hollingworth, S. A., Burgess, P. M., & Whiteford, H. A. (2010). Affective and anxiety disorders: Prevalence, treatment and antidepressant medication use. *Australian and New Zealand Journal of Psychiatry, 44*, 513–519. (p. 570)

Hollis, K. L. (1997). Contemporary research on Pavlovian conditioning: A "new" functional analysis. *American Psychologist, 52*, 956–965. (p. 242)

Hollon, S. D., Thase, M. E., & Markowitz, J. C. (2002). Treatment and prevention of depression. *Psychological Science in the Public Interest, 3*, 39–77. (p. 570)

Holstege, G., Georgiadis, J. R., Paans, A. M. J., Meiners, L. C., van der Graaf, F. H. C. E., & Reinders, A. A. T. S. (2003a). Brain activation during male ejaculation. *Journal of Neuroscience, 23*, 9185–9193. (p. 173)

Holstege, G., Reinders, A. A. T., Paans, A. M. J., Meiners, L. C., Pruim, J., & Georgiadis, J. R. (2003b). Brain activation during female sexual orgasm. Program No. 727.7. Washington, DC: Society for Neuroscience. (p. 173)

Holt, L. (2002, August). Reported in "Sounds of speech," p. 26, and in personal correspondence, July 18, 2002. (p. 319)

Holtgraves, T. (2011). Text messaging, personality, and the social context. *Journal of Research in Personality, 45*, 92–99. (p. 440)

Holt-Lunstad, J., Smith, T. B., & Layton, J. B. (2010). Social relationships and mortality risk: A meta-analytic review. *PLoS Medicine, 7* (www.plosmedicine.org: e1000316). (p. 405)

Homer, B. D., Solomon, T. M., Moeller, R. W., Mascia, A., DeRaleau, L., & Halkitis, P. N. (2008). Methamphetamine abuse and impairment of social functioning: A review of the underlying neurophysiological causes and behavioral implications. *Psychological Bulletin, 134*, 301–310. (p. 106)

Hooley, J. M. (2010). Social factors in schizophrenia. *Current Directions in Psychological Science, 19*, 238–242. (p. 528)

Hooper, J., & Teresi, D. (1986). *The three-pound universe*. New York: Macmillan. (p. 52)

Hopkins, E. D., & Cantalupo, C. (2008). Theoretical speculations on the evolutionary origins of hemispheric specialization. *Current Directions in Psychological Science, 17*, 233–237. (p. 61)

Hopwood, C. J., Donnellan, M. B., Blonigen, D. M., Krueger, R. F., McGue, M., Iacono, W. G., & Burt, S. A. (2011). Genetic and environmental influences on personality trait stability and growth during the transition to adulthood: A three-wave longitudinal study. *Journal of Personality and Social Psychology, 100*, 545–556. (p. 158)

Hor, H., & Tafti, M. (2009). How much sleep do we need? *Science, 325*, 825–826. (p. 87)

Horn, J. L. (1982). The aging of human abilities. In J. Wolman (Ed.), *Handbook of developmental psychology*. Englewood Cliffs, NJ: Prentice-Hall. (p. 337)

Horwood, L. J., & Fergusson, D. M. (1998). Breastfeeding and later cognitive and academic outcomes. *Pediatrics, 101*(1). (p. 21)

Hostetter, A. B. (2011). When do gestures communicate? A meta-analysis. *Psychological Bulletin, 137*, 297–315. (p. 324)

Hou, W-H., Chiang, P-T, Hsu, T-Y, Chiu, S-Y, & Yen, Y-C. (2010). Treatment effects of massage therapy in depressed people: A meta-analysis. *Journal of Clinical Psychiatry, 71*, 894–901. (p. 410)

House, R. J., & Singh, J. V. (1987). Organizational behavior: Some new directions for I/O psychology. *Annual Review of Psychology, 38*, 669–718. (p. B-12)

Houser-Marko, L., & Sheldon, K. M. (2008). Eyes on the prize or nose to the grindstone? The effects of level of goal evaluation on mood and motivation. *Personality and Social Psychology Bulletin, 34*, 1556–1569. (p. B-11)

Houts, A. C., Berman, J. S., & Abramson, H. (1994). Effectiveness of psychological and pharmacological treatments for nocturnal enuresis. *Journal of Consulting and Clinical Psychology, 62*, 737–745. (p. 551)

Hovatta, I., Tennant, R. S., Helton, R., Marr, R. A., Singer, O., Redwine, J. M., Ellison, J. A., Schadt, E. E., Verma, I. M., Lockhart, D. J., & Barlow, C. (2005). Glyoxalase 1 and glutathione reductase 1 regulate anxiety in mice. *Nature, 438*, 662–666. (p. 517)

Howe, M. L. (1997). Children's memory for traumatic experiences. *Learning and Individual Differences, 9,* 153–174. (p. 298)

Howell, A. J. (2009). Flourishing: Achievement-related correlates of students' well-being. *Journal of Positive Psychology, 4,* 1–13. (p. 346)

Howell, R. T., & Howell, C. J. (2008). The relation of economic status to subjective well-being in developing countries: A meta-analysis. *Psychological Bulletin, 134,* 536–560. (p. 415)

Hoyer, G., & Lund, E. (1993). Suicide among women related to number of children in marriage. *Archives of General Psychiatry, 50,* 134–137. (p. 524)

Hsee, C. K., Yang, A. X., & Wang, L. (2010). Idleness aversion and the need for justifiable busyness. *Psychological Science, 21,* 926–930. (p. B-2)

Hu, X-Z., Lipsky, R. H., Zhu, G., Akhtar, L. A., Taubman, J., Greenberg, B. D., Xu, K., Arnold, P. D., Richter, M. A., Kennedy, J. L., Murphy, D. L., & Goldman, D. (2006). Serotonin transporter promoter gain-of-function genotypes are linked to obsessive-compulsive disorder. *American Journal of Human Genetics, 78,* 815–826. (p. 517)

Huang, C. (2010). Mean-level change in self-esteem from childhood through adulthood meta-analysis of longitudinal studies. *Review of General Psychology, 14,* 251–260. (p. 156)

Huang, X., Iun, J., Liu, A., & Gong, Y. (2010). Does participative leadership enhance work performance by inducing empowerment or trust? The differential effects on managerial and non-managerial subordinates. *Journal of Organizational Behavior, 31,* 122–143. (p. B-12)

Huart, J., Corneille, O., & Becquart, E. (2005). Face-based categorization, context-based categorization, and distortions in the recollection of gender ambiguous faces. *Journal of Experimental Social Psychology, 41,* 598–608. (p. 306)

Hubbard, E. M., Arman, A. C., Ramachandran, V. S., & Boynton, G. M. (2005). Individual differences among grapheme-color synesthetes: Brain-behavior correlations. *Neuron, 45,* 975–985. (p. 229)

Hubel, D. H. (1979, September). The brain. *Scientific American,* pp. 45–53. (p. 196)

Hubel, D. H., & Wiesel, T. N. (1979, September). Brian mechanisms of vision. *Scientific American,* pp. 150–162. (p. 204)

Hublin, C., Kaprio, J., Partinen, M., Heikkila, K., & Koskenvuo, M. (1997). Prevalence and genetics of sleepwalking—A population-based twin study. *Neurology, 48,* 177–181. (p. 93)

Hublin, C., Kaprio, J., Partinen, M., & Koskenvuo, M. (1998). Sleeptalking in twins: Epidemiology and psychiatric comorbidity. *Behavior Genetics, 28,* 289–298. (p. 93)

Hucker, S. J., & Bain, J. (1990). Androgenic hormones and sexual assault. In W. Marshall, R. Law, & H. Barbaree (Eds.), *The handbook on sexual assault.* New York: Plenum. (p. 172)

Hudson, J. I., Hiripi, E., Pope, H. G., & Kessler, R. C. (2007). The prevalence and correlates of eating disorders in the National Comorbidity Survey Replication. *Biological Psychiatry, 61,* 348–358. (p. 536)

Huey, E. D., Krueger, F., & Grafman, J. (2006). Representations in the human prefrontal cortex. *Current Directions in Psychological Science, 15,* 167–171. (p. 56)

Huffcutt, A. I., Conway, J. M., Roth, P. L., & Stone, N. J. (2001). Identification and meta-analytic assessment of psychological constructs measured in employment interviews. *Journal of Applied Psychology, 86,* 897–913. (p. B-6)

Hugenberg, K., & Bodenhausen, G. V. (2003). Facing prejudice: Implicit prejudice and the perception of facial threat. *Psychological Science, 14,* 640–643. (p. 477)

Hugenberg, K., Young, S. G., Bernstein, M. J., & Sacco, D. F. (2010). The categorization-individuation model: An integrative account of the other-race recognition deficit. *Psychological Review, 117,* 1168–1187. (p. 480)

Hughes, J. R. (2010). Craving among long-abstinent smokers: An Internet survey. *Nicotine & Tobacco Research, 12,* 459–462. (p. 105)

Hugick, L. (1989, July). Women play the leading role in keeping modern families close. *Gallup Report, No. 286,* p. 27–34. (p. 166)

Huizink, A. C., & Mulder, E. J. (2006). Maternal smoking, drinking or cannabis use during pregnancy and neurobehavioral and cognitive functioning in human offspring. *Neuroscience and Biobehavioral Reviews, 30,* 24–41. (p. 108)

Hulbert, A. (2005, November 20). The prodigy puzzle. *New York Times Magazine* (www.nytimes.com). (p. 339)

Hull, H. R., Morrow, M. L., Dinger, M. K., Han, J. L., & Fields, D. A. (2007, November 20). Characterization of body weight and composition changes during the sophomore year of college. *BMC Women's Health, 7,* 21 (biomedcentral.com). (p. 90)

Hull, J. G., & Bond, C. F., Jr. (1986). Social and behavioral consequences of alcohol consumption and expectancy: A meta-analysis. *Psychological Bulletin, 99,* 347–360. (p. 103)

Hull, J. M. (1990). *Touching the rock: An experience of blindness.* New York: Vintage Books. (pp. 287, 489)

Hülsheger, U. R., Anderson, N., & Salgado, J. F. (2009). Team-level predictors of innovation at work: A comprehensive meta-analysis spanning three decades of research. *Journal of Applied Psychology, 94,* 1128–1145. (p. 315)

Hummer, R. A., Rogers, R. G., Nam, C. B., & Ellison, C. G. (1999). Religious involvement and U.S. adult mortality. *Demography, 36,* 273–285. (p. 411)

Humphrey, S. E., Nahrgang, J. D., & Morgeson, F. P. (2007). Integrating motivational, social, and contextual work design features: A meta-analytic summary and theoretical extension of the work design literature. *Journal of Applied Psychology, 92,* 1332–1356. (p. 402)

Hunsberger, J. G., Newton, S. S., Bennett, A. H., Duman, C. H., Russell, D. S., Salton, S. R., & Duman, R. S. (2007). Antidepressant actions of the exercise-regulated gene VGF. *Nature Medicine, 13,* 1476–1482. (p. 408)

Hunsley, J., & Di Giulio, G. (2002). Dodo bird, phoenix, or urban legend? The question of psychotherapy equivalence. *Scientific Review of Mental Health Practice, 1,* 11–22. (p. 562)

Hunt, C., Slade, T., & Andrews, G. (2004). Generalized anxiety disorder and major depressive disorder comorbidity in the National Survey of Mental Health and Well-Being. *Depression and Anxiety, 20,* 23–31. (p. 513)

Hunt, E., & Carlson, J. (2007). Considerations relating to the study of group differences in intelligence. *Perspectives on Psychological Science, 2,* 194–213. (p. 345)

Hunt, J. M. (1982). Toward equalizing the developmental opportunities of infants and preschool children. *Journal of Social Issues, 38*(4), 163–191. (p. 341)

Hunt, M. (1990). *The compassionate beast: What science is discovering about the humane side of humankind.* New York: William Morrow. (p. 28)

Hunt, M. (1993). *The story of psychology.* New York: Doubleday. (pp. 2, 5, 245, 339)

Hunt, M. (2007). *The story of psychology.* New York: Anchor. (p. 427)

Hunter, S., & Sundel, M. (Eds.). (1989). *Midlife myths: Issues, findings, and practice implications.* Newbury Park, CA: Sage. (p. 154)

Hurlburt, R. T., & Akhter, S. A. (2008). Unsymbolized thinking. *Consciousness and Cognition, 17,* 1364–1374. (p. 326)

Hurst, M. (2008, April 22). Who gets any sleep these days? Sleep patterns of Canadians. *Canadian Social Trends.* Statistics Canada Catalogue No. 11–008. (p. 87)

Huston, A. C., Donnerstein, E., Fairchild, H., Feshbach, N. D., Katz, P. A., & Murray, J. P. (1992). *Big world, small screen: The role of television in American society.* Lincoln: University of Nebraska Press. (p. 264)

Hutchinson, R. (2006). *Calum's road.* Edinburgh: Burlinn Limited. (p. 370)

Hvistendahl, M. (2009). Making every baby girl count. *Science, 323,* 1164–1166. (p. 477)

Hvistendahl, M. (2010). Has China outgrown the one-child policy? *Science, 329,* 1458–1461. (pp. 476, 477)

Hvistendahl, M. (2011). China's population growing slowly, changing fast. *Science, 332,* 650–651. (pp. 476, 477)

Hyde, J. S. (2005). The gender similarities hypothesis. *American Psychologist, 60,* 581–592. (pp. 164, 184)

Hyde, J. S., & Mertz, J. E. (2009). Gender, culture, and mathematics performance. *Proceedings of the National Academy of Sciences, 106,* 8801–8807. (p. 342)

Hyde, J. S., Mezulis, A. H., & Abramson, L. Y. (2008). The ABCs of depression: Integrating affective, biological, and cognitive models to explain the emergence of the gender difference in depression. *Psychological Review, 115,* 291–313. (p. 521)

Hyman, I. E., Jr., Boss, S. M., Wise, B. M., McKenzie, K. E., & Caggiano, J. M. (2010). Did you see the unicycling clown? Inattentional blindness while walking and talking on a cell phone. *Applied Cognitive Psychology, 24,* 597–607. (p. 82)

Hyman, R. (1981). Cold reading: How to convince strangers that you know all about them. In K. Frazier (Ed.), *Paranormal borderlands of science.* Buffalo, NY: Prometheus. (p. 438)

I

Iacoboni, M. (2008). *Mirroring people: The new science of how we connect with others.* New York: Farrar, Straus & Giroux. (p. 262)

Iacoboni, M. (2009). Imitation, empathy, and mirror neurons. *Annual Review of psychology, 60,* 653–670. (p. 262)

IAP. (2006, June 21). IAP statement on the teaching of evolution. *The Interacademy Panel on International Issues* (www.interacademies.net/iap). (p. 70)

Ickes, W., Snyder, M., & Garcia, S. (1997). Personality influences on the choice of situations. In R. Hogan, J. Johnson, & S. Briggs (Eds.), *Handbook of personality psychology.* San Diego, CA: Academic Press. (p. 444)

Idson, L. C., & Mischel, W. (2001). The personality of familiar and significant people: The lay perceiver as a social-cognitive theorist. *Journal of Personality and Social Psychology, 80,* 585–596. (p. 459)

IJzerman, H., & Semin, G. R. (2009). The thermometer of social relations: Mapping social proximity on temperature. *Psychological Science, 20,* 1214–1220. (p. 228)

Ikonomidou, C., Bittigau, P., Ishimaru, M. J., Wozniak, D. F., Koch, C., Genz, K., Price, M. T., Stefovska, V., Hoerster, F., Tenkova, T., Dikranian, K., & Olney, J. W. (2000). Ethanol-induced apoptotic neurodegeneration and fetal alcohol syndrome. *Science, 287,* 1056–1060. (p. 120)

Ilardi, S. S. (2009). *The depression cure: The six-step program to beat depression without drugs.* Cambridge, MA: De Capo Lifelong Books. (pp. 524, 575)

Inbar, Y., Cone, J., & Gilovich, T. (2010). People's intuitions about intuitive insight and intuitive choice. *Journal of Personality and Social Psychology, 99,* 232–247. (p. 313)

Inbar, Y., Pizarro, D., & Bloom, P. (2011). Disgusting smells cause decreased liking of gay men. Unpublished manuscript, Tillburg University. (p. 226)

Independent Sector. (2002). *Faith and philanthropy: The connection between charitable giving behavior and giving to religion.* Washington, DC: Author. (p. 496)

Ingham, A. G., Levinger, G., Graves, J., & Peckham, V. (1974). The Ringelmann effect: Studies of group size and group performance. *Journal of Experimental Social Psychology, 10,* 371–384. (p. 472)

Inglehart, R. (1990). *Culture shift in advanced industrial society.* Princeton, NJ: Princeton University Press. (p. 365)

Inman, M. L., & Baron, R. S. (1996). Influence of prototypes on perceptions of prejudice. *Journal of Personality and Social Psychology, 70,* 727–739. (p. 306)

Insana, R. (2005, February 21). Coach says honey gets better results than vinegar (interview with Larry Brown). *USA Today,* p. 4B. (p. B-10)

Insel, T. R. (2010, April). Faulty circuits. *Scientific American,* pp. 44–51. (p. 518)

International Schizophrenia Consortium. (2009). Common polygenic variation contributes to risk of schizophrenia and bipolar disorder. *Nature, 460,* 748–752. (p. 532)

Inzlicht, M., & Ben-Zeev, T. (2000). A threatening intellectual environment: Why females are susceptible to experiencing problem-solving deficits in the presence of males. *Psychological Science, 11,* 365–371. (p. 346)

Inzlicht, M., & Gutsell, J. N. (2007). Running on empty: Neural signals for self-control failure. *Psychological Science, 18,* 933–937. (p. 404)

Inzlicht, M., & Kang, S. K. (2010). Stereotype threat spillover: How coping with threats to social identity affects aggression, eating, decision making, and attention. *Journal of Personality and Social Psychology, 99,* 467–481. (p. 346)

IPPA. (2009, January 22). Membership letter. International Positive Psychology Association. (p. 414)

IPPA. (2010, August). International conference on positive psychology and education in China, by S. Choong. *The IPPA Newsletter,* International Positive Psychology Association. (p. 414)

Ipsos. (2010a, June 29). Online Canadians report a large 35% decline in the amount of email received. www.ipsos-na.com. (p. 367)

Ipsos. (2010b, April 8). One in five (20%) global citizens believe that alien being have come down to earth and walk amongst us in our communities disguised as humans. www.ipsos-na.com. (p. 19)

IPU. (2011). Women in national parliaments: Situation as of 31 November 2011. International Parliamentary Union (www.ipu.org). (p. 165)

Ireland, M. E., & Pennebaker, J. W. (2010). Language style matching in writing: Synchrony in essays, correspondence, and poetry. *Journal of Personality and Social Psychology, 99,* 549–571. (p. 263)

Ironson, G., Solomon, G. F., Balbin, E. G., O'Cleirigh, C., George, A., Kumar, M., Larson, D., & Woods, T. E. (2002). The Ironson-Woods spiritual/religiousness index is associated with long survival, health behaviors, less distress, and low cortisol in people with HIV/AIDS. *Annals of Behavioral Medicine, 24,* 34–48. (p. 412)

Irwin, M. R., Cole, J. C., & Nicassio, P. M. (2006). Comparative meta-analysis of behavioral interventions for insomnia and their efficacy in middle-aged adults and in older adults 55+ years of age. *Health Psychology, 25,* 3–14. (p. 91)

Isaacson, W. (2009, Spring). *Einstein's final quest.* In Character. http://incharacter.org/features/einsteins-final-quest. (p. 346)

Ishida, A., Mutoh, T., Ueyama, T., Brando, H., Masubuchi, S., Nakahara, D., Tsujimoto, G., & Okamura, H. (2005). Light activates the adrenal gland: Timing of gene expression and glucocorticoid release. *Cell Metabolism, 2,* 297–307. (p. 564)

Iso, H., Simoda, S., & Matsuyama, T. (2007). Environmental change during postnatal development alters behaviour. *Behavioural Brain Research, 179,* 90–98. (p. 58)

Ito, T. A., Miller, N., & Pollock, V. E. (1996). Alcohol and aggression: A meta-analysis on the moderating effects of inhibitory cues, triggering events, and self-focused attention. *Psychological Bulletin, 120,* 60–82. (p. 482)

ITU. (2010). The world in 2010: ICT facts and figures. International Telecommunication Union (www.itu.int/ict). (p. 367)

Izard, C. E. (1977). *Human emotions.* New York: Plenum Press. (pp. 376, 383)

Izard, C. E. (1994). Innate and universal facial expressions: Evidence from developmental and cross-cultural research. *Psychological Bulletin, 114,* 288–299. (p. 383)

J

Jablensky, A. (1999). Schizophrenia: Epidemiology. *Current Opinion in Psychiatry, 12,* 19–28. (p. 531)

Jackson, G. (2009). Sexual response in cardiovascular disease. *Journal of Sex Research, 46,* 233–236. (p. 173)

Jackson, J. M., & Williams, K. D. (1988). *Social loafing: A review and theoretical analysis.* Unpublished manuscript, Fordham University. (p. 472)

Jackson, J. S., Brown, K. T., Brown, T. N., & Marks, B. (2001). Contemporary immigration policy orientations among dominant-group members in western Europe. *Journal of Social Issues, 57,* 431–456. (p. 476)

Jackson, S. W. (1992). The listening healer in the history of psychological healing. *American Journal Psychiatry, 149,* 1623–1632. (p. 566)

Jacobi, C., Hayward, C., deZwaan, M., Kraemer, H. C., & Agras, W. S. (2004). Coming to terms with risk factors for eating disorders: Application of risk terminology and suggestions for a general taxonomy. *Psychological Bulletin, 130,* 19–65. (p. 536)

Jacobs, B. L. (1994). Serotonin, motor activity, and depression-related disorders. *American Scientist, 82,* 456–463. (pp. 408, 524)

Jacobs, B. L. (2004). Depression: The brain finally gets into the act. *Current Directions in Psychological Science, 13,* 103–106. (p. 570)

Jacobs, B. L., van Praag, H., & Gage, F. H. (2000). Adult brain neurogenesis and psychiatry: A novel theory of depression. *Molecular Psychiatry, 5*, 262–269. (p. 525)

Jacques, C., & Rossion, B. (2006). The speed of individual face categorization. *Psychological Science, 17*, 485–492. (p. 191)

Jacques-Tiura, A. J., Abbey, A., Parkhill, M. R., & Zawacki, T. (2007). Why do some men misperceive women's sexual intentions more frequently than others do? An application of the confluence model. *Personality and Social Psychology Bulletin, 33*, 1467–1480. (p. 459)

James, K. (1986). Priming and social categorizational factors: Impact on awareness of emergency situations. *Personality and Social Psychology Bulletin, 12*, 462–467. (p. 287)

James, W. (1890). *The principles of psychology* (Vol. 2). New York: Holt. (pp. 45, 99, 220, 289, 300, 372, 384, 446, 463)

Jameson, D. (1985). Opponent-colors theory in light of physiological findings. In D. Ottoson & S. Zeki (Eds.), *Central and peripheral mechanisms of color vision*. New York: Macmillan. (p. 212)

Jamieson, J. P. (2010). The home field advantage in athletics: A meta-analysis. *Journal of Applied Social Psychology, 40*, 1819–1848. (p. 471)

Jamison, K. R. (1993). *Touched with fire: Manic-depressive illness and the artistic temperament*. New York: Free Press. (p. 520)

Jamison, K. R. (1995). *An unquiet mind*. New York: Knopf. (pp. 520, 545, 570)

Janis, I. L. (1982). *Groupthink: Psychological studies of policy decisions and fiascoes*. Boston: Houghton Mifflin. (p. 474)

Janis, I. L. (1986). Problems of international crisis management in the nuclear age. *Journal of Social Issues, 42*(2), 201–220. (p. 308)

Janoff-Bulman, R., Timko, C., & Carli, L. L. (1985). Cognitive biases in blaming the victim. *Journal of Experimental Social Psychology, 21*, 161–177. (p. 481)

Jaremka, L. M., Gabriel, S., & Carvallo, M. (2011). What makes us feel the best also makes us feel the worst: The emotional impact of independent and interdependent experiences. *Self and Identity, 10*, 44–63. (p. 365)

Jarrett, B., Bloch, G. J., Bennett, D., Bleazard, B., & Hedges, D. (2010). The influence of body mass index, age and gender on current illness: A cross-sectional study. *International Journal of Obesity, 34*, 429–436. (p. 361)

Javitt, D. C., & Coyle, J. T. (2004, January). Decoding schizophrenia. *Scientific American*, pp. 48–55. (p. 529)

Jenkins, J. G., & Dallenbach, K. M. (1924). Obliviscence during sleep and waking. *American Journal of Psychology, 35*, 605–612. (p. 293)

Jenkins, J. M., & Astington, J. W. (1996). Cognitive factors and family structure associated with theory of mind development in young children. *Developmental Psychology, 32*, 70–78. (p. 128)

Jensen, J. P., & Bergin, A. E. (1988). Mental health values of professional therapists: A national interdisciplinary survey. *Professional Psychology; Research and Practice, 19*, 290–297. (p. 566)

Jensen, M. P. (2008). The neurophysiology of pain perception and hypnotic analgesia: Implications for clinical practice. *American Journal of Clinical Hypnosis, 51*, 123–147. (p. 98)

Jepson, C., Krantz, D. H., & Nisbett, R. E. (1983). Inductive reasoning: Competence or skill. *The Behavioral and Brain Sciences, 3*, 494–501. (p. A-9)

Jessberger, S., Aimone, J. B., & Gage, F. H. (2008). Neurogenesis. *In learning and memory: A comprehensive reference*. Oxford: Elsevier. (p. 58)

Jiang, Y., Costello, P., Fang, F., Huang, M., He, S. (2006). A gender- and sexual orientation-dependent spatial attentional effect of invisible things. *Proceedings of the National Academy of Sciences, 103*, 17048–17052. (p. 194)

Job, V., Dweck, C.S., & Walton, G.M. (2010). Ego depletion—Is it all in your head?: Implicit theories about willpower affect self-regulation. *Psychological Science, 21*. Published online at: http://pss.sagepub.com/content/early/2010/09/28/0956797610384745. (p. 403)

Jobe, T. H., & Harrow, M. (2010). Schizophrenia course, long-term outcome, recovery, and prognosis. *Current Directions in Psychological Science, 19*, 220–225. (p. 528)

Johnson, D. L., Wiebe, J. S., Gold, S. M., Andreasen, N. C., Hichwa, R. D., Watkins, G. L., & Ponto, L. L. B. (1999). Cerebral blood flow and personality: A positron emission tomography study. *American Journal of Psychiatry, 156*, 252–257. (p. 437)

Johnson, E. J., & Goldstein, D. (2003). Do defaults save lives? *Science, 302*, 1338–1339. (p. 313)

Johnson, J. A. (2007, June 26). Not so situational. Commentary on the SPSP listserv (spsp-discuss@stolaf.edu). (p. 462)

Johnson, J. G., Cohen, P., Kotler, L., Kasen, S., & Brook, J. S. (2002). Psychiatric disorders associated with risk for the development of eating disorders during adolescence and early adulthood. *Journal of Consulting and Clinical Psychology, 70*, 1119–1128. (p. 536)

Johnson, J. S., & Newport, E. L. (1991). Critical period affects on universal properties of language: The status of subjacency in the acquisition of a second language. *Cognition, 39*, 215–258. (pp. 321, 322)

Johnson, M. H. (1992). Imprinting and the development of face recognition: From chick to man. *Current Directions in Psychological Science, 1*, 52–55. (p. 133)

Johnson, M. H., & Morton, J. (1991). *Biology and cognitive development: The case of face recognition*. Oxford: Blackwell Publishing. (p. 121)

Johnson, R. E., Chang, C-H., & Lord, R. G. (2006). Moving from cognition to behavior: What the research says. *Psychological Bulletin, 132*, 381–415. (p. B-10)

Johnson, W. (2010). Understanding the genetics of intelligence: Can height help? Can corn oil? *Current Directions in Psychological Science, 19*, 177–182. (p. 340)

Johnson, W., Carothers, A., & Deary, I. J. (2008). Sex differences in variability in general intelligence: A new look at the old question. *Perspectives on Psychological Science, 3*, 518–531. (pp. 332, 342)

Johnson, W., Carothers, A., & Deary, I. J. (2009). A role for the X chromosome in sex differences in variability in general intelligence? *Perspectives on Psychological Science, 4*, 598–611. (p. 340)

Johnson, W., Turkheimer, E., Gottesman, I. I., & Bouchard, Jr., T. J. (2009). Beyond heritability: Twin studies in behavioral research. *Current Directions in Psychological Science, 18*, 217–220. (p. 64)

Johnston, L. D., O'Malley, P. M., Bachman, J. G., & Schulenberg, J. E. (2007). *Monitoring the Future national results on adolescent drug use: Overview of key findings, 2006*. Bethesda, MD: National Institute on Drug Abuse. (p. 111)

Johnston, L. D., O'Malley, P. M., Bachman, J. G., & Schulenberg, J. E. (2011). *Monitoring the future national results on adolescent drug use: Overview of key findings, 2010*. Ann Arbor, MI: Institute for Social Research, University of Michigan. (pp. 106, 109)

Johnston, L. D., O'Malley, P. M., Bachman, J. G., & Schulenberg, J. E. (2012). *Monitoring the Future national results on adolescent drug use: Overview of key findings, 2011*. Ann Arbor: Institute for Social Research, The University of Michigan. (p. 110)

Joiner, T. E., Jr. (2006). *Why people die by suicide*. Cambridge, MA: Harvard University Press. (p. 524)

Joiner, T. E., Jr. (2010). *Myths about suicide*. Cambridge, MA: Harvard University Press. (p. 524)

Jokela, M., Elovainio, M., Archana, S-M., & Kivimäki, M. (2009). IQ, socioeconomic status, and early death: The US National Longitudinal Survey of Youth. *Psychosomatic Medicine, 71*, 322–328. (p. 402)

Jones, A. C., & Gosling, S. D. (2005). Temperament and personality in dogs (*Canis familiaris*): A review and evaluation of past research. *Applied Animal Behaviour Science, 95*, 1–53. (p. 437)

Jones, J. M. (2007, July 25). Latest Gallup update shows cigarette smoking near historical lows. *Gallup Poll News Service* (poll.gallup.com). (p. 105)

Jones, J. M., & Moore, D. W. (2003, June 17). Generational differences in support for a woman president. The Gallup Organization (www.gallup.com). (p. 476)

Jones, J. T., Pelham, B. W., Carvallo, M., & Mirenberg, M. C. (2004). How do I love thee? Let me count the Js: Implicit egotism and interpersonal attraction. *Journal of Personality and Social Psychology, 87*, 665–683. (p. 488)

Jones, L. (2000, December). Skeptics New Year quiz. *Skeptical Briefs*, p. 11. (p. 439)

Jones, M. C. (1924). A laboratory study of fear: The case of Peter. *Journal of Genetic Psychology, 31,* 308–315. (p. 551)

Jones, M. V., Paull, G. C., & Erskine, J. (2002). The impact of a team's aggressive reputation on the decisions of association football referees. *Journal of Sports Sciences, 20,* 991–1000. (p. 200)

Jones, S. S. (2007). Imitation in infancy: The development of mimicry. *Psychological Science, 18,* 593–599. (p. 262)

Jones, S. S., Collins, K., & Hong, H-W. (1991). An audience effect on smile production in 10–month-old infants. *Psychological Science, 2,* 45–49. (p. 383)

Jones, W. H., Carpenter, B. N., & Quintana, D. (1985). Personality and interpersonal predictors of loneliness in two cultures. *Journal of Personality and Social Psychology, 48,* 1503–1511. (p. 26)

Jordan, A. H., Monin, B., Dweck, C. S., Lovett, B. J., John, O. P., & Gross, J. J. (2011). Misery has more company than people think: Underestimating the prevalence of others' negative emotions. *Personality and Social Psychology Bulletin, 37,* 120–135. (p. 519)

Jose, A., O'Leary, D., & Moyer, A. (2010). Does premarital cohabitation predict subsequent marital stability and marital quality? A meta-analysis. *Journal of Marriage and Family, 72,* 105–116. (p. 155)

Joseph, D. L., & Newman, D. A. (2010). Emotional intelligence: An integrative meta-analysis and cascading model. *Journal of Applied Psychology, 95,* 54–78. (p. 333)

Joseph, J. (2001). Separated twins and the genetics of personality differences: A critique. *American Journal of Psychology, 114,* 1–30. (p. 65)

Jost, J. T., Kay, A. C., & Thorisdottir, H. (eds.) (2009). *Social and psychological bases of ideology and system justification.* New York: Oxford University Press. (p. 481)

Jovanovic, T., Blanding, N. Q., Norrholm, S. D., Duncan, E., Bradley, B., & Ressler, K. J. (2009). Childhood abuse is associated with increased startle reactivity in adulthood. *Depression and Anxiety, 26,* 1018–1026. (p. 136)

Judge, T. A., Thoresen, C. J., Bono, J. E., & Patton, G. K. (2001). The job satisfaction/job performance relationship: A qualitative and quantitative review. *Psychological Bulletin, 127,* 376–407. (p. B-7)

Jung-Beeman, M., Bowden, E. M., Haberman, J., Frymiare, J. L., Arambel-Liu, S., Greenblatt, R., Reber, P. J., & Kounios, J. (2004). Neural activity when people solve verbal problems with insight. *PloS Biology 2*(4), e111. (p. 308)

Just, M. A., Keller, T. A., & Cynkar, J. (2008). A decrease in brain activation associated with driving when listening to someone speak. *Brain Research, 1205,* 70–80. (p. 81)

K

Kagan, J. (1976). Emergent themes in human development. *American Scientist, 64,* 186–196. (p. 135)

Kagan, J. (1984). *The nature of the child.* New York: Basic Books. (p. 132)

Kagan, J. (1995). On attachment. *Harvard Review of Psychiatry, 3,* 104–106. (p. 134)

Kagan, J. (1998). *Three seductive ideas.* Cambridge, MA: Harvard University Press. (p. 158)

Kagan, J. (2010). *The temperamental thread: How genes, culture, time, and luck make us who we are.* Washington, DC: Dana Press. (p. 437)

Kagan, J., Arcus, D., Snidman, N., Feng, W. Y., Hendler, J., & Greene, S. (1994). Reactivity in infants: A cross-national comparison. *Developmental Psychology, 30,* 342–345. (p. 134)

Kagan, J., Lapidus, D. R., & Moore, M. (1978, December). Infant antecedents of cognitive functioning: A longitudinal study. *Child Development, 49*(4), 1005–1023. (p. 158)

Kagan, J., & Snidman, N. (2004). *The long shadow of temperament.* Cambridge, MA: Belknap Press. (p. 134)

Kagan, J., Snidman, N., & Arcus, D. M. (1992). Initial reactions to unfamiliarity. *Current Directions in Psychological Science, 1,* 171–174. (p. 134)

Kahlor, L., & Morrison, D. (2007). Television viewing and rape myth acceptance among college women. *Sex Roles, 56,* 729–739. (p. 484)

Kahneman, D. (1985, June). Quoted by K. McKean, Decisions, decisions. *Discover,* pp. 22–31. (p. A-6)

Kahneman, D. (1999). Assessments of objective happiness: A bottom-up approach. In D. Kahneman, E. Diener, & N. Schwartz (Eds.), *Understanding well-being: Scientific perspectives on enjoyment and suffering.* New York: Russell Sage Foundation. (p. 222)

Kahneman, D. (2005a, January 13). What were they thinking? Q&A with Daniel Kahneman. *Gallup Management Journal* (gmj.gallup.com). (pp. 309, 416)

Kahneman, D. (2005b, February 10). Are you happy now? *Gallup Management Journal* interview (www.gmj.gallup.com). (p. 415)

Kahneman, D., Fredrickson, B. L., Schreiber, C. A., & Redelmeier, D. A. (1993). When more pain is preferred to less: Adding a better end. *Psychological Science, 4,* 401–405. (p. 222)

Kahneman, D., Krueger, A. B., Schkade, D. A., Schwarz, N., & Stone, A. A. (2004). A survey method for characterizing daily life experience: The day reconstruction method. *Science, 306,* 1776–1780. (p. 414)

Kahneman, D., & Renshon, J. (2007, January/February). Why hawks win. *Foreign Policy* (www.foreignpolicy.com). (p. 449)

Kail, R. (1991). Developmental change in speed of processing during childhood and adolescence. *Psychological Bulletin, 109,* 490–501. (p. 152)

Kail, R., & Hall, L. K. (2001). Distinguishing short-term memory from working memory. *Memory & Cognition, 29,* 1–9. (p. 273)

Kaiser. (2010, January). Generation M^2: Media in the lives of 8- to 18-year-olds (by V. J. Rideout, U. G. Foeher, & D. F. Roberts). Menlo Park, CA: Henry J. Kaiser Family Foundation. (pp. 21, 367, 369)

Kamarck, T., & Jennings, J. R. (1991). Biobehavioral factors in sudden cardiac death. *Psychological Bulletin, 109,* 42–75. (p. 399)

Kamel, N. S., & Gammack, J. K. (2006). Insomnia in the elderly: Cause, approach, and treatment. *American Journal of Medicine, 119,* 463–469. (p. 86)

Kamil, A. C., & Cheng, K. (2001). Way-finding and landmarks: The multiple-bearings hypothesis. *Journal of Experimental Biology, 204,* 103–113. (p. 281)

Kaminski, J., Cali, J., & Fischer, J. (2004). Word learning in a domestic dog: Evidence for "fast mapping." *Science, 304,* 1682–1683. (p. 325)

Kanaya, T., Scullin, M. H., & Ceci, S. J. (2003). The Flynn effect and U.S. policies: The impact of rising IQ scores on American society via mental retardation diagnoses. *American Psychologist, 58,* 778–790. (p. 338)

Kandel, D. B., & Raveis, V. H. (1989). Cessation of illicit drug use in young adulthood. *Archives of General Psychiatry, 46,* 109–116. (p. 112)

Kandel, E. R., & Schwartz, J. H. (1982). Molecular biology of learning: Modulation of transmitter release. *Science, 218,* 433–443. (p. 283)

Kandler, C., Bleidorn, W., Riemann, R., Spinath, F. M., Thiel, W., & Angleitner, A. (2010). Sources of cumulative continuity in personality: A longitudinal multiple-rater twin study. *Journal of Personality and Social Psychology, 98,* 995–1008. (p. 158)

Kane, G. D. (2010). Revisiting gay men's body image issues: Exposing the fault lines. *Review of General Psychology, 14,* 311–317. (p. 537)

Kaplan, H. I., & Saddock, B. J. (Eds.). (1989). *Comprehensive textbook of psychiatry, V.* Baltimore, MD: Williams and Wilkins. (p. 568)

Kaplan, R. M., & Kronick, R. G. (2006). Marital status and longevity in the United States population. *Journal of Epidemiology and Community Health, 60,* 760–765. (p. 405)

Kaplan, S., Bradley, J. C., Luchman, J. N., & Haynes, D. (2009). On the role of positive and negative affectivity in job performance: A meta-analytic investigation. *Journal of Applied Psychology, 94,* 162–176. (p. B-7)

Kaprio, J., Koskenvuo, M., & Rita, H. (1987). Mortality after bereavement: A prospective study of 95,647 widowed persons. *American Journal of Public Health, 77,* 283–287. (p. 392)

Karacan, I., Aslan, C., & Hirshkowitz, M. (1983). Erectile mechanisms in man. *Science, 220,* 1080–1082. (p. 86)

Karacan, I., Goodenough, D. R., Shapiro, A., & Starker, S. (1966). Erection cycle during sleep in relation to dream anxiety. *Archives of General Psychiatry, 15*, 183–189. (p. 86)

Karau, S. J., & Williams, K. D. (1993). Social loafing: A meta-analytic review and theoretical integration. *Journal of Personality and Social Psychology, 65*, 681–706. (p. 472)

Kark, J. D., Shemi, G., Friedlander, Y., Martin, O., Manor, O., & Blondheim, S. H. (1996). Does religious observance promote health? Mortality in secular vs. religious kibbutzim in Israel. *American Journal of Public Health, 86*, 341–346. (p. 410)

Karlsgodt, K. H., Sun, D., & Cannon, T. D. (2010). Structural and functional brain abnormalities in schizophrenia. *Current Directions in Psychological Science, 19*, 226–231. (p. 531)

Karni, A., Meyer, G., Rey-Hipolito, C., Jezzard, P., Adams, M. M., Turner, R., & Ungerleider, L. G. (1998). The acquisition of skilled motor performance: Fast and slow experience-driven changes in primary motor cortex. *Proceedings of the National Academy of Sciences, 95*, 861–868. (p. 123)

Karni, A., & Sagi, D. (1994). Dependence on REM sleep for overnight improvement of perceptual skills. *Science, 265*, 679–682. (p. 95)

Karno, M., Golding, J. M., Sorenson, S. B., & Burnam, A. (1988). The epidemiology of obsessive-compulsive disorder in five US communities. *Archives of General Psychiatry, 45*, 1094–1099. (p. 515)

Karpicke, J. D., & Roediger, H. L., III. (2008). The critical importance of retrieval for learning. *Science, 319*, 966–968. (p. 29)

Karremans, J. C., Frankenhis, W. E., & Arons, S. (2010). Blind men prefer a low waist-to-hip ratio. *Evolution and Human Behavior, 31*, 182–186. (p. 490)

Karremans, J. C., Stroebe, W., & Claus, J. (2006). Beyond Vicary's fantasies: The impact of subliminal priming and brand choice. *Journal of Experimental Social Psychology, 42*, 792–798. (p. 195)

Kasen, S., Chen, H., Sneed, J., Crawford, T., & Cohen, P. (2006). Social role and birth cohort influences on gender-linked personality traits in women: A 20-year longitudinal analysis. *Journal of Personality and Social Psychology, 91*, 944–958. (p. 166)

Kashima, Y., Siegal, M., Tanaka, K., & Kashima, E. S. (1992). Do people believe behaviours are consistent with attitudes? Towards a cultural psychology of attribution processes. *British Journal of Social Psychology, 31*, 111–124. (p. 451)

Kasser, T. (2002). *The high price of materialism.* Cambridge, MA: MIT Press. (p. 415)

Kasser, T. (2011). Cultural values and the wellbeing of future generations: A cross-national study. *Journal of Cross-Cultural Psychology, 42, 42*, 206–215. (p. 415)

Katz-Wise, S. L., Priess, H. A., & Hyde, J. S. (2010). Gender-role attitudes and behavior across the transition to parenthood. *Developmental Psychology, 46*, 18–28. (p. 166)

Kaufman, J., & Zigler, E. (1987). Do abused children become abusive parents? *American Journal of Orthopsychiatry, 57*, 186–192. (p. 136)

Kaufman, J. C., & Baer, J. (2002). I bask in dreams of suicide: Mental illness, poetry, and women. *Review of General Psychology, 6*, 271–286. (p. 520)

Kaufman, L., & Kaufman, J. H. (2000). Explaining the moon illusion. *Proceedings of the National Academy of Sciences, 97*, 500–505. (p. 213)

Kawakami, K., Dunn, E., Karmali, F., & Dovidio, J. F. (2009). Mispredicting affective and behavioral responses to racism. *Science, 323*, 276–278. (p. 476)

Kay, A. C., Baucher, D., Peach, J. M., Laurin, K., Friesen, J., Zanna, M. P., & Spencer, S. J. (2009). Inequality, discrimination, and the power of the status quo: Direct evidence for a motivation to see the way things are as the way they should be. *Journal of Personality and social Psychology, 97*, 421–434. (p. 481)

Kayser, C. (2007, April/May). Listening with your eyes. *Scientific American Mind*, pp. 24–29. (p. 228)

Kazantzis, N., & Dattilio, F. M. (2010b). Definitions of homework, types of homework and ratings of the importance of homework among psychologists with cognitive behavior therapy and psychoanalytic theoretical orientations. *Journal of Clinical Psychology, 66*, 758–773. (p. 557)

Kazantzis, N., Whittington, C., & Dattilio, F. M. (2010a). Meta-analysis of homework effects in cognitive and behavioral therapy: A replication and extension. *Clinical Psychology; Science and Practice, 17*, 144–156. (p. 557)

Kazdin, A. E., & Benjet, C. (2003). Spanking children: Evidence and issues. *Current Directions in Psychological Science, 12*, 99–103. (p. 251)

Keesey, R. E., & Corbett, S. W. (1983). Metabolic defense of the body weight set-point. In A. J. Stunkard & E. Stellar (Eds.), *Eating and its disorders.* New York: Raven Press. (p. 358)

Keith, S. W., & 19 others. (2006). Putative contributors to the secular increase in obesity: Exploring the roads less traveled. *International Journal of Obesity, 30*, 1585–1594. (p. 362)

Keller, J. (2007, March 9). As football players get bigger, more of them risk a dangerous sleep disorder. *Chronicle of Higher Education*, pp. A43–A44. (p. 92)

Keller, M. B., McCullough, J. P., Klein, D. N., Arnow, B., Dunner, D. L., Gelenberg, A. J., Markowitz, J. C., Nemeroff, C. B., Russell, J. M., Thase, M. E., Trivedi, M. H., & Zajecka J. (2000). A comparison of nefazodone, the cognitive behavioral-analysis system of psychotherapy, and their combination for the treatment of chronic depression. *New England Journal of Medicine, 342*, 1462–1470. (p. 570)

Kellerman, J., Lewis, J., & Laird, J. D. (1989). Looking and loving: The effects of mutual gaze on feelings of romantic love. *Journal of Research in Personality, 23*, 145–161. (p. 379)

Kellermann, A. L. (1997). Comment: Gunsmoke—changing public attitudes toward smoking and firearms. *American Journal of Public Health, 87*, 910–913. (p. 481)

Kellermann, A. L., Rivara, F. P., Rushforth, N. B., Banton, H. G., Feay, D. T., Francisco, J. T., Locci, A. B., Prodzinski, J., Hackman, B. B., & Somes, G. (1993). Gun ownership as a risk factor for homicide in the home. *New England Journal of Medicine, 329*, 1084–1091. (p. 481)

Kellermann, A. L., Somes, G., Rivara, F. P., Lee, R. K., & Banton, J. G. (1998). Injuries and deaths due to firearms in the home. *Journal of Trauma, 45*, 263–267. (p. 481)

Kelling, S. T., & Halpern, B. P. (1983). Taste flashes: Reaction times, intensity, and quality. *Science, 219*, 412–414. (p. 224)

Kellner, C. H., & 15 others. (2005). Relief of expressed suicidal intent by ECT: A consortium for research in ECT study. *American Journal of Psychiatry, 162*, 977–982. (p. 571)

Kellner, C. H., & 16 others. (2006). Continuation electroconvulsive therapy vs. pharmacotherapy for relapse prevention in major depression: A multisite study from the Consortium for Research in Electroconvulsive Therapy (CORE). *Archives of General Psychiatry, 63*, 1337–1344. (p. 572)

Kelly, A. E. (2000). Helping construct desirable identities: A self-presentational view of psychotherapy. *Psychological Bulletin, 126*, 475–494. (p. 555)

Kelly, D. J., Quinn, P. C., Slater, A. M., Lee, K., Ge, L., & Pascalis, O. (2007). The other-race effect develops during infancy: Evidence of perceptual narrowing. *Psychological Science, 18*, 1084–1089. (p. 480)

Kelly, I. W. (1997). Modern astrology: A critique. *Psychological Reports, 81*, 1035–1066. (p. 438)

Kelly, I. W. (1998). Why astrology doesn't work. *Psychological Reports, 82*, 527–546. (p. 438)

Kelly, M. H. (1999). Regional naming patterns and the culture of honor. *Names, 47*, 3–20. (p. 484)

Kelly, S. D., Özyürek, A., & Maris, E. (2010). Two sides of the same coin: Speech and gesture mutually interact to enhance comprehension. *Psychological Science, 21*, 260–267. (p. 324)

Kelly, T. A. (1990). The role of values in psychotherapy: A critical review of process and outcome effects. *Clinical Psychology Review, 10*, 171–186. (p. 566)

Kempe, R. S., & Kempe, C. C. (1978). *Child abuse.* Cambridge, MA: Harvard University Press. (p. 136)

Kendall-Tackett, K. A. (Ed.). (2004). *Health consequences of abuse in the family: A clinical guide for evidence-based practice.* Washington, DC: American Psychological Association. (p. 137)

Kendall-Tackett, K. A., Williams, L. M., & Finkelhor, D. (1993). Impact of sexual abuse on children: A review and synthesis of recent empirical studies. *Psychological Bulletin, 113,* 164–180. (pp. 137, 298)

Kendler, K. S. (1997). Social support: A genetic-epidemiologic analysis. *American Journal of Psychiatry, 154,* 1398–1404. (p. 444)

Kendler, K. S. (1998, January). Major depression and the environment: A psychiatric genetic perspective. *Pharmacopsychiatry, 31*(1), 5–9. (p. 522)

Kendler, K. S., Jacobson, K. C., Myers, J., & Prescott, C. A. (2002a). Sex differences in genetic and environmental risk factors for irrational fears and phobias. *Psychological Medicine, 32,* 209–217. (p. 517)

Kendler, K. S., Karkowski, L. M., & Prescott, C. A. (1999). Fears and phobias: Reliability and heritability. *Psychological Medicine, 29,* 539–553. (p. 517)

Kendler, K. S., Myers, J., & Prescott, C. A. (2002b). The etiology of phobias: An evaluation of the stress-diathesis model. *Archives of General Psychiatry, 59,* 242–248. (p. 517)

Kendler, K. S., Myers, J., & Zisook, S. (2008). Does bereavement-related major depression differ from major depression associated with other stressful life events? *American Journal of Psychiatry, 165,* 1449–1455. (p. 522)

Kendler, K. S., Neale, M. C., Kessler, R. C., Heath, A. C., & Eaves, L. J. (1992). Generalized anxiety disorder in women: A population-based twin study. *Archives of General Psychiatry, 49,* 267–272. (p. 517)

Kendler, K. S., Neale, M. C., Thornton, L. M., Aggen, S. H., Gilman, S. E., & Kessler, R. C. (2002). Cannabis use in the last year in a U.S. national sample of twin and sibling pairs. *Psychological Medicine, 32,* 551–554. (p. 110)

Kendler, K. S., Thornton, L. M., & Gardner, C. O. (2001). Genetic risk, number of previous depressive episodes, and stressful life events in predicting onset of major depression. *American Journal of Psychiatry, 158,* 582–586. (p. 522)

Kennedy, S., & Over, R. (1990). Psychophysiological assessment of male sexual arousal following spinal cord injury. *Archives of Sexual Behavior, 19,* 15–27. (p. 45)

Kennedy, S. H., Giacobbe, P., Rizvi, S. J., Placenza, F. M., Nishikawa, Y., Mayberg, H. S., & Lozano, A. M. (2011). Deep brain stimulation for treatment-resistant depression: Follow-up after 3 to 6 years. *American Journal of Psychiatry, 168,* 502–510. (p. 573)

Kenrick, D. T., & Funder, D. C. (1988). Profiting from controversy: Lessons from the person-situation debate. *American Psychologist, 43,* 23–34. (p. 442)

Kenrick, D. T., Griskevicious, V., Neuberg, S. L., & Schaller, M. (2010). Renovating the pyramid of needs: Contemporary extensions build upon ancient foundations. *Perspectives on Psychological Science, 5,* 292–314. (p. 355)

Kenrick, D. T., & Gutierres, S. E. (1980). Contrast effects and judgments of physical attractiveness: When beauty becomes a social problem. *Journal of Personality and Social Psychology, 38,* 131–140. (p. 176)

Kenrick, D. T., Gutierres, S. E., & Goldberg, L. L. (1989). Influence of popular erotica on judgments of strangers and mates. *Journal of Experimental Social Psychology, 25,* 159–167. (p. 176)

Kenrick, D. T., Nieuweboer, S., & Buunk, A. P. (2009). Universal mechanisms and cultural diversity: Replacing the blank slate with a coloring book. In M. Schaller, A. Norenzayan, S. Heine, A. Norenzayan, T. Yamagishi, & T. Kameda (eds.), *Evolution, culture, and the human mind.* Mahwah, NJ: Lawrence Erlbaum. (pp. 122, 184)

Kensinger, E. A. (2007). Negative emotion enhances memory accuracy: Behavioral and neuroimaging evidence. *Current Directions in Psychological Science, 16,* 213–218. (p. 283)

Keough, K. A., Zimbardo, P. G., & Boyd, J. N. (1999). Who's smoking, drinking, and using drugs? Time perspective as a predictor of substance use. *Basic and Applied Social Psychology, 2,* 149–164. (p. 425)

Kernis, M. H. (2003). Toward a conceptualization of optimal self-esteem. *Psychological Inquiry, 14,* 1–26. (p. 450)

Kerr, N. L., & Bruun, S. E. (1983). Dispensability of member effort and group motivation losses: Free-rider effects. *Journal of Personality and Social Psychology, 44,* 78–94. (p. 472)

Kerr, R. A. (2009). Amid worrisome signs of warming, 'climate fatigue' sets in. *Science, 326,* 926–928. (p. 460)

Kessing, L. V., Forman, J. L., & Andersen, P. K. (2010). Does lithium protect against dementia? *Bipolar Disorders, 12,* 87–94. (p. 571)

Kessler, D., Lewis, G., Kaur, S., Wiles, N., King, M., Welch, S., Sharp, D. J., Araya, R., Hollinghurst, & Peters, T. J. (2009). Therapist-delivered Internet psychotherapy for depression primary care: A randomized controlled trial. *The Lancet, 374,* 628–634. (p. 557)

Kessler, M., & Albee, G. W. (1975). Primary prevention. *Annual Review of Psychology, 26,* 557–591. (p. 577)

Kessler, R. C. (2000). Posttraumatic stress disorder: The burden to the individual and to society. *Journal of Clinical Psychiatry, 61*(suppl. 5), 4–12. (p. 515)

Kessler, R. C., & 12 others. (2010a). Structure and diagnosis of adult attention-deficit/hyperactivity disorder: Analysis of expanded symptom criteria from the adult ADHD Clinical Diagnostic Scale. *Archives of General Psychiatry, 67,* 1168–1178. (p. 507)

Kessler, R. C., & 22 others. (2010b). Age differences in the prevalence and co-morbidity of DSM-IV major depressive episodes: Results from the WHO World Mental Health Survey Initiative. *Depression and Anxiety, 27,* 351–364. (p. 522)

Kessler, R. C., Berglund, P., Demler, O., Jin, R., Merikangos, K. R., & Walters, E. E. (2005). Lifetime prevalence and age-of-onset distributions of DSM-IV disorders in the National Comorbidity Survey Replication. *Archives of General Psychiatry, 62,* 593–602. (pp. 510, 540)

Kessler, R. C., Foster, C., Joseph, J., Ostrow, D., Wortman, C., Phair, J., & Chmiel, J. (1991). Stressful life events and symptom onset in HIV infection. *American Journal of Psychiatry, 148,* 733–738. (p. 397)

Kessler, R. C., Soukup, J., Davis, R. B., Foster, D. F., Wilkey, S. A., Van Rompay, M. I., & Eisenberg, D. M. (2001). The use of complementary and alternative therapies to treat anxiety and depression in the United States. *American Journal of Psychiatry, 158,* 289–294. (p. 563)

Keynes, M. (1980, December 20/27). Handel's illnesses. *Lancet,* pp. 1354–1355. (p. 520)

Keys, A., Brozek, J., Henschel, A., Mickelsen, O., & Taylor, H. L. (1950). *The biology of human starvation.* Minneapolis: University of Minnesota Press. (p. 356)

Kiecolt-Glaser, J. K. (2009). Psychoneuroimmunology: Psychology's gateway to the biomedical future. *Perspectives on Psychological Science, 4,* 367–369. (p. 394)

Kiecolt-Glaser, J. K., & Glaser, R. (1995). Psychoneuroimmunology and health consequences: Data and shared mechanisms. *Psychosomatic Medicine, 57,* 269–274. (p. 396)

Kiecolt-Glaser, J. K., Loving, T. J., Stowell, J. R., Malarkey, W. B., Lemeshow, S., Dickinson, S. L., & Glaser, R. (2005). Hostile marital interactions, proinflammatory cytokine production, and wound healing. *Archives of General Psychiatry, 62,* 1377–1384. (p. 395)

Kiecolt-Glaser, J. K., Page, G. G., Marucha, P. T., MacCallum, R. C., & Glaser, R. (1998). Psychological influences on surgical recovery: Perspectives from psychoneuroimmunology. *American Psychologist, 53,* 1209–1218. (p. 395)

Kiehl, K. A., & Buckholtz, J. W. (2010, September/October). Inside the mind of a psychopath. *Scientific American Mind,* pp. 22–29. (p. 539)

Kihlstrom, J. F. (2005). Dissociative disorders. *Annual Review of Clinical Psychology, 1,* 227–253. (p. 535)

Kihlstrom, J. F. (2006). Repression: A unified theory of a will-o'-the-wisp. *Behavioral and Brain Sciences, 29,* 523. (p. 431)

Killingsworth, M. A., & Gilbert, D. T. (2010). A wandering mind is an unhappy mind. *Science, 330,* 932. (pp. 368, B-2)

Kim, B. S. K., Ng, G. F., & Ahn, A. J. (2005). Effects of client expectation for counseling success, client-counselor worldview match, and client adherence to Asian and European American cultural values on counseling process with Asian Americans. *Journal of Counseling Psychology, 52,* 67–76. (p. 566)

Kim, G., & Tong, A. (2010, February 23). Airline passengers have grown, seats haven't. *Sacramento Bee* (reprinted by *Grand Rapids Press*, pp. B1, B3). (p. 362)

Kim, H., & Markus, H. R. (1999). Deviance or uniqueness, harmony or conformity? A cultural analysis. *Journal of Personality and Social Psychology, 77,* 785–800. (p. 451)

Kimata, H. (2001). Effect of humor on allergen-induced wheal reactions. *Journal of the American Medical Association, 285,* 737. (p. 405)

Kimble, G. A. (1981). *Biological and cognitive constraints on learning.* Washington, DC: American Psychological Association. (p. 256)

King, R. N., & Koehler, D. J. (2000). Illusory correlations in graphological interference. *Journal of Experimental Psychology: Applied, 6,* 336–348. (p. 438)

King, S., St-Hilaire, A., & Heidkamp, D. (2010). Prenatal factors in schizophrenia. *Current Directions in Psychological Science, 19,* 209–213. (p. 531)

Kingston, D. W., Malamuth, N. M., Fedoroff, N. M., & Marshall, W. L. (2009). The importance of individual differences in pornography use: Theoretical perspectives and implications for treating sexual offenders. *Journal of Sex Research, 46,* 216–232. (p. 485)

Kinnier, R. T., & Metha, A. T. (1989). Regrets and priorities at three stages of life. *Counseling and Values, 33,* 182–193. (p. 156)

Kinzler, K. D., Shutts, K., Dejesus, J., & Spelke, E. S. (2009). Accent trumps race in guiding children's social preferences. *Social Cognition, 27,* 623–634. (p. 478)

Kirby, D. (2002). Effective approaches to reducing adolescent unprotected sex, pregnancy, and childbearing. *Journal of Sex Research, 39,* 51–57. (p. 177)

Kirkpatrick, B., Fenton, W. S., Carpenter, W. T., Jr., & Marder, S. R. (2006). The NIMH-MATRICS consensus statement on negative symptoms. *Schizophrenia Bulletin, 32,* 214–219. (p. 530)

Kirsch, I. (1996). Hypnotic enhancement of cognitive-behavioral weight loss treatments: Another meta-reanalysis. *Journal of Consulting and Clinical Psychology, 64,* 517–519. (p. 98)

Kirsch, I. (2010). *The emperor's new drugs: Exploding the antidepressant myth.* New York: Basic Books. (pp. 23, 570)

Kirsch, I., & Braffman, W. (2001). Imaginative suggestibility and hypnotizability. *Current Directions in Psychological Science, 10,* 57–61. (p. 97)

Kirsch, I., Deacon, B. J., Huedo-Medina, T. B., Scoboria, A., Moore, T. J., & Johnson, B. T. (2008). Initial severity and antidepressant benefits: A meta-analysis of data submitted to the Food and Drug Administration. *Public Library of Science Medicine, 5,* e45. (p. 570)

Kirsch, I., & Lynn, S. J. (1995). The altered state of hypnosis. *American Psychologist, 50,* 846–858. (p. 98)

Kirsch, I., Moore, T. J., Scoboria, A., & Nicholls, S. S. (2002, July 15). New study finds little difference between effects of antidepressants and placebo. *Prevention and Treatment* (journals.apa.org/prevention). (p. 570)

Kirsch, I., & Sapirstein, G. (1998). Listening to Prozac but hearing placebo: A meta-analysis of antidepressant medication. *Prevention and Treatment, 1,* posted June 26 at (journals.apa.org/prevention/volume1). (pp. 563, 570)

Kisley, M. A., Wood, S., & Burrows, C. L. (2007). Looking at the sunny side of life: Age-related change in an event-related potential measure of the negativity bias. *Psychological Science, 18,* 838–843. (p. 157)

Kitayama, S., Ishii, K., Imada, T., Takemura, K., & Ramaswamy, J. (2006). Voluntary settlement and the spirit of independence: Evidence from Japan's "northern frontier." *Journal of Personality and Social Psychology, 91,* 369–384. (p. 452)

Kitayama, S., Park, H., Sevincer, A. T., Karasawa, M., & Uskul, A. K. (2009). A cultural task analysis of implicit independence: Comparing North America, Western Europe, and East Asia. *Journal of Personality and Social Psychology, 97,* 236–255. (p. 458)

Kivimaki, M., Leino-Arjas, P., Luukkonen, R., Rihimaki, H., & Kirjonen, J. (2002). Work stress and risk of cardiovascular mortality: Prospective cohort study of industrial employees. *British Medical Journal, 325,* 857. (p. 402)

Klayman, J., & Ha, Y-W. (1987). Confirmation, disconfirmation, and information in hypothesis testing. *Psychological Review, 94,* 211–228. (p. 307)

Klein, D. N. (2010). Chronic depression: Diagnosis and classification. *Current Directions in Psychological Science, 19,* 96–100. (p. 522)

Klein, D. N., & 16 others. (2003). Therapeutic alliance in depression treatment: Controlling for prior change and patient characteristics. *Journal of Consulting and Clinical Psychology, 71,* 997–1006. (p. 565)

Kleinke, C. L. (1986). Gaze and eye contact: A research review. *Psychological Bulletin, 1000,* 78–100. (p. 379)

Kleinmuntz, B., & Szucko, J. J. (1984). A field study of the fallibility of polygraph lie detection. *Nature, 308,* 449–450. (p. 379)

Kleitman, N. (1960, November). Patterns of dreaming. *Scientific American,* pp. 82–88. (p. 84)

Klemm, W. R. (1990). Historical and introductory perspectives on brainstem-mediated behaviors. In W. R. Klemm & R. P. Vertes (Eds.), *Brainstem mechanisms of behavior.* New York: Wiley. (p. 47)

Klimstra, T. A., Hale, III, W. W., Raaijmakers, Q. A. W., Branje, S. J. T., & Meeus, W. H. J. (2009). Maturation of personality in adolescence. *Journal of Personality and Social Psychology, 96,* 898–912. (p. 145)

Kline, D., & Schieber, F. (1985). Vision and aging. In J. E. Birren & K. W. Schaie (Eds.), *Handbook of the psychology of aging.* New York: Van Nostrand Reinhold. (p. 151)

Kline, N. S. (1974). *From sad to glad.* New York: Ballantine Books. (p. 527)

Klinke, R., Kral, A., Heid, S., Tillein, J., & Hartmann, R. (1999). Recruitment of the auditory cortex in congenitally deaf cats by long-term cochlear electrostimulation. *Science, 285,* 1729–1733. (p. 218)

Kluft, R. P. (1991). Multiple personality disorder. In A. Tasman & S. M. Goldfinger (Eds.), *Review of Psychiatry* (Vol. 10). Washington, DC: American Psychiatric Press. (p. 534)

Klump, K. L., & Culbert, K. M. (2007). Molecular genetic studies of eating disorders: Current status and future directions. *Current Directions in Psychological Science, 16,* 37–41. (p. 536)

Klump, K. L., Suisman, J. L., Burt, S. A., McGue, M., & Iacono, W. G. (2009). Genetic and environmental influences on disordered eating: An adoption study. *Journal of Abnormal Psychology, 118,* 797–805. (p. 536)

Knapp, S., & VandeCreek, L. (2000, August). Recovered memories of childhood abuse: Is there an underlying professional consensus? *Professional Psychology: Research and Practice, 31,* 365–371. (p. 299)

Knickmeyer, E. (2001, August 7). In Africa, big is definitely better. *Seattle Times,* p. A7. (p. 537)

Knight, R. T. (2007). Neural networks debunk phrenology. *Science, 316,* 1578–1579. (p. 57)

Knight, W. (2004, August 2). Animated face helps deaf with phone chat. NewScientist.com. (p. 228)

Knoblich, G., & Oellinger, M. (2006, October/November). The Eureka moment. *Scientific American Mind,* pp. 38–43. (p. 307)

Knutson, K. L., Spiegel, K., Penev, P., & Van Cauter, E. (2007). The metabolic consequences of sleep deprivation. *Sleep Medicine Reviews, 11,* 163–178. (p. 90)

Ko, C-K., Yen, J-Y., Chen, C-C., Chen, S-H., & Yen, C-F. (2005). Proposed diagnostic criteria of Internet addiction for adolescents. *Journal of Nervous and Mental Disease, 193,* 728–733. (p. 101)

Koenen, K. C., Moffitt, T. E., Roberts, A. L., Martin, L. T., Kubzansky, L., Harrington, H., Poulton, R., & Caspi, A. (2009). Childhood IQ and adult mental disorders: A test of the cognitive reserve hypothesis. *American Journal of Psychiatry, 166,* 50–57. (p. 339)

Koenig, H. G., King, D. E., & Carson, V. B. (2011). *Handbook of religion and health.* New York: Oxford University Press. (p. 410)

Koenig, H. G., & Larson, D. B. (1998). Use of hospital services, religious attendance, and religious affiliation. *Southern Medical Journal, 91,* 925–932. (p. 412)

Koenig, L. B., McGue, M., Krueger, R. F., & Bouchard, T. J., Jr. (2005). Genetic and environmental influences on religiousness: Findings for retrospective and current religiousness ratings. *Journal of Personality, 73,* 471–488. (p. 66)

Koenig, L. B., & Vaillant, G. E. (2009). A prospective study of church attendance and health over the lifespan. *Health Psychology, 28,* 117–124. (p. 411)

Koenigs, M., Young, L., Adolphs, R., Tranel, D., Cushman, F., Hauser, M., & Damasio, A. (2007). Damage to the prefrontal cortex increases utilitarian moral judgements. *Nature, 446,* 908–911. (p. 57)

Koestner, R., Lekes, N., Powers, T. A., & Chicoine, E. (2002). Attaining personal goals: Self-concordance plus implementation intentions equals success. *Journal of Personality and Social Psychology, 83,* 231–244. (p. B-11)

Kohlberg, L. (1981). *The philosophy of moral development: Essays on moral development* (Vol. I). San Francisco: Harper & Row. (p. 142)

Kohlberg, L. (1984). *The psychology of moral development: Essays on moral development* (Vol. II). San Francisco: Harper & Row. (p. 142)

Kohler, C. G., Walker, J. B., Martin, E. A., Healey, K. M., & Moberg, P. J. (2010). Facial emotion perception in schizophrenia: A meta-analytic review. *Schizophrenia Bulletin, 36,* 1009–1019. (p. 529)

Kohler, I. (1962, May). Experiments with goggles. *Scientific American,* pp. 62–72. (p. 215)

Köhler, W. (1925; reprinted 1957). *The mentality of apes.* London: Pelican. (p. 317)

Kohn, P. M., & Macdonald, J. E. (1992). The survey of recent life experiences: A decontaminated hassles scale for adults. *Journal of Behavioral Medicine, 15,* 221–236. (p. 392)

Kolassa, I-T., & Elbert, T. (2007). Structural and functional neuroplasticity in relation to traumatic stress. *Current Directions in Psychological Science, 16,* 321–325. (p. 518)

Kolata, G. (1987). Metabolic catch-22 of exercise regimens. *Science, 236,* 146–147. (p. 363)

Kolb, B. (1989). Brain development, plasticity, and behavior. *American Psychologist, 44,* 1203–1212. (p. 58)

Kolb, B., & Whishaw, I. Q. (1998). Brain plasticity and behavior. *Annual Review of Psychology, 49,* 43–64. (p. 122)

Kolker, K. (2002, December 8). Video violence disturbs some: Others scoff at influence. *Grand Rapids Press,* pp. A1, A12. (p. 485)

Kolodziej, M. E., & Johnson, B. T. (1996). Interpersonal contact and acceptance of persons with psychiatric disorders: A research synthesis. *Journal of Consulting and Clinical Psychology, 64,* 1387–1396. (p. 511)

Koltko-Rivera, M. E. (2006). Rediscovering the later version of Maslow's hierarchy of needs: Self-transcendence and opportunities for theory, research, and unification. *Review of General Psychology, 10,* 302–317. (p. 355)

Konkle, T., Brady, T. F., Alvarez, G. A., & Oliva, A. (2010). Conceptual distinctiveness supports detailed visual long-term memory for real-world objects. *Journal of Experimental Psychology: General, 139,* 558–578. (p. 272)

Kontula, O., & Haavio-Mannila, E. (2009). The impact of aging on human sexual activity and sexual desire. *Journal of Sex Research, 46,* 46–56. (p. 151)

Kornell, N., & Bjork, R. A. (2008). Learning concepts and categories: Is spacing the "enemy of induction?" *Psychological Science, 19,* 585–592. (p. 30)

Kosfeld, M., Heinrichs, M., Zak, P. J., Fischbacher, U., & Fehr, E. (2005). Oxytocin increases trust in humans. *Nature, 435,* 673–676. (p. 45)

Kosslyn, S. M. (2005). Reflective thinking and mental imagery: A perspective on the development of posttraumatic stress disorder. *Development and Psychopathology, 17,* 851–863. (p. 516)

Kosslyn, S. M., & Koenig, O. (1992). *Wet mind: The new cognitive neuroscience.* New York: Free Press. (p. 44)

Kosslyn, S. M., Thompson, W. L., Costantini-Ferrando, M. F., Alpert, N. M., & Spiegel, D. (2000). Hypnotic visual illusion alters color processing in the brain. *American Journal of Psychiatry, 157,* 1279–1284. (p. 99)

Kotchick, B. A., Shaffer, A., & Forehand, R. (2001). Adolescent sexual risk behavior: A multi-system perspective. *Clinical Psychology Review, 21,* 493–519. (p. 176)

Koten, J. W., Jr., Wood, G., Hagoort, P., Goebel, R., Propping, P., Willmes, K., & Boomsma, D. I. (2009). Genetic contribution to variation in cognitive function: An fMRI study in twins. *Science, 323,* 1737–1740. (p. 340)

Kotkin, M., Daviet, C., & Gurin, J. (1996). The *Consumer Reports* mental health survey. *American Psychologist, 51,* 1080–1082. (p. 560)

Kounios, J., & Beeman, M. (2009). The Aha! moment: The cognitive neuroscience of insight. *Current Directions in Psychological Science, 18,* 210–215. (p. 307)

Kposowa, A. J., & D'Auria, S. (2009). Association of temporal factors and suicides in the United States, 2000–2004. *Social Psychiatry and Psychiatric Epidemiology, 45,* 433–445. (p. 524)

Kraft, C. (1978). A psychophysical approach to air safety: Simulator studies of visual illusions in night approaches. In H. L. Pick, H. W. Leibowitz, J. E. Singer, A. Steinschneider, & H. W. Stevenson (Eds.), *Psychology: From research to practice.* New York: Plenum Press. (p. B-14)

Kraft, R. N. (2002). *Memory perceived: Recalling the Holocaust.* Westport, CT: Praeger. (p. 299)

Kramer, A. (2010). Personal corrspondence. (p. 414)

Kramer, A. F., & Erickson, K. I. (2007). Capitalizing on cortical plasticity: Influence of physical activity on cognition and brain function. *Trends in Cognitive Sciences, 11,* 342–348. (p. 408)

Kramer, M. S., & 17 others. (2008). Breastfeeding and child cognitive development: New evidence from a large randomized trial. *Archives of General Psychiatry, 65,* 578–584. (p. 23)

Kramer, P. D. (2011, July 9). In defense of antidepressants. *New York Times* (www.nytimes.com). (p. 570)

Kranz, F., & Ishai, A. (2006). Face perception is modulated by sexual preference. *Current Biology, 16,* 63–68. (p. 181)

Kraul, C. (2010, October 12). Chief engineer knew it would take a miracle. *Los Angeles Times* (www.latimes.com). (p. 230)

Kraut, R. E., & Johnston, R. E. (1979). Social and emotional messages of smiling: An ethological approach. *Journal of Personality and Social Psychology, 37,* 1539–1553. (p. 383)

Kraut, R. E., Patterson, M., Lundmark, V., Kiesler, S., Mukopadhyay, T., & Scherlis, W. (1998). Internet paradox: A social technology that reduces social involvement and psychological well being? *American Psychologist, 53,* 1017–1031. (p. 368)

KRC Research & Consulting. (2001, August 7). Memory isn't quite what it used to be (survey for General Nutrition Centers). *USA Today,* p. D1. (p. 153)

Krebs, D. L., & Van Hesteren, F. (1994). The development of altruism: Toward an integrative model. *Developmental Review, 14,* 103–158. (p. 143)

Kring, A. M., & Caponigro, J. M. (2010). Emotion in schizophrenia: Where feeling meets thinking. *Current Directions in Psychological Science, 19,* 255–259. (p. 529)

Kring, A. M., & Gordon, A. H. (1998). Sex differences in emotion: Expression, experience, and physiology. *Journal of Personality and Social Psychology, 74,* 686–703. (p. 382)

Kristensen, P., & Bjerkedal, T. (2007). Explaining the relation between birth order and intelligence. *Science, 316,* 1717. (p. A-8)

Kristof, N. D. (2004, July 21). Saying no to killers. *New York Times* (www.nytimes.com). (p. 493)

Kross, E., Berman, M. G., Mischel, W., Smith, E. E., & Wager, T. D. (2011). Social rejection shares somatosensory representations with physical pain. *PNAS, 108,* 6270–6275. (p. 366)

Krueger, J., & Killham, E. (2005, December 8). At work, feeling good matters. *Gallup Management Journal* (www.gmj.gallup.com). (p. B-10)

Kruger, J., Epley, N., Parker, J., & Ng, Z-W. (2005). Egocentrism over e-mail: Can we communicate as well as we think? *Journal of Personality and Social Psychology, 89,* 925–936. (pp. 128, 381)

Krupa, D. J., Thompson, J. K., & Thompson, R. F. (1993). Localization of a memory trace in the mammalian brain. *Science, 260,* 989–991. (p. 282)

Krützen, M., Mann, J., Heithaus, M. R., Connor, R. C., Bejder, L., & Sherwin, W. B. (2005). Cultural transmission of tool use in bottlenose dolphins. *Proceedings of the National Academy of Sciences, 102,* 8939–8943. (p. 318)

Kubey, R., & Csikszentmihalyi, M. (2002, February). Television addiction is no mere metaphor. *Scientific American,* pp. 74–80. (p. 264)

Kübler, A., Winter, S., Ludolph, A. C., Hautzinger, M., & Birbaumer, N. (2005).

Severity of depressive symptoms and quality of life in patients with amyotrophic lateral sclerosis. *Neurorehabilitation and Neural Repair, 19*(3), 182–193. (p. 414)

Kubzansky, L. D., Koenen, K. C., Jones, C., & Eaton, W. W. (2009). A prospective study of posttraumatic stress disorder symptoms and coronary heart disease in women. *Health Psychology, 28,* 125–130. (p. 400)

Kubzansky, L. D., Sparrow, D., Vokanas, P., & Kawachi, I. (2001). Is the glass half empty or half full? A prospective study of optimism and coronary heart disease in the normative aging study. *Psychosomatic Medicine, 63,* 910–916. (pp. 399, 400)

Kuhl, P. K., & Meltzoff, A. N. (1982). The bimodal perception of speech in infancy. *Science, 218,* 1138–1141. (p. 320)

Kuhn, D. (2006). Do cognitive changes accompany developments in the adolescent brain? *Perspectives on Psychological Science, 1,* 59–67. (p. 140)

Kujala, U. M., Kaprio, J., Sarna, S., & Koskenvuo, M. (1998). Relationship of leisure-time physical activity and mortality: The Finnish twin cohort. *Journal of the American Medical Association, 279,* 440–444. (p. 407)

Kuncel, N. R., & Hezlett, S. A. (2010). Fact and fiction in cognitive ability testing for admissions and hiring decisions. *Current Directions in Psychological Science, 19,* 339–345. (p. 332)

Kunkel, D. (2001, February 4). *Sex on TV.* Menlo Park, CA: Henry J. Kaiser Family Foundation (www.kff.org). (p. 176)

Kuntsche, E., Knibbe, R., Gmel, G., & Engels, R. (2005). Why do young people drink? A review of drinking motives. *Clinical Psychology Review, 25,* 841–861. (p. 111)

Kuppens, P., Allen, N. B., & Sheeber, L. B. (2010). Emotional inertia and psychological maladjustment. *Psychological Science, 21,* 984–991. (p. 526)

Kushner, M. G., Kim, S. W., Conahue, C., Thuras, P., Adson, D., Kotlyar, M., McCabe, J., Peterson, J., & Foa, E. B. (2007). D-cycloserine augmented exposure therapy for obsessive-compulsive disorder. *Biological Psychiatry, 62,* 835–838. (p. 569)

Kutas, M. (1990). Event-related brain potential (ERP) studies of cognition during sleep: Is it more than a dream? In R. R. Bootzin, J. F. Kihlstrom, & D. Schacter (Eds.), *Sleep and cognition.* Washington, DC: American Psychological Association. (p. 83)

Kutcher, E. J., & Bragger, J. D. (2004). Selection interviews of overweight job applicants: Can structure reduce the bias? *Journal of Applied Social Psychology, 34,* 1993–2022. (p. B-6)

L

Labouvie-Vief, G., & Schell, D. A. (1982). Learning and memory in later life. In B. B. Wolman (Ed.), *Handbook of developmental psychology.* Englewood Cliffs, NJ: Prentice-Hall. (p. 153)

Lac, A., & Crano, W. D. (2009). Monitoring matters: Meta-analytic review reveals the reliable linkage of parental monitoring with adolescent marijuana use. *Perspectives on Psychological Science, 4,* 578–586. (p. 111)

Lacey, H. P., Smith, D. M., & Ubel, P. A. (2006). Hope I die before I get old: Mispredicting happiness across the lifespan. *Journal of Happiness Studies, 7,* 167–182. (p. 156)

Lacey, M. (2010, December 11). He found bag of cash, but did the unexpected. *New York Times* (www.nytimes.com). (p. 496)

Lachman, M. E. (2004). Development in midlife. *Annual Review of Psychology, 55,* 305–331. (p. 154)

Ladd, G. T. (1887). *Elements of physiological psychology.* New York: Scribner's. (p. 78)

Lafleur, D. L., Pittenger, C., Kelmendi, B., Gardner, T., Wasylink, S., Malison, R. T., Sanacora, G., Krystal, J. H., & Coric, V. (2006). N-acetylcysteine augmentation in serotonin reuptake inhibitor refractory obsessive-compulsive disorder. *Psychopharmacology, 184,* 254–256. (p. 518)

Laird, J. D. (1974). Self-attribution of emotion: The effects of expressive behavior on the quality of emotional experience. *Journal of Personality and Social Psychology, 29,* 475–486. (p. 384)

Laird, J. D. (1984). The real role of facial response in the experience of emotion: A reply to Tourangeau and Ellsworth, and others. *Journal of Personality and Social Psychology, 47,* 909–917. (p. 384)

Laird, J. D., Cuniff, M., Sheehan, K., Shulman, D., & Strum, G. (1989). Emotion specific effects of facial expressions on memory for life events. *Journal of Social Behavior and Personality, 4,* 87–98. (p. 384)

Lally, P., Van Jaarsveld, C. H. M., Potts, H. W. W., & Wardle, J. (2010). How are habits formed: Modelling habit formation in the real world. *European Journal of Social Psychology, 40,* 998–1009. (p. 238)

Lalumière, M. L., Blanchard, R., & Zucker, K. J. (2000). Sexual orientation and handedness in men and women: A meta-analysis. *Psychological Bulletin, 126,* 575–592. (p. 182)

Lam, R. W., Levitt, A. J., Levitan, R. D., Enns, M. W., Morehouse, R., Michalak, E. E., & Tam, E. M. (2006). The Can-SAD study: A randomized controlled trial of the effectiveness of light therapy and fluoxetine in patients with winter seasonal affective disorder. *American Journal of Psychiatry, 163,* 805–Lehman, A. F. (p. 568)

Lambert, N. M., DeWall, C. N., Bushman, B. J., Tillman, T. F., Fincham, F. D., Pond, Jr., R. S., & Gwinn, A. M. (2011). Lashing out in lust: Effect of pornography on nonsexual, physical aggression against relationship partners. Paper presentation at the Society for Personality and Social Psychology convention. (p. 485)

Lambert, W. E. (1992). Challenging established views on social issues: The power and limitations of research. *American Psychologist, 47,* 533–542. (p. 327)

Lambert, W. E., Genesee, F., Holobow, N., & Chartrand, L. (1993). Bilingual education for majority English-speaking children. *European Journal of Psychology of Education, 8,* 3–22. (p. 327)

Lambird, K. H., & Mann, T. (2006). When do ego threats lead to self-regulation failure? Negative consequences of defensive high self-esteem. *Personality and Social Psychology Bulletin, 32,* 1177–1187. (p. 450)

Landauer, T. (2001, September). Quoted by R. Herbert, You must remember this. *APS Observer,* p. 11. (p. 270)

Landauer, T. K., & Whiting, J. W. M. (1979). Correlates and consequences of stress in infancy. In R. Munroe, B. Munroe, & B. Whiting (Eds.), *Handbook of cross-cultural human development.* New York: Garland. (p. 391)

Landberg, J., & Norström, T. (2011). Alcohol and homicide in Russia and the United States: A comparative analysis. *Journal of Studies on Alcohol and Drugs, 72,* 723–730. (p. 482)

Landry, M. J. (2002). MDMA: A review of epidemiologic data. *Journal of Psychoactive Drugs, 34,* 163–169. (p. 107)

Langer, E. J. (1983). *The psychology of control.* Beverly Hills, CA: Sage. (p. 402)

Langer, E. J., & Abelson, R. P. (1974). A patient by any other name . . .: Clinician group differences in labeling bias. *Journal of Consulting and Clinical Psychology, 42,* 4–9. (p. 511)

Langer, E. J., & Imber, L. (1980). The role of mindlessness in the perception of deviance. *Journal of Personality and Social Psychology, 39,* 360–367. (p. 511)

Langlois, J. H., Kalakanis, L., Rubenstein, A. J., Larson, A., Hallam, M., & Smoot, M. (2000). Maxims or myths of beauty? A meta-analytic and theoretical review. *Psychological Bulletin, 126,* 390–423. (pp. 489, 490)

Langlois, J. H., Roggman, L. A., Casey, R. J., Ritter, J. M., Rieser-Danner, L. A., & Jenkins, V. Y. (1987). Infant preferences for attractive faces: Rudiments of a stereotype? *Developmental Psychology, 23,* 363–369. (p. 489)

Långström, N. H., Rahman, Q., Carlström, E., & Lichtenstein, P. (2008). Genetic and environmental effects on same-sex sexual behavior: A population study of twins in Sweden. *Archives of Sexual Behavior.* (p. 181)

Långström, N. H., Rahman, Q., Carlström, E., & Lichtenstein, P. (2010). Genetic and environmental effects on same-sex sexual behavior: A population study of twins in Sweden. *Archives of Sexual Behavior, 39,* 75–80. (p. 181)

Lankford, A. (2009). Promoting aggression and violence at Abu Ghraib: The U.S. military's transformation of ordinary people into torturers. *Aggression and Violent Behavior, 14,* 388–395. (p. 470)

Larkin, K., Resko, J. A., Stormshak, F., Stellflug, J. N., & Roselli, C. E. (2002). Neuroanatomical correlates of sex and sexual partner preference in sheep. Paper presented at Society for Neuroscience convention. (p. 181)

Larrick, R. P., Timmerman, T. A., & Carton, A. M., & Abrevaya, J. (2011). Temper, temperature, and temptation: Heat-related retaliation in baseball. *Psychological Science, 22*, 423–428. (p. 483)

Larsen, R. J., & Diener, E. (1987). Affect intensity as an individual difference characteristic: A review. *Journal of Research in Personality, 21*, 1–39. (pp. 134, 375)

Larson, R. W., & Verma, S. (1999). How children and adolescents spend time across the world: Work, play, and developmental opportunities. *Psychological Bulletin, 125*, 701–736. (p. 344)

Larsson, H., Tuvblad, C., Rijsdijk, F. V., Andershed, H., Grann, M., & Lichetenstein, P. (2007). A common genetic factor explains the association between psychopathic personality and antisocial behavior. *Psychological Medicine, 37*, 15–26. (p. 538)

Larzelere, R. E. (2000). Child outcomes of non-abusive and customary physical punishment by parents: An updated literature review. *Clinical Child and Family Psychology Review, 3*, 199–221. (p. 252)

Larzelere, R. E., & Kuhn, B. R. (2005). Comparing child outcomes of physical punishment and alternative disciplinary tactics: A meta-analysis. *Clinical Child and Family Psychology Review, 8*, 1–37. (p. 252)

Larzelere, R. E., Kuhn, B. R., & Johnson, B. (2004). The intervention selection bias: An underrecognized confound in intervention research. *Psychological Bulletin, 130*, 289–303. (p. 252)

Lashley, K. S. (1950). In search of the engram. In *Symposium of the Society for Experimental Biology* (Vol. 4). New York: Cambridge University Press. (p. 281)

Lassiter, G. D., & Irvine, A. A. (1986). Videotaped confessions: The impact of camera point of view on judgments of coercion. *Journal of Personality and Social Psychology, 16*, 268–276. (p. 459)

Lassiter, G. D., Lindberg, M. JH., Gonzáles-Vallego, C., Bellezza, F. S., & Phillips, N. D. (2009). The deliberation-without-attention effect: Evidence for an artifactual interpretation. *Psychological Science, 20*, 671–675. (p. 313)

Latané, B. (1981). The psychology of social impact. *American Psychologist, 36*, 343–356. (p. 472)

Latané, B., & Dabbs, J. M., Jr. (1975). Sex, group size and helping in three cities. *Sociometry, 38*, 180–194. (p. 495)

Latané, B., & Nida, S. (1981). Ten years of research on group size and helping. *Psychological Bulletin, 89*, 308–324. (p. 472)

Latham, G. P., & Locke, E. A. (2007). New developments in and directions for goal-setting research. *European Psychologist, 12*, 290–300. (p. B-10)

Laudenslager, M. L., & Reite, M. L. (1984). Losses and separations: Immunological consequences and health implications. *Review of Personality and Social Psychology, 5*, 285–312. (p. 401)

Laumann, E. O., Gagnon, J. H., Michael, R. T., & Michaels, S. (1994). *The social organization of sexuality: Sexual practices in the United States.* Chicago: University of Chicago Press. (p. 184)

Laws, K. R., & Kokkalis, J. (2007). Ecstasy (MDMA) and memory function: A meta-analytic update. *Human Psychopharmacology: Clinical and Experimental, 22*, 381–388. (p. 107)

Lazaruk, W. (2007). Linguistic, academic, and cognitive benefits of French immersion. *Canadian Modern Language Review, 63*, 605–628. (p. 327)

Lazarus, R. S. (1991). Progress on a cognitive-motivational-relational theory of emotion. *American Psychologist, 46*, 352–367. (p. 375)

Lazarus. R. S. (1998). *Fifty years of the research and theory of R. S. Lazarus: An analysis of historical and perennial issues.* Mahwah, NJ: Erlbaum. (pp. 375, 390)

Lazer, D., & 14 others. (2009). Computational social science. *Science, 323*, 721–723. (p. 474)

Lea, S. E. G. (2000). Towards an ethical use of animals. *The Psychologist, 13*, 556–557. (p. 27)

Leaper, C., & Ayres, M. M. (2007). A meta-analytic review of gender variations in adults' language use: Talkativeness, affiliative speech, and assertive speech. *Personality and Social Psychology Review, 11*, 328–363. (p. 165)

Leary, M. R. (1999). The social and psychological importance of self-esteem. In R. M. Kowalski & M. R. Leary (Eds.), *The social psychology of emotional and behavioral problems.* Washington, DC: APA Books. (p. 447)

Leary, M. R., Haupt, A. L., Strausser, K. S., & Chokel, J. T. (1998). Calibrating the sociometer: The relationship between interpersonal appraisals and state self-esteem. *Journal of Personality and Social Psychology, 74*, 1290–1299. (p. 364)

LeDoux, J. E. (1996). *The emotional brain: The mysterious underpinnings of emotional life.* New York: Simon & Schuster. (p. 282)

LeDoux, J. E. (2002). *The synaptic self.* London: Macmillan. (pp. 123, 374)

LeDoux, J. E. (2009, July/August). Quoted by K. McGowan, Out of the past. *Discover*, pp. 28–37. (p. 294)

LeDoux, J. E., & Armony, J. L. (1999). Can neurobiology tell us anything about human feelings? In D. Kahneman, E. Diener, & N. Schwartz (Eds.), *Well-being: The foundations of hedonic psychology.* New York: Sage. (p. 375)

Lee, J. D. (2008). Fifty years of driving safety research. *Human Factors, 50*, 521–528. (p. B-14)

Lee, L., Frederick, S., & Ariely, D. (2006). Try it, you'll like it: The influence of expectation, consumption, and revelation on preferences for beer. *Psychological Science, 17*, 1054–1058. (p. 198)

Lee, P. S. N., Leung, L., Lo, V., Xiong, C., & Wu, T. (2011). Internet communication versus face-to-face interaction in quality of life. *Social Indicators Research, 100*, 375–389. (p. 368)

Lee, S. W. S., Schwarz, N., Taubman, D., & Hou, M. (2010). Sneezing in times of a flue pandemic: Public sneezing increases perception of unrelated risks and shifts preferences for federal spending. *Psychological Science, 21*, 375–377. (p. 310)

Lefcourt, H. M. (1982). *Locus of control: Current trends in theory and research.* Hillsdale, NJ: Erlbaum. (p. 403)

Legrand, L. N., Iacono, W. G., & McGue, M. (2005). Predicting addiction. *American Scientist, 93*, 140–147. (p. 111)

Lehavot, K., & Lambert, A. J. (2007). Toward a greater understanding of antigay prejudice: On the role of sexual orientation and gender role violation. *Basic and Applied Social Psychology, 29*, 279–292. (p. 491)

Lehman, A. F., Steinwachs, D. M., Dixon, L. B., Goldman, H. H., Osher, F., Postrado, L., Scott, J. E., Thompson, J. W., Fahey, M., Fischer, P., Kasper, J. A., Lyles, A., Skinner, E. A., Buchanan, R., Carpenter, W. T., Jr., Levine, J., McGlynn, E. A., Rosenheck, R., & Zito, J. (1998). Translating research into practice: The schizophrenic patient outcomes research team (PORT) treatment recommendations. *Schizophrenia Bulletin, 24*, 1–10. (p. 568)

Lehman, D. R., Wortman, C. B., & Williams, A. F. (1987). Long-term effects of losing a spouse or child in a motor vehicle crash. *Journal of Personality and Social Psychology, 52*, 218–231. (p. 157)

Leichsenring, F., & Rabung, S. (2008). Effectiveness of long-term psychodynamic psychotherapy: A meta-analysis. *JAMA, 300*, 1551–1565. (p. 562)

Leitenberg, H., & Henning, K. (1995). Sexual fantasy. *Psychological Bulletin, 117*, 469–496. (pp. 172, 176)

Lemonick, M. D. (2002, June 3). Lean and hungrier. *Time*, p. 54. (p. 358)

L'Engle, M. (1972). *A Circle of Quiet.* New York: HarperCollins. (pp. 346, 521)

L'Engle, M. (1973). *A Wind in the Door, 87*. New York: Farrar, Straus and Giroux. (p. 10)

Lenhart, A. (2010, April 20). Teens, cell phones and texting. Pew Internet and American Life Project. Pew Research Center (www.pewresearch.org). (pp. 165, 367)

Lennox, B. R., Bert, S., Park, G., Jones, P. B., & Morris, P. G. (1999). Spatial and temporal mapping of neural activity associated with auditory hallucinations. *Lancet, 353*, 644. (p. 56)

Lenton, A. P., & Francesconi, M. (2010). How humans cognitively manage an abundance of mate options. *Psychological Science, 21*, 528–533. (p. 488)

Lenzenweger, M. F., Dworkin, R. H., & Wethington, E. (1989). Models of positive and negative symptoms in schizophrenia: An empirical evaluation of latent structures. *Journal of Abnormal Psychology, 98*, 62–70. (p. 568)

Leonhard, C., & Randler, C. (2009). In sync with the family: Children and partners influence the sleep-wake circadian rhythm and social habits of women. *Chronobiology International, 26,* 510–525. (p. 84)

Leserman, J., Jackson, E. D., Petitto, J. M., Golden, R. N., Silva, S. G., Perkins, D. O., Cai, J., Folds, J. D., & Evans, D. L. (1999). Progression to AIDS: The effects of stress, depressive symptoms, and social support. *Psychosomatic Medicine, 61,* 397–406. (p. 396)

Lester, W. (2004, May 26). AP polls: Nations value immigrant workers. *Associated Press release.* (p. 476)

Leucht, S., Barnes, T. R. E., Kissling, W., Engel, R. R., Correll, C., & Kane, J. M. (2003). Relapse prevention in schizophrenia with new-generation antipsychotics: A systematic review and exploratory meta-analysis of randomized, controlled trials. *American Journal of Psychiatry, 160,* 1209–1222. (p. 569)

Leung, A. K-Y., Maddux, W. W., Galinsky, A. D., & Chiu, C-Y. (2008). Multicultural experience enhances creativity: The when and how. *American Psychologist, 63,* 169–181. (p. 315)

Levant, R. F., & Hasan, N. T. (2008). Evidence-based practice in psychology. *Professional Psychology: Research and Practice, 39,* 658–662. (pp. 562, 563)

LeVay, S. (1991). A difference in hypothalamic structure between heterosexual and homosexual men. *Science, 253,* 1034–1037. (p. 180)

LeVay, S. (1994, March). Quoted in D. Nimmons, Sex and the brain. *Discover,* p. 64–71. (p. 180)

LeVay, S. (2011). *Gay, straight, and the reason why: The science of sexual orientation.* New York: Oxford University Press. (pp. 181, 182, 183)

Levenson, R. W. (1992). Autonomic nervous system differences among emotions. *Psychological Science, 3,* 23–27. (p. 378)

Levin, R., & Nielsen, T. A. (2007). Disturbed dreaming, posttraumatic stress disorder, and affect distress: A review and neurocognitive model. *Psychological Bulletin, 133,* 482–528. (p. 94)

Levin, R., & Nielsen, T. A. (2009). Nightmares, bad dreams, and emotion dysregulation. *Current Directions in Psychological Science, 18,* 84–87. (p. 94)

Levine, J. A., Lanningham-Foster, L. M., McCrady, S. K., Krizan, A. C., Olson, L. R., Kane, P. H., Jensen, M. D., & Clark, M. M. (2005). Interindividual variation in posture allocation: Possible role in human obesity. *Science, 307,* 584–586. (p. 361)

Levine, R. V., & Norenzayan, A. (1999). The pace of life in 31 countries. *Journal of Cross-Cultural Psychology, 30,* 178–205. (p. 19)

Levine, R. V., Sato, S., Hashimoto, T., & Verma, J. (1995). Love and marriage in eleven cultures. *Journal of Cross-Cultural Psychology, 26,* 554–571. (p. 492)

Levinson, D. F., & 23 others. (2011). Copy number variants in schizophrenia: Confirmation of five previous findings and new evidence for 3q29 microdeletions and VIPR2 duplications. *American Journal of Psychiatry, 168,* 302–316. (p. 532)

Levy, P. E. (2003). *Industrial/organizational psychology: Understanding the workplace.* Boston: Houghton Mifflin. (p. B-6)

Lewandowski, G. W., Jr., Aron, A., & Gee, J. (2007). Personality goes a long way: The malleability of opposite-sex physical attractiveness. *Personality Relationships, 14,* 571–585. (p. 490)

Lewinsohn, P. M., Hoberman, H., Teri, L., & Hautziner, M. (1985). An integrative theory of depression. In S. Reiss & R. Bootzin (Eds.), *Theoretical issues in behavior therapy.* Orlando, FL: Academic Press. (p. 521)

Lewinsohn, P. M., Petit, J., Joiner, T. E., Jr., & Seeley, J. R. (2003). The symptomatic expression of major depressive disorder in adolescents and young adults. *Journal of Abnormal Psychology, 112,* 244–252. (p. 521)

Lewinsohn, P. M., Rohde, P., & Seeley, J. R. (1998). Major depressive disorder in older adolescents: Prevalence, risk factors, and clinical implications. *Clinical Psychology Review, 18,* 765–794. (p. 521)

Lewinsohn, P. M., & Rosenbaum, M. (1987). Recall of parental behavior by acute depressives, remitted depressives, and nondepressives. *Journal of Personality and Social Psychology, 52,* 611–619. (p. 288)

Lewis, C. S. (1960). *Mere Christianity.* New York: Macmillan. (p. 4)

Lewis, D. O., Pincus, J. H., Bard, B., Richardson, E., Prichep, L. S., Feldman, M., & Yeager, C. (1988). Neuropsychiatric, psychoeducational, and family characteristics of 14 juveniles condemned to death in the United States. *American Journal of Psychiatry, 145,* 584–589. (p. 136)

Lewis, D. O., Yeager, C. A., Swica, Y., Pincus, J. H., & Lewis, M. (1997). Objective documentation of child abuse and dissociation in 12 murderers with dissociative identity disorder. *American Journal of Psychiatry, 154,* 1703–1710. (p. 535)

Lewis, M. (1992). Commentary. *Human Development, 35,* 44–51. (p. 288)

Lewontin, R. (1976). Race and intelligence. In N. J. Block & G. Dworkin (Eds.), *The IQ controversy: Critical readings.* New York: Pantheon. (p. 343)

Li, J., Laursen, T. M., Precht, D. H., Olsen, J., & Mortensen, P. B. (2005). Hospitalization for mental illness among parents after the death of a child. *New England Journal of Medicine, 352,* 1190–1196. (p. 157)

Li, J. C., Dunning, D., & Malpass, R. L. (1996). Cross-racial identification among European-Americans basketball fandom and the contact hypothesis. Unpublished manuscript, Cornell University. (p. 480)

Li, N., & DiCarlo, J. J. (2008). Unsupervised natural experience rapidly alters invariant object representation in visual cortex. *Science, 321,* 1502–1506. (p. 213)

Li, Y., Johnson, E. J., & Zaval, L. (2011). Local warming: Daily temperature change influences belief in global warming. *Psychological Science, 22,* 454–459. (p. 310)

Li, Z. H., Jiang, D., Pepler, D., & Craig, W. (2010). Adolescent romantic relationships in China and Canada: A cross-national comparison. *Internal Journal of Behavioral Development, 34,* 113–120. (p. 145)

Liang, K. Y., Mintun, M. A., Fagan, A. M., Goate, A.M., Bugg, J.M., Holtzman, D. M., Morris, J. C., & Head, D. (2010). Exercise and Alzheimer's disease biomarkers in cognitively normal older adults. *Annals of Neurology, 68,* 311–318. (p. 152)

Liberman, V., Boehm, J. K., Lyubomirsky, S., & Ross, L. D. (2009). Happiness and memory: Affective significance of endowment and contrast. *Emotion, 9,* 666–680. (p. 412)

Libertus, M. E., & Brannon, E. M. (2009). Behavioral and neural basis of number sense in infancy. *Current Directions in Psychological Science, 18,* 346–351. (p. 127)

Licata, A., Taylor, S., Berman, M., & Cranston, J. (1993). Effects of cocaine on human aggression. *Pharmacology Biochemistry and Behavior, 45,* 549–552. (p. 106)

Lichtenstein, P., Calström, E., Råstam, M., Gillberg, C., & Anckarsäter, H. (2010). The genetics of autim spectrum disorders and related neuropsychiatric disorders in childhood. *American Journal of Psychiatry, 167,* 1357–1363. (pp. 105, 130)

Lieberman, M. D., & Eisenberger, N. I. (2009). Pains and pleasures of social life. *Science, 323,* 890–893. (p. 366)

Lieberman, M. D., Eisenberger, N. I., Crockett, M. J., Tom, S. M., Pfeifer, J. H., & Way, B. M. (2007). Putting feelings into words: Affect labeling disrupts amygdala activity in response to affective stimuli. *Psychological Science, 18,* 421–428. (p. 406)

Lievens, F., Dilchert, S., & Ones, D. S. (2009). The importance of exercise and dimension factors in assessment centers: Simultaneous examinations of construct-related and criterion-related validity. *Human Performance, 22,* 375–390. (p. 445)

Lilienfeld, S. O. (2009, Winter). Tips for spotting psychological pseudoscience: A student-friendly guide. *Eye of Psi Chi,* pp. 23–26. (p. 231)

Lilienfeld, S. O., & Arkowitz, H. (2007, April/May). Autism: An epidemic. *Scientific American Mind,* pp. 82–83. (p. 130)

Lilienfeld, S. O., & Arkowitz, H. (2007, December, 2006/January, 2007). Taking a closer look: Can moving your eyes back and forth help to ease anxiety? *Scientific American Mind,* pp. 80–81. (p. 564)

Lilienfeld, S. O., & Arkowitz, H. (2011, January/February). The insanity verdict on trial. *Scientific American,* pp. 64–65. (p. 512)

Lilienfeld, S. O., Lynn, S. J., Kirsch, I., Chaves, J. F., Sarbin, T. R., Ganaway, G. K., & Powell, R. A. (1999). Dissociative identity disorder and the sociocognitive model: Recalling the lessons of the past. *Psychological Bulletin, 125,* 507–523. (p. 535)

Lilienfeld, S. O., Wood, J. M., & Garb, H. N. (2001, May). What's wrong with this picture? *Scientific American*, pp. 81–87. (p. 430)

Lim, J., & Dinges, D. F. (2010). A meta-analysis of the impact of short-term sleep deprivation on cognitive variables. *Psychological Bulletin, 136*, 375–389. (p. 90)

Lindberg, S. M., Hyde, J. S., Linn, M. C., & Petersen, J. L. (2010). New trends in gender and mathematics performance: A meta-analysis. *Psychological Bulletin, 136*, 1125–1135. (p. 342)

Linder, D. (1982). Social trap analogs: The tragedy of the commons in the laboratory. In V. J. Derlega & J. Grzelak (Eds.), *Cooperative and helping behavior: Theories and research*. New York: Academic Press. (p. 498)

Lindner, I., Echterhoff, G., Davidson, P. S. R., & Brand, M. (2010). Observation inflation: Your actions become mine. *Psychological Science, 21*, 1291–1299. (p. 263)

Lindskold, S. (1978). Trust development, the GRIT proposal, and the effects of conciliatory acts on conflict and cooperation. *Psychological Bulletin, 85*, 772–793. (p. 500)

Lindskold, S., & Han, G. (1988). GRIT as a foundation for integrative bargaining. *Personality and Social Psychology Bulletin, 14*, 335–345. (p. 500)

Lindson, N., Aveyard, P., & Hughes, J. R. (2010). Reduction versus abrupt cessation in smokers who want to quit (review). *Cochrane Collaboration* (Cochrane Library, Issue 3; www.thecochranelibrary.com). (p. 105)

Lippa, R. A. (2005). *Gender, nature, and nurture* (2nd ed.). Mahwah, NJ: Erlbaum. (p. 166)

Lippa, R. A. (2006). The gender reality hypothesis. *American Psychologist, 61*, 639–640. (p. 166)

Lippa, R. A. (2007). The relation between sex drive and sexual attraction to men and women: A cross-national study of heterosexual, bisexual, and homosexual men and women. *Archives of Sexual Behavior, 36*, 209–222. (p. 489)

Lippa, R. A. (2008). Sex differences and sexual orientation differences in personality: Findings from the BBC Internet survey. *Archives of Sexual Behavior, Special Issue: Biological research on sex-dimorphic behavior and sexual orientation, 37*(1), 173–187. (pp. 166, 184)

Lipps, H. M. (1999). *A new psychology of women: Gender, culture, and ethnicity*. Mountain View, CA: Mayfield Publishing. (p. 476)

Lipsitt, L. P. (2003). Crib death: A biobehavioral phenomenon? *Current Directions in Psychological Science, 12*, 164–170. (p. 123)

Liu, H. (2009). Till Death Do Us Part: Marital Status and Mortality Trends, 1986–2000. *Journal of Marriage and Family, 71*, 1158–1173. (p. 405)

Liu, Y., Balaraman, Y., Wang, G., Nephew, K. P., & Zhou, F. C. (2009). Alcohol exposure alters DNA methylation profiles in mouse embryos at early neurulation. *Epigentics, 4*, 500–511. (p. 120)

Livesley, W. J., & Jang, K. L. (2008). The behavioral genetics of personality disorder. *Annual Review of Clinical Psychology, 4*, 247–274. (p. 538)

Livingstone, M., & Hubel, D. H. (1988). Segregation of form, color, movement, and depth: Anatomy, physiology, and perception. *Science, 240*, 740–749. (p. 205)

LoBue, V., & DeLoache, J. S. (2008). Detecting the snake in the grass: Attention to fear-relevant stimuli by adults and young children. *Psychological Science, 19*, 284–289. (p. 518)

Loehlin, J. C., Horn, J. M., & Ernst, J. L. (2007). Genetic and environmental influences on adult life outcomes: Evidence from the Texas adoption project. *Behavior Genetics, 37*, 463–476. (p. 66)

Loehlin, J. C., McCrae, R. R., & Costa, P. T., Jr. (1998). Heritabilities of common and measure-specific components of the Big Five personality factors. *Journal of Research in Personality, 32*, 431–453. (p. 440)

Loehlin, J. C., & Nichols, R. C. (1976). *Heredity, environment, and personality*. Austin: University of Texas Press. (p. 64)

Loftus, E. F. (1980). *Memory: Surprising new insights into how we remember and why we forget*. Reading, MA: Addison-Wesley. (p. 97)

Loftus, E. F., & Ketcham, K. (1994). *The myth of repressed memory*. New York: St. Martin's Press. (pp. 93, 281)

Loftus, E. F., Levidow, B., & Duensing, S. (1992). Who remembers best? Individual differences in memory for events that occurred in a science museum. *Applied Cognitive Psychology, 6*, 93–107. (p. 295)

Loftus, E. F., & Loftus, G. R. (1980). On the permanence of stored information in the human brain. *American Psychologist, 35*, 409–420. (p. 281)

Loftus, E. F., & Palmer, J. C. (1974, October). Reconstruction of automobile destruction: An example of the interaction between language and memory. *Journal of Verbal Learning & Verbal Behavior, 13*(5), 585–589. (p. 295)

Logan, T. K., Walker, R., Cole, J., & Leukefeld, C. (2002). Victimization and substance abuse among women: Contributing factors, interventions, and implications. *Review of General Psychology, 6*, 325–397. (p. 110)

Logue, A. W. (1998a). Laboratory research on self-control: Applications to administration. *Review of General Psychology, 2*, 221–238. (p. 249)

Logue, A. W. (1998b). Self-control. In W. T. O'Donohue (Ed.), *Learning and behavior therapy*. Boston, MA: Allyn & Bacon. (p. 249)

London, P. (1970). The rescuers: Motivational hypotheses about Christians who saved Jews from the Nazis. In J. Macaulay & L. Berkowitz (Eds.), *Altruism and helping behavior*. New York: Academic Press. (p. 263)

Looy, H. (2001). Sex differences: Evolved, constructed, and designed. *Journal of Psychology and Theology, 29*, 301–313. (p. 185)

Lopes, P. N., Brackett, M. A., Nezlek, J. B., Schutz, A., Sellin, II, & Salovey, P. (2004). Emotional intelligence and social interaction. *Personality and Social Psychology Bulletin, 30*, 1018–1034. (p. 333)

López-Ibor, J. J., López-Ibor, M-I., & Pastrana, J. I. (2008). Transcranial magnetic stimulation. *Current Opinion in Psychiatry, 21*, 640–644. (p. 573)

Lord, C. G., Lepper, M. R., & Preston, E. (1984). Considering the opposite: A corrective strategy for social judgment. *Journal of Personality and Social Psychology, 47*, 1231–1247. (p. 312)

Lord, C. G., Ross, L., & Lepper, M. (1979). Biased assimilation and attitude polarization: The effects of prior theories on subsequently considered evidence. *Journal of Personality and Social Psychology, 37*, 2098–2109. (p. 312)

Lorenz, K. (1937). The companion in the bird's world. *Auk, 54*, 245–273. (p. 133)

Louie, K., & Wilson, M. A. (2001). Temporally structured replay of awake hippocampal ensemble activity during rapid eye movement sleep. *Neuron, 29*, 145–156. (p. 95)

Lourenco, O., & Machado, A. (1996). In defense of Piaget's theory: A reply to 10 common criticisms. *Psychological Review, 103*, 143–164. (p. 129)

Lovaas, O. I. (1987). Behavioral treatment and normal educational and intellectual functioning in young autistic children. *Journal of Consulting and Clinical Psychology, 55*, 3–9. (p. 553)

Lowry, P. E. (1997). The assessment center process: New directions. *Journal of Social Behavior and Personality, 12*, 53–62. (p. 445)

Lozano, A., Mayberg, H., Giacobbe, P., Hami, C., Craddock, R., & Kennedy, S. (2008). Subcallosal cingulated gyrus deep brain stimulation for treatment-resistant depression. *Biological Psychiatry, 64*, 461–467. (p. 572)

Lu, Z-L., Williamson, S. J., & Kaufman, L. (1992). Behavioral lifetime of human auditory sensory memory predicted by physiological measures. *Science, 258*, 1668–1670. (p. 276)

Lubinski, D. (2009a). Cognitive epidemiology: with emphasis on untangling cognitive ability and socioeconomic status. *Intelligence, 37*, 625–633. (p. 339)

Luborsky, L., Rosenthal, R., Diguer, L., Andrusyna, T. P., Berman, J. S., Levitt, J. T., Seligman, D. A., & Krause, E. D. (2002). The dodo bird verdict is alive and well—mostly. *Clinical Psychology: Science and Practice, 9*, 2–34. (p. 562)

Lucas, R. E. (2007a). Adaptation and the set-point model of subjective well-being. *Current Directions in Psychological Science, 16*, 75–79. (p. 414)

Lucas, R. E. (2007b). Long-term disability is associated with lasting changes in subjective well-being: Evidence from two nationally representative longitudinal studies. *Journal of Personality and Social Psychology, 92*, 717–730. (p. 414)

Lucas, R. E. (2008). Personality and subjective well-being. In M. Eid & R. Larsen (Eds.), *The science of subjective well-being*. New York: Guilford. (p. 418)

Lucas, R. E., Clark, A. E., Georgellis, Y., & Diener, E. (2004). Unemployment alters the set point for life satisfaction. *Psychological Science, 15,* 8–13. (p. 417)

Lucas, R. E., & Donnellan, M. B. (2007). How stable is happiness? Using the STARTS model to estimate the stability of life satisfaction. *Journal of Research in Personality, 41,* 1091–1098. (p. 418)

Lucas, R. E., & Donnellan, M. B. (2009). Age differences in personality: Evidence from a nationally representative Australian sample. *Developmental Psychology, 45,* 1353–1363. (p. 159)

Lucas, R. E., & Schimmack, U. (2009). Income and well-being: How big is the gap between the rich and the poor? *Journal of Research in Personality, 43,* 75–78. (p. 415)

Lucas-Thompson, R. G., Goldberg, W. A., & Prause, J. (2010). Maternal work early in the lives of children and its distal associations with achievement and behavior problems: A meta-analysis. *Psychological Bulletin, 136,* 915–942. (p. 137)

Lucero, S. M., Kusner, K. G., & Speace, E. A. (2008, May 24). Religiousness and adolescent sexual behavior: A meta-analytic review. Paper presented at Association for Psychological Science Convention. (p. 177)

Ludwig, A. M. (1995). *The price of greatness: Resolving the creativity and madness controversy.* New York: Guilford Press. (p. 520)

Lumeng, J. C., Forrest, P., Appugliese, D. P., Kaciroti, N., Corwyn, R. F., Bradley, R. H. (2010). Weight status as a predictor of being bullied in third through sixth grades. *Pediatrics, 125,* e1301–7. (p. 361)

Luo, F., Florence, C. S., Quispe-Agnoli, M., Ouyang, L., & Crosby, A. E. (2011). Impact of business cycles on US suicide rates, 1928–2007. *American Journal of Public Health, 101,* 1139–1146. (p. 524)

Luo, M. (2011, January 25). In firearms research, cause is often the missing element. *New York Times* (www.nytimes.com). (p. 21)

Luppino, F. S., de Wit, L. M., Bouvy, P. F., Stijnen, T., Cuijpers, P., Penninx, W. J. H., & Zitman, F. G. (2010). Overweight, obesity, and depression. *Archives of General Psychiatry, 67,* 220–229. (p. 361)

Luria, A. M. (1968). In L. Solotaroff (Trans.), *The mind of a mnemonist.* New York: Basic Books. (p. 272)

Lustig, C., & Buckner, R. L. (2004). Preserved neural correlates of priming in old age and dementia. *Neuron, 42,* 865–875. (p. 290)

Lutfey, K. E., Link, C. L., Rosen, R. C., Wiegel, M., & McKinlay, J. B. (2009). Prevalence and correlates of sexual activity and function in women: Results from the Boston Area Community Health (BACH) survey. *Archives of Sexual Behavior, 38,* 514–527. (p. 174)

Lutgendorf, S. K., Russell, D., Ullrich, P., Harris, T. B., & Wallace, R. (2004). Religious participation, interleukin-6, and mortality in older adults. *Health Psychology, 23,* 465–475. (p. 412)

Lyall, S. (2005, November 29). What's the buzz? Rowdy teenagers don't want to hear it. *New York Times* (www.nytimes.com). (p. 152)

Lykken, D. T. (1991). Science, lies, and controversy: An epitaph for the polygraph. Invited address upon receipt of the Senior Career Award for Distinguished Contribution to Psychology in the Public Interest, American Psychological Association convention. (p. 379)

Lykken, D. T. (1995). *The antisocial personalities.* Hillsdale, NJ: Erlbaum. (pp. 482, 539)

Lykken, D. T. (1999). *Happiness: The Nature and Nurture of Joy and Contentment.* New York: Golden Books. (p. 339)

Lynch, G. (2002). Memory enhancement: The search for mechanism-based drugs. *Nature Neuroscience, 5* (suppl.), 1035–1038. (p. 284)

Lynch, G., & Staubli, U. (1991). Possible contributions of long-term potentiation to the encoding and organization of memory. *Brain Research Reviews, 16,* 204–206. (p. 284)

Lynn, M. (1988). The effects of alcohol consumption on restaurant tipping. *Personality and Social Psychology Bulletin, 14,* 87–91. (p. 102)

Lynn, S. J., Rhue, J. W., & Weekes, J. R. (1990). Hypnotic involuntariness: A social cognitive analysis. *Psychological Review, 97,* 169–184. (p. 99)

Lynne, S. D., Graber, J. A., Nichols, T. R., Brooks-Gunn, J., & Botvin, G. J. (2007). Links between pubertal timing, peer influences, and externalizing behaviors among urban students followed through middle school. *Journal of Adolescent Health, 40,* 181.e7–181.e13. (p. 140)

Lyons, D. E., Young, A. G., Keil, F. C. (2007). The hidden structure of overimitation. *PNAS, 104,* 19751–10756. (p. 262)

Lyons, L. (2004, February 3). Growing up lonely: Examining teen alienation. *Gallup Poll Tuesday Briefing* (www.gallup.com). (p. 144)

Lyons, L. (2005, January 4). Teens stay true to parents' political perspectives. *Gallup Poll News Service* (www.gallup.com). (p. 146)

Lytton, H., & Romney, D. M. (1991). Parents' differential socialization of boys and girls: A meta-analysis. *Psychological Bulletin, 109,* 267–296. (p. 170)

Lyubomirsky, S. (2001). Why are some people happier than others? The role of cognitive and motivational processes in well-being. *American Psychologist, 56,* 239–249. (p. 417)

Lyubomirsky, S. (2008). *The How of happiness.* New York: Penguin. (p. 389)

Lyubomirsky, S., Sousa, L., & Dickerhoof, R. (2006). The costs and benefits of writing, talking, and thinking about life's triumphs and defeats. *Journal of Personality and Social Psychology, 90*(4), 690–708. (p. 407)

M

Ma, L. (1997, September). On the origin of Darwin's ills. *Discover,* p. 27. (p. 514)

Maas, J. B. (1999). *Power sleep. The revolutionary program that prepares your mind and body for peak performance.* New York: HarperCollins. (p. 90)

Maas, J. B., & Robbins, R. S. (2010). *Sleep for success: Everything you must know about sleep but are too tired to ask.* Bloomington, IN: Author House. (pp. 89, 90)

Maass, A., D'Ettole, C., & Cadinu, M. (2008). Checkmate? The role of gender stereotypes in the ultimate intellectual sport. *European Journal of Social Psychology, 38,* 231–245. (p. 346)

Maass, A., Karasawa, M., Politi, F., & Suga, S. (2006). Do verbs and adjectives play different roles in different cultures? A cross-linguistic analysis of person representation. *Journal of Personality and Social Psychology, 90,* 734–750. (p. 452)

Macaluso, E., Frith, C. D., & Driver, J. (2000). Modulation of human visual cortex by crossmodal spatial attention. *Science, 289,* 1206–1208. (p. 228)

Macan, T. H., & Dipboye, R. L. (1994). The effects of the application on processing of information from the employment interview. *Journal of Applied Social Psychology, 24,* 1291. (p. B-5)

MacCabe, J. H., Lambe, M. P., Cnattingius, S., Torrång, A., Björk, C., Sham, P. C., David, A. S., Murray, R. M., & Hultman, C. M. (2008). Scholastic achievement at age 16 and risk of schizophrenia and other psychoses: A national cohort study. *Psychological Medicine, 38,* 1133–1140. (p. 530)

Maccoby, E. E. (1990). Gender and relationships: A developmental account. *American Psychologist, 45,* 513–520. (p. 165)

Maccoby, E. E. (1995). Divorce and custody: The rights, needs, and obligations of mothers, fathers, and children. *Nebraska Symposium on Motivation, 42,* 135–172. (p. 169)

Maccoby, E. E. (1998). *The paradox of gender.* Cambridge, MA: Harvard University Press. (p. 166)

Maccoby, E. E. (2002). Gender and group process: A developmental perspective. *Current Directions in Psychological Science, 11,* 54–58. (p. 473)

MacDonald, G., & Leary, M. R. (2005). Why does social exclusion hurt? The relationship between social and physical pain. *Psychological Bulletin, 131,* 202–223. (p. 366)

MacDonald, N. (1960). Living with schizophrenia. *Canadian Medical Association Journal, 82,* 218–221. (p. 529)

MacDonald, T. K., & Hynie, M. (2008). Ambivalence and unprotected sex: Failure to predict sexual activity and decreased condom use. *Journal of Applied Social Psychology, 38,* 1092–1107. (p. 176)

MacDonald, T. K., Zanna, M. P., & Fong, G. T. (1995). Decision making in altered states: Effects of alcohol on attitudes toward drinking and driving. *Journal of Personality and Social Psychology, 68,* 973–985. (p. 102)

MacFarlane, A. (1978, February). What a baby knows. *Human Nature,* pp. 74–81. (p. 121)

Macfarlane, J. W. (1964). Perspectives on personality consistency and change from the guidance study. *Vita Humana, 7,* 115–126. (p. 140)

Machin, S., & Pekkarinen, T. (2008). Global sex differences in test score variability. *Science, 322*, 1331–1332. (p. 342)

Maciejewski, P. K., Zhang, B., Block, S. D., & Prigerson, H. G. (2007). An empirical examination of the stage theory of grief. *Journal of the American Medical Association, 297*, 722–723. (p. 158)

Mack, A., & Rock, I. (2000). *Inattentional blindness.* Cambridge, MA: MIT Press. (p. 81)

Macmillan, M., & Lena, M. L. (2010). Rehabilitating Phineas Gage. *Neuropsychological Rehabilitation, 17*, 1–18. (p. 56)

MacNeilage, P. F., & Davis, B. L. (2000). On the origin of internal structure of word forms. *Science, 288*, 527–531. (p. 320)

MacNeilage, P. F., Rogers, L. J., & Vallortigara, G. (2009, July). Origins of the left and right brain. *Scientific American*, pp. 60–67. (p. 61)

Maddi, S. R., Harvey, R. H., Khoshaba, D. M., Fazel, M., & Resurreccion, N. (2009). Hardiness training facilitates performance in college. *Journal of Positive Psychology, 4*, 566–577. (p. 371)

Maddieson, I. (1984). *Patterns of sounds.* Cambridge: Cambridge University Press. (p. 319)

Maddux, W. W., Adam, H., & Galinsky, A. D. (2010). When in Rome . . . learn why the Romand do what they do: How multicultural learning experiences facilitate creativity. *Personality and Social Psychology Bulletin, 36*, 731–741. (p. 315)

Maddux, W. W., & Galinsky, A. D. (2009). Cultural borders and mental barriers: The relationship between living abroad and creativity. *Journal of Personality and Social Psychology, 96*, 1047–1061. (p. 315)

Maes, H. H. M., Neale, M. C., & Eaves, L. J. (1997). Genetic and environmental factors in relative body weight and human adiposity. *Behavior Genetics, 27*, 325–351. (p. 362)

Maestripieri, D. (2003). Similarities in affiliation and aggression between cross-fostered rhesus macaque females and their biological mothers. *Developmental Psychobiology, 43*, 321–327. (p. 66)

Maestripieri, D. (2005). Early experience affects the intergenerational transmission of infant abuse in rhesus monkeys. *Proceedings of the National Academy of Sciences, 102*, 9726–9729. (p. 136)

Maglaty, J. (2011, April 8). When did girls start wearing pink? *Smithsonian.com.* (p. 164)

Magnusson, D. (1990). Personality research—challenges for the future. *European Journal of Personality, 4*, 1–17. (p. 539)

Maguire, E. A., Spiers, H. J., Good, C. D., Hartley, T., Frackowiak, R. S. J., & Burgess, N. (2003a). Navigation expertise and the human hippocampus: A structural brain imaging analysis. *Hippocampus, 13*, 250–259. (p. 281)

Maguire, E. A., Valentine, E. R., Wilding, J. M., & Kapur, N. (2003b). Routes to remembering: The brains behind superior memory. *Nature Neuroscience, 6*, 90–95. (pp. 277, 281)

Mahowald, M. W., & Ettinger, M. G. (1990). Things that go bump in the night: The parsomias revisted. *Journal of Clinical Neurophysiology, 7*, 119–143. (p. 93)

Maier, S. F., Watkins, L. R., & Fleshner, M. (1994). Psychoneuroimmunology: The interface between behavior, brain, and immunity. *American Psychologist, 49*, 1004–1017. (p. 394)

Major, B., Carrington, P. I., & Carnevale, P. J. D. (1984). Physical attractiveness and self-esteem: Attribution for praise from an other-sex evaluator. *Personality and Social Psychology Bulletin, 10*, 43–50. (p. 490)

Major, B., Schmidlin, A. M., & Williams, L. (1990). Gender patterns in social touch: The impact of setting and age. *Journal of Personality and Social Psychology, 58*, 634–643. (p. 165)

Malamuth, N. M. (1996). Sexually explicit media, gender differences, and evolutionary theory. *Journal of Communication, 46*, 8–31. (p. 485)

Malamuth, N. M., & Check, J. V. P. (1981). The effects of media exposure on acceptance of violence against women: A field experiment. *Journal of Research in Personality, 15*, 436–446. (p. 175)

Malamuth, N. M., Linz, D., Heavey, C. L., Barnes, G., & Acker, M. (1995). Using the confluence model of sexual aggression to predict men's conflict with women: A 10-year follow-up study. *Journal of Personality and Social Psychology, 69*, 353–369. (p. 485)

Malamuth, N. M., Sockloskie, R. J., Koss, M. P., & Tanaka, J. S. (1991). Characteristics of aggressors against women: Testing a model using a national sample of college students. *Journal of Consulting and Clinical Psychology, 59*, 670–681. (p. 485)

Maldonado-Molina, M. M., Reingle, J. M., Jennings, W. G., & Prado, G. (2011). Drinking and driving among immigrant and US-born Hispanic young adults: Results from a longitudinal and nationally representative study. *Addictive Behavior, 36*, 381–388. (p. 540)

Malkiel, B. (2004). *A random walk down Wall Street* (8th ed.). New York: Norton. (p. 311)

Malkiel, B. (2007). *A random walk down Wall Street: The time-tested strategy for successful investing (revised and updated).* New York: Norton. (p. 13)

Malle, B. F. (2006). The actor-observer asymmetry in attribution: A (surprising) meta-analysis. *Psychological Bulletin, 132*, 895–919. (p. 459)

Malle, B. F., Knobe, J. M., & Nelson, S. E. (2007). Actor-observe asymmetries in explanations of behavior: New answers to an old question. *Journal of Personality and Social Psychology, 93*, 491–514. (p. 459)

Malmquist, C. P. (1986). Children who witness parental murder: Post-traumatic aspects. *Journal of the American Academy of Child Psychiatry, 25*, 320–325. (p. 431)

Malnic, B., Hirono, J., Sato, T., & Buck, L. B. (1999). Combinatorial receptor codes for odors. *Cell, 96*, 713–723. (p. 226)

Maltby, N., Tolin, D.F., Worhunsky, P., O'Keefe, T. M., & Kiehl, K. A. (2005). Dysfunctional action monitoring hyperactivates frontal-striatal circuits in obsessive-compulsive disorder: An event-related fMRI study. *NeuroImage, 24*, 495-503. (p. 518)

Mampe, B., Friederici, A. D., Christophe, A., & Wermke, K. (2009). Newborns' cry melody is shaped by their native language. *Current Biology, 19*, 1–4. (p. 120)

Manson, J. E. (2002). Walking compared with vigorous exercise for the prevention of cardiovascular events in women. *New England Journal of Medicine, 347*, 716–725. (p. 407)

Maquet, P. (2001). The role of sleep in learning and memory. *Science, 294*, 1048–1052. (p. 95)

Maquet, P., Peters, J-M., Aerts, J., Delfiore, G., Degueldre, C., Luxen, A., & Franck, G. (1996). Functional neuroanatomy of human rapid-eye-movement sleep and dreaming. *Nature, 383*, 163–166. (p. 95)

Mar, R. A., & Oatley, K. (2008). The function of fiction is the abstraction and simulation of social experience. *Perspectives on Psychological Science, 3*, 173–192. (p. 263)

Marcus, B., Machilek, F., & Schütz, A. (2006). Personality in cyberspace: Personal web sites as media for personality expressions and impressions. *Journal of Personality and Social Psychology, 90*, 1014–1031. (p. 442)

Maren, S. (2007). The threatened brain. *Science, 317*, 1043–1044. (p. 518)

Margolis, M. L. (2000). Brahms's lullaby revisited: Did the composer have obstructive sleep apnea? *Chest, 118*, 210–213. (p. 92)

Marinak, B. A., & Gambrell, L. B. (2008). Intrinsic motivation and rewards: What sustains young children's engagement with text? *Literacy Research and Instruction, 47*, 9–26. (p. 260)

Markovizky, G., & Samid, Y. (2008). The process of immigrant adjustment: The role of time in determining psychological adjustment. *Journal of Cross-Cultural Psychology, 39*, 782–798. (p. 391)

Markowitsch, H. J. (1995). Which brain regions are critically involved in the retrieval of old episodic memory? *Brain Research Reviews, 21*, 117–127. (p. 281)

Marks, I., & Cavanagh, K. (2009). Computer-aided psychological treatments: Evolving issues. *Annual Review of Clinical Psychology, 5*, 121–141. (p. 557)

Markus, H. R., & Kitayama, S. (1991). Culture and the self: Implications for cognition, emotion, and motivation. *Psychological Review, 98*, 224–253. (pp. 326, 398, 451)

Markus, H. R., & Nurius, P. (1986). Possible selves. *American Psychologist, 41*, 954–969. (p. 447)

Markus, H. R., Uchida, Y., Omoregie, H., Townsend, S. S. M., & Kitayama, S. (2006). Going for the gold: Models of agency in Japanese and American contexts. *Psychological Science, 17*, 103–112. (p. 452)

Marley, J., & Bulia, S. (2001). Crimes against people with mental illness: Types, perpetrators and influencing factors. *Social Work, 46*, 115–124. (p. 511)

Marmot, M. G., Bosma, H., Hemingway, H., Brunner, E., & Stansfeld, S. (1997). Contribution to job control and other risk factors to social variations in coronary heart disease incidents. *Lancet, 350,* 235–239. (p. 402)

Marsh, A. A., Elfenbein, H. A., & Ambady, N. (2003). Nonverbal "accents": Cultural differences in facial expressions of emotion. *Psychological Science, 14,* 373–376. (p. 383)

Marsh, H. W., & Craven, R. G. (2006). Reciprocal effects of self-concept and performance from a multidimensional perspective: Beyond seductive pleasure and unidimensional perspectives. *Perspectives on Psychological Science, 1,* 133–163. (p. 447)

Marsh, H. W., & Parker, J. W. (1984). Determinants of student self-concept: Is it better to be a relatively large fish in a small pond even if you don't learn to swim as well? *Journal of Personality and Social Psychology, 47,* 213–231. (p. 417)

Marshall, M. J. (2002). *Why spanking doesn't work.* Springville, UT: Bonneville Books. (p. 251)

Marshall, R. D., Bryant, R. A., Amsel, L., Suh, E. J., Cook, J. M., & Neria, Y. (2007). The psychology of ongoing threat: Relative risk appraisal, the September 11 attacks, and terrorism-related fears. *American Psychologist, 62,* 304–316. (p. 309)

Marteau, T. M. (1989). Framing of information: Its influences upon decisions of doctors and patients. *British Journal of Social Psychology, 28,* 89–94. (p. 312)

Marti, M. W., Robier, D. M., & Baron, R. S. (2000). Right before our eyes: The failure to recognize non-prototypical forms of prejudice. *Group Processes and Intergroup Relations, 3,* 403–418. 409–416. (p. 306)

Martin, C. K., Anton, S. D., Walden, H., Arnett, C., Greenway, F. L., & Williamson, D. A. (2007). Slower eating rate reduces the food intake of men, but not women: Implications for behavioural weight control. *Behaviour Research and Therapy, 45,* 2349–2359. (p. 363)

Martin, C. L., & Ruble, D. (2004). Children's search for gender cues. *Current Directions in Psychological Science, 13,* 67–70. (p. 170)

Martin, C. L., Ruble, D. N., & Szkrybalo, J. (2002). Cognitive theories of early gender development. *Psychological Bulletin, 128,* 903–933. (p. 170)

Martin, R. J., White, B. D., & Hulsey, M. G. (1991). The regulation of body weight. *American Scientist, 79,* 528–541. (p. 358)

Martin, R. M., Goodall, S. H., Gunnell, D., & Smith, G. D. (2007). Breast feeding in infancy and social mobility: 60-year follow-up of the Boyd Orr cohort. *Archives of Disease in Childhood, 92,* 317–321. (p. 22)

Martin, S. J., Kelly, I. W., & Saklofske, D. H. (1992). Suicide and lunar cycles: A critical review over 28 years. *Psychological Reports, 71,* 787–795. (p. 539)

Martino, S. C., Collins, R. L., Kanouse, D. E., Elliott, M., & Berry, S. H. (2005). Social cognitive processes mediating the relationship between exposure to television's sexual content and adolescents' sexual behavior. *Journal of Personality and Social Psychology, 89,* 914–924. (p. 177)

Martins, Y., Preti, G., Crabtree, C. R., & Wysocki, C. J. (2005). Preference for human body odors is influenced by gender and sexual orientation. *Psychological Science, 16,* 694–701. (p. 181)

Marx, D. M., Ko, S. J., & Friedman, R. A. (2009). "Obama effect": How a salient role model reduces race-based performance differences. *Journal of Experimental Social Psychology, 45,* 953–956. (p. 346)

Masicampo, E. J., & Baumeister, R. F. (2008). Toward a physiology of dual-process reasoning and judgment: Lemonade, willpower, and the expensive rule-based analysis. *Psychological Science, 19,* 255–260. (p. 404)

Maslow, A. H. (1970). *Motivation and personality* (2nd ed.). New York: Harper & Row. (pp. 355, 433, B-1)

Maslow, A. H. (1971). *The farther reaches of human nature.* New York: Viking Press. (p. 355)

Mason, A. E., Sbarra, D. A., & Mehl, M. R. (2010). Thin-slicing divorce: Thirty seconds of information predict changes in psychological adjustment over 90 days. *Psychological Science, 21,* 1420–1422. (p. 381)

Mason, C., & Kandel, E. R. (1991). Central visual pathways. In E. R. Kandel, J. H. Schwartz, & T. M. Jessell (Eds.), *Principles of neural science* (3rd ed.). New York: Elsevier. (p. 41)

Mason, H. (2003, March 25). Wake up, sleepy teen. *Gallup Poll Tuesday Briefing* (www.gallup.com). (p. 90)

Mason, H. (2003, September 2). Americans, Britons at odds on animal testing. *Gallup Poll News Service* (www.gallup.com). (p. 27)

Mason, H. (2005, January 25). Who dreams, perchance to sleep? *Gallup Poll News Service* (www.gallup.com). (pp. 89, 90)

Masse, L. C., & Tremblay, R. E. (1997). Behavior of boys in kindergarten and the onset of substance use during adolescence. *Archives of General Psychiatry, 54,* 62–68. (p. 110)

Massimini, M., Ferrarelli, F., Huber, R., Esser, S. K., Singh, H., & Tononi, G. (2005). Breakdown of cortical effective connectivity during sleep. *Science, 309,* 2228–2232. (p. 84)

Mast, M. S., & Hall, J. A. (2006). Women's advantage at remembering others' appearance: A systematic look at the why and when of a gender difference. *Personality and Social Psychology Bulletin, 32,* 353–364. (p. 490)

Masten, A. S. (2001). Ordinary magic: Resilience processes in development. *American Psychologist, 56,* 227–238. (p. 136)

Masters, K. S. (2010). The role of religion in therapy: Time for psychologists to have a little faith? *Cognitive and Behavioral Practice, 17,* 393–400. (p. 566)

Masters, W. H., & Johnson, V. E. (1966). *Human sexual response.* Boston: Little, Brown. (p. 173)

Mastroianni, G. R. (2002). Milgram and the Holocaust: A reexamination. *Journal of Theoretical and Philosophical Psychology, 22,* 158–173. (p. 469)

Mastroianni, G. R., & Reed, G. (2006). Apples, barrels, and Abu Ghraib. *Sociological Focus, 39,* 239–250. (p. 462)

Masuda, T., Ellsworth, P. C., Mesquita, B., Leu, J., Tanida, S., & Van de Veerdonk, E. (2008). Placing the face in context: Cultural differences in the perception of facial emotion. *Journal of Personality and Social Psychology, 94,* 365–381. (p. 383)

Mataix-Cols, D., Rosario-Campos, M. C., & Leckman, J. F. (2005). A multidimensional model of obsessive-compulsive disorder. *American Journal of Psychiatry, 162,* 228–238. (p. 518)

Mataix-Cols, D., Wooderson, S., Lawrence, N., Brammer, M. J., Speckens, A., & Phillips, M. L. (2004). Distinct neural correlates of washing, checking, and hoarding symptom dimensions in obsessive-compulsive disorder. *Archives of General Psychiatry, 61,* 564–576. (p. 518)

Mather, M., Canli, T., English, T., Whitfield, S., Wais, P., Ochsner, K., Gabrieli, J. D. E., & Carstensen, L. L. (2004). Amygdala responses to emotionally valenced stimuli in older and younger adults. *Psychological Science, 15,* 259–263. (p. 157)

Matsumoto, D. (1994). *People: Psychology from a cultural perspective.* Pacific Grove, CA: Brooks/Cole. (p. 326)

Matsumoto, D., & Ekman, P. (1989). American-Japanese cultural differences in intensity ratings of facial expressions of emotion. *Motivation and Emotion, 13,* 143–157. (p. 383)

Matsumoto, D., Willingham, B., & Olide, A. (2009b). Sequential dynamics of culturally moderated facial expressions of emotion. *Psychological Science, 20,* 1269–1275. (p. 383)

Matthews, K. A. (2005). Psychological perspectives on the development of coronary heart disease. *American Psychologist, 60,* 783–796. (p. 400)

Matthews, R. N., Domjan, M., Ramsey, M., & Crews, D. (2007). Learning effects on sperm competition and reproductive fitness. *Psychological Science, 18,* 758–762. (p. 242)

Maurer, D., & Maurer, C. (1988). *The world of the newborn.* New York: Basic Books. (p. 121)

Mauss, I. B., Shallcross, A. J., Troy, A. S., John, O. P., Ferrer, E., Wilhelm, F. H., & Gross, J. J. (2011). Don't hide your happiness! Positive emotion dissociation, social connectedness, and psychological functioning. *Journal of Personality and Social Psychology, 100,* 738–748. (p. 412)

May, C., & Hasher, L. (1998). Synchrony effects in inhibitory control over thought and action. *Journal of Experimental Psychology: Human Perception and Performance, 24,* 363–380. (p. 83)

May, P. A., & Gossage, J. P. (2001). Estimating the prevalence of fetal alcohol syndrome: A summary. *Alcohol Research and Health, 25,* 159–167. (p. 120)

May, R. (1982). The problem of evil: An open letter to Carl Rogers. *Journal of Humanistic Psychology, 22,* 10–21. (p. 435)

Mayberg, H. S. (2006). Defining neurocircuits in depression: Strategies toward treatment selection based on neuroimaging phenotypes. *Psychiatric Annals, 36,* 259–268. (p. 573)

Mayberg, H. S. (2007). Defining the neural circuitry of depression: Toward a new nosology with therapeutic implications. *Biological Psychiatry, 61,* 729–730. (p. 573)

Mayberg, H. S. (2009). Targeted Modulation of Neural Circuits: A New Treatment Strategy for Depression. *Journal of Clinical Investigation, 119,* 717–25. (p. 573)

Mayberg, H. S., Lozano, A. M., Voon, V., McNeely, H. E., Seminowicz, D., Hamani, C., Schwalb, J. M., & Kennedy, S. H. (2005). Deep brain stimulation for treatment-resistant depression. *Neuron, 45,* 651–660. (pp. 572, 573)

Mayberry, R. I., Lock, E., & Kazmi, H. (2002). Linguistic ability and early language exposure. *Nature, 417,* 38. (p. 322)

Mayer, J. D., Salovey, P., & Caruso, D. (2002). *The Mayer-Salovey-Caruso emotional intelligence test (MSCEIT).* Toronto: Multi-Health Systems, Inc. (p. 333)

Mayer, J. D., Salovey, P., & Caruso, D. R. (2008). Emotional intelligence: New ability or eclectic traits? *American Psychologist, 63,* 503–517. (p. 333)

Mays, V. M., Cochran, S. D., & Barnes, N. W. (2007). Race, race-based discrimination, and health outcomes among African Americans. *Annual Review of Psychology, 58,* 201–225. (p. 392)

Mazure, C., Keita, G., & Blehar, M. (2002). *Summit on women and depression: Proceedings and recommendations.* Washington, DC: American Psychological Association (www.apa.org/pi/wpo/women&depression.pdf). (p. 526)

Mazzoni, G., & Memon, A. (2003). Imagination can create false autobiographical memories. *Psychological Science, 14,* 186–188. (p. 295)

Mazzoni, G., Scoboria, A., & Harvey, L. (2010). Nonbelieved memories. *Psychological Science, 21,* 1334–1340. (p. 295)

Mazzoni, G., & Vannucci, M. (2007). Hindsight bias, the misinformation effect, and false autobiographical memories. *Social Cognition, 25,* 203–220. (p. 297)

McAndrew, F. T. (2009). The interacting roles of testosterone and challenges to status in human male aggression. *Aggression and Violent Behavior, 14,* 330–335. (p. 482)

McAneny, L. (1996, September). Large majority think government conceals information about UFO's. *Gallup Poll Monthly,* pp. 23–26. (p. 296)

McBurney, D. H. (1996). *How to think like a psychologist: Critical thinking in psychology.* Upper Saddle River, NJ: Prentice-Hall. (p. 56)

McBurney, D. H., & Collings, V. B. (1984). *Introduction to sensation and perception* (2nd ed.). Englewood Cliffs, NJ: Prentice-Hall. (pp. 213, 214)

McBurney, D. H., & Gent, J. F. (1979). On the nature of taste qualities. *Psychological Bulletin, 86,* 151–167. (p. 224)

McCain, N. L., Gray, D. P., Elswick, R. K., Jr., Robins, J. W., Tuck, I., Walter, J. M., Rausch, S. M., & Ketchum, J. M. (2008). A randomized clinical trial of alternative stress management interventions in persons with HIV infection. *Journal of Consulting and Clinical Psychology, 76,* 431–441. (p. 396)

McCann, I. L., & Holmes, D. S. (1984). Influence of aerobic exercise on depression. *Journal of Personality and Social Psychology, 46,* 1142–1147. (p. 408)

McCann, U. D., Eligulashvili, V., & Ricaurte, G. A. (2001). (+–)3,4–Methylenedioxymethamphetamine ('Ecstasy')-induced serotonin neurotoxicity: Clinical studies. *Neuropsychobiology, 42,* 11–16. (p. 107)

McCarthy, P. (1986, July). Scent: The tie that binds? *Psychology Today,* pp. 6, 10. (p. 225)

McCauley, C. R. (2002). Psychological issues in understanding terrorism and the response to terrorism. In C. E. Stout (Ed.), *The psychology of terrorism* (Vol. 3). Westport, CT: Praeger/Greenwood. (p. 473)

McCauley, C. R., & Segal, M. E. (1987). Social psychology of terrorist groups. In C. Hendrick (Ed.), *Group processes and intergroup relations.* Beverly Hills, CA: Sage. (p. 473)

McClendon, B. T., & Prentice-Dunn, S. (2001). Reducing skin cancer risk: An intervention based on protection motivation theory. *Journal of Health Psychology, 6,* 321–328. (p. 460)

McClintock, M. K., & Herdt, G. (1996, December). Rethinking puberty: The development of sexual attraction. *Current Directions in Psychological Science, 5*(6), 178–183. (p. 167)

McClure, M. J., Lydon, J. E., Baccus, J. R., & Baldwin, M. W. (2010). A signal detection analysis of chronic attachment anxiety at speed dating: Being unpopular is only the first part of the problem. *Personality and Social Psychology Bulletin, 36,* 1024–1036. (p. 194)

McConkey, K. M. (1995). Hypnosis, memory, and the ethics of uncertainty. *Australian Psychologist, 30,* 1–10. (p. 97)

McConnell, A. R., Brown, C. M., Shoda, T. M., Stayton, L. E., & Martin, C. E. (2011). Friends with benefits: On the positive consequences of pet ownership. *Journal of Personality and Social Psychology, 101,* 1239–1252. (p. 406)

McConnell, R. A. (1991). National Academy of Sciences opinion on parapsychology. *Journal of the American Society for Psychical Research, 85,* 333–365. (p. 230)

McCool, G. (1999, October 26). Mirror-gazing Venezuelans top of vanity stakes. *Toronto Star* (via web.lexis-nexis.com). (p. 490)

McCrae, R. R. (2009). The five-factor model of personality traits: Consensus and controversy. In P. J. Corr & G. Matthews, Gerald (eds.). *The Cambridge handbook of personality psychology.* New York: Cambridge University Press. (p. 440)

McCrae, R. R. (2011). Personality theories for the 21st century. *Teaching of Psychology, 38,* 209–214. (p. 440)

McCrae, R. R., & Costa, P. T., Jr. (1990). *Personality in adulthood.* New York: Guilford. (p. 154)

McCrae, R. R., & Costa, P. T., Jr. (1994). The stability of personality: Observations and evaluations. *Current Directions in Psychological Science, 3,* 173–175. (p. 441)

McCrae, R. R., Costa, P. T., Jr., Ostendorf, F., Angleitner, A., Hrebickova, M., Avia, M. D., Sanz, J., Sanchez-Bernardos, M. L., Kusdil, M. E., Woodfield, R., Saunders, P. R., & Smith, P. B. (2000). Nature over nurture: Temperament, personality, and life span development. *Journal of Personality and Social Psychology, 78,* 173–186. (p. 134)

McCrae, R. R., Scally, M., Terraccioani, A., Abecasis, G. R., & Costa, Jr., P. T. (2010). An alternative to the search for single polymorphisms: Toward molecular personality scales for the Five-Factor Model. *Journal of Personality and Social Psychology, 99,* 1014–1024. (p. 440)

McCrae, R. R., Terracciano, A., & Khoury, B. (2007). Dolce far niente: The positive psychology of personality stability and invariance. In A. D. Ong & M. H. Van Dulmen (Eds.), *Oxford handbook of methods in positive psychology.* New York: Oxford University Press. (p. 134)

McCrink, K., & Wynn, K. (2004). Large-number addition and subtraction by 9-month-old infants. *Psychological Science, 15,* 776–781. (p. 127)

McCullough, M. E., Hoyt, W. T., Larson, D. B., Koenig, H. G., & Thoresen, C. (2000). Religious involvement and mortality: A meta-analytic review. *Health Psychology, 19,* 211–222. (p. 411)

McCullough, M. E., & Laurenceau, J-P. (2005). Religiousness and the trajectory of self-rated health across adulthood. *Personality and Social Psychology Bulletin, 31,* 560–573. (p. 411)

McCullough, M. E., & Willoughby, B. L. B. (2009). Religion, self-regulation, and self-control: Associations, explanations, and implications. *Psychological Bulletin, 135,* 69–93. (p. 411)

McDaniel, M. A., Howard, D. C., & Einstein, G. O. (2009). The read-recite-review study strategy: Effective and portable. *Psychological Science, 20,* 516–522. (p. 29, 31, 72, 113, 159, 187, 232, 267, 301, 347, 386, 419, 453, 501, 541, 578, A-9, B-15)

McDermott, R., Tingley, D., Cowden, J., Frazzetto, G., & Johnson, D. D. P. (2009). Monoamine oxidase A gene (MAOA) predicts behavioral aggression following provocation. *Proceedings of the National Academy of Sciences, 106*, 2118–2123. (p. 482)

McEvoy, S. P., Stevenson, M. R., McCartt, A. T., Woodward, M., Hawroth, C., Palamara, P., & Ceracelli, R. (2005). Role of mobile phones in motor vehicle crashes resulting in hospital attendance: A case-crossover study. *British Medical Journal, 33*, 428. (p. 81)

McEvoy, S. P., Stevenson, M. R., & Woodward, M. (2007). The contribution of passengers versus mobile phone use to motor vehicle crashes resulting in hospital attendance by the driver. *Accident Analysis and Prevention, 39*, 1170–1176. (p. 81)

McFarland, C., & Ross, M. (1987). The relation between current impressions and memories of self and dating partners. *Psychological Bulletin, 13*, 228–238. (p. 297)

McGaugh, J. L. (1994). Quoted by B. Bower, Stress hormones hike emotional memories. *Science News, 146*, 262. (p. 283)

McGaugh, J. L. (2003). *Memory and emotion: The making of lasting memories.* New York: Columbia University Press. (p. 283)

McGhee, P. E. (1976, June). Children's appreciation of humor: A test of the cognitive congruency principle. *Child Development, 47*(2), 420–426. (p. 129)

McGowan, P. O., Sasaki, A., D'Alessio, A. C., Dymov, S., Labonté, B., Szyl, M., Turecki, G., & Meaney, M. J. (2009). Epigenetic regulation of the glucocorticoid receptor in human brain associates with childhood abuse. *Nature Neuroscience, 12*, 342–348. (p. 68)

McGrath, J. J., & Welham, J. L. (1999). Season of birth and schizophrenia: A systematic review and meta-analysis of data from the Southern hemisphere. *Schizophrenia Research, 35*, 237–242. (p. 531)

McGrath, J. J., Welham, J., & Pemberton, M. (1995). Month of birth, hemisphere of birth and schizophrenia. *British Journal of Psychiatry, 167*, 783–785. (p. 531)

McGue, M. (2010). The end of behavioral genetics? *Behavioral Genetics, 40*, 284–296. (p. 68)

McGue, M., & Bouchard, T. J., Jr. (1998). Genetic and environmental influences on human behavioral differences. *Annual Review of Neuroscience, 21*, 1–24. (p. 66)

McGue, M., Bouchard, T. J., Jr., Iacono, W. G., & Lykken, D. T. (1993). Behavioral genetics of cognitive ability: A life-span perspective. In R. Plomin & G. E. McClearn (Eds.), *Nature, nurture and psychology.* Washington, DC: American Psychological Association. (p. 340)

McGuire, W. J. (1986). The myth of massive media impact: Savings and salvagings. In G. Comstock (Ed.), *Public communication and behavior.* Orlando, FL: Academic Press. (p. 265)

McGurk, H., & MacDonald, J. (1976). Hearing lips and seeing voices. *Nature, 264*, 746–748. (p. 228)

McHugh, P. R. (1995a). Witches, multiple personalities, and other psychiatric artifacts. *Nature Medicine, 1*(2), 110–114. (p. 534)

McHugh, P. R. (1995b). Resolved: Multiple personality disorder is an individually and socially created artifact. *Journal of the American Academy of Child and Adolescent Psychiatry, 34*, 957–959. (p. 535)

McKay, J. (2000). Building self-esteem in children. In M. McKay & P. Fanning (eds.), *Self-esteem.* New York: New Harbinger/St. Martins (p. 447)

McKellar, J., Stewart, E., & Humphreys, K. (2003). Alcoholics Anonymous involvement and positive alcohol-related outcomes: Cause, consequence, or just a correlate? A prospective 2-year study of 2,319 alcohol-dependent men. *Journal of Consulting and Clinical Psychology, 71*, 302–308. (p. 558)

McKenna, K. Y. A., & Bargh, J. A. (1998). Coming out in the age of the Internet: Identity "demarginalization" through virtual group participation. *Journal of Personality and Social Psychology, 75*, 681–694. (p. 488)

McKenna, K. Y. A., & Bargh, J. A. (2000). Plan 9 from cyberspace: The implications of the Internet for personality and social psychology. *Personality and Social Psychology Review, 4*, 57–75. (p. 488)

McKenna, K. Y. A., Green, A. S., & Gleason, M. E. J. (2002). What's the big attraction? Relationship formation on the Internet. *Journal of Social Issues, 58*, 9–31. (p. 488)

McKone, E., Kanwisher, N., & Duchaine, B. C. (2007). Can generic expertise explain special processing for faces? *Trends in Cognitive Sciences, 11*, 8–15. (p. 204)

McLaughlin, M. (2010, October 2). JK Rowling: Depression, the 'terrible place that allowed me to come back stronger.' *The Scotsman* (www.scotsman.com). (p. 521)

McLean, C. P., & Anderson, E. R. (2009). Brave men and timid women? A review of the gender differences in fear and anxiety. *Clinical Psychology Review, 29*, 496–505. (p. 513)

McMurray, B. (2007). Defusing the childhood vocabulary explosion. *Science, 317*, 631. (p. 319)

McMurray, C. (2004, January 13). U.S., Canada, Britain: Who's getting in shape? *Gallup Poll Tuesday Briefing* (www.gallup.com). (p. 408)

McNally, R. J. (1999). EMDR and Mesmerism: A comparative historical analysis. *Journal of Anxiety Disorders, 13*, 225–236. (p. 564)

McNally, R. J. (2003). *Remembering trauma.* Cambridge, MA: Harvard University Press. (pp. 299, 516)

McNally, R. J. (2007). Betrayal trauma theory: A critical appraisal. *Memory, 15*, 280–294. (p. 299)

McNeil, B. J., Pauker, S. G., & Tversky, A. (1988). On the framing of medical decisions. In D. E. Bell, H. Raiffa, & A. Tversky (Eds.), *Decision making: Descriptive, normative, and prescriptive interactions.* New York: Cambridge University Press. (p. 312)

McWhorter, J. (2012, April 23). Talking with your fingers. *New York Times* (www.nytimes.com). (p. 367)

Mead, G. E., Morley, W., Campbell, P., Greig, C. A., McMurdo, M., & Lawlor, D. A. (2010). Exercise for depression. *Cochrance Database Systematic Reviews,* Issue 3. Art. No.: CD004366. (p. 408)

Meador, B. D., & Rogers, C. R. (1984). Person-centered therapy. In R. J. Corsini (Ed.), *Current psychotherapies* (3rd ed.). Itasca, IL: Peacock. (p. 550)

Medical Institute for Sexual Health. (1994, April). Condoms ineffective against human papilloma virus. *Sexual Health Update,* p. 2. (p. 174)

Mednick, S. A., Huttunen, M. O., & Machon, R. A. (1994). Prenatal influenza infections and adult schizophrenia. *Schizophrenia Bulletin, 20*, 263–267. (p. 531)

Mehl, M. R., Gosling, S. D., & Pennebaker, J. W. (2006). Personality in its natural habitat: Manifestations and implicit folk theories of personality in daily life. *Journal of Personality and Social Psychology, 90*, 862–877. (p. 442)

Mehl, M. R., & Pennebaker, J. W. (2003). The sounds of social life: A psychometric analysis of students' daily social environments and natural conversations. *Journal of Personality and Social Psychology, 84*, 857–870. (p. 19)

Mehl, M. R., Vazire, S., Holleran, S. E., & Clark, C. S. (2010). Eavesdropping on happiness: Well-being is related to having less small talk and more substantive conversations. *Psychological Science, 21*, 539–541. (p. 418)

Mehta, M. R. (2007). Cortico-hippocampal interaction during up-down states and memory consolidation. *Nature Neuroscience, 10*, 13–15. (p. 282)

Meichenbaum, D. (1977). *Cognitive-behavior modification: An integrative approach.* New York; Plenum Press. (p. 556)

Meichenbaum, D. (1985). *Stress inoculation training.* New York: Pergamon. (p. 556)

Meijer, E. H., & Verschuere, B. (2010). The polygraph and the detection of deception. *Journal of Forensic Psychology Practice, 10*, 525–538. (p. 379)

Meltzoff, A. N. (1988). Infant imitation after a 1-week delay: Long-term memory for novel acts and multiple stimuli. *Developmental Psychology, 24*, 470–476. (p. 262)

Meltzoff, A. N., Kuhl, P. K., Movellan, J., & Sejnowski, T. J. (2009). Foundations for a new science of learning. *Science, 325*, 284–288. (pp. 262, 320)

Meltzoff, A. N., & Moore, M. K. (1989). Imitation in newborn infants: Exploring the range of gestures imitated and the underlying mechanisms. *Developmental Psychology, 25*, 954–962. (pp. 262, 265)

Meltzoff, A. N., & Moore, M. K. (1997). Explaining facial imitation: A theoretical model. *Early Development and Parenting, 6*, 179–192. (pp. 262, 265)

Melzack, R. (1990, February). The tragedy of needless pain. *Scientific American*, pp. 27–33. (p. 101)

Melzack, R. (1992, April). Phantom limbs. *Scientific American*, pp. 120–126. (p. 222)

Melzack, R. (1998, February). Quoted in Phantom limbs. *Discover*, p. 20. (p. 222)

Melzack, R. (2005). Evolution of the neuromatrix theory of pain. *Pain Practice, 5*, 85–94. (p. 222)

Melzack, R., & Wall, P. D. (1965). Pain mechanisms: A new theory. *Science, 150*, 971–979. (p. 221)

Melzack, R., & Wall, P. D. (1983). *The challenge of pain.* New York: Basic Books. (p. 221)

Mendes, E. (2010a, February 9). Six in 10 overweight or obese in U.S., more in '09 than in '08. www.gallup.com. (p. 361)

Mendes, E. (2010b, June 2). U.S. exercise levels up, but demographic differences remain. www.gallup.com. (p. 409)

Mendle, J., Turkheimer, E., & Emery, R. E. (2007). Detrimental psychological outcomes associated with early pubertal timing in adolescent girls. *Developmental Review, 27*, 151–171. (p. 140)

Mendolia, M., & Kleck, R. E. (1993). Effects of talking about a stressful event on arousal: Does what we talk about make a difference? *Journal of Personality and Social Psychology, 64*, 283–292. (p. 406)

Merari, A. (2002). Explaining suicidal terrorism: Theories versus empirical evidence. Invited address to the American Psychological Association. (p. 473)

Meriac, J. P., Hoffman, B. J., Woehr, D. J., & Fleisher, M. S. (2008). Further evidence for the validity of assessment center dimensions: A meta-analysis of the incremental criterion-related validity of dimension ratings. *Journal of Applied Psychology, 93*, 1042–1052. (p. 445)

Merskey, H. (1992). The manufacture of personalities: The production of multiple personality disorder. *British Journal of Psychiatry, 160*, 327–340. (p. 534)

Mesch, G. (2001). Social relationships and Internet use among adolescents in Israel. *Social Science Quarterly, 82*, 329–340. (p. 368)

Mesoudi, A. (2009). How cultural evolutionary theory can inform social psychology and vice versa. *Psychological Review, 116*, 929–952. (p. 464)

Messias, E., Eaton, W. W., Grooms, A. N. (2011). Economic grand rounds: Income inequality and depression prevalence across the United States: An ecological study. *Psychiatric Services, 62*, 710–712. (p. 484)

Messinis, L., Kyprianidou, A., Malefaki, S., & Papathanasopoulos, P. (2006). Neuropsychological deficits in long-term frequent cannabis users. *Neurology, 66*, 737–739. (p. 108)

Mestel, R. (1997, April 26). Get real, Siggi. *New Scientist* (www.newscientist.com/ns/970426/siggi.html). (p. 94)

Meston, C. M., & Buss, D. M. (2007). Why humans have sex. *Archives of Sexual Behavior, 36*, 477–507. (p. 175)

Metcalfe, J. (1986). Premonitions of *insight* predict impending error. *Journal of Experimental Psychology: Learning, Memory, and Cognition, 12*, 623–634. (p. 307)

Metcalfe, J. (1998). Cognitive optimism: Self-deception or memory-based processing heuristics. *Personality and Social Psychology Review, 2*, 100–110. (p. 311)

Metzler, D. K., Jensvold, M. L., Fouts, D. H., & Fouts, R. S. (2010, Spring). Vocabulary growth in adult cross-fostered chimpanzees. *Friends of Washoe*, pp. 13–16. (p. 324)

Meyer-Bahlburg, H. F. L. (1995). Psychoneuroendocrinology and sexual pleasure: The aspect of sexual orientation. In P. R. Abramson & S. D. Pinkerton (Eds.), *Sexual nature/sexual culture*. Chicago: University of Chicago Press. (p. 181)

Meyerbroëker, K., & Emmelkamp, P. M. (2010). Virtual reality exposure therapy in anxiety disorders: A systematic review of process-and-outcome studies. *Depression and Anxiety, 27*, 933–944. (p. 552)

Mezulis, A. M., Abramson, L. Y., Hyde, J. S., & Hankin, B. L. (2004). Is there a universal positivity bias in attributions? A meta-analytic review of individual, developmental, and cultural differences in the self-serving attributional bias. *Psychological Bulletin, 130*, 711–747. (p. 448)

Michaels, J. W., Bloomel, J. M., Brocato, R. M., Linkous, R. A., & Rowe, J. S. (1982). Social facilitation and inhibition in a natural setting. *Replications in Social Psychology, 2*, 21–24. (p. 471)

Middlebrooks, J. C., & Green, D. M. (1991). Sound localization by human listeners. *Annual Review of Psychology, 42*, 135–159. (p. 219)

Miers, R. (2009, Spring). Calum's road. *Scottish Life*, pp. 36–39, 75. (p. 370)

Mikulincer, M., & Shaver, P. R. (2001). Attachment theory and intergroup bias: Evidence that priming the secure base schema attenuates negative reactions to out-groups. *Journal of Personality and Social Psychology, 81*, 97–115. (p. 479)

Milan, R. J., Jr., & Kilmann, P. R. (1987). Interpersonal factors in premarital contraception. *Journal of Sex Research, 23*, 289–321. (p. 176)

Miles, D. R., & Carey, G. (1997). Genetic and environmental architecture of human aggression. *Journal of Personality and Social Psychology, 72*, 207–217. (p. 481)

Milgram, S. (1963). Behavioral study of obedience. *Journal of Abnormal & Social Psychology, 67*(4), 371–378. (p. 467)

Milgram, S. (1974). *Obedience to authority.* New York: Harper & Row. (pp. 467, 468, 470)

Miller, G. (2004). Axel, Buck share award for deciphering how the nose knows. *Science, 306*, 207. (p. 226)

Miller, G. (2005). The dark side of glia. *Science, 308*, 778–781. (p. 37)

Miller, G. (2008). Tackling alcoholism with drugs. *Science, 320*, 168–170. (p. 110)

Miller, G. (2012). Drone wars. *Science, 336*, 842–843. (p. 469)

Miller, G., & Holden, C. (2010). Proposed revisions to psychiatry's canon unveiled. *Science, 327*, 770–771. (p. 509)

Miller, G., Tybur, J. M., & Jordan, B. D. (2007). Ovulatory cycle effects on tip earnings by lap dancers: Economic evidence for human estrus? *Evolution and Human Behavior, 28*, 375–381. (p. 172)

Miller, G. A. (1956). The magical number seven, plus or minus two: Some limits on our capacity for processing information. *Psychological Review, 63*, 81–97. (p. 276)

Miller, G. E., & Blackwell, E. (2006). Turning up the heat: Inflammation as a mechanism linking chronic stress, depression, and heart disease. *Current Directions in Psychological Science, 15*, 269–272. (p. 400)

Miller, H. C., Pattison, K. F., DeWall, C. N., Rayburn-Reeves, R., & Zentall, T. R. (2010). Self-control without a "self"? Common self-control processes in humans and dogs. *Psychological Science, 21*, 534–538. (p. 404)

Miller, J. G., & Bersoff, D. M. (1995). Development in the context of everyday family relationships: Culture, interpersonal morality and adaptation. In M. Killen & D. Hart (Eds.), *Morality in everyday life: A developmental perspective.* New York: Cambridge University Press. (p. 142)

Miller, K. I., & Monge, P. R. (1986). Participation, satisfaction, and productivity: A meta-analytic review. *Academy of Management Journal, 29*, 727–753. (p. 403)

Miller, L. K. (1999). The Savant Syndrome: Intellectual impairment and exceptional skill. *Psychological Bulletin, 125*, 31–46. (p. 330)

Miller, N. E. (1985, February). Rx: Biofeedback. *Psychology Today*, pp. 54–59. (p. 409)

Miller, P. A., Eisenberg, N., Fabes, R. A., & Shell, R. (1996). Relations of moral reasoning and vicarious emotion to young children's prosocial behavior toward peers and adults. *Developmental Psychology, 32*, 210–219. (p. 143)

Miller, P. J. O., Aoki, K., Rendell, L. E., & Amano, M. (2008). Stereotypical resting behavior of the sperm whale. *Current Biology, 18*, R21–R23. (p. 83)

Miller, S. D., Blackburn, T., Scholes, G., White, G. L., & Mamalis, N. (1991). Optical differences in multiple personality disorder: A second look. *Journal of Nervous and Mental Disease, 179*, 132–135. (p. 535)

Miller, S. L., & Maner, J. K. (2010). Scent of a woman: Men's testosterone responses to olfactory ovulation cues. *Psychological Science, 21*, 276–283. (p. 172)

Miller, S. L., & Maner, J. K. (2011). Ovulation as a male mating prime: Subtle signs of women's fertility influence men's mating cognition and behavior. *Journal of Personality and Social Psychology, 100,* 295–308. (p. 172)

Milner, A. D., & Goodale, M. A. (2008). Two visual systems re-viewed. *Neuropsychologia, 46,* 774–785. (p. 79)

Milyavskaya, M., Gingras, I., Mageau, G. A., Koestner, R., Gagnon, H., Fang, J., & Bolché, J. (2009). Balance across contexts: Importance of balanced need satisfaction across various life domains. *Personality and Social Psychology Bulletin, 35,* 1031–1045. (p. 364)

Mineka, S. (1985). The frightful complexity of the origins of fears. In F. R. Brush & J. B. Overmier (Eds.), *Affect, conditioning and cognition: Essays on the determinants of behavior.* Hillsdale, NJ: Erlbaum. (p. 517)

Mineka, S. (2002). Animal models of clinical psychology. In N. Smelser & P. Baltes (Eds.), *International encyclopedia of the social and behavioral sciences.* Oxford, England: Elsevier Science. (p. 517)

Mineka, S., & Oehlberg, K. (2008). The relevance of recent developments in classical conditioning to understanding the etiology and maintenance of anxiety disorders. *Acta Psychologica, 127,* 567–580. (p. 516)

Mineka, S., & Zinbarg, R. (1996). Conditioning and ethological models of anxiety disorders: Stress-in-dynamic-context anxiety models. In D. Hope (Ed.), *Perspectives on anxiety, panic, and fear* (Nebraska Symposium on Motivation). Lincoln: University of Nebraska Press. (pp. 518, 576)

Minsky, M. (1986). *The society of mind.* New York: Simon & Schuster. (pp. 46, 78)

Mischel, W. (1968). *Personality and assessment.* New York: Wiley. (p. 442)

Mischel, W. (1981). Current issues and challenges in personality. In L. T. Benjamin, Jr. (Ed.), *The G. Stanley Hall Lecture Series* (Vol. 1). Washington, DC: American Psychological Association. (p. 445)

Mischel, W. (2009). From *Personality and Assessment* (1968) to personality science. *Journal of Research in Personality, 43,* 282–290. (p. 442)

Mischel, W., Shoda, Y., & Peake, P. K. (1988). The nature of adolescent competencies predicted by preschool delay of gratification. *Journal of Personality and Social Psychology, 54,* 687–696. (p. 143)

Mischel, W., Shoda, Y., & Rodriguez, M. L. (1989). Delay of gratification in children. *Science, 244,* 933–938. (pp. 143, 249)

Miserandino, M. (1991). Memory and the seven dwarfs. *Teaching of Psychology, 18,* 169–171. (p. 285)

Mishkin, M. (1982). A memory system in the monkey. *Philosophical Transactions of the Royal Society of London: Biological Sciences, 298,* 83–95. (p. 282)

Mishkin, M., Suzuki, W. A., Gadian, D. G., & Vargha-Khadem, F. (1997). Hierarchical organization of cognitive memory. *Philosophical Transactions of the Royal Society of London: Biological Sciences, 352,* 1461–1467. (p. 282)

Mishra, A., & Mishra, H. (2010). Border bias: The belief that state borders can protect against disasters. *Psychological Science, 21,* 1582–1586. (p. 327)

Mita, T. H., Dermer, M., & Knight, J. (1977). Reversed facial images and the mere-exposure hypothesis. *Journal of Personality and Social Psychology, 35,* 597–601. (p. 488)

Mitani, J. C., Watts, D. P., & Amsler, S. J. (2010). Lethal intergroup aggression leads to territorial expansion in wild chimpanzees. *Current Biology, 20,* R507–R509. (p. 317)

Mitchell, D. B. (2006). Nonconscious priming after 17 years: Invulnerable implicit memory? *Psychological Science, 17,* 925–929. (p. 272)

Mitchell, J. P. (2009). Social psychology as a natural kind. *Cell, 13,* 246–251. (p. 447)

Mitchell, K. J., & Porteous, D. J. (2011). Rethinking the genetic architecture of schizophrenia. *Psychological Medicine, 41,* 19–32. (p. 532)

Mitte, K. (2005). Meta-analysis of cognitive-behavioral treatments for generalized anxiety disorder: A comparison with pharmacotherapy. *Psychological Bulletin, 131,* 785–795. (p. 557)

Mitte, K. (2008). Memory bias for threatening information in anxiety and mood disorders: A meta-analytic review. *Psychological Bulletin, 134,* 886–911. (p. 513)

Mobbs, D., Yu, R., Meyer, M., Passamonti, L., Seymour, B., Calder, A. J., Schweizer, S., Frith, C. D., & Dalgeish, T. (2009). A key role for similarity in vicarious reward. *Science, 324,* 900. (p. 261)

Moffitt, T. E., & 12 others. (2011). A gradient of childhood self-control predicts health, wealth, and public safety. *Proceedings of the National Academy of Sciences, 108,* 2693–2698. (p. 158)

Moffitt, T. E., Caspi, A., Harrington, H., & Milne, B. J. (2002). Males on the life-course-persistent and adolescence-limited antisocial pathways: Follow-up at age 26 years. *Development and Psychopathology, 14,* 179–207. (p. 159)

Moffitt, T. E., Harrington, H., Caspi, A., Kim-Cohen, J., Goldberg, D., Gregory, A. M., & Poulton, R. (2007b). Depression and generalized anxiety disorder: Cumulative and sequential comorbidity in a birth cohort followed prospectively to age 32 years. *Archives of General Psychiatry, 64,* 651–660. (p. 513)

Moghaddam, F. M. (2005). The staircase to terrorism: A psychological exploration. *American Psychologist, 60,* 161–169. (p. 473)

Mohr, H., Pritchard, J., & Lush, T. (2010, May 29). BP has been good at downplaying disaster. *Associated Press.* (p. 311)

Moises, H. W., Zoega, T., & Gottesman, I. I. (2002, July 3). The glial growth factors deficiency and synaptic destabilization hypothesis of schizophrenia. *BMC Psychiatry, 2*(8) (www.biomedcentral.com/1471-244X/2/8). (p. 532)

Möller, I., & Krahé, B. A. (2008). Exposure to violence video games and aggression in German adolescents: A longitudinal analysis. *Aggressive Behavior, 34,* 1–14. (p. 486)

Mondloch, C. J., Lewis, T. L., Budreau, D. R., Maurer, D., Dannemiller, J. L., Stephens, B. R., & Kleiner-Gathercoal, K. A. (1999). Face perception during early infancy. *Psychological Science, 10,* 419–422. (p. 121)

Money, J. (1987). Sin, sickness, or status? Homosexual gender identity and psychoneuroendocrinology. *American Psychologist, 42,* 384–399. (p. 181)

Money, J., Berlin, F. S., Falck, A., & Stein, M. (1983). *Antiandrogenic and counseling treatment of sex offenders.* Baltimore: Department of Psychiatry and Behavioral Sciences, The Johns Hopkins University School of Medicine. (p. 172)

Monroe, S. M., & Reid, M. W. (2009). Life stress and major depression. *Currents Directions in Psychological Science, 18,* 68–72. (p. 522)

Mooallem, J. (2009, February 19). Rescue flight. *New York Times Magazine* (www.nytimes.com). (p. 133)

Mook, D. G. (1983). In defense of external invalidity. *American Psychologist, 38,* 379–387. (p. 26)

Moorcroft, W. H. (2003). *Understanding sleep and dreaming.* New York: Kluwer/Plenum. (pp. 84, 95)

Moore, D. W. (2004, December 17). Sweet dreams go with a good night's sleep. *Gallup News Service* (www.gallup.com). (p. 87)

Moore, D. W. (2005, June 16). Three in four Americans believe in paranormal. *Gallup New Service* (www.gallup.com). (p. 230)

Moore, D. W. (2006, February 6). Britons outdrink Canadians, Americans. *Gallup News Service* (poll.gallup.com). (p. 111)

Moos, R. H., & Moos, B. S. (2005). Sixteen-year changes and stable remission among treated and untreated individuals with alcohol use disorders. *Drug and Alcohol Dependence, 80,* 337–347. (p. 558)

Moos, R. H., & Moos, B. S. (2006). Participation in treatment and Alcoholics Anonymous: A 16-year follow-up of initially untreated individuals. *Journal of Clinical Psychology, 62,* 735–750. (p. 559)

Mor, N., & Winquist, J. (2002). Self-focused attention and negative affect: A meta-analysis. *Psychological Bulletin, 128,* 638–662. (p. 526)

Morales, L. (2011, May 27). U.S. adults estimate that 25% of Americans are gay or lesbian. (www.gallup.com). (p. 178)

More, H. L., Hutchinson, J. R., Collins, D. F., Weber, D. J., Aung, S. K. H., & Donelan, J. M. (2010). Scaling of sensorimotor control in terrestrial mammals. *Proceedings of the Royal Society B, 277,* 3563–3568. (p. 37)

Moreira, M. T., Smith, L. A., & Foxcroft, D. (2009). Social norms interventions to reduce alcohol misuse in university or college students. *Cochrane Database of Systematic Reviews.* 2009, Issue 3., Art. No.: CD006748. (p. 112)

Moreland, R. L., & Beach, S. R. (1992). Exposure effects in the classroom: The development of affinity among students. *Journal of Experimental Social Psychology, 28,* 255–276. (p. 488)

Moreland, R. L., & Zajonc, R. B. (1982). Exposure effects in person perception: Familiarity, similarity, and attraction. *Journal of Experimental Social Psychology, 18,* 395–415. (p. 488)

Morell, V. (1995). Zeroing in on how hormones affect the immune system. *Science, 269,* 773–775. (p. 394)

Morelli, G. A., Rogoff, B., Oppenheim, D., & Goldsmith, D. (1992). Cultural variation in infants' sleeping arrangements: Questions of independence. *Developmental Psychology, 26,* 604–613. (p. 139)

Moreno, C., Laje, G., Blanco, C., Jiang, H., Schmidt, A. B., & Olfson, M. (2007). National trends in the outpatient diagnosis and treatment of bipolar disorder in youth. *Archives of General Psychiatry, 64,* 1032–1039. (p. 521)

Morewedge, C. K., & Norton, M. I. (2009). When dreaming is believing. The (motivated) interpretation of dreams. *Journal of Personality and Social Psychology, 96,* 249–264. (p. 230)

Morey, R. A., Inan, S., Mitchell, T. V., Perkins, D. O., Lieberman, J. A., & Belger, A. (2005). Imaging frontostriatal function in ultra-high-risk, early, and chronic schizophrenia during executive processing. *Archives of General Psychiatry, 62,* 254–262. (p. 530)

Morgan, A. B., & Lilienfeld, S. O. (2000). A meta-analytic review of the relation between antisocial behavior and neuropsychological measures of executive function. *Clinical Psychology Review, 20,* 113–136. (p. 539)

Mori, K., & Mori, H. (2009). Another test of the passive facial feedback hypothesis: When you face smiles, you feel happy. *Perceptual and Motor Skills, 109,* 1–3. (p. 385)

Morris, G., Baker-Ward, L., & Bauer, P. J. (2010). What remains of that day: The survival of children's autobiographical memories across time. *Applied Cognitive Psychology, 24,* 527–544. (p. 124)

Morrison, A. R. (2003). The brain on night shift. *Cerebrum, 5*(3), 23–36. (p. 86)

Morrison, C. (2007). *What does contagious yawning tell us about the mind?* Unpublished manuscript, University of Leeds. (p. 465)

Mortensen, E. L., Michaelsen, K. F., Sanders, S. A., & Reinisch, J. M. (2002). The association between duration of breastfeeding and adult intelligence. *Journal of the American Medical Association, 287,* 2365–2371. (p. 22)

Mortensen, P. B. (1999). Effects of family history and place and season of birth on the risk of schizophrenia. *New England Journal of Medicine, 340,* 603–608. (p. 531)

Moruzzi, G., & Magoun, H. W. (1949). Brain stem reticular formation and activation of the EEG. *Electroencephalography and Clinical Neurophysiology, 1,* 455–473. (p. 49)

Moscovici, S. (1985). Social influence and conformity. In G. Lindzey & E. Aronson (Eds.), *The handbook of social psychology* (3rd ed). Hillsdale, N.J.: Erlbaum. (p. 475)

Moses, E. B., & Barlow, D. H. (2006). A new unified treatment approach for emotional disorders based on emotion science. *Current Directions in Psychological Science, 15,* 146–150. (p. 557)

Mosher, W. D., Chandra, A., & Jones, J. (2005, September 15). Sexual behavior and selected health measures: Men and women 15–44 years of age, United States, 2002. *Advance Data from Vital and Health Statistics,* No. 362, National Center for Health Statistics, Centers for Disease Control and Prevention, U.S. Department of Health and Human Services. (p. 179)

Mosing, M. A., Zietsch, B. P., Shekar, S. N., Wright, M. J., & Martin, N. G. (2009). Genetic and environmental influences on optimism and its relationship to mental and self-rated health: A study of aging twins. *Behavior Genetics, 39,* 597–604. (p. 405)

Moss, A. C., & Albery, I. P. (2009). A dual-process model of the alcohol-behavior link for social drinking. *Psychological Bulletin, 135,* 516–530. (p. 103)

Moss, A. J., Allen, K. F., Giovino, G. A., & Mills, S. L. (1992, December 2). Recent trends in adolescent smoking, smoking-update correlates, and expectations about the future. *Advance Data No. 221* (from Vital and Health Statistics of the Centers for Disease Control and Prevention). (p. 111)

Moss, H. A., & Susman, E. J. (1980). Longitudinal study of personality development. In O. G. Brim, Jr., & J. Kagan (Eds.), *Constancy and change in human development.* Cambridge, MA: Harvard University Press. (p. 158)

Motivala, S. J., & Irwin, M. R. (2007). Sleep and immunity: Cytokine pathways linking sleep and health outcomes. *Current Directions in Psychological Science, 16,* 21–25. (p. 90)

Moyer, K. E. (1983). The physiology of motivation: Aggression as a model. In C. J. Scheier & A. M. Rogers (Eds.), *G. Stanley Hall Lecture Series* (Vol. 3). Washington, DC: American Psychological Association. (p. 482)

Mroczek, D. K., & Kolarz, D. M. (1998). The effect of age on positive and negative affect: A developmental perspective on happiness. *Journal of Personality and Social Psychology, 75,* 1333–1349. (p. 154)

Muhlnickel, W. (1998). Reorganization of auditory cortex in tinnitus. *Proceedings of the National Academy of Sciences, 95,* 10340–10343. (p. 56)

Mukamel, R., Ekstrom, A. D., Kaplan, J., Iacoboni, M., & Fried, I. (2010). Single-neuron responses in humans during execution and observation of actions. *Current Biology, 20,* 750–756. (p. 262)

Mulcahy, N. J., & Call, J. (2006). Apes save tools for future use. *Science, 312,* 1038–1040. (p. 317)

Muller, J. E., Mittleman, M. A., Maclure, M., Sherwood, J. B., & Tofler, G. H. (1996). Triggering myocardial infarction by sexual activity. *Journal of the American Medical Association, 275,* 1405–1409. (p. 173)

Muller, J. E., & Verier, R. L. (1996). Triggering of sudden death—Lessons from an earthquake. *New England Journal of Medicine, 334,* 461. (p. 391)

Mullin, C. R., & Linz, D. (1995). Desensitization and resensitization to violence against women: Effects of exposure to sexually violent films on judgments of domestic violence victims. *Journal of Personality and Social Psychology, 69,* 449–459. (p. 265)

Mulrow, C. D. (1999, March). Treatment of depression—newer pharmacotherapies, summary. *Evidence Report/Technology Assessment, 7.* Agency for Health Care Policy and Research, Rockville, MD. (http://www.ahrq.gov/clinic/deprsumm.htm). (p. 570)

Munsey, C. (2010, June). Medicine or menace? Psychologists' research can inform the growing debate over legalizing marijuana. *Monitor on Psychology,* pp. 50–55. (p. 108)

Murphy, G. E., & Wetzel, R. D. (1990). The lifetime risk of suicide in alcoholism. *Archives of General Psychiatry, 47,* 383–392. (p. 524)

Murphy, K. (2008, October 28). 21-year study of children set to begin. *New York Times* (www.nytimes.com). (p. 130)

Murphy, K. R., & Cleveland, J. N. (1995). *Understanding performance appraisal: Social, organizational, and goal-based perspectives.* Thousand Oaks, CA: Sage. (p. B-7)

Murphy, S. T., Monahan, J. L., & Zajonc, R. B. (1995). Additivity of nonconscious affect: Combined effects of priming and exposure. *Journal of Personality and Social Psychology, 69,* 589–602. (p. 374)

Murray, B. (1998, May). Psychology is key to airline safety at Boeing. *The APA Monitor,* p. 36. (p. B-14)

Murray, C. J., & Lopez, A. D. (Eds.). (1996). *The global burden of disease: A comprehensive assessment of mortality and disability from diseases, injuries, and risk factors in 1990 and projected to 2020.* Cambridge, MA: Harvard University Press. (p. 505)

Murray, H. (1938). *Explorations in personality.* New York: Oxford University Press. (p. 370)

Murray, H. A., & Wheeler, D. R. (1937). A note on the possible clairvoyance of dreams. *Journal of Psychology, 3,* 309–313. (pp. 17, 230)

Murray, J. P. (2008). Media violence: The effects are both real and strong. *American Behavioral Scientist, 51,* 1212–1230. (p. 265)

Murray, R., Jones, P., O'Callaghan, E., Takei, N., & Sham, P. (1992). Genes, viruses, and neurodevelopmental schizophrenia. *Journal of Psychiatric Research, 26,* 225–235. (p. 531)

Murray, R. M., Morrison, P. D., Henquet, C., & Di Forti, M. (2007). Cannabis, the mind and society: The hash realities. *Nature Reviews: Neuroscience, 8,* 885–895. (p. 108)

Murray, S. L., Bellavia, G. M., Rose, P., & Griffin, D. W. (2003). Once hurt, twice hurtful: How perceived regard regulates daily marital interactions. *Journal of Personality and Social Psychology, 84,* 126–147. (p. 200)

Musick, M. A., Herzog, A. R., & House, J. S. (1999). Volunteering and mortality among older adults: Findings from a national sample. *Journals of Gerontology, 54B,* 173–180. (p. 411)

Mustanski, B. S., & Bailey, J. M. (2003). A therapist's guide to the genetics of human sexual orientation, *Sexual and Relationship Therapy, 18,* 1468–1479. (p. 181)

Mydans, S. (2002, May 17). In Pakistan, rape victims are the 'criminals.' *New York Times* (www.nytimes.com). (p. 481)

Myers, D. G. (1993). *The pursuit of happiness.* New York: Harper. (p. 417)

Myers, D. G. (2000). *The American paradox: Spiritual hunger in an age of plenty.* New Haven, CT: Yale University Press. (p. 417)

Myers, D. G. (2001, December). Do we fear the right things? *American Psychological Society Observer,* p. 3. (p. 310)

Myers, D. G. (2002). *Intuition: Its powers and perils.* New Haven, CT: Yale University Press. (p. 13)

Myers, D. G. (2013). *Social psychology, 11th Edition.* New York: McGraw-Hill. (p. 448)

Myers, D. G., & Bishop, G. D. (1970). Discussion effects on racial attitudes. *Science, 169,* 78–779. (p. 473)

Myers, D. G., & Diener, E. (1995). Who is happy? *Psychological Science, 6,* 10–19. (p. 417)

Myers, D. G., & Diener, E. (1996, May). The pursuit of happiness. *Scientific American.* (p. 417)

Myers, D. G., & Scanzoni, L. D. (2005). *What God has joined together?* San Francisco: HarperSanFrancisco. (pp. 155, 179)

Myers, T. A., & Crowther, J. H. (2009). Social comparison as a predictor of body dissatisfaction: A meta-analytic review. *Journal of Abnormal Psychology, 118,* 683–698. (p. 537)

N

Nagourney, A. (2002, September 25). For remarks on Iraq, Gore gets praise and scorn. *New York Times* (www.nytimes.com). (p. 460)

Nairn, R. G. (2007). Media portrayals of mental illness, or is it madness? A review. *Australian Psychologist, 42,* 138–146. (p. 511)

Napolitan, D. A., & Goethals, G. R. (1979). The attribution of friendliness. *Journal of Experimental Social Psychology, 15,* 105–113. (p. 458)

Narvaez, D. (2010). Moral complexity: The fatal attraction of truthiness and the importance of mature moral functioning. *Perspectives on Psychological Science, 5,* 163–181. (p. 143)

Nash, M. R. (2001, July). The truth and the hype of hypnosis. *Scientific American,* pp. 47–55. (p. 98)

National Academy of Sciences. (2001). *Exploring the biological contributions to human health: Does sex matter?* Washington, DC: Institute of Medicine, National Academy Press. (p. 169)

National Autistic Society (NAS). (2011, accessed May 11). *Statistics: How many people have autistic spectrum disorders.* www.autism.org.uk. (p. 130)

National Center for Health Statistics. (1990). *Health, United States, 1989.* Washington, DC: U.S. Department of Health and Human Services. (p. 152)

National Center for Health Statistics. (2004, December 15). Marital status and health: United States, 1999–2002 (by Charlotte A. Schoenborn). *Advance Data from Vital and Human Statistics, number 351.* Centers for Disease Control and Prevention. (p. 405)

National Institute of Mental Health. (2008). *The numbers count: Mental disorders in America.* (nimh.nih.gov). (pp. 510, 540)

National Research Council. (1990). *Human factors research needs for an aging population.* Washington, DC: National Academy Press. (p. 151)

National Safety Council. (2010a). Transportation mode comparison in *Injury facts 2010 edition.* www.nsc.org. (p. 310)

National Safety Council. (2010b, January 12). *NSC estimates 1.6 million crashes caused by cell phone use and texting.* www.nsc.org. (p. 81)

National Sleep Foundation (NSF). (2009). *2009 sleep in America poll: Summary of findings.* Washington, DC: National Sleep Foundation (www.sleepfoundation.org). (p. 92)

National Sleep Foundation (NSF). (2010, March 8). *2010 sleep in America poll.* www.sleepfoundation.org. (p. 87)

Nave, C. S., Sherman, R. A., Funder, D.C., Hampson, S. E., & Goldberg, L. R. (2010). On the contextual independence of personality: Teachers' assessments predict directly observed behavior after four decades. *Social Psychological and Personality Science, 3,* 1–9. (p. 158)

Nayak, M. B., Byrne, C. A., Martin, M. K., & Abraham, A. G. (2003). Attitudes toward violence against women: A cross-nation study. *Sex Roles, 9,* 333–342. (p. 484)

Naylor, T. H. (1990). Redefining corporate motivation, Swedish style. *Christian Century, 107,* 566–570. (p. B-12)

Nazimek, J. (2009). Active body, healthy mind. *The Psychologist, 22,* 206–208. (p. 152)

NCASA. (2007). *Wasting the best and the brightest: Substance abuse at America's colleges and universities.* New York: National Center on Addiction and Drug Abuse, Columbia University. (p. 112)

NCTV News. (1987, July-August). More research links harmful effects to non-violent porn, p. 12. (p. 484)

Nedeltcheva, A. V., Kilkus, J. M., Imperial, J., Schoeller, D. A., & Penev, P. D. (2010). Insufficient sleep undermines dietary efforts to reduce adiposity. *Annals of Internal Medicine, 153,* 435–441. (p. 362)

NEEF. (2011: *children's health and nature.* National Environmental Education Foundation (www.neefusa.org). (p. 575)

Neese, R. M. (1991, November/December). What good is feeling bad? The evolutionary benefits of psychic pain. *The Sciences,* pp. 30–37. (pp. 220, 257)

Neidorf, S., & Morin, R. (2007, May 23). Four-in-ten Americans have close friends or relatives who are gay. *Pew Research Center Publications* (pewresearch.org). (p. 499)

Neimeyer, R. A., & Currier, J. M. (2009). Grief therapy: Evidence of efficacy and emerging directions. *Current Directions in Psychological Science, 18,* 352–356. (p. 158)

Neisser, U. (1979). The control of information pickup in selective looking. In A. D. Pick (Ed.), *Perception and its development: A tribute to Eleanor J. Gibson.* Hillsdale, NJ: Erlbaum. (p. 81)

Neisser, U., Boodoo, G., Bouchard, T. J., Jr., Boykin, A. W., Brody, N., Ceci, S. J., Halpern, D. F., Loehlin, J. C., Perloff, R., Sternberg, R. J., & Urbina, S. (1996). Intelligence: Knowns and unknowns. *American Psychologist, 51,* 77–101. (pp. 340, 345)

Neisser, U., Winograd, E., & Weldon, M. S. (1991). Remembering the earthquake: "What I experienced" vs. "How I heard the news." Paper presented to the Psychonomic Society convention. (p. 283)

Neitz, J., Carroll, J., & Neitz, M. (2001). Color vision: Almost reason enough for having eyes. *Optics & Photonics News 12,* 26–33. (p. 206)

Neitz, J., Geist, T., & Jacobs, G. H. (1989). Color vision in the dog. *Visual Neuroscience, 3,* 119–125. (p. 207)

Nelson, C. A., III, Furtado, E. Z., Fox, N. A., & Zeanah, C. H., Jr. (2009). The deprived human brain. *American Scientist, 97,* 222–229. (pp. 136, 341)

Nelson, M. D., Saykin, A. J., Flashman, L. A., & Riordan, H. J. (1998). Hippocampal volume reduction in schizophrenia as assessed by magnetic resonance imaging. *Archives of General Psychiatry, 55,* 433–440. (p. 531)

Nemeth, C. J., & Ormiston, M. (2007). Creative idea generation: Harmony versus stimulation. *European Journal of Social Psychology, 37,* 524–535. (p. 474)

Nes, R. B., Czajkowski, N., & Tambs, K. (2010). Family matters: Happiness in nuclear families and twins. *Behavior Genetics, 40,* 577–590. (p. 418)

Nesca, M., & Koulack, D. (1994). Recognition memory, sleep and circadian rhythms. *Canadian Journal of Experimental Psychology, 48,* 359–379. (p. 293)

Nestoriuc, Y., Rief, W., & Martin, A. (2008). Meta-analysis of biofeedback for tension-type headache: Efficacy, specificity, and treatment moderators. *Journal of Consulting and Clinical Psychology, 76,* 379–396. (p. 409)

Neubauer, D. N. (1999). Sleep problems in the elderly. *American Family Physician, 59,* 2551–2558. (p. 86)

Neumann, R., & Strack, F. (2000). "Mood contagion": The automatic transfer of mood between persons. *Journal of Personality and Social Psychology, 79,* 211–223. (pp. 385, 465)

Newberg, A., & D'Aquili, E. (2001). *Why God won't go away: Brain science and the biology of belief.* New York: Simon & Schuster. (p. 410)

Newcomb, M. D., & Harlow, L. L. (1986). Life events and substance use among adolescents: Mediating effects of perceived loss of control and meaninglessness in life. *Journal of Personality and Social Psychology, 51,* 564–577. (p. 110)

Newell, B. R., Wong, K. Y., Cheung, J. C. H., & Rakow, T. (2008, August 23). Think, blink, or sleep on it? The impact of modes of thought on complex decision making. *Quarterly Journal of Experimental Psychology:* DOI: 10.1080/17470210802215202. (p. 313)

Newman, L. S., & Baumeister, R. F. (1996). Toward an explanation of the UFO abduction phenomenon: Hypnotic elaboration, extraterrestrial sadomasochism, and spurious memories. *Psychological Inquiry, 7*, 99–126. (p. 97)

Newport, E. L. (1990). Maturational constraints on language learning. *Cognitive Science, 14*, 11–28. (p. 322)

Newport, F. (2001, February). Americans see women as emotional and affectionate, men as more aggressive. *The Gallup Poll Monthly,* pp. 34–38. (p. 381)

Newport, F. (2002, July 29). Bush job approval update. *Gallup News Service* (www.gallup.com/poll/releases/pr020729.asp). (p. 499)

Newport, F. (2007, June 11). Majority of Republicans doubt theory of evolution. *Gallup Poll* (www.galluppoll.com). (p. 71)

Newport, F. (2010, March 11). Americans' global warming concerns continue to drop. *Gallup* (www.gallup.com). (p. 460)

Newport, F., Argrawal, S., & Witters, D. (2010, December 23). Very religious Americans lead healthier lives. *Gallup* (www.gallup.com). (p. 411)

Newport, F., Jones, J. M., Saad, L., & Carroll, J. (2007, April 27). Gallup poll review: 10 key points about public opinion on Iraq. *The Gallup Poll* (www.gallluppoll.com). (p. 165)

Newport, F., Moore, D. W., Jones, J. M., & Saad, L. (2003, March 21). Special release: American opinion on the war. *Gallup Poll Tuesday Briefing* (www.gallup.com). (p. 462)

Newport, F., & Pelham, B. (2009, December 14). Don't worry, be 80: Worry and stress decline with age. *Gallup* (www.gallup.com). (p. 392)

Newton, E. L. (1991). The rocky road from actions to intentions. *Dissertation Abstracts International, 51*(8–B), 4105. (p. B-15)

Nezlek, J. B. (2001). Daily psychological adjustment and the planfulness of day-to-day behavior. *Journal of Social and Clinical Psychology, 20*, 452–475. (p. 403)

Ng, S. H. (1990). Androcentric coding of *man* and *his* in memory by language users. *Journal of Experimental Social Psychology, 26*, 455–464. (p. 327)

Ng, T. W. H., & Feldman, D. C. (2009). How broadly does education contribute to job performance. *Personnel Psychology, 62*, 89–134. (p. B-5)

Ng, T. W. H., Sorensen, K. L., & Eby, L. T. (2006). Locus of control at work: A meta-analysis. *Journal of Organizational Behavior, 27*, 1057–1087. (p. 403)

Ng, T. W. H., Sorensen, K. L., & Yim, F. H. K. (2009). Does the job satisfaction—job performance relationship vary across cultures? *Journal of Cross-Cultural Psychology, 40*, 761–796. (p. B-7)

Nguyen, H-H. D., & Ryan, A. M. (2008). Does stereotype threat affect test performance of minorities and women? A meta-analysis of experimental evidence. *Journal of Applied Psychology, 93*, 1314–1334. (p. 346)

NHTSA. (2000). *Traffic safety facts 1999: Older population.* Washington, DC: National Highway Traffic Safety Administration (National Transportation Library; www.ntl.bts.gov). (p. 152)

NICHD. (2006). Child-care effect sizes for the NICHD study of early child care and youth development. *American Psychologist, 61*, 99–116. (p. 137)

NICHD Early Child Care Research Network. (2002). Structure/process/outcome: Direct and indirect effects of caregiving quality on young children's development. *Psychological Science, 13*, 199–206. (p. 137)

NICHD Early Child Care Research Network. (2003). Does amount of time spent in child care predict socioemotional adjustment during the transition to kindergarten? *Child Development, 74*, 976–1005. (p. 137)

Nickell, J. (Ed.). (1994). *Psychic sleuths: ESP and sensational cases.* Buffalo, NY: Prometheus Books. (p. 230)

Nickell, J. (1996, May/June). A study of fantasy proneness in the thirteen cases of alleged encounters in John Mack's abduction. *Skeptical Inquirer,* pp. 18–20, 54. (p. 97)

Nickell, J. (2005, July/August). The case of the psychic detectives. *Skeptical Inquirer* (skeptically.org/skepticism/id10.html). (p. 230)

Nickerson, R. S. (1998). Applied experimental psychology. *Applied Psychology: An International Review, 47*, 155–173. (p. B-14)

Nickerson, R. S. (1999). How we know—and sometimes misjudge—what others know: Imputing one's own knowledge to others. *Psychological Bulletin, 125*, 737–759. (p. B-15)

Nickerson, R. S. (2002). The production and perception of randomness. *Psychological Review, 109*, 330–357. (p. 12)

Nickerson, R. S. (2005). Bertrand's chord, Buffon's needles, and the concept of randomness. *Thinking & Reasoning, 11*, 67–96. (p. 12)

Nicolaus, L. K., Cassel, J. F., Carlson, R. B., & Gustavson, C. R. (1983). Taste-aversion conditioning of crows to control predation on eggs. *Science, 220*, 212–214. (p. 257)

NIDA. (2002). Methamphetamine abuse and addiction. *Research Report Series.* National Institute on Drug Abuse, NIH Publication Number 02–4210. (p. 106)

NIDA. (2005, May). Methamphetamine. *NIDA Info Facts.* National Institute on Drug Abuse. (p. 106)

NIDCD. (2011). Quick statistics. National Institute on Deafness and Other Communication Disorders (www.nidcd.nih.gov). (p. 218)

Nie, N. H. (2001). Sociability, interpersonal relations and the Internet: Reconciling conflicting findings. *American Behavioral Scientist, 45*, 420–435. (p. 368)

Nielsen, K. M., Faergeman, O., Larsen, M. L., & Foldspang, A. (2006). Danish singles have a twofold risk of acute coronary syndrome: Data from a cohort of 138,290 persons. *Journal of Epidemiology and Community Health, 60*, 721–728. (p. 405)

Nielsen, M., & Tomaseli, K. (2010). Overimitation in Kalahari Bushman children and the origins of human cultural cognition. *Psychological Science, 21*, 729–736. (p. 262)

Niemiec, C. P., Ryan, R. M., & Deci, E. L. (2009). The path taken: Consequences of attaining intrinsic and extrinsic aspirations in post-college life. *Journal of Research in Personality, 43*, 291–306. (p. 415)

Nier, J. A. (2004). Why does the "above average effect" exist? Demonstrating idiosyncratic trait definition. *Teaching of Psychology, 31*, 53–54. (p. 449)

Nightingale, F. (1860/1969). *Notes on nursing.* Mineola, NY: Dover. (p. 406)

NIH. (2001, July 20). *Workshop summary: Scientific evidence on condom effectiveness for sexually transmitted disease (STD) prevention.* Bethesda: National Institute of Allergy and Infectious Diseases, National Institutes of Health. (p. 174)

NIH. (2006, December 4). NIDA researchers complete unprecedented scan of human genome that may help unlock the genetic contribution to tobacco addiction. *NIH News,* National Institutes of Health (www.nih.gov). (p. 110)

NIH. (2010). *Teacher's guide: Information about sleep.* National Institutes of Health (www.science.education.nih.gov). (p. 88)

Nikolas, M. A., & Burt, A. (2010). Genetic and environmental influences on ADHD symptom dimensions of inattention and hyperactivity: A meta-analysis. *Journal of Abnormal Psychology, 119*, 1–17. (p. 507)

Nir, Y., & Tononi, G. (2010). Dreaming and the brain: From phenomenology to neurophysiology. *Trends in Cognitive Sciences, 14*, 88–100. (p. 96)

Nisbett, R. E. (1987). Lay personality theory: Its nature, origin, and utility. In N. E. Grunberg, R. E. Nisbett, & others, *A distinctive approach to psychological research: The influence of Stanley Schachter.* Hillsdale, NJ: Erlbaum. (p. B-5)

Nisbett, R. E. (2003). *The geography of thought: How Asians and Westerners think differently . . . and why.* New York: Free Press. (p. 458)

Nisbett, R. E. (2009). *Intelligence and how to get it: Why schools and culture count.* New York: Norton, 344; *Why schools and culture count.* New York: Norton. (p. 343)

Nisbett, R. E., & Cohen, D. (1996). *Culture of honor: The psychology of violence in the South.* Boulder, CO: Westview Press. (p. 484)

Nixon, G. M., Thompson, J. M. D., Han, D. Y., Becroft, D. M., Clark, P. M., Robinson, E., Waldie, K E., Wild, C. J., Black, P. N., & Mitchell, E. A. (2008). Short sleep duration in middle childhood: Risk factors and consequences. *Sleep, 31,* 71–78. (p. 90)

Nock, M. K. (2010). Self-injury. *Annual Review of Clinical Psychology, 6,* 339–363. (p. 525)

Nock, M. K., Borges, G., Bromet, E. J., Alonso, J., Angermeyer, M., Beautrais, A., Bruffaerts, R., Chiu, W. T., de Girolamo, G., Gluzman, S., de Graaf, R., Gureje, O., Haro, J. M., Huang, Y., Karam, E., Kessler, R. C., Lepine, J. P., Levinson, D., Medina-Mora, M. E., Ono, Y., Posada-Villa, J., Williams, D. (2008). Cross-national prevalence and risk factors for suicidal ideation, plans, and attempts. *British Journal of Psychiatry, 192,* 98–105. (p. 525)

Nock, M. K., & Kessler, R. C. (2006). Prevalence of and risk factors for suicide attempts versus suicide gestures: Analysis of the National Comorbidity Survey. *Journal of Abnormal Psychology, 115,* 616–623. (p. 525)

Noel, J. G., Forsyth, D. R., & Kelley, K. N. (1987). Improving the performance of failing students by overcoming their self-serving attributional biases. *Basic and Applied Social Psychology, 8,* 151–162. (p. 404)

Noice, H., & Noice, T. (2006). What studies of actors and acting can tell us about memory and cognitive functioning. *Current Directions in Psychological Science, 15,* 14–18. (p. 280)

Nolen-Hoeksema, S. (2001). Gender differences in depression. *Current Directions in Psychological Science, 10,* 173–176. (p. 526)

Nolen-Hoeksema, S. (2003). *Women who think too much: How to break free of overthinking and reclaim your life.* New York: Holt. (p. 526)

Nolen-Hoeksema, S., & Larson, J. (1999). *Coping with loss.* Mahwah, NJ: Erlbaum. (p. 158)

NORC. (2010). National Opinion Research Center (University of Chicago) General Social Survey data, 1972 through 2008, accessed via sda.berkeley.edu. (p. 365)

Nordgren, L. F., van der Pligt, J., & van Harreveld, F. (2006). Visceral drives in retrospect: Explanations about the inaccessible past. *Psychological Science, 17,* 635–640. (p. 356)

Nordgren, L. F., van der Pligt, J., & van Harreveld, F. (2007). Evaluating Eve: Visceral states influence the evaluation of impulsive behavior. *Journal of Personality and Social Psychology, 93,* 75–84. (p. 356)

Norman, D. A. (2001). The perils of home theater (www.jnd.org/dn.mss/ProblemsOfHomeTheater.html). (p. B-13)

Norman, E. (2010). "The unconscious" in current psychology. *European Psychologist, 15,* 193–201. (p. 431)

Norton, K. L., Olds, T. S., Olive, S., & Dank, S. (1996). Ken and Barbie at life size. *Sex Roles, 34,* 287–294. (p. 537)

Norton, M. I., & Ariely, D. (2011). Building a better America—One wealth quintile at a time. *Perspectives on Psychological Science, 6,* 9–12. (p. A-1)

Norton, P. J., & Price, E. C. (2007). A meta-analytic review of adult cognitive-behavioral treatment outcome across the anxiety disorders. *Journal of Nervous and Mental Disease, 195,* 521–531. (p. 557)

Nowak, R. (1994). Nicotine scrutinized as FDA seeks to regulate cigarettes. *Science, 263,* 1555–1556. (p. 104)

Nurmikko, A. V., Donoghue, J. P., Hochberg, L. R., Patterson, W. R., Song, Y-K., Bull, C. W., Borton, D. A., Laiwalla, F., Park, S., Ming, Y., & Aceros, J. (2010). Listening to brain microcircuits for interfacing with external world—Progress in wireless implantable microelectronic neuroengineering devices. *Proceedings of the IEEE, 98,* 375–388. (p. 54)

Nurnberger, J. I., Jr., & Bierut, L. J. (2007, April). Seeking the connections: Alcoholism and our genes. *Scientific American,* pp. 46–53. (p. 110)

Nuttin, J. M., Jr. (1987). Affective consequences of mere ownership: The name letter effect in twelve European languages. *European Journal of Social Psychology, 17,* 381–402. (p. 488)

O

Oakley, D. A., & Halligan, P. W. (2009). Hypnotic suggestion and cognitive neuroscience. *Trends in Cognitive Science, 13,* 264–270. (p. 99)

Oaten, M., & Cheng, K. (2006a). Longitudinal gains in self-regulation from regular physical exercise. *British Journal of Health Psychology, 11,* 717–733. (p. 404)

Oaten, M., & Cheng, K. (2006b). Improved self-control: The benefits of a regular program of academic study. *Basic and Applied Social Psychology, 28,* 1–16. (p. 404)

Oberlander, J., & Gill, A. J. (2006). Language with character: A stratified corpus comparison of individual differences in e-mail communication. *Discourse Processes, 42,* 239–270. (p. 443)

Oberman, L. M., & Ramachandran, V. S. (2007). The simulating social mind: The role of the mirror neuron system and simulation in the social and communicative deficits of autism spectrum disorders. *Psychological Bulletin, 133,* 310–327. (p. 131)

Ochsner, K. N., Ray, R. R., Hughes, B., McRae, K., Cooper, J. C., Weber, J., Gabrieli, J. D. E., & Gross, J. J. (2009). Bottom-up and top-down processes in emotion generation: Common and distinct neural mechanisms. *Psychological Science, 20,* 1322–1331. (p. 374)

O'Connor, P., & Brown, G. W. (1984). Supportive relationships: Fact or fancy? *Journal of Social and Personal Relationships, 1,* 159–175. (p. 566)

Odgers, C. L., Caspi, A., Nagin, D. S., Piquero, A. R., Slutske, W. S., Milne, B. J., Dickson, N., Poulton, R., & Moffitt, T. E. (2008). Is it important to prevent early exposure to drugs and alcohol among adolescents? *Psychological Science, 19,* 1037–1044. (p. 111)

O'Donnell, L., Stueve, A., O'Donnell, C., Duran, R., San Doval, A., Wilson, R. F., Haber, D., Perry, E., & Pleck, J. H. (2002). Long-term reduction in sexual initiation and sexual activity among urban middle schoolers in the reach for health service learning program. *Journal of Adolescent Health, 31,* 93–100. (p. 177)

Oettingen, G., & Mayer, D. (2002). The motivating function of thinking about the future: Expectations versus fantasies. *Journal of Personality and Social Psychology, 83,* 1198–1212. (p. 404)

Offer, D., Ostrov, E., Howard, K. I., & Atkinson, R. (1988). *The teenage world: Adolescents' self-image in ten countries.* New York: Plenum. (p. 146)

Ohgami, H., Terao, T., Shiotsuki, I., Ishii, N., & Iwata, N. (2009). Lithium levels in drinking water and risk of suicide. *British Journal of Psychiatry, 194,* 464–465. (p. 571)

Öhman, A. (2009). Of snakes and fears: An evolutionary perspective on the psychology of fear. *Scandinavian Journal of Psychology, 50,* 543–552. (p. 518)

Oishi, S., Diener, E. F., Lucas, R. E., & Suh, E. M. (1999). Cross-cultural variations in predictors of life satisfaction: Perspectives from needs and values. *Personality and Social Psychology Bulletin, 25,* 980–990. (p. 355)

Oishi, S., Kesebir, S., & Diener, E. (2011). Income inequality and happiness. *Psychological Science, 22,* 1095–1100. (p. 484)

Oishi, S., & Schimmack, U. (2010). Culture and well-being: A new inquiry into the psychological wealth of nations. *Perspectives in Psychological Science, 5,* 463–471. (p. 419)

Oishi, S., & Schimmack, U. (2010). Residential mobility, well-being, and mortality. *Journal of Personality and Social Psychology, 98,* 980–994. (p. 365)

Okimoto, T. G., & Brescoll, V. L. (2010). The price of power: Power seeking and backlash against female politicians. *Personality and social Psychology Bulletin, 36,* 923–936. (p. 165)

Olatunji, B. O., & Wolitzky-Taylor, K. B. (2009). Anxiety sensitivity and the anxiety disorders: A meta-analytic review and synthesis. *Psychological Bulletin, 135,* 974–999. (p. 514)

Olds, J. (1958). Self-stimulation of the brain. *Science, 127,* 315–324. (p. 51)

Olds, J. (1975). Mapping the mind onto the brain. In F. G. Worden, J. P. Swazey, & G. Adelman (Eds.), *The neurosciences: Paths of discovery.* Cambridge, MA: MIT Press. (p. 51)

Olds, J., & Milner, P. (1954). Positive reinforcement produced by electrical stimulation of the septal area and other regions of rat brain. *Journal of Comparative and Physiological Psychology, 47,* 419–427. (p. 51)

Olff, M., Langeland, W., Draijer, N., & Gersons, B. P. R. (2007). Gender differences in posttraumatic stress disorder. *Psychological Bulletin, 135,* 183–204. (p. 516)

Olfson, M., Gameroff, M. J., Marcus, S. C., & Jensen, P. S. (2003). National trends in the treatment of attention deficit hyperactivity disorder. *American Journal of Psychiatry, 160,* 1071–1077. (p. 507)

Olfson, M., & Marcus, S. C. (2009). National patterns in antidepressant medication treatment. *Archives of General Psychiatry, 66,* 848–856. (p. 570)

Olfson, M., Marcus, S. C., Wan, G. J., & Geissler, E. C. (2004). National trends in the outpatient treatment of anxiety disorders. *Journal of Clinical Psychiatry, 65,* 1166–1173. (p. 569)

Olfson, M., Shaffer, D., Marcus, S. C., & Greenberg, T. (2003). Relationship between antidepressant medication treatment and suicide in adolescents. *Archives of General Psychiatry, 60,* 978–982. (p. 570)

Oliner, S. P., & Oliner, P. M. (1988). *The altruistic personality: Rescuers of Jews in Nazi Europe.* New York: Free Press. (p. 263)

Olivola, C. Y., & Todorov, A. (2010). Elected in 100 milliseconds: Appearance-based trait inferences and voting. *Journal of Nonverbal Behavior, 54,* 83–110. (p. 380)

Olsson, A., Nearing, K. I., & Phelps, E. A. (2007). Learning fears by observing others: The neural systems of social fear transmission. *Social Cognitive and Affective Neuroscience, 2,* 3–11. (p. 517)

Olweus, D., Mattsson, A., Schalling, D., & Low, H. (1988). Circulating testosterone levels and aggression in adolescent males: A causal analysis. *Psychosomatic Medicine, 50,* 261–272. (p. 482)

Oman, D., Kurata, J. H., Strawbridge, W. J., & Cohen, R. D. (2002). Religious attendance and cause of death over 31 years. *International Journal of Psychiatry in Medicine, 32,* 69–89. (p. 411)

O'Neil, J. (2002, September 3). Vital signs: Behavior: Parent smoking and teenage sex. *New York Times.* (p. 22)

O'Neill, M. J. (1993). The relationship between privacy, control, and stress responses in office workers. Paper presented to the Human Factors and Ergonomics Society convention. (p. 402)

Ong, A. D., Fuller-Rowell, T., & Burrow, A. L. (2009). Racial discrimination and the stress process. *Journal of Personality and Social Psychology, 96,* 1259–1271. (p. 392)

Oppenheimer, D. M., & Trail, T. E. (2010). Why leaning to the left makes you lean to the left: Effects of spatial orientation on political attitudes. *Social Cognition, 28,* 651–661. (p. 229)

Oren, D. A., & Terman, M. (1998). Tweaking the human circadian clock with light. *Science, 279,* 333–334. (p. 88)

Orne, M. T., & Evans, F. J. (1965). Social control in the psychological experiment: Antisocial behavior and hypnosis. *Journal of Personality and Social Psychology, 1,* 189–200. (p. 98)

Orth, U., Robins, R. W., & Meier, L. L. (2009). Disentangling the effects of low self-esteem and stressful events on depression: Findings from three longitudinal studies. *Personality Processes and Individual Differences, 97,* 307–321. (p. 447)

Orth, U., Robins, R. W., & Roberts, B. W. (2008). Low self-esteem prospectively predicts depression in adolescence and young adulthood. *Journal of Personality and Social Psychology, 95,* 695–708. (p. 447)

Orth, U., Robins, R. W., Trzesniewski, K. H., Maes, J., & Schmitt, M. (2009). Low self-esteem is a risk factor for depressive symptoms from young adulthood to old age. *Journal of Abnormal Psychology, 118,* 472–478. (pp. 522, 526)

Osborne, C., Manning, W. D., & Smock, P. J. (2007). Married and cohabiting parents' relationship stability: A focus on race and ethnicity. *Journal of Marriage and Family, 69,* 1345–1366. (p. 155)

Osborne, L. (1999, October 27). A linguistic big bang. *New York Times Magazine* (www.nytimes.com). (p. 321)

Osgood, C. E. (1962). *An alternative to war or surrender.* Urbana: University of Illinois Press. (p. 500)

Osgood, C. E. (1980). GRIT: A strategy for survival in mankind's nuclear age? Paper presented at the Pugwash Conference on New Directions in Disarmament. (p. 500)

Oskarsson, A. T., Van Voven, L., McClelland, G. H., & Hastie, R. (2009). What's next? Judging sequences of binary events. *Psychological Bulletin, 135,* 262–285. (p. 12)

OSS Assessment Staff. (1948). *The assessment of men.* New York: Rinehart. (p. 445)

Ost, L. G., & Hugdahl, K. (1981). Acquisition of phobias and anxiety response patterns in clinical patients. *Behaviour Research and Therapy, 16,* 439–447. (p. 516)

Ostfeld, A. M., Kasl, S. V., D'Atri, D. A., & Fitzgerald, E. F. (1987). *Stress, crowding, and blood pressure in prison.* Hillsdale, NJ: Erlbaum. (p. 403)

O'Sullivan, M., Frank, M. G., Hurley, C. M., & Tiwana, J. (2009). Police lie detection accuracy: The effect of lie scenario. *Law and Human Behavior, 33,* 530–538. (p. 380)

Osvath, M. (2009). Spontaneous planning for future stone throwing by a male chimpanzee. *Current Biology, 19,* R190–R191. (p. 318)

Oswald, A. J., & Powdthavee, N. (2006). *Does happiness adapt? A longitudinal study of disability with implications for economists and judges* (Discussion Paper No. 2208). Bonn: Institute for the Study of Labor. (p. 414)

Ott, B. (2007, June 14). Investors, take note: Engagement boosts earnings. *Gallup Management Journal* (gmj.gallup.com). (p. B-9)

Ott, C. H., Lueger, R. J., Kelber, S. T., & Prigerson, H. G. (2007). Spousal bereavement in older adults: Common, resilient, and chronic grief with defining characteristics. *Journal of Nervous and Mental Disease, 195,* 332–341. (p. 158)

Ouellette, J. A., & Wood, W. (1998). Habit and intention in everyday life: The multiple processes by which past behavior predicts future behavior. *Psychological Bulletin, 124,* 54–74. (p. 445, B-5)

Owen, R. (1814). First essay in *New view of society or the formation of character.* Quoted in *The story of New Lamark.* New Lamark Mills, Lamark, Scotland: New Lamark Conservation Trust, 1993. (p. B-8)

Owens, J. A., Belon, K., & Moss, P. (2010). Impact of delaying school start time on adolescent sleep, mood, and behavior. *Archives of Pediatric Adolescent Medicine, 164,* 608–614. (p. 90)

Oxfam. (2005, March 26). *Three months on: New figures show tsunami may have killed up to four times as many women as men.* Oxfam Press Release (www.oxfam.org.uk). (p. 170)

Ozer, E. J., Best, S. R., Lipsey, T. L., & Weiss, D. S. (2003). Predictors of posttraumatic stress disorder and symptoms in adults: A meta-analysis. *Psychological Bulletin, 129,* 52–73. (p. 515)

Ozer, E. J., & Weiss, D. S. (2004). Who develops posttraumatic stress disorder. *Current Directions in Psychological Science, 13,* 169–172. (p. 516)

Özgen, E. (2004). Language, learning, and color perception. *Current Directions in Psychological Science, 13,* 95–98. (p. 327)

P

Pacifici, R., Zuccaro, P., Farre, M., Pichini, S., Di Carlo, S., Roset, P. N., Ortuno, J., Pujadus, M., Bacosi, A., Menoyo, E., Segura, J., & de la Torre, R. (2001). Effects of repeated doses of MDMA ("Ecstasy") on cell-mediated immune response in humans. *Life Sciences, 69,* 2931–2941. (p. 107)

Padgett, V. R. (1989). Predicting organizational violence: An application of 11 powerful principles of obedience. Paper presented to the American Psychological Association convention. (p. 469)

Pagani, L. S., Fitzpatrick, C., Barnett, T. A., & Dubow, E. (2010). Prospective associations between early childhood television exposure and academic, psychosocial, and physical well-being by middle childhood. *Archivers of Pediatric and Adolescent Medicine, 164,* 425–431. (p. 363)

Page, S. E. (2007). *The difference: How the power of diversity creates better groups, firms, schools, and societies.* Princeton, NJ: Princeton University Press. (p. 474)

Palladino, J. J., & Carducci, B. J. (1983). "Things that go bump in the night": Students' knowledge of sleep and dreams. Paper presented at the meeting of the Southeastern Psychological Association. (p. 83)

Pallier, C., Colomé, A., & Sebastián-Gallés, N. (2001). The influence of native-language phonology on lexical access: Exemplar-based versus abstract lexical entries. *Psychological Science, 12,* 445–448. (p. 320)

Palmer, S., Schreiber, C., & Box, C. (1991). Remembering the earthquake: "Flashbulb" memory for experienced vs. reported events. Paper presented to the Psychonomic Society convention. (p. 283)

Pandey, J., Sinha, Y., Prakash, A., & Tripathi, R. C. (1982). Right-left political ideologies and attribution of the causes of poverty. *European Journal of Social Psychology, 12,* 327–331. (p. 459)

Panksepp, J. (2007). Neurologizing the psychology of affects: How appraisal-based constructivism and basic emotion theory can coexist. *Perspectives on Psychological Science, 2,* 281–295. (p. 378)

Panzarella, C., Alloy, L. B., & Whitehouse, W. G. (2006). Expanded hopelessness theory of depression: On the mechanisms by which social support protects against depression. *Cognitive Theory and Research, 30,* 307–333. (p. 526)

Park, C. L. (2007). Religiousness/spirituality and health: A meaning systems perspective. *Journal of Behavioral Medicine, 30,* 319–328. (p. 411)

Park, G., Lubinski, D., & Benbow, C. P. (2007). Contrasting intellectual patterns predict creativity in the arts and sciences. *Psychological Science, 18,* 948–952. (p. 339)

Park, G., Lubinski, D., & Benbow, C. P. (2008). Ability differences among people who have commensurate degrees matter for scientific creativity. *Psychological Science, 19,* 957–961. (p. 314)

Park, R. L. (1999, July 12). Liars never break a sweat. *New York Times* (www.nytimes.com). (p. 379)

Parker, C. P., Baltes, B. B., Young, S. A., Huff, J. W., Altmann, R. A., LaCost, H. A., & Roberts, J. E. (2003). Relationships between psychological climate perceptions and work outcomes: A meta-analytic review. *Journal of Organizational Behavior, 24,* 389–416. (p. B-7)

Parker, E. S., Cahill, L., & McGaugh, J. L. (2006). A case of unusual autobiographical remembering. *Neurocase, 12,* 35–49. (p. 289)

Parsons, T. D., & Rizzo, A. A. (2008). Affective outcomes of virtual reality exposure therapy for anxiety and specific phobias: A meta-analysis. *Journal of Behavior Therapy and Experimental Psychiatry, 39,* 250–261. (p. 552)

Pasco, J. A., Williams, L. A., Jacks, F. N., Ng, F., Henry, M. J., Nicholson, G. C., Kotowicz, M. A., & Berk, M. (2008). Tobacco smoking as a risk factor for major depressive disorder: Population-based study. *British Journal of Psychiatry, 193,* 322–326. (p. 524)

Pascoe, E. A., & Richman, L. S. (2009). Perceived discrimination and health: A meta-analytic review. *Psychological Bulletin, 135,* 531–554. (p. 392)

Passell, P. (1993, March 9). Like a new drug, social programs are put to the test. *New York Times,* pp. C1, C10. (p. 24)

Pastalkova, E., Serrano, P., Pinkhasova, D., Wallace, E., Fenton, A. A., & Sacktor, T. C. (2006). Storage of spatial information by the maintenance mechanism of LTP. *Science, 313,* 1141–1144. (p. 284)

Patall, E. A., Cooper, H., & Robinson, J. C. (2008). The effects of choice on intrinsic motivation and related outcomes: A meta-analysis of research findings. *Psychological Bulletin, 134,* 270–300. (p. 260)

Pate, J. E., Pumariega, A. J., Hester, C., & Garner, D. M. (1992). Cross-cultural patterns in eating disorders: A review. *Journal of the American Academy of Child and Adolescent Psychiatry, 31,* 802–809. (p. 536)

Patel, S. R., Malhotra, A., White, D. P., Gottlieb, D. J., & Hu, F. B. (2006). Association between reduced sleep and weight gain in women. *American Journal of Epidemiology, 164,* 947–954. (p. 90)

Patten, S. B., Wang, J. L., Williams, J. V. A., Currie, S., Beck, C. A., Maxwell, C. J., & el-Guebaly, N. (2006). Descriptive epidemiology of major depression in Canada. *Canadian Journal of Psychiatry, 51,* 84–90. (p. 520)

Patterson, F. (1978, October). Conversations with a gorilla. *National Geographic,* pp. 438–465. (p. 324)

Patterson, G. R., Chamberlain, P., & Reid, J. B. (1982). A comparative evaluation of parent training procedures. *Behavior Therapy, 13,* 638–650. (pp. 252, 483)

Patterson, G. R., Reid, J. B., & Dishion, T. J. (1992). *Antisocial boys.* Eugene, OR: Castalia. (p. 483)

Patterson, M., Warr, P., & West, M. (2004). Organizational climate and company productivity: The role of employee affect and employee level. *Journal of Occupational and Organizational Psychology, 77,* 193–216. (p. B-8)

Patterson, P. H. (2007). Maternal effects on schizophrenia risk. *Science, 318,* 576–577. (p. 531)

Pauker, K., Weisbuch, M., Ambady, N., Sommers, S. R., Adams, Jr., R. B., & Ivcevic, Z. (2009). Not so Black and White: Memory for ambiguous group members. *Journal of Personality and Social Psychology, 96,* 795–810. (p. 344)

Paulesu, E., Demonet, J-F., Fazio, F., McCrory, E., Chanoine, V., Brunswick, N., Cappa, S. F., Cossu, G., Habib, M., Frith, C. D., & Frith, U. (2001). Dyslexia: Cultural diversity and biological unity. *Science, 291,* 2165–2167. (p. 26)

Paus, T., Zijdenbos, A., Worsley, K., Collins, D. L., Blumenthal, J., Giedd, J. N., Rapoport, J. L., & Evans, A. C. (1999). Structural maturation of neural pathways in children and adolescents: In vivo study. *Science, 283,* 1908–1911. (p. 122)

Pavlov, I. (1927). *Conditioned reflexes: An investigation of the physiological activity of the cerebral cortex.* Oxford: Oxford University Press. (pp. 239, 243)

Payne, B. K. (2006). Weapon bias: Split-second decisions and unintending stereotyping. *Current Directions in Psychological Science, 15,* 287–291. (p. 477)

Payne, B. K., & Corrigan, E. (2007). Emotional constraints on intentional forgetting. *Journal of Experimental Social Psychology, 43,* 780–786. (p. 294)

Payne, B. K., Krosnick, J. A., Pasek, J., Lelkes, Y., Akhtar, O., & Tompson, T. (2010). Implicit and explicit prejudice in the 2008 American presidential election. *Journal of Experimental Social Psychology, 46,* 367–374. (p. 477)

Payne, J. W., Samper, A., Bettman, J. R., & Luce, M. F. (2008). Boundary conditions on unconscious thought in complex decision making. *Psychological Science, 19,* 1118–1123. (p. 313)

Peckham, A. D., McHugh, R. K., & Otto, M. W. (2010). A meta-analysis of the magnitude of biased attention in depression. *Depression and Anxiety, 27,* 1135–1142. (p. 521)

Pedersen, A., Zachariae, R., & Bovbjerg, D. H. (2010). Influence of psychological stress on upper respiratory infection—A meta-analysis of prospective studies. *Psychosomatic Medicine, 72,* 823–832. (p. 395)

Pedersen, N. L., Plomin, R., McClearn, G. E., & Friberg, L. (1988). Neuroticism, extraversion, and related traits in adult twins reared apart and reared together. *Journal of Personality and Social Psychology, 55,* 950–957. (p. 65)

Peigneux, P., Laureys, S., Fuchs, S., Collette, F., Perrin, F., Reggers, J., Phillips, C., Degueldre, C., Del Fiore, G., Aerts, J., Luxen, A., & Maquet, P. (2004). Are spatial memories strengthened in the human hippocampus during slow wave sleep? *Neuron, 44,* 535–545. (pp. 88, 282)

Pekkanen, J. (1982, June). Why do we sleep? *Science, 82,* p. 86. (p. 89)

Pelham, B. W. (1993). On the highly positive thoughts of the highly depressed. In R. F. Baumeister (Ed.), *Self-esteem: The puzzle of low self-regard.* New York: Plenum. (p. 448)

Pelham, B. W. (2009, October 22). About one in six Americans report history of depression. *Gallup* (www.gallup.com). (p. 521)

Pelham, B. W., & Crabtree, S. (2008, October 8). Worldwide, highly religious more likely to help others. Gallup Poll (www.gallup.com). (p. 496)

Pendick, D. (1994, January/February). The mind of violence. *Brain Work: The Neuroscience Newsletter,* pp. 1–3, 5. (p. 482)

Pennebaker, J. W. (1985). Traumatic experience and psychosomatic disease: Exploring the roles of behavioral inhibition, obsession, and confiding. *Canadian Psychology, 26,* 82–95. (p. 407)

Pennebaker, J. W. (1990). *Opening up: The healing power of confiding in others.* New York: William Morrow. (pp. 407, 431)

Pennebaker, J. W. (2002, January 28). Personal communication. (p. 499)

Pennebaker, J. W., Barger, S. D., & Tiebout, J. (1989). Disclosure of traumas and health among Holocaust survivors. *Psychosomatic Medicine, 51,* 577–589. (p. 406)

Pennebaker, J. W., & O'Heeron, R. C. (1984). Confiding in others and illness rate among spouses of suicide and accidental death victims. *Journal of Abnormal Psychology, 93,* 473–476. (p. 406)

Pennebaker, J. W., & Stone, L. D. (2003). Words of wisdom: Language use over the life span. *Journal of Personality and Social Psychology, 85,* 291–301. (p. 156)

Peplau, L. A., & Fingerhut, A. W. (2007). The close relationships of lesbians and gay men. *Annual Review of Psychology, 58,* 405–424. (p. 155)

Peplau, L. A., & Garnets, L. D. (2000). A new paradigm for understanding women's sexuality and sexual orientation. *Journal of Social Issues, 56,* 329–350. (p. 179)

Peppard, P. E., Szklo-Coxe, M., Hia, K. M., & Young, T. (2006). Longitudinal association of sleep-related breathing disorder and depression. *Archives of Internal Medicine, 166,* 1709–1715. (p. 92)

Pepperberg, I. M. (2006). Grey parrot numerical competence: A review. *Animal Cognition, 9,* 377–391. (p. 317)

Pepperberg, I. M. (2009). *Alex & me: How a scientist and a parrot discovered a hidden world of animal intelligence—and formed a deep bond in the process.* New York: Harper. (p. 317)

Perani, D., & Abutalebi, J. (2005). The neural basis of first and second language processing. *Current Opinion in Neurobiology, 15,* 202–206. (p. 323)

Pereira, A. C., Huddleston, D. E., Brickman, A. M., Sosunov, A. A., Hen, R., McKhann, G. M., Sloan, R., Gage, F. H., Brown, T. R., & Small, S. A. (2007). An *in vivo* correlate of exercise-induced neurogenesis in the adult dentate gyrus. *Proceedings of the National Academic of Sciences, 104,* 5638–5643. (pp. 58, 151)

Pereira, G. M., & Osburn, H. G. (2007). Effects of participation in decision making on performance and employee attitudes: A quality circles meta-analysis. *Journal of Business Psychology, 22,* 145–153. (pp. 152, B-11)

Perilloux, H. K., Webster, G. D., & Gaulin, S. J. (2010). Signals of genetic quality and maternal investment capacity: The dynamic effects of fluctuating asymmetry and waist-to-hip ratio on men's ratings of women's attractiveness *Social Pcholoy and Personalty Science, 1,* 34–42. (pp. 184, 490)

Perkins, A., & Fitzgerald, J. A. (1997). Sexual orientation in domestic rams: Some biological and social correlates. In L. Ellis & L. Ebertz (Eds.), *Sexual orientation: Toward biological understanding.* Westport, CT: Praeger Publishers. (p. 180)

Perlmutter, M. (1983). Learning and memory through adulthood. In M. W. Riley, B. B. Hess, & K. Bond (Eds.), *Aging in society: Selected reviews of recent research.* Hillsdale, NJ: Erlbaum. (p. 153)

Perra, O., Williams, J. H. G., Whiten, A., Fraser, L., Benzie, H., & Perrett, D. I. (2008). Imitation and 'theory of mind' competencies in discrimination of autism from other neurodevelopmental disorders. *Research in Autism Disorders, 2,* 456–468. (p. 131)

Perrett, D. I., Harries, M., Misflin, A. J., & Chitty, A. J. (1988). Three stages in the classification of body movements by visual neurons. In H. B. Barlow, C. Blakemore, & M. Weston Smith (Eds.), *Images and understanding.* Cambridge: Cambridge University Press. (p. 204)

Perrett, D. I., Hietanen, J. K., Oram, M. W., & Benson, P. J. (1992). Organization and functions of cells responsive to faces in the temporal cortex. *Philosophical Transactions of the Royal Society of London: Series B, 335,* 23–30. (p. 204)

Perrett, D. I., May, K. A., & Yoshikawa, S. (1994). Facial shape and judgments of female attractiveness. *Nature, 368,* 239–242. (p. 204)

Perron, H., Mekaoui, L., Bernard, C., Veas, F., Stefas, I., & Leboyer, M. (2008). Endogenous retrovirus type W GAG and envelope protein antigenemia in serum of schizophrenic patients. *Biological Psychiatry, 64,* 1019–1023. (p. 532)

Person, C., Tracy, M., & Galea, S. (2006). Risk factors for depression after a disaster. *Journal of Nervous and Mental Disease, 194,* 659–666. (p. 576)

Pert, C. B. (1986). Quoted in J. Hooper & D. Teresi, *The three-pound universe.* New York: Macmillan. (p. 52)

Pert, C. B., & Snyder, S. H. (1973). Opiate receptor: Demonstration in nervous tissue. *Science, 179,* 1011–1014. (p. 40)

Perugini, E. M., Kirsch, I., Allen, S. T., Coldwell, E., Meredith, J., Montgomery, G. H., & Sheehan, J. (1998). Surreptitious observation of responses to hypnotically suggested hallucinations: A test of the compliance hypothesis. *International Journal of Clinical and Experimental Hypnosis, 46,* 191–203. (p. 99)

Peschel, E. R., & Peschel, R. E. (1987). Medical insights into the castrati in opera. *American Scientist, 75,* 578–583. (p. 172)

Pescosolido, B. A., Martin, J. K., Long, J. S., Medina, T. R., Phelan, J. C., & Link, B. G. (2010). (p. 533)

Peters, M., Rhodes, G., & Simmons, L. W. (2007). Contributions of the face and body to overall attractiveness. *Animal Behaviour, 73,* 937–942. (p. 490)

Peters, T. J., & Waterman, R. H., Jr. (1982). *In search of excellence: Lessons from America's best-run companies.* New York: Harper & Row. (p. 254)

Petersen, J. L., & Hyde, J. S. (2010). A meta-analytic review of research on gender differences in sexuality, 1993–2007. *Psychological Bulletin, 136,* 21–38. (p. 184)

Petersen, J. L., & Hyde, J. S. (2011). Gender differences in sexual attitudes and behaviors: A review of meta-analytic results and large datasets. *Journal of Sex Research, 48,* 149–165. (p. 172)

Peterson, C., & Barrett, L. C. (1987). Explanatory style and academic performance among university freshmen. *Journal of Personality and Social Psychology, 53,* 603–607. (p. 404)

Peterson, C., Peterson, J., & Skevington, S. (1986). Heated argument and adolescent development. *Journal of Social and Personal Relationships, 3,* 229–240. (p. 141)

Peterson, L. R., & Peterson, M. J. (1959). Short-term retention of individual verbal items. *Journal of Experimental Psychology, 58,* 193–198. (p. 276)

Petitto, L. A., & Marentette, P. F. (1991). Babbling in the manual mode: Evidence for the ontogeny of language. *Science, 251,* 1493–1496. (p. 320)

Pettegrew, J. W., Keshavan, M. S., & Minshew, N. J. (1993). 31P nuclear magnetic resonance spectroscopy: Neurodevelopment and schizophrenia. *Schizophrenia Bulletin, 19,* 35–53. (p. 530)

Petticrew, M., Bell, R., & Hunter, D. (2002). Influence of psychological coping on survival and recurrence in people with cancer: Systematic review. *British Medical Journal, 325,* 1066. (p. 397)

Petticrew, M., Fraser, J. M., & Regan, M. F. (1999). Adverse life events and risk of breast cancer: A meta-analysis. *British Journal of Health Psychology, 4,* 1–17. (p. 397)

Pettigrew, T. F. (1998). Reactions toward the new minorities of western Europe. *Annual Review of Sociology, 24,* 77–103. (p. 476)

Pettigrew, T. F. (2006). A two-level approach to anti-immigrant prejudice and discrimination. In R. Mahalingam (Ed.), *Cultural psychology of immigrants.* Mahwah, NJ: Erlbaum. (p. 476)

Pettigrew, T. F., Christ, O., Wagner, U., & Stellmacher, J. (2007). Direct and indirect intergroup contact effects on prejudice: A normative interpretation. *International Journal of Intercultural Relations, 31,* 411–425. (p. 499)

Pettigrew, T. F., & Tropp, L. R. (2011). *When groups meet: The dynamics of intergroup contact.* New York: Psychology Press. (p. 498)

Pew Research Center. (2006, November 14). Attitudes toward homosexuality in African countries (pewresearch.org). (p. 178)

Pew Research Center. (2007, July 18). Modern marriage: "I like hugs. I like kisses. But what I really love is help with the dishes." Pew Research Center (www.pewresearch.org). (p. 492)

Pew Research Center. (2010, February 1). Almost all millennials accept interracial dating and marriage. Pew Research Center. (www.pewresearch.org). (p. 476)

Pew. (2007, January 24). *Global warming: A divide on causes and solutions.* Pew Research Center for the People and the Press. (p. 310)

Pew. (2009a, November 4). Social isolation and new technology: How the Internet and mobile phones impact Americans' social networks. Pew Research Center (www.pewresearch.org). (p. 368)

Pew. (2009b, November 16). Teens and distracted driving. Internet & American Life Project, Pew Research Center (www.pewinternet.org). (p. 81)

Pew. (2010a). Home broadband 2010. Pew Internet & American Life Project, Pew Research Center (www.pewinternet.org). (p. 338)

Pew. (2010b, July 1). Gender equality universally embraced, but inequalities acknowledged. Pew Research Center Publications (pewresearch.org). (p. 169)

Pfammatter, M., Junghan, U. M., Brenner, H. D. (2006). Efficacy of psychological therapy in schizophrenia: Conclusions from meta-analyses. *Schizophrenia Bulletin, 32,* S64–S80. (p. 562)

Phelps, J. A., Davis J. O., & Schartz, K. M. (1997). Nature, nurture, and twin research strategies. *Current Directions in Psychological Science, 6,* 117–120. (p. 532)

Philip Morris. (2003). Philip Morris USA youth smoking prevention. Teenage attitudes and behavior study, 2002. In "Raising kids who don't smoke," vol. 1(2). (p. 111)

Phillips, A. C., Batty, G. D., Gale, C. R., Deary, I. J., Osborn, D., MacIntyre, K., & Carroll, D. (2009). Generalized anxiety disorder, major depressive disorder, and their comorbidity as predictors of all-cause and cardiovascular mortality: The Vietnam Experience Study. *Psychosomatic Medicine, 71,* 395–403. (p. 405)

Phillips, A. L. (2011). A walk in the woods. *American Scientist, 69,* 301–302. (p. 575)

Phillips, D. P. (1985). Natural experiments on the effects of mass media violence on fatal aggression: Strengths and weaknesses of a new approach. In L. Berkowitz (Ed.), *Advances in experimental social psychology* (Vol. 19). Orlando, FL: Academic Press. (p. 465)

Phillips, D. P., Carstensen, L. L., & Paight, D. J. (1989). Effects of mass media news stories on suicide, with new evidence on the role of story content. In D. R. Pfeffer (Ed.), *Suicide among youth: Perspectives on risk and prevention.* Washington, DC: American Psychiatric Press. (p. 465)

Phillips, J. L. (1969). *Origins of intellect: Piaget's theory.* San Francisco: Freeman. (p. 128)

Piaget, J. (1930). *The child's conception of physical causality.* London: Routledge & Kegan Paul. (p. 125)

Piaget, J. (1932). *The moral judgment of the child.* New York: Harcourt, Brace & World. (p. 142)

Picchioni, M. M., & Murray, R. M. (2007). Schizophrenia. *British Medical Journal, 335,* 91–95. (p. 529)

Pido-Lopez, J., Imami, N., & Aspinall, R. (2001). Both age and gender affect thymic output: More recent thymic migrants in females than males as they age. *Clinical and Experimental Immunology, 125,* 409–413. (p. 394)

Pieters, G. L. M., de Bruijn, E. R. A., Maas, Y., Hultijn, W., Vandereycken, W., Peuskens, J., & Sabbe, B. G. (2007). Action monitoring and perfectionism in anorexia nervosa. *Brain and Cognition, 63,* 42–50. (p. 536)

Pike, K. M., & Rodin, J. (1991). Mothers, daughters, and disordered eating. *Journal of Abnormal Psychology, 100,* 198–204. (p. 536)

Piliavin, J. A. (2003). Doing well by doing good: Benefits for the benefactor. In C. L. M. Keyes & J. Haidt (Eds.), *Flourishing: Positive psychology and the life well-lived.* Washington, DC: American Psychological Association. (p. 143)

Pillemer, D. B. (1995). What is remembered about early childhood events? Invited paper presentation to the American Psychological Society convention. (p. 124)

Pillemer, D. B. (1998). *Momentous events, vivid memories.* Cambridge, MA: Harvard University Press. (p. 153)

Pillemer, D. B., Ivcevic, Z., Gooze, R. A., & Collins, K. A. (2007). Self-esteem memories: Feeling good about achievement success, feeling bad about relationship distress. *Personality and Social Psychology Bulletin, 33,* 1292–1305. (p. 366)

Pilley, J. W., & Reid, A. K. (2011). Border collie comprehends object names as verbal referents. *Behavioural Processes, 86,* 184–195. (p. 325)

Pillsworth, E. G., & Haselton, M. G. (2006). Male sexual attractiveness predicts differential ovulatory shifts in female extra-pair attraction and male mate retention. *Evolution and Human Behavior, 27,* 247–258. (p. 172)

Pillsworth, M. G., Haselton, M. G., & Buss, D. M. (2004). Ovulatory shifts in female desire. *Journal of Sex Research, 41,* 55–65. (p. 172)

Pinker, S. (1995). The language instinct. *The General Psychologist, 31,* 63–65. (p. 324)

Pinker, S. (1998). Words and rules. *Lingua, 106,* 219–242. (p. 318)

Pinker, S. (2008). *The sexual paradox: Men, women, and the real gender gap.* New York: Scribner. (p. 166)

Pinker, S. (2011, September 27). A history of violence. *Edge* (www.edge.org). (p. 486)

Pinkham, A. E., Griffin, M., Baron, R., Sasson, N. J., & Gur, R. C. (2010). The face in the crowd effect: Anger superiority when using real faces and multiple identities. *Emotion, 10,* 141–146. (p. 380)

Pipe, M-E. (1996). Children's eyewitness memory. *New Zealand Journal of Psychology, 25,* 36–43. (p. 298)

Pipe, M-E., Lamb, M. E., Orbach, Y., & Esplin, P. W. (2004). Recent research on children's testimony about experienced and witnessed events. *Developmental Review, 24,* 440–468. (p. 298)

Pipher, M. (2002). *The middle of everywhere: The world's refugees come to our town.* New York: Harcourt Brace. (pp. 365, 391)

Pitcher, D., Walsh, V., Yovel, G., & Duchaine, B. (2007). TMS evidence for the involvement of the right occipital face area in early face processing. *Current Biology, 17,* 1568–1573. (p. 204)

Place, S. S., Todd, P. M., Penke, L., & Asendorph, J. B. (2009). The ability to judge the romantic interest of others. *Psychological Science, 20,* 22–26. (pp. 380, 488)

Plassmann, H., O'Doherty, J., Shiv, B., & Rangel, A. (2008). Marketing actions can modulate neural representations of experienced pleasantness. *Proceedings of the National Academy of Sciences, 105,* 1050–1054. (p. 225)

Platek, S. M., & Singh, D. (2010) Optimal waist-to-hip ratios in women activate neural reward centers in men. PLoS ONE 5(2): e9042. doi:10.1371/journal.pone.0009042. (p. 490)

Pleck, J. H., Sonenstein, F. L., & Ku, L. C. (1993). Masculinity ideology: Its impact on adolescent males' heterosexual relationships. *Journal of Social Issues, 49,* 11–29. (p. 184)

Pliner, P. (1982). The effects of mere exposure on liking for edible substances. *Appetite: Journal for Intake Research, 3,* 283–290. (p. 360)

Pliner, P., Pelchat, M., & Grabski, M. (1993). Reduction of neophobia in humans by exposure to novel foods. *Appetite, 20,* 111–123. (p. 360)

Plomin, R. (1999). Genetics and general cognitive ability. *Nature, 402*(Suppl), C25–C29. (p. 330)

Plomin, R. (2003). General cognitive ability. In R. Plomin, J. C. DeFries, I. W. Craig, & P. McGuffin (Eds.), *Behavioral genetics in a postgenomic world.* Washington, DC: APA Books. (p. 340)

Plomin, R. (2011). Why are children in the same family so different? Nonshared environment three decades later. *International Journal of Epidemiology, 40,* 582–592. (pp. 66, 147)

Plomin, R., & Bergeman, C. S. (1991). The nature of nurture: Genetic influence on "environmental" measures. *Behavioral and Brain Sciences, 14,* 373–427. (p. 67)

Plomin, R., & Daniels, D. (1987). Why are children in the same family so different from one another? *Behavioral and Brain Sciences, 10,* 1–60. (p. 147)

Plomin, R., & DeFries, J. C. (1998, May). The genetics of cognitive abilities and disabilities. *Scientific American,* pp. 62–69. (p. 341)

Plomin, R., DeFries, J. C., McClearn, G. E., & Rutter, M. (1997). *Behavioral genetics.* New York: Freeman. (pp. 63, 69, 181, 362, 532)

Plomin, R., McClearn, G. E., Pedersen, N. L., Nesselroade, J. R., & Bergeman, C. S. (1988). Genetic influence on childhood family environment perceived retrospectively from the last half of the life span. *Developmental Psychology, 24,* 37–45. (p. 67)

Plomin, R., & McGuffin, P. (2003). Psychopathology in the postgenomic era. *Annual Review of Psychology, 54,* 205–228. (p. 523)

Plomin, R., Reiss, D., Hetherington, E. M., & Howe, G. W. (1994, January). Nature and nurture: Genetic contributions to measures of the family environment. *Developmental Psychology, 30*(1), 32–43. (p. 67)

Plotkin, H. (1994). *Darwin machines and the nature of knowledge.* Cambridge, MA: Harvard University Press. (p. 523)

Plous, S., & Herzog, H. A. (2000). Poll shows researchers favor lab animal protection. *Science, 290,* 711. (p. 27)

Poelmans, G., Pauls, D. L., Buitelaar, J. K., & Franke, B. (2011). Integrated genome-wide association study findings: Identification of a neurodevelopmental network for attention deficit hyperactivity disorder. *American Journal of Psychiatry, 168,* 365–377. (p. 507)

Pogue-Geile, M. F., & Yokley, J. L. (2010). Current research on the genetic contributors to schizophrenia. *Current Directions in Psychological Science, 19,* 214–219. (p. 532)

Polanczyk, G., De Lima, M. S., Horta, B. L., Biederman, J., & Rohde, L. A. (2007). The worldwide prevalence of ADHD: A systematic review and metaregression analysis. *American Journal of Psychiatry, 164,* 942–948. (p. 507)

Poldrack, R. A., Halchenko, Y. O., & Hanson, S. J. (2009). Decoding the large-scale structure of brain function by classifying mental states across individuals. *Psychological Science, 20,* 1364–1372. (p. 49)

Polivy, J., & Herman, C. P. (2002). Causes of eating disorders. *Annual Review of Psychology, 53,* 187–213. (p. 536)

Polivy, J., Herman, C. P., & Coelho, J. S. (2008). Caloric restriction in the presence of attractive food cues: External cues, eating, and weight. *Physiology and Behavior, 94,* 729–733. (p. 360)

Pollak, S. D. (2008). Mechanisms linking early experience and the emergence of emotions. *Current Directions in Psychological Science, 17,* 370–375. (p. 136)

Pollak, S. D., Cicchetti, D., & Klorman, R. (1998). Stress, memory, and emotion: Developmental considerations from the study of child maltreatment. *Developmental Psychopathology, 10,* 811–828. (p. 243)

Pollak, S. D., & Kistler, D. J. (2002). Early experience is associated with the development of categorical representations for facial expressions of emotion. *Proceedings of the National Academy of Sciences, 99,* 9072–9076. (p. 380)

Pollak, S. D., & Tolley-Schell, S. A. (2003). Selective attention to facial emotion in physically abused children. *Journal of Abnormal Psychology, 112,* 323–328. (p. 380)

Pollard, R. (1992). 100 years in psychology and deafness: A centennial retrospective. Invited address to the American Psychological Association convention, Washington, DC. (p. 324)

Pollick, A. S., & de Waal, F. B. M. (2007). Ape gestures and language evolution. *Proceedings of the National Academic of Sciences, 104,* 8184–8189. (p. 324)

Poole, D. A., & Lindsay, D. S. (1995). Interviewing preschoolers: Effects of nonsuggestive techniques, parental coaching and leading questions on reports of nonexperienced events. *Journal of Experimental Child Psychology, 60,* 129–154. (p. 296)

Poole, D. A., & Lindsay, D. S. (2001). Children's eyewitness reports after exposure to misinformation from parents. *Journal of Experimental Psychology: Applied, 7,* 27–50. (p. 296)

Poole, D. A., & Lindsay, D. S. (2002). Reducing child witnesses' false reports of misinformation from parents. *Journal of Experimental Child Psychology, 81,* 117–140. (p. 296)

Poon, L. W. (1987). Myths and truisms: Beyond extant analyses of speed of behavior and age. Address to the Eastern Psychological Association convention. (p. 152)

Popenoe, D. (1993). The evolution of marriage and the problem of stepfamilies: A biosocial perspective. Paper presented at the National Symposium on Stepfamilies, Pennsylvania State University. (p. 452)

Poremba, A., & Gabriel, M. (2001). Amygdalar efferents initiate auditory thalamic discriminative training-induced neuronal activity. *Journal of Neuroscience, 21,* 270–278. (p. 51)

Porter, D., & Neuringer, A. (1984). Music discriminations by pigeons. *Journal of Experimental Psychology: Animal Behavior Processes, 10,* 138–148. (p. 247)

Porter, S., & Peace, K. A. (2007). The scars of memory: A prospective, longitudinal investigation of the consistency of traumatic and positive emotional memories in adulthood. *Psychological Science, 18,* 435–441. (p. 299)

Porter, S., & ten Brinke, L. (2008). Reading between the lies: Identifying concealed and falsified emotions in universal facial expressions. *Psychological Science, 19,* 508–514. (p. 380)

Posner, M. I., & Carr, T. H. (1992). Lexical access and the brain: Anatomical constraints on cognitive models of word recognition. *American Journal of Psychology, 105,* 1–26. (p. 323)

Poulton, R., & Milne, B. J. (2002). Low fear in childhood is associated with sporting prowess in adolescence and young adulthood. *Behaviour Research and Therapy, 40,* 1191–1197. (p. 539)

Powell, K. E., Thompson, P. D., Caspersen, C. J., & Kendrick, J. S. (1987). Physical activity and the incidence of coronary heart disease. *Annual Review of Public Health, 8,* 253–287. (p. 407)

Powell, R. A., & Boer, D. P. (1994). Did Freud mislead patients to confabulate memories of abuse? *Psychological Reports, 74,* 1283–1298. (p. 430)

Pratt, T. C., & Cullen, F. T. (2000). The empirical status of Gottfredson and Hirschi's general theory of crime: A meta-analysis. *Criminology, 38,* 931–964. (p. 484)

Premack, D. G., & Woodruff, G. (1978). Does the chimpanzee have a theory of mind? *Behavioral and Brain Sciences, 1,* 515–526. (p. 128)

Prentice, D. A., & Miller, D. T. (1993). Pluralistic ignorance and alcohol use on campus: Some consequences of misperceiving the social norm. *Journal of Personality and Social Psychology, 64,* 243–256. (p. 112)

Principe, G. F., Kanaya, T., Ceci, S. J., & Singh, M. (2006). Believing is seeing: How rumors can engender false memories in preschoolers. *Psychological Science, 17,* 243–248. (p. 298)

Prioleau, L., Murdock, M., & Brody, N. (1983). An analysis of psychotherapy versus placebo studies. *The Behavioral and Brain Sciences, 6,* 275–310. (p. 565)

Project Match Research Group. (1997). Matching alcoholism treatments to client heterogeneity: Project MATCH posttreatment drinking outcomes. *Journal of Studies on Alcohol, 58,* 7–29. (p. 558)

Pronin, E. (2007). Perception and misperception of bias in human judgment. *Trends in Cognitive Sciences, 11,* 37–43. (p. 449)

Propper, R. E., Stickgold, R., Keeley, R., & Christman, S. D. (2007). Is television traumatic? Dreams, stress, and media exposure in the aftermath of September 11, 2001. *Psychological Science, 18,* 334–340. (p. 94)

Provine, R. R. (2001). *Laughter: A scientific investigation.* New York: Penguin. (p. 18)

Provine, R. R., Krosnowski, K. A., & Brocato, N. W. (2009). Tearing: Breakthrough in human emotional signaling. *Evolutionary Psychology, 7,* 52–56. (p. 384)

Pryor, J. H., Hurtado, S., DeAngelo, L., Blake, L. P., & Tran, S. (2010). *The American Freshman: National Norms Fall 2009; Expanded edition.* Higher Education Research Institute, UCLA. (p. 343)

Pryor, J. H., Hurtado, S., DeAngelo, L., Blake, L. P., & Tran, S. (2011). *The American Freshman: National Norms Fall 2010.* Higher Education Research Institute, UCLA. (p. 166, 367, 390)

Pryor, J. H., Hurtado, S., Saenz, V. B., Korn, J. S., Santos, J. L., & Korn, W. S. (2006). *The American freshman: National norms for fall 2006.* Los Angeles: UCLA Higher Education Research Institute. (p. 526)

Pryor, J. H., Hurtado, S., Saenz, V. B., Lindholm, J. A., Korn, W. S., & Mahoney, K. M. (2005). *The American freshman: National norms for fall 2005.* Los Angeles: Higher Education Research Institute, UCLA. (p. 184)

Przybylski, A. K., Rigby, C. S., & Ryan, R. M. (2010). A motivational model of video game engagement. *Review of General Psychology, 14,* 154–166. (p. 486)

Psychologist. (2003, April). Who's the greatest? *The Psychologist, 16,* p. 17. (p. 129)

PTC. (2007, January 10). *Dying to entertain: Violence on prime time broadcast TV, 1998 to 2006.* Parents Television Council (www.parentstv.org). (p. 264)

Puetz, T. W., O'Connor, P. J., & Dishman, R. K. (2006). Effects of chronic exercise on feelings of energy and fatigue: A quantitative synthesis. *Psychological Bulletin, 132,* 866–876. (p. 408)

Pulkkinen, L. (2004). A longitudinal study on social development as an impetus for school reform toward an integrated school day. *European Psychologist, 9,* 125–141. (p. 137)

Pulkkinen, L. (2006). The Jyväskylä longitudinal study of personality and social development (JYLS). In L. Pulkkinen, J. Kaprio, & R. J. Rose (Eds.), *Socioemotional development and health from adolescence to adulthood* (Cambridge studies on child and adolescent health). New York: Cambridge University Press. (p. 137)

Putnam, F. W. (1991). Recent research on multiple personality disorder. *Psychiatric Clinics of North America, 14,* 489–502. (p. 535)

Putnam, F. W. (1995). Rebuttal of Paul McHugh. *Journal of the American Academy of Child and Adolescent Psychiatry, 34,* 963. (p. 535)

Putnam, R. (2000). *Bowling alone.* New York: Simon and Schuster. (p. 464)

Pyszczynski, T. A., Hamilton, J. C., Greenberg, J., & Becker, S. E. (1991). Self-awareness and psychological dysfunction. In C. R. Snyder & D. O. Forsyth (Eds.), *Handbook of social and clinical psychology: The health perspective.* New York: Pergamon. (p. 526)

Pyszczynski, T. A., Rothschild, Z., & Abdollahi, A. (2008). Terrorism, violence, and hope for peace: A terror management perspective. *Current Directions in Psychological Science 17,* 318–322. (p. 479)

Pyszczynski, T. A., Solomon, S., & Greenberg, J. (2002). *In the wake of 9/11: The psychology of terror.* Washington, DC: American Psychological Association. (p. 479)

Q

Qin, H-F., & Piao, T-J. (2011). Dispositional optimism and life satisfaction of Chinese and Japanese college students: Examining the mediating effects of affects and coping efficacy. *Chinese Journal of Clinical Psychology, 19,* 259–261. (p. 404)

Qirko, H. N. (2004). "Fictive kin" and suicide terrorism. *Science, 304,* 49–50. (p. 473)

Quinn, P. C., Bhatt, R. S., Brush, D., Grimes, A., & Sharpnack, H. (2002). Development of form similarity as a Gestalt grouping principle in infancy. *Psychological Science, 13,* 320–328. (p. 209)

Quinn, P. J., Williams, G. M., Najman, J. M., Andersen, M. J., & Bor, W. (2001). The effect of breastfeeding on child development at 5 years: A cohort study. *Journal of Pediatrics & Child Health, 3,* 465–469. (p. 22)

Quoidbach, J., Dunn, E. W., Petrides, K. V., & Mikolajczak, M. (2010). Money giveth, money taketh away: The dual effect of wealth on happiness. *Psychological Science, 21,* 759–763. (p. 415)

R

Rabbitt, P. (2006). Tales of the unexpected: 25 years of cognitive gerontology. *The Psychologist, 19,* 674–676. (p. 153)

Rabins, P., & 18 others. (2009). Scientific and ethical issues related to deep brain stimulation for disorders of mood, behavior, and thought. *Archives of General Psychiatry, 66,* 931–937. (p. 573)

Racsmány, M., Conway, M. A., & Demeter, G. (2010). Consolidation of episodic memories during sleep: Long-term effects of retrieval practice. *Psychological Science, 21,* 80–85. (p. 88)

Radford, B. (2010, February 18). Tiger Woods and sex addiction: Real disease or easy excuse? LiveScience.com (accessed via news.yahoo.com). (pp. 101, 230)

Rahman, Q., & Koerting, J. (2008). Sexual orientation-related differences in allocentric spatial memory tasks. *Hippocampus, 18,* 55–63. (pp. 182, 183)

Rahman, Q., Wilson, G. D., & Abrahams, S. (2003). Biosocial factors, sexual orientation and neurocognitive functioning. *Psychoneuroendocrinology, 29,* 867–881. (pp. 181, 183)

Raine, A. (1999). Murderous minds: Can we see the mark of Cain? *Cerebrum: The Dana Forum on Brain Science 1*(1), 15–29. (pp. 483, 539)

Raine, A. (2005). The interaction of biological and social measures in the explanation of antisocial and violent behavior. In D. M. Stoff & E. J. Susman (Eds.) *Developmental psychobiology of aggression.* New York: Cambridge University Press. (p. 483, 539)

Raine, A., Lencz, T., Bihrle, S., LaCasse, L., & Colletti, P. (2000). Reduced prefrontal gray matter volume and reduced autonomic activity in antisocial personality disorder. *Archives of General Psychiatry, 57,* 119–127. (p. 539)

Rainie, L., Purcell, K., Goulet, L. S., & Hampton, K. H. (2011, June 16). Social networking sites and our lives. *Pew Research Center* (pewresearch.org). (p. 368)

Rainville, P., Duncan, G. H., Price, D. D., Carrier, B., & Bushnell, M. C. (1997). Pain affect encoded in human anterior cingulate but not somatosensory cortex. *Science, 277,* 968–971. (p. 100)

Raison, C. L., Klein, H. M., & Steckler, M. (1999). The mood and madness reconsidered. *Journal of Affective Disorders, 53,* 99–106. (p. 539)

Rajendran, G., & Mitchell, P. (2007). Cognitive theories of autism. *Developmental Review, 27,* 224–260. (p. 130)

Ralston, A. (2004). Enough rope. Interview for ABC TV, Australia, by Andrew Denton. (www.abc.net.au/enoughrope/stories/s1227885.htm). (p. 351)

Ramachandran, V. S., & Blakeslee, S. (1998). *Phantoms in the brain: Probing the mysteries of the human mind.* New York: Morrow. (pp. 58, 222)

Ramírez-Esparza, N., Gosling, S. D., Benet-Martínez, V., Potter, J. P., & Pennebaker, J. W. (2006). Do bilinguals have two personalities? A special case of cultural frame switching. *Journal of Research in Personality, 40,* 99–120. (p. 326)

Randi, J. (1999, February 4). 2000 club mailing list e-mail letter. (p. 232)

Randler, C. (2008). Morningness–eveningness and satisfaction with life. *Social Indicators Research, 86,* 297–302. (p. 84)

Randler, C. (2009). Proactive people are morning people. *Journal of Applied Social Psychology, 39,* 2787–2797. (p. 84)

Randler, C., & Bausback, V. (2010). Morningness-eveningness in women around the transition through menopause and its relationship with climacteric complaints. *Biological Rhythm Research, 41,* in press. (p. 84)

Randler, C., & Frech, D. (2009). Young people's time-of-day preferences affect their school performance. *Journal of Youth Studies, 12,* 653–667. (p. 84)

Rapoport, J. L. (1989, March). The biology of obsessions and compulsions. *Scientific American,* pp. 83–89. (pp. 515, 518)

Räsänen, S., Pakaslahti, A., Syvalahti, E., Jones, P. B., & Isohanni, M. (2000). Sex differences in schizophrenia: A review. *Nordic Journal of Psychiatry, 54,* 37–45. (p. 530)

Rasch, B., & Born, J. (2008). Reactivation and consolidation of memory during sleep. *Current Directions in Psychological Science, 17,* 188–192. (p. 88)

Rasmussen, H. N., Scheier, M. F., & Greenhouse, J. B. (2010). Optimism and physical health: A meta-analytic review. *Annals of Behavioral Medicine, 37,* 239–256. (p. 404)

Rath, T., & Harter, J. K. (2010, August 19). Your friends and your social wellbeing: Close friendships are vital to health, happiness, and even workplace productivity. *Gallup Management Journal* (ww.gmj.gallup.com). (p. B-12)

Ray, O., & Ksir, C. (1990). *Drugs, society, and human behavior* (5th ed.). St. Louis: Times Mirror/Mosby. (p. 106)

Raynor, H. A., & Epstein, L. H. (2001). Dietary variety, energy regulation, and obesity. *Psychological Bulletin, 127,* 325–341. (p. 359)

Read, J., & Bentall, R. (2010). The effectiveness of electroconvulsive therapy: A literature review. *Epidemiologica e Psichiatria Sociale, 19,* 333–347. (p. 572)

Reason, J. (1987). The Chernobyl errors. *Bulletin of the British Psychological Society, 40,* 201–206. (p. 474)

Reason, J., & Mycielska, K. (1982). *Absent-minded? The psychology of mental lapses and everyday errors.* Englewood Cliffs, NJ: Prentice-Hall. (p. 198)

Reed, P. (2000). Serial position effects in recognition memory for odors. *Journal of Experimental Psychology: Learning, Memory, and Cognition, 26,* 411–422. (p. 288)

Rees, M. (1999). *Just six numbers: The deep forces that shape the universe.* New York: Basic Books. (p. 71)

Regan, P. C., & Atkins, L. (2007). Sex differences and similarities in frequency and intensity of sexual desire. *Social Behavior and Personality, 34,* 95–102. (p. 184)

Reichardt, C. S. (2010). Testing astrological predictions about sex, marriage, and selfishness. *Skeptic Magazine, 15*(4), 40–45. (p. 438)

Reichenberg, A., Gross, R., Weiser, M., Bresnahan, M., Silverman, J., Harlap, S., Rabinoqitz, J., Shulman, C., Malaspina, D., Lubin, G., Knobler, H Y., Davidson, M., & Susser, E. (2007). Advancing paternal age and autism. *Archives of General Psychiatry, 63*, 1026–1032. (p. 130)

Reichenberg, A., & Harvey, P. D. (2007). Neuropsychological impairments in schizophrenia: Integration of performance-based and brain imaging findings. *Psychological Bulletin, 133*, 833–858. (p. 529)

Reichert, R. A., Robb, M. B., Fender, J. G., & Wartella, E. (2010). Word learning from baby videos. *Archives of Pediatrics & Adolescent Medicine, 164*, 432–437. (p. 341)

Reichle, E. D., Reineberg, A. E., & Schooler, J. W. (2010). Eye movements during mindless reading. *Psychological Science, 21*, 1300–1310. (p. 80)

Reifman, A., & Cleveland, H. H. (2007). Shared environment: A quantitative review. Paper presented to the Society for Research in Child Development, Boston, MA. (p. 66)

Reifman, A. S., Larrick, R. P., & Fein, S. (1991). Temper and temperature on the diamond: The heat-aggression relationship in major league baseball. *Personality and Social Psychology Bulletin, 17*, 580–585. (p. 483)

Reimann, F., & 24 others. (2010). Pain perception is altered by a nucleotide polymorphism in SCN9A. *PNAS, 107*, 5148–5153. (p. 221)

Reiner, W. G., & Gearhart, J. P. (2004). Discordant sexual identity in some genetic males with cloacal exstrophy assigned to female sex at birth. *New England Journal of Medicine, 350*, 333–341. (p. 169)

Reis, H. T., & Aron, A. (2008). Love: What is it, why does it matter, and how does it operate? *Perspectives on Psychological Science, 3*, 80–86. (p. 492)

Reis, H. T., Smith, S. M., Carmichael, C. L., Caprariello, P. A., Tsa, F-F., Rodrigues, A., & Maniaci, M. R. (2010). Are you happy for me? How sharing positive events with others provides personal and interpersonal benefits. *Journal of Personality and Social Psychology, 99*, 311–329. (p. 494)

Reis, S. M. (2001). Toward a theory of creativity in diverse creative women. In M. Bloom & T. Gullotta (Eds.), *Promoting creativity across the life span* (pp. 231–276). Washington, DC: CWLA. (p. 315)

Reisenzein, R. (1983). The Schachter theory of emotion: Two decades later. *Psychological Bulletin, 94*, 239–264. (p. 373)

Reiser, M. (1982). *Police psychology*. Los Angeles: LEHI. (p. 230)

Reitzle, M. (2006). The connections between adulthood transitions and the self-perception of being adult in the changing contexts of East and West Germany. *European Psychologist, 11*, 25–38. (p. 149)

Remick, A. K., Polivy, J., & Pliner, P. (2009). Internal and external moderators of the effect of variety on food intake. *Psychological Bulletin, 135*, 434–451. (p. 360)

Remington, A., Swettenham, J., Campbell, R., & Coleman, M. (2009). Selective attention and perceptual load in autism spectrum disorder. *Psychological Science, 20*, 1388–1393. (p. 130)

Remley, A. (1988, October). From obedience to independence. *Psychology Today*, pp. 56–59. (p. 138)

Renner, M. J., & Renner, C. H. (1993). Expert and novice intuitive judgments about animal behavior. *Bulletin of the Psychonomic Society, 31*, 551–552. (p. 122)

Renner, M. J., & Rosenzweig, M. R. (1987). *Enriched and impoverished environments: Effects on brain and behavior*. New York: Springer-Verlag. (p. 122)

Renninger, K. A., & Granott, N. (2005). The process of scaffolding in learning and development. *New Ideas in Psychology, 23*(3), 111–114. (p. 129)

Rentfrow, P. J., & Gosling, S. D. (2003). The Do Re Mi's of everyday life: The structure and personality correlates of music preferences. *Journal of Personality and Social Psychology, 84*, 1236–1256. (p. 442)

Rentfrow, P. J., & Gosling, S. D. (2006). Message in a ballad: The role of music preferences in interpersonal perception. *Psychological Science, 17*, 236–242. (p. 442)

Repetti, R. L., Taylor, S. E., & Seeman, T. E. (2002). Risky families: Family social environments and the mental and physical health of offspring. *Psychological Bulletin, 128*, 330–366. (p. 391)

Repetti, R. L., Wang, S-W., & Saxbe, D. (2009). Bringing it all back home: How outside stressors shape families' everyday lives. *Current Directions in Psychological Science, 18*, 106–111. (p. 392)

Rescorla, R. A., & Wagner, A. R. (1972). A theory of Pavlovian conditioning: Variations in the effectiveness of reinforcement and nonreinforcement. In A. H. Black & W. F. Perokasy (Eds.), *Classical conditioning II: Current theory*. New York: Appleton-Century-Crofts. (p. 259)

Resnick, M. D., Bearman, P. S., Blum, R. W., Bauman, K. E., Harris, K. M., Jones, J., Tabor, J., Beuhring, T., Sieving, R., Shew, M., Bearinger, L. H., & Udry, J. R. (1997). Protecting adolescents from harm: Findings from the National Longitudinal Study on Adolescent Health. *Journal of the American Medical Association, 278*, 823–832. (pp. 21, 82, 146)

Resnick, S. M. (1992). Positron emission tomography in psychiatric illness. *Current Directions in Psychological Science, 1*, 92–98. (p. 530)

Rethorst, C. D., Wipfli, B. M., & Landers, D. M. (2009). The antidepressive effects of exercise: A meta-analysis of randomized trials. *Sports Medicine, 39*, 491–511. (p. 408)

Reuters. (2000, July 5). Many teens regret decision to have sex (National Campaign to Prevent Teen Pregnancy survey). www.washingtonpost.com. (p. 176)

Reyna, V. F., & Farley, F. (2006). Risk and rationality in adolescent decision making: Implications for theory, practice, and public policy. *Psychological Science in the Public Interest, 7*(1), 1–44. (p. 141)

Reynolds, C. R., Niland, J., Wright, J. E., & Rosenn, M. (2010). Failure to apply the Flynn correction in death penalty litigation: Standard practice of today maybe, but certainly malpractice of tomorrow. *Journal of Psychoeducational Assessment, 28*, 477–481. (p. 338)

Reynolds, G. (2009, November 18). Phys ed: Why exercise makes you less anxious. *New York Times blog* (well.blogs.nytimes.com). (p. 408)

Rhoades, G. K., Stanley, S. M., & Markman, H. J. (2009). The pre-engagement cohabitation effect: A replication and extension of previous findings. *Journal of Family Psychology, 23*, 107–111. (p. 155)

Rholes, W. S., & Simpson, J. A. (Eds.). (2004). *Adult attachment: Theory, research, and clinical implications*. New York: Guilford. (p. 135)

Rholes, W. S., Simpson, J. A., & Friedman, M. (2006). Avoidant attachment and the experience of parenting. *Personality and Social Psychology Bulletin, 32*, 275–285. (p. 135)

Ribeiro, R., Gervasoni, D., Soares, E. S., Zhou, Y., Lin, S-C., Pantoja, J., Lavine, M., & Nicolelis, M. A. L. (2004). Long-lasting novelty-induced neuronal reverberation during slow-wave sleep in multiple forebrain areas. *PloS Biology, 2*(1), e37 (www.plosbiology.org). (p. 88)

Ricciardelli, L. A., & McCabe, M. P. (2004). A biopsychosocial model of disordered eating and the pursuit of muscularity in adolescent boys. *Psychological Bulletin, 130*, 179–205. (p. 536)

Rice, M. E., & Grusec, J. E. (1975). Saying and doing: Effects on observer performance. *Journal of Personality and Social Psychology, 32*, 584–593. (p. 264)

Richeson, J. A., & Shelton, J. N. (2007). Negotiating interracial interactions. *Current Directions in Psychological Science, 16*, 316–320. (p. 499)

Rieff, P. (1979). *Freud: The mind of a moralist* (3rd ed.). Chicago: University of Chicago Press. (p. 431)

Riis, J., Loewenstein, G., Baron, J., Jepson, C., Fagerlin, A., & Ubel, P. A. (2005). Ignorance of hedonic adaptation to hemodialysis: A study using ecological momentary assessment. *Journal of Experimental Psychology: General, 134*, 3–9. (p. 414)

Riley, L. D., & Bowen, C. (2005). The sandwich generation: Challenges and coping strategies of multigenerational families. *The Family Journal, 13*, 52–58. (p. 154)

Rindermann, H., & Ceci, S. J. (2009). Educational policy and country outcomes in international cognitive competence studies.

Perspectives on Psychological Science, 4, 551–577. (p. 344)

Riskind, J. H., Beck, A. T., Berchick, R. J., Brown, G., & Steer, R. A. (1987). Reliability of DSM-III diagnoses for major depression and generalized anxiety disorder using the structured clinical interview for DSM-III. *Archives of General Psychiatry, 44,* 817–820. (p. 509)

Rizzolatti, G., Fadiga, L., Fogassi, L., & Gallese, V. (2002). From mirror neurons to imitation: Facts and speculations. In A. N. Meltzoff & W. Prinz (Eds.), *The imitative mind: Development, evolution, and brain bases.* Cambridge: Cambridge University Press. (p. 262)

Rizzolatti, G., Fogassi, L., & Gallese, V. (2006, November). Mirrors in the mind. *Scientific American,* pp. 54–61. (p. 262)

Roberson, D., Davidoff, J., Davies, I. R. L., & Shapiro, L. R. (2004). The development of color categories in two languages: A longitudinal study. *Journal of Experimental Psychology: General, 133,* 554–571. (p. 326)

Roberson, D., Davies, I. R. L., Corbett, G. G., & Vandervyver, M. (2005). Free-sorting of colors across cultures: Are there universal grounds for grouping? *Journal of Cognition and Culture, 5,* 349–386. (p. 326)

Roberts, B. W., Caspi, A., & Moffitt, T. E. (2001). The kids are alright: Growth and stability in personality development from adolescence to adulthood. *Journal of Personality and Social Psychology, 81,* 670–683. (p. 159)

Roberts, B. W., Caspi, A., & Moffitt, T. E. (2003). Work experiences and personality development in young adulthood. *Journal of Personality and Social Psychology, 84,* 582–593. (p. 159)

Roberts, B. W., & DelVecchio, W. F. (2000). The rank-order consistency of personality traits from childhood to old age: A quantitative review of longitudinal studies. *Psychological Bulletin, 126,* 3–25. (p. 441)

Roberts, B. W., Kuncel, N. R., Shiner, R., Caspi, A., & Goldberg, L. R. (2007). The power of personality: The comparative validity of personality traits, socioeconomic status, and cognitive ability for predicting important life outcomes. *Perspectives on Psychological Science, 2,* 313–345. (p. 442)

Roberts, B. W., & Mroczek, D. (2008). Personality trait change in adulthood. *Current Directions in Psychological Science, 17,* 31–35. (p. 159)

Roberts, B. W., Walton, K. E., & Viechtbauer, W. (2006). Patterns of mean-level change in personality traits across the life course: A meta-analysis of longitudinal studies. *Psychological Bulletin, 132,* 1–25. (p. 159)

Roberts, L. (1988). Beyond Noah's ark: What do we need to know? *Science, 242,* 1247. (p. 403)

Roberts, T-A. (1991). Determinants of gender differences in responsiveness to others' evaluations. *Dissertation Abstracts International, 51*(8–B). (p. 165)

Robertson, K. F., Smeets, S., Lubinski, D., & Benbow, C. P. (2010). Beyond the threshold hypothesis: Even among the gifted and top math/science graduate students, cognitive abilitieis, vocational interests, and lifestyle preferences matter for career choice, performance, and persistence. *Current Directions in Psychological Science, 19,* 346–351. (p. 314)

Robins, L. N., Davis, D. H., & Goodwin, D. W. (1974). Drug use by U.S. Army enlisted men in Vietnam: A follow-up on their return home. *American Journal of Epidemiology, 99,* 235–249. (p. 112)

Robins, L. N., & Regier, D. A. (Eds.). (1991). *Psychiatric disorders in America.* New York: Free Press. (p. 541)

Robins, R. W., & Trzesniewski, K. H. (2005). Self-esteem development across the lifespan. *Current Directions in Psychological Science, 14*(3), 158–162. (p. 156)

Robins, R. W., Trzesniewski, K. H., Tracy, J. L., Gosling, S. D., & Potter, J. (2002). Global self-esteem across the lifespan. *Psychology and Aging, 17,* 423–434. (p. 145)

Robinson, F. P. (1970). *Effective study.* New York: Harper & Row. (p. 29)

Robinson, J. P., & Martin, S. (2008). What Do Happy People Do? *Social Indicators Research, 89,* 565–571. (p. B-2)

Robinson, J. P., & Martin, S. (2009). Changes in American daily life: 1965–2005. *Social Indicators Research, 93,* 47–56. (pp. 87, 264)

Robinson, T. E., & Berridge, K. C. (2003). Addiction. *Annual Review of Psychology, 54,* 25–53. (p. 101)

Robinson, T. N. (1999). Reducing children's television viewing to prevent obesity. *Journal of the American Medical Association, 282,* 1561–1567. (p. 363)

Robinson, T. N., Borzekowski, D. L. G., Matheson, D. M., & Kraemer, H. C. (2007). Effects of fast food branding on young children's taste preferences. *Archives of Pediatric and Adolescent Medicine, 161,* 792–797. (p. 198)

Robinson, V. M. (1983). Humor and health. In P. E. McGhee & J. H. Goldstein (Eds.), *Handbook of humor research: Vol. II. Applied studies.* New York: Springer-Verlag. (p. 405)

Rochat, F. (1993). How did they resist authority? Protecting refugees in Le Chambon during World War II. Paper presented at the American Psychological Association convention. (p. 470)

Rock, I., & Palmer, S. (1990, December). The legacy of Gestalt psychology. *Scientific American,* pp. 84–90. (p. 209)

Rodenburg, R., Benjamin, A., de Roos, C., Meijer, A. M., & Stams, G. J. (2009). Efficacy of EMDR in children: A meta-analysis. *Clinical Psychology Review, 29,* 599–606. (p. 564)

Rodin, J. (1986). Aging and health: Effects of the sense of control. *Science, 233,* 1271–1276. (p. 402)

Roediger, H. L., III, & Finn, B. (2010, March/April). The pluses of getting it wrong. *Scientific American Mind,* pp. 39–41. (p. 30)

Roediger, H. L., III, & Karpicke, J. D. (2006). Test-enhanced learning: Taking memory tests improves long-term retention. *Psychological Science, 17,* 249–255. (pp. 29, 278)

Roediger, H. L., III, & McDermott, K. B. (1995). Creating false memories: Remembering words not presented in lists. *Journal of Experimental Psychology: Learning, Memory, and Cognition, 21,* 803–814. (p. 297)

Roediger, H. L., III, Wheeler, M. A., & Rajaram, S. (1993). Remembering, knowing, and reconstructing the past. In D. L. Medin (Ed.), *The psychology of learning and motivation: Advances in research and theory* (Vol. 30). Orlando, FL: Academic Press. (p. 297)

Roehling, P. V., Roehling, M. V., & Moen, P. (2001). The relationship between work-life policies and practices and employee loyalty: A life course perspective. *Journal of Family and Economic Issues, 22,* 141–170. (p. B-12)

Roelofs, T. (2010, September 22). Somali refugee takes oath of U.S. citizenship year after his brother. *Grand Rapids Press* (www.mlive.com). (p. B-8)

Roenneberg, T., Kuehnle, T., Pramstaller, P. P., Ricken, J., Havel, M., Guth, A., Merrow, M. (2004). A marker for the end of adolescence. *Current Biology, 14,* R1038–R1039. (p. 84)

Roese, N. J., & Summerville, A. (2005). What we regret most . . . and why. *Personality and Social Psychology Bulletin, 31,* 1273–1285. (p. 156)

Roesser, R. (1998). What you should know about hearing conservation. *Better Hearing Institute* (www.betterhearing.org). (p. 217)

Rogers, C. R. (1958). Reinhold Niebuhr's *The self and the dramas of history:* A criticism. *Pastoral Psychology, 9,* 15–17. (p. 448)

Rogers, C. R. (1961). *On becoming a person: A therapist's view of psychotherapy.* Boston; Houghton Mifflin. (p. 549)

Rogers, C. R. (1980). *A way of being.* Boston: Houghton Mifflin. (pp. 433, 549)

Rohan, K. J., Roecklein, K. A., Lindsey, K. T., Johnson, L. G., Lippy, R. D., Lacy, T. J., & Barton, F. B. (2007). A randomized controlled trial of cognitive-behavioral therapy, light therapy, and their combination for seasonal affective disorder. *Journal of Consulting and Clinical Psychology, 75,* 489–500. (p. 564)

Rohner, R. P. (1986). *The warmth dimension: Foundations of parental acceptance-rejection theory.* Newbury Park, CA: Sage. (p. 139)

Rohner, R. P., & Veneziano, R. A. (2001). The importance of father love: History and contemporary evidence. *Review of General Psychology, 5,* 382–405. (pp. 135, 138)

Rohrer, D., & Pashler, H. (2007). Increasing retention without increasing study time. *Current Directions in Psychological Science, 16,* 183–186. (p. 278)

Roiser, J. P., Cook, L. J., Cooper, J. D., Rubinsztein, D. C., & Sahakian, B. J. (2005). Association of a functional polymorphism in the serotonin transporter gene with abnormal emotional processing in Ecstasy users. *American Journal of Psychiatry, 162,* 609–612. (p. 107)

Rokach, A., Orzeck, T., Moya, M., & Exposito, F. (2002). Causes of loneliness in North America and Spain. *European Psychologist, 7,* 70–79. (p. 26)

Ronay, R., & von Hippel, W. (2010). The presence of an attractive woman elevates testosterone and physical risk taking in young men. *Social Psychology and Personality Science, 1,* 57–64. (p. 172)

Root, T. L., Thornton, L. M., Lindroos, A. K., Stunkard, A. J., Lichtenstein, P., Pedersen, N. L., Rasmussen, F., & Bulik, C. M. (2010). Shared and unique genetic and environmental influences on binge eating and night eating: A Swedish twin study. *Eating Behaviors, 11,* 92–98. (p. 536)

Rosa-Alcázar, A. I., Sáncez-Meca, J., Gómez-Conesa, A., & Marín-Martínez, F. (2008). Psychological treatment of obsessive-compulsive disorder: A meta-analysis. *Clinical Psychology Review, 28,* 1310–1325. (p. 551)

Rosch, E. (1978). Principles of categorization. In E. Rosch & B. L. Lloyd (Eds.), *Cognition and categorization.* Hillsdale, NJ: Erlbaum. (p. 306)

Rose, A. J., & Rudolph, K. D. (2006). A review of sex differences in peer relationship processes: Potential trade-offs for the emotional and behavioral development of girls and boys. *Psychological Bulletin, 132,* 98–131. (p. 165)

Rose, J. S., Chassin, L., Presson, C. C., & Sherman, S. J. (1999). Peer influences on adolescent cigarette smoking: A prospective sibling analysis. *Merrill-Palmer Quarterly, 45,* 62–84. (pp. 111, 146)

Rose, R. J. (2004). Developmental research as impetus for school reform. *European Psychologist, 9,* 142–144. (p. 137)

Rose, R. J., Viken, R. J., Dick, D. M., Bates, J. E., Pulkkinen, L., & Kaprio, J. (2003). It *does* take a village: Nonfamiliar environments and children's behavior. *Psychological Science, 14,* 273–277. (p. 146)

Rose, S. (1999). Precis of lifelines: Biology, freedom, determinism. *Behavioral and Brain Sciences, 22,* 871–921. (p. 185)

Roselli, C. E., Larkin, K., Schrunk, J. M., & Stormshak, F. (2004). Sexual partner preference, hypothalamic morphology and aromatase in rams. *Physiology and Behavior, 83,* 233–245. (p. 181)

Roselli, C. E., Resko, J. A., & Stormshak, F. (2002). Hormonal influences on sexual partner preference in rams. *Archives of Sexual Behavior, 31,* 43–49. (p. 181)

Rosenbaum, M. (1986). The repulsion hypothesis: On the nondevelopment of relationships. *Journal of Personality and Social Psychology, 51,* 1156–1166. (p. 491)

Rosenberg, N. A., Pritchard, J. K., Weber, J. L., Cann, H. M., Kidd, K. K., Zhivotosky, L. A., & Feldman, M. W. (2002). Genetic structure of human populations. *Science, 298,* 2381–2385. (p. 344)

Rosenberg, T. (2010, November 1). The opt-out solution. *New York Times* (www.nytimes.com). (p. 313)

Rosenhan, D. L. (1973). On being sane in insane places. *Science, 179,* 250–258. (p. 510)

Rosenthal, R., Hall, J. A., Archer, D., DiMatteo, M. R., & Rogers, P. L. (1979). The PONS test: Measuring sensitivity to nonverbal cues. In S. Weitz (Ed.), *Nonverbal communication* (2nd ed.). New York: Oxford University Press. (p. 381)

Rosenzweig, M. R. (1984). Experience, memory, and the brain. *American Psychologist, 39,* 365–376. (p. 122)

Roseth, C. J., Johnson, D. W., & Johnson, R. T. (2008). Promoting early adolescents' achievement and peer relationships: The effects of cooperative, competitive, and individualistic goal structures. *Psychological Bulletin, 134,* 223–246. (p. 499)

Rosin, H. (2010, July, August). The end of men. *The Atlantic* (www.theatlantic.com). (p. 170)

Ross, J. (2006, December). Sleep on a problem . . . it works like a dream. *The Psychologist, 19,* 738–740. (p. 88)

Ross, L. (1977). The intuitive psychologist and his shortcomings: Distortions in the attribution process. In L. Berkowitz (Ed.) *Advances in experimental social psychology* (Vol. 10). New York: Academic Press. (p. 458)

Ross, M., McFarland, C., & Fletcher, G. J. O. (1981). The effect of attitude on the recall of personal histories. *Journal of Personality and Social Psychology, 40,* 627–634. (p. 293)

Ross, M., Xun, W. Q. E., & Wilson, A. E. (2002). Language and the bicultural self. *Personality and Social Psychology Bulletin, 28,* 1040–1050. (p. 326)

Rossi, P. J. (1968). Adaptation and negative aftereffect to lateral optical displacement in newly hatched chicks. *Science, 160,* 430–432. (p. 215)

Rostosky, S. S., Riggle, E. D. G., Horne, S. G., Denton, F. N., & Huellemeier, J. D. (2010). Lesbian, gay, and bisexual individuals' psychological reactions to amendments denying access to civil marriage. *American Journal of Orthopsychiatry, 80,* 302–310. (p. 392)

Roth, T., Roehrs, T., Zwyghuizen-Doorenbos, A., Stpeanski, E., & Witting, R. (1988). Sleep and memory. In I. Hindmarch & H. Ott (Eds.), *Benzodiazepine receptor ligans, memory and information processing.* New York: Springer-Verlag. (p. 94)

Rothbart, M., Fulero, S., Jensen, C., Howard, J., & Birrell, P. (1978). From individual to group impressions: Availability heuristics in stereotype formation. *Journal of Experimental Social Psychology, 14,* 237–255. (p. 480)

Rothbart, M. K., Ahadi, S. A., & Evans, D. E. (2000). Temperament and personality: Origins and outcomes. *Journal of Personality and Social Psychology, 78,* 122–135. (p. 134)

Rothbaum, F., & Tsang, B. Y-P. (1998). Lovesongs in the United States and China: On the nature of romantic love. *Journal of Cross-Cultural Psychology, 29,* 306–319. (p. 452)

Rothman, A. J., & Salovey, P. (1997). Shaping perceptions to motivate healthy behavior: The role of message framing. *Psychological Bulletin, 121,* 3–19. (p. 312)

Rotton, J., & Kelly, I. W. (1985). Much ado about the full moon: A metaanalysis of lunar-lunacy research. *Psychological Bulletin, 97,* 286–306. (p. 539)

Rovee-Collier, C. (1989). The joy of kicking: Memories, motives, and mobiles. In P. R. Solomon, G. R. Goethals, C. M. Kelley, & B. R. Stephens (Eds.), *Memory: Interdisciplinary approaches.* New York: Springer-Verlag. (p. 124)

Rovee-Collier, C. (1993). The capacity for long-term memory in infancy. *Current Directions in Psychological Science, 2,* 130–135. (p. 287)

Rovee-Collier, C. (1997). Dissociations in infant memory: Rethinking the development of implicit and explicit memory. *Psychological Review, 104,* 467–498. (p. 124)

Rovee-Collier, C. (1999). The development of infant memory. *Current Directions in Psychological Science, 8,* 80–85. (p. 124)

Rowe, D. C. (1990). As the twig is bent? The myth of child-rearing influences on personality development. *Journal of Counseling and Development, 68,* 606–611. (p. 66)

Rowe, D. C., Almeida, D. M., & Jacobson, K. C. (1999). School context and genetic influences on aggression in adolescence. *Psychological Science, 10,* 277–280. (p. 481)

Rowe, D. C., Jacobson, K. C., & Van den Oord, E. J. C. G. (1999). Genetic and environmental influences on vocabulary IQ: Parental education level as moderator. *Child Development, 70*(5), 1151–1162. (p. 340)

Royal College of Psychiatrists. (2009.) *Good psychiatric practice* (3rd ed.). London: Royal College of Psychiatrists. (p. 183)

Rozin, P., Dow, S., Mosovitch, M., & Rajaram, S. (1998). What causes humans to begin and end a meal? A role for memory for what has been eaten, as evidenced by a study of multiple meal eating in amnesic patients. *Psychological Science, 9,* 392–396. (p. 359)

Rozin, P., Millman, L., & Nemeroff, C. (1986). Operation of the laws of sympathetic magic in disgust and other domains. *Journal of Personality and Social Psychology, 50,* 703–712. (p. 244)

Rubenstein, J. S., Meyer, D. E., & Evans, J. E. (2001). Executive control of cognitive processes in task switching. *Journal of Experimental Psychology: Human Perception and Performance, 27,* 763–797. (p. 81)

Rubin, D. C., Rahhal, T. A., & Poon, L. W. (1998). Things learned in early adulthood are remembered best. *Memory and Cognition, 26,* 3–19. (p. 153)

Rubin, J. Z., Pruitt, D. G., & Kim, S. H. (1994). *Social conflict: Escalation, stalemate, and settlement.* New York: McGraw-Hill. (p. 500)

Rubin, L. B. (1985). *Just friends: The role of friendship in our lives.* New York: Harper & Row. (p. 166)

Rubin, Z. (1970). Measurement of romantic love. *Journal of Personality and Social Psychology, 16,* 265–273. (p. 379)

Ruchlis, H. (1990). *Clear thinking: A practical introduction.* Buffalo, NY: Prometheus Books. (p. 307)

Rueckert, L., Doan, T., & Branch, B. (2010). Emotion and relationship effects on gender differences in empathy. Presented at the annual meeting of the Association for Psychological Science, Boston, MA, May, 2010. (p. 382)

Ruffin, C. L. (1993). Stress and health—little hassles vs. major life events. *Australian Psychologist, 28,* 201–208. (p. 392)

Rule, B. G., & Ferguson, T. J. (1986). The effects of media violence on attitudes, emotions, and cognitions. *Journal of Social Issues, 42*(3), 29–50. (p. 265)

Rumbaugh, D. M. (1977). *Language learning by a chimpanzee: The Lana project.* New York: Academic Press. (p. 324)

Rushton, J. P. (1975). Generosity in children: Immediate and long-term effects of modeling, preaching, and moral judgment. *Journal of Personality and Social Psychology, 31,* 459–466. (p. 264)

Russell, B. (1930/1985). *The conquest of happiness.* London: Unwin Paperbacks. (p. 417)

Rusting, C. L., & Nolen-Hoeksema, S. (1998). Regulating responses to anger: Effects of rumination and distraction on angry mood. *Journal of Personality and Social Psychology, 74,* 790–803. (p. 398)

Ryan, R. M. (1999, February 2). Quoted by Alfie Kohn, In pursuit of affluence, at a high price. *New York Times* (www.nytimes.com). (pp. 415, 416)

Ryan, R. M., & Deci, E. L. (2004). Avoiding death or engaging life as accounts of meaning and culture: Comment on Pyszczynski et al. (2004). *Psychological Bulletin, 130,* 473–477. (p. 450)

Rydell, R. J., Rydell, M. T., & Boucher, K. L. (2010). The effect of negative performance stereotypes on learning. *Journal of Personality and Social Psychology, 99,* 883–896. (p. 346)

Ryugo, D. K., Baker, C. A., Montey K. L., Chang, L.Y., Coco, A., Fallon, J. B., Shepherd, R. K. (2010). Synaptic plasticity after chemical deafening and electrical stimulation of the auditory nerve in cats. *Journal of Comparative Neurology, 518,* 1046–1063. (p. 218)

S

Saad, L. (2002, November 21). Most smokers wish they could quit. *Gallup News Service* (www.gallup.com). (p. 105)

Sabbagh, M. A., Xu, F., Carlson, S. M., Moses, L. J., & Lee, K. (2006). The development of executive functioning and theory of mind: A comparison of Chinese and U.S. preschoolers. *Psychological Science, 17,* 74–81. (p. 128)

Sabini, J. (1986). Stanley Milgram (1933–1984). *American Psychologist, 41,* 1378–1379. (p. 467)

Sachdev, P., & Sachdev, J. (1997). Sixty years of psychosurgery: Its present status and its future. *Australian and New Zealand Journal of Psychiatry, 31,* 457–464. (p. 574)

Sackett, P. R., Borneman, M. J., & Connelly, B. S. (2008). High-stakes testing in higher education and employment: Appraising the evidence for validity and fairness. *American Psychologist, 63,* 215–227. (p. 346)

Sackett, P. R., Hardison, C. M., & Cullen, M. J. (2004). On interpreting stereotype threat as accounting for African American-White differences on cognitive tests. *American Psychologist, 59,* 7–13. (p. 346)

Sackett, P. R., & Lievens, F. (2008). Personnel selection. *Annual Review of Psychology, 59,* 419–450. (p. B-4)

Sacks, D. P., Bushman, B. J., & Anderson, C. A. (2011). Do violent video games harm children? Comparing the scientific amicus curiae "experts" in Brown v. Entertainment Merchants Association. *Northwestern University Law Review Colloquy, 106,* 1–12. (p. 485)

Sacks, O. (1985). *The man who mistook his wife for a hat.* New York: Summit Books. (pp. 227, 290)

Sadato, N., Pascual-Leone, A., Grafman, J., Ibanez, V., Deiber, M-P., Dold, G., & Hallett, M. (1996). Activation of the primary visual cortex by Braille reading in blind subjects. *Nature, 380,* 526–528. (p. 58)

Sadler, M. S., Meagor, E. L., & Kaye, M. E. (2012). Stereotypes of mental disorders differ in competence and warmth. *Social Science and Medicine, 74,* 915–922. (p. 510)

Sagan, C. (1979). *Broca's brain.* New York: Random House. (p. 14)

Sagan, C. (1987, February 1). The fine art of baloney detection. *Parade.* (p. 231)

Salmela-Aro, K., Tolvanen, A., & Nurmi, J. (2009). Achievement strategies during university studies predict early career burnout and engagement. *Journal of Vocational Behavior, 75,* 162–172. (p. B-5)

Salmon, P. (2001). Effects of physical exercise on anxiety, depression, and sensitivity to stress: A unifying theory. *Clinical Psychology Review, 21,* 33–61. (p. 408)

Salovey, P. (1990, January/February). Interview. *American Scientist,* pp. 25–29. (p. 413)

Salthouse, T. A. (2009). When does age-related cognitive decline begin? *Neurobiology of Aging, 30,* 507–514. (p. 337)

Salthouse, T. A. (2010b). Selective review of cognitive aging. *Journal of the International Neuropsychological Society, 16,* 754–760. (p. 337)

Sampson, E. E. (2000). Reinterpreting individualism and collectivism: Their religious roots and monologic versus dialogic person-other relationship. *American Psychologist, 55,* 1425–1432. (p. 451)

Samuels, J., & Nestadt, G. (1997). Epidemiology and genetics of obsessive-compulsive disorder. *International Review of Psychiatry, 9,* 61–71. (p. 515)

Samuels, S., & McCabe, G. (1989). Quoted by P. Diaconis & F. Mosteller, Methods for studying coincidences. *Journal of the American Statistical Association, 84,* 853–861. (p. 13)

Sánchez-Villegas, A., Delgado-Rodríguez, M., Alonson, A., Schlatter, J., Lahortiga, F., Majem, L. S., & Martínez-González, M. A. (2009). Association of the Mediterranean dietary pattern with the incidence of depression. *Archives of General Psychiatry, 66,* 1090–1098. (p. 525)

Sandfort, T. G. M., de Graaf, R., Bijl, R., & Schnabel, P. (2001). Same-sex sexual behavior and psychiatric disorders. *Archives of General Psychiatry, 58,* 85–91. (pp. 178, 179)

Sandkühler, S., & Bhattacharya, J. (2008). Deconstructing insight: EEG correlates of insightful problem solving. *PloS ONE, 3,* e1459 (www.plosone.org). (p. 307)

Sandler, W., Meir, I., Padden, C., & Aronoff, M. (2005). The emergence of grammar: Systematic structure in a new language. *Proceedings of the National Academy of Sciences, 102,* 2261–2265. (p. 321)

Santos, A., Meyer-Lindenberg, A., & Deruelle, C. (2010). Absence of racial, but not gender, stereotyping in Williams syndrome children. *Current Biology, 20,* R307–R308. (p. 479)

Sanz, C., Blicher, A., Dalke, K., Gratton-Fabri, L., McClure-Richards, T., & Fouts, R. (1998, Winter-Spring). Enrichment object use: Five chimpanzees' use of temporary and semi-permanent enrichment objects. *Friends of Washoe, 19*(1,2), 9–14. (p. 324)

Sanz, C., Morgan, D., & Gulick, S. (2004). New insights into chimpanzees, tools, and termites from the Congo Basin. *American Naturalist, 164,* 567–581. (p. 317)

Sapadin, L. A. (1988). Friendship and gender: Perspectives of professional men and women. *Journal of Social and Personal Relationships, 5,* 387–403. (p. 166)

Saphire-Bernstein, S., Way, B. M., Kim, H. S, Sherman, D. K., & Taylor, S. E. (2011). Oxytocin receptor gene (*OXTR*) is related to psychological resources. *Proceedings of the National Academy of Sciences, 108,* 15118–15122. (p. 405)

Sapolsky, B. S., & Tabarlet, J. O. (1991). Sex in primetime television: 1979 versus 1989. *Journal of Broadcasting and Electronic Media, 35,* 505–516. (p. 176)

Sapolsky, R. (2005). The influence of social hierarchy on primate health. *Science, 308,* 648–652. (p. 402)

Sapolsky, R. (2010, November 14). This is your brain on metaphors. *New York Times* (www.nytimes.com). (p. 378)

Sato, K. (1987). Distribution of the cost of maintaining common resources. *Journal of Experimental Social Psychology, 23,* 19–31. (p. 498)

Saulny, S. (2006, June 21). A legacy of the storm: Depression and suicide. *New York Times* (www.nytimes.com). (p. 391)

Savage-Rumbaugh, E. S., Murphy, J., Sevcik, R. A., Brakke, K. E., Williams, S. L., & Rumbaugh, D. M., with commentary by Bates, E. (1993). Language comprehension in ape and child. *Monographs of the Society for Research in Child Development, 58* (233), 1–254. (p. 325)

Savage-Rumbaugh, E. S., Rumbaugh, D., & Fields, W. M. (2009). Empirical Kanzi: The ape language controversy revisited. *Skeptic, 15,* 25–33. (p. 325)

Savic, I., Berglund, H., & Lindstrom, P. (2005). Brain response to putative pheromones in homosexual men. *Proceedings of the National Academy of Sciences, 102,* 7356–7361. (p. 181)

Savitsky, K., Epley, N., & Gilovich, T. (2001). Do others judge us as harshly as we think? Overestimating the impact of our failures, shortcomings, and mishaps. *Journal of Personality and Social Psychology, 81,* 44–56. (p. 447)

Savitsky, K., & Gilovich, T. (2003). The illusion of transparency and the alleviation of speech anxiety. *Journal of Experimental Social Psychology, 39,* 618–625. (p. 447)

Savoy, C., & Beitel, P. (1996). Mental imagery for basketball. *International Journal of Sport Psychology, 27,* 454–462. (p. 328)

Sawyer, M. G., Arney, F. M., Baghurst, P. A., Clark, J. J., Graetz, B. W., Kosky, R. J., Nurcombe, B., Patton, G. C., Prior, M. R., Raphael, B., Rey, J., Whaites, L. C., & Zubrick, S. R. (2000). *The mental health of young people in Australia.* Canberra: Mental Health and Special Programs Branch, Commonwealth Department of Health and Aged Care. (p. 522)

Sayal, K., Heron, J., Golding, J., Alati, R., Smith, G. D., Gray, R., & Emond, A. (2009). Binge pattern of alcohol consumption during pregnancy and childhood mental health outcomes: Longitudinal population-based study. *Pediatrics, 123,* e289. (p. 120)

Sayette, M. A., Loewenstein, G., Griffin, K. M., & Black, J. J. (2008). Exploring the cold-to-hot empathy gap in smokers. *Psychological Science, 19,* 926–932. (p. 104)

Sayette, M. A., Reichle, E. D., & Schooler, J. W. (2009). Lost in the sauce: The effects of alcohol on mind wandering. *Psychological Science, 20,* 747–752. (p. 103)

Sayette, M. A., Schooler, J. W., & Reichle, E. D. (2010). Out for a smoke: The impact of cigarette craving on zoning out during reading. *Psychological Science, 21,* 26–30. (p. 104)

Sbarra, D. A. (2009). Marriage protects men from clinically meaningful elevations in C-reactive protein: Results from the National Social Life, Health, and Aging Project (NSHAP). *Psychosomatic Medicine, 71,* 828–835. (p. 405)

Scarborough, E., & Furumoto, L. (1987). *Untold lives: The first generation of American women psychologists.* New York: Columbia University Press. (p. 3)

Scarr, S. (1984, May). What's a parent to do? A conversation with E. Hall. *Psychology Today,* pp. 58–63. (p. 342)

Scarr, S. (1989). Protecting general intelligence: Constructs and consequences for interventions. In R. J. Linn (Ed.), *Intelligence: Measurement, theory, and public policy.* Champaign: University of Illinois Press. (p. 332)

Scarr, S. (1990). Back cover comments on J. Dunn & R. Plomin (1990), *Separate lives: Why siblings are so different.* New York: Basic Books. (p. 67)

Scarr, S. (1993, May/June). Quoted by *Psychology Today,* Nature's thumbprint: So long, superparents, p. 16. (p. 147)

Scarr, S. (1997). Why child care has little impact on most children's development. *Current Directions in Psychological Science, 6,* 143–148. (p. 137)

Schab, F. R. (1991). Odor memory: Taking stock. *Psychological Bulletin, 109,* 242–251. (p. 226)

Schachter, S., & Singer, J. E. (1962). Cognitive, social and physiological determinants of emotional state. *Psychological Review, 69,* 379–399. (p. 373)

Schacter, D. L. (1992). Understanding implicit memory: A cognitive neuroscience approach. *American Psychologist, 47,* 559–569. (p. 290)

Schacter, D. L. (1996). *Searching for memory: The brain, the mind, and the past.* New York: Basic Books. (pp. 152, 281, 290, 431)

Schafer, G. (2005). Infants can learn decontextualized words before their first birthday. *Child Development, 76,* 87–96. (p. 320)

Schafer, J., Caetano, R., & Clark, C. L. (1998). Rates of intimate partner violence among U.S. couples. *American Journal of Public Health, 88,* 1702–1704. (p. 481)

Schaie, K. W., & Geiwitz, J. (1982). *Adult development and aging.* Boston: Little, Brown. (p. A-7)

Schalock, R. L., Borthwick-Duffy, S., Bradley, V. J., Buntinx, W. H. E., Coulter, D. L., Craig, E. M. (2010). *Intellectual disability: Definition, classification, and systems of supports* (11th edition). Washington, DC: American Association on Intellectual and Developmental Disabilities. (p. 338)

Scheibe, S., & Carstensen, L. L. (2010). Emotional aging: Recent findings and future trends. *Journal of Gerontology: Psychological Sciences, 65B,* 135–144. (p. 156)

Schein, E. H. (1956). The Chinese indoctrination program for prisoners of war: A study of attempted brainwashing. *Psychiatry, 19,* 149–172. (p. 461)

Scherer, K. R., Banse, R., & Wallbott, H. G. (2001). Emotion inferences from vocal expression correlate across languages and cultures. *Journal of Cross-Cultural Psychology, 32,* 76–92. (p. 380)

Schiavi, R. C., & Schreiner-Engel, P. (1988). Nocturnal penile tumescence in healthy aging men. *Journal of Gerontology: Medical Sciences, 43,* M146–M150. (p. 86)

Schick, V., Herbenick, D., Reece, M., Sanders, S. A., Dodge, B., Middlestadt, S. E., & Fortenberry, J. D. (2010). Sexual behaviors, condom use, and sexual health of Americans over 50: Implications for sexual health promotion for older adults. *Journal of Sexual Medicine, 7*(suppl 5), 315–329. (p. 151)

Schiffenbauer, A., & Schiavo, R. S. (1976). Physical distance and attraction: An intensification effect. *Journal of Experimental Social Psychology, 12,* 274–282. (p. 471)

Schilt, T., de Win, M. M. L, Koeter, M., Jager, G., Korf, D. J., van den Brink, W., & Schmand, B. (2007). Cognition in novice Ecstasy users with minimal exposure to other drugs. *Archives of General Psychiatry, 64,* 728–736. (p. 107)

Schimel, J., Arndt, J., Pyszczynski, T., & Greenberg, J. (2001). Being accepted for who we are: Evidence that social validation of the intrinsic self reduces general defensiveness. *Journal of Personality and Social Psychology, 80,* 35–52. (p. 435)

Schimmack, U., & Lucas, R. (2007). Marriage matters: Spousal similarity in life satisfaction. *Schmollers Jahrbuch, 127,* 1–7. (p. 418)

Schimmack, U., Oishi, S., & Diener, E. (2005). Individualism: A valid and important dimension of cultural differences between nations. *Personality and Social Psychology Review, 9,* 17–31. (p. 451)

Schlaug, G., Jancke, L., Huang, Y., & Steinmetz, H. (1995). In vivo evidence of structural brain asymmetry in musicians. *Science, 267,* 699–701. (p. 48)

Schmader, T. (2010). Stereotype threat deconstructed. *Current Directions in Psychological Science, 19,* 14–18. (p. 345)

Schmidt, F. L. (2002). The role of general cognitive ability and job performance: Why there cannot be a debate. *Human Performance, 15,* 187–210. (p. B-4)

Schmidt, F. L., & Hunter, J. E. (1998). The validity and utility of selection methods in personnel psychology: Practical and theoretical implications of 85 years of research findings. *Psychological Bulletin, 124,* 262–274. (pp. 445, B-4, B-6)

Schmidt, F. L., & Zimmerman, R. D. (2004). A counterintuitive hypothesis about employment interview validity and some supporting evidence. *Journal of Applied Psychology, 89,* 553–561. (p. B-6)

Schmitt, D. P. (2005). Sociosexuality from Argentina to Zimbabwe: A 48-nation study of sex, culture, and strategies of human mating. *Behavioral and Brain Sciences, 28,* 247–311. (p. 184)

Schmitt, D. P. (2007). Sexual strategies across sexual orientations: How personality traits and culture relate to sociosexuality among gays, lesbians, bisexuals, and heterosexuals. *Journal of Psychology and Human Sexuality, 18,* 183–214. (p. 184)

Schmitt, D. P., & Allik, J. (2005). Simultaneous administration of the Rosenberg Self-esteem Scale in 53 nations: Exploring the universal and culture-specific features of global self-esteem. *Journal of Personality and Social Psychology, 89,* 623–642. (p. 449)

Schmitt, D. P., Allik, J., McCrae, R. R., & Benet-Martínez, V., with many others. (2007). The geographic distribution of Big

Five personality traits: Patterns and profiles of human self-description across 56 nations. *Journal of Cross-Cultural Psychology, 38,* 173–212. (p. 440)

Schmitt, D. P., & Pilcher, J. J. (2004). Evaluating evidence of psychological adaptation: How do we know one when we see one? *Psychological Science, 15,* 643–649. (p. 70)

Schnall, E., Wassertheil-Smoller, S., Swencionis, C., Zemon, V., Tinker, L., O'Sullivan. M. J., Van Horn, K., & Goodwin, M. (2010). The relationship between religion and cardiovascular outcomes and all-cause mortality in the women's health initiative observational study. *Psychology and Health, 25,* 249–263. (p. 411)

Schnall, S., Haidt, J., Clore, G. L., & Jordan, A. (2008). Disgust as embodied moral judgment. *Personality and Social Psychology Bulletin, 34,* 1096–1109. (p. 226)

Schneider, R. H., Alexander, C. N., Staggers, F., Rainforth, M., Salerno, J. W., Hartz, A., Arndt, S., Barnes, V. A., & Nidich, S. (2005). Long-term effects of stress reduction on mortality in persons > or = 55 years of age with systemic hypertension. *American Journal of Cardiology, 95,* 1060–1064. (p. 410)

Schneiderman, N. (1999). Behavioral medicine and the management of HIV/AIDS. *International Journal of Behavioral Medicine, 6,* 3–12. (p. 396)

Schneier, B. (2007, May 17). Virginia Tech lesson: Rare risks breed irrational responses. *Wired* (www.wired.com). (p. 311)

Schoenborn, C. A., & Adams, P. F. (2008). *Sleep duration as a correlate of smoking, alcohol use, leisure-time physical inactivity, and obesity among adults: United States, 2004–2006.* Centers for Disease Control and Prevention (www.cdc.gov/nchs). (p. 90)

Schoeneman, T. J. (1994). Individualism. In V. S. Ramachandran (Ed.), *Encyclopedia of human behavior.* San Diego: Academic Press. (p. 452)

Schofield, J. W. (1986). Black-White contact in desegregated schools. In M. Hewstone & R. Brown (Eds.), *Contact and conflict in intergroup encounters.* Oxford: Basil Blackwell. (p. 499)

Schonfield, D., & Robertson, B. A. (1966). Memory storage and aging. *Canadian Journal of Psychology, 20,* 228–236. (p. 153)

Schooler, J. W., Gerhard, D., & Loftus, E. F. (1986). Qualities of the unreal. *Journal of Experimental Psychology: Learning, Memory, and Cognition, 12,* 171–181. (p. 297)

Schorr, E. A., Fox, N.A., van Wassenhove, V., & Knudsen, E.I. (2005). Auditory-visual fusion in speech perception in children with cochlear implants. *Proceedings of the National Academy of Sciences, 102,* 18748–18750. (p. 218)

Schrauzer, G. N., & Shrestha, K. P. (1990). Lithium in drinking water and the incidences of crimes, suicides, and arrests related to drug addictions. *Biological Trace Element Research, 25*(2), 105–113. (p. 571)

Schrauzer, G. N., & Shrestha, K. P. (2010). Lithium in drinking water. *British Journal of Psychiatry, 196,* 159. (p. 571)

Schueller, S. M. (2010). Preferences for positive psychology exercises. *Journal of Positive Psychology, 5,* 192–203. (p. 413)

Schuman, H., & Scott, J. (1989, June). Generations and collective memories. *American Sociological Review, 54*(3), 359–381. (p. 153)

Schumann, K., & Ross, M. (2010). Why women apologize more than men: gender differences in thresholds for perceiving offensive behavior. *Psychological Science, 21,* 1649–1655. (p. 165)

Schwartz, B. (1984). *Psychology of learning and behavior* (2nd ed.). New York: Norton. (pp. 244, 516)

Schwartz, J., & Estrin, J. (2004, November 7). Living for today, locked in a paralyzed body. *New York Times* (www.nytimes.com). (p. 414)

Schwartz, J. M., Stoessel, P. W., Baxter, L. R., Jr., Martin, K. M., & Phelps, M. E. (1996). Systematic changes in cerebral glucose metabolic rate after successful behavior modification treatment of obsessive-compulsive disorder. *Archives of General Psychiatry, 53,* 109–113. (pp. 557, 574)

Schwartz, S. H., & Rubel-Lifschitz, T. (2009). Cross-national variation in the size of sex differences in values: Effects of gender equality. *Journal of Personality and Social Psychology, 97,* 171–185. (p. 165)

Schwartz, S. J., Unger, J. B., Zamboanga, B. L., & Szapocznik, J. (2010). Rethinking the concept of acculturation: Implications for theory and research. *American Psychologist, 65,* 237–251. (p. 540)

Schwarz, N., Strack, F., Kommer, D., & Wagner, D. (1987). Soccer, rooms, and the quality of your life: Mood effects on judgments of satisfaction with life in general and with specific domains. *European Journal of Social Psychology, 17,* 69–79. (p. 288)

Sclafani, A. (1995). How food preferences are learned: Laboratory animal models. *Proceedings of the Nutrition Society, 54,* 419–427. (p. 360)

Scott, D. J., & others. (2004, November 9). U-M team reports evidence that smoking affects human brain's natural "feel good" chemical system (press release by Kara Gavin). University of Michigan Medical School (www.med.umich.edu). (p. 104)

Scott, D. J., Stohler, C. S., Egnatuk, C. M., Wang, H., Koeppe, R. A., & Zubieta, J-K. (2007). Individual differences in reward responding explain placebo-induced expectations and effects. *Neuron, 55,* 325–336. (p. 223)

Scott, K. M., & 18 others. (2010). Gender and the relationship between marital status and first onset of mood, anxiety and substance use disorders. *Psychological Medicine, 40,* 1495–1505. (p. 155)

Scott, W. A., Scott, R., & McCabe, M. (1991). Family relationships and children's personality: A cross-cultural, cross-source comparison. *British Journal of Social Psychology, 30,* 1–20. (p. 139)

Scottish Parliament. (2010, April). External research on sexualised goods aimed at children. SP Paper 374. scottish.parliament.uk/s3/committees/equal/reports-10/eor10-02.htm. (p. 177)

Scullin, M. K., & McDaniel, M. A. (2010). Remembering to execute a goal: Sleep on it! *Psychological Science, 21,* 1028–1035. (p. 293)

Sdorow, L. M. (2005). The people behind psychology. In B. Perlman, L. McCann, & W. Buskist (Eds.), *Voices of experience: Memorable talks from the National Institute on the Teaching of Psychology.* Washington, DC: American Psychological Society. (p. 429)

Seal, K. H., Bertenthal, D., Miner, C. R., Sen, S., & Marmar, C. (2007). Bringing the war back home: Mental health disorders among 103,788 U.S. veterans returning from Iraq and Afghanistan seen at Department of Veterans Affairs facilities. *Archives of Internal Medicine, 167,* 467–482. (p. 515)

Sebat, J., & 31 others. (2007). Strong association of de novo copy number mutations with autism. *Science, 316,* 445–449. (p. 130)

Sechrest, L., Stickle, T. R., & Stewart, M. (1998). The role of assessment in clinical psychology. In A. Bellack, M. Hersen (Series eds.) & C. R. Reynolds (Vol. ed.), *Comprehensive clinical psychology: Vol 4: Assessment.* New York: Pergamon. (p. 430)

Seeman, P. (2007). Dopamine and schizophrenia. *Scholarpedia, 2*(10), 3634 (www.scholarpedia.org). (p. 530)

Seeman, P., Guan, H-C., & Van Tol, H. H. M. (1993). Dopamine D4 receptors elevated in schizophrenia. *Nature, 365,* 441–445. (p. 530)

Segall, M. H., Dasen, P. R., Berry, J. W., & Poortinga, Y. H. (1990). *Human behavior in global perspective: An introduction to cross-cultural psychology.* New York: Pergamon. (pp. 129, 169)

Segerstrom, S. C. (2007). Stress, energy, and immunity. *Current Directions in Psychological Science, 16,* 326–330. (p. 391)

Segerstrom, S. C., Taylor, S. E., Kemeny, M. E., & Fahey, J. L. (1998). Optimism is associated with mood, coping, and immune change in response to stress. *Journal of Personality and Social Psychology, 74,* 1646–1655. (p. 404)

Seidler, G. H., & Wagner, F. E. (2006). Comparing the efficacy of EMDR and trauma-focused cognitive-behavioral therapy in the treatment of PTSD: A meta-analytic study. *Psychological Medicine, 36,* 1515–1522. (p. 564)

Self, C. E. (1994). *Moral culture and victimization in residence halls.* Unpublished master's thesis. Bowling Green University. (p. 112)

Seligman, M. E. P. (1975). *Helplessness: On depression, development and death.* San Francisco: Freeman. (p. 402)

Seligman, M. E. P. (1991). *Learned optimism.* New York: Knopf. (pp. 78, 402, 526, 527)

Seligman, M. E. P. (1994). *What you can change and what you can't.* New York: Knopf. (pp. 147, 407, 447)

Seligman, M. E. P. (1995). The effectiveness of psychotherapy: The Consumer Reports study. *American Psychologist, 50,* 965–974. (pp. 527, 560, 562)

Seligman, M. E. P. (2002). *Authentic happiness: Using the new positive psychology to realize your potential for lasting fulfillment.* New York: Free Press. (pp. 9, 414, 447, 556)

Seligman, M. E. P. (2004). Eudaemonia, the good life. A talk with Martin Seligman. www.edge.org. (p. 414)

Seligman, M. E. P. (2008). Positive health. *Applied Psychology, 17,* 3–18. (p. 413)

Seligman, M. E. P. (2011). *Flourish: A visionary new understanding of happiness and well-being.* New York: Free Press. (pp. 9, 414)

Seligman, M. E. P., Ernst, R. M., Gillham, J., Reivich, K., & Linkins, M. (2009). Positive education: Positive psychology and classroom interventions. *Oxford Review of Education, 35,* 293–311. (p. 413)

Seligman, M. E. P., Peterson, C., Barsky, A. J., Boehm, J. K., Kubzansky, L. D., & Park, N. (2011). Positive health and health assets: Reanalysis of longitudinal datasets. Unpublished manuscript, University of Pennsylvania. (p. 413)

Seligman, M. E. P., Steen, T. A., Park, N., & Peterson, C. (2005). Positive psychology progress: Empirical validation of interventions. *American Psychologist, 60,* 410–421. (pp. 9, 413, 418)

Seligman, M. E. P., & Yellen, A. (1987). What is a dream? *Behavior Research and Therapy, 25,* 1–24. (p. 84)

Sellers, H. (2010). *You don't look like anyone I know.* New York: Riverhead Books. (p. 191)

Selye, H. (1936). A syndrome produced by diverse nocuous agents. *Nature, 138,* 32. (p. 393)

Selye, H. (1976). *The stress of life.* New York: McGraw-Hill. (p. 393)

Senate Intelligence Committee. (2004, July 9). *Report of the Select Committee on Intelligence on the U.S. intelligence community's prewar intelligence assessments on Iraq.* Washington, DC: Author. (pp. 308, 474)

Senghas, A., & Coppola, M. (2001). Children creating language: How Nicaraguan Sign Language acquired a spatial grammar. *Psychological Science, 12,* 323–328. (p. 321)

Sengupta, S. (2001, October 10). Sept. 11 attack narrows the racial divide. *New York Times* (www.nytimes.com). (p. 499)

Senju, A., Maeda, M., Kikuchi, Y., Hasegawa, T., Tojo, Y., & Osanai, H. (2007). Absence of contagious yawning in children with autism spectrum disorder. *Biology Letters, 3,* 706–708. (p. 131)

Senju, A., Southgate, V., White, S., & Frith, U. (2009). Mindblind eyes: An absence of spontaneous theory of mind in Asperger syndrome. *Science, 325,* 883–885. (p. 130)

Service, R. F. (1994). Will a new type of drug make memory-making easier? *Science, 266,* 218–219. (p. 284)

Seto, M. C. (2009, April 6–7). Assessing the risk posed by child pornography offenders. Paper prepared for the G8 Global Symposium, University of North Carolina. (p. 485)

Shadish, W. R., & Baldwin, S. A. (2005). Effects of behavioral marital therapy: A meta-analysis of randomized controlled trials. *Journal of Consulting and Clinical Psychology, 73,* 6–14. (p. 562)

Shadish, W. R., Montgomery, L. M., Wilson, P., Wilson, M. R., Bright, I., & Okwumabua, T. (1993). Effects of family and marital psychotherapies: A meta-analysis. *Journal of Consulting and Clinical Psychology, 61,* 992–1002. (p. 558)

Shafir, E., & LeBoeuf, R. A. (2002). Rationality. *Annual Review of Psychology, 53,* 491–517. Times, p. B1. (p. 313)

Shamir, B., House, R. J., & Arthur, M. B. (1993). The motivational effects of charismatic leadership: A self-concept based theory. *Organizational Science, 4*(4), 577–594. (p. B-12)

Shanahan, L., McHale, S. M., Osgood, D. W., & Crouter, A. C. (2007). Conflict frequency with mothers and fathers from middle childhood to late adolescence: Within- and between-families comparisons. *Developmental Psychology, 43,* 539–550. (pp. 145, 146)

Shapiro, D. (1999). *Psychotherapy of neurotic character.* New York: Basic Books. (p. 548)

Shapiro, F. (1989). Efficacy of the eye movement desensitization procedure in the treatment of traumatic memories. *Journal of Traumatic Stress, 2,* 199–223. (p. 563)

Shapiro, F. (1999). Eye movement desensitization and reprocessing (EMDR) and the anxiety disorders: Clinical and research implications of an integrated psychotherapy treatment. *Journal of Anxiety Disorders, 13,* 35–67. (p. 564)

Shapiro, F. (Ed.). (2002). *EMDR as an integrative psychotherapy approach: Experts of diverse orientations explore the paradigm prism.* Washington, DC; APA Books. (p. 564)

Shapiro, F. (2007). EMDR and case conceptualization from an adaptive information processing perspective. In F. Shapiro, F. W. Kaslow, & L. Maxfield (Eds.), *Handbook of EMDR and family therapy processes.* Hoboken, NJ: Wiley. (p. 563)

Shapiro, K. A., Moo, L. R., & Caramazza, A. (2006). Cortical signatures of noun and verb production. *Proceedings of the National Academic of Sciences, 103,* 1644–1649. (p. 323)

Shargorodsky, J., Curhan, S. G., Curhan, G. C., & Eavey, R. (2010). Changes of prevalence of hearing loss in US adolescents. *JAMA, 304,* 772–778. (p. 217)

Sharma, A. R., McGue, M. K., & Benson, P. L. (1998). The psychological adjustment of United States adopted adolescents and their nonadopted siblings. *Child Development, 69,* 791–802. (p. 66)

Shattuck, P. T. (2006). The contribution of diagnostic substitution to the growing administrative prevalence of autism in US special education. *Pediatrics, 117,* 1028–1037. (p. 130)

Shaver, P. R., & Mikulincer, M. (2007). Adult attachment strategies and the regulation of emotion. In J. J. Gross (Ed.), *Handbook of emotion regulation.* New York: Guilford Press. (p. 135)

Shaver, P. R., Morgan, H. J., & Wu, S. (1996). Is love a basic emotion? *Personal Relationships, 3,* 81–96. (p. 376)

Shaw, B. A., Liang, J., & Krause, N. (2010). Age and race differences in the trajectories of self-esteem. *Psychology and Aging, 25,* 84–94. (p. 159)

Shedler, J. (2009, March 23). That was then, this is now: Psychoanalytic psychotherapy for the rest of us. Unpublished manuscript, Department of Psychiatry, University of Colorado Health Sciences Center. (p. 548)

Shedler, J. (2010a, November/December). Getting to know me. *Scientific American Mind,* pp. 53–57. (p. 548)

Shedler, J. (2010b). The efficacy of psychodynamic psychotherapy. *American Psychologist, 65,* 98–109. (pp. 427, 562)

Sheehan, S. (1982). *Is there no place on earth for me?* Boston: Houghton Mifflin. (p. 528)

Sheldon, K. M., Abad, N., & Hinsch, C. (2011). A two-process view of Facebook use and relatedness need-satisfaction: Disconnection drives use, and connection rewards it. *Journal of Personality and Social Psychology, 100,* 766–775. (pp. 364, 368)

Sheldon, K. M., Elliot, A. J., Kim, Y., & Kasser, T. (2001). What is satisfying about satisfying events? Testing 10 candidate psychological needs. *Journal of Personality and Social Psychology, 80,* 325–339. (p. 364)

Sheldon, K. M., & Niemiec, C. P. (2006). It's not just the amount that counts: Balanced need satisfaction also affects well-being. *Journal of Personality and Social Psychology, 91,* 331–341. (p. 364)

Sheldon, M. S., Cooper, M. L., Geary, D. C., Hoard, M., & DeSoto, M. C. (2006). Fertility cycle patterns in motives for sexual behavior. *Personality and Social Psychology Bulletin, 32,* 1659–1673. (p. 172)

Shenton, M. E. (1992). Abnormalities of the left temporal lobe and thought disorder in schizophrenia: A quantitative magnetic resonance imaging study. *New England Journal of Medicine, 327,* 604–612. (p. 531)

Shepard, R. N. (1990). *Mind sights.* New York: Freeman. (pp. 28, 199)

Shepherd, C. (1997, April). News of the weird. *Funny Times,* p. 15. (p. 64)

Shepherd, C. (1999, June). News of the weird. *Funny Times,* p. 21. (p. 362)

Sher, L. (2006). Alcohol consumption and suicide. *QJM: An International Journal of Medicine, 99,* 57–61. (p. 524)

Shergill, S. S., Bays, P. M., Frith, C. D., & Wolpert, D. M. (2003). Two eyes for an eye: The neuroscience of force escalation. *Science, 301,* 187. (p. 498)

Sherif, M. (1966). *In common predicament: Social psychology of intergroup conflict and cooperation.* Boston: Houghton Mifflin. (p. 499)

Sherry, D., & Vaccarino, A. L. (1989). Hippocampus and memory for food caches in black-capped chickadees. *Behavioral Neuroscience, 103,* 308–318. (p. 281)

Sherry, S. B., & Hall, P. A. (2009). The perfectionism model of binge eating: Tests of an integrative model. *Journal of Personality and Social Psychology, 96,* 690–709. (p. 536)

Shettleworth, S. J. (1973). Food reinforcement and the organization of behavior in golden hamsters. In R. A. Hinde & J. Stevenson-Hinde (Eds.), *Constraints on learning.* London: Academic Press. (p. 258)

Shettleworth, S. J. (1993). Where is the comparison in comparative cognition? Alternative research programs. *Psychological Science, 4,* 179–184. (p. 282)

Shifren, J. L., Monz, B. U., Russo, P. A., Segreti, A., Johannes, C. B. (2008). Sexual problems and distress in United States women: Prevalence and correlates. *Obstetrics & Gynecology, 112,* 970–978. (p. 174)

Shinkareva, S. V., Mason, R. A., Malave, V. L., Wang, W., Mitchell, T. M., & Just, M. A. (2008, January 2). Using fMRI brain activation to identify cognitive states associated with perceptions of tools and dwellings. *PloS One 3*(1), 31394. (p. 78)

Short, S. J., Lubach, G. R., Karasin, A. I., Olsen, C. W., Styner, M., Knickmeyer, R. C., Gilmore, J. H., & Coe, C. L. (2010). Maternal influenza infection during pregnancy impacts postnatal brain development in the rhesus monkey. *Biological Psychiatry, 67,* 965–973. (p. 531)

Shute, N. (2010, October). Desperate for an autism cure. *Scientific American,* pp. 80–85. (p. 130)

Siahpush, M., Spittal, M., & Singh, G. K. (2008). Happiness and life satisfaction prospectively predict self-rated health, physical health and the presence of limiting long-term health conditions. *American Journal of Health Promotion, 23,* 18–26. (p. 399)

Siegel, J. M. (1990). Stressful life events and use of physician services among the elderly: The moderating role of pet ownership. *Journal of Personality and Social Psychology, 58,* 1081–1086. (pp. 405, 407)

Siegel, J. M. (2001). The REM sleep-memory consolidation hypothesis. *Science, 294,* 1058–1063. (p. 95)

Siegel, J. M. (2003, November). Why we sleep. *Scientific American,* pp. 92–97. (p. 88)

Siegel, J. M. (2009). Sleep viewed as a state of adaptive inactivity. *Nature Reviews Neuroscience, 10,* 747–753. (p. 88)

Siegel, R. K. (1977, October). Hallucinations. *Scientific American,* pp. 132–140. (p. 108)

Siegel, R. K. (1980). The psychology of life after death. *American Psychologist, 35,* 911–931. (p. 107)

Siegel, R. K. (1982, October). Quoted by J. Hooper, Mind tripping. *Omni,* pp. 72–82, 159–160. (p. 107)

Siegel, R. K. (1984, March 15). Personal communication. (p. 107)

Siegel, R. K. (1990). *Intoxication.* New York: Pocket Books. (pp. 101, 106, 108)

Siegel, S. (2005). Drug tolerance, drug addiction, and drug anticipation. *Current Directions in Psychological Science, 14,* 296–300. (p. 245)

Silber, M. H., & 11 others. (2008). The visual scoring of sleep in adults. *Journal of Clinical Sleep Medicine, 3,* 121–131. (p. 85)

Silbersweig, D. A., Stern, E., Frith, C., Cahill, C., Holmes, A., Grootoonk, S., Seaward, J., McKenna, P., Chua, S. E., Schnorr, L., Jones, T., & Frackowiak, R. S. J. (1995). A functional neuroanatomy of hallucinations in schizophrenia. *Nature, 378,* 176–179. (p. 530)

Silva, A. J., Stevens, C. F., Tonegawa, S., & Wang, Y. (1992). Deficient hippocampal long-term potentiation in alpha-calcium-calmodulin kinase II mutant mice. *Science, 257,* 201–206. (p. 284)

Silva, C. E., & Kirsch, I. (1992). Interpretive sets, expectancy, fantasy proneness, and dissociation as predictors of hypnotic response. *Journal of Personality and Social Psychology, 63,* 847–856. (p. 97)

Silver, M., & Geller, D. (1978). On the irrelevance of evil: The organization and individual action. *Journal of Social Issues, 34,* 125–136. (p. 470)

Silver, N. (2009, December 27). The odds of airborne terror. www.fivethirtyeight.com. (p. 311)

Silveri, M. M., Rohan, M. L., Pimental, P. J., Gruber, S. A., Rosso, I. M., & Yurgelun-Todd, D. A. (2006). Sex differences in the relationship between white matter microstructure and impulsivity in adolescents. *Magnetic Resonance Imaging, 24,* 833–841. (p. 140)

Silverman, K., Evans, S. M., Strain, E. C., & Griffiths, R. R. (1992). Withdrawal syndrome after the double-blind cessation of caffeine consumption. *New England Journal of Medicine, 327,* 1109–1114. (p. 104)

Simek, T. C., & O'Brien, R. M. (1981). *Total golf: A behavioral approach to lowering your score and getting more out of your game.* Huntington, NY: B-MOD Associates. (p. 254)

Simek, T. C., & O'Brien, R. M. (1988). A chaining-mastery, discrimination training program to teach Little Leaguers to hit a baseball. *Human Performance, 1,* 73–84. (p. 254)

Simon, H. (1998, November 16). Flash of genius (interview with P. E. Ross). *Forbes,* pp. 98–104. (p. 371)

Simon, H. (2001, February). Quoted by A. M. Hayashi, When to trust your gut. *Harvard Business Review,* pp. 59–65. (p. 313)

Simon, H. A., & Chase, W. G. (1973). Skill in chess. *American Scientist, 61,* 394-403. (p. 332)

Simon, V., Czobor, P., Bálint, S., Mésáros, A., & Bitter, I. (2009). Prevalence and correlates of adult attention-deficit hyperactivity disorder: Meta-analysis. *British Journal of Psychiatry, 194,* 204–211. (p. 507)

Simons, D. J., & Chabris, C. F. (1999). Gorillas in our midst: Sustained inattentional blindness for dynamic events. *Perception, 28,* 1059–1074. (p. 82)

Simons, D. J., & Levin, D. T. (1998). Failure to detect changes to people during a real-world interaction. *Psychonomic Bulletin & Review, 5,* 644–649. (p. 82)

Simonton, D. K. (1988). Age and outstanding achievement: What do we know after a century of research? *Psychological Bulletin, 104,* 251–267. (p. 338)

Simonton, D. K. (1990). Creativity in the later years: Optimistic prospects for achievement. *The Gerontologist, 30,* 626–631. (p. 338)

Simonton, D. K. (1992). The social context of career success and course for 2,026 scientists and inventors. *Personality and Social Psychology Bulletin, 18,* 452–463. (p. 315)

Simonton, D. K. (2000). Methodological and theoretical orientation and the long-term disciplinary impact of 54 eminent psychologists. *Review of General Psychology, 4,* 13–24. (p. 266)

Sin, N. L., & Lyubomirsky, S. (2009). Enhancing well-being and alleviating depressive symptoms with positive psychology interventions: A practice-friendly meta-analysis. *Journal of Clinical Psychology: In Session, 65,* 467–487. (pp. 413, 418)

Sinclair, R. C., Hoffman, C., Mark, M. M., Martin, L. L., & Pickering, T. L. (1994). Construct accessibility and the misattribution of arousal: Schachter and Singer revisited. *Psychological Science, 5,* 15–18. (p. 373)

Singelis, T. M., Bond, M. H., Sharkey, W. F., & Lai, C. S. Y. (1999). Unpackaging culture's influence on self-esteem and embarrassability: The role of self-construals. *Journal of Cross-Cultural Psychology, 30,* 315–341. (p. 451)

Singelis, T. M., & Sharkey, W. F. (1995). Culture, self-construal, and embarrassability. *Cross-Cultural Psychology, 26,* 622–644. (p. 451)

Singer, J. L. (1981). Clinical intervention: New developments in methods and evaluation. In L. T. Benjamin, Jr. (Ed.), *The G. Stanley Hall Lecture Series* (Vol. 1). Washington, DC; American Psychological Association. (p. 562)

Singer, T., Seymour, B., O'Doherty, J., Kaube, H., Dolan, R. J., & Frith, C. (2004). Empathy for pain involves the affective but not sensory components of pain. *Science, 303,* 1157–1162. (p. 222, 263)

Singh, D. (1993). Adaptive significance of female physical attractiveness: Role of waist-to-hip ratio. *Journal of Personality and Social Psychology, 65,* 293–307. (p. 185)

Singh, D. (1995). Female health, attractiveness, and desirability for relationships: Role of breast asymmetry and waist-to-hip ratio. *Ethology and Sociobiology, 16,* 465–481. (p. 184)

Singh, D., & Randall, P. K. (2007). Beauty is in the eye of the plastic surgeon: Waist-hip ration (WHR) and women's attractiveness. *Personality and Individual Differences, 43,* 329–340. (p. 185)

Singh, S. (1997). *Fermat's enigma: The epic quest to solve the world's greatest mathematical problem.* New York: Bantam Books. (p. 314)

Singh, S., & Riber, K. A. (1997, November). Fermat's last stand. *Scientific American,* pp. 68–73. (p. 315)

Sio, U. N., & Ormerod, T. C. (2009). Does incubation enhance problem solving? A meta-analtic review. *Psychological Bulletin, 135,* 94–120. (p. 314)

Sipski, M. L., & Alexander, C. J. (1999). Sexual response in women with spinal cord injuries: Implications for our understanding of the able bodied. *Journal of Sex and Marital Therapy, 25,* 11–22. (p. 45)

Sireteanu, R. (1999). Switching on the infant brain. *Science, 286,* 59, 61. (p. 218)

Skeem, J. L., & Cooke, D. J. (2010). Is criminal behavior a central component of psychopathy? Conceptual directions for resolving the debate. *Psychological Assessment, 22,* 433–445. (p. 538)

Skinner, B. F. (1953). *Science and human behavior.* New York: Macmillan. (p. 249)

Skinner, B. F. (1956). A case history in scientific method. *American Psychologist, 11,* 221–233. (p. 250)

Skinner, B. F. (1957). *Verbal behavior.* Englewood Cliffs, NJ: Prentice-Hall. (p. 321)

Skinner, B. F. (1961, November). Teaching machines. *Scientific American,* pp. 91–102. (pp. 249, 258)

Skinner, B. F. (1983, September). Origins of a behaviorist. *Psychology Today,* pp. 22–33. (p. 253)

Skinner, B. F. (1986). What is wrong with daily life in the Western world? *American Psychologist, 41,* 568–574. (p. 253)

Skinner, B. F. (1988). The school of the future. Address to the American Psychological Association convention. (p. 253)

Skinner, B. F. (1989). Teaching machines. *Science, 243,* 1535. (p. 253)

Sklar, L. S., & Anisman, H. (1981). Stress and cancer. *Psychological Bulletin, 89,* 369–406. (p. 397)

Skoog, G., & Skoog, I. (1999). A 40-year follow-up of patients with obsessive-compulsive disorder. *Archives of General Psychiatry, 56,* 121–127. (p. 515)

Skov, R. B., & Sherman, S. J. (1986). Information-gathering processes: Diagnosticity, hypothesis-confirmatory strategies, and perceived hypothesis confirmation. *Journal of Experimental Social Psychology, 22,* 93–121. (p. 307)

Sleep Foundation. (2006). The ABC's of back-to-school sleep schedules: The consequences of insufficient sleep. National Sleep Foundation (press release) (www.sleepfoundation.org). (p. 89)

Sloan, R. P. (2005). Field analysis of the literature on religion, spirituality, and health. Columbia University (available at www.metanexus.net/tarp). (p. 411)

Sloan, R. P., & Bagiella, E. (2002). Claims about religious involvement and health outcomes. *Annals of Behavioral Medicine, 24,* 14–21. (p. 411)

Sloan, R. P., Bagiella, E., & Powell, T. (1999). Religion, spirituality, and medicine. *Lancet, 353,* 664–667. (p. 411)

Sloan, R. P., Bagiella, E., VandeCreek, L., & Poulos, P. (2000). Should physicians prescribe religious activities? *New England Journal of Medicine, 342,* 1913–1917. (p. 411)

Slopen, N., Glynn, R. J., Buring, J., & Albert, M. A. (2010, November 23). Job strain, job insecurity, and incident cardiovascular disease in the Women's Health Study (Abstract 18520). *Circulation,* A18520 (circ.ahajournals.org). (p. 400)

Slovic, P. (2007). "If I look at the mass I will never act": Psychic numbing and genocide. *Judgment and Decision Making, 2,* 79–95. (p. 310)

Slovic, P. (2010, Winter). The more who die, the less we care: Confronting psychic numbing. *Trauma Psychology* (APA Division 56 Newsletter), pp. 4–8. (p. 311)

Slovic, P., Finucane, M., Peters, E., & MacGregor, D. G. (2002). The affect heuristic. In T. Gilovich, D. Griffin, & D. Kahneman (Eds.), *Intuitive judgment: Heuristics and biases.* New York: Cambridge University Press. (p. 105)

Small, D. A., Loewenstein, G., & Slovic, P. (2007). Sympathy and callousness: The impact of deliberative thought on donations to identifiable and statistical victims. *Organizational Behavior and Human Decision Processes, 102,* 143–153. (p. 311)

Small, M. F. (1997). Making connections. *American Scientist, 85,* 502–504. (p. 139)

Smedley, A., & Smedley, B. D. (2005). Race as biology is fiction, racism as a social problem is real: Anthropological and historical perspectives on the social construction of race. *American Psychologist, 60,* 16–26. (p. 344)

Smelser, N. J., & Mitchell, F. (Eds.). (2002). *Terrorism: Perspectives from the behavioral and social sciences.* Washington, DC: National Research Council, National Academies Press. (p. 480)

Smilek, D., Carriere, J. S. A., & Cheyne, J. A. (2010). Out of mind, out of sight: Eye blinking as indicator and embodiment of mind wandering. *Psychological Science, 21,* 786–789. (p. 81)

Smith, A. (1983). Personal correspondence. (p. 530)

Smith, B. C. (2011, January 16). The senses and the multi-sensory. *World Question Center* (www.edge.org). (p. 228)

Smith, C. (2006, January 7). Nearly 100, LSD's father ponders his "problem child." *New York Times* (www.nytimes.com). (p. 107)

Smith, D. M., Loewenstein, G., Jankovic, A., & Ubel, P. A. (2009). Happily hopeless: Adaptation to a permanent, but not to a temporary, disability. *Health Psychology, 28,* 787–791. (p. 414)

Smith, E., & Delargy, M. (2005). Locked-in syndrome. *British Medical Journal, 330,* 406–409. (p. 415)

Smith, M. B. (1978). Psychology and values. *Journal of Social Issues, 34,* 181–199. (p. 435)

Smith, M. L., & Glass, G. V. (1977). Meta-analysis of psychotherapy outcome studies. *American Psychologist, 32,* 752–760. (p. 562)

Smith, M. L., Glass, G. V., & Miller, R. L. (1980). *The benefits of psychotherapy.* Baltimore: Johns Hopkins Press. (pp. 561, 562)

Smith, P. B., & Tayeb, M. (1989). Organizational structure and processes. In M. Bond (Ed.), *The cross-cultural challenge to social psychology.* Newbury Park, CA: Sage. (p. B-12)

Smith, S. J., Axelton, A. M., & Saucier, D. A. (2009). The effects of contact on sexual prejudice: A meta-analysis. *Sex Roles, 61,* 178–191. (pp. 414, 499)

Smith, S. M., McIntosh, W. D., & Bazzini, D. G. (1999). Are the beautiful good in Hollywood? An investigation of the beauty-and-goodness stereotype on film. *Basic and Applied Social Psychology, 21,* 69–80. (p. 489)

Smith, T. B., Bartz, J., & Richards, P. S. (2007). Outcomes of religious and spiritual adaptations to psychotherapy: A meta-analytic review. *Psychotherapy Research, 17,* 643–655. (p. 566)

Smith, T. W. (1998, December). *American sexual behavior: Trends, sociodemographic differences, and risk behavior* (National Opinion Research Center GSS Topical Report No. 25). (p. 179)

Smolak, L., & Murnen, S. K. (2002). A meta-analytic examination of the relationship between child sexual abuse and eating disorders. *International Journal of Eating Disorders, 31,* 136–150. (p. 536)

Smoreda, Z., & Licoppe, C. (2000). Gender-specific use of the domestic telephone. *Social Psychology Quarterly, 63,* 238–252. (p. 165)

Snedeker, J., Geren, J., & Shafto, C. L. (2007). Starting over: International adoption as a natural experiment in language development. *Psychological Science, 18,* 79–86. (p. 321)

Snodgrass, S. E., Higgins, J. G., & Todisco, L. (1986). The effects of walking behavior on mood. Paper presented at the American Psychological Association convention. (p. 385)

Snyder, S. H. (1984). Neurosciences: An integrative discipline. *Science, 225,* 1255–1257. (pp. 39, 510)

Snyder, S. H. (1986). *Drugs and the brain.* New York: Scientific American Library. (p. 571)

Social Watch. (2006, March 8). No country in the world treats its women as well as its men (www.socialwatch.org). (p. 169)

Society for Personality Assessment. (2005). The status of the Rorschach in clinical and forensic practice: An official statement by the Board of Trustees of the Society for Personality Assessment. *Journal of Personality Assessment, 85,* 219–237. (p. 430)

Solomon, D. A., Keitner, G. I., Miller, I. W., Shea, M. T., & Keller, M. B. (1995). Course of illness and maintenance treatments for patients with bipolar disorder. *Journal of Clinical Psychiatry, 56*, 5–13. (p. 571)

Solomon, J. (1996, May 20). Breaking the silence. *Newsweek*, pp. 20–22. (p. 511)

Solomon, M. (1987, December). Standard issue. *Psychology Today*, pp. 30–31. (p. 489)

Song, S. (2006, March 27). Mind over medicine. *Time*, p. 47. (p. 98)

Sontag, S. (1978). *Illness as metaphor*. New York: Farrar, Straus, & Giroux. (p. 397)

Sørensen, H. J., Mortensen, E. L., Reinisch, J. M., & Mednick, S. A. (2005). Breastfeeding and risk of schizophrenia in the Copenhagen Perinatal Cohort. *Acta Psychiatrica Scandinavica, 112*, 26–29. (p. 529)

Sørensen, H. J., Mortensen, E. L., Reinisch, J. M., & Mednick, S. A. (2006). Height, weight, and body mass index in early adulthood and risk of schizophrenia. *Acta Psychiatrica Scandinavica, 114*, 49–54. (p. 529)

Sorkhabi, N. (2005). Applicability of Baumrind's parent typology to collective cultures: Analysis of cultural explanations of parent socialization effects. *International Journal of Behavioral Development, 29*, 552–563. (p. 138)

Soussignan, R. (2001). Duchenne smile, emotional experience, and autonomic reactivity: A test of the facial feedback hypothesis. *Emotion, 2*, 52–74. (p. 385)

Sowell, T. (1991, May/June). Cultural diversity: A world view. *American Enterprise*, pp. 44–55. (p. 500)

Spanos, N. P. (1982). A social psychological approach to hypnotic behavior. In G. Weary & H. L. Mirels (Eds.), *Integrations of clinical and social psychology*. New York: Oxford. (p. 99)

Spanos, N. P. (1986). Hypnosis, nonvolitional responding, and multiple personality: A social psychological perspective. *Progress in Experimental Personality Research, 14*, 1–62. (p. 535)

Spanos, N. P. (1991). Hypnosis, hypnotizability, and hypnotherapy. In C. R. Snyder & D. R. Forsyth (Eds.), *Handbook of social and clinical psychology: The health perspective*. New York: Pergamon Press. (p. 98)

Spanos, N. P. (1994). Multiple identity enactments and multiple personality disorder: A sociocognitive perspective. *Psychological Bulletin, 116*, 143–165. (p. 535)

Spanos, N. P. (1996). *Multiple identities and false memories: A sociocognitive perspective*. Washington, DC: American Psychological Association Books. (pp. 98, 535)

Spanos, N. P., & Coe, W. C. (1992). A social-psychological approach to hypnosis. In E. Fromm & M. R. Nash (Eds.), *Contemporary hypnosis research*. New York: Guilford. (p. 99)

Sparrow, B., Liu, J., & Wegner, D. M. (2011). Google effects on memory: Cognitive consequences of having information at our fingertips. *Science, 333*, 776–778. (p. 274)

Speer, N. K., Reynolds, J. R., Swallow, K. M., & Zacks, J. M. (2009). Reading stories activates neural representations of visual and motor experiences. *Psychological Science, 20*, 989–999. (pp. 263, 323)

Spelke, E. S., & Kinzler, K. D. (2007). Core knowledge. *Developmental Science, 10*, 89–96. (p. 127)

Spence, I., & Feng, J. (2010). Video games and spatial cognition. *Review of General Psychology, 14*, 92–104. (p. 215)

Spencer, K. M., Nestor, P. G., Perlmutter, R., Niznikiewicz, M. A., Klump, M. C., Frumin, M., Shenton, M. E., & McCarley, R. W. (2004). Neural synchrony indexes disordered perception and cognition in schizophrenia. *Proceedings of the National Academy of Sciences, 101*, 17288–17293. (p. 530)

Spencer, S. J., Steele, C. M., & Quinn, D. M. (1997). Stereotype threat and women's math performance. Unpublished manuscript, Hope College. (p. 346)

Sperling, G. (1960). The information available in brief visual presentations. *Psychological Monographs, 74* (Whole No. 498). (p. 275)

Sperry, R. W. (1964). Problems outstanding in the evolution of brain function. James Arthur Lecture, American Museum of Natural History, New York. Cited by R. Ornstein (1977), *The psychology of consciousness* (2nd ed.). New York: Harcourt Brace Jovanovich. (p. 61)

Sperry, R. W. (1985). Changed concepts of brain and consciousness: Some value implications. *Zygon, 20*, 41–57. (p. 206)

Spiegel, D. (2007). The mind prepared: Hypnosis in surgery. *Journal of the National Cancer Institute, 99*, 1280–1281. (p. 98)

Spiegel, D. (2008, January 31). Coming apart: Trauma and the fragmentation of the self. Dana Foundation (www.dana.org). (p. 535)

Spiegel, K., Leproult, R., L'Hermite-Balériaux, M., Copinschi, G., Penev, P. D., & Van Cauter, E. (2004). Leptin levels are dependent on sleep duration: Relationships with sympathovagal balance, carbohydrate regulation, cortisol, and thyrotropin. *Journal of Clinical Endocrinology and Metabolism, 89*, 5762–5771. (p. 90)

Spielberger, C., & London, P. (1982). Rage boomerangs. *American Health, 1*, 52–56. (p. 399)

Sprecher, S. (1989). The importance to males and females of physical attractiveness, earning potential, and expressiveness in initial attraction. *Sex Roles, 21*, 591–607. (p. 489)

Spring, B., Pingitore, R., Bourgeois, M., Kessler, K. H., & Bruckner, E. (1992). The effects and non-effects of skipping breakfast: Results of three studies. Paper presented at the American Psychological Association convention. (p. 363)

Squire, L. R. (1992). Memory and the hippocampus: A synthesis from findings with rats, monkeys, and humans. *Psychological Review, 99*, 195–231. (p. 281)

Squire, L. R., & Zola-Morgan, S. (1991, September 20). The medial temporal lobe memory system. *Science, 253*, 1380–1386. (p. 282)

Srivastava, A., Locke, E. A., & Bartol, K. M. (2001). Money and subject well-being: It's not the money, it's the motives. *Journal of Personality and Social Psychology, 80*, 959–971. (p. 415)

Srivastava, S., John, O. P., Gosling, S. D., & Potter, J. (2003). Development of personality in early and middle adulthood: Set like plaster or persistent change? *Journal of Personality & Social Psychology, 84*, 1041–1053. (p. 440)

Srivastava, S., McGonigal, K. M., Richards, J. M., Butler, E. A., & Gross, J. J. (2006). Optimism in close relationships: How seeing things in a positive light makes them so. *Journal of Personality and Social Psychology, 91*, 143–153. (p. 404)

Stack, S. (1992). Marriage, family, religion, and suicide. In R. Maris, A. Berman, J. Maltsberger, & R. Yufit (Eds.), *Assessment and prediction of suicide*. New York: Guilford Press. (p. 524)

Stafford, R. S., MacDonald, E. A., & Finkelstein, S. N. (2001). National patterns of medication treatment for depression, 1987 to 2001. *Primary Care Companion Journal of Clinical Psychiatry, 3*, 232–235. (p. 570)

Stager, C. L., & Werker, J. F. (1997). Infants listen for more phonetic detail in speech perception than in word-learning tasks. *Nature, 388*, 381–382. (p. 320)

Stanford University Center for Narcolepsy. (2002). Narcolepsy is a serious medical disorder and a key to understanding other sleep disorders (www.med.stanford.edu/school/Psychiatry/narcolepsy). (p. 92)

Stanley, D., Phelps, E., & Banaji, M. (2008). The neural basis of implicit attitudes. *Current Directions in Psychological Science, 17*, 164–170. (p. 477)

Stanley, J. C. (1997). Varieties of intellectual talent. *Journal of Creative Behavior, 31*, 93–119. (p. 339)

Stanovich, K. (1996). *How to think straight about psychology*. New York: HarperCollins. (p. 424)

Stark, R. (2003a). *For the glory of God: How monotheism led to reformations, science, witch-hunts, and the end of slavery*. Princeton, NJ: Princeton University Press. (p. 14)

Stark, R. (2003b, October–November). False conflict: Christianity is not only compatible with science—it created it. *American Enterprise*, pp. 27–33. (p. 14)

Statistics Canada. (1999). *Statistical report on the health of Canadians*. Prepared by the Federal, Provincial and Territorial Advisory Committee on Population Health for the Meeting of Ministers of Health, Charlottetown, PEI, September 16–17, 1999. (p. 145)

Statistics Canada. (2010). Languages. Canada year book. 11-402-X. (p. 327)

Statistics Canada. (2010). *Victims and persons accused of homicide, by age and sex*. Table 253-0003. (p. 165)

Staub, E. (1989). *The roots of evil: The psychological and cultural sources of genocide*. New York: Cambridge University Press. (p. 461)

Staub, E., & Vollhardt, J. (2008). Altruism born of suffering: The roots of caring and helping after experiences of personal and political victimization. *American Journal of Orthopsychiatry, 78,* 267–280. (p. 576)

St. Clair, D., Xu, M., Wang, P., Yu, Y., Fang, Y., Zhang, F., Zheng, X., Gu, N., Feng, G., Sham, P., & He, L. (2005). Rates of adult schizophrenia following prenatal exposure to the Chinese famine of 1959–1961. *Journal of the American Medical Association, 294,* 557–562. (p. 531)

Steel, P., Schmidt, J., & Schultz, J. (2008). Refining the relationship between personality and subject well-being. *Psychological Bulletin, 134,* 138–161. (p. 417)

Steele, C. M. (1990, May). A conversation with Claude Steele. *APS Observer,* pp. 11–17. (p. 343)

Steele, C. M. (1995, August 31). Black students live down to expectations. *New York Times.* (p. 346)

Steele, C. M. (2010). *Whistling Vivaldi: And other clues to how stereotypes affect us.* New York: Norton. (p. 346)

Steele, C. M., & Josephs, R. A. (1990). Alcohol myopia: Its prized and dangerous effects. *American Psychologist, 45,* 921–933. (p. 103)

Steele, C. M., Spencer, S. J., & Aronson, J. (2002). Contending with group image: The psychology of stereotype and social identity threat. *Advances in Experimental Social Psychology, 34,* 379–440. (p. 346)

Stein, S. (2009, August 20). New poll: 77 percent support "choice" of public option. *Huffington Post* (huffingtonpost.com). (p. 19)

Steinberg, L. (1987, September). Bound to bicker. *Psychology Today,* pp. 36–39. (p. 146)

Steinberg, L. (2007). Risk taking in adolescence: New perspectives from brain and behavioral science. *Current Directions in Psychological Science, 16,* 55–59. (p. 141)

Steinberg, L. (2010, March). Analyzing adolescence. Interview with Sara Martin. *Monitor on Psychology,* pp. 26–29. (p. 141)

Steinberg, L., Cauffman, E., Woolard, J., Graham, S., & Banich, M. (2009). Are adolescents less mature than adults? Minors' access to abortion, the juvenile death penalty, and the alleged APA "flip-flop." *American Psychologist, 64,* 583–594. (p 141)

Steinberg, L., & Morris, A. S. (2001). Adolescent development. *Annual Review of Psychology, 52,* 83–110. (pp. 138, 146)

Steinberg, L., & Scott, E. S. (2003). Less guilty by reason of adolescence: Developmental immaturity, diminished responsibility, and the juvenile death penalty. *American Psychologist, 58,* 1009–1018. (p. 141)

Steinberg, N. (1993, February). Astonishing love stories (from an earlier United Press International report). *Games,* p. 47. (p. 488)

Steinhauer, J. (1999, November 29). Number of twins rises: So does parental stress. *New York Times.* (p. 64)

Steinhauer, J., & Holson, L. M. (2008, September 20). As text messages fly, danger lurks. *New York Times* (www.nytimes.com). (p. 146)

Steinmetz, J. E. (1999). The localization of a simple type of learning and memory: The cerebellum and classical eyeblink conditioning. *Contemporary Psychology, 7,* 72–77. (p. 282)

Stengel, E. (1981). Suicide. In *The new Encyclopaedia Britannica, macropaedia* (Vol. 17, pp. 777–782). Chicago: Encyclopaedia Britannica. (p. 524)

Stepanikova, I., Nie, N. H., & He, X. (2010). Time on the Internet at home, loneliness, and life satisfaction: Evidence from panel time-diary data. *Computers in Human Behavior, 26,* 329–338. (p. 368)

Steptoe, A., Chida, Y., Hamer, M., & Wardle, J. (2010). Author reply: Meta-analysis of stress-related factors in cancer. *Nature Reviews: Clinical Oncology, 7,* doi:10.1038/ncponc1134-c2. (p. 397)

Stern, M., & Karraker, K. H. (1989). Sex stereotyping of infants: A review of gender labeling studies. *Sex Roles, 20,* 501–522. (p. 198)

Sternberg, E. M. (2006). A compassionate universe? *Science, 311,* 611–612. (p. 315)

Sternberg, E. M. (2009). *Healing spaces: The science of place and well-being.* Cambridge, MA: Harvard University Press. (p. 394)

Sternberg, R. J. (1985). *Beyond IQ: A triarchic theory of human intelligence.* New York: Cambridge University Press. (p. 331)

Sternberg, R. J. (1988). Applying cognitive theory to the testing and teaching of intelligence. *Applied Cognitive Psychology, 2,* 231–255. (p. 314)

Sternberg, R. J. (1999). The theory of successful intelligence. *Review of General Psychology, 3,* 292–316. (p. 331)

Sternberg, R. J. (2003). Our research program validating the triarchic theory of successful intelligence: Reply to Gottfredson. *Intelligence, 31,* 399–413. (pp. 314, 331)

Sternberg, R. J. (2006). The Rainbow Project: Enhance the SAT through assessments of analytical, practical, and creative skills. *Intelligence, 34,* 321–350. (p. 332)

Sternberg, R. J. (2007, July 6). Finding students who are wise, practical, and creative. *The Chronicle Review* (www.chronicle.com). (p. 332)

Sternberg, R. J. (2010). Assessment of gifted students for identification purposes: new techniques for a new millennium. *Learning and Individual Differences, 20,* 327–336. (p. 332)

Sternberg, R. J., & Grajek, S. (1984). The nature of love. *Journal of Personality and Social Psychology, 47,* 312–329. (p. 492)

Sternberg, R. J., & Kaufman, J. C. (1998). Human abilities. *Annual Review of Psychology, 49,* 479–502. (p. 329)

Sternberg, R. J., & Lubart, T. I. (1991). An investment theory of creativity and its development. *Human Development,* 1–31. (p. 314)

Sternberg, R. J., & Lubart, T. I. (1992). Buy low and sell high: An investment approach to creativity. *Psychological Science, 1,* 1–5. (p. 314)

Stetter, F., & Kupper, S. (2002). Autogenic training: A meta-analysis of clinical outcome studies. *Applied Psychophysiology and Biofeedback, 27,* 45–98. (p. 409)

Stevenson, H. W. (1992, December). Learning from Asian schools. *Scientific American,* pp. 70–76. (p. 344)

Stevenson, R. J., & Tomiczek, C. (2007). Olfactory-induced synesthesias: A review and model. *Psychological Bulletin, 133,* 294–309. (p. 229)

Stewart, R. E., & Chambless, D. L. (2009). Cognitive-behavioral therapy for adult anxiety disorders in clinical practice: A meta-analysis of effectiveness studies. *Journal of Consulting and Clinical Psychology, 77,* 595–606. (p. 562)

Stice, E. (2002). Risk and maintenance factors for eating pathology: A meta-analytic review. *Psychological Bulletin, 128,* 825–848. (p. 536)

Stice, E., Ng, J., & Shaw, H. (2010). Risk factors and prodromal eating pathology. *Journal of Child Psychology and Psychiatry, 51,* 518–525. (p. 537)

Stice, E., Shaw, H., Bohon, C., Marti, C. N., & Rohde, P. (2009). A meta-analytic review of depression prevention programs for children and adolescents: Factors that predict magnitude of intervention effects. *Journal of Consulting and Clinical Psychology, 77,* 486–503. (pp. 556, 577)

Stice, E., Shaw, H., & Marti, C. N. (2007). A meta-analytic review of eating disorder prevention programs: Encouraging findings. *Annual Review of Clinical Psychology, 3,* 233–257. (p. 537)

Stice, E., Spangler, D., & Agras, W. S. (2001). Exposure to media-portrayed thin-ideal images adversely affects vulnerable girls: A longitudinal experiment. *Journal of Social and Clinical Psychology, 20,* 270–288. (p. 537)

Stickgold, R. (2000, March 7). Quoted by S. Blakeslee, For better learning, researchers endorse "sleep on it" adage. *New York Times,* p. F2. (pp. 94, 95)

Stickgold, R., & Ellenbogen, J. M. (2008, August/September). Quiet! Sleeping brain at work. *Scientific American Mind,* pp. 23–29. (p. 88)

Stickgold, R., Hobson, J. A., Fosse, R., & Fosse, M. (2001). Sleep, learning, and dreams: Off-line memory processing. *Science, 294,* 1052–1057. (p. 95)

Stickgold, R., Malia, A., Maquire, D., Roddenberry, D., & O'Connor, M. (2000, October 13). Replaying the game: Hypnagogic images in normals and amnesics. *Science, 290,* 350–353. (p. 95)

Stiglitz, J. (2009, September 13). Towards a better measure of well-being. *Financial Times* (www.ft.com). (p. 419)

Stillman, T. F., Baumeister, R. F., Vohs, K. D., Lambert, N. M., Fincham, F. D., & Brewer, L. E. (2010). Personal philosophy and personnel achievement: Belief in free will predicts better job performance. *Social Psychological and Personality Science, 1,* 43–50. (p. 403)

Stinson, D. A., Logel, C., Zanna, M. P., Holmes, J. G., Cameron, J. J., Wood, J. V., & Spencer, S. J. (2008). The cost of lower self-esteem: Testing a self- and social-bonds model of health. *Journal of Personality and Social Psychology, 94*, 412–428. (p. 407)

Stith, S. M., Rosen, K. H., Middleton, K. A., Busch, A. L., Lunderberg, K., & Carlton, R. P. (2000). The intergenerational transmission of spouse abuse: A meta-analysis. *Journal of Marriage and the Family, 62*, 640–654. (p. 264)

St. Jacques, P. L., Dolcos, F., & Cabeza, R. (2009). Effects of aging on functional connectivity of the amygdala for subsequent memory of negative pictures: A network analysis of fMRI data. *Psychological Science, 20*, 74–84. (p. 157)

Stockton, M. C., & Murnen, S. K. (1992). Gender and sexual arousal in response to sexual stimuli: A meta-analytic review. Paper presented at the American Psychological Society convention. (p. 175)

Stone, A. A., & Neale, J. M. (1984). Effects of severe daily events on mood. *Journal of Personality and Social Psychology, 46*, 137–144. (p. 414)

Stone, A. A., Schwartz, J. E., Broderick, J. E., & Deaton, A. (2010). A snapshot of the age distribution of psychological well-being in the United States. *PNAS, 107*, 9985–9990. (p. 156)

Stone, A. A., Schwartz, J. E., Broderick, J. E., & Shiffman, S. S. (2005). Variability of momentary pain predicts recall of weekly pain: A consequences of the peak (or salience) memory heuristic. *Personality and Social Psychology Bulletin, 31*, 1340–1346. (p. 222)

Stone, G. (2006, February 17). Homeless man discovered to be lawyer with amnesia. *ABC News* (abcnews.go.com). (p. 534)

Stoolmiller, M. (1999). Implications of the restricted range of family environments for estimates of heritability and nonshared environment in behavior-genetic adoption studies. *Psychological Bulletin, 125*, 392–409. (p. 66)

Storbeck, J., Robinson, M. D., & McCourt, M. E. (2006). Semantic processing precedes affect retrieval: The neurological case for cognitive primary in visual processing. *Review of General Psychology, 10*, 41–55. (p. 375)

Storm, L., Tressoldi, P. E., & Di Risio, L. (2010a). A meta-analysis with nothing to hide: Reply to Hyman (2010). *Psychological Bulletin, 136*, 491–494. (p. 230)

Storm, L., Tressoldi, P. E., & Di Risio, L. (2010b). Meta-analysis of free-response studies, 1992–2008: Assessing the noise reduction model in parapsychology *Psychological Bulletin, 136*, 471–485. (p. 230)

Storms, M. D. (1973). Videotape and the attribution process: Reversing actors' and observers' points of view. *Journal of Personality and Social Psychology, 27*, 165–175. (p. 459)

Storms, M. D. (1983). Development of sexual orientation. Washington, DC: Office of Social and Ethical Responsibility, American Psychological Association. (p. 179)

Storms, M. D., & Thomas, G. C. (1977). Reactions to physical closeness. *Journal of Personality and Social Psychology, 35*, 412–418. (p. 471)

Stout, J. A., & Dasgupta, N. (2011). When *he* doesn't mean *you*: Gender-exclusive language as ostracism. *Personality and Social Psychology Bulletin, 37*, 75–769. (p. 366)

Stowell, J. R., Oldham, T., & Bennett, D. (2010). Using student response systems ("clickers") to combat conformity and shyness. *Teaching of Psychology, 37*, 135–140. (p. 467)

Strack, F., Martin, L., & Stepper, S. (1988). Inhibiting and facilitating conditions of the human smile: A nonobtrusive test of the facial feedback hypothesis. *Journal of Personality and Social Psychology, 54*, 768–777. (p. 384)

Strahan, E. J., Spencer, S. J., & Zanna, M. P. (2002). Subliminal priming and persuasion: Striking while the iron is hot. *Journal of Experimental Social Psychology, 38*, 556–568. (p. 195)

Stranahan, A. M., Khalil, D., & Gould, E. (2006). Social isolation delays the positive effects of running on adult neurogenesis. *Nature Neuroscience, 9*, 526–533. (p. 58)

Strand, S., Deary, I. J., & Smith, P. (2006). Sex differences in cognitive abilities test scores: A UK national picture. *British Journal of Educational Psychology, 76*, 463–480. (p. 342)

Strange, D., Hayne, H., & Garry, M. (2008). A photo, a suggestion, a false memory. *Applied Cognitive Psychology, 22*, 587–603. (p. 295)

Strasburger, V. C., Jordan, A. B., & Donnerstein, E. (2010). Health effects of media on children and adolescents. *Pediatrics, 125*, 756–767. (p. 264)

Stratton, G. M. (1896). Some preliminary experiments on vision without inversion of the retinal image. *Psychological Review, 3*, 611–617. (p. 215)

Straub, R. O., Seidenberg, M. S., Bever, T. G., & Terrace, H. S. (1979). Serial learning in the pigeon. *Journal of the Experimental Analysis of Behavior, 32*, 137–148. (p. 324)

Straus, M. A., & Gelles, R. J. (1980). *Behind closed doors: Violence in the American family.* New York: Anchor/Doubleday. (p. 252)

Straus, M. A., Sugarman, D. B., & Giles-Sims, J. (1997). Spanking by parents and subsequent antisocial behavior of children. *Archives of Pediatric Adolescent Medicine, 151*, 761–767. (p. 252)

Strawbridge, W. J. (1999). Mortality and religious involvement: A review and critique of the results, the methods, and the measures. Paper presented at a Harvard University conference on religion and health, sponsored by the National Institute for Health Research and the John Templeton Foundation. (p. 411)

Strawbridge, W. J., Cohen, R. D., & Shema, S. J. (1997). Frequent attendance at religious services and mortality over 28 years. *American Journal of Public Health, 87*, 957–961. (p. 411)

Strawbridge, W. J., Shema, S. J., Cohen, R. D., & Kaplan, G. A. (2001). Religious attendance increases survival by improving and maintaining good health behaviors, mental health, and social relationships. *Annals of Behavioral Medicine, 23*, 68–74. (p. 411)

Strayer, D. L., & Drews, F A. (2007). Cell-phone-induced driver distraction. *Current Directions in Psychological Science, 16*, 128–131. (p. 81)

Strick, M., Dijksterhuis, A., & van Baaren, R. B. (2010). Unconscious-thought effects take place off-line, not on-line. *Psychological Science, 21*, 484–488. (p. 313)

Stroebe, W. (2012). The truth about Triplett (1898), but nobody seems to care. *Perspectives on Psychological Science, 7*, 54–57. (p. 471)

Stroebe, W., Schut, H., & Stroebe, M. S. (2005). Grief work, disclosure and counseling: Do they help the bereaved? *Clinical Psychology Review, 25*, 395–414. (p. 158)

Stross, R. (2011, July 9). The therapist will see you now, via the web. *New York Times* (www.nytimes.com). (p. 557)

Strully, K. W. (2009). Job loss and health in the U.S. labor market. *Demography, 46*, 221–246. (p. 392)

Strupp, H. H. (1986). Psychotherapy: Research, practice, and public policy (How to avoid dead ends). *American Psychologist, 41*, 120–130. (p. 565)

Su, R., Rounds, J., & Armstrong, P. I. (2009). Men and things, women and people: A meta-analysis of sex differences in interests. *Psychological Bulletin, 135*, 859–884. (p. 166)

Subiaul, F., Cantlon, J. F., Holloway, R. L., & Terrace, H. S. (2004). Cognitive imitation in rhesus macaques. *Science, 305*, 407–410. (p. 263)

Subrahmanyam, K., & Greenfield, P. (2008). Online communication and adolescent relationships. *The Future of Children, 18*, 119–146. (p. 146)

Suddath, R. L., Christison, G. W., Torrey, E. F., Casanova, M. F., & Weinberger, D. R. (1990). Anatomical abnormalities in the brains of monozygotic twins discordant for schizophrenia. *New England Journal of Medicine, 322*, 789–794. (p. 533)

Sue, S. (2006). Research to address racial and ethnic disparities in mental health: Some lessons learned. In S. I. Donaldson, D. E. Berger, & K. Pezdek (Eds.), *Applied psychology; New frontiers and rewarding careers.* Mahwah, NJ; Erlbaum. (p. 566)

Suedfeld, P. (1998). Homo invictus: The indomitable species. *Canadian Psychology, 38*, 164–173. (p. 576)

Suedfeld, P. (2000). Reverberations of the Holocaust fifty years later: Psychology's contributions to understanding persecution and genocide. *Canadian Psychology, 41*, 1–9. (p. 576)

Suedfeld, P., & Mocellin, J. S. P. (1987). The "sensed presence" in unusual environments. *Environment and Behavior, 19*, 33–52. (p. 107)

Suinn, R. M. (1997). Mental practice in sports psychology: Where have we been, Where do we go? *Clinical Psychology: Science and Practice, 4,* 189–207. (p. 328)

Sullivan, D., & von Wachter, T. (2009). Job displacement and mortality: An analysis using administrative data. *Quarterly Journal of Economics, 124,* 1265–1306. (p. 391)

Sullivan, K. T., Pasch, L. A., Johnson, M. D., & Bradbury, T. N. (2010). Social support, problem solving, and the longitudinal course of newlywed marriage. *Journal of Personality and Social Psychology, 98,* 631–644. (p. 493)

Sullivan, P. F., Neale, M. C., & Kendler, K. S. (2000). Genetic epidemiology of major depression: Review and meta-analysis. *American Journal of Psychiatry, 157,* 1552–1562. (p. 523)

Sullivan/Anderson, A. (2009, March 30). How to end the war over sex ed. *Time,* pp. 40–43. (p. 176)

Suls, J. M., & Tesch, F. (1978). Students' preferences for information about their test performance: A social comparison study. *Journal of Experimental Social Psychology, 8,* 189–197. (p. 417)

Summers, M. (1996, December 9). Mister clean. *People Weekly,* pp. 139–142. (p. 505)

Sun, Q. I., Townsend, M. K., Okereke, O., Franco, O. H., Hu, F. B., & Grodstein, F. (2009). Adiposity and weight change in midlife in relation to healthy survival after age 70 in women: Prospective cohort study. *British Medical Journal, 339,* b3796. (p. 361)

Sundstrom, E., De Meuse, K. P., & Futrell, D. (1990). Work teams: Applications and effectiveness. *American Psychologist, 45,* 120–133. (p. B-12)

Sunstein, C. R. (2007). On the divergent American reactions to terrorism and climate change. *Columbia Law Review, 107,* 503–557. (p. 309)

Suomi, S. J. (1986). Anxiety-like disorders in young nonhuman primates. In R. Gettleman (Ed.), *Anxiety disorders of childhood.* New York: Guilford Press. (p. 517)

Suppes, P. (1982). Quoted by R. H. Ennis, Children's ability to handle Piaget's propositional logic: A conceptual critique. In S. Modgil & C. Modgil (Eds.), *Jean Piaget: Consensus and controversy.* New York: Praeger. (p. 129)

Surgeon General. (1986). *The surgeon general's workshop on pornography and public health,* June 22–24. Report prepared by E. P. Mulvey & J. L. Haugaard and released by Office of the Surgeon General on August 4, 1986. (p. 485)

Surgeon General. (1999). *Mental health: A report of the surgeon general.* Rockville, MD: U.S. Department of Health and Human Services. (p. 511)

Susser, E. S., Neugenbauer, R., Hoek, H. W., Brown, A. S., Lin, S., Labovitz, D., & Gorman, J. M. (1996). Schizophrenia after prenatal famine. *Archives of General Psychiatry, 53(1),* 25–31. (p. 531)

Sutcliffe, J. S. (2008). Insights into the pathogenesis of autism. *Science, 321,* 208–209. (p. 130)

Sutherland, A. (2006, June 25). What Shamu taught me about a happy marriage, *New York Times.* (p. 255)

Swami, V., & 60 others. (2010). The attractive female body weight and female body dissatisfaction in 26 countries across 10 world regions: Results of the international body project I. *Personality and Social Psychology Bulletin, 36,* 309–325. (p. 537)

Swami, V., Henderson, G., Custance, D., & Tovée, M. J. (2011). A cross-cultural investigation of men's judgments of female body weight in Britain and Indonesia. *Journal of Cross-Cultural Psychology, 42,* 140–145. (p. 361)

Swann, W. B., Jr., Chang-Schneider, C., & McClarty, K. L. (2007). Do people's self-views matter: Self-concept and self-esteem in everyday life. *American Psychologist, 62,* 84–94. (p. 447)

Sweat, J. A., & Durm, M. W. (1993). Psychics: Do police departments really use them? *Skeptical Inquirer, 17,* 148–158. (p. 230)

Swerdlow, N. R., & Koob, G. F. (1987). Dopamine, schizophrenia, mania, and depression: Toward a unified hypothesis of corticostiato-pallido-thalamic function (with commentary). *Behavioral and Brain Sciences, 10,* 197–246. (p. 530)

Swim, J. K., Johnston, K., & Pearson, N. B. (2009). Daily experiences with heterosexism: Relations between heterosexist hassles and psychological well-being. *Journal of Social and Clinical Psychology, 28,* 597–629. (p. 392)

Symbaluk, D. G., Heth, C. D., Cameron, J., & Pierce, W. D. (1997). Social modeling, monetary incentives, and pain endurance: The role of self-efficacy and pain perception. *Personality and Social Psychology Bulletin, 23,* 258–269. (p. 222)

Symond, M. B., Harris, A. W. F., Gordon, E., & Williams, L. M. (2005). (p. 530)

Symons, C. S., & Johnson, B. T. (1997). The self-reference effect in memory: A meta-analysis. *Psychological Bulletin, 121*(3), 371–394. (p. 280)

T

Taha, F. A. (1972). A comparative study of how sighted and blind perceive the manifest content of dreams. *National Review of Social Sciences, 9*(3), 28. (p. 93)

Taheri, S. (2004a, 20 December). Does the lack of sleep make you fat? *University of Bristol Research News* (www.bristol.ac.uk). (p. 362)

Taheri, S., Lin, L., Austin, D., Young, T., & Mignot, E. (2004b). Short sleep duration is associated with reduced leptin, elevated ghrelin, and increased body mass index. *PloS Medicine, 1*(3), e62. (p. 362)

Tajfel, H. (Ed.). (1982). *Social identity and intergroup relations.* New York: Cambridge University Press. (p. 478)

Talal, N. (1995). Quoted by V. Morell, Zeroing in on how hormones affect the immune system. *Science, 269,* 773–775. (p. 394)

Talarico, J. M., & Rubin, D. C. (2003). Confidence, not consistency, characterizes flashbulb memories. *Psychological Science, 14,* 455–461. (p. 283)

Talarico, J. M., & Rubin, D. C. (2007). Flashbulb memories are special after all; in phenomenology, not accuracy. *Applied Cognitive Psychology, 21,* 557–578. (p. 283)

Tamres, L. K., Janicki, D., & Helgeson, V. S. (2002). Sex differences in coping behavior: A meta-analytic review and an examination of relative coping. *Personality and Social Psychology Review, 6,* 2–30. (p. 166)

Tang, S-H., & Hall, V. C. (1995). The overjustification effect: A meta-analysis. *Applied Cognitive Psychology, 9,* 365–404. (p. 260)

Tangney, C. C., Kwasny, M. J., Li, H., Wilson, R. S., Evans, D. A., & Morris, M. C. (2011). Adherence to a Mediterranean-type dietary pattern and cognitive decline in a community population. *American Journal of Clinical Nutrition, 93,* 601–607. (p. 525)

Tangney, J. P., Baumeister, R. F., & Boone, A. L. (2004). High self-control predicts good adjustment, less pathology, better grades, and interpersonal success. *Journal of Personality, 72,* 271–324. (p. 403)

Tannen, D. (1990). *You just don't understand: Women and men in conversation.* New York: Morrow. (p. 165)

Tannen, D. (2001). *You just don't understand: Women and men in conversation.* New York: Harper. (p. 27)

Tannenbaum, P. (2002, February). Quoted in R. Kubey & M. Csikszentmihalyi, Television addiction is no mere metaphor. *Scientific American,* pp. 74–80. (p. 196)

Tanner, J. M. (1978). *Fetus into man: Physical growth from conception to maturity.* Cambridge, MA: Harvard University Press. (p. 168)

Tardif, T., Fletcher, P., Liang, W., Zhang, Z., Kaciroti, N., & Marchman, V. A. (2008). Baby's first 10 words. *Developmental Psychology, 44,* 929–938. (p. 320)

Taubes, G. (2001). The soft science of dietary fat. *Science, 291,* 2536–2545. (p. 363)

Taubes, G. (2002, July 7). What if it's all been a big fat lie? *New York Times* (www.nytimes.com). (p. 363)

Tavris, C. (1982, November). Anger defused. *Psychology Today,* pp. 25–35. (p. 398)

Tavris, C., & Aronson, E. (2007). *Mistakes were made (but not by me).* Orlando, FL: Harcourt. (p. 293)

Tay, L., & Diener, E. (2011). Needs and subjective well-being around the world. *Journal of Personality and Social Psychology, 101,* 354–365. (p. 355)

Taylor, C. A., Manganello, J. A., Lee, S. J., & Rice, J. C. (2010). Mothers' spanking of 3-year-old children and subsequent risk of children's aggressive behavior. *Pediatrics, 125,* 1057–1065. (p. 252)

Taylor, K., & Rohrer, D. (2010). The effects of interleaved practice. *Applied Cognitive Psychology, 24*, 837–848. (p. 30)

Taylor, P. J., Gooding, P., Wood, A. M., & Tarrier, N. (2011). The role of defeat and entrapment in depression, anxiety, and suicide. *Psychological Bulletin, 137*, 391–420. (p. 524)

Taylor, P. J., Russ-Eft, D. F., & Chan, D. W. L. (2005). A meta-analytic review of behavior modeling training. *Journal of Applied Psychology, 90*, 692–709. (p. 263)

Taylor, S., Kuch, K., Koch, W. J., Crockett, D. J., & Passey, G. (1998). The structure of posttraumatic stress symptoms. *Journal of Abnormal Psychology, 107*, 154–160. (p. 515)

Taylor, S. E. (1989). *Positive illusions*. New York: Basic Books. (p. 312)

Taylor, S. E. (2002). *The tending instinct: How nurturing is essential to who we are and how we live*. New York: Times Books. (p. 166)

Taylor, S. E. (2006). Tend and befriend: Biobehavioral bases of affiliation under stress. *Current Directions in Psychological Science, 15*, 273–277. (p. 393)

Taylor, S. E., Cousino, L. K., Lewis, B. P., Gruenewald, T. L., Gurung, R. A. R., & Updegraff, J. A. (2000). Biobehavioral responses to stress in females: Tend-and-befriend, not fight-or-flight. *Psychological Review, 107*, 411–430. (p. 393)

Taylor, S. E., Pham, L. B., Rivkin, I. D., & Armor, D. A. (1998). Harnessing the imagination: Mental simulation, self-regulation, and coping. *American Psychologist, 53*, 429–439. (p. 328)

Taylor, S. P., & Chermack, S. T. (1993). Alcohol, drugs and human physical aggression. *Journal of Studies on Alcohol*, Supplement No. 11, 78–88. (p. 482)

Tedeschi, R. G., & Calhoun, L. G. (2004). Posttraumatic growth: Conceptual foundations and empirical evidence. *Psychological Inquiry, 15*, 1–18. (p. 576)

Teghtsoonian, R. (1971). On the exponents in Stevens' law and the constant in Ekinan's law. *Psychological Review, 78*, 71–80. (p. 195)

Teicher, M. H. (2002, March). The neurobiology of child abuse. *Scientific American*, pp. 68–75. (p. 137)

Teller. (2009, April 20). Quoted by J. Lehrer, Magic and the brain: Teller reveals the neuroscience of illusion. *Wired Magazine* (www.wired.com). (p. 82)

Tenopyr, M. L. (1997). Improving the workplace: Industrial/organizational psychology as a career. In R. J. Sternberg (Ed.), *Career paths in psychology: Where your degree can take you*. Washington, DC: American Psychological Association. (p. B-3)

Terao, T., Ohgami, H., Shlotsuki, I., Ishli, N., & Iwata, N. (2010). Author's reply. *British Journal of Psychiatry, 196*, 160. (p. 571)

Terman, J. S., Terman, M., Lo, E-S., & Cooper, T. B. (2001). Circadian time of morning light administration and therapeutic response in winter depression. *Archives of General Psychiatry, 58*, 69–73. (p. 564)

Terman, M., Terman, J. S., & Ross, D. C. (1998). A controlled trial of timed bright light and negative air ionization for treatment of winter depression. *Archives of General Psychiatry, 55*, 875–882. (p. 564)

Terrace, H. S. (1979, November). How Nim Chimpsky changed my mind. *Psychology Today*, pp. 65–76. (p. 324)

Terre, L., & Stoddart, R. (2000). Cutting edge specialties for graduate study in psychology. *Eye on Psi Chi, 23*–26. (p. C-1)

Tesser, A., Forehand, R., Brody, G., & Long, N. (1989). Conflict: The role of calm and angry parent-child discussion in adolescent development. *Journal of Social and Clinical Psychology, 8*, 317–330. (p. 146)

Tetlock, P. E. (1988). Monitoring the integrative complexity of American and Soviet policy rhetoric: What can be learned? *Journal of Social Issues, 44*, 101–131. (p. 500)

Tetlock, P. E. (1998). Close-call counterfactuals and belief-system defenses: I was not almost wrong but I was almost right. *Journal of Personality and Social Psychology, 75*, 639–652. (p. 12)

Tetlock, P. E. (2005). *Expert political judgement: How good is it? How can we know?* Princeton, NJ: Princeton University Press. (p. 12)

Thaler, R. H., & Sunstein, C. R. (2008). *Nudge: Improving decisions about health, wealth, and happiness*. New Haven, CT: Yale University Press. (p. 312)

Thatcher, R. W., Walker, R. A., & Giudice, S. (1987). Human cerebral hemispheres develop at different rates and ages. *Science, 236*, 1110–1113. (pp. 122, 149)

Thayer, R. E. (1987). Energy, tiredness, and tension effects of a sugar snack versus moderate exercise. *Journal of Personality and Social Psychology, 52*, 119–125. (p. 408)

Thayer, R. E. (1993). Mood and behavior (smoking and sugar snacking) following moderate exercise: A partial test of self-regulation theory. *Personality and Individual Differences, 14*, 97–104. (p. 408)

Théoret, H., Halligan, H., Kobayashi, M., Fregni, F., Tager-Flusberg, H., & Pascual-Leone, A. (2005). Impaired motor facilitation during action observation in individuals with autism spectrum disorder. *Current Biology, 15*, R84–R85. (p. 131)

Thernstrom, M. (2006, May 14). My pain, my brain. *New York Times* (www.nytimes.com). (p. 223)

Thiel, A., Hadedank, B., Herholz, K., Kessler, J., Winhuisen, L., Haupt, W. F., & Heiss, W-D. (2006). From the left to the right: How the brain compensates progressive loss of language function. *Brain and Language, 98*, 57–65. (p. 58)

Thomas, A., & Chess, S. (1986). The New York Longitudinal Study: From infancy to early adult life. In R. Plomin & J. Dunn (Eds.), *The study of temperament: Changes, continuities, and challenges*. Hillsdale, NJ: Erlbaum. (p. 159)

Thomas, L. (1983). *The youngest science: Notes of a medicine watcher*. New York: Viking Press. (p. 40)

Thomas, L. (1992). *The fragile species*. New York: Scribner's. (pp. 71, 321, 560)

Thompson, G. (2010). The $1 million dollar challenge. *Skeptic Magazine, 15*, 8–9. (p. 232)

Thompson, J. K., Jarvie, G. J., Lahey, B. B., & Cureton, K. J. (1982). Exercise and obesity: Etiology, physiology, and intervention. *Psychological Bulletin, 91*, 55–79. (p. 363)

Thompson, P. M., Cannon, T. D., Narr, K. L., van Erp, T., Poutanen, V-P., Huttunen, M., Lönnqvist, J., Standerskjöld-Nordenstam, C-G., Kaprio, J., Khaledy, M., Dail, R., Zoumalan, C. I., & Toga, A. W. (2001). Genetic influences on brain structure. *Nature Neuroscience, 4*, 1253–1258. (p. 340)

Thompson, P. M., Giedd, J. N., Woods, R. P., MacDonald, D., Evans, A. C., & Toga, A. W. (2000). Growth patterns in the developing brain detected by using continuum mechanical tensor maps. *Nature, 404*, 190–193. (p. 122)

Thompson, R., Emmorey, K., & Gollan, T. H. (2005). "Tip of the fingers" experiences by Deaf signers. *Psychological Science, 16*, 856–860. (p. 292)

Thompson-Schill, S. L., Ramscar, M., & Chrysikou, E. G. (2009). Cognition without control: When a little frontal lobe goes a long way. *Current Directions in Psychological Science, 18*, 259–263. (p. 122)

Thomson, R., & Murachver, T. (2001). Predicting gender from electronic discourse. *British Journal of Social Psychology, 40*, 193–208 (and personal correspondence from T. Murachver, May 23, 2002). (p. 165)

Thorndike, E. L. (1898). Animal intelligence: An experimental study of the associative processes in animals. *Psychological Review Monograph Supplement 2*, 4–160. (p. 246)

Thorne, J., with Rothstein, L. (1993). *You are not alone: Words of experience and hope for the journey through depression*. New York: HarperPerennial. (p. 505)

Thornton, B., & Moore, S. (1993). Physical attractiveness contrast effect: Implications for self-esteem and evaluations of the social self. *Personality and Social Psychology Bulletin, 19*, 474–480. (p. 490)

Thorpe, W. H. (1974). *Animal nature and human nature*. London: Metheun. (p. 325)

Tickle, J. J., Hull, J. G., Sargent, J. D., Dalton, M. A., & Heatherton, T. F. (2006). A structural equation model of social influences and exposure to media smoking on adolescent smoking. *Basic and Applied Social Psychology, 28*, 117–129. (p. 111)

Tiedens, L. Z. (2001). Anger and advancement versus sadness and subjugation: The effect of negative emotion expressions on social status conferral. *Journal of Personality and Social Psychology, 80*, 86–94. (p. 398)

Tiggemann, M., & Miller, J. (2010). The Internet and adolescent girls' weight satisfaction and drive for thinness. *Sex Roles, 63*, 79–90. (p. 537)

Tiihonen, J., Lönnqvist, J., Wahlbeck, K., Klaukka, T., Niskanen, L., Tanskanen, A., Haukka, J. (2009). 11-year follow-up of mortality in patients with schizophrenia: a population-based cohort study (FIN11 study). *Lancet, 374*, 260–267. (p. 568)

Time. (1997, December 22). Greeting card association data, p. 19. (p. 166)

Time. (2009, Oct. 14). The state of the American woman. pp. 32–33. (p. 166)

Time/CNN Survey. (1994, December 19). Vox pop: Happy holidays, *Time.* (p. 519)

Timmerman, T. A. (2007). "It was a thought pitch": Personal, situational, and target influences on hit-by-pitch events across time. *Journal of Applied Psychology, 92*, 876–884. (p. 483)

Tinbergen, N. (1951). *The study of instinct.* Oxford: Clarendon. (p. 352)

Tirrell, M. E. (1990). Personal communication. (p. 242)

Toews, P. (2004, December 30). *Dirk Willems: A heart undivided.* Mennonite Brethren Historical Commission (www.mbhistory.org/profiles/dirk.en.html). (p. 457)

Tolin, D. F. (2010). Is cognitive-behavioral therapy more effective than other therapies? A meta-analytic review. *Clinical psychology Review, 30*, 710–720. (p. 562)

Tolman, E. C., & Honzik, C. H. (1930). Introduction and removal of reward, and maze performance in rats. *University of California Publications in Psychology, 4*, 257–275. (p. 260)

Tolstoy, L. (1904). *My confessions.* Boston: Dana Estes. (p. 28)

Tondo, L., Jamison, K. R., & Baldessarini, R. J. (1997). Effect of lithium maintenance on suicidal behavior in major mood disorders. In D. M. Stoff & J. J. Mann (Eds.), *The neurobiology of suicide: From the bench to the clinic.* New York; New York Academy of Sciences. (p. 571)

Toni, N., Buchs, P-A., Nikonenko, I., Bron, C. R., & Muller, D. (1999). LTP promotes formation of multiple spine synapses between a single axon terminal and a dendrite. *Nature, 402*, 421–442. (p. 284)

Topolinski, S., & Reber, R. (2010). Gaining insight into the "aha" experience. *Current Directions in Psychological Science, 19*, 401–405. (p. 307)

Torrey, E. F. (1986). *Witchdoctors and psychiatrists.* New York: Harper & Row. (p. 566)

Torrey, E. F., & Miller, J. (2002). *The invisible plague: The rise of mental illness from 1750 to the present.* New Brunswick, NJ: Rutgers University Press. (p. 531)

Torrey, E. F., Miller, J., Rawlings, R., & Yolken, R. H. (1997). Seasonality of births in schizophrenia and bipolar disorder: A review of the literature. *Schizophrenia Research, 28*, 1–38. (p. 531)

Totterdell, P., Kellett, S., Briner, R. B., & Teuchmann, K. (1998). Evidence of mood linkage in work groups. *Journal of Personality and Social Psychology, 74*, 1504–1515. (p. 465)

Tracy, J. L., Cheng, J. T., Robins, R. W., & Trzesniewski, K. H. (2009). Authentic and hubristic pride: The affective core of self-esteem and narcissism. *Self and Identity, 8*, 196–213. (p. 450)

Tracy, J. L., & Robins, R. W. (2004). Show your pride: Evidence for a discrete emotion expression. *Psychological Science, 15*, 194–197. (p. 376)

Trautwein, U., Lüdtke, O., Köller, O., & Baumert, J. (2006). Self-esteem, academic self-concept, and achievement: How the learning environment moderates the dynamics of self-concept. *Journal of Personality and Social Psychology, 90*, 334–349. (p. 447)

Treffert, D. A., & Christensen, D. D. (2005, December). Inside the mind of a savant. *Scientific American*, pp. 108–113. (p. 331)

Treffert, D. A., & Wallace, G. L. (2002). Island of genius—The artistic brilliance and dazzling memory that sometimes accompany autism and other disorders hint at how all brains work. *Scientific American, 286*, 76–86. (p. 330)

Treisman, A. (1987). Properties, parts, and objects. In K. R. Boff, L. Kaufman, & J. P. Thomas (Eds.), *Handbook of perception and human performance.* New York: Wiley. (p. 209)

Tremblay, R. E., Pihl, R. O., Vitaro, F., & Dobkin, P. L. (1994). Predicting early onset of male antisocial behavior from preschool behavior. *Archives of General Psychiatry, 51*, 732–739. (p. 539)

Trewin, D. (2001). *Australian social trends 2001.* Canberra: Australian Bureau of Statistics. (p. 169)

Triandis, H. C. (1994). *Culture and social behavior.* New York: McGraw-Hill. (pp. 451, 452, 484)

Triandis, H. C., Bontempo, R., Villareal, M. J., Asai, M., & Lucca, N. (1988). Individualism and collectivism: Cross-cultural perspectives on self-ingroup relationships. *Journal of Personality and Social Psychology, 54*, 323–338. (p. 452)

Trillin, C. (2006, March 27). Alice off the page. *The New Yorker*, p. 44. (p. 434)

Trimble, J. E. (1994). Cultural variations in the use of alcohol and drugs. In W. J. Lonner & R. Malpass (Eds.), *Psychology and culture.* Boston: Allyn & Bacon. (p. 111)

Triplett, N. (1898). The dynamogenic factors in pacemaking and competition. *American Journal of Psychology, 9*, 507–533. (p. 471)

Trut, L. N. (1999). Early canid domestication: The farm-fox experiment. *American Scientist, 87*, 160–169. (p. 69)

Tsai, J. L., & Chentsova-Dutton, Y. (2003). Variation among European Americans in emotional facial expression. *Journal of Cross-Cultural Psychology, 34*, 650–657. (p. 384)

Tsai, J. L., Miao, F. F., Seppala, E., Fung, H. H., & Yeung, D. Y. (2007). Influence and adjustment goals: Sources of cultural differences in ideal affect. *Journal of Personality and Social Psychology, 92*, 1102–1117. (p. 383)

Tsang, Y. C. (1938). Hunger motivation in gastrectomized rats. *Journal of Comparative Psychology, 26*, 1–17. (p. 357)

Tsuang, M. T., & Faraone, S. V. (1990). *The genetics of mood disorders.* Baltimore, MD: Johns Hopkins University Press. (p. 523)

Tuber, D. S., Miller, D. D., Caris, K. A., Halter, R., Linden, F., & Hennessy, M. B. (1999). Dogs in animal shelters: Problems, suggestions, and needed expertise. *Psychological Science, 10*, 379–386. (p. 27)

Tucker, K. A. (2002). I believe you can fly. *Gallup Management Journal* (www.gallupjournal.com/CA/st/20020520.asp). (p. B-10)

Tucker-Drob, E. M., Rhemtulla, M., Harden, K. P., Turkheimer, E., & Fask, D. (2011). Emergence of a gene x socioeconomic status interaction on infant mental ability between 10 months and 2 years. *Psychological Science, 22*, 125–133. (p. 340)

Tully, T. (2003). Reply: The myth of a myth. *Current Biology, 13*, R426. (p. 240)

Turkheimer, E., Haley, A., Waldron, M., D'Onofrio, B., & Gottesman, I. I. (2003). Socioeconomic status modifies heritability of IQ in young children. *Psychological Science, 14*, 623–628. (p. 340)

Turner, J. C. (1987). *Rediscovering the social group: A self-categorization theory.* New York: Basil Blackwell. (p. 478)

Turner, J. C. (2007). Self-categorization theory. In R. Baumeister & K. Vohs (Eds.), *Encyclopedia of social psychology.* Thousand Oaks, CA: Sage. (p. 478)

Turner, N., Barling, J., & Zacharatos, A. (2002). Positive psychology at work. In C. R. Snyder & S. J. Lopez (Eds.), *The handbook of positive psychology.* New York: Oxford University Press. (p. B-12)

Turpin, A. (2005, April 3). The science of psi. *FT Weekend*, pp. W1, W2. (p. 230)

Tversky, A. (1985, June). Quoted in K. McKean, Decisions, decisions. *Discover*, pp. 22–31. (p. 309)

Tversky, A., & Kahneman, D. (1974). Judgment under uncertainty: Heuristics and biases. *Science, 185*, 1124–1131. (p. 308, A-6)

Twenge, J. M. (1997). Changes in masculine and feminine traits over time: A meta-analysis. *Sex Roles 36*(5–6), 305–325. (p. 163)

Twenge, J. M. (2006). *Generation me.* New York: Free Press. (p. 449)

Twenge, J. M., Abebe, E. M., & Campbell, W. K. (2010). Fitting in or standing out: Trends in American parents' choices for children's names, 1880–2007. *Social Psychology and Personality Science, 1*, 19–25. (p. 452)

Twenge, J. M., Baumeister, R. F., DeWall, C. N., Ciarocco, N. J., & Bartels, J. M. (2007). Social exclusion decreases prosocial behavior. *Journal of Personality and Social Psychology, 92*, 56–66. (p. 366)

Twenge, J. M., Baumeister, R. F., Tice, D. M., & Stucke, T. S. (2001). If you can't join them, beat them: Effects of social exclusion on aggressive behavior. *Journal of Personality and Social Psychology, 81,* 1058–1069. (p. 366)

Twenge, J. M., Catanese, K. R., & Baumeister, R. F. (2002). Social exclusion causes self-defeating behavior. *Journal of Personality and Social Psychology, 83,* 606–615. (p. 366)

Twenge, J. M., & Foster, J. D. (2010). Birth cohort increases in narcissistic personality traits among American college students, 1982–2009. *Social Psychological and Personality Science, 1,* 99–106. (p. 449)

Twenge, J. M., Gentile, B., DeWall, C. D., Ma, D., & Lacefield, K. (2008). *A growing disturbance: Increasing psychopathology in young people 1938–2007 in a meta-analysis of the MMPI.* Unpublished manuscript, San Diego State University. (p. 522)

Twenge, J. M., Gentile, B., DeWall, C. N., Ma, D. S., Lacefield, K., & Schurtz, D. R. (2010). Birth cohort increases in psychopathology among young Americans, 1938–2007: A cross-temporal meta-analysis of the MMPI. *Clinical Psychology Review, 30,* 145–154. (p. 403)

Twenge, J. M., & Nolen-Hoeksema, S. (2002). Age, gender, race, socioeconomic status, and birth cohort differences on the children's depression inventory: A meta-analysis. *Journal of Abnormal Psychology, 111,* 578–588. (p. 145)

Twenge, J. M., Zhang, L., & Im, C. (2004). It's beyond my control: A cross-temporal meta-analysis of increasing externality in locus of control, 1960–2002. *Personality and Social Psychology Review, 8,* 308–319. (p. 403)

Twiss, C., Tabb, S., & Crosby, F. (1989). Affirmative action and aggregate data: The importance of patterns in the perception of discrimination. In F. Blanchard & F. Crosby (Eds.), *Affirmative action: Social psychological perspectives.* New York: Springer-Verlag. (p. A-5)

U

Uchida, Y., & Kitayama, S. (2009). Happiness and unhappiness in East and West: Themes and variations. *Emotion, 9,* 441–456. (p. 418)

Uchino, B. N. (2009). Understanding the links between social support and physical health. *Perspectives on Psychological Science, 4,* 236–255. (p. 405)

Uchino, B. N., Cacioppo, J. T., & Kiecolt-Glaser, J. K. (1996). The relationship between social support and physiological processes: A review with emphasis on underlying mechanisms and implications for health. *Psychological Bulletin, 119,* 488–531. (p. 405)

Uchino, B. N., Uno, D., & Holt-Lunstad, J. (1999). Social support, physiological processes, and health. *Current Directions in Psychological Science, 8,* 145–148. (p. 405)

Udry, J. R. (2000). Biological limits of gender construction. *American Sociological Review, 65,* 443–457. (p. 167)

Uga, V., Lemut, M. C., Zampi, C., Zilli, I., & Salzarulo, P. (2006). Music in dreams. *Consciousness and Cognition, 15,* 351–357. (p. 94)

UK ECT Review Group. (2003). Efficacy and safety of electroconvulsive therapy in depressive disorders: A systematic review and meta-analysis. *Lancet, 361,* 799–808. (p. 571)

UNAIDS. (2005). *AIDS epidemic update, December 2005.* United Nations (www.unaids.org). (p. 396)

UNAIDS. (2010). *UNAIDS report on the global AIDS epidemic 2010.* www.unaids.org. (pp. 174, 396)

UNAIDS. (2011). UNAIDS World Aids Day Report 2011. www.unaids.org. (p. 396)

Urbina, I. (2010, May 29). Documents show early worries about safety of rig. *New York Times* (www.nytimes.com). (p. 311)

Urry, H. L., & Gross, J. J. (2010). Emotion regulation in older age. *Current Directions in Psychological Science, 19,* 352–357. (p. 156)

Urry, H. L., Nitschke, J. B., Dolski, I., Jackson, D. C., Dalton, K. M., Mueller, C. J., Rosenkranz, M. A., Ryff, C. D., Singer, B. H., & Davidson, R. J. (2004). Making a life worth living: Neural correlates of well-being. *Psychological Science, 15,* 367–372. (p. 378)

Ursu, S., Stenger, V. A., Shear, M. K., Jones, M. R., & Carter, C. S. (2003). Overactive action monitoring in obsessive-compulsive disorder: Evidence from functional magnetic resonance imaging. *Psychological Science, 14,* 347–353. (p. 518)

V

Vacic, V., & 29 others. (2011). Duplications of the neuropeptide receptor gene *VIPR2* confer significant risk for schizophrenia. *Nature, 471,* 499–503. (p. 532)

Vaidya, J. G., Gray, E. K., Haig, J., & Watson, D. (2002). On the temporal stability of personality: Evidence for differential stability and the role of life experiences. *Journal of Personality and Social Psychology, 83,* 1469–1484. (p. 440)

Vaillant, G. E. (1977). *Adaptation to life.* New York: Little, Brown. (p. 297)

Vaillant, G. E. (2002). *Aging well: Surprising guideposts to a happier life from the landmark Harvard study of adult development.* Boston: Little, Brown. (p. 405)

Vaillant, G. E. (2009). Quoted by J. W. Shenk, What makes us happy? *The Atlantic* (www.theatlantic.com). (p. 367)

Valenstein, E. S. (1986). *Great and desperate cures: The rise and decline of psychosurgery.* New York; Basic Books. (p. 574)

Valkenburg, P. M., & Peter, J. (2009). Social consequences of the Internet for adolescents: A decade of research. *Current Directions in Psychological Science, 18,* 1–5. (pp. 146, 368)

van Anders, S. M., & Dunn, E. J. (2009). Are gonadal steroids linked with orgasm perceptions and sexual assertiveness in women and men? *Journal of Sexual Medicine, 6,* 739–751. (p. 172)

Van Baaren, R. B., Holland, R. W., Kawakami, K., & van Knippenberg, A. (2004). Mimicry and pro-social behavior. *Psychological Science, 15,* 71–74. (p. 465)

Van Baaren, R. B., Holland, R. W., Steenaert, B., & van Knippenberg, A. (2003). Mimicry for money: Behavioral consequences of imitation. *Journal of Experimental Social Psychology, 39,* 393–398. (p. 465)

van Boxtel, H. W., Orobio de Castro, B., & Goossens, F. A. (2004). High self-perceived social competence in rejected children is related to frequent fighting. *European Journal of Developmental Psychology, 1,* 205–214. (p. 449)

Van Cauter, E., Holmback, U., Knutson, K., Leproult, R., Miller, A., Nedeltcheva, A., Pannain, S., Penev, P., Tasali, E., & Spiegel, K. (2007). Impact of sleep and sleep loss on neuroendocrine and metabolic function. *Hormone Research, 67*(1), Supp. 1: 2–9. (p. 90)

Vance, E. B., & Wagner, N. N. (1976). Written descriptions of orgasm: A study of sex differences. *Archives of Sexual Behavior, 5,* 87–98. (p. 173)

Vandell, D. L., Belsky, J., Burchinal, M., Steinberg, L., Vandergrift, N., & NICHD Early Child Care Research Network (2010). Do effects of early child care extend to age 15 years? Results from the NICHD study of early child care and youth development. *Child Development, 81,* 737–756. (p. 137)

Vandenberg, S. G., & Kuse, A. R. (1978). Mental rotations: A group test of three-dimensional spatial visualization. *Perceptual and Motor Skills, 47,* 599–604. (p. 343)

van den Bos, K., & Spruijt, N. (2002). Appropriateness of decisions as a moderator of the psychology of voice. *European Journal of Social Psychology, 32,* 57–72. (p. B-12)

Van den Bussche, E., Van Den Noortgate, W., & Reynvoet, B. (2009). Mechanisms of masked priming: A meta-analysis. *Psychological Bulletin, 135,* 452–477. (p. 194)

Van Dyke, C., & Byck, R. (1982, March). Cocaine. *Scientific American,* pp. 128–141. (p. 106)

van Engen, M. L., & Willemsen, T. M. (2004). Sex and leadership styles: A meta-analysis of research published in the 1990s. *Psychological Reports, 94,* 3–18. (p. 165)

van Goozen, S. H. M., Fairchild, G., Snoek, H., & Harold, G. T. (2007). The evidence for a neurobiological model of childhood antisocial behavior. *Psychological Bulletin, 133,* 149–182. (p. 539)

van Hemert, D. A., Poortinga, Y. H., & van de Vijver, F. J. R. (2007). Emotion and culture: A meta-analysis. *Cognition and Emotion, 21,* 913–943. (p. 383)

van Honk, J., Schutter, D. J., Bos, P. A., Kruijt, A-W., Lentje, E. G., & Baron-Cohen, S. (2011). Testosterone administration impairs cognitive empathy in women depending on second-to-fourth digit ratio. *Proceedings of the National Academy of Sciences, 108,* 3448–3452. (p. 130)

Van IJzendoorn, M. H., & Juffer, F. (2005). Adoption is a successful natural intervention enhancing adopted children's IQ and school performance. *Current Directions in Psychological Science, 14,* 326–330. (p. 340)

Van IJzendoorn, M. H., & Juffer, F. (2006). The Emanual Miller Memorial Lecture 2006: Adoption as intervention. Meta-analytic evidence for massive catch-up and plasticity in physical, socio-emotional, and cognitive development. *Journal of Child Psychology and Psychiatry, 47,* 1228–1245. (pp. 66, 340)

van IJzendoorn, M. H., & Kroonenberg, P. M. (1988). Cross-cultural patterns of attachment: A meta-analysis of the strange situation. *Child Development, 59,* 147–156. (p. 134)

Van IJzendoorn, M. H., Luijk, M. P. C. M., & Juffer, F. (2008). IQ of children growing up in children's homes: A meta-analysis on IQ delays in ophanages. *Merrill-Palmer Quarterly, 54,* 341–366. (pp. 136, 341)

Van Leeuwen, M. S. (1978). A cross-cultural examination of psychological differentiation in males and females. *International Journal of Psychology, 13,* 87–122. (p. 169)

van Praag, H. (2009). Exercise and the brain: Something to chew on. *Trends in Neuroscience, 32,* 283–290. (p. 408)

Van Rooy, D. L., & Viswesvaran, C. (2004). Emotional intelligence: A meta-analytic investigation of predictive validity and nomological net. *Journal of Vocational Behavior, 65,* 71–95. (p. 333)

Van Yperen, N. W., & Buunk, B. P. (1990). A longitudinal study of equity and satisfaction in intimate relationships. *European Journal of Social Psychology, 20,* 287–309. (p. 492)

Van Zeijl, J., Mesman, J., Van IJzendoorn, M. H., Bakermans-Kranenburg, M. J., Juffer, F., Stolk, M. N., Koot, H. M., & Alink, L. R. A. (2006). Attachment-based intervention for enhancing sensitive discipline in mothers of 1- to 3-year-old children at risk for externalizing behavior problems: A randomized controlled trial. *Journal of Consulting and Clinical Psychology, 74,* 994–1005. (p. 135)

Vasey, P. L., & VanderLaan, D. P. (2010). An adaptive cognitive dissociation between willingness to help kin and nonkin in Samoan Fa'afafine. *Psychological Science, 21,* 292–297. (p. 181)

Vaughn, K. B., & Lanzetta, J. T. (1981). The effect of modification of expressive displays on vicarious emotional arousal. *Journal of Experimental Social Psychology, 17,* 16–30. (p. 385)

Vecera, S. P., Vogel, E. K., & Woodman, G. F. (2002). Lower region: A new cue for figure-ground assignment. *Journal of Experimental Psychology: General, 13,* 194–205. (p. 211)

Veenhoven, R. (2009). World data base of happiness: Tool for dealing with the 'data-deluge.' *Psychological Topics, 18,* 221–246. (p. 417)

Vekassy, L. (1977). Dreams of the blind. *Magyar Pszichologiai Szemle, 34,* 478–491. (p. 93)

Veltkamp, M., Custers, R., & Aarts, H. (2011). Motivating consumer behavior by subliminal conditioning in the absence of basic needs: Striking even while the iron is cold. *Journal of Consumer Psychology, 21,* 49–56. (p. 195)

Verbeek, M. E. M., Drent, P. J., & Wiepkema, P. R. (1994). Consistent individual differences in early exploratory behaviour of male great tits. *Animal Behaviour, 48,* 1113–1121. (p. 437)

Verhaeghen, P., & Salthouse, T. A. (1997). Meta-analyses of age-cognition relations in adulthood: Estimates of linear and nonlinear age effects and structural models. *Psychological Bulletin, 122,* 231–249. (p. 152)

Verosky, S. C., & Todorov, A. (2010). Generalization of affective learning about faces to perceptually similar faces. *Psychological Science, 21,* 779–785. (p. 244)

Vertes, R. P., & Siegel, J. M. (2005). Time for the sleep community to take a critical look at the purported role of sleep in memory processing. *Sleep, 28,* 1228–1229. (p. 95)

Verwijmeren, T., Karremans, J. C., Stroebe, W., & Wigboldus, D. H. J. (2011a). The workings and limits of subliminal advertising: The role of habits. *Journal of Consumer Psychology, 21,* 206–213. (p. 195)

Verwijmeren, T., Karremans, J. C., Stroebe, W., Wigboldus, D. H. J., & Ooigen, I. (2011b). Vicary's victory: Subliminal ads in movies work! Poster presented at the Society for Personality and Social Psychology meeting, San Antonio, TX. (p. 195)

Vigil, J. M. (2009). A socio-relational framework for sex differences in the expression of emotion. *Behavioral and Brain Sciences, 32,* 375–428. (p. 381)

Vigil, J. M., Geary, D. C., & Byrd-Craven, J. (2005). A life history assessment of early childhood sexual abuse in women. *Developmental Psychology, 41,* 553–561. (p. 167)

Vigliocco, G., & Hartsuiker, R. J. (2002). The interplay of meaning, sound, and syntax in sentence production. *Psychological Bulletin, 128,* 442–472. (p. 319)

Vining, E. P. G., Freeman, J. M., Pillas, D. J., Uematsu, S., Carson, B. S., Brandt, J., Boatman, D., Pulsifer, M. B., & Zukerberg, A. (1997). Why would you remove half a brain? The outcome of 58 children after hemispherectomy—The Johns Hopkins Experience: 1968 to 1996. *Pediatrics, 100,* 163–171. (p. 58)

Vinkhuyzen, A. A. E., van der Sluis, S., Posthuma, D., & Boomsma, D. I. (2009). The heritability of aptitude and exceptional talent across different domains in adolescents and young adults. *Behavior Genetics, 39,* 380–392. (p. 340)

Visalberghi, E. Addessi, E., Truppa, V., Spagnoletti, N., Ottoni, E., Izar, P., & Fragaszy, D. (2009). Selection of effective stone tools by wild bearded capuchin monkeys. *Current Biology, 19,* 213–217. (p. 318)

Visich, P. S., & Fletcher, E. (2009). Myocardial infarction. In J. K. Ehrman, P. M., Gordon, P. S. Visich, & S. J. Keleyian (Eds.). *Clinical exercise physiology,* 2nd Edition. Champaign, IL: Human Kinetics. (p. 407)

Visser, B. A., Ashton, M. C., & Vernon, P. A. (2006). Beyond *g*: Putting multiple intelligences theory to the test. *Intelligence, 34*(5), 487–502. (p. 333)

Vita, A. J., Terry, R. B., Hubert, H. B., & Fries, J. F. (1998). Aging, health risks, and cumulative disability. *New England Journal of Medicine, 338,* 1035–1041. (p. 105)

Vitello, P. (2006, June 12). A ring tone meant to fall on deaf ears. *New York Times* (www.nytimes.com). (p. 152)

Vitiello, M. V. (2009). Recent advances in understanding sleep and sleep disturbances in older adults: Growing older does not mean sleeping poorly. *Current Directions in Psychological Science, 18,* 316–320. (p. 92)

Vitória, P. D., Salgueiro, M. F., Silva, S. A., & De Vries, H. (2009). The impact of social influence on adolescent intention to smoke: Combining types and referents of influence. *British Journal of Health Psychology, 14,* 681–699. (p. 111)

Vittengl, J. R., Clark, L. A., Dunn, T. W., & Jarrett, R. B. (2007). Reducing relapse and recurrence in unipolar depression: A comparative meta-analysis of cognitive-behavioral therapy's effects. *Journal of Consulting and Clinical Psychology, 75,* 475–488. (p. 570)

Voas, D. (2008, March/April). Ten million marriages: An astrological detective story. *Skeptical Inquirer,* pp. 52–55. (p. 438)

Vocks, S., Tuschen-Caffier, B., Pietrowsky, R., Rustenbach, S. J., Kersting, A., & Herpertz, S. (2010). Meta-analysis of the effectiveness of psychological and pharmacological treatments for binge eating disorder. *International Journal of Eating Disorders, 43,* 205–217. (p. 537)

Vogel, G. (2010). Long-fought compromise reached on European animal rules. *Science, 329,* 1588–1589. (p. 27)

Vohs, K. D., Glass, B. D., Maddox, W. T., & Markman, A. B. (2011). Ego depletion is not just fatigue: Evidence from a total sleep deprivation experiment. *Social Psychological and Personality Science, 2,* 166–173. (p. 484)

Vohs, K. D., Mead, N. L., & Goode, M. R. (2006). The psychological consequences of money. *Science, 314,* 1154–1156. (p. 287)

Volkow, N. D., & 12 others. (2009). Evaluating dopamine reward pathway in ADHD: Clinical implications. *JAMA, 302,* 1084–1091. (p. 507)

von Békésy, G. (1957, August). The ear. *Scientific American,* pp. 66–78. (p. 219)

von Hippel, W. (2007). Aging, executive functioning, and social control. *Current Directions in Psychological Science, 16,* 240–244. (p. 152)

von Senden, M. (1932). *The perception of space and shape in the congenitally blind before and after operation.* Glencoe, IL: Free Press. (p. 215)

Vroom, V. H., & Jago, A. G. (2007). The role of the situation in leadership. *American Psychologist, 62,* 17–24. (p. B-11)

VTTI. (2009, September). *Driver distraction in commercial vehicle operations.* Virginia Tech Transportation Institute and U.S. Department of Transportation. (p. 81)

Vyazovskiy, V. V., Cirelli, C., Pfister-Genskow, M., Faraguna, U., & Tononi, G. (2008). Molecular and electrophysiological evidence for net synaptic potentiation in wake and depression in sleep. *Nature Neuroscience, 11,* 200–208. (p. 88)

W

Waber, R. L., Shiv, B., Carmon, & Ariely, D. (2008). Commercial features of placebo and therapeutic efficacy. *Journal of the American Medical Association, 299,* 1016–1017. (p. 23)

Wacker, J., Chavanon, M.-L., & Stemmler, G. (2006). Investigating the dopaminergic basis of extraversion in humans: A multilevel approach. *Journal of Personality and Social Psychology, 91,* 177–187. (p. 437)

Wade, K. A., Garry, M., Read, J. D., & Lindsay, D. S. (2002). A picture is worth a thousand lies: Using false photographs to create false childhood memories. *Psychonomic Bulletin & Review, 9,* 597–603. (p. 295)

Wade, N. G., Worthington, E. L., Jr., & Vogel, D. L. (2006). Effectiveness of religiously tailored interventions in Christian therapy. *Psychotherapy Research, 17,* 91–105. (p. 566)

Wagar, B. M., & Cohen, D. (2003). Culture, memory, and the self: An analysis of the personal and collective self in long-term memory. *Journal of Experimental Social Psychology, 39,* 458–475. (p. 280)

Wagenmakers, E-J., Wetzels, R., Borsboom, D., & van der Maas, H. (2011). Why psychologists must change the way they analyze their data: The case of psi. *Journal of Personality and Social Psychology, 100,* 1–12. (p. 232)

Wager, T. D. (2005). The neural bases of placebo effects in pain. *Current Directions in Psychological Science, 14,* 175–179. (p. 223)

Wagner, D. D., Cin, S. D., Sargent, J. C., Kelley, W. M., & Heatherton, T. F. (2011). Spontaneous action representation in smokers when watching movie characters smoke. *Journal of Neuroscience, 31,* 894–898. (p. 263)

Wagner, U., Gais, S., Haider, H., Verleger, R., & Born, J. (2004). Sleep inspires insight. *Nature, 427,* 352–355. (p. 89)

Wagstaff, G. (1982). Attitudes to rape: The "just world" strikes again? *Bulletin of the British Psychological Society, 13,* 275–283. (p. 459)

Wahlberg, D. (2001, October 11). We're more depressed, patriotic, poll finds. *Grand Rapids Press,* p. A15. (p. 391)

Wai, J., Cacchio, M., Putallaz, M., & Makel, M. C. (2010). Sex differences in the right tail of cognitive abilities: A 30 year examination. *Intelligence, 38,* 412–423. (p. 342)

Wai, J., Lubinski, D., & Benbow, C. P. (2005). Creativity and occupational accomplishments among intellectually precocious youths: An age 13 to age 33 longitudinal study. *Journal of Educational Psychology, 97,* 484–492. (p. 339)

Wakefield, J. C., & Spitzer, R. L. (2002). Lowered estimates—but of what? *Archives of General Psychiatry, 59,* 129–130. (p. 516)

Walker, E., Shapiro, D., Esterberg, M., & Trotman, H. (2010). Neurodevelopment and schizophrenia: Broadening the focus. *Current Directions in Psychological Science, 19,* 204–208. (pp. 531, 533)

Walker, M. P., & van der Helm, E. (2009). Overnight therapy? The role of sleep in emotional brain processing. *Psychological Bulletin, 135,* 731–748. (p. 90)

Walker, W. R., Skowronski, J. J., & Thompson, C. P. (2003). Life is pleasant—and memory helps to keep it that way! *Review of General Psychology, 7,* 203–210. (p. 157)

Walkup, J. T., & 12 others. (2008). Cognitive behavioral therapy, sertraline, or a combination in childhood anxiety. *New England Journal of Medicine, 359,* 2753–2766. (p. 570)

Wall, P. D. (2000). *Pain: The science of suffering.* New York: Columbia University Press. (p. 221)

Wallace, D. S., Paulson, R. M., Lord, C. G., & Bond, C. F., Jr. (2005). Which behaviors do attitudes predict? Meta-analyzing the effects of social pressure and perceived difficulty. *Review of General Psychology, 9(3),* 214–227. (p. 460)

Wallach, M. A., & Wallach, L. (1983). *Psychology's sanction for selfishness: The error of egoism in theory and therapy.* New York: Freeman. (p. 435)

Wallach, M. A., & Wallach, L. (1985, February). How psychology sanctions the cult of the self. *Washington Monthly,* pp. 46–56. (p. 435)

Walster (Hatfield), E., Aronson, V., Abrahams, D., & Rottman, L. (1966). Importance of physical attractiveness in dating behavior. *Journal of Personality and Social Psychology, 4,* 508–516. (p. 489)

Walton, G. M., & Spencer S. J. (2009). Latent ability: Grades and test scores systematically underestimate the intellectual ability of negatively stereotyped students. *Psychological Science, 20,* 1132–1139. (p. 346)

Wampold, B. E. (2001). *The great psychotherapy debate: Models, methods, and findings.* Mahwah, NJ; Erlbaum. (p. 565)

Wampold, B. E. (2007). Psychotherapy: The humanistic (and effective) treatment. *American Psychologist, 62,* 857–873. (pp. 562, 565)

Wampold, B. E., Mondin, G. W., Moody, M., & Ahn, H. (1997). The flat earth as a metaphor for the evidence for uniform efficacy of bona fide psychotherapies: Reply to Crits-Christoph (1997) and Howard et al. (1997). *Psychological Bulletin, 122,* 226–230. (p. 562)

Wang, K-S., Liu, X-F., & Aragam, N. (2010). A genome-wide meta-analysis identified novel loci associated with schizophrenia and bipolar disorder. *Schizophrenia Research, 124,* 192–199. (p. 532)

Wang, Q., Bowling, N. A., & Eschleman, K. J. (2010). A meta-analytic examination of work and general locus of control. *Journal of Applied Psychology, 95,* 761–768. (p. 402)

Wang, S-H., Baillargeon, R., & Brueckner, L. (2004). Young infants' reasoning about hidden objects: Evidence from violation-of-expectation tasks with test trials only. *Cognition, 93,* 167–198. (p. 127)

Wang, X. T., & Dvorak, R. D. (2010). Sweet future: Fluctuating blood glucose levels affect future discounting. *Psychological Science, 21,* 183–188. (p. 404)

Wansink, B. (2007). *Mindless eating: Why we eat more than we think.* New York: Bantam Dell. (p. 360)

Wansink, B., van Ittersum, K., & Painter, J. E. (2006). Ice cream illusions: Bowls, spoons, and self-served portion sizes. *American Journal of Preventive Medicine, 31,* 240–243. (p. 360)

Ward, A., & Mann, T. (2000). Don't mind if I do: Disinhibited eating under cognitive load. *Journal of Personality and Social Psychology, 78,* 753–763. (p. 363)

Ward, C. (1994). Culture and altered states of consciousness. In W. J. Lonner & R. Malpass (Eds.), *Psychology and culture.* Boston: Allyn & Bacon. (p. 100)

Ward, J. (2003). State of the art synaesthesia. *The Psychologist, 16,* 196–199. (p. 229)

Ward, K. D., Klesges, R. C., & Halpern, M. T. (1997). Predictors of smoking cessation and state-of-the-art smoking interventions. *Journal of Socies Issues, 53,* 129–145. (p. 105)

Ward, L. M., & Friedman, K. (2006). Using TV as a guide: Associations between television viewing and adolescents' sexual attitudes and behavior. *Journal of Research on Adolescence, 16,* 133–156. (p. 177)

Wardle, J., Cooke, L. J., Gibson, L., Sapochnik, M., Sheiham, A., & Lawson, M. (2003). Increasing children's acceptance of vegetables: A randomized trial of parent-led exposure. *Appetite, 40,* 155–162. (p. 224)

Wargo, E. (2007, December). Understanding the have-knots. *APS Observer,* pp. 18–21. (p. 410)

Warner, J., McKeown, E., Johnson, K., Ramsay, A., Cort, C., & King, M. (2004). Rates and predictors of mental illness in gay men, lesbians and bisexual men and women. *British Journal of Psychiatry, 185,* 479–485. (p. 179)

Wason, P. C. (1960). On the failure to eliminate hypotheses in a conceptual task. *Quarterly Journal of Experimental Psychology, 12,* 129–140. (p. 307)

Wason, P. C. (1981). The importance of cognitive illusions. *The Behavioral and Brain Sciences, 4,* 356. (p. 307)

Wasserman, E. A. (1993). Comparative cognition: Toward a general understanding of cognition in behavior. *Psychological Science, 4,* 156–161. (p. 247)

Wasserman, E. A. (1995). The conceptual abilities of pigeons. *American Scientist, 83,* 246–255. (p. 317)

Wastell, C. A. (2002). Exposure to trauma: The long-term effects of suppressing emotional reactions. *Journal of Nervous and Mental Disorders, 190,* 839–845. (p. 407)

Waterhouse, R. (1993, July 19). Income for 62 percent is below average pay. *The Independent,* p. 4. (p. A-2)

Waterman, A. S. (1988). Identity status theory and Erikson's theory: Commonalities and differences. *Developmental Review, 8,* 185–208. (p. 145)

Watkins, E. R. (2008). Constructive and unconstructive repetitive thought. *Psychological Bulletin, 134,* 163–206. (p. 519)

Watkins, J. G. (1984). The Bianchi (L. A. Hillside Strangler) case: Sociopath or multiple personality? *International Journal of Clinical and Experimental Hypnosis, 32,* 67–101. (p. 534)

Watson, D. (2000). *Mood and temperament.* New York: Guilford Press. (pp. 408, 414)

Watson, J. B. (1913). Psychology as the behaviorist views it. *Psychological Review, 20,* 158–177. (pp. 78, 239, 245)

Watson, J. B. (1924). The unverbalized in human behavior. *Psychological Review, 31,* 339–347. (p. 245)

Watson, J. B., & Rayner, R. (1920). Conditioned emotional reactions. *Journal of Experimental Psychology, 3,* 1–14. (p. 245)

Watson, R. I., Jr. (1973). Investigation into deindividuation using a cross-cultural survey technique. *Journal of Personality and Social Psychology, 25,* 342–345. (p. 472)

Watson, S. J., Benson, J. A., Jr., & Joy, J. E. (2000). NEWS AND VIEWS—Marijuana and medicine: Assessing the science base: A summary of the 1999 Institute of Medicine report. *Archives of General Psychiatry, 57,* 547–553. (p. 108)

Watters, E. (2010). *Crazy like us: The globalization of the American psyche.* New York: Free Press. (p. 508)

Wayment, H. A., & Peplau, L. A. (1995). Social support and well-being among lesbian and heterosexual women: A structural modeling approach. *Personality and Social Psychology Bulletin, 21,* 1189–1199. (p. 155)

Weaver, J. B., Masland, J. L., & Zillmann, D. (1984). Effect of erotica on young men's aesthetic perception of their female sexual partners. *Perceptual and Motor Skills, 58,* 929–930. (p. 176)

Webb, W. B. (1992). *Sleep: The gentle tyrant.* Bolton, MA: Anker. (p. 92)

Webb, W. B., & Campbell, S. S. (1983). Relationships in sleep characteristics of identical and fraternal twins. *Archives of General Psychiatry, 40,* 1093–1095. (p. 87)

Webley, K. (2009, June 15). Behind the drop in Chinese adoptions. *Time,* p. 55. (p. 477)

Wegman, H. L., & Stetler, C. (2009). A meta-analytic review of the effects of childhood abuse on medical outcomes in adulthood. *Psychosomatic Medicine, 71,* 805–812. (p. 137)

Weinberger, D. R. (2001, March 10). A brain too young for good judgment. *New York Times* (www.nytimes.com). (p. 141)

Weingarten, G. (2002, March 10). Below the beltway. *Washington Post,* p. WO3. (p. B-1)

Weisbuch, M., Ivcevic, Z., & Ambady, N. (2009). On being liked on the web and in the "real world": Consistency in first impressions across personal webpages and spontaneous behavior. *Journal of Experimental Social Psychology, 45,* 573–576. (p. 368)

Weiskrantz, L. (2009). *Blindsight.* Oxford: Oxford University Press. (p. 79)

Weiskrantz, L. (2010). Blindsight in hindsight. *The Psychologist, 23,* 356–358. (p. 79)

Weiss, A., King, J. E., & Figueredo, A. J. (2000). The heritability of personality factors in chimpanzees (Pan troglodytes). *Behavior Genetics, 30,* 213–221. (p. 418)

Weiss, A., King, J. E., & Perkins, L. (2006). Personality and subjective well-being in orangutans (*Pongo pygmaeus* and *Pongo abelii*). *Journal of Personality and Social Psychology, 90,* 501–511. (pp. 418, 437)

Welch, J. M., Lu, J., Rodriquiz, R. M., Trotta, N. C., Peca, J., Ding, J.-D., Feliciano, C., Chen, M., Adams, J. P., Luo, J., Dudek, S. M., Weinberg, R. J., Calakos, N., Wetsel, W. C., & Feng, G. (2007). Cortico-striatal synaptic defects and OCD-like behaviours in *Sapap3*-mutant mice. *Nature, 448,* 894–900. (p. 518)

Welch, W. W. (2005, February 28). Trauma of Iraq war haunting thousands returning home. *USA Today* (www.usatoday.com). (p. 515)

Weller, S., & Davis-Beaty, K. (2002). The effectiveness of male condoms in prevention of sexually transmitted diseases (protocol). *Cochrane Database of Systematic Reviews,* Issue 4, Art. No. CD004090. (p. 174)

Wellman, H. M., & Gelman, S. A. (1992). Cognitive development: Foundational theories of core domains. *Annual Review of Psychology, 43,* 337–375. (p. 127)

Wells, D. L. (2009). The effects of animals on human health and well-being. *Journal of Social Issues, 65,* 523–543. (p. 406)

Wells, G. L. (1981). Lay analyses of causal forces on behavior. In J. Harvey (Ed.), *Cognition, social behavior and the environment.* Hillsdale, NJ: Erlbaum. (p. 238)

Wender, P. H., Kety, S. S., Rosenthal, D., Schulsinger, F., Ortmann, J., & Lunde, I. (1986). Psychiatric disorders in the biological and adoptive families of adopted individuals with affective disorders. *Archives of General Psychiatry, 43,* 923–929. (p. 523)

Westen, D. (1996). Is Freud really dead? Teaching psychodynamic theory to introductory psychology. Presentation to the Annual Institute on the Teaching of Psychology, St. Petersburg Beach, Florida. (p. 428)

Westen, D. (1998). The scientific legacy of Sigmund Freud: Toward a psychodynamically informed psychological science. *Psychological Bulletin, 124,* 333–371. (p. 430)

Westen, D. (2007). *The political brain: The role of emotion in deciding the fate of the nation.* New York: PublicAffairs. (p. 375)

Westen, D., & Morrison, K. (2001). A multidimensional meta-analysis of treatments for depression, panic, and generalized anxiety disorder: An empirical examination of the status of empirically supported therapies. *Journal of Consulting and Clinical Psychology, 69,* 875–899, 562)

Whalen, P. J., Shin, L. M., McInerney, S. C., Fisher, H., Wright, C. I., & Rauch, S. L. (2001). A functional MRI study of human amygdala responses to facial expressions of fear versus anger. *Emotion, 1,* 70–83. (p. 378)

Whaley, S. E., Sigman, M., Beckwith, L., Cohen, S. E., & Espinosa, M. P. (2002). Infant-caregiver interaction in Kenya and the United States: The importance of multiple caregivers and adequate comparison samples. *Journal of Cross-Cultural Psychology, 33,* 236–247. (p. 137)

Whang, W., Kubzansky, L, D., Kawachi, I., Rexrode, K. M., Kroenke, C. H., Glynn, R. J., Garan, H., & Albert, C. M. (2009). Depression and risk of sudden cardiac death and coronary heart disease in women. *Journal of the American College of Cardiology, 53,* 950–958. (p. 400)

Wheelwright, J. (2004, August). Study the clones first. *Discover,* pp. 44–50. (p. 64)

Whetten, K., Ostermann J., Whetten R.A., Pence B.W., O'Donnell K., Messer L.C., Thielman N.M., & The Positive Outcomes for Orphans (POFO) Research Team. (2009, December 18). A comparison of the wellbeing of orphans and abandoned children ages 6–12 in institutional and community-based care settings in 5 less wealthy nations. (p. 137)

White, H. R., Brick, J., & Hansell, S. (1993). A longitudinal investigation of alcohol use and aggression in adolescence. *Journal of Studies on Alcohol,* Supplement No. 11, 62–77. (p. 482)

White, L., & Edwards, J. (1990). Emptying the nest and parental well-being: An analysis of national panel data. *American Sociological Review, 55,* 235–242. (p. 156)

White, R. A. (1998). Intuition, heart knowledge, and parapsychology. *Journal of the American Society for Psychical Research, 92,* 158–171. (p. 231)

Whitehead, B. D., & Popenoe, D. (2001). *The state of our unions 2001: The social health of marriage in America.* Rutgers University: The National Marriage Project. (p. 155)

Whiten, A., & Boesch, C. (2001, January). Cultures of chimpanzees. *Scientific American,* pp. 60–67. (p. 317)

Whiten, A., & Byrne, R. W. (1988). Tactical deception in primates. *Behavioral and Brain Sciences, 11,* 233–244, 267–273. (p. 18)

Whiting, B. B., & Edwards, C. P. (1988). *Children of different worlds: The formation of social behavior.* Cambridge, MA: Harvard University Press. (p. 139)

Whitley, B. E., Jr. (1999). Right-wing authoritarianism, social dominance orientation, and prejudice. *Journal of Personality and Social Psychology, 77,* 126–134. (p. 479)

Whitlock, J. R., Heynen, A. L., Shuler, M. G., & Bear, M. F. (2006). Learning induces long-term potentiation in the hippocampus. *Science, 313,* 1093–1097. (p. 284)

Whitmer, R. A., Gustafson, D. R., Barrett-Connor, E. B., Haan, M. N., Gunderson, E. P., & Yaffe, K. (2008). Central obesity and increased risk of dementia more than three decades later. *Neurology, 71,* 1057–1064. (p. 361)

WHO. (1979). *Schizophrenia: An international followup study.* Chicester, England: Wiley. (p. 530)

WHO. (2000). *Effectiveness of male latex condoms in protecting against pregnancy and sexually transmitted infections.* World Health Organization (www.who.int). (p. 174)

WHO. (2002). *The global burden of disease.* Geneva: World Health Organization (www.who.int/msa/mnh/ems/dalys/intro.htm). (p. 520)

WHO. (2003). *The male latex condom: Specification and guidelines for condom procurement.* Department of Reproductive Health and Research, Family and Community Health, World Health Organization. (p. 174)

WHO. (2004a). Prevalence, severity, and unmet need for treatment of mental disorders in the World Health Organization World Mental Health Surveys. *Journal of the American Medical Association, 291,* 2581–2590. (pp. 527, 540)

WHO. (2004b). *Women, girls, HIV, and AIDS.* World Health Organization, Western Pacific Regional Office. (p. 174)

WHO. (2007). Obesity and overweight. (www.who.int/dietphysicalactivity/publications/facts/obesity/en/). (p. 361)

WHO. (2008a). *Mental health (nearly 1 million annual suicide deaths).* Geneva: World Health Organization (www.who.int/mental_health/en). (p. 524)

WHO. (2008b). The numbers count: Mental disorders in America (www.nimh.nih.gov). (p. 101)

WHO. (2008c). *WHO report on the global tobacco epidemic, 2008.* Geneva: World Health Organization (www.who.int). (p. 104)

WHO. (2010, September). Mental health: Strengthening our response. Fact sheet N°220. Retrieved online at www.who.int/mediacentre/factsheets/fs220/en/. (p. 505)

WHO. (2011a). Country reports and charts available. Geneva: World Health Organization (int/mental_health/prevention/suicide/country_reports/en/index.html). (p. 524)

WHO. (2011b). Schizophrenia. Geneva: World Health Organization (www.who.int). (p. 529)

Whooley, M. A., & 11 others. (2008). Depressive symptoms, health behaviors, and risk of cardiovascular events in patients with coronary heart disease. *JAMA, 300,* 2379–2388. (p. 400)

Whorf, B. L. (1956). Science and linguistics. In J. B. Carroll (Ed.), *Language, thought, and reality: Selected writings of Benjamin Lee Whorf.* Cambridge, MA: MIT Press. (p. 326)

Wicherts, J. M., Dolan, C. V., Carlson, J. S., & van der Maas, H. L. J. (2010). Raven's test performance of sub-Saharan Africans: Mean level, psychometric properties, and the Flynn Effect. *Learning and Individual Differences, 20,* 135–151. (p. 344)

Wickelgren, I. (2009, September/October). I do not feel your pain. *Scientific American Mind,* pp. 51–57. (p. 221)

Wickelgren, W. A. (1977). *Learning and memory.* Englewood Cliffs, NJ: Prentice-Hall. (p. 280)

Wielkiewicz, R. M., & Stelzner, S. P. (2005). An ecological perspective on leadership theory, research, and practice. *Review of General Psychology, 9,* 326–341. (p. B-11)

Wiens, A. N., & Menustik, C. E. (1983). Treatment outcome and patient characteristics in an aversion therapy program for alcoholism. *American Psychologist, 38,* 1089–1096. (p. 552)

Wierson, M., & Forehand, R. (1994). Parent behavioral training for child noncompliance: Rationale, concepts, and effectiveness. *Current Directions in Psychological Science, 3,* 146–149. (p. 254)

Wierzbicki, M. (1993). Psychological adjustment of adoptees: A meta-analysis. *Journal of Clinical Child Psychology, 22,* 447–454. (p. 66)

Wiesel, T. N. (1982). Postnatal development of the visual cortex and the influence of environment. *Nature, 299,* 583–591. (p. 215)

Wiesner, W. H., & Cronshow, S. P. (1988). A meta-analytic investigation of the impact of interview format and degree of structure on the validity of the employment interview. *Journal of Occupational Psychology, 61,* 275–290. (p. B-6)

Wigdor, A. K., & Garner, W. R. (1982). *Ability testing: Uses, consequences, and controversies.* Washington, DC: National Academy Press. (p. 345)

Wilcox, A. J., Baird, D. D., Dunson, D. B., McConnaughey, D. R., Kesner, J. S., & Weinberg, C. R. (2004). On the frequency of intercourse around ovulation: Evidence for biological influences. *Human Reproduction, 19,* 1539–1543. (p. 172)

Wilder, D. A. (1981). Perceiving persons as a group: Categorization and intergroup relations. In D. L. Hamilton (Ed.), *Cognitive processes in stereotyping and intergroup behavior.* Hillsdale, NJ: Erlbaum. (p. 478)

Wilford, J. N. (1999, February 9). New findings help balance the cosmological books. *New York Times* (www.nytimes.com). (p. 71)

Wilkinson, P., & Goodyer, I. (2011). Non-suicidal self-injury. *European Child & Adolescent Psychiatry, 20,* 103–108. (p. 525)

Wilkinson, R., & Pickett, K. (2009). *The spirit level: Why greater equality makes societies stronger.* London: Bloomsbury Press. (p. 484)

Wilkowski, B. M., Robinson, M. D., & Troop-Gordon, W. (2011). How does cognitive control reduce anger and aggression? The role of conflict monitoring and forgiveness processes. *Journal of Personality and Social Psychology, 98,* 830–840. (p. 482)

Williams, C. L., & Berry, J. W. (1991). Primary prevention of acculturative stress among refugees. *American Psychologist, 46,* 632–641. (p. 391)

Williams, J. E., & Best, D. L. (1990). *Measuring sex stereotypes: A multination study.* Newbury Park, CA: Sage. (p. 165)

Williams, J. H. G., Waister, G. D., Gilchrist, A., Perrett, D. I., Murray, A. D., & Whiten, A. (2006). Neural mechanisms of imitation and 'mirror neuron' functioning in autistic spectrum disorder. *Neuropsychogia, 44,* 610–621. (p. 157)

Williams, K. D. (2007). Ostracism. *Annual Review of Psychology, 58,* 425–452. (pp. 366, 367)

Williams, K. D. (2009). Ostracism: A temporal need-threat model. *Advances in Experimental Social Psychology, 41,* 275–313. (p. 366)

Williams, K. D., & Zadro, L. (2001). Ostracism: On being ignored, excluded and rejected. In M. Leary (Ed.), *Rejection.* New York: Oxford University Press. (p. 366)

Williams, L. A., & DeSteno, D. (2009). Adaptive social emotion or seventh sin? *Psychological Science, 20,* 284–288. (p. 450)

Williams, L. E., & Bargh, J. A. (2008). Experiencing physical warmth promotes interpersonal warmth. *Science, 322,* 606–607. (p. 228)

Williams, N. M., & 13 others. (2010). Rare chromosomal deletions and duplications in attention-deficit hyperactivity disorder: A genome-wide analysis. *Lancet, 376,* 1401–1408. (p. 507)

Williams, S. L. (1987). Self-efficacy and mastery-oriented treatment for severe phobias. Paper presented to the American Psychological Association convention. (p. 552)

Willingham, D. T. (2010, Summer). Have technology and multitasking rewired how students learn? *American Educator,* pp. 23–28, 42. (pp. 276, 369)

Willis, J., & Todorov, A. (2006). First impressions: Making up your mind after a 100-ms. exposure to a face. *Psychological Science, 17,* 592–598. (p. 380)

Willmuth, M. E. (1987). Sexuality after spinal cord injury: A critical review. *Clinical Psychology Review, 7,* 389–412. (p. 176)

Wilson, A. E., & Ross, M. (2001). From chump to champ: People's appraisals of their earlier and present selves. *Journal of Personality and Social Psychology, 80,* 572–584. (p. 450)

Wilson, D. (2011, June 22). U.S. releases graphic images to deter smokers. *New York Times* (www.nytimes.com). (p. 310)

Wilson, G. D., & Rahman, Q. (2005). *Born Gay: The biology of sex orientation.* London: Peter Owen Publishers. (p. 181)

Wilson, R. S. (1979). Analysis of longitudinal twin data: Basic model and applications to physical growth measures. *Acta Geneticae medicae et Gemellologiae, 28,* 93–105. (p. 123)

Wilson, R. S., Beck, T. L., Bienias, J. L., & Bennett, D. A. (2007). Terminal cognitive decline: Accelerated loss of cognition in the last years of life. *Psychosomatic Medicine, 69,* 131–137. (p. 153)

Wilson, R. S., & Matheny, A. P., Jr. (1986). Behavior-genetics research in infant temperament: The Louisville twin study. In R. Plomin & J. Dunn (Eds.), *The study of temperament: Changes, continuities, and challenges.* Hillsdale, NJ: Erlbaum. (p. 134)

Wilson, T. D. (2002). *Strangers to ourselves: Discovering the adaptive unconscious.* Cambridge, MA: Harvard University Press. (p. 80)

Wilson, T. D. (2006). The power of social psychological interventions. *Science, 313,* 1251–1252. (p. 346)

Wilson, W. A., & Kuhn, C. M. (2005). How addiction hijacks our reward system. *Cerebrum, 7*(2), 53–66. (p. 110)

Windholz, G. (1989, April-June). The discovery of the principles of reinforcement, extinction, generalization, and differentiation of conditional reflexes in Pavlov's laboratories. *Pavlovian Journal of Biological Science, 26,* 64–74. (p. 243)

Windholz, G. (1997). Ivan P. Pavlov: An overview of his life and psychological work. *American Psychologist, 52,* 941–946. (p. 241)

Windle, G., Hughes, D., Linck, P., Russell, I., & Woods, B. (2010). Is exercise effective in promoting mental well-being in older age? A systematic review. *Aging and Mental Health, 14,* 652–669. (p. 408)

Winner, E. (2000). The origins and ends of giftedness. *American Psychologist, 55,* 159–169. (p. 339)

Winter, W. C., Hammond, W. R., Green, N. H., Zhang, Z., & Bilwise, D. L. (2009). Measuring circadian advantage in major league baseball: A 10-year retrospective study. *Internal Journal of Sports Physiology and Performance, 4,* 394–401. (p. 88)

Wirz-Justice, A. (2009). From the basic neuroscience of circadian clock function to light therapy for depression: On the emergence of chronotherapeutics. *Journal of Affective Disorders, 116,* 159–160. (p. 564)

Witelson, S. F., Kigar, D. L., & Harvey, T. (1999). The exceptional brain of Albert Einstein. *Lancet, 353,* 2149–2153. (p. 57)

Witt, J. K., & Proffitt, D. R. (2005). See the ball, hit the ball: Apparent ball size is correlated with batting average. *Psychological Science, 16,* 937–938. (p. 200)

Witvliet, C. V. O., Ludwig, T., & Vander Laan, K. (2001). Granting forgiveness or harboring grudges: Implications for emotions, physiology, and health. *Psychological Science, 12,* 117–123. (p. 399)

Witvliet, C. V. O., & Vrana, S. R. (1995). Psychophysiological responses as indices of affective dimensions. *Psychophysiology, 32,* 436–443. (p. 378)

Wixted, J. T., & Ebbesen, E. B. (1991). On the form of forgetting. *Psychological Science, 2,* 409–415. (p. 291)

Wolak, J., Mitchell, K., & Finkelhor, D. (2007). Unwanted and wanted exposure to online pornography in a national sample of youth Internet users. *Pediatrics, 119,* 247–257. (p. 484)

Wolfson, A. R., & Carskadon, M. A. (1998). Sleep schedules and daytime functioning in adolescents. *Child Development, 69,* 875–887. (p. 95)

Wolitzky-Taylor, K. B., Horowitz, J. D., Powers, M. B., & Telch, M. J. (2008). Psychological approaches in the treatment of specific phobias: A meta-analysis. *Clinical Psychology Review, 28,* 1021–1037. (p. 551)

Woll, S. (1986). So many to choose from: Decision strategies in videodating. *Journal of Social and Personal Relationships, 3,* 43–52. (p. 489)

Wolpe, J. (1958). *Psychotherapy by reciprocal inhibition.* Stanford, CA: Stanford University Press. (p. 551)

Wolpe, J., & Plaud, J. J. (1997). Pavlov's contributions to behavior therapy: The obvious and the not so obvious. *American Psychologist, 52,* 966–972. (p. 551)

Wonderlich, S. A., Joiner, T. E., Jr., Keel, P. K., Williamson, D. A., & Crosby, R. D. (2007). Eating disorder diagnoses: Empirical approaches to classification. *American Psychologist, 62,* 167–180. (p. 536)

Wong, D. F., Wagner, H. N., Tune, L. E., Dannals, R. F., et al. (1986). Positron emission tomography reveals elevated D_2 dopamine receptors in drug-naive schizophrenics. *Science, 234,* 1588–1593. (p. 530)

Wood, D., Harms, P., & Vazire, S. (2010). Perceiver effects as projective tests: What your perceptions of others say about you. *Journal of Personality and Social Psychology, 99,* 174–190. (p. 432)

Wood, J. M. (2003, May 19). Quoted by R. Mestel, Rorschach tested: Blot out the famous method? Some experts say it has no place in psychiatry. *Los Angeles Times* (www.latimes.com). (p. 430)

Wood, J. M. (2006, Spring). The controversy over Exner's Comprehensive System for the Rorschach: The critics speak. *Independent Practitioner* (works.bepress.com/james_wood/7). (p. 430)

Wood, J. M., Bootzin, R. R., Kihlstrom, J. F., & Schacter, D. L. (1992). Implicit and explicit memory for verbal information presented during sleep. *Psychological Science, 3,* 236–239. (p. 293)

Wood, J. M., Lilienfeld, S. O., Nezworski, M. T., Garb, H. N., Allen, K. H., & Wildermuth, J. L. (2010). Validity of Rorschach inkblot scores for discriminating psychopaths from nonpsychopaths in forensic populations: A meta-analysis. *Psychological Assessment, 22,* 336–349. (p. 430)

Wood, J. V., Heimpel, S. A., Manwell, L. A., & Whittington, E. J. (2009). This mood is familiar and I don't deserve to feel better anyway: Mechanisms underlying self-esteem differences in motivation to repair sad moods. *Journal of Personality and Social Psychology, 96,* 363–380. (p. 447)

Wood, J. V., Saltzberg, J. A., & Goldsamt, L. A. (1990a). Does affect induce self-focused attention? *Journal of Personality and Social Psychology, 58,* 899–908. (p. 526)

Wood, J. V., Saltzberg, J. A., Neale, J. M., Stone, A. A., & Rachmiel, T. B. (1990b). Self-focused attention, coping responses, and distressed mood in everyday life. *Journal of Personality and Social Psychology, 58,* 1027–1036. (p. 526)

Wood, W. (1987). Meta-analytic review of sex differences in group performance. *Psychological Bulletin, 102,* 53–71. (p. 165)

Wood, W., & Eagly, A. H. (2002). A crosscultural analysis of the behavior of women and men: Implications for the origins of sex differences. *Psychological Bulletin, 128,* 699–727. (pp. 163, 165)

Wood, W., & Eagly, A. H. (2007). Social structural origins of sex differences in human mating. In S. W. Gagestad & J. A. Simpson (Eds.), *The evolution of mind: Fundamental questions and controversies.* New York: Guilford Press. (p. 165)

Wood, W., & Neal, D. T. (2007, October). A new look at habits and the habit-goal interface. *Psychological Review, 114,* 843–863. (p. 238)

Wood, W., Lundgren, S., Ouellette, J. A., Busceme, S., & Blackstone, T. (1994). Minority influence: A meta-analytic review of social influence processes. *Psychological Bulletin, 115,* 323–345. (p. 475)

Woods, N. F., Dery, G. K., & Most, A. (1983). Recollections of menarche, current menstrual attitudes, and premenstrual symptoms. In S. Golub (Ed.), *Menarche: The transition from girl to woman.* Lexington, MA: Lexington Books. (p. 168)

Woodward, B. (2002). *Bush at war.* New York: Simon & Schuster. (p. 10)

Woolcock, N. (2004, September 3). Driver thought everyone else was on wrong side. *The Times,* p. 22. (p. 467)

Woolley, A. W., Chabris, C. F., Pentland, A., Hasmi, N., & Malone, T. W. (2010). Evidence for a collective intelligence factor in the performance of human groups. *Science, 330,* 686–688. (p. B-11)

World Federation for Mental Health. (2005). ADHD: The hope behind the hype (www.wfmh.org). (p. 507)

Worobey, J., & Blajda, V. M. (1989). Temperament ratings at 2 weeks, 2 months, and 1 year: Differential stability of activity and emotionality. *Developmental Psychology, 25,* 257–263. (p. 134)

Wortham, J. (2010, May 13). Cellphones now used more for data than for calls. *New York Times* (www.nytimes.com). (p. 367)

Worthington, E. L., Jr. (1989). Religious faith across the life span: Implications for counseling and research. *The Counseling Psychologist, 17,* 555–612. (p. 141)

Worthington, E. L., Jr., Kurusu, T. A., McCullogh, M. E., & Sandage, S. J. (1996). Empirical research on religion and psychotherapeutic processes and outcomes: A 10-year review and research prospectus. *Psychological Bulletin, 119,* 448–487. (p. 567)

Wortman, C. B., & Silver, R. C. (1989). The myths of coping with loss. *Journal of Consulting and Clinical Psychology, 57,* 349–357. (p. 158)

Wren, C. S. (1999, April 8). Drug survey of children finds middle school a pivotal time. *New York Times* (www.nytimes.com). (p. 112)

Wright, I. C., Rabe-Hesketh, S., Woodruff, P. W. R., David, A. S., Murray, R. M., & Bullmore, E. T. (2000). Meta-analysis of regional brain volumes in schizophrenia. *American Journal of Psychiatry, 157,* 16–25. (p. 531)

Wright, J. (2006, March 16). Boomers in the bedroom: Sexual attitudes and behaviours in the boomer generation. Ipsos Reid survey (www.ipsos-na.com). (p. 151)

Wright, P., Takei, N., Rifkin, L., & Murray, R. M. (1995). Maternal influenza, obstetric complications, and schizophrenia. *American Journal of Psychiatry, 152,* 1714–1720. (p. 531)

Wright, P. H. (1989). Gender differences in adults' same- and cross-gender friendships. In R. G. Adams & R. Blieszner (Eds.), *Older adult friendships: Structure and process.* Newbury Park, CA: Sage. (p. 165)

Wright, W. (1998). *Born that way: Genes, behavior, personality.* New York: Knopf. (p. 65)

Wrosch, C., & Miller, G. E. (2009). Depressive symptoms can be useful: Self-regulatory and emotional benefits of dysphoric mood in adolescence. *Journal of Personality and Social Psychology, 96,* 1181–1190. (p. 519)

Wrzesniewski, A., & Dutton, J. E. (2001). Crafting a job: Revisioning employees as active crafters of their work. *Academy of Management Review, 26,* 179–201. (p. B-1)

Wrzesniewski, A., McCauley, C. R., Rozin, P., & Schwartz, B. (1997). Jobs, careers, and callings: People's relations to their work. *Journal of Research in Personality, 31,* 21–33. (p. B-1)

Wuethrich, B. (2001, March). Features—GETTING STUPID—Surprising new neurological behavioral research reveals that teenagers who drink too much may permanently damage their brains and seriously compromise their ability to learn. *Discover, 56,* 56–64. (p. 103)

Wulsin, L. R., Vaillant, G. E., & Wells, V. E. (1999). A systematic review of the mortality of depression. *Psychosomatic Medicine, 61,* 6–17. (p. 400)

Wyatt, J. K., & Bootzin, R. R. (1994). Cognitive processing and sleep: Implications for enhancing job performance. *Human Performance, 7,* 119–139. (pp. 94, 293)

Wyatt, R. J., Henter, I., & Sherman-Elvy, E. (2001). Tantalizing clues to preventing schizophrenia. *Cerebrum: The Dana Forum on Brain Science, 3,* pp. 15–30. (p. 532)

Wynn, K. (1992). Addition and subtraction by human infants. *Nature, 358,* 749–759. (p. 127)

Wynn, K. (2000). Findings of addition and subtraction in infants are robust and consistent: Reply to Wakeley, Rivera, and Langer. *Child Development, 71,* 1535–1536. (p. 127)

Wynne, C. D. L. (2004). *Do animals think?* Princeton, NJ: Princeton University Press. (p. 324)

Wynne, C. D. L. (2008). Aping language: A skeptical analysis of the evidence for nonhuman primate language. *Skeptic, 13*(4), 10–13. (p. 324)

X

Xu, Y., & Corkin, S. (2001). H.M. revisits the Tower of Hanoi puzzle. *Neuropsychology, 15,* 69–79. (p. 290)

Y

Yamagata, S., & 11 others. (2006). Is the genetic structure of human personality universal? A cross-cultural twin study from North America, Europe, and Asia. *Journal of Personality and Social Psychology, 90,* 987–998. (p. 440)

Yang, N., & Linz, D. (1990). Movie ratings and the content of adult videos: The sex-violence ratio. *Journal of Communication, 40*(2), 28–42. (p. 484)

Yankelovich Partners. (1995, May/June). Growing old. *American Enterprise,* p. 108. (p. 152)

Yarkoni, T. (2010). Personality in 100,000 words: A large-scale analysis of personality and word use among bloggers. *Journal of Research in Personality, 44,* 363–373. (p. 443)

Yarnell, P. R., & Lynch, S. (1970, April 25). Retrograde memory immediately after concussion. *Lancet,* pp. 863–865. (p. 284)

Yates, A. (1989). Current perspectives on the eating disorders: I. History, psychological and biological aspects. *Journal of the American Academy of Child and Adolescent Psychiatry, 28,* 813–828. (p. 536)

Yates, A. (1990). Current perspectives on the eating disorders: II. Treatment, outcome, and research directions. *Journal of the American Academy of Child and Adolescent Psychiatry, 29,* 1–9. (p. 536)

Yates, W. R. (2000). Testosterone in psychiatry. *Archives of General Psychiatry, 57,* 155–156. (p. 172)

Ybarra, O. (1999). Misanthropic person memory when the need to self-enhance is absent. *Personality and Social Psychology Bulletin, 25,* 261–269. (p. 448)

Yerkes, R. M., & Dodson, J. D. (1908). The relation of strength of stimulus to rapidity of habit-formation. *Journal of comparative Neurology and Psychology, 18,* 459–482. (p. 354)

Yeung, J. W. K., Chan, Y., & Lee, B. L. K. (2009). Youth religiosity and substance use: A meta-analysis from 1995 to 2007. *Psychological Reports, 105,* 255–266. (p. 111)

Youngentob, S. L., & Glendinning, J. I. (2009). Fetal ethanol exposure increases ethanol intake by making it smell and taste better. *PNAS, 106,* 5359. (p. 120)

Youngentob, S. L., Kent, P. F., Scheehe, P. R., Molina, J. C., Spear, N. E., &

Youngentob, L. M. (2007). Experience-induced fetal plasticity: The effect of gestational ethanol exposure on the behavioral and neurophysiologic olfactory response to ethanol odor in early postnatal and adult rats. *Behavioral Neuroscience, 121,* 1293–1305. (p. 120)

Younger, J., Aron, A., Parke, S., Chatterjee, N., & Mackey, S. (2010). Viewing pictures of a romantic partner reduces experimental pain: Involvement of neural reward systems. *PLoS ONE 5*(10): e13309. doi:10.1371/journal.pone.0013309. (p. 365)

Yücel, M., Solowij, N., Respondek, C., Whittle, S., Fornito, A., Pantelis, C., & Lubman, D. I. (2008). Regional brain abnormalities associated with long-term cannabis use. *Archives of General Psychiatry, 65,* 694–701. (p. 108)

Yuki, M., Maddux, W. W., & Masuda. T. (2007). Are the windows to the soul the same in the East and West? Cultural differences in using the eyes and mouth as cues to recognize emotions in Japan and the United States. *Journal of Experimental Social Psychology, 43,* 303–311. (p. 383)

Z

Zabin, L. S., Emerson, M. R., & Rowland, D. L. (2005). Child sexual abuse and early menarche: The direction of their relationship and its implications. *Journal of Adolescent Health, 36,* 393–400. (p. 167)

Zaccaro, S. J. (2007). Triat-based perspectives of leadership. *American Psychologist, 62,* 6–16. (p. B-11)

Zadra, A., Pilon, M., & Montplaisir, J. (2008). Polysomnographic diagnosis of sleepwalking: Effects of sleep deprivation. *Annals of Neurology, 63,* 513–519. (p. 93)

Zagorsky, J. L. (2007). Do you have to be smart to be rich? The impact of IQ on wealth, income and financial distress. *Intelligence, 35,* 489–501. (p. 332)

Zajonc, R. B. (1965). Social facilitation. *Science, 149,* 269–274. (p. 471)

Zajonc, R. B. (1980). Feeling and thinking: Preferences need no inferences. *American Psychologist, 35,* 151–175. (p. 374)

Zajonc, R. B. (1984a). On the primacy of affect. *American Psychologist, 39,* 117–123. (p. 374)

Zajonc, R. B. (1984b, July 22). Quoted by D. Goleman, Rethinking IQ tests and their value. *The New York Times,* p. D22. (p. 334)

Zajonc, R. B. (2001). Mere exposure: A gateway to the subliminal. *Current Directions in Psychological Science, 10,* 224–228. (p. 488)

Zajonc, R. B., & Markus, G. B. (1975). Birth order and intellectual development. *Psychological Review, 82,* 74–88. (p. A-8)

Zammit, S., Rasmussen, F., Farahmand, B., Gunnell, D., Lewis, G., Tynelius, P., & Brobert, G. P. (2007). Height and body mass index in young adulthood and risk of schizophrenia: A longitudinal study of 1,347,520 Swedish men. *Acta Psychiatrica Scandinavica, 116,* 378–385. (p. 529)

Zauberman, G., & Lynch, J. G., Jr. (2005). Resource slack and propensity to discount delayed investments of time versus money. *Journal of Experimental Psychology: General, 134*, 23–37. (p. 312)

Zeelenberg, R., Wagenmakers, E-J., & Rotteveel, M. (2006). The impact of emotion on perception. *Psychological Science, 17*, 287–291. (p. 374)

Zeidner, M. (1990). Perceptions of ethnic group modal intelligence: Reflections of cultural stereotypes or intelligence test scores? *Journal of Cross-Cultural Psychology, 21*, 214–231. (p. 343)

Zeidner, M., Roberts, R. D., & Matthews, G. (2008). The science of emotional intelligence: Current consensus and controversies. *European Psychologist, 13*, 64–78. (p. 333)

Zeineh, M. M., Engel, S. A., Thompson, P. M., & Bookheimer, S. Y. (2003). Dynamics of the hippocampus during encoding and retrieval of face-name pairs. *Science, 299*, 577–580. (p. 281)

Zell, E., & Alicke, M. D. (2010). The local dominance effect in self-evaluation: Evidence and explanations. *Personality and Social Psychology Review, 14*, 368–384. (p. 417)

Zhang, S., & Kline, S. L. (2009). Can I make my own decision? A cross-cultural study of perceived social network influence in mate selection. *Journal of Cross Cultural Psychology, 40*, 3–23. (p. 451)

Zhong, C-B., Dijksterhuis, A., & Galinsky, A. D. (2008). The merits of unconscious thought in creativity. *Psychological Science, 19*, 912–918. (p. 315)

Zhong, C-B., & Leonardelli, G. J. (2008). Cold and lonely: Does social exclusion literally feel cold? *Psychological Science, 19*, 838–842. (p. 228)

Zhu, W. X., Lu, L., & Hesketh, T. (2009). China's excess males, sex selective abortion, and one child policy: Analysis of data from 2005 national intercensus survey. *British Medical Journal (BMJ), 338*, b1211. (p. 477)

Zietsch, B. P., Morley, K. I., Shekar, S. N., Verweij, K. J. H., Keller, M. C., Macgregor, S., Wright, M. J., Bailey, J. M., & Martin, N. G. (2008). Genetic factors predisposing to homosexuality may increase mating success in heterosexuals. *Evolution and Human Behavior, 29*, 424–433. (p. 181)

Zilbergeld, B. (1983). *The shrinking of America: Myths of psychological change.* Boston; Little, Brown. (pp. 560, 562)

Zillmann, D. (1986). Effects of prolonged consumption of pornography. Background paper for *The surgeon general's workshop on pornography and public health*, June 22–24. Report prepared by E. P. Mulvey & J. L. Haugaard and released by Office of the Surgeon General on August 4, 1986. (p. 373)

Zillmann, D. (1989). Effects of prolonged consumption of pornography. In D. Zillmann & J. Bryant (Eds.), *Pornography: Research advances and policy considerations.* Hillsdale, NJ: Erlbaum. (pp. 175, 176, 485)

Zillmann, D., & Bryant, J. (1984). Effects of massive exposure to pornography. In N. Malamuth & E. Donnerstein (Eds.), *Pornography and sexual aggression.* Orlando, FL: Academic Press. (p. 485)

Zimbardo, P. G. (1970). The human choice: Individuation, reason, and order versus deindividuation, impulse, and chaos. In W. J. Arnold & D. Levine (Eds.), *Nebraska Symposium on Motivation, 1969.* Lincoln, NE: University of Nebraska Press. (p. 472)

Zimbardo, P. G. (1972, April). Pathology of imprisonment. *Transaction/Society*, pp. 4–8. (p. 461)

Zimbardo, P. G. (2001, September 16). Fighting terrorism by understanding man's capacity for evil. Op-ed essay distributed by spsp-discuss@stolaf.edu. (p. 479)

Zimbardo, P. G. (2004, May 25). *Journalist interview re: Abu Ghraib prison abuses: Eleven answers to eleven questions.* Unpublished manuscript, Stanford University. (p. 462)

Zimbardo, P. G. (2007, September). Person x situation x system dynamics. *The Observer* (Association for Psychological Science), p. 43. (p. 462)

Zimmer-Gembeck, M. J., & Helfand, M. (2008). Ten years of longitudinal research on U.S. adolescent sexual behavior: Developmental correlates of sexual intercourse, and the importance of age, gender and ethnic background. *Developmental Review, 28*, 153–224. (p. 176)

Zogby, J. (2006, March). Survey of teens and adults about the use of personal electronic devices and head phones. *Zogby International*. (p. 217)

Zou, Z., Li, F., & Buck, L. B. (2005). From the cover: Odor maps in the olfactory cortex. *Proceedings of the National Academy of Sciences, 102*, 7724–7729. (p. 226)

Zubieta, J-K., Bueller, J. A., Jackson, L. R., Scott, D. J., Xu, Y., Koeppe, R. A., Nichols, T. E., & Stohler, C. S. (2005). Placebo effects mediated by endogenous opioid activity on μ-opioid receptors. *Journal of Neuroscience, 25*, 7754–7762. (p. 223)

Zubieta, J-K., Heitzeg, M. M., Smith, Y. R., Bueller, J. A., Xu, K., Xu, Y., Koeppe, R. A., Stohler, C. S., & Goldman, D. (2003). COMT val158met genotype affects μ-opioid neurotransmitter responses to a pain stressor. *Science, 299*, 1240–1243. (p. 222)

Zucker, G. S., & Weiner, B. (1993). Conservatism and perceptions of poverty: An attributional analysis. *Journal of Applied Social Psychology, 23*, 925–943. (p. 459)

Zuckerman, M. (1979). *Sensation seeking: Beyond the optimal level of arousal.* Hillsdale, NJ: Erlbaum. (p. 353)

Zuckerman, M. (2009). Sensation seeking. In M. Zuckerman (Ed.), *Handbook of individual differences in social behavior.* New York: Guilford Press. (p. 353)

Zvolensky, M. J., & Bernstein, A. (2005). Cigarette smoking and panic psychopathology. *Current Directions in Psychological Science, 14*, 301–305. (p. 513)

编辑后记

心理学导论（也称普通心理学、心理学入门）是美国高等院校选修人数最多的课程之一。《心理学导论》（Exploring Psychology）由美国著名心理学教科书作者戴维·迈尔斯（David Myers）撰写，他在所著 Psychology 的基础上，对篇幅进行了适当的缩减，使其不仅针对心理学专业基础课教学，同时也能更好地满足非心理学专业学生和普通读者的需要。本书自出版以来，一直位列美国亚马逊心理学教科书畅销榜前列，是美国高等院校中使用范围最广的普通心理学教材之一。作者戴维·迈尔斯充分发挥了其在心理学教材撰写方面的突出才能，将严谨的科学与宽广的人文视角结合起来，兼具理性和感性，使读者能够在愉快的阅读过程中轻松掌握心理学知识。本书第 5 版曾于 2009 年由国内资深心理学家黄希庭教授领衔 18 位心理学教授联袂翻译，出版后被中国心理学会心理学教学工作委员会列为推荐用书，受到读者的广泛好评。清华大学等国内多所著名高校将本书选为普通心理学课程的教材或参考书。

现在呈现在读者面前的是第 9 版，这个版本是历次修订中修改最细致、更新最广泛的版本。迈尔斯运用来自学习和记忆研究的最佳实践，增加了新的学习体系，便于读者课堂学习和自学。他保持了对科学期刊和科学新闻来源的密切关注，在本版中增加了 1000 多条新的研究引证。本版还对章节进行了重组，强化了临床的视角，改进了人格、心理障碍和治疗等章节。本书一如既往地旨在激发读者的批判性思维，让读者参与进来，利用书中介绍的实证方法来评估关于众所周知的现象的矛盾观点和说法。第 9 版的翻译工作仍由黄希庭教授领衔的原译者团队共同完成。

本版的中文版在各位译者精心翻译的基础上，全部译稿由具有 20 年英语国家研究、写作、评审经验的学者对照原文进行了详细的审校，历时一年，做了大量的编辑改动。在大的方面，对一些章节标题进行了修改，使之更符合原文，同时更准确地反映相应章节的内容及作者用意（如第 1 章的标题原为"对心理科学的批判性思考"，现改为"运用心理科学进行批判性思考"）。在内容上也做了许多重要的更改，比如记忆一章中涉及条件作用以及心理障碍一章中关于精神病的部分。在此过程中编审人员查阅了大量的资料，包括书中引用的参考文献原文或摘要。在细节上，书中有大量作者（团队）精心收集的格言、插图、谚语等，这部分内容在相应章节中起着画龙点睛的作用。为了更加生动贴切地反映本书作者及原创者的意图，编审人员也花费了大量的时间和心血。希望编审人员的专业及社会文化方面的背景知识，能够协助本书作者和译者将心理学知识更准确、更清晰地传达给广大师生及每一位读者。

因本书体量较大，仅参考文献部分就多达80页，为便于读者携带和课堂使用，本书拆分成上下两册，分别对应原书的第1~9章和第10~15章。上册主要涵盖了生物心理学、发展心理学及认知心理学等领域，下册涵盖了人格心理学、社会心理学及异常心理学等领域，故分别增加副书名"生物、发展与认知心理学"以及"人格、社会与异常心理学"，以利于读者区分。附录中的参考文献部分难以拆分，一并置于下册中，如有不便之处还请读者见谅。

欢迎采用本书作为教材的老师与我们联系，以便得到我们为您提供的教师手册、习题、教学PPT等配套教辅资料。出版是一门"遗憾的艺术"，各位老师和读者如在阅读过程中发现内容或印刷上的疏失之处，欢迎与我们联系交流，以使中文版日臻完善。如有内容方面的问题，我们会在重印时进行修订；如有印装质量问题，我们会为您更换新书。联系电话：010-84937152。服务邮箱：nccpsy@163.com。

心理学与人文社科编辑部
北京新曲线出版咨询有限公司
2019年1月

图书在版编目（CIP）数据

心理学导论.下册，人格、社会与异常心理学／
（美）戴维·迈尔斯著；黄希庭等译. -- 9版. -- 北京：
商务印书馆，2018
ISBN 978-7-100-16817-5

Ⅰ.①心… Ⅱ.①戴…②黄… Ⅲ.①心理学—教材
Ⅳ.①B84

中国版本图书馆CIP数据核字（2018）第258237号

本书中文简体字版由Worth出版公司授权商务印书馆独家出版。未经出版者书面许可，不得以任何方式抄袭、复制或节录本书的任何部分。
版权所有，侵权必究

所有权利保留。
未经许可，不得以任何方式使用。

心理学导论（第9版，下册）

〔美〕戴维·迈尔斯　著
黄希庭　等译
刘力　陆瑜　策划
谢呈秋　特约编审
刘冰云　责任编辑

商 务 印 书 馆 出 版
（北京王府井大街36号　邮政编码100710）
商 务 印 书 馆 发 行
山东临沂新华印刷物流集团
有 限 责 任 公 司 印 刷
ISBN 978-7-100-16817-5

2019年3月第1版　　　开本 850×1092　1/16
2019年3月第1次印刷　　印张 24
定价：88.00元